DOCTRINA
CRISTIANA

DOCTRINA CRISTIANA

TERCERA EDICIÓN

MILLARD J. ERICKSON

EDITADO POR L. ARNOLD HUSTAD

MONSGO®

Doctrina Cristiana Publicado por Monsgo® 2023
Una división de Vida Trading Company LLC

1218 Interstate Blvd.
Florence, SC 29501
Tlf: 843-319-4718
www.monsgo.com
ISBN: 978-1-949206-61-6

Diagramación: Josué Tapia

Traducción por World Connect Lima SAC
Impreso en India.

En memoria de
Siri Mahal Erickson Inoferio
24 de enero - 14 de octubre de 1991

"Jesús dijo: Dejad a los niños venir a mí, y no
se lo impidáis; porque de los tales es el reino
de los cielos".
(Mateo 19:14)

Contenido

Prefacio   xiii

Parte 1 Introducción

1. ¿Qué es la Teología?   3

   La Naturaleza de la Teología   4

   El Método de la Teología   7

2. Contextualizando el Mensaje Cristiano 13

   El Contexto Contemporáneo de la Teología   14

   Enfoques para Contextualizar elMensaje Cristiano   15

   El Elemento Permanente en el Cristianismo   16

   La Naturaleza de la Contextualización   17

   Los Criterios de Permanencia en la Doctrina   18

Parte 2 Revelación

3. La Revelación Universal de Dios   25

   La Naturaleza de la Revelación   26

   Las Formas de la Revelación General   26

   Pasajes Bíblicos que Tratan sobre la Revelación General 27

   Evaluaciones Diferentes Acerca del Valor de la Revelación General   29

   Revelación General y Responsabilidad Humana 35

   Implicaciones de la Revelación General 36

4. La Revelación Específica de Dios   39

   Definición y Necesidad de la Revelación Especial   40

   Estilo de la Revelación Especial   41

   Formas de la Revelación Especial   43

   Revelación Especial: ¿Proposicional o Personal?   46

   ¿Proposiciones o Narrativa?   47

   Las Escrituras como Revelación   47

5. La Conservación de la Revelación: *Inspiración*   49

   Definición de Inspiración   50

   El Hecho de la Inspiración   50

   Teorías de la Inspiración   52

   Extensión de la Inspiración   53

   La Intensidad de la Inspiración 54

   Un Modelo de Inspiración   55

6. La Fiabilidad de la Palabra de Dios:
Inerrancia 59

   Distintos Conceptos de Inerrancia 60

   La Importancia de la Inerrancia 61

   Inerrancia y Fenómenos 62

   Definición de Inerrancia 63

   Temas Secundarios 66

7. El Poder de la Palabra de Dios:
Autoridad 69

   Autoridad Religiosa 70

   La Obra Interna del Espíritu Santo 70

   *Componentes Objetivos y Subjetivos de la
Autoridad* 73

   La Biblia y la Razón 73

   Autoridad Histórica y Normativa 74

Parte 3 Dios

8. La Doctrina de Dios 79

   La Inmanencia y la Trascendencia de Dios 80

   La Naturaleza de los Atributos 84

   Clasificaciones de los Atributos 85

9. La Grandeza de Dios 87

   Espiritualidad 88

   Vida 88

   Personalidad 89

   Infinidad 90

   Constancia 93

10. La Bondad de Dios 97

   Cualidades Morales 98

   *El Amor y la Justicia de Dios: Un Punto de
Tensión?* 104

11. Tres Personas en un solo Dios:
La Trinidad 107

   La Enseñanza Bíblica 108

   Construcciones Históricas 112

   *Autoridad Relativa de las Tres
Personas* 114

   *Elementos Esenciales de una Doctrina de la
Trinidad* 116

   La Búsqueda de Analogías 117

12. El Plan de Dios 121

   Definiciones Clave 122

   La Enseñanza Bíblica 122

   La Naturaleza del Plan Divino 124

   *Prioridad Lógica: ¿El Plan de Dios o la
Acción Humana?* 126

   Un Modelo Moderadamente Calvinista 127

   *Diversas Formas de Entender la
Historia* 131

13. La Obra Inicial de Dios:
La Creación 133

   *Razones para Estudiar la Doctrina de la
Creación* 134

   *Elementos de la Enseñanza Bíblica de la
Creación* 135

   El Significado Teológico de la Doctrina 137

   *La Doctrina de la Creación y su Relación
con la Ciencia* 139

   *Implicaciones de la Doctrina de la
Creación* 142

14. La Obra Continua de Dios:
Providencia 145

   Providencia como Preservación 146

   Providencia como Gobierno 148

   Providencia y Oración 154

   Providencia y Milagros 155

15. El Mal y el Mundo de Dios:
Un Problema Especial 159

   La Naturaleza del Problema 160

   Tipos de Solución 161

   *Temas para Tratar el Problema
del Mal* 161

16. Agentes Especiales de Dios:
Los Ángeles 167

   Ángeles Buenos 168

   Ángeles Malos 171

   *El Papel de la Doctrina de
los Angeles* 173

Parte 4 Humanidad

17. Introducción a la Doctrina de la Humanidad 177

  Perspectivas de la Humanidad 178

  La Perspectiva Cristiana de la Humanidad 179

  El Relato Bíblico de la Creación Humana 180

  El Significado Teológico de la Creación Humana 182

18. La Imagen de Dios en el Ser Humano 185

  Pasajes Relevantes de las Escrituras 186

  Perspectivas de la Imagen 187

  Evaluación de las Perspectivas 190

  Conclusiones sobre la Naturaleza de la Imagen 191

  Implicaciones de la Doctrina 193

19. La Naturaleza Constitucional del ser Humano 195

  Perspectivas Básicas de la Constitución Humana 196

  Consideraciones Bíblicas 198

  Un Modelo Alternativo: La Unidad Condicional 199

  Implicaciones de la Unidad Condicional 200

20. La Naturaleza y la Fuente del Pecado 203

  La Dificultad de Hablar sobre el Pecado 204

  Las Perspectivas Bíblicas sobre la Naturaleza del Pecado 204

  La Fuente del Pecado 205

21. Los Resultados del Pecado 211

  Resultados que Afectan la Relación con Dios 212

  Efectos en el Pecador 218

  Efectos en la Relación con otros Humanos 220

22. La Magnitud del Pecado 223

  El Alcance del Pecado 224

  La Intensidad del Pecado 225

  Teorías del Pecado Original 228

  Pecado Original: Un Modelo Bíblico y Contemporáneo 230

Parte 5 La Persona y la Obra de Cristo

23. La Deidad de Cristo 237

  La Enseñanza Bíblica 238

  Desviaciones Históricas de la Creencia en la Plena Deidad de Cristo 243

  Cristología Funcional 244

  Implicaciones de la Deidad de Cristo 244

24. La Humanidad de Cristo 247

  La Importancia de la Humanidad de Cristo 248

  La Evidencia Bíblica 248

  Las Primeras Herejías sobre la Humanidad de Jesús 251

  El Nacimiento Virginal 252

  La Ausencia de Pecado de Jesús 255

  Implicaciones de la Humanidad de Jesús 256

25. La Unidad de la Persona de Cristo 259

  La Importancia y la Dificultad del Asunto 260

  El Material Bíblico 260

  Las Primeras Malas Interpretaciones 261

  Otros Enfoques para Resolver el Problema 263

  Principios Básicos de la Doctrina de las Dos Naturalezas en una sola Persona 264

26. Introducción a la Obra de Cristo 269

  Las Fases de la Obra de Cristo 270

  Las Funciones de Cristo 273

  Las Múltiples Teorías de la Expiación 276

27. El Tema Central de la Expiación 281

  Factores Antecedentes 282

La Enseñanza del Nuevo Testamento   284

El Significado Esencial de la Expiación   287

Objeciones Frente a la Teoría de la
Sustitución Penal   290

Implicaciones de la Expiación Sustitutiva   292

Parte 6 El Espíritu Santo

28. La Persona del Espíritu Santo   295

La Importancia de la Doctrina del
Espíritu Santo   296

Dificultades para Entender al
Espíritu Santo   297

La Naturaleza del Espíritu Santo   297

Implicaciones de la Doctrina del
Espíritu Santo   300

29. La Obra del Espíritu Santo   303

La Obra del Espíritu Santo en el
Antiguo Testamento   304

La Obra del Espíritu Santo en la Vida
de Jesús   306

La obra del Espíritu Santo en la vida
del Cristiano   307

Los Dones Milagrosos en la
Actualidad   309

Implicaciones de la Obra del Espíritu   314

30. Cuestiones Recientes sobre el
Espíritu Santo   317

El Espíritu Santo y la Profecía en la
Actualidad   318

El Espíritu Santo y Otras Religiones
del Mundo   321

El Espíritu Santo y otros "Espíritus"   324

Parte 7 Salvación

31. Concepciones de la Salvación   331

Detalles en los que Difieren las Concepciones
de la Salvación   332

Concepciones de la Salvación en la
Actualidad   334

32. El Antecedente a la Salvación:
La predestinación   341

Distintas Ideas sobre la Predestinación   342

Una Solución Propuesta   346

Implicaciones de la Predestinación   348

33. El Comienzo de la Salvación:
Aspectos Subjetivos   349

Llamamiento Eficaz   350

Conversión   351

Regeneración   355

Implicaciones del Llamamiento Eficaz,
la Conversión y la Regeneración   358

34. El Comienzo de la Salvación:
Aspectos Objetivos   359

Unión con Cristo   360

Justificación   363

Adopción   369

35. La Continuación y Perfección
de la Salvación: 373

Santificación   374

Perseverancia   378

Glorificación   384

Parte 8 Iglesia

36. La Naturaleza de la Iglesia   391

El Significado Básico del Término "
Iglesia"   392

La Unidad de la Iglesia   392

Las Figuras Bíblicas de la Iglesia   393

Implicaciones   397

37. La Función y el Gobierno
de la Iglesia 399

Las Funciones de la Iglesia   400

El Corazón del Ministerio
de la Iglesia: El Evangelio   404

Formas del Gobierno Eclesiástico   406

Un Sistema de Gobierno Eclesiástico
para Hoy   408

38. Los Sacramentos de la Iglesia:
*El Bautismo y la Cena del
Señor*   411
   *El Bautismo: El Rito de Iniciación de la
Iglesia*   412
   *La Cena del Señor: El Rito Progresivo de la
Iglesia*   418

Parte 9 Los Últimos Tiempos

39. Temas Introductorios y
Escatología Individual   427
   Introducción a la Escatología   428
   Muerte   430
   El Estado Intermedio   433
   *Implïcaciones de las Doctrinas de la
Muerte y del Estado Intermedio*   438

40. La Segunda Venida
y sus Consecuencias   441
   La Segunda Venida   442
   Resurrección   447
   El Juicio Final   450
   *Implicaciones de la Segunda Venida
y sus Consecuencias*   451

41. Las Posturas Mileniales
y Tribulacionistas   453
   Postural Milenial   454
   Postura Tribulacional   461

42. Condiciones Finales   469
   Condición Final de los Justos   470
   Condición Final de los Impíos   474
   *Implicaciones de la Doctrina de las
Condiciones Finales*   478

Índice de las Escrituras   481

Índice de Nombres y Temas   489

Prefacio

La doctrina cristiana estudia y articula la fe "dada una vez por todas" a la iglesia. En ese sentido, es inalterable. Sin embargo, las preguntas que se le plantean y las situaciones con las que se debe relacionar cambian con el tiempo. Hace muchos años, varios profesores, que usaban mi libro *Christian Theology* [Teología cristiana] como un manual en cursos de pregrado, expresaron su deseo de tener una versión más corta de ese libro, la cual eliminaría algunas de las partes más técnicas. El resultado fue la primera edición de *Introducing Christian Doctrine* [Introducción a la doctrina cristiana], y las respuestas del profesor y de los alumnos confirmaron que esta satisfacía una necesidad real. A lo largo de los años, a medida que los intereses de los estudiantes han cambiado y nuevos temas doctrinales han adquirido importancia, se preparó una segunda edición de cada uno de estos libros y, recientemente, una tercera edición de la obra más extensa. Los cambios efectuados en esta edición de la obra más corta son similares a los del libro *Christian Theology*.

El libro *Introducción a la Doctrina Cristiana* está diseñado para brindar una preparación y una transición al libro *Teología cristiana*. Concuerda en el estilo y la perspectiva de esa obra más amplia, ya que muchas oraciones se han tomado de ella sin cambiarlas. Se aconseja a los estudiantes y otras personas que deseen discusiones más extensas sobre algunos de los temas planteados aquí, o de algunos temas que no se abordan aquí, a consultar esa obra más amplia.

L. Arnold Hustad, profesor de teología y filosofía en el *Crown College,* realizó el trabajo original de selección y condensación, y ha trabajado una vez más conmigo en esta edición. Su conocimiento de los desarrollos actuales y su amplia experiencia en la enseñanza a estudiantes universitarios han sido invaluables, además de su buen juicio. Ha sido un placer trabajar de nuevo con mi antiguo alumno y asistente de enseñanza en esta relación como colegas. Agradezco al Sr. Jim Kinney, director editorial de *Baker Academic,* por animarme a hacer estas revisiones y por sus numerosas y útiles sugerencias. Robert Hand y Arika Theule-VanDam guiaron con mucha eficacia el proyecto a través del proceso editorial. También agradezco los comentarios y las observaciones hechas por varios profesores y estudiantes. Todo esto ha ayudado a que este trabajo sea un libro mejor de lo que se hubiera esperado.

Millard J. Erickson

Introducción

¿Qué es la Teología?

Una vez estudiado este capítulo, el lector es capaz de:

1. Redactar una breve definición de la teología.
2. Demostrar la necesidad de la doctrina en la sociedad contemporánea.
3. Identificar puntos de partida alternativos para estudiar la doctrina cristiana.
4. Enumerar y explicar cada uno de los pasos involucrados en el desarrollo de una teología adecuada.

El propósito de la teología cristiana es comprender al Dios revelado en la Biblia y brindar una concepción cristiana de la creación de Dios, en particular de los seres humanos y su condición, y de la obra redentora de Dios. Con las Escrituras como punto de partida, la teología se desarrolla de una manera más eficaz siguiendo una metodología definida.

La Naturaleza de la Teología:

- La Teología como Estudio de la Doctrina
- La Necesidad del Estudio de la Doctrina
- La Teología como Ciencia
- El Punto de Partida para el Estudio de la Doctrina Cristiana

El Método de la Teología:

- Recopilación de Recursos Bíblicos
- Unificación de los Recursos Bíblicos
- Análisis de los Significados de las Enseñanzas Bíblicas
- Estudio de Aspectos Históricos
- Consulta de Otras Perspectivas Culturales
- Identificación de la Esencia de la Doctrina
- Iluminación de Fuentes Más Allá de la Biblia
- Expresión Contemporánea de la Doctrina
- Desarrollo de un Motivo Interpretativo Central
- Estratificación de los Temas

La Teología como Estudio de la Doctrina

Para algunos lectores, la palabra "doctrina" puede resultar algo aterradora. Esta palabra evoca visiones de creencias muy técnicas, difíciles y abstractas, tal vez expuestas dogmáticamente. Sin embargo, la doctrina no se trata de eso. La doctrina cristiana consiste simplemente en declaraciones de las creencias más fundamentales que tienen los cristianos, creencias sobre la naturaleza de Dios, sobre cómo obra, sobre nosotros que somos sus criaturas y sobre lo que ha hecho para que tengamos una relación con él. Lejos de ser densas o abstractas, estos son los tipos de verdades más importantes. Son declaraciones sobre las cuestiones fundamentales de la vida, por ejemplo, ¿quién soy yo?, ¿cuál es el significado último del universo?, ¿a dónde voy? Por lo tanto, la doctrina cristiana consiste en las respuestas que el cristiano da a aquellas preguntas que se hacen todos los seres humanos.

La doctrina trata sobre las verdades generales o eternas acerca de Dios y el resto de la realidad. No es simplemente el estudio de hechos históricos específicos, como lo que Dios ha hecho, sino de la naturaleza misma del Dios que actúa en la historia. El estudio de la doctrina se conoce como teología. Literalmente, la teología es el estudio de Dios. Es el estudio, análisis y afirmación detallada y sistemática de la doctrina cristiana. Algunas de sus características nos ayudarán a comprender la naturaleza de la organización teológica:

1. La teología es bíblica. Toma su contenido principal de las Escrituras del Antiguo y Nuevo Testamento. Si bien se puede obtener una perspectiva adicional mediante el estudio de la creación de Dios, o lo que a veces se denomina el libro de la obra de Dios, es principalmente la alabra de Dios la que constituye el contenido de la teología.

2. La teología es sistemática. No analiza cada uno de los libros de la Biblia por separado, sino que intenta reunir en un conjunto coherente lo que dice la totalidad de las Escrituras sobre un tema determinado, como la pecaminosidad humana.

3. La teología se hizo en el contexto de la cultura humana. La teología, sobre todo en su sentido más avanzado o técnico, debe relacionar las enseñanzas de las Escrituras con los datos que se encuentran en otras disciplinas que abordan el mismo tema.

4. La teología es contemporánea. El objetivo de la teología es reafirmar las verdades bíblicas eternas en una forma que sea comprensible para las personas en la actualidad.

5. La teología es práctica. Pablo no expuso la doctrina simplemente para informar a sus lectores, para que así pudieran tener más información. Más bien, pretendía que la doctrina se aplicara a la vida cotidiana. La doctrina de la segunda venida de Cristo puede, por supuesto, convertirse en un objeto de especulación: las personas intentan determinar cuándo esto ocurrirá en relación con otros acontecimientos. Sin embargo, Pablo en 1 Tesalonicenses 4:16-18 insta a sus lectores a consolarse unos a otros con esta verdad. Que el Señor regrese y resucite a todos los que han creído en él es una fuente de paz y aliento en un mundo donde tanto valor parece estar causando destrucción.

La Necesidad del Estudio de la Doctrina

¿Existe realmente la necesidad de estudiar la doctrina? ¿No es suficiente si simplemente amo a Jesús? Según la opinión de algunas personas, la doctrina no solo es innecesaria, sino tanbién es indeseable y puede causar división. Sin embargo, existen varias razones por las que dicho estudio no es opcional.

1. Las creencias doctrinales correctas son esenciales para la relación entre el creyente y Dios. Así, por ejemplo, el autor de Hebreos dice: "Pero sin fe es imposible agradar a Dios; porque es necesario que el que se acerca a Dios crea que le hay, y que es galardonador de los que le buscan" (Heb 11:6).

Lejos de ser densas o abstractas, la doctrina cristiana trata sobre las cuestiones fundamentales de la vida, por ejemplo, ¿quién soy yo?, ¿cuál es el sentido último del universo?, ¿a dónde voy?

Creer en la humanidad de Jesús también es importante para tener una relación adecuada con Dios. Juan dice: "En esto conoced el Espíritu de Dios: Todo espíritu que confiesa que Jesucristo ha venido en carne, es de Dios" (1 Juan 4:2). Pablo enfatiza la importancia de creer en la resurrección de Cristo: "Que si confesares con tu boca que Jesús es el Señor, y creyeres en tu corazón que Dios le levantó de los muertos, serás salvo. Porque con el corazón se cree para justicia, pero con la boca se confiesa para salvación" (Ro 10:9-10).

2. La doctrina es importante debido a la relación entre la verdad y la experiencia. En nuestra época, la experiencia inmediata es muy valorada. Es por ello que muchos consumen drogas debido a la excitación o la estimulación que estas les brindan. Las fantasías brindan experiencias satisfactorias a algunos. Sin embargo, a largo plazo, nuestra experiencia no solo es influenciada por la realidad, sino que depende de ella. Una persona que se cae desde el piso superior de un edificio alto puede gritar mientras pasa por cada ventana en el camino hacia abajo: "Estoy bien", pero eventualmente los hechos cambiarán dependiendo de la experiencia de esa persona. Solamente el hecho de sentirse bien con Jesús no puede separarse de la cuestión de si él es genuinamente el Hijo de Dios. La esperanza para el futuro depende de si su resurrección ocurrió y si la nuestra ocurrirá algún día.

3. La comprensión correcta de la doctrina es importante porque existen muchos sistemas de pensamiento seculares y religiosos que compiten por nuestra devoción en estos días. El marxismo, la base del comunismo, durante mucho tiempo contaba con la lealtad de muchos. Las filosofías y psicologías populares de autoayuda son abundantes. Entre las opciones religiosas existen una gran cantidad de sectas y cultos, además de una gran variedad de denominaciones cristianas. Y no solo se encuentran religiones alternativas en el extranjero, sino que también cuentan con una cantidad significativa de devotos en los Estados Unidos. Por lo tanto, no es solamente una cuestión de *si* se debe creer, sino en *qué* uno debe creer.

Se ha sugerido que la forma de abordar las divrsas alternativas es una refutación completa y una exposición sistemática de sus limitaciones. Sin embargo, parece que se prefiere un enfoque positivo de enseñanza sobre los puntos de vista de la fe cristiana. Este enfoque brinda una base para medir las posiciones alternativas. Se estudia el producto auténtico para reconocer las falsificaciones. De manera similar, la comprensión correcta de las enseñanzas doctrinales del cristianismo es la solución a la confusión creada por la multitud de los interesados en la creencia.

Teología como Ciencia

A veces surge una pregunta sobre la legitimidad del estudio de la doctrina cristiana en una institución de educación superior.

¿No es la enseñanza de la teología solo un adoctrinamiento?

Sin duda, existen límites para la enseñanza de la teología cristiana en una institución estatal, donde no puede haber ninguna conexión oficial con una forma determinada de religión. Sin embargo, no hay nada que prohíba un estudio científico objetivo del cristianismo, así como de otras religiones. En una institución privada, y particularmente en una que tenga un compromiso con el cristianismo, el estudio de la doctrina cristiana es muy apropiado. No tiene por qué ser inferior a las otras disciplinas que se estudian.

Para que sea un tema adecuado de estudio, la teología debe ser, en algún sentido, una ciencia. No queremos decir que deba ser una ciencia en el sentido estricto de las ciencias naturales[1]. Más bien, debe tener algunos de los criterios tradicionales del conocimiento científico: (1) un objeto de estudio definido; (2) un método para investigar el tema y para verificar las afirmaciones; (3) objetividad en el sentido de que el estudio se ocupa de fenómenos externos a la experiencia inmediata del alumno y, por lo tanto, accesibles a la investigación por parte de otros; y (4) coherencia entre las premisas del tema de modo que el contenido conforme un esquema definido de conocimientos en lugar de una serie de hechos que no están relacionados o que están indirectamente conectados.

La teología, tal como la trataremos, cumple con estos criterios. También comparte puntos en común con las demás ciencias. (1) Acepta las mismas reglas de lógica que las otras disciplinas. Donde aparecen las dificultades, la teología no invoca simplemente a la paradoja o a la incomprensibilidad. (2) Es comunicable: puede expresarse en forma verbal proposicional. (3) Hasta cierto punto, emplea métodos utilizados por otras disciplinas específicas,

particularmente la historia y la filosofía. (4) Comparte algunos temas con otras disciplinas. Por lo tanto, es posible que algunas de sus premisas puedan ser confirmadas o refutadas por las ciencias naturales, las ciencias del comportamiento o la historia.

Sin embargo, la teología tiene una posición propia y única. Algunos de sus temas son únicos, por ejemplo, Dios. También trata sobre objetos comunes, pero de una manera particular; por ejemplo, considera a las personas según su relación con Dios. De esta manera, mientras que la teología cristiana o el estudio de la doctrina cristiana es una ciencia, es una ciencia que tiene una propia posición peculiar. No puede reducirse a ninguna otra ciencia, ya sea natural o conductual.

El Punto de Partida para el Estudio de la Doctrina Cristiana

Una de las preguntas que debemos enfrentar de inmediato cuando estudiamos la doctrina cristiana es la fuente de donde se extraerá nuestro conocimiento. Incluso en los círculos cristianos, se han dado varias respuestas:

1. *La teología natural.* Se estudia el universo creado para determinar ciertas verdades sobre Dios y sobre la naturaleza humana (Este enfoque empírico de la doctrina se examinará en el cap. 3).
2. *La tradición.* Se investiga lo que se ha sostenido y enseñado por las personas y las organizaciones que se identifican como cristianas. De esta manera, lo que se ha creído se vuelve normativo para lo que se debe creer.
3. *Las Escrituras.* Se considera que la Biblia es el documento definitorio o la constitución de la fe cristiana. Por lo tanto, especifica lo que se debe creer y lo que se debe hacer.
4. *La experiencia.* Se considera que la experiencia religiosa de un cristiano en la actualidad proporciona información divina autorizada.

---

1 Aquí estamos hablando de la ciencia en el sentido europeo más amplio: los alemanes, por ejemplo, hablan de *Naturwissenschaften,* o ciencias naturales, y *Geisteswissenschaften,* que se refiere comúnmente a lo que denominaríamos las ciencias del comportamiento.

Seguiremos el tercer enfoque.

Una práctica similar se puede encontrar en varias instituciones y organizaciones que tienen algún estatuto, constitución o actas de constitución que definen lo que la institución debe ser y los procedimientos que debe seguir.

La Biblia es la constitución de la fe cristiana: específica lo que se debe creer y lo que se debe hacer.

Cuando exista una disputa entre los postulantes para ser el verdadero representante de tal grupo o movimiento, un tribunal de justicia generalmente fallará a favor de la parte que se considere que cumpla con la constitución fundamental. En los Estados Unidos, la Constitución es vinculante. De hecho, cualquier ley que contradiga la Constitución será declarada nula por un tribunal.

En el caso del cristianismo, también estamos tratando con una constitución, es decir, la Biblia. Los cristianos son aquellos que continúan con las enseñanzas que el mismo Jesucristo dejó. No pueden negar o modificar lo enseñado y practicado por Jesús, o por aquellos a quienes autorizó. En teoría, por supuesto, sería posible modificar la Constitución. Sin embargo, se debe tener en cuenta que en las relaciones humanas, solo ciertas personas son idóneas para hacer esa modificación; una organización externa no puede alterar la Constitución. En el caso del cristianismo, su constitución, la Biblia, no fue creada ni formulada por las personas que conforman la iglesia cristiana. Más bien, se originó en Dios mismo. Siendo ese el caso, solo Dios tiene la autoridad para cambiar los estándares de la creencia y práctica. La Biblia es la guía que se debe seguir, ya que posee el derecho de definir la creencia y la práctica correcta.

Esto no quiere decir que el cristianismo a lo largo de los siglos haya repetido y siga repitiendo los relatos de la Biblia exactamente en esa forma. Gran parte de la Biblia trata de casos específicos y fue escrita para situaciones específicas en la historia. Repetir las mismas palabras de la misma manera sería distorsionar el significado. Más bien, lo que se debe hacer es expresar en la actualidad lo que Jesús o Pablo o Isaías dirían si estuvieran abordando la situación actual. Esto no implica que el significado fundamental se altere, sino que se exprese y se aplique de nuevo.

El Método de la Teología

Hemos dicho que la teología es una ciencia. Eso significa en parte que tiene un procedimiento definido. Si bien los pasos que describiremos no necesitan seguirse de una manera estricta en una secuencia, están desarrollados de una manera lógica.

Recopilación de Recursos Bíblicos

El primer paso será identificar todos los pasajes bíblicos relevantes que están relacionados con el tema que se investiga y luego interpretarlos minuciosamente. Este es el proceso conocido como exégesis. El exégeta querrá usar lo mejor de las herramientas y los métodos teológicos. Estas herramientas incluyen concordancias, comentarios y, para la persona que conoce los idiomas originales, los textos bíblicos, la gramática y el léxico.

Incluso en este paso, es importante pensar detenidamente en los recursos que se van a utilizar. Debemos considerar la posición que tiene el autor en un comentario, por ejemplo. Al menos, debemos ser conscientes de la perspectiva teológica del autor para que las premisas que sean inconsistentes con nuestra propia orientación general no sean incluidas sin darnos cuenta. El problema potencial aquí es lo que puede ocurrir si usamos un instrumento para navegar. Un pequeño error en una brújula puede, cuando hemos viajado una gran distancia, hacer que nos desviemos mucho del rumbo. Por lo tanto, es importante realizar una evaluación cuidadosa de nuestras herramientas de interpretación.

En este punto, la consideración fundamental es determinar con precisión lo que el autor estaba diciendo a su audiencia particular. Esto implicará el estudio de los antecedentes bíblicos para que entendamos, por decirlo de alguna manera, al otro interlocutor en el diálogo. Leer un pasaje bíblico es algo así como escuchar la mitad de una conversación telefónica. Pablo, por ejemplo, escribía a grupos específicos y en relación con las funciones que ellos desempeñaban. Si no conocemos esas funciones, será difícil determinar el significado de las enseñanzas de Pablo.

Esta indagación bíblica implicará el estudio de varios tipos de recursos bíblicos. En algunos casos estudiaremos las palabras; por ejemplo, podríamos determinar el significado de la "fe" mediante un estudio de todas las veces que aparece el sustantivo griego *pistis* y el verbo *pisteuō*. Con frecuencia resultará beneficioso examinar los pasajes didácticos de las Escrituras en donde un autor aborda un tema en particular de manera directa. Debido a que la intención específica de estos pasajes es enseñar, el significado doctrinal suele ser bastante evidente. Más difíciles, pero también sumamente importantes, son los pasajes narrativos. Aquí tenemos descripciones de obras divinas y humanas en lugar de discursos sobre asuntos teológicos. Estos pasajes con frecuencia sirven como ilustraciones de las verdades doctrinales. En algunos casos, el autor también brinda una interpretación o una explicación en donde la importancia doctrinal es evidente.

Unificación de Recursos Bíblicos

Es importante aprender lo que dice un autor bíblico en diferentes contextos sobre un tema determinado. Sin embargo, la doctrina es más que solamente una descripción de lo que dijeron Pablo, Lucas o Juan; y es por ello que

debemos reunir varios testimonios en algún tipo de conjunto que sea coherente. Aquí el teólogo está siguiendo un procedimiento que no es totalmente diferente al de otras disciplinas. En psicología, por ejemplo, normalmente se observaría primero las coincidencias que existen entre los psicólogos de una escuela de pensamiento determinada y luego se trataría de determinar si las aparentes diferencias son discrepancias reales.

Este mismo esfuerzo, por supuesto, asume una unidad y coherencia entre los diversos recursos y testimonios bíblicos. Si bien eso no debería hacer que no veamos los énfasis y matices únicos del significado, sí significa que buscaremos el acuerdo en lugar del desacuerdo. Como me comentó una vez un erudito del Nuevo Testamento: "Interpretamos el 5 por ciento de los recursos en donde los evangelios sinópticos (Mateo, Marcos y Lucas) presentan discrepancias en relación con el 95 por ciento en donde existe un acuerdo claro, y no al revés".

Análisis de los Significados de las Enseñanzas Bíblicas

Cuando los recursos doctrinales han sido recopilados en un conjunto coherente, debemos preguntarnos qué significan *realmente*. Una parte del problema aquí es asegurarnos de que no leamos los significados contemporáneos en las referencias bíblicas. También es posible, cuando la mayor parte de nuestra conversación es con personas que han estado familiarizadas durante mucho tiempo con una interpretación particular de las Escrituras, asumir simplemente que un concepto como nacer de nuevo será entendido por todos de la misma manera.

Por lo tanto, los teólogos deben insistir constantemente en esta pregunta: "¿Qué significa realmente esto?". Si los conceptos bíblicos se van a traducir con precisión a una forma contemporánea, es importante que se entiendan correctamente. Si no es así, existirá una imprecisión aún mayor en puntos posteriores del proceso a medida que la ambigüedad sea más grave. Como se suele decir, a menos que algo esté claro en la mente del hablante, nunca lo estará en la mente del oyente. Asimismo, a menos que algo esté claro en la mente del teólogo como exégeta, no lo estará en la mente del teólogo como predicador que trata a su vez de comunicar a otros los resultados de la exégesis.

Estudio de Aspectos Históricos

Una de las herramientas de la teología es el estudio de la historia de la iglesia. Aquí podemos poner nuestras propias interpretaciones en el contexto de cómo se ha considerado una doctrina en particular en el pasado. El propósito de esto no es simplemente formular el mínimo común denominador de lo que se ha sostenido en varios momentos en el pasado, sino también ayudarnos a darnos cuenta de que, con frecuencia, nuestras interpretaciones o construcciones están basadas en las anteriores. Por lo tanto, con frecuencia podemos notar las implicaciones de una visión actual al observar los resultados históricos de una visión similar.

Otro beneficio del estudio de la teología histórica es que aprendemos a hacer teología al observar cómo otros la han hecho. Al ver la forma en que Agustín y Tomás de Aquino adaptaron la expresión del mensaje cristiano a una situación particular de su época, podemos aprender a hacer algo similar para nuestra propia época.

Consulta de Otras Perspectivas Culturales

Es posible que hayamos estado cegados a nuestra propia perspectiva cultural hasta el punto en que la identificamos con la esencia de la doctrina. Por ejemplo, un pastor bautista japonés le dijo a un profesor de teología bautista de los Estados Unidos: "Su visión del sacerdocio del creyente se basa más en la Constitución de los Estados Unidos que en el Nuevo Testamento". ¿Tenía razón? Ese no es el punto. Tal vez su punto de vista se basa más en la estructura de la

sociedad japonesa que en el Nuevo Testamento, pero la cuestión que se tiene que tener en cuenta es que podemos leer inconscientemente nuestra propia experiencia en las Escrituras. La interacción con otras perspectivas culturales nos ayudará a distinguir la esencia de la enseñanza bíblica de una expresión cultural de la misma[2].

Identificación de la Esencia de la Doctrina

Teniendo en cuenta que las enseñanzas bíblicas fueron escritas para situaciones específicas y que nuestro entorno cultural actual puede ser en algunos aspectos muy diferente al de los escritores bíblicos, tenemos que asegurarnos de que no solamente nos limitemos a reexpresar el mensaje bíblico de la misma manera. Debemos descubrir el mensaje fundamental que existe detrás de todas sus formas específicas de expresión. Debemos determinar, por ejemplo, la verdad común acerca de la salvación que se encuentra en el libro de Deuteronomio y en el libro de Romanos. Si no hacemos esto, una de dos cosas puede suceder. Podemos insistir en preservar una forma particular de enseñanza. Podríamos, por ejemplo, insistir en que se mantenga el sistema de sacrificios del Antiguo Testamento. El otro peligro es que, en el proceso de intentar determinar el mensaje, lo alteremos de tal manera que se convierta en un género

2 Existen varias maneras de hacer esto. Un enfoque esencial es leer la teología escrita por personas de diferentes culturas. Aún mejor es la interacción personal con esos cristianos y teólogos. Personalmente, he descubierto que servir en la Comisión de Doctrina y Cooperación Intereclesiástica de la Alianza Mundial Bautista durante treinta años y servir periódicamente a congregaciones multirraciales y enseñar en países en vías de desarrollo ha sido de gran ayuda. La interacción con cristianos de muchos otros países y culturas, aunque a veces es incómoda, es un buen proceso de sensibilización. Escribir una propia autobiografía intelectual es otra buena manera de abordar la particularidad de su propia perspectiva. Para obtener una descripción más extensa de este proceso, consulte mi obra *Truth or Consequences: The Promise and Perils of Postmodernism* [Verdad o consecuencias: la promesa y los peligros del posmodernismo] (Downers Grove, Illinois: InterVarsity, 2001), 241–42.

diferente en lugar de una especie diferente dentro del mismo género. En el ejemplo del sistema de sacrificios, lo que es permanente e invariable no es la forma del sacrificio, sino la verdad de que debe haber un sacrificio vicario por los pecados de la humanidad. Esta tarea de identificar la verdad permanente dentro de las formas temporales de expresión es tan importante que dedicaremos una gran parte del siguiente capítulo a este tema.

Iluminación de Fuentes Más Allá de la Biblia

Dijimos anteriormente que la Biblia es la fuente principal de nuestra construcción doctrinal. Si bien es la fuente principal, no es la única. Dios se ha revelado en un sentido más general en su creación y en la historia humana. El estudio de esa revelación nos ayudará a comprender mejor la revelación especial que se ha conservado para nosotros en la Biblia.

Un ejemplo es la cuestión de la imagen de Dios en la humanidad. La Biblia nos enseña que Dios creó al ser humano a su imagen y semejanza. Aunque hay algunas indicaciones generales de su naturaleza, no podemos determinar a partir de las Escrituras qué involucra específicamente la imagen de Dios. Sin embargo, las ciencias del comportamiento pueden darnos una idea de la imagen de Dios al permitirnos identificar lo que es único en el ser humano entre los diversos tipos de criaturas.

Cabe señalar que, en la historia de la interpretación bíblica, algunas disciplinas no bíblicas han contribuido de hecho a nuestro conocimiento teológico, a veces a pesar de la oposición de los exégetas y teólogos bíblicos. Por ejemplo, el esfuerzo académico para determinar si los días a los que se refiere Génesis 1 deben considerarse períodos de veinticuatro horas, períodos más largos o incluso conceptos no temporales no se ha limitado a la exégesis bíblica. Las ciencias naturales, particularmente la geología, han contribuido a nuestro conocimiento de lo que Dios hizo.

Sin embargo, debemos asegurarnos de que la Biblia sea la autoridad principal en nuestro esfuerzo. También debemos estar seguros de no sacar conclusiones anticipadamente sobre la relación entre los recursos bíblicos y no bíblicos. Si bien la Biblia, cuando se comprende por completo, y la creación, cuando se comprende por completo, están en perfecta armonía entre sí, debemos reconocer que no tenemos una comprensión perfecta de ninguna de las dos. En consecuencia, es muy posible que a veces exista cierta tensión en el uso que le demos.

Expresión Contemporánea de la Doctrina

Cuando hayamos determinado la esencia permanente o el contenido permanente de la doctrina, debemos expresarlo de una forma que sea fácilmente accesible para las personas en la actualidad. Una de las formas en que esto se puede hacer fue formulada por primera vez por Paul Tillich y se conoce como el método de correlación. El primer paso es indagar qué preguntas se hacen en nuestra época. Con esto nos referimos no solo a los problemas existenciales inmediatos que enfrentan los individuos, sino a todas la maneras en cómo la cultura general ve la realidad. Estas preguntas se convierten entonces en el punto de partida de nuestra presentación del mensaje cristiano; es decir, les explicamos el contenido de la teología bíblica. Sin duda, no debemos permitir que el mundo no cristiano determine las pautas por completo, ya que en muchos casos es posible que no haga preguntas o ni siquiera reconozca la existencia de las preguntas más importantes. Sin embargo, con frecuencia es útil determinar cuáles son las preguntas que se están haciendo.

Una serie de temas se presentarán como productivos para la exploración mientras intentamos formular una expresión contemporánea del mensaje. Aunque nuestra época parece caracterizarse cada vez más por la despersonalización y el desinterés, hay indicios de que existe un anhelo de una dimensión personal en la vida en la cual se puede relacionar de una manera beneficiosa la doctrina del Dios que conoce y se preocupa por cada uno. Y aunque ha habido confianza en que la tecnología moderna podría resolver los problemas del mundo, existe cada vez más conciencia de que los problemas son mucho más grandes y aterradores de lo que se pensaba y que los seres humanos son el mayor problema para ellos mismos. En este contexto, el poder y la providencia de Dios tienen una nueva relevancia.

En la actualidad, es popular que se hable de "contextualizar" el mensaje. Este término se usa con frecuencia en la disciplina de la misionología, donde existe la necesidad de traducir conceptos de la propia cultura a una cultura contemporánea diferente. Parece que existen tres dimensiones del proceso de contextualización. A la primera podemos llamarla longitud. Esto implica llevar el mensaje de los tiempos bíblicos al presente y reexpresarlo.

La segunda dimensión la podemos llamar amplitud: el cristianismo puede asumir diferentes formas de expresión en diferentes culturas. Los misioneros occidentales deben asegurarse de no simplemente llevar su propia cultura a otras partes del mundo. A veces se han construido pequeñas capillas blancas con capiteles para el culto cristiano en África. La arquitectura de la iglesia no es el único ámbito donde ocurre este problema. Es muy importante, por ejemplo, que descubramos los distintivos filosóficos de las diversas culturas. Se ha observado que, cada vez más, la distinción cultural más importante será entre el norte y el sur, en lugar de entre el este y el oeste, a medida que aumenta la importancia del tercer mundo. Debemos desarrollar la capacidad de expresar conceptos como el pecado y la expiación en formas que sean culturalmente relevantes, ya que estos conceptos constituyen la esencia del mensaje cristiano.

También está la dimensión de la altura. Un mensaje puede expresarse en diferentes niveles de complejidad y sofisticación. Esto puede implicar simplemente la edad que tienen los oyentes. Por ejemplo, no se debe comunicar el mensaje cristiano de la misma forma a un niño que a un profesor universitario. Más allá de eso, está

la cuestión del contexto de los conceptos bíblicos y teológicos. Con frecuencia, los estudiantes leerán el trabajo de un teólogo profesional que se encuentra en un nivel mucho más avanzado que aquellos a los que darán testimonio de la verdad. Es vital tener la capacidad de expresar la verdad bíblica en diferentes momentos y lugares y para diferentes audiencias.

Desarrollo de un Motivo Interpretativo Fundamental

No siempre es necesario que los cristianos individuales formulen una descripción central y fundamental de su teología. Sin embargo, muchas veces, esto es útil. A veces este motivo refleja la denominación de cada uno. Por ejemplo, algunas personas de la tradición reformada enfatizan la soberanía de Dios, mientras que algunos luteranos enfatizan la gracia de Dios y el rol de la fe. La forma en la cual describimos a nuestra teología suele estar relacionada con nuestra propia personalidad y experiencia. El detalle personalizado hará posible que la verdad bíblica sea más práctica cuando la incorporemos a nuestras propias vidas.

Estratificación de los Temas

Es importante que decidamos cuáles son las cuestiones principales de la teología y cuáles son las cuestiones o temas secundarios. Cuanto más importante sea un tema determinado, el grado de perseverancia con la que insistamos en él debe ser mayor. Por lo tanto, aunque uno no puede insistir como condición de comunión con otro creyente en un acuerdo respecto a si la iglesia será eliminada del mundo antes o después de la gran tribulación, debe haber un acuerdo sobre la cuestión de si Cristo regresará. En parte, se trata simplemente de resumir nuestra teología para que podamos determinar los temas principales, los temas secundarios y los temas que dependen de los temas secundarios.

Dicho esto, sin embargo, reconocemos que todavía existe una progresión entre las principales doctrinas. Por ejemplo, la doctrina de las Escrituras es fundamental porque nuestra comprensión de todas las demás doctrinas se deriva de ella. Además, la doctrina de Dios es fundamental porque proporciona la propia estructura dentro de la cual se realiza toda la construcción teológica. También puede darse el caso de que en un momento determinado un tema o una cuestión particular requiera una mayor atención porque está siendo atacada o porque recibe un trato especial en el mundo al que nos dirigimos. Evidentemente, es esencial tener una consideración especial del significado relativo de los temas teológicos.

Preguntas de Análisis y Reflexión

- ¿Cuáles son los cinco aspectos de la definición de la teología?
- ¿Por qué la teología puede ser considerada una ciencia?
- ¿Cuáles son las fuentes potenciales de la doctrina cristiana y por qué es importante esta pregunta?
- ¿Qué pasos están involucrados en el proceso de hacer teología? Ilustre cómo se debe hacer.
- ¿Cómo podría ser relevante la teología para resolver un dilema ético?

2

Contextualizando el Mensaje Cristiano

Objetivos del Capítulo

Una vez estudiado este capítulo, el lector es capaz de:
1. Reconocer la complejidad del entorno teológico actual.
2. Describir los elementos del cristianismo que son eternos e invariables, y contrastarlos con las expresiones temporales.
3. Comparar y contrastar diferentes enfoques para contextualizar la teología y establecer diferencias entre los valores de cada uno de ellos.

Resumen del Capítulo

La aceleración del cambio y la explosión y fragmentación de la información ha ocasionado que hacer teología sea más difícil en el mundo de hoy que en los siglos más tranquilos en el pasado. Es importante exponer el mensaje del evangelio en términos que se entiendan en el siglo XXI. Al hacerlo, algunos teólogos no solo han cambiado la forma de expresarlo, sino también el contenido. El objetivo de contextualizar el mensaje cristiano es conservar el contenido y la doctrina bíblica mientras se logra que el mensaje sea más comprensible en la actualidad. Se presentan cinco criterios para evaluar la integridad del mensaje.

Estructura del Capítulo

El Contexto Contemporáneo de la Teología

Enfoques para Contextualizar el Mensaje Cristiano

El Elemento Permanente en el Cristianismo

La Naturaleza de la Contextualización

Los Criterios de Permanencia en la Doctrina

La forma cómo se hace la teología ha variado considerablemente a lo largo de la historia de la iglesia. Ha habido períodos en los que hubo una importante uniformidad dentro de la teología junto con una uniformidad en el método. La era de la escolástica católica romana es un ejemplo. La teología protestante ha mostrado en ocasiones una homogeneidad similar. El período inmediatamente posterior a la Reforma representó esa época en el luteranismo. Sin embargo, en la actualidad existe una diversidad significativa.

Una característica de nuestra época es la vida relativamente corta de las teologías. En cierto sentido, la gran síntesis teológica construida por Agustín duró aproximadamente ocho siglos. Tomás de Aquino formuló un sistema teológico y una metodología que perduró durante dos siglos y medio (y en los círculos católicos durante siete siglos). La teología de Juan Calvino prevaleció durante casi tres siglos. Sin embargo, cuando nos referimos a Friedrich Schleiermacher, encontramos que el liberalismo que él inspiró duró poco más de un siglo. La teología de Karl Barth fue superior durante solo unos veinticinco años, y la desmitologización de Rudolf Bultmann solo durante unos doce años.

Otra dimensión del entorno teológico actual es la decadencia de las grandes escuelas de pensamiento teológico. En la década de 1950, básicamente se podía identificar a la mayoría de los teólogos como pertenecientes a un campo particular, ya sea neoortodoxo, neoliberal, bultmaniano o algún otro grupo. Ahora, sin embargo, muchas veces solo hay teólogos y teologías individuales. Si bien puede haber consensos generales o agrupaciones de ideas, no existen compromisos fuertes con los sistemas de pensamiento como tales. Por lo tanto, ya no se puede simplemente tomar la decisión de defender un sistema que ya está definido.

Simultáneamente con esta decadencia, está el hecho de que los grandes teólogos ya han desaparecido de la escena. La primera parte del siglo XX contaba con el pensamiento de Karl Barth, Paul Tillich y Reinhold Niebuhr. Sin embargo, en los últimos tiempos, pocos han conseguido igualar su pensamiento, y ninguno ha reunido tantos seguidores como ellos. En su mayor parte, se trata de cada teólogo por sí mismo.

En gran medida, la teología evangélica o conservadora ha evitado la decadencia. Debido a que el evangellismo tiene claro que su fuente es la Biblia, sus opiniones no varían con respecto al lugar relativo de la experiencia o de la tradición, ni genera un debate si el enfoque principal de la religión son los sentimientos o la actividad ética. Aunque ha habido matices significativos en el enfoque teológico a lo largo de los siglos, la preocupación del evangélico es simplemente investigar lo que dice la Biblia sobre un tema determinado y fusionarlo en una especie de un conjunto coherente. La metodología que se defiende en este capítulo mantiene esa postura fundamental.

Podemos aprender ciertas lecciones de esta mirada rápida al entorno teológico contemporáneo. Primero, debemos evitar identificarnos demasiado con la cultura contemporánea.

Debido a que la cultura está cambiando tan rápido con la explosión del conocimiento y con los factores sociales cambiantes, aquellas teologías que se alinean demasiado con los desarrollos contemporáneos probablemente se volverán obsoletas. Una analogía aquí es una pieza de maquinaria. Por un lado, no debe haber demasiada holgura, para que no haya un desgaste excesivo. Por otro lado, si se ajusta demasiado, las partes se romperán debido a la tensión. De manera similar, es importante lograr un equilibrio entre determinar la esencia permanente de la doctrina cristiana y contextualizarla en una situación específica. Si en nuestro esfuerzo debemos favorecer a uno o a otro, debe ser al primero.

Una segunda lección del entorno contemporáneo es que es posible tener cierto grado de eclecticismo al hacer teología. Esto no quiere decir que tomemos elementos inconsistentes de diferentes teologías y los combinemos sin ningún criterio. Más bien, ningún sistema tiene un sitio exclusivo en el mercado doctrinal y, por lo tanto, es posible aprender de varias teologías diferentes.

Una tercera lección es la importancia de mantener un cierto grado de independencia cuando se estudian las ideas de un teólogo en particular. Si bien es valioso ser, al menos hasta cierto punto, discípulo de otro, uno no debe caer en un discipulado que acepta sin ningún criterio todo lo que dice un maestro teológico. Hacer eso significa en realidad hacer que la fe de uno dependa de la de otro. Incluso en el caso de aquellos con los que más se está de acuerdo (y quizás especialmente en esos casos), es fundamental cuestionar lo que se lee. La decadencia de los grandes personajes debe, por supuesto, contribuir al pensamiento creativo e independiente. Aunque esto hace que el esfuerzo teológico sea algo más difícil, vale la pena el esfuerzo.

Enfoques para Contextualizar el Mensaje Cristiano

Cuando comparamos el mundo actual y el mundo de los tiempos bíblicos, notamos algunas diferencias significativas. Los medios de transporte, por ejemplo, han cambiado enormemente. En los tiempos bíblicos era común caminar o montar un caballo o un burro. Por lo tanto, los viajes a grandes distancias eran casi desconocidos. Los viajes de Pablo por el Mediterráneo fueron una experiencia que muy pocos igualaron. La mayoría de las personas vivían y morían a poca distancia de su lugar de nacimiento. Sin embargo, en la actualidad es posible tener reuniones en un día a miles de kilómetros de distancia. Se ha logrado hacer viajes espaciales y los horizontes se están expandiendo cada vez más. Las comunicaciones son igualmente revolucionarias en el sentido de que uno puede, a través de los satélites de televisión, observar en el mismo momento algo que sucede al otro lado del mundo, mientras que en los tiempos bíblicos podía llevar semanas e incluso meses transmitir un mensaje desde Roma a Palestina.

Otros aspectos de la cultura también han cambiado mucho. Varios conceptos se entienden de una manera bastante diferente hoy que en los tiempos bíblicos. Por ejemplo, en los tiempos bíblicos, el cielo y el infierno se consideraban en términos de arriba y abajo: el cielo estaba en algún lugar muy alto sobre la tierra. Hoy entendemos que estas direcciones son relativas. No vivimos en una tierra plana que se encuentra debajo del cielo. Más bien, entendemos que el término "cielo" connota que Dios es de alguna manera diferente y, en un sentido no espacial, está muy lejos de nosotros.

El problema consiste en cómo expresar las verdades bíblicas en imágenes que tengan sentido en la actualidad. En algunos casos esta tarea es bastante sencilla. Por ejemplo, podemos proporcionar con facilidad equivalentes contemporáneos que entenderán las personas que no estén familiarizadas con las imágenes de un pastor y una oveja. Sin embargo, más difícil es el problema de hacer que la posesión demoníaca sea comprensible para las personas que piensan en la enfermedad exclusivamente en términos de bacterias y virus, y que simplemente no pueden concebir la existencia de seres espirituales invisibles.

Una de las dimensiones del proceso de contextualización consiste en adaptar a nuestra realidad el mensaje. Hay diferentes tipos de enfoques para la tarea de contextualizar el mensaje cristiano. Primero, aquellos a quienes se les puede llamar transplantadores simplemente dicen que debemos presentar los conceptos bíblicos en una terminología bíblica. No es tarea del mensajero cristiano tratar de hacer que el mensaje sea comprensible. Esa es la obra del Espíritu Santo. Por lo tanto, no necesitamos traducir o interpretar el mensaje en una expresión contemporánea, particularmente porque los que no son cristianos y el espíritu de la era moderna se oponen a todo lo sobrenatural. Lograr que el mensaje sea comprensible y aceptable para tales personas sería pervertirlo.

Un extremo opuesto es el enfoque del grupo al que a veces se hace referencia como transformadores del mensaje cristiano. Estas personas dicen que partes de la visión bíblica están obsoletas y, por lo tanto, deben ser eliminadas. No existe una manera de hacer que las ideas que provienen de un período anterior de ignorancia humana sean comprensibles para las personas de la era contemporánea. Por ejemplo, a alguien que vive en función de la tecnología moderna no se le puede pedir que crea en respuestas sobrenaturales a la oración. Eso exigiría un sacrificio del intelecto. Por lo tanto, algunas partes del mensaje cristiano no deben aceptarse. Debe abandonarse la creencia en ideas tan anticuadas como los ángeles, los demonios y el infierno. Durante el proceso de reafirmar el mensaje cristiano, en ocasiones puede incluso ser necesario alterar sus elementos esenciales.

Una tercera posición se encuentra entre estas dos. Se trata de los traductores del mensaje cristiano. Estas personas son básicamente conservadoras porque desean conservar el contenido esencial de la enseñanza bíblica. Sin embargo, al mismo tiempo, desean reformularlo o traducirlo a conceptos más modernos, para encontrar equivalentes contemporáneos a los conceptos extraídos de la era bíblica. Los traductores se esfuerzan por hacer que el mensaje bíblico sea comprensible para la mentalidad moderna, pero no creen que necesariamente pueda o deba hacerse aceptable en términos modernos. Hacer eso sería alterar la naturaleza misma del mensaje, porque tiene una dimensión integrada que siempre será motivo de ofensa para los humanos que son pecadores[1].

El Elemento Permanente en el Cristianismo

Ahora debemos tratar de identificar el factor invariable en el cristianismo. Se han propuesto varias teorías.

Una teoría sostiene que el elemento permanente es institucional. Esta es la posición de la Iglesia católica romana. Lo que es permanente y persistente a lo largo del tiempo es la institución de la Iglesia católica. Por lo tanto, su enseñanza consiste en lo que se debe mantener. Desde el punto de vista católico, se ha confiado a la Iglesia católica una tradición oral que proviene de los apóstoles. A lo largo de su historia, la iglesia ha hecho explícito lo que está implícito en esa tradición y lo ha promulgado como doctrina. Para el extranjero esto parece ser una propuesta de nuevas ideas; pero en realidad, según la Iglesia católica, estas doctrinas estuvieron presentes dentro de la tradición desde el principio. Son comprobadas debido a su relación con la iglesia institucional, que ha estado presente desde el comienzo de la historia cristiana.

Una segunda teoría sostiene que el elemento permanente en el cristianismo es la experiencia. Harry Emerson Fosdick sugiere que el cristianismo se trata, en esencia, de experiencias permanentes que se expresan en categorías cambiantes. En consecuencia, no necesitamos creer en, digamos, la segunda venida de Cristo. Esa es simplemente una categoría temporal que se usó para expresar confianza en el triunfo final de Dios. ¿Existe una categoría moderna que exprese o evoque adecuadamente la misma experiencia de confianza en el triunfo final? Fosdick cree que existe, por ejemplo, el concepto de progreso. No se refiere necesariamente a un progreso automático o invariable, sino simplemente a

1 Para una discusión de las diferencias entre los transformadores y los traductores, ver William Hordern, *New Directions in Theology Today* [Nuevas direcciones en la teología en la actualidad], vol. 1, *Introducción* (Filadelfia: Westminster, 1966), 141–54.

la idea de que se está avanzando dentro de este mundo. Una persona que tiene esta esperanza en el futuro, que se asemeja a la esperanza de los primeros cristianos, ha conservado el elemento esencial del cristianismo, aunque las categorías o doctrinas hayan cambiado mucho[2].

Un tercer enfoque sostiene que ciertas acciones o ciertas formas de vivir constituyen el elemento permanente. Alguien que defendía este punto de vista fue Walter Rauschenbusch, quizás el exponente más conocido del evangelio social. Rauschenbusch insistió en que son las enseñanzas de Jesús sobre la vida ética y el reino de Dios las que constituyen el factor constante o permanente[3]. Si se tiene las concepciones particulares de Dios, el mundo y la vida eterna que Jesús tenía no es la cuestión crucial. Más bien, es cuando se sigue las enseñanzas morales de Jesús y se vive como lo hicieron Jesús y sus discípulos. El factor permanente en la enseñanza de Jesús, por lo tanto, se encuentra en "Ama a tu prójimo como a ti mismo", en lugar de "Y si me fuere y os preparare lugar, vendré otra vez, y os tomaré a mí mismo".

Finalmente, hay quienes insisten en que el elemento permanente se encuentra en las doctrinas.

J. Gresham Machen argumentó firmemente esta posición. Señaló que simplemente adoptar las enseñanzas morales de Jesús no es suficiente. Tomemos, por ejemplo, la regla de oro. En realidad, esto no podría funcionar para hacer el bien, sino para hacer el mal. Si, por ejemplo, los antiguos compañeros de bebida de un alcohólico que está en recuperación le hicieran lo que les gustaría que les hicieran a ellos, le darían otro trago.

De esta manera, la regla de oro depende para su efectividad del carácter moral y espiritual de la persona que la practica[4].

También existen otros problemas al tratar de separar la acción moral de las enseñanzas doctrinales de Jesús. Uno de ellos es que Jesús enseñó sus máximas éticas de tal manera que son casi inseparables de su enseñanza sobre sí mismo. Si sostenemos que él no era el Hijo de Dios, sino simplemente un maestro de moralidad, entonces tenemos a una persona que habló falsamente sobre sí mismo o que tenía un transtorno mental. En cualquier caso, habría pocas razones para seguir sus enseñanzas éticas.

Un problema similar ocurre cuando consideramos la experiencia independiente de la doctrina como el elemento permanente en el cristianismo. Señalamos anteriormente (ver p. 5) que la experiencia está muy vinculada a la doctrina. Además, en el proceso de cambiar de la creencia en una creación sobrenatural del reino divino con el regreso del Señor a la creencia en el progreso humano, en realidad estamos alterando la experiencia. En el último caso, nuestra confianza se basa en una estimación de la capacidad humana, mientras que en el primer caso se basa en una obra divina y sobrenatural. Obviamente, aunque la doctrina puede que no sea la totalidad del elemento permanente dentro del cristianismo, es una parte indispensable de él.

La Naturaleza de la Contextualización

A partir de nuestra determinación de que la doctrina es el factor invariable en el cristianismo, debe ser evidente que defendemos el enfoque de los traductores. Es cierto que Dios es quien en última instancia debe dar entendimiento y convicción acerca de las verdades bíblicas, y que él lo hace por obra de su Espíritu Santo. Sin embargo, esto no significa que no utilice nuestros esfuerzos para transmitir el significado en una manera que se pueda entender lo mejor posible. Por lo tanto, debemos conservar el significado

2 Harry Emerson Fosdick, *The Modern Use of the Bible* [El uso moderno de la Biblia] (Nueva York: Macmillan, 1933), 104–10.

3 Walter Rauschenbusch, Christianizing the Social Order [Cristianizando el orden social] (Nueva York: Macmillan, 1919), 48–68.

4 J. Gresham Machen, *Christianity and Liberalism* [Cristianismo y liberalismo] (Grand Rapids: Eerdmans, 1923), 34–38.

esencial de la enseñanza bíblica mientras la aplicamos en un entorno contemporáneo. Se trata de cambiar la forma, pero no el contenido de la enseñanza.

Sin embargo, el proceso no es tan simple como encontrar equivalentes del siglo XXI para conceptos del primer siglo. Más bien, debemos determinar la esencia de la doctrina del primer siglo. Al hacerlo, estaremos siguiendo un método que se usa con frecuencia en la enseñanza de idiomas. Un enfoque es enseñar cuál es el equivalente de una palabra en otro idioma. Por ejemplo, a las personas de habla inglesa que están aprendiendo alemán se les enseña que *der Stuhl* significa "la silla". Sin embargo, este enfoque no hace que los estudiantes realmente piensen en el otro idioma.

Debemos conservar el significado esencial de la enseñanza bíblica mientras la aplicamos en un entorno contemporáneo.

Un enfoque mejor es el que se utiliza en cursos donde los alumnos no hablan el mismo idioma. El instructor señalará una silla y dirá *der Stuhl,* luego tocará la pared y dirá *die Wand.* El objetivo es que los alumnos piensen en *der Stuhl* cuando vean una silla. La atención se centra en el significado en común que existe en todos los idiomas.

De manera similar, debemos distinguir entre la esencia permanente o constante de un concepto y sus formas temporales de expresión. Para usar el ejemplo citado anteriormente, la esencia permanente del concepto de que Dios mora en el cielo es la trascendencia de Dios: él es diferente y superior a nosotros en muchos aspectos. Esta es la verdad que debe ser conservada desde los tiempos bíblicos hasta el presente. Que Dios esté muy por encima

de nosotros espacialmente es simplemente la forma en que esa idea se expresó alguna vez.

Los Criterios de Permanencia en la Doctrina

Finalmente, debemos preguntarnos qué criterios nos ayudarán a distinguir entre el contenido o la esencia de la doctrina que es permanente y eterno, y las expresiones o formas temporales de esta. En algunos casos, esto no es tan difícil de hacer, porque la doctrina esencial puede aparecer de manera explícita en un pasaje didáctico en donde se enfatiza su permanencia. Un ejemplo se encuentra en Salmos 100:5.

> Porque JEHOVÁ es bueno; para siempre
> es su misericordia,
> y su verdad por todas las
> generaciones.

Aquí hay un indicio de que estamos tratando con un aspecto de la naturaleza y obra de Dios que es eterna. Sin embargo, en otros casos, la tarea puede ser más difícil. Esto puede implicar extraer la verdad eterna de un pasaje narrativo o de una enseñanza escrita para un grupo o individuo en particular y que trate un problema específico. En estos casos, existen varios criterios o medidas que podemos aplicar para ayudar a identificar el factor permanente.

1. *Constancia en las diferentes culturas.* En general, somos conscientes de la variedad de culturas que existen en la actualidad y también de la diferencia cultural entre nuestro tiempo presente y los tiempos bíblicos. Sin embargo, es fácil olvidar que dentro del período bíblico también hubo una variedad de situaciones temporales, geográficas, lingüísticas y culturales. No había una cultura uniforme. Muchos siglos transcurrieron desde que se escribieron los primeros libros del Antiguo Testamento y los últimos libros del Nuevo Testamento. Las situaciones geográficas y culturales van desde un entorno de pastores en la antigua Palestina hasta el entorno urbano de la Roma imperial. Si

bien las diferencias entre la cultura y el idioma hebreo y griego a veces se han exagerado, a pesar de ello son reales. Entonces, si podemos identificar los factores que se encuentran en varias de estas situaciones, es muy posible que estemos tratando con elementos permanentes o invariables en el mensaje.

Un ejemplo de esta constancia en las diferentes culturas se encuentra en el principio de la expiación sacrificial junto con el rechazo de cualquier tipo de obras de justicia. Este principio se encuentra en el sistema de sacrificios del Antiguo Testamento y en la enseñanza del Nuevo Testamento con respecto a la muerte expiatoria de Cristo. Otro ejemplo es la importancia de la creencia en Jesucristo, que se enfatiza tanto en contextos judíos como gentiles. Pedro, por ejemplo, lo predicó en Pentecostés, Jerusalén, a judíos de varias culturas. Pablo lo mencionó en un ambiente gentil al carcelero en Filipos (Hechos 16:31).

2. *Situación universal.* Algunas doctrinas se enseñan de una manera que deja en claro que se aplican de una manera universal. Un ejemplo es el bautismo. Existe, por supuesto, varias referencias bíblicas a situaciones específicas donde se practicó, pero el bautismo también desempeña un rol importante en el contexto universal de la Gran Comisión: "Toda potestad me es dada en el cielo y en la tierra. Por tanto, id, y haced discípulos a todas las naciones, bautizándolos en el nombre del Padre, y del Hijo, y del Espíritu Santo; enseñándoles que guarden todas las cosas que os he mandado; y he aquí yo estoy con vosotros todos los días, hasta el fin del mundo" (MT 28:18-20).

Debemos tener en cuenta tres aspectos en los que esto se puede considerar como una situación universal. (1) La declaración de Jesús de que se le ha dado toda potestad sugiere que al transferir la autoridad a sus discípulos, tiene en mente una tarea que debe llevarse a cabo indefinidamente. (2) "Todas las naciones" sugiere una universalidad de lugar y cultura (cf. la comisión de Hechos 1:8: "Me seréis testigos [...] hasta lo último de la tierra"). (3) Jesús estaría

con sus discípulos siempre, incluso hasta el final de la era. Esto sugiere que la comisión se aplica de forma permanente. Podemos, según estas consideraciones, concluir que la práctica del bautismo no estaba limitada a unos momentos y lugares específicos, sino que se aplica de manera universal.

Otra práctica que a veces se considera como permanente y universal es el lavado de pies descrito en Juan 13. Sin embargo, se debe tener en cuenta que no hay referencias generales o universales aquí. Si bien Jesús dijo: "Vosotros también debéis lavaros los pies los unos a los otros" (v. 14), no dijo nada sobre la duración de la práctica. Aunque dijo que les había dado un ejemplo a sus discípulos, que "como yo os he hecho, vosotros también hagáis" (v. 15), la razón fundamental de su obra se sugiere en su declaración de que el siervo no es mayor que su señor (v. 16). Lo que Jesús intentaba inculcar era la actitud de humildad y el deseo de poner a los demás por encima de uno mismo. En esa cultura en particular, lavar los pies de los demás simbolizaba esa actitud. En otra cultura, algo distinto podría ser una expresión mucho más efectiva de ello. Encontramos que la humildad se enseña en otras partes de las Escrituras sin mencionar el lavado de pies (MT 20:27; 23:10-12; Flp 2:3). Por lo tanto, concluimos que la actitud de humildad, no el acto particular de lavar los pies, es el componente permanente en la enseñanza de Jesús.

3. *Factor permanente reconocido como fundamento.* A veces, una enseñanza particular se basa en un factor permanente reconocido. Esto puede ser el argumento a favor de la permanencia de esa enseñanza en particular. Por ejemplo, cuando Jesús enseña sobre el matrimonio, se basa en el hecho de que Dios creó a los seres humanos como hombre y mujer, y los declaró uno solo (MT 19:4-6, citando a Gn 2:24). Este acto de Dios fue un hecho que ocurrió solo una vez; su pronunciamiento sobre la unión de hombre y mujer tenía el propósito de que tenga una fuerza permanente. Al citar el acto y el pronunciamiento de Dios, Jesús

declara que la relación matrimonial es permanente.

Otro ejemplo es la doctrina del sacerdocio de todos los creyentes. El autor de Hebreos lo basa en el hecho de que nuestro gran sumo sacerdote "traspasó los cielos" una vez. Por lo tanto, podemos "acercarnos confiadamente al trono de la gracia" (Heb 4:14-16). Lo que Jesús hizo fue hecho para siempre. Es por ello que no hay una inversión del proceso ni una necesidad de renovarlo. Además, debido a que Jesús es el sumo sacerdote para siempre (Heb 7:21, 24), siempre sucede que todos los que se acercan a Dios por medio de él se pueden salvar (v. 25).

4. *Vínculo inseparable con una experiencia esencial*. Al tratar la resurrección, Rudolf Bultmann intentó separar la cuestión de si Jesús realmente resucitó a partir de la experiencia cristiana de la renovación de la esperanza y la apertura al futuro. Sin embargo, Pablo dice en 1 Corintios 15:17 que no es posible mantener la experiencia independientemente de la resurrección de Cristo: "Y si Cristo no resucitó, vuestra fe es vana; aún estáis en vuestros pecados". No obstante, si nuestra experiencia de la resurrección es real y permanente, la resurrección de Cristo también debe ser un hecho, permanente y universal. Cualquier alteración de esta doctrina ocasionará una alteración similar de la experiencia.

5. *Posición final en la revelación progresiva*. Una de las razones por las que se reemplazaron algunas formas de expresión es que no eran más que anticipaciones imperfectas de la obra final que Dios haría en la era del Nuevo Testamento o bajo el nuevo pacto. A medida que Dios se reveló de una manera más completa, las formas posteriores se desarrollaron y progresaron más allá de las expresiones anteriores. Así, por ejemplo, Jesús decía con frecuencia: "Habéis oído que fue dicho [...], pero yo os digo [...]". En estos casos, Jesús estaba diciendo una expresión final de una verdad que había sido afirmada de una manera incompleta antes.

Otro ejemplo se refiere a la obra sacrificial de Cristo. Mientras que en el Antiguo Testamento había ofrendas continuas de sacrificio en el atrio, ofrendas de incienso dos veces al día en el tabernáculo exterior, y el sacrificio que hacía el sumo sacerdote una vez al año dentro del lugar llamado el Lugar Santísimo (Heb 9:1-10), Cristo puso fin a este proceso al cumplirlo (v. 12). La ofrenda de su propia sangre fue una sola vez y para siempre. El factor permanente aquí es la necesidad de expiación sacrificial y la satisfacción de esa necesidad a través de la muerte de Cristo. Las formas anteriores eran simplemente anticipaciones o reflejos de lo que estaba por llegar.

En algunos casos, la esencia de la doctrina no se realizó explícitamente en los tiempos bíblicos. Solo fue una aproximación. Por ejemplo, Jesús elevó significativamente la condición de la mujer en la sociedad. De manera similar, Pablo otorgó una condición inusual a los esclavos. Sin embargo, el destino de estos grupos no mejoró tanto como debería haber pasado. Entonces, para encontrar la esencia de cómo se debe tratar a estas personas, debemos observar los principios determinados o implícitos con respecto a su condición, no los relatos de cómo fueron tratados realmente en los tiempos bíblicos.

Intentaremos llegar a la esencia fundamental del mensaje, reconociendo que toda revelación tiene un propósito. A veces, este proceso se ha comparado con la separación de la semilla y la cáscara del grano. Adolf von Harnack abogó por separar el grano de la cáscara y luego desechar la cáscara. Sostenemos, en cambio, que incluso la forma de expresión transmite algo significativo. Tampoco estamos hablando de "desechar el bagaje cultural", como dicen algunos intérpretes de la Biblia que tienen una orientación antropológica. Nos referimos a encontrar la verdad espiritual esencial sobre la cual radica una parte determinada de las Escrituras, y luego hacer una aplicación contemporánea de ella. Nuestro objetivo no es eliminar ninguna parte de las Escrituras, sino descubrir el significado de todas ellas.

Es común observar (correctamente) que muy pocos cristianos recurren a las genealogías de las Escrituras para sus devociones personales. Sin embargo, incluso estas partes deben tener algún significado. Puede resultar frustrante pasar directamente de "lo que significaba una genealogía" a "lo que eso significa". En su lugar, debemos preguntar: "¿Cuáles son las verdades fundamentales?". Varias posibilidades vienen a la mente: (1) todos nosotros tenemos una herencia humana de la cual se deriva mucho de lo que somos; (2) todos, a través del largo proceso de descendencia, hemos recibido nuestra vida de Dios; y (3) Dios está obrando providencialmente en la historia humana, un hecho del cual nos daremos cuenta perfectamente si estudiamos esa historia y el trato de Dios con la humanidad. Estas verdades tienen significados para nuestras situaciones en la actualidad. De manera similar, las reglas de salubridad del Antiguo Testamento nos hablan de la preocupación de Dios por la salud y el bienestar de los seres humanos y la importancia de tomar medidas para preservar ese bienestar. El control de la contaminación y los hábitos de alimentación saludables serían las aplicaciones modernas de la verdad fundamental. Para algunos exégetas esto sonará como una alegoría. Pero no estamos buscando un simbolismo, un significado espiritual escondido en referencias literales. Más bien, abogamos para que los cristianos se pregunten la verdadera razón por la que se dijo o se escribió una declaración en particular.

Al hacer todo esto, debemos tener cuidado en reconocer que nuestra comprensión e interpretación están influenciadas por nuestras propias circunstancias en la historia, para que no identifiquemos de una manera errónea la forma en la que expresamos una enseñanza bíblica con su esencia permanente. Si no reconocemos esto, nuestras formulaciones serán limitadas y no podremos adaptarlas cuando la situación cambie. Una vez escuché a un teólogo católico romano trazar la historia de la formulación de la doctrina de la revelación. Luego trató de describir la esencia permanente de la doctrina, y expresó de manera muy clara y precisa un punto de vista de la revelación ¡existencialista, neoortodoxo y del siglo XX!

Es importante señalar que encontrar la esencia permanente no es cuestión de estudiar la teología histórica para extraer el mínimo común denominador de las diversas formulaciones de una doctrina. Por el contrario, la teología histórica señala que todas las formulaciones posbíblicas son condicionales. Debemos extraer la esencia de las declaraciones bíblicas en sí mismas, y estas constituyen los criterios continuos de la validez de esa esencia.

- ¿Cuáles son las tres lecciones que se deben aprender sobre el entorno teológico actual y cuál es el significado de cada una?
- ¿Cómo explicaría las teorías de lo que constituye los elementos permanentes del cristianismo que menciona el autor?
- ¿De qué manera son similares los puntos de vista del transplantador, el transformador y el traductor de la teología contextualizada en la actualidad? ¿De qué manera son diferentes?
- ¿Qué criterios se utilizan para identificar la esencia de una doctrina?
- ¿Cómo contextualizaría el mensaje cristiano dentro de la cultura con la que está más familiarizado?

PARTE 2

Revelación

La Revelación Universal de Dios

Objetivos del Capítulo

Una vez estudiado este capítulo, el lector es capaz de:

1. Reconocer la naturaleza de la revelación y distinguir la revelación general de la especial.
2. Identificar cuáles son las formas de la revelación general.
3. Comprender la importancia de la revelación general.
4. Valorar la importancia de la responsabilidad humana personal en respuesta a la revelación general.
5. Desarrollar una comprensión de las implicaciones de la revelación general.

Resumen del Capítulo

El estudio de la revelación de Dios sobre sí mismo a la humanidad se ha clasificado de dos maneras: la revelación general y la revelación especial. La revelación general de Dios se ha encontrado en tres áreas: naturaleza, historia y humanidad. Los teólogos que están interesados por la comprensión integral de la revelación general han elaborado lo que se conoce como teología natural. Este tipo de teología estudia la manera en la que se conoce la existencia de Dios fuera de la Biblia, específicamente a través del uso de la razón. Existe la revelación general sin la teología natural, pero el efecto del pecado impide que el incrédulo llegue al conocimiento de Dios. La salvación del individuo a través de la revelación general de Dios solo se puede medir mediante la fe.

Estructura del Capítulo

La Naturaleza de la Revelación

Las Formas de la Revelación General

Pasajes Bíblicos que Tratan Sobre la Revelación General

Evaluaciones Diferentes Acerca del Valor de la Revelación General

- La Teología como Estudio de la Doctrina
- La Necesidad del Estudio de la Doctrina
- La Teología como Ciencia
- El Punto de Partida para el Estudio de la Doctrina Cristiana

Revelación General y Responsabilidad Humana

Implicaciones de la Revelación General

La Naturaleza de la Revelación

Debido a que los seres humanos son finitos y Dios es infinito, para que ellos conozcan a Dios, ese conocimiento debe surgir cuando Dios toma la iniciativa de darse a conocer. Hay dos clasificaciones básicas de la revelación. La revelación general es la comunicación de Dios sobre sí mismo a todas las personas en cualquier momento y lugar. La revelación especial implica las comunicaciones y manifestaciones específicas de Dios a personas específicas en momentos específicos, estas comunicaciones y manifestaciones ahora solo están disponibles al consultar ciertas obras sagradas.

La revelación general se refiere a la automanifestación de Dios a través de la naturaleza, la historia y el interior del ser humano. Es general en dos sentidos: su disponibilidad universal (es accesible a todas las personas en cualquier momento) y el contenido del mensaje (es menos específica y detallada que la revelación especial). Tradicionalmente, se han planteado una serie de preguntas. Una de ellas se refiere a la autenticidad de la revelación. ¿Está realmente allí? Si existe, ¿qué se puede hacer con ella? ¿Se puede construir una "teología natural", un conocimiento de Dios a través de la naturaleza? ¿Alguien que no ha estado expuesto a la revelación especial puede relacionarse de una manera salvadora con Dios a través de solamente la revelación general?

En el siglo XXI, la revelación general es especialmente significativa. En un mundo religiosamente pluralista, cada religión apela a su propia fuente de autoridad, que es con frecuencia escrita. La revelación general puede brindar una fuente común de experiencia como una base para la conversación entre religiones. Además, en países como los Estados Unidos que tienen una separación del Estado de cualquier religión oficial, los asuntos de política pública no pueden resolverse apelando a consideraciones exclusivas de una sola religión. El surgimiento de puntos de vista más inclusivos de la salvación, incluso entre los evangélicos, que se basan en la creencia de la eficacia de la revelación general, exige un análisis cuidadoso de este tema.

> *Debido a que los seres humanos son finitos y Dios es infinito, para que ellos conozcan a Dios, ese conocimiento debe surgir cuando Dios toma la iniciativa de darse a conocer.*

El gran respeto por la naturaleza que tienen los cristianos fuera de Europa occidental y América del Norte de habla inglesa, así como la conciencia cada vez mayor de los problemas ecológicos del mundo, han centrado su atención en la función de la naturaleza en la comunicación de Dios.

Las Formas de la Revelación General

Las formas tradicionales de la revelación general son tres: a través de la naturaleza, la historia y la constitución del ser humano. Las Escrituras mismas proponen que hay un conocimiento de Dios que está disponible a través del orden físico creado. El salmista dice: "El cielo proclama la gloria de Dios" (Sal 19:1 DHH). Y Pablo dice: "Porque las cosas invisibles de él, su eterno poder y deidad, se hacen claramente visibles desde la creación del mundo, siendo entendidas por medio de las cosas hechas, de modo que no tienen excusa" (Ro 1:20). Estos y muchos otros pasajes, como los "salmos de la naturaleza", sugieren que Dios ha dejado evidencias de sí mismo en el mundo que ha creado. La persona que contempla la belleza de una puesta de sol y el estudiante de biología que disecciona un organismo complejo están expuestos a los indicios de la grandeza de Dios.

La segunda forma de la revelación general es a través de la historia. Si Dios está obrando en el mundo y tiene ciertos objetivos, debe ser posible detectar la tendencia de su obra en acontecimientos que ocurren como parte de la historia. Un ejemplo que se cita con frecuencia acerca de la revelación de Dios en la historia es la protección del pueblo de Israel. Esta pequeña nación ha sobrevivido durante muchos siglos en un entorno básicamente hostil, con frecuencia enfrentándose a una fuerte oposición. Cualquiera que investigue los registros históricos encontrará una tendencia notable. Sin embargo, esto requiere tener un acceso a los hechos de la historia. Más general es la provisión constante de Dios a través de los ciclos regulares de la naturaleza, produciendo "lluvia del cielo y tiempos fructíferos", como lo expresa Pablo en Hechos 14:15-17.

La tercera forma de la revelación general es a través la creación terrenal más importante de Dios, el ser humano. Algunos creen que la revelación general de Dios se ve en la estructura física y las capacidades mentales de los seres humanos. Sin embargo, donde mejor se percibe el carácter de Dios es en sus cualidades morales y espirituales. Los seres humanos hacen juicios morales, es decir, juicios de lo que está bien y lo que está mal. Esto implica algo más que nuestros gustos personales y lo que no nos gusta, y algo más que solo la conveniencia. Con frecuencia sentimos que debemos hacer algo, ya sea beneficioso para nosotros o no, y que los demás tienen derecho a hacer algo que a nosotros personalmente no nos gusta.

La revelación general también se encuentra en la naturaleza religiosa de la humanidad. En todas las culturas, en todos los tiempos y lugares, los seres humanos han creído en la existencia de una realidad superior a ellos mismos, e incluso en algo superior a la raza humana colectiva. Si bien la naturaleza exacta de la creencia y la práctica de adoración varía considerablemente de una religión a otra, muchos ven en esta tendencia universal hacia la adoración de lo sagrado la manifestación de un conocimiento que se tenía de Dios, un sentido interno de deidad que, aunque puede ser dañado y distorsionado, sigue estando presente y funcionando en la experiencia humana.

Pasajes Bíblicos que Tratan Sobre la Revelación General

Entre los pasajes del Antiguo Testamento que señalan el testimonio de Dios a todas las personas a través del cosmos están los salmos de la naturaleza, probablemente el más claro de ellos es el Salmo 19.

> Los cielos cuentan la gloria
> de Dios,
> el firmamento proclama la obra de sus
> manos.
> Un día transmite al otro la noticia,
> una noche a la otra comparte
> su saber.
> Sin palabras, sin lenguaje,
> sin una voz perceptible,
> por toda la tierra resuena su eco,
> ¡sus palabras llegan hasta los confines
> del mundo!
> (vv. 1-4 NVI)

Aquí el salmista habla de cómo los cielos cuentan la gloria de Dios. El Salmo 104, por el contrario, tiene un énfasis algo diferente. Consiste en una recitación de todo lo que Dios ha hecho. Aquí el salmista no enfatiza el testimonio que la creación da al Creador, sino el efecto que estas obras tienen sobre él, el observador.

Sin embargo, cabe destacar que el salmista era un creyente, quien probablemente había llegado a conocer a Dios como resultado de lo que hoy llamaríamos una revelación especial. Aunque estos salmos indican que un testigo está presente de una manera objetiva en la creación, no indican si ese testimonio produce la fe en Jehová para alguien que no ha estado expuesto a su obra reveladora especial.

Cuando llegamos a los escritos de Pablo, encontramos indicaciones más directas del lugar de la revelación general divina. En el capítulo inicial de su carta a los Romanos, especialmente en los versículos 18-32, es importante destacar que todo el contexto del pasaje se trata de la naturaleza objetiva de las cosas. William Barclay indica que Pablo no habla de que Dios está enojado, sino de la ira de Dios como un hecho[1]. Lo similar es que el testimonio de Dios está allí, objetivamente, aparte de la respuesta humana.

Pablo parece enfatizar la realidad y la claridad del testimonio. Por lo tanto, si hay una falta de conocimiento, el problema parece que no está en el testimonio en sí mismo. En Romanos 2:14-16 el lugar es bastante diferente. En lugar de estar ubicado en el mundo creado exterior, Pablo enfatiza aquí el corazón humano. Refiriéndose a los que no tienen la ley, posiblemente la ley revelada en el Antiguo Testamento, habla de los que, aún así, cumplen lo que la ley manda (v. 14). Él dice que al hacerlo, muestran "la obra de la ley escrita en sus corazones" (v. 15). Parece que Pablo está afirmando que Dios ha dejado algún testimonio dentro de la estructura moral humana de sus exigencias para ellos.

Otros pasajes que se deben considerar son las narraciones, las descripciones de las personas y del tipo de fe que puedan haber tenido sin una exposición previa a la revelación especial.

Sin embargo, estos ejemplos no son tan útiles para comprender el alcance y la eficacia de la revelación general como podríamos esperar.

Por ejemplo, en Génesis, Melquisedec no viene de la comunidad del pacto de Israel y, sin embargo, es un sacerdote del Dios verdadero, que Abraham reconoce ofreciéndole diezmos y sacrificios (Heb 7:1-11). El problema es que no sabemos lo suficiente sobre Melquisedec para conocer la base de su relación con Jehová. Puede ser que Dios se le apareció mediante una revelación especial, que no está registrada para nosotros en las Escrituras. Otro ejemplo es Cornelio, quien como gentil "temeroso de Dios", ya era, según algunos, una persona salvada cuando fue hacia Pedro (Hechos 10)[2]. El caso de Cornelio es incluso menos impresionante. En su relato de lo que el ángel había dicho, posiblemente informado por lo que Cornelio le había dicho, Pedro dice: "Nos contó cómo había visto en su casa un ángel, que se puso en pie y le dijo: Envía hombres a Jope, y haz venir a Simón, el que tiene por sobrenombre Pedro; él te hablará palabras por las cuales serás salvo tú, y toda tu casa" (Hechos 11:13-14). Esto parece indicar que Cornelio no experimentó la salvación hasta que Pedro le presentó el evangelio. Se debe tener en cuenta también que una aparición angelical es una revelación especial, no general.

Tal vez sean más útiles aquellos casos en los que, cuando se presenta una revelación especial, una persona reconoce que este es el Dios verdadero. Entre estos casos podrían mencionarse a Faraón (Gn 41:37-39), Nabucodonosor (Dn 2:47; 3:26) y los

---

1 William Barclay, *The Epistle to the Romans* [Carta a los Romanos] (Filadelfia: Westminster, 1975), 24–28.

2 Clark Pinnock, A Wideness in God's Mercy: The Finality of Jesus Christ in a World of Religions [Ampliación en la misericordia de Dios: la finalidad de Jesucristo en un mundo de religiones] (Grand Rapids: Zondervan, 1992), 175–76; John Sanders, *No Other Name: An Investigation of the Destiny of the Unevangelized* [Ningún otro nombre: una investigación sobre el destino de los no evangelizados] (Grand Rapids: Eerdmans, 1992), 222.

marineros del barco que tomó Jonás (Jon 1:3-16). Si bien estos casos no brindan evidencia de que estas personas que se encontraban fuera de la comunidad del pacto conocían a Jehová únicamente sobre la base de la revelación general, sí dan testimonio de la posibilidad de que la revelación general les permitiera reconocer la autenticidad del Dios que se reveló especialmente a sí mismo. Un conjunto final de consideraciones narrativas son aquellas en las que el hablante parece asumir algún conocimiento previo de Dios. En Hechos 14:15-17, el pueblo de Listra piensa que Pablo y Bernabé son dioses y comienzan a adorarlos. En el intento de que el pueblo se quite esta idea, Pablo señala que aun cuando Dios ha permitido que las naciones recorran sus propios caminos, ha dejado un testimonio de sí mismo a todos los pueblos, haciendo el bien, brindando lluvias y temporadas fructíferas, y llenando sus corazones con alimento y alegría. El punto es que Dios ha dado testimonio de sí mismo mediante la preservación benevolente de su creación. Aquí el argumento parece que se relaciona con el testimonio de Dios sobre sí mismo en la naturaleza y (quizás aún más) en la historia.

El último pasaje que tiene una importancia especial para nuestros propósitos es Hechos 17:22-31. Aquí Pablo aparece ante un grupo de filósofos, la Sociedad Filosófica Ateniense, por así decirlo, en el areópago. Dos puntos tienen una importancia especial en la presentación de Pablo. En primer lugar, Pablo encuentra un altar "a un dios no conocido" en el lugar de adoración de los atenienses. Él procede a declarar este dios. El dios a quien han sentido a partir de sus especulaciones, sin una revelación especial, es el mismo Dios a quien él conoce mediante una manifestación especial.

En segundo lugar, cita a un poeta ateniense (v. 28). El elemento significativo aquí es que un poeta pagano pudo llegar a una verdad espiritual sin la revelación especial de Dios.

Evaluaciones Diferentes Acerca del Valor de la Revelación General

Teología Natural

Hay algunos puntos de vista bastante diferentes con respecto a la naturaleza, extensión y eficacia de la revelación general. Una posición que ha tenido una larga y visible historia dentro del cristianismo sostiene que no solo existe una revelación válida y objetiva de Dios en ámbitos como la naturaleza, la historia y la personalidad humana, sino que también es posible obtener algún conocimiento auténtico de Dios a partir de estos ámbitos, es decir, construir una teología válida fuera de la Biblia.

Ciertas premisas están implicadas en este punto de vista. Una de ellas es, por supuesto, que Dios realmente se ha dado a conocer a sí mismo en la naturaleza y que los patrones de su significado están presentes de una manera objetiva, incluso si nadie percibe, comprende y acepta esta revelación. Además, la naturaleza está básicamente intacta, no ha sido considerablemente alterada por nada que haya ocurrido desde la creación. En pocas palabras, el mundo que se encuentra a nuestro alrededor es básicamente el mundo tal como surgió de la mano creadora de Dios, y tal como estaba destinado a ser.

Una segunda premisa importante de la teología natural es la integridad de la persona que percibe y aprende de la creación. Ni las limitaciones naturales de la humanidad ni los efectos del pecado y la caída impiden reconocer e interpretar correctamente la obra del Creador.

Otra premisa es que existe una congruencia entre la mente humana y la creación que nos rodea. La mente es capaz de obtener inferencias de los datos que percibe, ya que la estructura de sus procesos de pensamiento es coherente con la estructura de lo que sabe. También se asume la validez de las leyes de la lógica. Los teólogos naturalistas evitan constantemente las paradojas y las contradicciones lógicas.

Consideran una paradoja como un signo de indigestión intelectual; si se masticara de una manera más completa, desaparecería.

La esencia de la teología natural es la idea de que es posible, sin un compromiso previo de fe con las creencias del cristianismo y sin depender de ninguna autoridad especial, como una institución (la iglesia) o un documento (la Biblia), llegar a un conocimiento genuino de Dios, basándonos solo en la razón. La razón aquí se refiere a la capacidad humana para descubrir, comprender, interpretar y evaluar la verdad.

Quizás el ejemplo más destacado de la teología natural en la historia de la iglesia es el enorme esfuerzo de Tomás de Aquino. Según Tomás, todas las verdades pertenecen a uno de los dos ámbitos. El ámbito inferior es el ámbito de la naturaleza; el superior es el ámbito de la gracia. Mientras que las afirmaciones que pertenecen al ámbito superior deben ser aceptadas por la autoridad, las que pertenecen al ámbito inferior se pueden conocer mediante la razón.

Tomás sostuvo que podía demostrar ciertas creencias mediante la razón pura: la existencia de Dios, la inmortalidad del alma humana y el origen sobrenatural de la Iglesia católica. Los elementos más específicos de la doctrina, como la naturaleza trina de Dios, no se podían conocer solo mediante la razón, sino que debían ser aceptados con autoridad. Estas son verdades de la revelación, no verdades de la razón. La razón gobierna el nivel inferior, mientras que las verdades en el nivel superior son cuestiones relacionadas con la fe.

Uno de los argumentos tradicionales a favor de la existencia de Dios es la prueba *cosmológica* de la cual Tomás tiene tres o posiblemente hasta cuatro versiones. El argumento procede más o menos de la siguiente manera: en el ámbito de nuestra experiencia, todo lo que sabemos es causado por algo más. Sin embargo, no puede haber una regresión infinita de las causas, porque si ese fuera el caso, la serie completa de causas nunca habría comenzado. Por lo tanto,

debe existir alguna causa incausada (motor inmóvil) o un ser necesario. Y a esto nosotros (o todas las personas) lo llamamos Dios. Cualquier persona que observe esta evidencia de una manera honesta debe llegar a esta conclusión.

Otro argumento que se empleó con frecuencia, y que también lo encontramos en Tomás, es el argumento *teológico*. Este se centra particularmente en el fenómeno del orden o el propósito evidente del universo. Tomás observó que varias partes del universo muestran un comportamiento que es flexible o que ayuda a lograr los fines deseados. Cuando los seres humanos muestran este comportamiento, reconocemos que ellos han querido y se han dirigido conscientemente hacia ese fin. Sin embargo, algunos de los objetos de nuestro universo no pueden haber hecho ningún plan intencional. Definitivamente, las rocas y la atmósfera no han elegido ser lo que son. Su ordenamiento según un propósito o un diseño debe haber provenido de algún otro lugar. Por lo tanto, algún ser inteligente debe haber ordenado las cosas de esta manera en especial. Y a este ser, dice Tomás, lo llamamos Dios.

Además de estos dos argumentos principales, otros dos aparecen en la historia de la filosofía y la teología, aunque quizás de una manera menos destacada que los argumentos cosmológicos y teológicos. Estos son el antropológico y el ontológico.

El argumento *antropológico* considera algunos aspectos de la naturaleza humana como una revelación de Dios. En la formulación de Immanuel Kant (en *Critique of Practical Reason* [La crítica de la razón práctica]) aparece algo así: Todos poseemos un impulso moral o un imperativo categórico. Sin embargo, no se recibe una buena recompensa en esta vida cuando se sigue este impulso mediante un comportamiento moral. ¡Ser bueno no siempre se recompensa! ¿Por qué entonces se debería ser moral? Debe haber algún fundamento para la ética y la moralidad, algún tipo de recompensa, que a su vez implica varios factores: la inmortalidad y un alma inmortal, una época futura de juicio y un Dios que determine y apoye los valores, y que recompense el bien y castigue el mal. Por lo tanto, el orden moral (en contraste con el orden natural) requiere la existencia de Dios.

Todos estos son argumentos empíricos. Proceden de la observación del universo a través de la experiencia de los sentidos. El principal argumento a *priori* o racional es el argumento ontológico. Este es un tipo de argumento de pensamiento puro. No requiere que uno salga de su propio pensamiento. En el *Proslogion*, Anselmo formuló lo que sin duda es la declaración más famosa del argumento: Dios es el más grande de todos los seres concebibles. Ahora bien, un ser que no existe no puede ser el más grande de todos los seres concebibles (ya que el ser inexistente de nuestra concepción sería más grande si tuviera el *atributo* de la existencia). Por lo tanto, por definición, Dios debe existir.

Ha existido varias respuestas a esto, muchas de las cuales siguen la afirmación de Kant de que, en efecto, la existencia no es un atributo. Un ser que existe no tiene ningún atributo o cualidad que no tenga un ser similar que no existe. Si imagino un dólar y lo comparo con un dólar real, no hay diferencia en su esencia, en lo que son. La única diferencia está en si lo son. Hay una diferencia lógica entre la oración "Dios es bueno" (o amoroso, santo o justo) y la oración "Dios es".

La primera predica una cualidad de Dios; la última es una declaración de su existencia. La cuestión aquí es que la existencia no es necesariamente un predicado del más grande de todos los seres concebibles. Ese ser puede existir, o puede que no exista. En cualquier caso. su esencia es la misma.

Con el aumento de filósofos cristianos competentes, ha habido algo como un renacimiento de las formulaciones de los argumentos teístas. Algunas de estas son propuestas por evangélicos que tienen una posición clara y con una

fuerte creencia en la revelación especial[3].

La Negación de la Revelación General

En la primera mitad del siglo XX, Karl Barth, quien había sido educado en un liberalismo que no tomaba la Biblia muy en serio y basaba muchas de sus afirmaciones en un tipo de teología natural, rechazó tanto la teología natural como la revelación general[4]. La comprensión de Barth sobre la revelación es significativa porque para él, la revelación tiene una naturaleza redentora. Conocer a Dios, tener una información correcta sobre él significa relacionarse con él en una experiencia salvadora. En desacuerdo con muchos otros teólogos, comenta que no es posible obtener de Romanos 1:18-32 ninguna afirmación con respecto a una "unión natural con Dios o el conocimiento de Dios por parte del hombre en sí mismo y como tal"[5].

Barth es escéptico sobre la capacidad de los humanos para conocer a Dios aparte de la revelación en Cristo. Esto significaría que pueden conocer la existencia, el ser de Dios, sin saber nada de su gracia y misericordia. Esto dañaría la unidad de Dios, ya que se obtendría su ser a partir de la plenitud de su actividad[6]. Un ser humano que pudiera lograr algún conocimiento de Dios fuera de la revelación en Jesucristo habría contribuido al menos en una pequeña medida a su salvación o a su estado espiritual con Dios. El principio de "solo por la gracia" se vería comprometido.

Para Barth, la revelación es siempre y solo la revelación de Dios en Jesucristo: el Verbo hecho

---

3 Un ejemplo destacado es Douglas Groothuis, *Christian Apologetics: A Comprehensive Case for Biblical Faith* [Apologética cristiana: Un caso completo para la fe bíblica] (Downers Grove, Illinois: IVP Academic, 2011), parte 2.

4 Barth explica su opisición al liberalismo en su obra *The Humanity of God* [La humanidad de Dios] (Richmond: John Knox, 1960), 14.

5 Karl Barth, *Church Dogmatics* II/1 [Dogmática eclesia II/1] (Edinburgh: T&T Clark, 1957), 121.

6 *Ibid.*, 93

carne[7].

No hay revelación aparte de la encarnación, Barth reconoció que tradicionalmente se han citado varios pasajes bíblicos como justificación para que estos se introduzcan en la teología natural (p. ej., Sal 19; Ro 1). Sin embargo, al interpretar Salmos 19, Barth entiende el versículo 3: "No hay lenguaje, ni palabras. Ni es oída su voz", como una negación de lo que el salmista parece afirmar en los versículos 1 y 2. Barth también sostiene que los primeros seis versículos del salmo deben entenderse en función de los versículos 7 al 14. Así, el testimonio que los humanos ven en el cosmos "no ocurre independientemente, sino en una total coordinación y subordinación con el testimonio de las palabras y la obra de Dios [la ley del Señor, el testimonio del Señor, etc.] en el pueblo y entre el pueblo de Israel"[8]. Barth debe admitir que Romanos 1:18-32 afirma definitivamente que los seres humanos tienen conocimiento de Dios.

Pero él niega que este conocimiento de Dios sea independiente de la revelación divina del evangelio. Más bien, sostiene que al pueblo que Pablo se refiere ya se le ha presentado la revelación que Dios declaró[9].

En partes posteriores de su obra *Church Dogmatics* [Dogmática eclesial], Barth parece que modificó algo en su posición. Aquí menciona que aunque Jesucristo es el único Verbo y Luz verdadera de vida, la creación contiene muchas menos luces que muestran su gloria. Sin embargo, Barth no habla de estas como revelaciones, reservando esa designación para el Verbo, sino que usa el término "luces". También cabe destacar que en su declaración resumida posterior, en su obra *Evangelical Theology* [Teología evangélica], Barth no menciona una revelación a través del orden creado[10]. Por lo tanto, parece que eso tuvo poco o ningún impacto práctico y real en su teología.

La ofensiva de Barth contra la teología natural es comprensible, sobre todo debido a su experiencia de cómo algunos la habían aplicado, y de algunas suposiciones que parece ser asunto de discusión:

1. La revelación de Dios está exclusivamente en Jesucristo.
2. La revelación genuina siempre recibe una respuesta positiva en lugar de ser ignorada o rechazada.
3. El conocimiento de Dios siempre tiene una naturaleza redentora o salvadora.

Evaluación de estos Dos Puntos de Vista

Cuando observamos estos dos puntos de vista que son completamente opuestos, cada uno parece basarse en consideraciones convincentes y, aún así, las deficiencias de cada uno parecen evidentes. Los argumentos de la teología natural en muchos casos se basan en suposiciones que en el pasado se hicieron de manera universal, pero que ya no se hacen. Por ejemplo, todos los argumentos de Tomás asumen que no puede haber una regresión infinita de las causas. No todos estarían de acuerdo en la actualidad. Además, asume que el movimiento (en el sentido amplio de actividad) debe tener una causa. Sin embargo, muchos filósofos, sobre todo los que tienen una orientación hacia los procesos, y algunos físicos contemporáneos, consideran que el movimiento o la actividad están simplemente presentes en el cosmos, y no es necesario explicarlos ni que tengan una causa. Además, está el problema de la causalidad proporcional. Tomás asume que si algo necesita una causa, esa causa es Dios. El problema es que para explicar un efecto finito, no es necesario postular una

---

7 Karl Barth, *Revelation* [Revelación], ed. John Baillie y Hugh Martin (Nueva York: Macmillan, 1937), 49.

8 Barth, *Church Dogmatics* II/1 [Dogmática eclesial II/1], 108.

9 *Ibid.*, 119.

10 Karl Barth, *Evangelical Theology: An Introduction* [Introducción a la teología evangelica] (Nueva York: Holt, Rinehart & Winston, 1963).

causa infinita. Si levanto un peso de cincuenta libras, eso no demuestra que pueda levantar un peso de setenta libras. Solo es necesario postular una causa suficiente para producir el efecto.

De manera similar, si se requiere que un Dios cause un efecto finito (un universo limitado), eso no determina que este Dios sea omnipotente, lo que el cristianismo generalmente ha afirmado que es la naturaleza de su Dios. Quizás esto era todo lo que podía hacer. Por lo tanto, incluso si los argumentos logran probar la existencia de un ser divino, todavía hay un problema respecto a si esto debe considerarse una prueba del Dios cristiano, o incluso un dios bueno y sabio. Esto se trata de un simple teísmo. Se necesita más argumentos para determinar que este es el Dios cristiano, con los atributos que son únicos para él. Y en el caso de las cuatro pruebas que explica Tomás, aún existe la necesidad de demostrar que el motor inmóvil, la causa primera, el diseñador, son todos el mismo Dios.

El argumento teleológico ha recibido críticas especiales en el último siglo y medio. Una crítica fue presentada por los evolucionistas, quienes ofrecieron una explicación alternativa del orden aparente en el mundo. Está allí, decían los evolucionistas, no porque algún ser omnisciente y todopoderoso lo estructuró en la creación, sino más bien porque aquellas formas que no tenían las cualidades fisiológicas o psicológicas que les permitían sobrevivir no las tenían, mientras que aquellas que las poseían sí las tenían. Más recientemente, ha habido algunos nuevos esfuerzos en la construcción de un mínimo de elementos de una teología natural.

Uno de ellos es el trabajo de los teólogos del proceso[11]. Otro es el movimiento del diseño inteligente, que ha trabajado particularmente con la teoría matemática de la probabilidad para sugerir una alternativa al argumento de la evolución de la selección natural[12]. La cantidad cada vez mayor de filósofos cristianos, incluso en los departamentos seculares, ha producido cada vez más un conjunto de argumentos a favor de la existencia de Dios[13]. Finalmente, los físicos, especialmente en la mecánica cuántica, han contribuido significativamente a las discusiones sobre temas de cosmología. De una forma u otra, cada uno de estos tiene algunas de las deficiencias señaladas aquí o problemas exclusivos de su propio sistema. De manera similar, existen problemas con un rechazo tan fuerte de la revelación general como el de Barth, porque los textos citados anteriormente son difíciles de entender como indicadores de una manifestación objetiva de Dios en la creación. En el caso del Salmo 19, la traducción de Barth "no hay lenguaje" parece ser una exégesis inexacta del pasaje. Parece que las suposiciones de Barth han confundido la enseñanza clara del pasaje. Algunas otras formas de rechazo de la revelación general parecen asumir que cualquier conocimiento de Dios que los seres humanos puedan tener independientemente de la revelación especial sería un logro humano; pero si hay revelación general, es debido a la iniciativa de Dios, tan genuinamente como en el caso de la revelación especial.

El deseo de proteger el carácter único de la revelación especial es admirable, pero si la revelación especial brinda un testimonio de que existe la revelación general, entonces no estamos respetando la primera al negar la segunda.

Revelación General, pero Sin la Teología Natural

La posición de Calvino parece que es más

---

11 John B. Cobb, *A Christian Natural Theology: Based on the Thought of Alfred North Whitehead* [Una teología natural cristiana: basada en el pensamiento de Alfred North Whitehead] (Louisville: Westminster John Knox, 2007).

12 William A. Dembski, *Intelligent Design: The Bridge Between Science and Theology* [Diseño inteligente: Un puente entre la ciencia y la teología] (Downers Grove, Illinois: InterVarsity, 1999).

13 P. ej., William Lane Craig, *The Kalam Cosmological Argument* [El argumento cosmológico de Kalam] (Londres: Macmillan, 1979).

coherente con los datos bíblicos y con las observaciones filosóficas que las de Tomás y Barth. Básicamente, este es el punto de vista de que Dios nos ha dado una revelación objetiva, válida y racional de sí mismo en la naturaleza, la historia y la personalidad humana. Sin embargo, Pablo afirma que los seres humanos no perciben con claridad ni reconocen a Dios en la revelación general (Ro 1:21-23). El pecado (con un significado aquí tanto de la caída de la raza humana como nuestros actos continuos de maldad) tiene un doble efecto en la eficacia de la revelación general. Primero, el pecado ha dañado el testimonio de la revelación general. El orden creado está ahora bajo una maldición (Gn 3:16-19). Si bien continúa siendo la creación de Dios y, por lo tanto, es aún un testimonio de él, el testimonio al Creador no está claro.

Sin embargo, el efecto más grave del pecado y la caída se produjo en los seres humanos mismos. Las Escrituras se refieren en varios lugares a la ceguera y la oscuridad del entendimiento humano. En Romanos 1:21, Pablo dice que ellos conocían a Dios, pero rechazaron este conocimiento, y luego de ello vino la ceguera. En 2 Corintios 4:4, Pablo atribuye esta ceguera a la obra de Satanás. Aunque Pablo se refiere aquí a la capacidad de ver la luz del evangelio, esta ceguera sin duda también afectaría la capacidad de ver a Dios en la creación.

Evidentemente, la revelación general, por lo general, no permite que el incrédulo llegue al conocimiento de Dios. Las afirmaciones de Pablo sobre la revelación general (Ro 1-2) deben considerarse teniendo en cuenta lo que dice sobre la humanidad pecadora (Ro 3: todas las personas están bajo el poder del pecado; nadie es justo) y la urgencia de hablarle a la gente acerca de Cristo (10:14): "¿Cómo, pues, invocarán a aquel en el cual no han creído? ¿Y cómo creerán en aquel de quien no han oído? ¿Y cómo oirán sin haber quien les predique?". Por lo tanto, en el pensamiento de Pablo, la posibilidad de construir una teología natural a gran escala parece seriamente cuestionada.

34

De esta manera, lo que es necesario es lo que Calvino llama "los lentes de la fe". Hace una analogía entre la condición del pecador y la de una persona con problemas de visión[14]. Esta última observa un objeto, pero no de una manera clara.

> *Dios nos ha dado una revelación objetiva, válida y racional de sí mismo en la naturaleza, la historia y la personalidad humana. Sin embargo, Pablo afirma que los seres humanos no perciben con claridad ni reconocen a Dios en la revelación general*

Los lentes aclaran la vista. Del mismo modo, el pecador no reconoce a Dios en la creación. Pero cuando el pecador se pone los lentes de la fe, la vista espiritual mejora, y se puede ver a Dios en su obra.

Cuando las personas están expuestas a la revelación especial que se encuentra en el evangelio y responden, sus mentes se despejan a través de los efectos de la regeneración, lo que les permite ver con claridad lo que hay allí. Entonces pueden reconocer en la naturaleza lo que se ve con más claridad en la revelación especial.

Las Escrituras no contienen nada que constituya un argumento formal para la existencia de Dios a partir de las evidencias

14 Juan Calvino, *Institutes of the Christian Religion* [Institución de la religión cristiana], ed. John T. McNeill, trad. Ford Lewis Battles (Filadelfia: Westminster, 1960), 1.6.1.

dentro de la revelación general. La afirmación de que se ve a Dios en su obra es apenas una prueba formal de su existencia. Por lo tanto, la conclusión de que hay una revelación general objetiva, pero que no se puede usar para construir una teología natural, parece encajar mejor con la información completa de las Escrituras sobre el tema.

Revelación General y Responsabilidad Humana

Pero ¿qué sucede con el juicio de la humanidad, del que habla Pablo en Romanos 1-2? Si es justo que Dios condene a los seres humanos, y si pueden llegar a ser culpables sin haber conocido la revelación especial de Dios, ¿significa eso que los seres humanos sin la revelación especial son capaces de evitar la condenación de Dios? En Romanos 2:14 Pablo dice: "Cuando los gentiles que no tienen ley, hacen por naturaleza lo que es de la ley, estos, aunque no tengan ley, son ley para sí mismos". ¿Pablo sugiere que ellos podrían haber cumplido con los requisitos de la ley? Pero eso nunca sucede ni siquiera para aquellos que tienen la ley (ver Gl 3:10-11 así como también Ro 3). Pablo también deja claro en Gálatas 3:23-24 que la ley no era un medio para justificarnos, sino una guía para hacernos conscientes de nuestro pecado y nos guíe hacia la fe al acercarnos a Cristo.

Ahora bien, la ley interna que tienen los incrédulos cumple casi la misma función que la ley que tienen los judíos. A través de la revelación en la naturaleza (Ro 1), las personas deben concluir que existe un Dios poderoso y eterno. Y a través de la revelación interna (Ro 2), deben darse cuenta de que no cumplen con la norma. Si bien el contenido del código moral variará en diferentes situaciones culturales, todos los seres humanos tienen una compulsión interna de que hay algo que deben cumplir. Y todo el mundo debería llegar a la conclusión de que no está cumpliendo con esa norma. En otras palabras, el conocimiento de Dios que tienen todos los seres humanos, si no lo suprimen, debería llevarlos a la conclusión de que son culpables en relación con Dios.

¿Qué pasaría si alguien se entregara a la misericordia de Dios, sin saber sobre qué criterios se proporcionó esa misericordia? ¿No estaría esa persona en cierto sentido en la misma situación que los creyentes del Antiguo Testamento? La doctrina de Cristo y su obra expiatoria no habían sido completamente reveladas a estas personas. Sin embargo, sabían que había provisión para el perdón de los pecados, y que no podían ser aceptados por los méritos de sus propias obras. Tenían la forma del evangelio sin su contenido completo. Y fueron salvados. Ahora bien, si el Dios que se conoce por la naturaleza es el mismo Dios de Abraham, Isaac y Jacob (como Pablo parece afirmar en Hechos 17:23), entonces parecería que las personas que llegan a creer en un Dios único y poderoso, que se desesperan por hacer cualquier obra de justicia para complacer a este Dios sagrado, y que se entregan a la misericordia de este buen Dios, serían aceptados, como lo fueron los creyentes del Antiguo Testamento. El criterio de la aceptación sería la obra de Jesucristo, aunque la persona implicada no sea consciente de que así se ha provisto para su salvación[15]. Debemos tener en cuenta que el fundamento de la salvación aparentemente era el mismo en el Antiguo Testamento que en el Nuevo Testamento. La salvación siempre se consigue mediante la fe (Gl 3:6-9); esta salvación se basa en que Cristo nos ha liberado de la ley (vv. 10-14, 19-29).

¿A qué conclusión debemos llegar entonces de la afirmación de Pablo en Romanos 2:1-16? ¿Es concebible que uno se pueda salvar

15 Para una afirmación más completa de esta posibilidad, ver Millard J. Erickson, *How Shall They Be Saved? The Destiny of Those Who Do Not Hear of Jesus* [¿Cómo serán salvos? El destino de los que no oyen hablar de Jesús] (Grand Rapids: Baker, 1996). Ver también Erickson, *Christian Theology,* 3rd ed. [Teología cristiana, 3ª ed.] (Grand Rapids: Baker Academic, 2013), 138–41.

mediante la fe sin tener una revelación especial? Pablo parece dejar abierta esta posibilidad. Sin embargo, no tenemos ninguna indicación de las Escrituras sobre cuántos, si es que existe alguno, realmente experimentan la salvación sin tener una revelación especial. Pablo sugiere en Romanos 3 que nadie lo hace. Y en el capítulo 10 exhorta a la necesidad de predicar el evangelio (la revelación especial) para que la gente crea. Por lo tanto, es evidente que al no responder según la revelación general que tienen, los seres humanos son totalmente responsables, porque han conocido realmente a Dios, pero han suprimido esa verdad deliberadamente.

Implicaciones de la Revelación General

Las implicaciones de la revelación general incluyen lo siguiente:

1. Existen puntos en común para un punto de contacto entre el creyente y el incrédulo, entre el evangelio y el pensamiento del incrédulo. Todas las personas tienen un conocimiento de Dios. Aunque puede estar suprimido hasta el punto de ser inconsciente o irreconocible, no obstante, está ahí, y habrá áreas de sensibilidad hacia las cuales el mensaje puede dirigirse efectivamente como punto de partida.

2. Podemos entender más acerca de la verdad especialmente revelada al examinar la revelación general. Esto debe considerarse como un complemento, no como un sustituto de la revelación especial. La distorsión que hace el pecado en la comprensión humana de la revelación general es mayor cuando uno se acerca más a la relación entre Dios y los seres humanos. Por lo tanto, el pecado produce un efecto de oscurecimiento relativamente pequeño en la comprensión de los asuntos de la física, pero mucho con respecto a los asuntos de la psicología y la sociología. Sin embargo, el poder de distorsión es mayor en estos lugares, donde se necesita una comprensión más completa.

3. Dios es justo al condenar a aquellos que nunca han escuchado el evangelio en el sentido completo y formal. Nadie está completamente sin oportunidades. Todos hemos conocido a Dios; si no lo han percibido de una manera efectiva, es porque han suprimido la verdad. Por lo tanto, todos son responsables. Esto aumenta la motivación del esfuerzo misionero, porque nadie es inocente.

4. La revelación general sirve para explicar el fenómeno mundial de la religión y las religiones. Todas las personas son religiosas, porque todas tienen un tipo de conocimiento de Dios. A partir de esta revelación indistinta y tal vez incluso irreconocible, se han construido religiones que lamentablemente son distorsiones de la verdadera religión bíblica.

5. Dado que tanto la creación como el evangelio son revelaciones comprensibles y coherentes de Dios, existe armonía entre ambos y se refuerzan mutuamente. La revelación bíblica no es totalmente distinta de lo que se conoce del ámbito natural.

6. En una sociedad pluralista, particularmente en una como la de los Estados Unidos, donde existe una separación oficial de la iglesia y el Estado, no se puede apelar a las fuentes religiosas en discusiones sobre asuntos de ética y política. La revelación general brinda la posibilidad de argumentar a favor de estos sobre una base más amplia. Por ejemplo, en un tema como el aborto, no se puede introducir el dogma oficial de la iglesia, pero sí la evidencia científica de que el feto es un organismo humano vivo.

7. A medida que la iglesia en los países en vías de desarrollo continúa creciendo, podemos esperar un mayor interés en la naturaleza y los asuntos relacionados con ella. Esto no adoptará la forma de argumentos formales, sino más bien una relación directa y apreciación de la naturaleza, como el lugar del accionar de Dios.

8. El conocimiento genuino y la moralidad genuina en los humanos incrédulos (así como creyentes) no son sus propios logros. La verdad a la que se llega aparte de la revelación especial continúa siendo la verdad de Dios. El conocimiento y la moralidad no son tanto un

descubrimiento, ya que son una "exposición" de la verdad que Dios ha estructurado en todo su universo, tanto físico como moral.

Preguntas de Análisis y Reflexión

- ¿En qué áreas encontramos la revelación general de Dios?
- ¿Cuáles son las premisas de la teología natural? ¿Cómo las evaluaría?
- ¿Qué hace que la teología natural no sea eficaz para llevar el mensaje cristiano al incrédulo?
- ¿De qué manera la humanidad se involucra en la revelación general de Dios fuera de la revelación especial?
- ¿De qué manera comprender la revelación general influye en su perspectiva acerca de la importancia de contarle a los demás las buenas nuevas de Cristo?

La Revelación Específica de Dios

4

Objetivos del Capítulo

Una vez estudiado este capítulo, el lector es capaz de:

1. Definir e identificar la necesidad de la revelación especial de Dios a los seres humanos.
2. Identificar tres características de la revelación especial, incluidas la personal, la antrópica y la analógica.
3. Comprender y reafirmar las formas de la revelación especial de Dios a través de los acontecimientos históricos, el discurso divino y la presencia de Dios en Cristo.
4. Distinguir entre la revelación proposicional y personal, e identificar el significado de cada una de ellas.
5. Confirmar la importancia de las Escrituras como la revelación especial de Dios a la humanidad.

Estructura del Capítulo

Definición y Necesidad de la Revelación Especial

Estilo de la Revelación Especial

- La Naturaleza Personal de la Revelación Especial
- La naturaleza Antrópica de la Revelación Especial
- La Naturaleza Analógica de la Revelación Especial

Formas de la Revelación Especial

- Los Acontecimientos Históricos
- El Discurso Divino
- La Encarnación

Revelación Especial: ¿Proposicional o Personal?

¿Proposiciones o Narrativa?

Las Escrituras Como Revelación

Resumen del Capítulo

Las personas necesitan una comprensión más personal de Dios que la que está disponible a través de la naturaleza y la historia general. Dios ha provisto una revelación específica de sí mismo. Las modalidades utilizadas por Dios incluyen los acontecimientos históricos, el discurso divino y la encarnación de Dios en Cristo. Los teólogos no están de acuerdo en si la revelación especial es proposicional o personal. La Biblia brinda un conocimiento tanto cognitivo como afectivo de Dios.

Por revelación especial entendemos la manifestación que Dios hace de sí mismo a personas específicas en momentos y lugares determinados, permitiendo a esas personas participar en una relación redentora con él. La palabra hebrea para "revelar" es *galah*. Una palabra griega común para "revelar" es apokalyptō. Ambas expresan la idea de descubrir lo que está oculto. También se usa con frecuencia el griego phaneroō, que transmite especialmente la idea de manifestar.

La revelación especial era necesaria porque los seres humanos habían perdido la relación de gracia que tenían con Dios antes de la caída. Era necesario que llegaran a conocer a Dios de una manera más completa en el caso de que las condiciones de la comunión se cumplieran de nuevo.

> *La revelación especial era necesaria porque los seres humanos habían perdido la relación de gracia que tenían con Dios antes de la caída.*

Este conocimiento no tenía que limitarse a la revelación inicial o general que aún estaban disponibles, ya que ahora, además de la limitación natural de la finitud humana, estaba también la limitación moral de la pecaminosidad del ser humano. Después de la caída, los seres humanos se apartaron de Dios y se rebelaron contra él; su comprensión de los asuntos espirituales se oscureció. De esta manera, la situación humana era un asunto más complicado de lo que había sido al principio y, por lo tanto, se necesitaba una instrucción más completa.

Se debe tener en cuenta que el objetivo de la revelación especial era relacional. El propósito principal de esta revelación no era ampliar el alcance general del conocimiento. El conocimiento *acerca* de algo tenía el propósito del conocimiento *de* algo. La información debía conducir al conocimiento; en consecuencia, la información revelada era con frecuencia bastante selectiva. Por ejemplo, sabemos relativamente poco acerca de Jesús desde un punto de vista biográfico. No se nos dice nada sobre su apariencia, sus actividades habituales, sus intereses o sus gustos. Se omitieron detalles que se encuentran normalmente en las biografías, porque no son relevantes para la fe. Los que son solo curiosos no se sentirán satisfechos con la revelación especial de Dios.

Se necesita un mensaje introductorio adicional con respecto a la relación de la revelación especial con la revelación general. Se suele asumir que la revelación especial es un fenómeno necesario posterior a la caída debido al pecado humano. Con frecuencia se la considera un *remedio*[1]. Por supuesto, no es posible que sepamos el estado exacto de la relación entre Dios y la humanidad antes de la caída. Simplemente no se nos dice mucho al respecto. Es posible que Adán y Eva tuvieran una conciencia tan clara de Dios que fueran conscientes de él en todas partes, en su propia experiencia interna y en su percepción de la

---

1 Benjamin B. Warfield, *"The Biblical Idea of Revelation"* [La idea bíblica de la revelación], en The Inspiration and Authority of the Bible [La inspiración y autoridad de la Biblia], ed. Samuel G. Craig (Londres: Marshall, Morgan y Scott, 1951), 74.

naturaleza. Sin embargo, no existen indicios de que ese fuera el caso. El relato de Dios buscando a Adán y Eva en el jardín después de su pecado (Gn 3:8) da la impresión de que este fue uno de una serie de encuentros especiales. Además, las instrucciones que se dieron a los seres humanos (Gn 1:28) con respecto a su lugar y actividad en la creación sugieren una comunicación particular del Creador a la criatura. Si este es el caso, la revelación especial es anterior a la caída.

Sin embargo, cuando el pecado entró en la raza humana, la necesidad de una revelación especial se hizo más notoria. Se perdió la presencia directa de Dios, la forma más directa y completa de la revelación especial. Además, Dios tenía que hablar ahora sobre asuntos que antes no eran importantes. Se tenían que resolver los problemas del pecado, la culpa y la depravación; se tenían que brindar los medios de expiación, redención y reconciliación. Y ahora el pecado disminuyó la comprensión humana de la revelación general, disminuyendo así su eficacia. Por lo tanto, la revelación especial tenía que convertirse en un remedio con respecto tanto al conocimiento humano de Dios como a la relación con Dios.

Se suele señalar que la revelación general es inferior a la revelación especial, tanto en la claridad de su tratamiento como en la variedad de temas que se consideran. Por lo tanto, cuando la revelación general no es suficiente, se requiere una revelación especial. Sin embargo, la revelación especial también necesita de la revelación general[2]. Sin la revelación general, los seres humanos no poseerían los conceptos que les permiten conocer y comprender al Dios de la revelación especial. La revelación especial se basa en la revelación general. Solo si las dos se desarrollan de manera aislada puede ocasionar un conflicto entre ellas. Las dos tienen un tema y una perspectiva en común, lo cual produce una comprensión armoniosa y complementaria.

2 *Ibid.*, 75.

Estilo de la Revelación Especial

La Naturaleza Personal de la Revelación Especial

Necesitamos preguntarnos sobre el estilo de la revelación especial, su naturaleza o forma. Sobre todo, es personal. Un Dios personal se presenta a sí mismo a las personas. Esto es considerado de varias maneras. Dios se revela a sí mismo diciendo su nombre. Nada es más personal que el propio nombre. Cuando Moisés preguntó quién debía decir que lo había enviado al pueblo de Israel, Jehová respondió dando su nombre: "Yo soy el que soy [o seré el que seré]" (Ex 3:14). Además, Dios hizo pactos personales con individuos (Noé, Abraham) y con la nación de Israel. Los salmos contienen muchos testimonios de experiencia personal con Dios. Y el objetivo de la vida de Pablo fue un conocimiento personal de Dios: "A fin de conocerle, y el poder de su resurrección, y la participación de sus padecimientos, llegando a ser semejante a él en su muerte" (Flp 3:10).

Toda las Escrituras son de naturaleza personal. Lo que encontramos no es un conjunto de verdades universales, como los axiomas de Euclides en geometría, sino más bien una serie de declaraciones específicas o particulares sobre sucesos y hechos concretos. Las Escrituras tampoco son una presentación teológica formal, con argumentos y contraargumentos, como alguien encontraría en un libro de texto sobre teología. Tampoco son declaraciones de credo sistematizadas. Hay elementos de afirmación del credo, pero no una intelectualización completa de la fe cristiana.

Hay poca especulación sobre asuntos que no están relacionados de manera directa con la obra redentora de Dios y su relación con la humanidad. Por ejemplo, la cosmología no recibe el análisis que a veces se encuentra en otras religiones. La Biblia no se desvía de asuntos que tienen solo un interés histórico. No llena los vacíos que existen en el conocimiento del pasado. No se concentra en los detalles biográficos. Lo que Dios revela es principalmente a sí mismo como persona, y especialmente aquellas dimensiones de sí mismo que son particularmente importantes para la fe.

La Naturaleza Antrópica de la Revelación Especial

Sin embargo, el Dios que es revelado es un ser trascendente, fuera de nuestra experiencia sensorial. La Biblia afirma que Dios es ilimitado en su conocimiento y poder; no está sujeto a los confines del espacio y el tiempo. En consecuencia, la revelación debe implicar la condescendencia de Dios (en el buen sentido de esa palabra). Nosotros, los seres humanos, no podemos llegar a investigar a Dios y, aunque pudiéramos, no lo entenderíamos. Por lo tanto, Dios se ha revelado a sí mismo mediante una revelación en una forma *antrópica*. Esto no debe ser considerado como un antropomorfismo como tal, sino simplemente como una revelación que procede del lenguaje humano y de las categorías humanas de pensamiento y acción[3].

Este carácter antrópico significa el uso de lenguajes humanos comunes en esa época. Se creía que el griego koiné era un lenguaje especial creado por Dios, ya que era muy diferente del griego clásico. Por supuesto, ahora sabemos que solo era una lengua vernácula. En las Escrituras aparecen modismos de esa época. Y se utilizan formas normales para describir la naturaleza, medir el tiempo y la distancia, etc[4].

La revelación también es antrópica en el sentido de que con frecuencia toma formas que pertenecen a la experiencia humana normal y cotidiana. Por ejemplo, Dios utilizaba sueños para revelarse a sí mismo. Sin embargo, pocas experiencias son tan comunes como los sueños. No es el tipo particular de experiencia que se

empleaba, sino el contenido específico que se aportaba y el uso especial de esta experiencia lo que distinguía la revelación de lo que era normal y natural. Lo mismo ocurre con la encarnación. Cuando Dios apareció ante la humanidad, usó la modalidad de un ser humano normal. Aparentemente, Jesús no llevaba ningún signo visible distintivo. La mayoría de las personas lo veían como un ser humano común y corriente, el hijo de José, el carpintero. Él vino como un ser humano, no como un ángel o un ser fácilmente reconocible como un dios.

Sin duda, había revelaciones que no representaban claramente la experiencia típica. La voz del Padre hablando desde el cielo (Juan 12:28) fue una de ellas. Los milagros fueron sorprendentes debido a sus efectos. Sin embargo, gran parte de la revelación adoptó la forma de sucesos naturales.

La Naturaleza Analógica de la Revelación Especial

Dios recurre a esos elementos en el universo del conocimiento humano que pueden servir como un retrato o reflejan parcialmente la verdad en el reino divino. Su revelación emplea un lenguaje analógico.

Cuando un término se usa de manera análoga en dos oraciones, siempre hay al menos algún elemento unívoco (i.e., el significado del término es al menos en un sentido el mismo en ambas oraciones), pero también hay diferencias, como cuando decimos que los corredores corren una maratón y que un tren recorre entre Chicago y Detroit.

Siempre que Dios se ha revelado a sí mismo ha seleccionado elementos que eran unívocos en su universo y en el nuestro. Langdon Gilkey ha señalado que, desde el punto de vista ortodoxo, cuando decimos que Dios actúa, tenemos en mente el mismo significado que cuando

---

3 Bernard Ramm, *Special Revelation and the Word of God* [Revelación especial y la Palabra de Dios] (Grand Rapids: Eerdmans, 1961), 36–37.

4 *Ibid.*, 39.

decimos que un ser humano actúa[5]. Cuando decimos que Dios detuvo el río Jordán, tenemos en mente lo mismo que cuando decimos que el Cuerpo de Ingenieros del Ejército impidió que el río fluya. Las obras de Dios suceden dentro de un universo de espacio y tiempo. La muerte de Jesús fue un suceso observable así como la muerte de Santiago, Juan, Pedro, Andrés o cualquier otro ser humano. Y cuando la Biblia dice que Dios ama, se refiere al mismo tipo de cualidades a las que nos referimos cuando hablamos del amor humano (en el sentido de agapē): una preocupación leal y desinteresada por el bienestar de otra persona.

Cuando utilizamos aquí el término "analógico", queremos decir "cualitativamente igual". En otras palabras, la diferencia es más de grado que de clase o género. Dios es poderoso como lo son los humanos, pero lo es mucho más. Cuando decimos que Dios sabe, el significado es el mismo que cuando decimos que los seres humanos saben, pero mientras los humanos saben algo, Dios lo sabe todo. No podemos saber cuánto más de cada una de estas cualidades posee Dios, o lo que significa decir que Dios tiene el conocimiento de los seres humanos que se extiende hasta el infinito. Habiendo observado solo formas finitas, nos resulta imposible captar los conceptos infinitos. En este sentido, Dios permanece siempre *incomprensible*. No es que no tengamos conocimiento de él, y un conocimiento genuino de eso. Más bien, la dificultad radica en que no somos capaces de integrarlo en nuestro conocimiento. Aunque lo que sabemos de él es el mismo conocimiento que él tiene de sí mismo, nuestro grado de conocimiento es mucho menor.

Este conocimiento analógico es posible porque Dios selecciona los componentes que usa. A diferencia de los seres humanos, Dios conoce ambas partes de la analogía. Si los seres humanos solo mediante su propia razón natural, intentan comprender a Dios construyendo una analogía que implique a Dios y a la humanidad, el resultado siempre es algún tipo de enigma, porque en realidad están trabajando con una ecuación que contiene dos incógnitas. Por ejemplo, si se tuviera que argumentar que el amor de Dios es para el amor humano lo que el ser divino es para el ser humano, sería equivalente a decir $x/2 = y/5$. Al no conocer la relación que existe entre el ser (o su naturaleza o esencia) de Dios y el de la humanidad, los seres humanos no pueden construir una analogía significativa. Sin embargo, Dios, al conocer todas las cosas por completo, sabe qué elementos del conocimiento y la experiencia del ser humano son lo suficientemente similares a la verdad divina como para que se puedan utilizar con el fin de ayudar a construir una analogía significativa.

Formas de la Revelación Especial

Ahora vamos a examinar las formas reales, medios o modalidades mediante los cuales Dios se ha revelado a sí mismo: los acontecimientos históricos, el discurso divino y la encarnación.

Acontecimientos Históricos

La Biblia enfatiza una serie completa de acontecimientos divinos a través de los cuales Dios se ha dado a conocer a sí mismo. Desde la perspectiva del pueblo de Israel, un suceso importante fue la llamada de Abraham, a quien ellos consideraban el padre de su nación. Que el Señor hiciése a Isaac heredero, bajo las condiciones más improbables, fue otro acto divino significativo. La provisión de Dios en medio de la hambruna durante la época de José benefició no solo a los descendientes de Abraham, sino también a los demás residentes de toda la zona. Probablemente el acontecimiento principal para Israel, que

5 Langdon Gilkey, *Cosmology, Ontology, and the Travail of Biblical Language* [Cosmología, ontología y las dificultades que atraviesa el lenguaje bíblico], *Journal of Religion* 41 (1961): 196.

todavía es celebrado por los judíos, fue la liberación de Egipto mediante la serie de plagas que culminaron con la Pascua y con el paso del Mar Rojo. La conquista de la tierra prometida, el regreso del cautiverio, incluso el cautiverio en sí mismo, fueron automanifestaciones de Dios. El nacimiento de Jesús, sus obras maravillosas, su muerte y particularmente su resurrección fueron obras de Dios. En la creación y expansión de la iglesia, Dios también estaba obrando, dando existencia a su pueblo.

Todo esto representa las obras de Dios y, por lo tanto, revelaciones de su naturaleza. Las que hemos citado aquí son espectaculares o milagrosas. Sin embargo, las obras de Dios no se limitan a estos acontecimientos. Dios también ha estado obrando en los acontecimientos más mundanos de la historia de su pueblo.

Discurso Divino

La segunda modalidad importante de la revelación es el discurso de Dios. Una expresión común en la Biblia y especialmente en el Antiguo Testamento es la afirmación: "Palabra de Jehová que vino a…" (p. ej., Jer 18:1; Ez 12:1, 8, 17, 21, 26; Oseas 1:1; Joel 1:1; Amós 3:1). Los profetas tenían conciencia de que su mensaje no era de su propia creación, sino de Dios. Al escribir el libro de Apocalipsis, Juan estaba tratando de comunicar el mensaje de Dios. El autor de Hebreos señaló que Dios había hablado muchas veces en el pasado, y que ahora lo había hecho particularmente a través de su Hijo (Heb 1:1-2). Dios no se muestra cómo es solo a través de sus acciones; también habla, contándonos sobre él mismo, sus planes, su voluntad.

Podemos inclinarnos a pensar que el discurso de Dios en realidad no es una modalidad en absoluto. Parece muy directo. Sin embargo, siempre llega en algún lenguaje humano, el lenguaje del profeta o el apóstol, ya sea hebreo, arameo o griego. No obstante, se supone que Dios no tiene un lenguaje en el que habla. Por lo tanto, el uso del lenguaje es una indicación de que el discurso de Dios es una revelación mediadora en lugar de una revelación directa[6].

El discurso divino puede tomar varias formas[7]. Puede ser un discurso audible. Puede ser escuchar el mensaje de Dios de una manera silenciosa e interna, como el proceso de hablar en voz baja que utilizan los lectores que son lentos (ellos "escuchan" en sus cabezas las palabras que están leyendo). Es probable que en muchos casos esta fuera la forma que se utilizaba. Con frecuencia, este discurso inaudible formaba parte de otra modalidad, como un sueño o una visión. En estos casos, el profeta escuchó al Señor hablarle, pero probablemente ninguna otra persona presente en ese momento escuchó algo. Finalmente, está la inspiración "concursiva": la revelación y la inspiración se han fusionado en una sola. Mientras los autores de las Escrituras escribían, Dios colocaba en sus mentes los pensamientos que deseaba comunicar. Este no era un caso de un mensaje que ya había sido revelado, y que el Espíritu Santo simplemente traía estos asuntos a la memoria, o dirigía al escritor hacia pensamientos con los cuales el escritor ya estaba familiarizado. Dios creaba los pensamientos en la mente del escritor mientras este escribía. El escritor podía haber estado consciente o inconsciente de lo que estaba sucediendo. En el último caso, puede haber sentido que las ideas simplemente se le aparecían. Aunque Pablo en ocasiones indica que "cree" que tiene el Espíritu de Dios (p. ej., 1 Co 7:40), otras veces él se siente más seguro de que ha recibido su mensaje del Señor (p. ej., 1 Co 11:23). También hay algunos casos (p. ej., Filemón) en los que Pablo no se muestra consciente de que Dios estaba dirigiendo lo que escribía, aunque sin duda Dios lo estaba haciendo.

Con bastante frecuencia, la palabra hablada de Dios fue la interpretación de un acontecimiento. Si bien este acontecimiento solía ser algo pasado o contemporáneo a lo que

---

6 Ramm, *Special Revelation* [Revelación especial], 54.
7 *Ibid.*, 59–60.

se estaba escribiendo, había momentos en que la interpretación precedía al acontecimiento, como en la profecía predictiva. Nuestro argumento, a pesar de algunos fuertes desacuerdos recientes, es que no solo el acontecimiento, sino también la interpretación era una revelación de Dios; la interpretación no era simplemente la intuición o el producto de la reflexión de un escritor bíblico. Sin esta interpretación especialmente revelada, muchas veces el acontecimiento no sería claro y, por lo tanto, no diría nada. Estaría sujeto a varias interpretaciones, y la explicación bíblica podría ser simplemente una especulación humana errónea. Consideremos un acontecimiento tan importante como la muerte de Jesús. Si hubiéramos sabido que este acontecimiento había ocurrido, pero sin que se nos hubiese revelado divinamente su significado, podríamos entenderlo de muchas formas distintas, o simplemente nos habría parecido como un rompecabezas. Un mártir que está muriendo por sus principios podría considerarse como una derrota, o como un tipo de victoria moral. La explicación revelada nos dice que la muerte de Jesús fue un sacrificio expiatorio. Debemos concluir que la interpretación de ciertos acontecimientos es una modalidad de revelación tan genuina como la de las obras de Dios en la historia.

La Encarnación

La modalidad más completa de la revelación es la encarnación. El argumento aquí es que la vida y el discurso de Jesús fueron una revelación especial de Dios. Nuevamente, podemos inclinarnos a pensar que esto no es una modalidad en absoluto, que Dios estuvo directamente presente y sin mediaciones. Pero como Dios no tiene forma humana, la humanidad de Cristo debe representar una mediación de la revelación divina. Esto no quiere decir que su humanidad ocultó u oscureció la revelación. Más bien, fue el medio que transmitió la revelación de la deidad. Las Escrituras declaran específicamente

que Dios ha hablado a través de o en su Hijo. Hebreos 1:1-2 contrasta esto con las formas anteriores de la revelación e indica que la encarnación es superior.

Aquí la revelación como acontecimiento ocurre en una forma más completa. La cima de las obras de Dios se encuentra en la vida de Jesús. Sus milagros, su muerte y su resurrección son la historia redentora en su forma más condensada y concentrada. Aquí también hay una revelación como discurso divino, porque el mensaje de Jesús superó al de los profetas y los apóstoles. Jesús incluso se atrevió a colocar su mensaje en contraste con lo que estaba escrito en las Escrituras, no para contradecirlas, sino para superarlas o cumplirlas (MT 5:17). Cuando los profetas hablaban, eran portadores de un mensaje de Dios y acerca de Dios. Cuando Jesús hablaba, era Dios mismo quien hablaba.

La revelación también se produjo en la misma perfección del carácter de Jesús. En él había una divinidad que se podía apreciar. Aquí Dios realmente vivía entre los seres humanos y les mostraba sus atributos. Las acciones, actitudes y afectos de Jesús no reflejaban simplemente al Padre, sino que eran realmente la presencia de Dios. El centurión del calvario, que seguramente había visto morir a muchas personas crucificadas, aparentemente vio algo diferente en Jesús, lo que le hizo exclamar: "¡Verdaderamente este era Hijo de Dios!" (MT 27:54). Pedro, después del milagro de la pesca, se arrodilló y dijo: "Apártate de mí, Señor, porque soy hombre pecador" (Lucas 5:8). Eran personas que encontraron en Jesús una revelación del Padre.

Aquí intervienen la revelación como acto y como palabra. Jesús hablaba las palabras del Padre y demostraba los atributos del Padre. Él era la revelación más completa de Dios, porque Él era Dios. Juan pudo hacer la asombrosa declaración: "Lo que era desde el principio, lo que hemos oído, lo que hemos visto con nuestros ojos, lo que hemos contemplado y palparon nuestras manos" (1 Juan 1:1). Y Jesús pudo decir: "El que me ha visto a mí, ha visto al Padre" (Juan 14:9).

Revelación Especial: ¿Proposicional o Personal?

Es necesario en este punto hablar brevemente sobre la neoortodoxia, que no considera a la revelación como la comunicación de información (o proposiciones), sino como la presentación que Dios hace de sí mismo. Según la neoortodoxia, Dios no nos da información sobre sí mismo. Lo conocemos simplemente a través del encuentro. Por lo tanto, la revelación no es proposicional; es personal. En gran medida, nuestra idea de la fe reflejará nuestra comprensión de la revelación[8]. Por un lado, si consideramos la revelación como la comunicación de verdades proposicionales, consideraremos la fe como una respuesta de aceptación, de creer esas verdades. Por el contrario, si consideramos la revelación como la presentación de una persona, consideraremos la fe como un acto de confianza personal o compromiso.

> *La revelación es tanto personal como proposicional. Lo que Dios hace principalmente es revelarse a sí mismo, pero lo hace, al menos en parte, diciéndonos algo acerca de sí mismo.*

Según este último punto de vista, la teología no es un conjunto de doctrinas reveladas. Es el intento de la iglesia de expresar lo que ha encontrado en la revelación de Dios sobre sí mismo.

El enfoque neoortodoxo presenta al menos

8 John Baillie, *The Idea of Revelation in Recent Thought* [La idea de revelación en el pensamiento reciente] (Nueva York: Columbia University Press, 1956), 85–108.

dos problemas. El primero es que establece una base sobre la cual pueda radicar la fe. Los defensores de ambos puntos de vista, que la revelación es personal y que es proposicional, reconocen la necesidad de alguna base de fe. La cuestión es si la postura no proposicional de la revelación proporciona una base suficiente para la fe. ¿Pueden los defensores de esta postura estar seguros de que el Dios con el que se encuentran es el mismo que el de Abraham, Isaac y Jacob? Para confiar en alguien, debemos tener algún conocimiento sobre esa persona.

El hecho de que debe haber creencia antes de que pueda haber confianza es evidente mediante nuestras propias experiencias. Supongamos que tengo que hacer un depósito bancario en efectivo, pero no puedo hacerlo personalmente. Debo pedirle a alguien más que haga esto por mí. Pero ¿a quién le preguntaré? ¿A quién me encomiendo, o al menos una parte de mis bienes materiales? Confiaré o me comprometeré con alguien a quien considero honesto. Creer en esa persona depende de creer algo *sobre* él o ella. Probablemente eligiré a un buen amigo cuya integridad no cuestiono. Del mismo modo, ¿cómo podemos confiar que el Dios con quien tenemos un encuentro personal es el Dios cristiano si no nos demuestra quién es y cómo es?

Otro problema es el problema de la teología misma. Sin embargo, aquellos que sostienen que la revelación es personal están muy preocupados por definir correctamente la creencia, o expresar entendimientos doctrinales correctos, aunque insisten en que la fe no consiste en la creencia de proposiciones doctrinales. Karl Barth y Emil Brunner, por ejemplo, discutieron sobre temas como la naturaleza y el estatus de la imagen de Dios en los seres humanos, así como el nacimiento virginal y la tumba vacía. Posiblemente, cada uno de ellos pensaba que estaba tratando de determinar la verdadera doctrina en estas áreas. Pero ¿cómo se relacionan o se derivan estas proposiciones doctrinales de la revelación no proposicional? Aquí existe un problema.

Esto no quiere decir que no pueda haber una conexión entre la revelación no proposicional y las proposiciones de verdad, sino que esta conexión no ha sido explicada adecuadamente por la neoortodoxia. El problema se deriva de hacer una disyunción entre la revelación proposicional y personal. La revelación no es o personal o proposicional; es *ambas* cosas. Lo que Dios hace principalmente es revelarse a *sí mismo*, pero lo hace, al menos en parte, diciéndonos algo acerca de sí mismo.

¿Proposiciones o Narrativa?

En los últimos años, algunos han expresado una preferencia por la idea de que la revelación es narrativa en su forma, en lugar de proposicional[9]. Una parte de la objeción a la teología proposicional ha sido que convierte los diversos géneros de las Escrituras en una forma proposicional cognitiva. El énfasis narrativo ha sido en gran medida el resultado de la epistemología posmoderna[10]. Es cierto que gran parte de las Escrituras están en forma de historia. Por ejemplo, Jesús usaba bastantes parábolas. Además, los salmistas y los profetas frecuentemente usaban ilustraciones e imágenes para transmitir su enseñanza. Sin embargo, es notable que Jesús también dio a sus discípulos una interpretación proposicional de sus parábolas. Este fenómeno se encuentra en otras partes de las Escrituras, por ejemplo, Rut 4:7, donde se da una explicación de la narración, sin la cual no sería clara.

Se han escrito varios libros que abogan por el uso de la teología narrativa[11]. Sin embargo, lo que es interesante es que prácticamente sin excepción, son discusiones proposicionales o no narrativas de teología narrativa, complementadas con ilustraciones narrativas o de historias. Esto sugiere que la polémica contra la revelación proposicional y la teología puede estar equivocada y que, en lugar de excluirse mutuamente, las proposiciones y la narrativa pueden complementarse, siendo la proposicional la principal.

Las Escrituras como Revelación

Si la revelación incluye verdades proposicionales, entonces es de una naturaleza que puede ser conservada. Puede ser escrita o *inscripturada*. Y este registro escrito, siempre que sea una reproducción fiel de la revelación original, es también una revelación por derivación y tiene derecho a ser denominada así.

La definición de revelación se convierte aquí en un factor. Si la revelación se define solo como el suceso real, el proceso o el *relevamiento*, entonces la Biblia no es revelación. La revelación es algo que ocurrió hace mucho tiempo. Sin embargo, si también es el producto, el resultado o lo *revelado*, entonces la Biblia también puede

9 Ronald F. Thiemann, *Revelation and Theology: The Gospel as Narrated Promise* [Revelación y teología: el evangelio como promesa narrada] (Notre Dame, Indiana: University of Notre Dame Press, 1985).

10 George Lindbeck, *The Nature of Doctrine: Religion and Theology in a Postliberal Age* [La naturaleza de la doctrina: religión y teología en una era posliberal] (Filadelfia: Westminster, 1984), 78. Ver también Kevin J. Vanhoozer, *The Drama of Doctrine: A Canonical Linguistic Approach to Christian Theology* [El drama de la doctrina: un enfoque lingüístico canónico de la teología cristiana] (Louisville: Westminster John Knox, 2005), 77–112.

11 Terrence Tilley, *Story Theology* [Teología de la historia] (Wilmington, Delaware: Michael Glazier, 1985); George W. Stroup, *The Promise of Narrative Theology: Recovering the Gospel in the Church* [La promesa de la teología narrativa: recuperar el evangelio en la iglesia] (Atlanta: John Knox, 1981); Darrell Jodock, *Story and Scripture* [Historia y las Escrituras], *Word and World 1*, no. 2 (Spring 1981): 128–39; John H. Sailhamer, *The Pentateuch as Narrative: A Biblical-Theological Commentary* [El Pentateuco como narrativa: un comentario bíblico y teológico] (Grand Rapids: Zondervan, 1992); Stanley J. Grenz, *Renewing the Center: Evangelical Theology in a Post-Theological Era* [Renovando el centro: teología evangélica en una era posteológica], 2.ª ed. (Grand Rapids: Baker Academic, 2006); Vanhoozer, *Drama of Doctrine* [El drama de la doctrina].

denominarse revelación.

Si la revelación es proposicional, entonces puede ser conservada. Y si este es el caso, la cuestión sobre si la Biblia es, en este sentido derivado, una revelación, es una cuestión sobre si es o no inspirada, de que si realmente conserva lo que fue revelado. Este será el tema del próximo capítulo.

También debemos notar que esta revelación es *progresiva*. Es necesario tener un cierto cuidado en el uso de este término, ya que a veces se ha utilizado para representar la idea de un desarrollo evolutivo gradual. Ese enfoque, que floreció con la escuela liberal, consideraba secciones del Antiguo Testamento como prácticamente obsoletas y falsas; eran solo aproximaciones muy imperfectas de la verdad. Sin embargo, la idea que estamos sugiriendo aquí es que la revelación posterior se basa en la revelación anterior, ampliándola y complementándola, en lugar de contradecirla. Observemos cómo Jesús elevó las enseñanzas de la ley al extenderlas, ampliarlas e interiorizarlas. Con frecuencia, iniciaba su instrucción con la expresión: "Habéis oído que fue dicho […], pero yo os digo […]". Del mismo modo, el autor de Hebreos señala que Dios, que en el pasado habló a través de los profetas, en estos últimos días habló a través de un Hijo, que refleja la gloria de Dios y lleva el sello de su naturaleza (Heb 1:1-3). Al igual que la redención, la revelación fue un proceso que adoptó una forma cada vez más completa .

También debemos notar que está revelación es progresiva. Es necesario tener un cierto cuidado en el uso de este término, ya que a veces se ha utilizado para representar la idea de un desarrollo evolutivo gradual. Ese enfoque, que floreció con la escuela liberal, consideraba secciones del Antiguo Testamento como prácticamente obsoletas y falsas; eran solo aproximaciones muy imperfectas de la verdad. Sin embargo, la idea que estamos sugiriendo aquí es que la revelación posterior se basa en la revelación anterior, ampliándola y complementándola, en

lugar de contradecirla. Observemos cómo Jesús elevó las enseñanzas de la ley al extenderlas, ampliarlas e interiorizarlas. Con frecuencia, iniciaba su instrucción con la expresión: "Habéis oído que fue dicho […], pero yo os digo […]". Del mismo modo, el autor de Hebreos señala que Dios, que en el pasado habló a través de los profetas, en estos últimos días habló a través de un Hijo, que refleja la gloria de Dios y lleva el sello de su naturaleza (Heb 1:1-3). Al igual que la redención, la revelación fue un proceso que adoptó una forma cada vez más completa[12].

Hemos visto que Dios ha tomado la iniciativa de darse a conocer a nosotros de una manera más completa que con la revelación general, y lo ha hecho de una manera que se adecúa a nuestro entendimiento. Esto significa que los seres humanos perdidos y pecadores pueden llegar a conocer a Dios y luego seguir creciendo en la comprensión de lo que Él espera y promete a sus hijos. Debido a que esta revelación incluye tanto la presencia personal de Dios como la verdad informativa, podemos identificar a Dios, comprender algo acerca de él e indicárselo a otros.

Preguntas de Análisis y Reflexión

- ¿Cómo describiría las tres características de la revelación especial? ¿Qué contribuye cada una a nuestra comprensión de la revelación especial?
- ¿Cuáles son los tres medios que ha escogido Dios para revelarse a sí mismo? ¿Cómo contribuyen cada uno de ellos a nuestra comprensión de la revelación especial?
- ¿Por qué la encarnación es la modalidad más completa de la revelación especial?
- ¿Cómo compararía y contrastaría la revelación personal y proposicional?
- ¿Es más importante la revelación personal o proposicional? ¿Por qué?

12 Ramm, *Special Revelation* [Revelación especial], 161–87.

La Conservación de la Revelación: *Inspiración*

5

Objetivos del Capítulo

Una vez estudiado este capítulo, el lector es capaz de:

1. Definir la inspiración de las Escrituras y la relación del Espíritu Santo con ese proceso.
2. Analizar las formas en que las Escrituras indican la naturaleza de su propia inspiración.
3. Comparar y contrastar las teorías de la inspiración.
4. Determinar cuál es la extensión de la inspiración en las Escrituras.
5. Analizar la intensidad de la inspiración en las Escrituras.
6. Construir un modelo de inspiración que integre tanto el material didáctico como los fenómenos de las Escrituras.

Estructura del Capítulo

Definición de Inspiración

El Hecho de la Inspiración

Teorías de la Inspiración

Extensión de la Inspiración

La Intensidad de la Inspiración

Un Modelo de Inspiración

Resumen del Capítulo

Un tema que se debate mucho en la actualidad es hasta qué grado las Escrituras están inspiradas por Dios. La inspiración es necesaria porque confirma la naturaleza de la revelación especial de Dios a través de las Escrituras. Una parte importante de la teología bíblica es la formulación de una teoría sobre hasta qué punto la Biblia está inspirada. Se han analizado y evaluado varias teorías. Aunque en el sentido literal, la inspiración es de los escritores, en el sentido derivativo también podemos decir que los propios escritos están inspirados.

Definición de Inspiración

Por inspiración de las Escrituras nos referimos a la influencia sobrenatural del Espíritu Santo en los autores de las Escrituras que hizo que sus escritos fueran un registro exacto de la revelación o lo que permitió que lo que escribieron fuera realmente la Palabra de Dios.

Aunque la revelación beneficia a quienes la reciben de inmediato, ese valor podría perderse para quienes se encuentran más allá del círculo inmediato de la revelación. Debido a que Dios normalmente no repite su revelación a cada persona, tiene que haber alguna manera de conservarla. Por supuesto, podría conservarse mediante la narración oral o fijándola en una tradición definida, y esto realmente funcionó en el período que a veces se produjo entre el momento de la revelación inicial y su inscripturación. Sin embargo, existen algunos problemas relacionados con esto, durante siglos e incluso milenios la tradición oral está sometida al deterioro y a la modificación. Cualquiera que haya observado cómo se difunden los rumores tiene una buena idea de la facilidad con la que se corrompe la tradición oral. Es evidente que se necesita algo más que la narración oral.

Aunque la revelación es la comunicación de la verdad divina de Dios a la humanidad, la inspiración se relaciona más con la transmisión de esa verdad desde el primer receptor a otras personas, ya sea en ese momento o más adelante. Por lo tanto, la revelación se debería considerar como una acción vertical, y la inspiración como un tema horizontal. Aunque se suele creer que la revelación y la inspiración van unidas, es posible tener una sin la otra. Existen casos de inspiración sin revelación. El Espíritu Santo en algunos casos impulsó a los autores de las Escrituras a registrar las palabras de los incrédulos, definitivamente esas palabras no fueron reveladas de forma

divina. Algunas partes de la información en las Escrituras estaban fácilmente disponibles para cualquier persona que estuviera investigando. Las genealogías, tanto en el Antiguo como en el Nuevo Testamento (la lista del linaje de Jesús), pueden tener esas características. También existió la revelación sin inspiración como sucedió en los casos de revelación que no fueron registrados porque el Espíritu Santo no impulsó a nadie para que los escribiera. Juan se refiere a esta cuestión en Juan 21:25, cuando dice que si se escribiera todo lo que Jesús hizo "pienso que ni aun en el mundo cabrían los libros que se habrían de escribir". El Espíritu fue aparentemente muy selectivo en lo que inspiraba a los autores bíblicos para que escribieran.

El Hecho de la Inspiración

A lo largo de las Escrituras se afirma, o incluso se supone su origen divino o su equivalencia con las palabras reales del Señor. A veces se rechaza este punto por ser considerado un pensamiento circular. Cualquier teología (o de hecho, cualquier otro sistema de pensamiento) se enfrenta a un dilema cuando se trata de su autoridad básica. Su punto de partida se basa en sí misma, en cuyo caso es culpable de circularidad, o se basa en algún fundamento distinto al de sus otros artículos, en cuyo caso es culpable de incoherencia. Sin embargo, debemos tener en en cuenta que somos culpables de circularidad solo si se considera que el testimonio de las Escrituras tiene un carácter probatorio. Pero, sin dudas, se debe tomar en cuenta la propia afirmación del autor de las Escrituras como parte de un proceso de formulación de nuestra hipótesis sobre la naturaleza de las Escrituras. Por supuesto, se consultarán otras consideraciones como medio para evaluar la hipótesis. Lo que tenemos aquí es algo parecido a un juicio en la corte. Se permite que el acusado testifique a su favor. Sin embargo, este testimonio no tendrá un carácter probatorio, es decir, después de escuchar la declaración de inocencia del acusado, el juez no dirá de inmediato: "Declaro inocente al acusado". Es necesario evaluar testimonios adicionales para determinar la credibilidad del testimonio del acusado. Pero se admite su testimonio.

Hay otra consideración para responder a la acusación de circularidad. Cuando se consulta la Biblia para determinar el punto de vista de los autores sobre las Escrituras, uno no supone necesariamente su inspiración. Se puede consultar solo como un documento histórico que nos informa de que sus autores la consideraban la Palabra inspirada de Dios. En este caso, no se está considerando a la Biblia como su propio punto de partida. Existe circularidad solo si se comienza con la suposición de la inspiración de la Biblia, y luego se usa esa suposición como garantía de que es verdad la afirmación de que la Biblia ha sido inspirada. Se puede usar la Biblia como un documento histórico y permitir que defienda su propio caso.

La Biblia da testimonio de su origen divino de varias maneras. Una de ellas es el punto de vista de los autores del Nuevo Testamento con respecto a las Escrituras de su época, que hoy denominaríamos el Antiguo Testamento. 2 Pedro 1:20-21 es un ejemplo destacado: "Entendiendo primero esto, que ninguna profecía de la Escritura es de interpretación privada, porque nunca la profecía fue traída por voluntad humana, sino que los santos hombres de Dios hablaron siendo inspirados por el Espíritu Santo". Aquí Pedro afirma que las profecías del Antiguo Testamento no tenían un origen humano. Fueron impulsadas a ser escritas por obra del Espíritu Santo.

Una segunda referencia es la de Pablo en 2 Timoteo 3:16: "Toda la Escritura es inspirada por Dios, y útil para enseñar, para redargüir, para corregir, para instruir en justicia". En este pasaje, Pablo exhorta a Timoteo a continuar con las enseñanzas que ha recibido.

Pablo asume que Timoteo está familiarizado con las "Sagradas Escrituras" (v. 15) y lo insta a continuar en ellas ya que están inspiradas divinamente (o mejor dicho, "inspiradas por Dios" o "exhaladas por Dios"). La impresión que tenemos aquí es que se han producido de forma divina, así como cuando Dios sopló el aliento de vida en el ser humano (Gn 2:7). Por lo tanto, tienen el valor que brinda madurez al creyente para que esté "enteramente preparado para toda buena obra" (2 Ti 3:17).

Cuando consideramos la predicación de la iglesia antigua, encontramos una comprensión similar del Antiguo Testamento. En Hechos 1:16 Pedro dice: "Hermanos, era necesario que se cumpliera la Escritura en que el Espíritu Santo habló hace mucho tiempo por boca de David" (mi traducción), y después cita a los Salmos 69:25 y 109:8 sobre el destino de Judas. Pedro no solo considera que las palabras de David tienen autoridad, sino que en realidad afirma que Dios habló a través de la boca de David. David fue el "portavoz" de Dios, por así decirlo. La misma idea, que Dios habló a través de los profetas, se encuentra en Hechos 3:18, 21 y 4:25. Por lo tanto, la predicación más antigua de la iglesia identifica "está escrito en las Escrituras" con "Dios lo ha dicho".

Esto concuerda con el propio testimonio de los profetas. Varias veces declaran: "Así dice el SEÑOR". Jeremías dijo: "Estas, pues, son las palabras que habló Jehová acerca de Israel y de

Judá" (30:4). Amós declaró: "Oíd esta palabra que ha hablado Jehová contra vosotros, hijos de Israel" (3:1). Y David dijo: "El Espíritu de Jehová ha hablado por mí. Y su palabra ha estado en mi lengua" (2 S 23:2). Las afirmaciones como estas, que aparecen varias veces en los profetas, indican que ellos estaban conscientes de estar "siendo inspirados por el Espíritu Santo" (2 P 1:21).

Finalmente, notamos el propio punto de vista del Señor sobre los escritos del Antiguo Testamento. En parte, podemos deducir esto de la forma en la cual él se relacionó con el punto de vista sobre la Biblia que tenían sus oponentes dialógicos, los fariseos. Él nunca dudó en corregir sus confusiones o malas interpretaciones de la Biblia, pero nunca cuestionó ni corrigió sus puntos de vista sobre la naturaleza de las Escrituras. Simplemente no estaba de acuerdo con sus interpretaciones de la Biblia, o con las tradiciones que habían agregado al contenido de las Escrituras. En sus discusiones y disputas con sus oponentes, citaba constantemente las Escrituras. En sus tres tentaciones, respondió a Satanás todas las veces con una cita del Antiguo Testamento. Habló de la autoridad y permanencia de las Escrituras: "La Escritura no puede ser quebrantada" (Juan 10:35); "Porque de cierto os digo que hasta que pasen el cielo y la tierra, ni una jota ni una tilde pasará de la ley, hasta que todo se haya cumplido" (MT 5:18). Dos objetos se consideraban sagrados en el Israel de los tiempos de Jesús: el templo y las Escrituras. Jesús no dudó en señalar la transitoriedad del primero porque no quedaría piedra sobre piedra (MT 24:2). Por lo tanto, existe un notable contraste entre su actitud hacia las Escrituras y su actitud hacia el templo[1]. Claramente, él consideraba las Escrituras como inspiradas, autorizadas e indestructibles.

Teorías de la Inspiración

Podemos concluir de lo anterior que el testimonio uniforme de los autores de las Escrituras es que la Biblia tiene su origen en Dios y su mensaje es para la humanidad. Este es el hecho de la inspiración bíblica; ahora debemos preguntarnos lo que significa. Han surgido varios puntos de vista con respecto a la naturaleza de la inspiración.

1. La teoría de la *intuición* hace que la inspiración sea en gran medida un asunto que implica un alto grado de conocimiento. La inspiración es el funcionamiento de un gran don, quizás casi una habilidad artística, pero no obstante un atributo natural, una posesión permanente. Los autores de las Escrituras fueron genios religiosos. Sin embargo, su inspiración no era esencialmente diferente a la de otros grandes pensadores religiosos y filosóficos como Platón o Buda. La Biblia es así una gran literatura religiosa que refleja las experiencias espirituales del pueblo hebreo[2].

2. La teoría de la *iluminación* sostiene que hay una influencia del Espíritu Santo sobre los autores de las Escrituras, pero que implica solo un aumento de sus poderes normales, una mayor sensibilidad y percepción con respecto a los asuntos espirituales. No era diferente al efecto de los estimulantes que los estudiantes toman a veces para aumentar su conciencia o incrementar sus procesos mentales. Por lo tanto, la obra de inspiración es diferente de la obra del Espíritu con todos los creyentes solo en el grado, no en el tipo. El resultado de este tipo de inspiración es una mayor capacidad para descubrir la verdad[3].

3. La teoría *dinámica* enfatiza la combinación de los elementos divinos y humanos en el

---

1 Abraham Kuyper, *Principles of Sacred Theology* [Principios de la sagrada teología] (Grand Rapids: Eerdmans, 1954), 441.

2 James Martineau, *A Study of Religion: Its Sources and Contents* [Un estudio de la religión: sus fuentes y contenidos] (Oxford: Clarendon, 1889), 168–71.

3 Auguste Sabatier, *Outlines of a Philosophy of Religion* [Ensayo de una filosofía de la religión] (Nueva York: James Pott, 1916), 90.

proceso de inspiración y escritura de la Biblia. El Espíritu de Dios obró al dirigir al escritor hacia los pensamientos o conceptos que debía tener y al permitir que la personalidad distintiva del escritor aparezca en la elección de palabras y expresiones. Por lo tanto, el escritor expresó los pensamientos dirigidos por Dios de una manera que era característica única de esa persona[4].

4. La teoría *verbal* insiste en que la influencia del Espíritu Santo se extiende más allá de la dirección de los pensamientos hasta la selección de palabras que se usaron para transmitir el mensaje. La obra del Espíritu Santo es tan intensa que cada palabra es la palabra exacta que Dios quiere que se use en ese momento para expresar el mensaje. Por lo general, sin embargo, se tiene mucho cuidado en insistir en que esto no es un dictado[5].

5. La teoría del *dictado* es la enseñanza de que Dios en realidad dictó la Biblia a los escritores. Se considera que los pasajes donde se describe al Espíritu diciéndole al autor con precisión qué es lo que tiene que escribir se aplican a toda la Biblia. Varios autores no escribieron en estilos distintivos. La mayoría de los defensores de la teoría verbal se esfuerzan mucho por desvincularse de los teóricos del dictado. Sin embargo, hay algunos que aceptan esta designación de sí mismos[6].

Extensión de la Inspiración

La cuestión aquí es la extensión de la inspiración o, dicho de otro modo, de lo que es inspirado. ¿Se debe considerar así a toda la Biblia, o

4 Augustus H. Strong, *Systematic Theology* [Teología sistemática] (Westwood, Nueva Jersey: Revell, 1907), 211–22.

5 J. I. Packer, *Fundamentalism and the Word of God* [El fundamentalismo y la Palabra de Dios] (Grand Rapids: Eerdmans, 1958), 79.

6 John R. Rice, *Our God-breathed Book—The Bible* [Nuestro libro inspirado por Dios: La Biblia] (Murfreesboro, Tennessee: Sword of the Lord, 1969), 192, 261–91. Rice acepta el término "dictado," pero no acepta la expresión "dictado mecánico".

solo ciertas partes?

Una solución fácil sería citar 2 Timoteo 3:16: "Toda la Escritura es inspirada por Dios, y útil". Sin embargo, hay un problema debido a una ambigüedad en la primera parte de este versículo. El texto griego puede traducirse de la siguiente manera: "Toda la Escritura es inspirada por Dios, y útil", o "Toda la Escritura inspirada por Dios es también útil". Si se adopta la primera traducción, se afirmaría la inspiración de todas las Escrituras. Si se aplica la segunda traducción, la oración enfatizaría la utilidad de todas las Escrituras inspiradas por Dios. Sin embargo, por el contexto, no se puede determinar realmente lo que Pablo pretendía transmitir (lo que aparece según el contexto es que Pablo tenía en mente un conjunto definido de escrituras que Timoteo conocía desde su infancia. Es poco probable que Pablo intentara hacer una distinción entre las Escrituras inspiradas y las no inspiradas dentro de este conjunto de escritos).

¿Podemos encontrar ayuda adicional sobre este tema en otros dos textos citados anteriormente: 2 Pedro 1:19-21 y Juan 10:34-35? A primera vista esto parece que no funciona, ya que el primero se refiere específicamente a la profecía, y el segundo a la ley. Sin embargo, en Lucas 24:25-27 parece que "Moisés y todos los profetas" equivalen a "todas las Escrituras", y de Lucas 24:44-45 que "la ley de Moisés, los Profetas y los Salmos" equivalen a "las Escrituras". En Juan 10:34, cuando Jesús se refiere a la ley, en realidad cita el Salmo 82:6. Y Pedro se refiere a la "palabra profética" (2 P 1:19) y a toda la "profecía de la Escritura" (v. 20), de tal manera que esto nos hace creer que toda la recopilación de escritos comúnmente aceptados en esa época son tomados en cuenta. Parece que la "ley" y la "profecía" se usaban con frecuencia para designar las Escrituras hebreas en su totalidad.

¿Esta comprensión de la inspiración se puede extender hasta incluir también los libros del Nuevo Testamento? Este problema no se resuelve tan fácilmente. Tenemos algunos indicios de que lo que estos escritores creían que estaban haciendo era de la misma naturaleza que los escritores del Antiguo Testamento habían hecho. Una referencia explícita de un autor del Nuevo Testamento a los escritos de otro es 2 Pedro 3:16. Aquí Pedro se refiere a los escritos de Pablo y alude a la dificultad de entender algunas cosas en ellos, en donde dice, "los indoctos e inconstantes tuercen, *como también las otras Escrituras*". Por lo tanto, Pedro agrupa los escritos de Pablo con otros libros, que posiblemente les resultaba familias a los lectores, que se consideraban como las Escrituras. Además, Juan identificó lo que estaba escribiendo con la palabra de Dios: "Nosotros somos de Dios; el que conoce a Dios, nos oye; el que no es de Dios, no nos oye. En esto conocemos el espíritu de verdad y el espíritu de error" (1 Juan 4:6). Él hace que sus palabras sean el criterio de medida. Pablo escribió que el evangelio recibido por los tesalonicenses había llegado a través del Espíritu Santo (1 Ts 1:5), y había sido aceptado por ellos como lo que realmente era, la palabra de Dios (2:13). Debe quedar claro que estos escritores del Nuevo Testamento consideraban que las Escrituras se extendían desde el período profético hasta su propia época.

La Intensidad de la Inspiración

¿Qué tan intensa fue la inspiración? ¿Fue solo una influencia general, que tal vez implicó la sugerencia de conceptos, o fue tan profunda que incluso la elección de las palabras refleja la intención de Dios?

Cuando analizamos el uso que los escritores del Nuevo Testamento hacen del Antiguo Testamento, aparece una característica interesante. A veces encontramos señales de que consideraban que todas las palabras, sílabas y signos de puntuación eran importantes. A veces todo sus argumentos se basan en un punto exacto del texto que están consultando.

Por ejemplo, en Mateo 22:32, la cita de Jesús de Éxodo 3:6, "Yo soy el Dios de Abraham, el Dios de Isaac y el Dios de Jacob"; es el tiempo del verbo lo que le lleva a la conclusión de que "Dios no es Dios de los muertos, sino de vivos". En el versículo 44, el argumento se basa en un sufijo posesivo: "Dijo el Señor a *mi* Señor". En este caso, Jesús dice expresamente que cuando David pronunció estas palabras, estaba "en el Espíritu" (v. 43). Aparentemente, David fue guiado por el Espíritu a usar las formas específicas que usó, incluso hasta el punto de un detalle tan pequeño como el posesivo en "*mi* Señor".

Jesús y los escritores del Nuevo Testamento consideraban que todas las palabras, sílabas y signos de puntuación del Antiguo Testamento eran importantes.

Otro argumento con respecto a la intensidad de la inspiración es el hecho de que los escritores del Nuevo Testamento atribuyen a Dios declaraciones en el Antiguo Testamento que en la forma original no se le atribuían específicamente a él. Un ejemplo destacado es Mateo 19:4-5, donde Jesús pregunta: "¿No habéis leído que el que los hizo al principio, varón y hembra los hizo, y dijo [...]". Luego procede a citar Génesis 2:24. Sin embargo, en el original, la declaración no se atribuye a Dios. Es solo un comentario sobre el acontecimiento de la existencia de la mujer a partir de la creación del hombre. Pero las palabras del Génesis son citadas por Jesús como si fueran dichas por Dios; Jesús incluso pone estas palabras en forma de una cita directa. Evidentemente, en la mente de Jesús todo lo que afirmaba el Antiguo

Testamento era lo que Dios decía.

Además de estas referencias específicas, debemos tener en cuenta que Jesús con frecuencia introducía sus citas del Antiguo Testamento con la fórmula "está escrito". Él identificaba todo lo que dijera la Biblia como si tuviera la fuerza de las propias palabras de Dios. Tenían autoridad. Por supuesto, esto no habla específicamente de la cuestión de si la obra inspiradora del Espíritu Santo se extendía hasta la elección de las palabras, pero sí indica una identificación completa de los escritos del Antiguo Testamento con la palabra de Dios. Se puede concluir que la inspiración de las Escrituras fue tan intensa que se extendió incluso hasta la elección de las palabras específicas.

Un Modelo de Inspiración

Al formular una teoría de la inspiración, es necesario reconocer los dos métodos básicos que pueden emplearse. El primer método es un enfoque didáctico que pone su énfasis principal en lo que los escritores bíblicos realmente dicen acerca de la Biblia y el punto de vista que se revela en la forma en que la usan. Este método está representado en los escritos de Benjamin B. Warfield y la "escuela de teología de Princeton"[7]. El segundo enfoque es observar cómo es la Biblia, analizar las diversas formas en que los escritores informan los acontecimientos, y comparar relatos paralelos. Esto describe el método de Dewey Beegle, quien desarrolló una teoría de la inspiración basada principalmente en los fenómenos de las Escrituras[8].

¿Podemos mantener e integrar ambos tipos de materiales? Tomaremos en consideración principalmente el material didáctico. Esto

significa concluir que la inspiración se extiende incluso hasta la elección de palabras (i. e., la inspiración es verbal). Sin embargo, determinaremos el significado exacto de esa elección de palabras cuando analicemos los fenómenos.

Estamos sugiriendo que es posible que lo que haga el Espíritu sea dirigir los pensamientos del autor de las Escrituras. Sin embargo, esa dirección es bastante precisa. En consecuencia, en el vocabulario del escritor, una palabra comunicará de una forma más adecuada el pensamiento que Dios está expresando (aunque esa palabra en sí misma puede ser inadecuada). Al crear el pensamiento y estimular la comprensión del autor de las Escrituras, el Espíritu lo guiará de hecho a usar una palabra específica en lugar de cualquier otra.

Aunque Dios dirige al escritor para que utilice las palabras específicas (precisas) para expresar una idea, la idea en sí misma puede ser bastante general o bastante específica. Esto es lo que el lingüista Kenneth Pike ha llamado "la dimensión de la magnificación"[9]. No se puede esperar que la Biblia muestre siempre la magnificación máxima o una gran cantidad de detalles. Más bien, expresará el grado exacto de detalles o la especificidad que Dios pretende y, en ese nivel de magnificación, el concepto que él exactamente quiere. Esto explica el hecho de que a veces las Escrituras no son tan detalladas como podríamos esperar o desear. De hecho, ha habido ocasiones en las que el Espíritu Santo, para cumplir el propósito de una nueva situación, ha impulsado a un autor de las Escrituras a volver a expresar un concepto en un nivel más específico que el de su forma original.

El gráfico 1 nos ayudará a explicar lo que tenemos en mente. Este gráfico representa varios niveles de especificidad, detalle o magnificación. La dimensión de la especificidad implica un

7 Benjamin B. Warfield, *The Biblical Idea of Inspiration* [La idea bíblica de la inspiración], en *The Inspiration and Authority of the Bible* [La inspiración y autoridad de la Biblia], ed. Samuel G. Craig (Londres: Marshall, Morgan y Scott, 1951), 131–65.

8 Dewey Beegle, *Scripture, Tradition, and Infallibility* [Escritura, tradición e infalibilidad] (Grand Rapids: Eerdmans, 1973), 175–97.

9 Kenneth L. Pike, *Language and Meaning: Strange Dimensions of Truth* [Lenguaje y significado: extrañas dimensiones de la verdad] *Christianity Today*, 8 de mayo, 1961, 28.

Gráfico 1: Niveles de Especificidad

<pre>
                    estados de conciencia
                              |
      introspección — percepción sensorial — reflexión
                              |
  gustativo — olfativo —estímulos visuales — auditivo — táctil
                              |
     posición — tamaño — color — forma — movimineto
                              |
            verde — rojo — amarillo — azul
                              |
  dubbonet — carmesí — escarlata — fucsia — cereza
</pre>

movimiento vertical en el gráfico. Supongamos que el concepto que se considera es el color rojo. Esta idea tiene un grado particular de especificidad, ni más ni menos. No es ni más específico (por ejemplo, escarlata) ni menos específico (color). Aparece en una ubicación específica en el gráfico, tanto verticalmente, en el eje de generalidad-especificidad, como horizontalmente, en su nivel determinado de especificidad (i.e., rojo, versus amarillo o verde). En otro caso, se puede tener un gráfico más o menos detallado (un grado más alto o más bajo de magnificación, en la terminología de Pike) y un enfoque más nítido o más borroso. Por supuesto, con un enfoque menos preciso, los detalles se volverán borrosos o incluso desaparecerán. Sin embargo, no se deben confundir estas dos dimensiones (detalle y enfoque). Si la idea es lo suficientemente precisa, solo una palabra en un determinado idioma, o en el vocabulario de un escritor determinado, será adecuada para comunicar y expresar el significado.

Nuestra opinión aquí es que la inspiración implicaba que Dios dirigía los pensamientos de los escritores para que fueran precisamente los pensamientos que él deseaba expresar. A veces estos pensamientos eran muy específicos; en otras ocasiones eran más generales. Hemos concluido que la inspiración fue verbal, extendiéndose incluso hasta la elección de las palabras. Sin embargo, no fue únicamente verbal, ya que a veces las ideas pueden ser más precisas que las palabras que están disponibles. Probablemente, ese fue el caso con la visión de Juan en Patmos, que produjo el libro del Apocalipsis.

En este punto, se plantea generalmente la objeción de que si la inspiración que se extiende hasta la elección de las palabras se convierte necesariamente en dictado. Responder a esta acusación nos obligará a teorizar sobre el proceso de la inspiración. Aquí debemos tener en cuenta que los autores de las Escrituras, al menos en todos los casos en los cuales conocemos su identidad, no eran nuevos en la fe. Habían conocido a Dios, aprendido de él y practicado la vida espiritual durante algún tiempo. Por lo tanto, Dios había estado obrando en sus vidas durante algún tiempo, preparándolos a través de una amplia variedad de experiencias familiares, sociales, educativas y religiosas para la tarea que debían realizar. Pablo sugiere que fue elegido incluso antes de nacer (Gl 1:15). Durante toda la vida, Dios estuvo obrando para dar forma y desarrollar al autor individual. De esta manera, por ejemplo, las experiencias del pescador Pedro y del médico Lucas fueron creando el tipo de personalidad y cosmovisión que emplearían después para escribir las Escrituras. Esto significa que debemos tener en cuenta, al discutir la doctrina de la Trinidad, que aunque la obra final de inspiración fue donde el Espíritu Santo desempeñó el papel principal, existe un sentido en el que la inspiración es una obra de toda la Trinidad. Como veremos en un capítulo posterior, incluso aquellas obras divinas atribuidas a un miembro de la Trinidad son en realidad actividades trinitarias, en donde un miembro de la Trinidad actúa en nombre de toda la Deidad[10].

Por lo tanto, era posible que un autor de las Escrituras a quien solo se le había dado una sugerencia de una nueva dirección, pero que había conocido a Dios durante mucho tiempo, "pensara en los pensamientos de Dios". Para brindar un ejemplo personal: una secretaria había estado en una iglesia durante muchos años. Al iniciar mi pastorado allí, le dictaba cartas. Después de aproximadamente un año, pude contarle el sentido general de mi pensamiento y ella pudo escribir mis cartas, usando mi estilo. Al final del tercer año, simplemente podría haberle entregado una carta que había recibido y decirle que respondiera, ya que habíamos discutido tantos temas relacionados con la iglesia que en realidad ella sabía lo que yo pensaba sobre la mayoría de ellos. Es posible sin el dictado saber exactamente lo que otra persona quiere decir. Sin embargo, se debe tener en cuenta que esto supone una relación cercana y un largo período de conocimiento. Por lo tanto, un autor de las Escrituras, teniendo en cuenta las circunstancias que hemos descrito, podía, sin un dictado, escribir el mensaje de Dios tal como Dios quería que se registrara.

Aquí se concibe que la inspiración se aplica tanto al escritor como a la escritura. En el primer sentido, el escritor es el objeto de la inspiración. Sin embargo, cuando el escritor redacta las Escrituras, la cualidad de la inspiración también se comunica a la escritura. Es inspirado en un

sentido derivativo[11]. Esto es muy parecido a la definición de la revelación tanto como el acto de revelar y lo que está revelado (ver pág. 47). Hemos observado que la inspiración implica un período extenso de la obra de Dios con el escritor. Esto no solo implica la preparación del escritor, sino también la preparación del material para este uso. Aunque la inspiración en el sentido estricto probablemente no se aplica a la conservación y transmisión de este material, no se debe ignorar la providencia que guía este proceso.

Debido a que la Biblia ha sido inspirada, podemos estar seguros de que tenemos una instrucción divina. El hecho de que no viviéramos cuando sucedieron las revelaciones y las enseñanzas no nos empobrece espiritual o teológicamente. Tenemos una guía segura. Y estamos motivados a estudiarla de una manera intensa, ya que su mensaje es realmente la palabra de Dios para nosotros.

Preguntas de Análisis y Reflexión

- ¿Por qué la inspiración es tan importante para la autoridad de las Escrituras?
- ¿De qué manera la Biblia da testimonio de sus orígenes divinos?
- ¿Cuáles son las similitudes y diferencias entre las cinco teorías de la inspiración?
- ¿Cómo resumiría las características que deberían incluirse en un modelo de inspiración adecuado?
- ¿Cómo influye su perspectiva sobre la inspiración en su lectura personal de las Escrituras?

---

10 Para una teoría más desarrollada de una doctrina trinitaria de la inspiración, ver *Who Is This God? Biblical Inspiration Revisited* [¿Quién es este Dios? Inspiración bíblica revisada], *Tyndale Bulletin* 43, No. 2 (1992): 275–82.

11 Cabe señalar que 2 Pedro 1:20-21 se refiere a los autores, mientras que 2 Timoteo 3:16 se refiere a lo que ellos escribieron. Por lo tanto, se demuestra que el dilema sobre si la inspiración pertenece al escritor o a la escritura es un falso dilema.

La Fiabilidad de la Palabra de Dios: *Inerrancia*

6

Objetivos del Capítulo

Una vez estudiado este capítulo, el lector es capaz de:

1. Citar varios conceptos diferentes de la inerrancia y comprender el significado de cada perspectiva.
2. Evaluar la importancia de la inerrancia en el desarrollo de una teología en su relación con la iglesia.
3. Intentar resolver los problemas de los fenómenos de las Escrituras en su relación con la inerrancia.
4. Designar principios y ejemplos para definir la inerrancia.
5. Describir los temas que han surgido en torno a la inerrancia.

Resumen del Capítulo

La inerrancia es la doctrina que afirma que la Biblia es completamente verdadera en todas sus enseñanzas. Los teólogos han discutido sobre los niveles en los que la Biblia es inerrante. Si la Biblia no es inerrante, entonces nuestro conocimiento de Dios puede ser impreciso y poco fiable. La inerrancia es una consecuencia de la inspiración plena de la Biblia. Aunque no es posible hacer descripciones científicas detalladas o afirmaciones que sean matemáticamente exactas, la inerrancia significa que la Biblia, cuando se la juzga por el uso de su tiempo, enseña la verdad sin ninguna afirmación de error.

Estructura del Capítulo

Distintos Conceptos de Inerrancia

La Importancia de la Inerrancia

- Importancia Teológica
- Importancia Histórica
- Importancia Epistemológica

Inerrancia y Fenómenos

Definición de Inerrancia

Temas Secundarios

L a inerrancia de las Escrituras es la doctrina que afirma que la Biblia es completamente verdadera en todas sus enseñanzas. Debido a que muchos evangélicos lo consideran un tema de suma importancia e incluso crucial, requiere un análisis cuidadoso. En un sentido real, es el cumplimiento de la doctrina de las Escrituras. Porque si Dios ha dado una revelación especial de sí mismo y ha inspirado a sus siervos para que la registren, nos interesará tener la seguridad de que la Biblia es realmente una fuente fiable de esa revelación.

Distintos Conceptos de Inerrancia

El término "inerrancia" tiene significados diferentes para cada persona que argumenta cuál posición merece ser llamada de esa manera. Por lo tanto, es importante resumir brevemente las posiciones actuales que se tienen en cuanto al tema de la inerrancia[1].

1. La *inerrancia absoluta* sostiene que la Biblia, que incluye un tratamiento bastante detallado de temas tanto científicos como históricos, es totalmente verdadera. Da la impresión de que los escritores bíblicos intentaban dar una gran cantidad de datos científicos e históricos exactos. Por lo tanto, se pueden y se deben explicar las supuestas discrepancias. Por ejemplo, la descripción del mar de fundición en 2 Crónicas 4:2 indica que su diámetro era de diez codos mientras que su circunferencia era de treinta codos. Sin embargo, como todos sabemos, la circunferencia de un círculo es π (3,14159) veces el diámetro. Si, como dice el texto bíblico, el mar de fundición era circular, aquí existe una discrepancia, y es necesario dar una explicación[2].

2. La *inerrancia plena* también sostiene que la Biblia es completamente verdadera. Aunque el objetivo principal de la Biblia no es brindar datos científicos e históricos, las afirmaciones científicas e históricas que hace son completamente verdaderas. No existe una diferencia esencial entre esta posición y la inerrancia absoluta en lo que se refiere a su punto de vista sobre el mensaje religioso/teológico/espiritual. Sin embargo, la comprensión de las referencias científicas e históricas es bastante diferente. La inerrancia plena considera estas referencias como fenomenológicas; es decir, se cuentan como es percibida por los seres humanos. No son necesariamente exactas; más bien, son descripciones populares, que suelen involucrar referencias generales o aproximaciones. Sin embargo, son correctas. Lo que enseñan es esencialmente correcto en la forma como lo enseñan[3].

3. La *inerrancia limitada* también considera que la Biblia es inerrante e infalible en sus referencias doctrinales sobre la salvación. Sin embargo, por un lado se establece una distinción entre asuntos no empíricos revelados, y por el otro lado, las referencias empíricas y naturales.

---

1 Michael Baumann ha brindado algunas pautas útiles para exponer la doctrina de la inerrancia con el fin de evitar errores tácticos que impidan un juicio imparcial (*Why the Noninerrantists Are Not Listening: Six Tactical Errors Evangelicals Commit* [Por qué los no inerrantes no escuchan: Seis errores tácticos que cometen los evangélicos], *Journal of the Evangelical Theological Society* 29, no. 3 [septiembre de 1986]: 317–24). Para saber acerca de la defensa de un filósofo sobre la racionalidad de la creencia en la inerrancia contra algunos de los malentendidos más comunes e incluso tergiversaciones de la doctrina, ver J. P. Moreland, *The Rationality of Belief in Inerrancy* [La racionalidad de la creencia en la inerrancia] *Trinity Journal* 7, no. 1 (Spring 1986): 76–86.

2 Harold Lindsell, *The Battle for the Bible* [La batalla por la Biblia] (Grand Rapids: Zondervan, 1976), 165–66.

3 Roger Nicole, *"The Nature of Inerrancy"* ["La naturaleza de la inerrancia"] *en Inerrancy and Common Sense* [Inerrancia y sentido común], ed. Roger Nicole y J. Ramsey Michaels (Grand Rapids: Baker, 1980), 71–95

Las referencias científicas e históricas de la Biblia reflejan la compresión que se tenía en el momento en que se escribió. Los escritores de la Biblia estaban sometidos a las limitaciones de su época. La revelación y la inspiración no colocaron a los escritores por encima del conocimiento ordinario. Dios no les reveló la ciencia o la historia. En consecuencia, la Biblia puede contener lo que podríamos denominar errores en estas áreas. Sin embargo, esto no tiene grandes consecuencias, ya que la Biblia no pretende enseñar ciencia e historia. No obstante, para los propósitos para los que se ofreció, la Biblia es completamente verdadera e inerrante[4].

La Importancia de la Inerrancia

¿Por qué la iglesia debería preocuparse por la inerrancia? Algunos sugieren que la inerrancia es un tema irrelevante, falso o que distrae. Por un lado, "inerrante" es un término negativo. Sería mucho mejor usar un término positivo para describir la Biblia. Además, la inerrancia no es un concepto bíblico. En la Biblia, errar es un asunto espiritual o moral más que intelectual. La inerrancia nos distrae de los temas apropiados de lo que la Biblia está tratando de decirnos acerca de nuestra relación con Dios. Finalmente, este tema es perjudicial para la iglesia. Crea desunión entre aquellos que, en otro caso, tendrían mucho en común. Convierte en una cuestión importante algo que debería ser una cuestión secundaria[5].

Teniendo en cuenta estas consideraciones, ¿no sería mejor ignorar el tema y "seguir adelante"? En respuesta, notamos que hay una preocupación muy práctica en el origen de gran parte de la discusión sobre la inerrancia. Un seminarista de una pequeña iglesia rural resumió bien la preocupación de su congregación cuando dijo: "Mi gente me pregunta: 'Si la Biblia lo dice, ¿puedo creer en ella?'". Si la Biblia es completamente verdadera, es importante desde el punto de vista teológico, histórico y epistemológico.

Importancia Teológica

Jesús, Pablo y otros personajes importantes del Nuevo Testamento consideraban y empleaban detalles de las Escrituras como autoridad. Esto es un argumento a favor del punto de vista de que la Biblia fue completamente inspirada por Dios, incluso en la selección de los detalles que hay en el texto. Si este es el caso, se producen ciertas implicaciones. Si Dios es omnisciente, debe conocer todas las cosas. No puede ignorar o estar equivocado en ningún asunto. Además, si es omnipotente, puede influir en lo que está escribiendo el autor para que no haya nada erróneo en el producto final. Y al ser un ser verdadero y verídico, deseará sin duda utilizar estas habilidades de tal manera para que las Escrituras no engañen a los seres humanos. Por lo tanto, nuestro punto de vista sobre la inspiración implica lógicamente la inerrancia de la Biblia. La inerrancia es una consecuencia de la doctrina de la inspiración plena. Entonces, si se tuviera que demostrar que la Biblia no es completamente verdadera, nuestro punto de vista sobre la inspiración también estaría en peligro.

Importancia Histórica

Históricamente, la iglesia ha defendido la inerrancia de la Biblia. Aunque no ha habido una teoría completamente explicada hasta la actualidad, sin embargo, a lo largo de los años de la historia de la iglesia ha existido una creencia general en la fiabilidad completa de la Biblia. Si esto ha significado precisamente lo que los inerrantes contemporáneos quieren

4 Daniel P. Fuller, *Benjamin B. Warfield's View of Faith and History* [La perspectiva de la fe y la historia de Benjamin B. Warfield], *Bulletin of the Evangelical Theological Society* 11 (1968): 75–83.

5 David Hubbard, *The Irrelevancy of Inerrancy* [La irrelevancia de la inerrancia] en *Biblical Authority,* ed. Jack Rogers (Waco: Word, 1977), 151–81.

expresar con el término "inerrancia", no resulta evidente de inmediato. Cualquiera que sea el caso, sabemos que la idea general de la inerrancia no es un hecho reciente.

También debemos tener en cuenta las implicaciones que han existido para otras áreas de la doctrina cuando se ha abandonado la creencia en la inerrancia bíblica. Hay evidencias de que cuando un teólogo, una escuela o un movimiento comienza a considerar la inerrancia bíblica como un tema secundario u opcional y abandona esta doctrina, con frecuencia sigue abandonando o alterando otras doctrinas que la iglesia normalmente ha considerado que son muy importantes como la deidad de Cristo o la Trinidad.

Aunque no ha habido una teoría completamente explicada hasta la actualidad, sin embargo, a lo largo de los años de la historia de la iglesia ha existido una creencia general en la fiabilidad completa de la Biblia

---

Debido a que la historia es el laboratorio en donde la teología pone a prueba sus ideas, debemos concluir que apartarse de la creencia en la fiabilidad completa de la Biblia es una medida muy grave, no solo por lo que le hace a esta doctrina, sino aún más por el efecto que causa en otras doctrinas[6].

6 Richard Lovelace, *"Inerrancy: Some Historical Perspectives"* ["Inerrancia: algunas perspectivas históricas"] en Nicole y Michaels, I*nerrancy and Common Sense* [Inerrancia y sentido común] 26–36.

Importancia Epistemológica

La cuestión epistemológica es simplemente: ¿cómo sabemos?

Debido a que nuestro fundamento para aferrarnos a la verdad de cualquier premisa teológica es que la Biblia la enseña, es muy importante que la Biblia sea verdadera en todas sus afirmaciones. Si debemos concluir que algunas premisas (históricas o científicas) enseñadas por la Biblia no son verdaderas, las implicaciones para las premisas teológicas son amplias. En la medida en que los evangélicos abandonen la posición de que todo lo que las Escrituras enseñan o afirman es verdadero, se buscarán nuevos fundamentos para la doctrina. Esto bien podría ocurrir mediante el resurgimiento de una filosofía de la religión, o lo que es más probable debido a la actual orientación "relacional", basando la teología en las ciencias del comportamiento como la psicología de la religión. Pero, independientemente de la forma que tome este argumento alternativo, la lista de principios probablemente se reducirá, ya que es difícil establecer la Trinidad o el nacimiento virginal de Cristo en un argumento filosófico o en la dinámica de las relaciones interpersonales.

Inerrancia y Fenómenos

La creencia en la inerrancia de las Escrituras no se basa en un análisis de la naturaleza de toda la Biblia, sino en la enseñanza de los autores bíblicos con respecto a su inspiración. Esa enseñanza solo nos dice que la Biblia es completamente verdadera. No nos dice exactamente cuál es la naturaleza de su inerrancia o exactamente de qué manera la Biblia enseña sin errores. Para eso debemos observar los fenómenos reales de las Escrituras.

Hay varios tipos de pasajes problemáticos. Por ejemplo, el relato bíblico contiene supuestas discrepancias con las referencias en la historia secular y con las afirmaciones de la ciencia. También hay contradicciones entre pasajes paralelos en las Escrituras, como en los libros de Samuel, Reyes y Crónicas en el Antiguo Testamento, y en los Evangelios en el Nuevo Testamento. Estas contradicciones incluyen asuntos de cronología, números y otros detalles. Incluso hay supuestas discrepancias éticas en algunos puntos. Se puede tener una idea de los diversos tipos de problemas cuando se compara Marcos 6:8 con Mateo 10:9-10 y Lucas 9:3; Hechos 7:6 con Éxodo 12:40-41; 2 Samuel 10:18 con 1 Crónicas 19:18; 2 Samuel 24:1 con 1 Crónicas 21:1; y Santiago 1:13 con 1 Samuel 18:10.

¿Cómo se deben tratar estos problemas? Se han adoptado varios enfoques diferentes. Benjamin B. Warfield, entre otros, sostuvo que la enseñanza doctrinal de la inerrancia bíblica es en sí misma tan importante que los fenómenos pueden prácticamente ignorarse[7]. Algunos teólogos, como Dewey Beegle, argumentan que los fenómenos problemáticos requieren que abandonemos la creencia en la inerrancia bíblica[8]. Sin embargo, otros, como Louis Gaussen, intentan eliminar los fenómenos problemáticos al armonizar todas las diferencias[9]; algunas de sus explicaciones parecen ser bastante artificiales.

Ninguno de estos enfoques es completamente satisfactorio como solución. Más bien, sería más inteligente seguir el camino de la armonización moderada[10]. En este enfoque, los problemas se resuelven cuando la información disponible produce una explicación creíble. Sin embargo, con respecto a algunos de los problemas, simplemente no contamos con la información necesaria para comprender de una manera completa. No obstante, podemos seguir defendiendo la inerrancia sobre la base de las propias afirmaciones de la Biblia, teniendo en cuenta que si todos tuviéramos la información, los problemas desaparecerían.

Definición de Inerrancia

Ahora podemos afirmar lo que entendemos por inerrancia: la Biblia, cuando se interpreta correctamente según el nivel cultural y de comunicación que había en la época en la que se escribió, y según los propósitos para los que fue dada, es completamente verdadera en todo lo que afirma. Esta definición refleja la posición que anteriormente se denominó inerrancia plena. Podemos explicar y exponer esta definición, señalando algunos principios y ejemplos que nos ayudarán a definir la inerrancia de una manera más específica y a eliminar algunas de las dificultades.

1. La inerrancia se refiere a lo que se afirma o se asegura en lugar de lo que se limita a informar. La Biblia informa declaraciones falsas que fueron dichas por personas impías. La presencia de estas declaraciones en las Escrituras no significa que estas sean verdaderas; solo garantiza que han sido contadas de una manera correcta. Se puede hacer el mismo juicio sobre algunas declaraciones de hombres piadosos que no estaban hablando bajo la influencia de la inspiración del Espíritu Santo. Es posible que Esteban, en su discurso en Hechos 7, no haya sido inspirado, aunque estuviera lleno del Espíritu Santo. Por lo tanto, su declaración cronológica en el versículo 6 no está necesariamente libre de errores. Parece que incluso Pablo y Pedro a veces pueden haber dicho declaraciones incorrectas. Sin embargo, cuando un escritor bíblico toma una declaración de cualquier fuente y la incorpora en su mensaje como una afirmación,

7 Benjamin B. Warfield, *"The Real Problem of Inspiration"* ["El verdadero problema de la inspiración"] en *The Inspiration and Authority of the Bible* [La inspiración y la autoridad de la Biblia], ed. Samuel G. Craig (Londres: Marshall, Morgan y Scott, 1951), 219–20

8 Dewey Beegle, *Scripture, Tradition, and Infallibility* [Escritura, tradición e infalibilidad] (Grand Rapids: Eerdmans, 1973), 195–97.

9 Louis Gaussen, *The Inspiration of the Holy Scriptures* [La inspiración de las Sagradas Escrituras] (Chicago: Moody, 1949).

10 Everett Harrison, *"The Phenomena of Scripture"* ["Los fenómenos de las Escrituras"] en *Revelation and the Bible* [La revelación y la Biblia], ed. Carl Henry (Grand Rapids: Baker, 1959), 237–50

no solo como una declaración, entonces debe ser considerada verdadera. Esto no garantiza la canonicidad del libro que se cita. No obstante, los incrédulos, sin una revelación o inspiración especial, pueden disponer de la verdad. Aunque todo lo que hay en la Biblia es verdad, no es necesario sostener que toda la verdad está en la Biblia. Por lo tanto, las referencias de Judas a dos libros no canónicos (vv. 9, 14-15) no crean necesariamente un problema, ya que no es necesario creer que lo que Judas afirmaba era un error o que *Enoc* y la *Asunción de Moisés* son libros inspirados divinamente que tienen que incluirse en el canon del Antiguo Testamento.

Surge la cuestión: ¿la inerrancia se aplica a otros modos aparte del indicativo? La Biblia contiene preguntas, deseos y órdenes, así como afirmaciones. Sin embargo, estos normalmente no se pueden consideran verdaderos o falsos. Por lo tanto, la inerrancia parece que no se aplica a ellos. No obstante, en las Escrituras hay declaraciones o afirmaciones (explícitas o implícitas) de que alguien hizo esa pregunta, expresó ese deseo o pronunció esa orden. Aunque la declaración "¡Amad a vuestros enemigos!" no se puede considerar verdadera o falsa, la afirmación "Jesús dijo: '¡Amad a vuestros enemigos!'" sí se puede considerar verdadera o falsa. Y como una afirmación de las Escrituras, esta es inerrante.

2. Debemos juzgar la veracidad de las Escrituras según su significado en el entorno cultural donde se expresaron sus declaraciones. Por ejemplo, no debemos suponer que los criterios de exactitud en las citas que suele tener la prensa escrita y la distribución masiva de nuestra época estuvieran presentes en el primer siglo. También debemos reconocer que los números solían tener un significado simbólico en la antigüedad, mucho mayor del que tienen en nuestra cultura actual. Los nombres que los padres elegían para sus hijos también tenían un significado especial; algo que no suele pasar en la actualidad. La palabra "hijo" tiene básicamente un único significado en nuestro

idioma y cultura. Sin embargo, en los tiempos bíblicos, tenía un significado más amplio, casi equivalente a "descendiente". Por lo tanto, existe una gran diversidad entre nuestra cultura y la de los tiempos bíblicos. Cuando hablamos de infalibilidad, queremos decir que lo que la Biblia afirma es completamente cierto según la cultura de esa época.

3. Las afirmaciones de la Biblia son completamente verdaderas cuando se juzgan según el propósito para el cual se escribieron. Aquí la exactitud puede variar según el uso que se pretenda dar al material. Supongamos un caso hipotético en que la Biblia informa de una batalla en la que participaron 9 476 hombres. ¿Cuál sería la información correcta (o infalible)? ¿10 000 sería exacto? ¿9 000? ¿9 500? ¿9 480? ¿9 475? ¿O solo 9 476 hombres sería la información correcta? La respuesta es que depende del propósito que tenga el escrito.

Las afirmaciones de la Biblia son completamente verdaderas cuando se juzgan según el propósito para el cual se escribieron.

Por un lado, si se trata de un documento oficial que un militar tiene que presentar a su superior, el número tiene que ser exacto. Esa sería la única manera de saber si hubo algún desertor. Por otro lado, si la intención era simplemente dar una idea del tamaño de la batalla, entonces un número exacto como 10 000 es adecuado y correcto en este contexto. Lo mismo ocurre con respecto al mar de fundición de 2 Crónicas 4:2. Si el objetivo al decir las dimensiones es brindar un plano a partir del cual se pueda construir una réplica, entonces es importante saber si se tiene que construir con un diámetro de diez codos o una circunferencia de treinta codos. Pero si el propósito es solamente comunicar una idea sobre el tamaño del objeto, entonces la aproximación que da el cronista es suficiente y puede considerarse completamente verdadera. Con frecuencia encontramos estas aproximaciones en la Biblia.

Una práctica común en nuestra propia cultura es dar aproximaciones. Supongamos que mis ingresos brutos reales del año pasado fueron $80 154.78 (una cifra puramente hipotética). Y supongamos que usted me pregunta cuál fue mi ingreso bruto el año pasado y le respondo: "Ochenta mil dólares". ¿He dicho la verdad o no? Eso depende de la situación y el contexto.

Si usted es mi amigo y me lo pregunta en una charla informal sobre el costo de vida, le he dicho la verdad. Pero si usted es un agente del Servicio de Impuestos Internos que está realizando una auditoría, entonces no he dicho la verdad.

Se debe tomar en cuenta que el propósito de la escritura cuando se juzga si algo es verdadero no solo se aplica a los números, sino también a cuestiones como el orden cronológico en las narraciones históricas, el cual fue modificado ocasionalmente en los Evangelios. En algunos casos fue necesario realizar un cambio en las palabras para comunicar el mismo significado a diferentes personas. Es por ello que Lucas dice "Gloria en las alturas" donde en Mateo y Marcos dicen "Hosanna en las alturas". Los gentiles que leían a Lucas entendían mejor lo primero que lo segundo. Incluso los escritores bíblicos practicaron la expansión y la compresión, lo que utilizan los predicadores en la actualidad sin que se les acuse de no ser fieles al texto.

4. Los relatos de los acontecimientos históricos y asuntos científicos están escritos en un lenguaje fenomenológico más que en un lenguaje técnico. Es decir, el escritor cuenta cómo aparecen las cosas ante la vista. Un ejemplo que comúnmente se aprecia de esta práctica tiene que ver con la salida del sol. Cuando el meteorólogo dice en las noticias de la noche que el sol saldrá a la mañana siguiente a las 6:37, desde un punto de vista estrictamente técnico, ha cometido un error, ya que desde la época de Copérnico se sabe que el sol no se mueve, la Tierra sí. Sin embargo, no hay ningún problema con esta expresión popular. De hecho, incluso en los círculos científicos, el término "salida del sol" se ha convertido en una especie de frase hecha. Aunque los científicos utilizan este término con frecuencia, no lo toman de una manera literal.

Del mismo modo, los relatos bíblicos no intentan ser científicamente exactos; no intentan teorizar sobre lo que realmente ocurrió cuando, por ejemplo, cayeron los muros de Jericó, o se detuvo el río Jordán, o si el hacha flotó. El escritor simplemente contaba lo que veía, tal como aparecía ante sus ojos.

5. Las dificultades para explicar el texto bíblico no deben prejuzgarse como indicios de error. Es mejor esperar a que aparezcan los datos que faltan, confiando en que si tenemos todos los datos, los problemas se pueden resolver. En algunos casos, es posible que los datos nunca aparezcan. Sin embargo, nos anima saber que existe una tendencia a resolver dificultades a medida que surgen más datos.

Algunos de los problemas graves de hace un siglo, como el desconocido rey Sargón que menciona Isaías (20:1), han sido explicados de una forma satisfactoria, y sin cambios artificiales. Incluso el enigma de la muerte de Judas parece tener ahora una solución viable y razonable.

Según Mateo 27:5, Judas se suicidó ahorcándose. Sin embargo, Hechos 1:18 declara que "cayendo de cabeza, se reventó por la mitad y todas sus entrañas se derramaron". La palabra griega específica en Hechos que causó la dificultad con respecto a la muerte de Judas es prēnēs. Durante mucho tiempo se creía que solo significaba "caer de cabeza". Sin embargo, las investigaciones del siglo XX sobre los papiros antiguos han revelado que esta palabra tenía otro significado en el griego koiné.

También significaba "hincharse"[11]. Ahora es posible plantear la hipótesis de un final de la vida de Judas que se ajuste a todos los datos que existen. Después que Judas se ahorcó, pasó algún tiempo hasta que lo encontraran. En esa situación, sus órganos viscerales comenzaron a descomponerse primero, provocando una hinchazón del abdomen, algo que es común en los cadáveres que no han sido embalsamados de una manera adecuada. Por eso, "la hinchazón [de Judas] se reventó por la mitad y sus entrañas se derramaron". Aunque no hay una forma de saber si esto fue lo que realmente sucedió, puede ser una solución factible y adecuada para el problema. Debemos seguir trabajando para resolver todas esas tensiones que exista en nuestra comprensión de la Biblia.

Temas Secundarios

1. ¿La "inerrancia" es un buen término, o debería evitarse? Hay ciertos problemas que se le atribuyen. Uno de ellos es que tiende a implicar una especificidad extrema, que las palabras como "corrección", "veracidad", "honestidad", "fiabilidad" y, en menor medida, "exactitud" no la tienen. Sin embargo, debido a que el término "inerrancia" se ha vuelto común, probablemente sea bueno utilizarlo. Pero no es suficiente solo con utilizar el término, ya que, como hemos visto, diferentes personas le atribuyen significados que son radicalmente diferentes. La declaración de William Hordern es apropiada aquí como advertencia: "Parece que para los fundamentalistas y los no conservadores, lo que los nuevos conservadores están tratando de decir es que 'la Biblia es inerrante, pero esto, por supuesto, no significa que carezca de errores'"[12]. Debemos explicar claramente lo que queremos decir cuando utilizamos el término para que no haya malentendidos.

2. También debemos definir lo que entendemos por error. Si no se hace esto, el significado de la inerrancia se perderá. Si existe un "coeficiente infinito de elasticidad del lenguaje", de tal manera que la palabra "verdadera" puede simplemente estirarse un poco más, y un poco más, y un poco más, al final llegará a incluir todo, y, por lo tanto, nada. Por esto, debemos estar preparados para indicar lo que se podría considerar un error. Las declaraciones en las Escrituras que contradicen completamente los hechos deben considerarse erróneas. Si Jesús no murió en la cruz, si no detuvo la tormenta en el mar, si los muros de Jericó no cayeron, si el pueblo de Israel no fue liberado de su esclavitud en Egipto y salió en busca de la tierra prometida, entonces la Biblia tendría errores.

3. La doctrina de la inerrancia en un sentido estricto solo se aplica a los originales, pero en un sentido más amplio se aplica a las copias y a las traducciones, es decir, en la medida en que reflejan al original. Este punto de vista con frecuencia se ridiculiza como un pretexto, y se señala que nadie ha visto los autógrafos inerrantes[13]. Sin embargo, como ha señalado Carl Henry, nadie ha visto los originales errantes tampoco[14]. Debemos reafirmar que las copias y las traducciones son también la Palabra de Dios, en la medida en que conservan el mensaje original. Cuando decimos que son la Palabra de Dios, no tenemos en mente, por supuesto, el proceso original de la inspiración del escritor bíblico. Más bien, son la Palabra de Dios en un sentido más amplio que va unido al producto. De esta manera fue posible que Pablo le escribiera a Timoteo que todas las Escrituras estaban inspiradas, aunque sin duda las Escrituras a las que se refería eran una copia y probablemente también una traducción (la

---

11 G. Abbott-Smith, *A Manual Greek Lexicon of the New Testament* [Un manual del léxico griego del Nuevo Testamento] (Edinburgh: T&T Clark, 1937), 377.

12 William Hordern, *New Directions in Theology Today* [Nuevas direcciones en la teología hoy], vol. 1, Introducción (Filadelfia: Westminster, 1966), 83.

13 Beegle, Scripture, *Tradition, and Infallibility* [Escritura, tradición e infalibilidad] 156–59.

14 Mencionado en Harrison, *"Phenomena of Scripture,"* [Fenómenos de las Escrituras].

Septuaginta).

En un mundo en donde hay tantos conceptos erróneos y tantas opiniones, la Biblia es una fuente de dirección segura; porque cuando se interpreta correctamente, se puede confiar plenamente en todo lo que enseña. Es una autoridad segura, verdadera y fiable.

Preguntas de Análisis y Reflexión

- ¿Qué significa la inerrancia absoluta, plena o limitada?
- ¿Cuál es la importancia epistemológica de la inerrancia?
- Considerando las discrepancias que existe entre pasajes paralelos en las Escrituras, ¿hay alguna razón para descartar la inerrancia por completo?
- ¿Cuáles son los tres temas relacionados con la inerrancia y cuál es la respuesta del autor a ellos?
- ¿De qué manera la inerrancia afirma su confianza en la autoridad de las Escrituras?

7

El poder de la Palabra de Dios: *Autoridad*

Objetivos del Capítulo

Una vez estudiado este capítulo, el lector es capaz de:

1. Definir la palabra "autoridad" y reafirmar la definición de autoridad según los parámetros de la religión.
2. Identificar las maneras en las que se determina el significado de las Escrituras mediante el origen divino y la autoridad divina del Espíritu Santo.
3. Distinguir los componentes objetivos y subjetivos de la autoridad.
4. Explicar la relación entre la Biblia y la razón con respecto a su significado.
5. Comparar los dos tipos de autoridad con respecto a la Biblia, tanto histórica como normativa.

Estructura del Capítulo

Autoridad Religiosa

La Obra Interna del Espíritu Santo

Componentes Objetivos y Subjetivos de la autoridad

La Biblia y la Razón

Autoridad Histórica y Normativa

Resumen del Capítulo

Como Creador y fuente de toda verdad, Dios tiene el derecho a ordenar que todos los seres humanos crean en él y le obedezcan. Aunque en algunos casos Dios ejerce su autoridad de forma directa, normalmente utiliza otros medios, como comunicar su mensaje a los seres humanos. Esto ocurre en la Biblia. El Espíritu Santo ilumina y aplica la enseñanza de la Biblia tanto al entendimiento como al corazón de los seres humanos. Todas las Escrituras tienen autoridad histórica, es decir, nos dicen correctamente lo que ocurrió y lo que Dios esperaba de personas específicas en momentos y lugares particulares. Una parte de las Escrituras también tiene una autoridad normativa. Por lo tanto, esas partes de las Escrituras se tiene que aplicar y obedecer de la misma manera en que fueron dadas en un principio.

Por autoridad entendemos el derecho a ordenar lo que se tiene que creer o hacer. Este tema ha generado una gran controversia en nuestra sociedad actual. Con frecuencia, no se reconoce y no se obedece a la autoridad externa para que se acepte el juicio individual como el definitivo. Esto adopta una forma extrema en algunas variedades del posmodernismo, donde cada opinión tiene el mismo valor que cualquier otra, y sugerir que una es objetivamente más adecuada que otra que se considera intolerante. Existe incluso un tenso ambiente en contra de lo institucional en el ámbito de la religión, donde con frecuencia se insiste en el juicio individual. Por ejemplo, muchos católicos romanos cuestionan la idea tradicional de que la autoridad del papa es infalible.

En el ámbito de la autoridad religiosa, la pregunta crucial es: ¿existe alguna persona, institución o documento que tenga el derecho de ordenar lo que se tiene que creer o hacer en asuntos religiosos?

Debido a que la Biblia transmite el mensaje de Dios, esta tiene el mismo peso que Dios mismo tendría tendría si nos estuviera hablando personalmente.

En última instancia, si existe un ser supremo superior a los seres humanos o algo más en el orden creado, esa persona tiene derecho a determinar lo que tenemos que creer y cómo debemos vivir. Esto propone que Dios es la máxima autoridad en asuntos religiosos. Tiene el derecho, por ser quien es y por lo que hace, de establecer el criterio de lo que hay que creer y practicar. Sin embargo, con respecto a los asuntos importantes, normalmente no ejerce la autoridad de manera directa. Más bien, ha delegado esa autoridad al crear un libro, la Biblia. Debido a que transmite su mensaje, la Biblia tiene el mismo peso que Dios mismo tendría si nos estuviera hablando personalmente.

La Obra Interna del Espíritu Santo

La revelación es el hecho de que Dios da a conocer su verdad a la humanidad. La inspiración garantiza que lo que dice la Biblia es exactamente lo que Dios diría si hablara directamente. Sin embargo, se necesita otro elemento en esta cadena. Para que la Biblia funcione como si fuera Dios el que nos está hablando, los lectores de la Biblia deben entender el significado de las Escrituras y estar convencidos de su origen divino y autoría divina. Esto se logra mediante una obra interna del Espíritu Santo, iluminando el entendimiento del oyente o lector de la Biblia, logrando el entendimiento de su significado y creando certeza sobre su verdad y origen divino.

Hay varias razones por las cuales se necesita la iluminación o el testimonio del Espíritu Santo para que el ser humano comprenda el significado de la Biblia y esté seguro de su verdad. Primero, está la diferencia ontológica entre Dios y la humanidad. Dios es trascendente; va más allá de nuestras categorías de entendimiento. Nunca podremos comprenderlo del todo con nuestros conceptos finitos o por nuestro vocabulario humano. Podemos entenderlo, pero no de una manera completa. Estas limitaciones son inherentes al ser humano. No son el resultado de la caída o del pecado humano individual, sino de la relación que existe entre el Creador y la criatura.

La segunda razón por la que se necesita la obra especial del Espíritu Santo es porque necesitamos certeza con respecto a los asuntos divinos. Debido a que aquí nos interesan los temas como la vida y la muerte (espiritual y eterna), es necesario tener más que una sola probabilidad. Nuestra necesidad de certeza está en proporción directa con la importancia del tema que se trate; en cuestiones relacionadas a las consecuencias eternas necesitamos una certeza que el razonamiento humano no puede proporcionar. Si se trata de decidir qué carro comprar, o qué tipo de pintura utilizar en una casa, por lo general será suficiente hacer una lista de las ventajas de cada una de las opciones. Sin embargo, si la cuestion es a quién o qué creer con respecto al destino eterno, la necesidad de tener una certeza es mucho mayor.

Una tercera razón para la obra interna del Espíritu Santo son las limitaciones que son las consecuencias de la pecaminosidad humana como individuos y como raza. En Mateo 13:13-15 y Marcos 8:18, Jesús habla de los que oyen, pero no entienden, y de los que tienen ojos, pero no ven. Su condición se describe en imágenes vívidas en todo el Nuevo Testamento. El corazón de este pueblo se ha engrosado, y con los oídos oyen pesadamente, y han cerrado sus ojos (MT 13:15). Habiendo conocido a Dios, no le glorificaron como a Dios, ni le dieron gracias, sino que se envanecieron en sus razonamientos, y su necio corazón fue entenebrecido (Ro 1:21). Romanos 11:8 atribuye su condición a Dios, quien "les dio espíritu de estupor, ojos con que no vean y oídos con que no oigan, hasta el día de hoy". Por lo tanto, "sean oscurecidos sus ojos" (v. 10). Todas estas referencias, así como muchas otras alusiones, argumentan la necesidad de una obra especial del Espíritu para aumentar la percepción humana y su entendimiento.

En 1 Corintios 2:14 Pablo nos dice que la persona natural (la que no ve ni entiende) no ha recibido los dones del Espíritu de Dios. En el original encontramos la palabra *dechomai*, que no solo significa "recibir" algo pasivamente, sino también "aceptar" algo, dar la bienvenida, ya sea a un don o a una idea[1]. Las personas naturales no aceptan los dones del Espíritu porque la sabiduría de Dios les parece absurda, y no pueden entenderla porque debe ser discernida o investigada espiritualmente. Por lo tanto, el problema no es simplemente que las personas en su estado natural no estén dispuestas a aceptar los dones y la sabiduría de Dios, sino que, sin la ayuda del Espíritu Santo, no pueden comprenderlos.

El contexto de 1 Corintios 2:14 contiene evidencias que corroboran que los seres humanos no pueden entender sin la ayuda del Espíritu. En el versículo 11 leemos que solo el Espíritu de Dios conoce los pensamientos de Dios. Pablo también menciona en 1:20-21 que el mundo no puede entender a Dios a través de su sabiduría, porque Dios ha entorpecido la sabiduría de este mundo. De hecho, la sabiduría del mundo es insensatez ante Dios (3:19). Los dones del Espíritu se imparten en palabras que se enseñan, no mediante la sabiduría humana, sino mediante el Espíritu (2:13). Según todas estas consideraciones, parece que Pablo no está diciendo que las personas que no son espirituales entienden, pero no aceptan. Más bien, no aceptan, al menos en parte, porque no entienden.

Pero esta condición se supera cuando el Espíritu Santo comienza a obrar dentro de nosotros. Pablo habla de tener los ojos del corazón alumbrados; la forma verbal que se usa aquí sugiere que algo se ha hecho y que todavía tiene efecto (Ef 1:18). En 2 Corintios 3, habla de que se quitará el velo (v. 16) para que reflejemos como en un espejo la gloria del Señor (v. 18). El Nuevo Testamento hace referencia a

1 William F. Arndt y F. Wilbur Gingrich, eds., *A Greek-English Lexicon of the New Testament* [Un léxico griego-inglés del Nuevo Testamento] 4.ª ed. (Chicago: University of Chicago Press, 1957), 176.

esta iluminación de los seres humanos de varias maneras: circuncisión del corazón (Ro 2:29), ser llenos de sabiduría e inteligencia espiritual (Col 1:9), el don del entendimiento para conocer a Jesucristo (1 Juan 5:20), oír la voz del Hijo de Dios (Juan 10:3). Lo que antes parecía ser una locura (1 Co 1:18; 2:14) y un tropezadero (1 Co 1:23), ahora aparece ante al creyente como poder de Dios (1 Co 1:18), como sabiduría oculta de Dios (1:24; 2:7), y como la mente de Cristo (2:16).

Lo que hemos estado describiendo aquí es una obra única del Espíritu: la regeneración. Introduce una diferencia categórica entre el creyente y el incrédulo. Sin embargo, también hay una obra continua del Espíritu Santo en la vida del creyente, una obra descrita y elaborada especialmente por Jesús en su mensaje a sus seguidores en Juan 14-16:

1. El Espíritu Santo enseñará a los creyentes todas las cosas y les recordará todo lo que Jesús les enseñó (14:26).
2. El Espíritu Santo dará testimonio de Jesús. Los discípulos también darán testimonio de Jesús, porque estuvieron con él desde el principio (15:26-27).
3. El Espíritu Santo convencerá (elenchō) al mundo de pecado, de justicia y de juicio (16:8). Esta palabra específica implica reprender de tal manera que se llegue a la convicción, en contraste con la palabra epitimaō, que puede sugerir simplemente una reprimenda que no es merecida (MT 16:22) o ineficaz (Lucas 23:40)[2].
4. El Espíritu Santo guiará a los creyentes a toda la verdad. No hablará por su propia cuenta, sino que hablará todo lo que oiga (Juan 16:13). En el proceso también glorificará a Jesús (16:14).

Cabe destacar en especial la designación del Espíritu Santo como Espíritu de verdad (14:17). El relato de Juan sobre lo que dijo Jesús no hace referencia al Espíritu Santo como el Espíritu verdadero, sino como el verdadero Espíritu. Esto puede representar solo la traducción literal de una expresión aramea al griego, pero lo más probable es que signifique que la naturaleza misma del Espíritu es la verdad. Él es quien comunica la verdad.

La Palabra objetiva, las Escrituras que están escritas, junto con la la palabra subjetiva, la iluminación interior y la convicción del Espíritu Santo, constituyen la autoridad para los cristianos.

El mundo no puede recibirlo (lambanō, simple recepción, a diferencia de dechomai, aceptación), porque no lo ve ni lo conoce. Sin embargo, los creyentes lo conocen, porque mora en ellos y estará en ellos.

Resumamos el rol que tiene el Espíritu como se describe en Juan 14-16. El guía a la verdad, recordando las palabras de Jesús, no hablando por sí mismo, sino hablando lo que oye, aportando convicción, dando testimonio de Cristo. Esta obra no parece ser un nuevo ministerio, o añadir una nueva verdad que no se había dado a conocer anteriormente, sino más bien una acción del Espíritu Santo en relación con la verdad ya revelada. Por lo tanto, el ministerio del Espíritu Santo consiste en esclarecer la verdad, aportar creencias, persuasión y convicción, pero no una nueva revelación.

---

2 Richard Trench, *Synonyms of the New Testament* [Sinónimos del Nuevo Testamento] (Grand Rapids: Eerdmans, 1953), 3–15.

Gráfico 2: El Diseño de la Autoridad

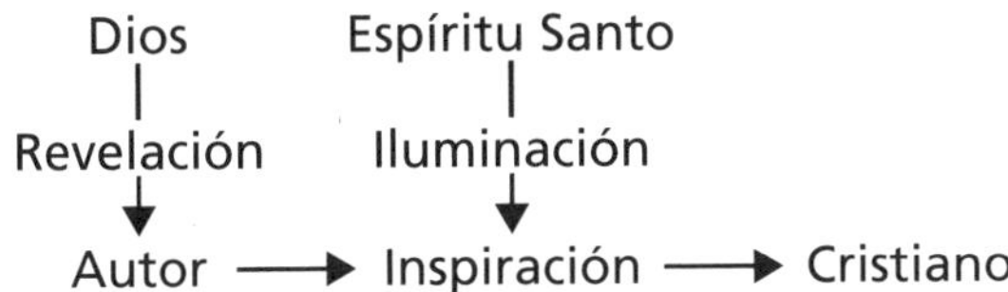

Componentes Objetivos y Subjetivos de la Autoridad

Como se ilustra en el gráfico 2, existe lo que Bernard Ramm ha denominado el *diseño* de la autoridad[3]. La Palabra objetiva, las Escrituras que están escritas, junto con la palabra subjetiva, la iluminación interior y la convicción del Espíritu Santo, constituyen la autoridad para los cristianos.

La ortodoxia escolástica del siglo XVII sostenía prácticamente que la autoridad es solo la Biblia. En algunos casos, esta fue también la posición del fundamentalismo estadounidense del siglo XX. Los que defienden esta posición ven una cualidad objetiva en la Biblia que automáticamente nos pone en contacto con Dios.

Se cree que leer la Biblia todos los días transmite un valor por sí sola. El antiguo refrán "una manzana al día mantiene al doctor en la lejanía" tiene una comparación teológica con el refrán "leer un capítulo mantiene al demonio en la lejanía". El peligro potencial que puede ocasionar esto es que la Biblia se convierta casi en un amuleto[4].

Sin embargo, algunos grupos consideran al Espíritu Santo como la principal autoridad para los cristianos. Algunos grupos carismáticos, por ejemplo, creen que hoy está ocurriendo una profecía especial. El Espíritu Santo está dando nuevos mensajes de Dios. En la mayoría de los casos, se considera que estos mensajes explican el verdadero significado de ciertos pasajes bíblicos. Por lo tanto, el argumento es que, si bien la Biblia tiene autoridad, en la práctica, con frecuencia no se podría encontrar su significado sin la acción especial del Espíritu Santo[5].

En realidad, lo que constituye la autoridad es la combinación de estos dos factores. Ambos son necesarios. La Palabra escrita, interpretada correctamente, es la base objetiva de la autoridad. La iluminación interior y la obra persuasiva del Espíritu Santo representan la dimensión subjetiva. Juntas producen una madurez que es necesaria en la vida cristiana: una cabeza fría y un corazón caliente (no un corazón frío y una cabeza caliente). Como dijo un pastor de una manera bastante cruda: "Si tienes la Biblia sin el Espíritu, te secarás. Si tienes el Espíritu sin la Biblia, explotarás. Pero si tienes la Biblia y el Espíritu juntos, crecerás".

La Biblia y la Razón

En este punto surge la cuestión sobre la relación entre la autoridad bíblica y la razón. ¿No es posible que exista algún conflicto aquí?

3 Bernard Ramm, *The Pattern of Religious Authority* [El diseño de la autoridad religiosa] (Grand Rapids: Eerdmans, 1968).

4 A. C. McGiffert, *Protestant Thought before Kant* [Pensamiento protestante antes de Kant] (Nueva York: Harper, 1961), 146.

5 En una iglesia se tenía que tomar una decisión sobre dos planes propuestos para un nuevo santuario. Un miembro insistía en que el Señor le había dicho que la iglesia debía adoptar el plano que planteaba un santuario más grande. Se basaba en que la proporción entre el número de asientos en el plan más grande y el plan más pequeño era de cinco a tres, exactamente la razón entre el número de veces que Eliseo le dijo a Joás que debería haber golpeado la tierra y las veces que realmente la golpeó (2 Reyes 13:18-19). Al final, la iglesia tuvo discrepancias sobre este y otros temas similares.

Claramente, la autoridad es la Biblia, pero se emplean varios medios de interpretación de la Biblia para obtener su significado.

Si la razón es el medio de interpretación, ¿no es la razón, en lugar de la Biblia, la verdadera autoridad, ya que en realidad se refiere a la Biblia desde una posición de superioridad?

Aquí debe establecerse una distinción entre una autoridad legislativa y una autoridad judicial. En el gobierno federal de los Estados Unidos., las cámaras del Congreso elaboran la legislación, pero el poder judicial (en última instancia, la Corte Suprema) decide lo que significa la legislación.

Son ramas separadas del gobierno, cada una de ellas con su autoridad correspondiente. Existen estructuras similares en otras democracias.

Esto parece ser una buena manera de pensar en la relación que existe entre las Escrituras y la razón. Las Escrituras son nuestra autoridad legislativa suprema.

Nos da el contenido de nuestra creencia y de nuestro código de conducta y práctica. La razón no nos dice el contenido de lo que debemos creer. No descubre la verdad. Sin embargo, cuando llegamos a determinar el significado del mensaje y, en una etapa posterior, evaluamos su veracidad, debemos utilizar el poder del razonamiento.

Debemos emplear los mejores métodos de interpretación, o hermenéutica.

Y luego debemos decidir si el sistema cristiano de creencias es verdadero al examinar y evaluar racionalmente las evidencias. A esto lo llamamos "apologética". Aunque hay una dimensión de lo que se explica por sí mismo en las Escrituras, ellas por sí solas no nos darán el significado de las Escrituras.

Por lo tanto, no es incoherente considerar a las Escrituras como nuestra autoridad suprema en el sentido de que nos dice lo que tenemos que hacer y creer, y emplear diversos métodos hermenéuticos y exegéticos para determinar su significado.

Autoridad Histórica y Normativa

Es necesario establecer y elaborar otra distinción. Se trata de la forma en que la Biblia tiene autoridad para nosotros. La Biblia sin duda tiene autoridad al decirnos cuál era la voluntad de Dios para ciertos individuos y grupos en el período bíblico. La cuestión que se está considerando aquí es: ¿tenemos la obligación de hacer lo que esas personas estaban obligadas de hacer?

Es necesario distinguir entre dos tipos de autoridad: histórica y normativa. La Biblia nos informa sobre lo que Dios ordenó al pueblo en la situación bíblica y lo que espera de nosotros. En la medida en que la Biblia nos enseña lo que ocurrió y lo que se le ordenó a la gente en los tiempos bíblicos, tiene autoridad histórica. Pero, ¿también tiene autoridad normativa? ¿Estamos obligados a realizar las mismas acciones que se esperaban que hicieran esas personas? En esto debemos tener cuidado de no identificar demasiado rápido la voluntad de Dios para esas personas con su voluntad para nosotros. Será necesarió determinar lo que significa la esencia permanente del mensaje, y la forma temporal de su expresión. Es muy posible que algo tenga autoridad histórica sin tener autoridad normativa.

Preguntas de Análisis y Reflexión

- ¿Por qué razones se necesita el Espíritu Santo si queremos entender la Biblia y estar seguros de su verdad?
- ¿Cuál es la importancia de 1 Corintios 2:14 en relación con el Espíritu Santo?
- ¿Cómo compararía y contrastaría los componentes objetivos y subjetivos de la autoridad?
- ¿Cómo se involucran la hermenéutica bíblica y la apologética en la relación entre la Escritura y la razón?
- ¿En qué ocasiones ha sentido la iluminación del Espíritu Santo en el entendimiento de las Escrituras?

Dios

8

La Doctrina de Dios

Objetivos del Capítulo

Una vez estudiado este capítulo, el lector es capaz de:

1. Resumir las bases bíblicas para la inmanencia y trascendencia de Dios.
2. Identificar al menos cinco implicaciones de la perspectiva bíblica sobre la inmanencia que influye en nuestra comprensión y práctica.
3. Identificar seis implicaciones de la perspectiva bíblica sobre la trascendencia que influye en nuestra creencia y práctica.
4. Distinguir entre los atributos de Dios y las propiedades de las personas de la Trinidad.
5. Diferenciar entre los atributos de Dios y las obras de Dios.
6. Clasificar los atributos de Dios en su grandeza y sus cualidades morales.

Estructura del Capítulo

La Inmanencia y la Trascendencia de Dios

- Implicaciones de la Inmanencia
- Implicaciones de la Trascendencia

La Naturaleza de los Atributos

Clasificaciones de los Atributos

Resumen del Capítulo

La Biblia enseña que Dios es tanto inmanente como trascendente. Dios está presente y activo en su creación, pero es superior e independiente de todo lo que ha creado. Estas ideas bíblicas deben mantenerse en equilibrio. La tendencia a destacar una u otra conduce a una concepción falsa de Dios. Se han empleado varios métodos para clasificar los atributos o cualidades de Dios. Hemos optado por seguir la clasificación que establece una diferencia entre su grandeza y su bondad.

La doctrina de Dios es el punto central de gran parte del resto de la teología. Incluso se puede considerar que la perspectiva que tenemos sobre Dios nos brinda las bases para construir nuestra teología, vivir nuestra vida y realizar nuestro ministerio. Los problemas o las dificultades en dos niveles demuestran la necesidad de una correcta comprensión de Dios. Primero está el nivel popular o práctico. En su libro Your God Is Too Small [Tu Dios es demasiado pequeño], J. B. Phillips señala algunas habituales y distorsionadas interpretaciones que se hace sobre Dios[1]. Algunas personas piensan en Dios como si fuera un policía celestial que aprovecha cualquier oportunidad para castigar a las personas pecadoras y descarriadas. Una canción country expresa este punto de vista: "Dios te va a castigar por eso; Dios te va a castigar por eso. ¡No hay lugar donde corras y te escondas, porque él sabe dónde estás!". Parece que las compañías de seguros, con sus referencias a "obras de Dios", que siempre son sucesos catastróficos, tienen en mente a un ser poderoso y malévolo. También predomina el punto de vista opuesto, donde Dios es un abuelo. Aquí se concibe a Dios como un anciano complaciente y bondadoso quien nunca quisiera que los seres humanos dejen de disfrutar la vida. Se deben corregir estas y muchas otras falsas concepciones sobre Dios si queremos que nuestra vida espiritual tenga un sentido real y profundo.

Los problemas en un nivel más sofisticado también señalan la necesidad de una perspectiva correcta sobre Dios. Con frecuencia, la comprensión bíblica de Dios ha sido problemática. En la iglesia antigua, la doctrina de la Trinidad creó una especial tensión y un debate. Aunque ese tema específico no ha dejado de presentar dificultades por completo, otros temas se han vuelto importantes en la actualidad. Uno de estos se refiere a la relación de Dios con la creación. ¿Está tan separado y alejado de la creación (trascendente) que no obra a través de ella y, por lo tanto, no se puede saber nada de él a partir de ella? ¿O se encuentra dentro de la sociedad humana y en los procesos de la naturaleza (inmanente)? Estos y otros temas requieren que se tenga ideas claras y una exposición adecuada acerca de la comprensión de Dios.

Se han cometido muchos errores en los intentos de comprender a Dios, algunos de ellos fueron opuestos a su naturaleza. Uno de ellos es un análisis excesivo, en el que Dios es sometido a una autopsia virtual. Los atributos de Dios se presentan y se clasifican de manera similar al enfoque que se adopta en un libro de texto de anatomía[2]. También es posible hacer que el estudio de Dios sea un asunto excesivamente especulativo. En ese caso, la conclusión especulativa en sí misma se convierte en el fin, en lugar de una relación más cercana con él. Esto no debería ser así. Más bien, el estudio de la naturaleza de Dios se debe considerar un medio para una comprensión más precisa de él y, por lo tanto, una relación personal más cercana con él.

La Inmanencia y la Trascendencia de Dios

Un par de conceptos importantes que debemos asegurarnos de preservar es la doctrina de la inmanencia de Dios dentro de su creación y la doctrina de su trascendencia. Ambas verdades se enseñan en las Escrituras. Jeremías 23:24, por ejemplo, enfatiza la presencia de Dios en todo

---

1 J. B. Phillips, *Your God Is Too Small* [Tu Dios es demasiado pequeño] (Nueva York: Macmillan, 1961).

2 E.g., Stephen Charnock, *Discourses upon the Existence and Attributes of God* [Discursos sobre la existencia y los atributos de Dios] (Grand Rapids: Baker, 1979).

el universo.

> "¿Se ocultará alguno, dice Jehová,
> en escondrijos que
> yo no lo vea?
> ¿No lleno yo, dice Jehová,
> el cielo y la tierra?"

Sin embargo, en este mismo contexto, tanto la inmanencia como la trascendencia aparecen juntas.

> "¿Soy yo Dios de cerca solamente,
> dice Jehová,
> y no Dios desde muy lejos?" (v.23)

Pablo les dice a los filósofos en Mars Hill en Atenas: "No está lejos de cada uno de nosotros. Porque en él vivimos, y nos movemos, y somos; como algunos de vuestros propios poetas también han dicho: Porque linaje suyo somos" (Hechos 17:27-28).

Sin embargo, en Isaías 55:8-9 leemos que los pensamientos de Dios trascienden los nuestros:

> "Porque mis pensamientos no
> son vuestros pensamientos,
> ni vuestros caminos mis caminos,
> dijo Jehová.
> Como son más altos los cielos
> que la tierra,
> así son mis caminos más altos
> que vuestros caminos,
> y mis pensamientos más
> que vuestros pensamientos".

En Isaías 6:1-5 se representa al Señor como "sentado sobre un trono alto y sublime". Los serafines gritan: "Santo, santo, santo, Jehová de los ejércitos", un indicio de su trascendencia, y agregan: "toda la tierra está llena de su gloria", una referencia a su inmanencia.

El significado de la inmanencia es que Dios está presente y activo dentro de su creación, y dentro de la raza humana, incluso en aquellos de sus miembros que no creen en él ni le obedecen. Su influencia se encuentra en todas partes. Él está obrando mediante los procesos naturales. El significado de la trascendencia es que Dios no es simplemente una cualidad de la naturaleza o de la humanidad; no es simplemente el ser humano más superior.

Su santidad y bondad van mucho más allá, infinitamente más allá de las nuestras, y esto también ocurre con su conocimiento y poder.

Él no se limita a nuestra capacidad para entenderlo. Su santidad y bondad van mucho más allá, infinitamente más allá de las nuestras, y esto también ocurre con su conocimiento y poder.

Es importante mantener juntas estas dos doctrinas, pero no siempre es fácil hacerlo, ya que existen problemas para saber cómo considerarlas. La forma tradicional de pensar sobre la trascendencia de Dios ha tenido una naturaleza espacial: Dios está en el cielo, muy por encima del mundo. Esta es la imagen que se encuentra en la Biblia, pero ahora nos damos cuenta de que "arriba" y "abajo" no se aplican realmente a un espíritu, quien no se encuentra en un lugar específico dentro del universo. Además, con nuestra comprensión de la Tierra como una esfera, "arriba" y "abajo" no son términos significativos. ¿Existen otras imágenes que se puedan usar para transmitir con precisión la verdad de la trascendencia e inmanencia de Dios?

El concepto de diferentes niveles o ámbitos de la realidad es útil. Por ejemplo, varias realidades pueden coexistir dentro de un mismo espacio y, sin embargo, ser independientes de tal manera que no se pueda acceder a ellas. De hecho, varias instancias diferentes del mismo tipo general de realidad pueden, no obstante, separarse entre sí en algunas maneras. Los físicos nos dicen que más de un universo podría ocupar el mismo espacio. Otro ejemplo es el fenómeno del sonido. Hay muchos sonidos diferentes que están presentes (inmanentes) y que no escuchamos. La razón es que estos sonidos son transportados por una onda portadora de frecuencia que es mucho más alta, por esta razón el oído humano no puede detectarlos sin ayuda. Sin embargo, si tenemos un receptor de radio que puede "separar" la onda de frecuencia de audio de la onda portadora de frecuencia de radio, estos sonidos se pueden escuchar. De manera similar, muchas imágenes visuales están presentes, pero no se ven a menos que tengamos un receptor de televisión. Dios está presente y activo dentro de su creación, pero también es trascendente a ella, porque es un tipo de ser totalmente diferente. Él es divino.

Hemos señalado la importancia de mantener ambos énfasis. La inmanencia significa que Dios hace gran parte de su obra a través de medios naturales. Él no se limita a los milagros. Incluso usa a seres humanos comunes e incrédulos como Ciro, a quien describió como su "pastor", su "ungido" (Is 44:28; 45:1). Utiliza la tecnología, la habilidad y el aprendizaje humano. Sin embargo, es importante tener en cuenta la verdad de que Dios es trascendente. Él es infinitamente más que cualquier acontecimiento natural o humano. Si enfatizamos demasiado la inmanencia, podemos identificar todo lo que sucede como la voluntad y la obra de Dios, como hicieron los cristianos alemanes quienes en la década de 1930 consideraban que las políticas de Adolf Hitler eran la obra de Dios en el mundo. Debemos tener en cuenta que hay una separación entre la santidad de Dios y mucho de lo que sucede en el mundo. Sin embargo, si enfatizamos demasiado la trascendencia, podemos esperar que Dios obre con milagros en todo momento, mientras que, en cambio, es posible que su finalidad sea obrar

a través de nuestro esfuerzo. Podemos tender a maltratar a la creación, olvidando que él mismo está presente y activo allí. Podemos despreciar el valor de lo que hacen aquellos que no son cristianos, o de su posesión de algún grado de sensibilidad al mensaje del evangelio, olvidando que Dios está obrando en ellos y está en contacto con ellos.

Implicaciones de la Inmanencia

La inmanencia divina del grado limitado que se enseña en las Escrituras conlleva varias implicaciones.

1. Dios no se limita a obrar directamente para lograr sus propósitos. Aunque es obvio que se trata de una obra de Dios cuando su pueblo ora y ocurre una sanación milagrosa, también se ve la obra de Dios cuando mediante la aplicación del conocimiento médico y de su habilidad, un doctor logra la prevención de enfermedades o logra que un paciente se recupere de salud. La medicina es parte de la revelación general de Dios, y el trabajo del doctor es un canal del accionar de Dios.

2. Dios puede utilizar personas y organizaciones que no han manifestado ser cristianas. En tiempos bíblicos, Dios no se limitó a obrar a través de la nación del pacto de Israel o a través de la iglesia. Incluso utilizó a Asiria, una nación pagana, para castigar a Israel. Puede usar organizaciones seculares o nominalmente cristianas. Incluso aquellos que no son cristianos hacen algunas cosas que son realmente buenas y encomiables.

3. Debemos valorar todo lo que Dios ha creado. El mundo es de Dios, y él está presente y activo en él. Aunque se le da a los humanos la naturaleza para que la usen con el fin de satisfacer sus necesidades legítimas, no deben explotarla para su propio beneficio o por codicia. Por lo tanto, la doctrina de la inmanencia divina tiene una aplicación ecológica. También tiene implicaciones con respecto a nuestras actitudes hacia los demás seres humanos. Dios está

realmente presente dentro de todos (aunque no en el sentido especial en el que habita en los cristianos). Por lo tanto, las personas no deben ser despreciadas o tratadas irrespetuosamente.

4. Podemos aprender algo acerca de Dios a partir de su creación. Todo lo que existe ha sido creado por Dios y, además, está habitado activamente por él. Por lo tanto, podemos detectar señales sobre cómo es Dios al observar el comportamiento del universo creado. Por ejemplo, parece que se aplica un patrón definido de lógica dentro de la creación. Hay un orden, una regularidad sobre ello. Aquellos que creen que Dios es esporádico, arbitrario o caprichoso por naturaleza y que sus obras se caracterizan por la paradoja e incluso la contradicción, es porque no han observado atentamente el comportamiento del mundo o han asumido que Dios no está obrando allí en ningún sentido.

5. La inmanencia de Dios significa que hay puntos en los que el evangelio puede hacer contacto con el incrédulo. Si Dios está presente y activo en cierta medida en la totalidad del mundo creado, está presente y activo en los seres humanos que no han hecho un compromiso personal de su vida con él. Por lo tanto, hay puntos en los que serán sensibles a la verdad del mensaje del evangelio, lugares en los que estarán en contacto con la obra de Dios. El evangelismo tiene como objetivo encontrar esos puntos y guiarlos hacia el mensaje del evangelio.

Implicaciones de la Trascendencia

La doctrina de la trascendencia tiene varias implicaciones que tendrán influencia en nuestras otras creencias y prácticas.

1. Existe algo superior a los seres humanos. La bondad, la verdad y el valor no están determinados por el flujo cambiante de este mundo y la opinión humana. Existe algo que nos da un valor desde arriba.

2. Dios nunca puede ser comprendido completamente mediante conceptos humanos. Esto significa que todas nuestras ideas doctrinales, aunque sean útiles y básicamente correctas, no pueden agotar completamente la naturaleza de Dios. Él no se limita a nuestra comprensión que tenemos de él.

3. Nuestra salvación no es nuestro logro. No podemos elevarnos al nivel de Dios cumpliendo sus normas para nosotros. Incluso si pudiéramos hacerlo, eso aún no sería nuestro logro. El mismo hecho de que sepamos lo que él espera de nosotros es una cuestión de su autorrevelación, no de nuestro descubrimiento. Por lo tanto, incluso aparte del problema adicional del pecado, la comunión con Dios sería estrictamente una cuestión acerca de su don para nosotros.

4. Siempre habrá una diferencia entre Dios y los seres humanos. La brecha entre nosotros no es solo una desigualdad moral y espiritual que se originó con la caída. Es metafísica, derivada de la creación. Incluso cuando hayamos sido redimidos y glorificados, seguiremos siendo los seres humanos renovados. Nunca nos convertiremos en Dios.

5. La reverencia es apropiada en nuestra relación con Dios. Algunas adoraciones, que enfatizan con razón el gozo y la confianza que el creyente tiene en su relación con un Padre celestial y amoroso, va más allá de ese punto hacia una excesiva familiaridad, tratándolo como un igual, o peor aún, como un siervo. Sin embargo, si hemos comprendido el hecho de la trascendencia divina, esto no sucederá. Aunque exista una necesidad de entusiasmo en la expresión, y tal vez incluso de exaltación, esto nunca debería conducir a una falta de respeto. Nuestras oraciones también se caracterizarán por la reverencia. En lugar de hacer peticiones, oraremos como lo hizo Jesús: "No se haga mi voluntad, sino la tuya".

6. Buscaremos la obra verdaderamente trascendente de Dios. Por lo tanto, no esperaremos que solo sucedan aquellas cosas que pueden lograrse por medios naturales. Aunque usaremos todas las técnicas disponibles del aprendizaje moderno para lograr los fines de Dios, nunca

dejaremos de depender de su obra. No dejaremos de orar por su guía o intervención especial.

Al igual que con la inmanencia de Dios, también con la trascendencia debemos cuidarnos del énfasis excesivo. No buscaremos a Dios solamente en lo religioso o devocional; lo buscaremos también en los aspectos "seculares" de la vida. No buscaremos exclusivamente los milagros, pero tampoco los despreciaremos. Algunos atributos, como la santidad, la eternidad y la omnipotencia, expresan el carácter trascendente de Dios. Otros, como la omnipresencia, resaltan su inmanencia. Si a todos estos aspectos de la naturaleza de Dios se les da el énfasis y la atención que la Biblia les asigna, obtendremos una comprensión completa de Dios. Aunque Dios nunca está completamente a nuestro alcance, ya que va mucho más allá de nuestras ideas y formas, siempre está disponible para nosotros cuando acudimos a él.

La Naturaleza de los Atributos

Si queremos entender la relación de Dios con la creación, es importante entender su naturaleza. Cuando hablamos de los atributos de Dios, nos referimos a aquellas cualidades de Dios que constituyen lo que él es, las características mismas de su naturaleza. No nos referimos aquí a sus obras, como crear, guiar y preservar, ni a sus roles correspondientes de Creador, Guía y Sustentador.

Los atributos son cualidades de toda la Divinidad. No deben confundirse con *propiedades que*, técnicamente hablando, son las características distintivas de las diversas personas de la Trinidad. Las propiedades son funciones (generales), actividades (más específicas) u obras (más específicas) de los miembros individuales de la Deidad.

Los atributos son cualidades permanentes e intrínsecas, que no se pueden ganar ni perder. Por lo tanto, la santidad, en este sentido, no es un atributo (una característica permanente e

inseparable) de Adán, sino de Dios. Los atributos de Dios son dimensiones esenciales e inherentes de su propia naturaleza. Aunque nuestra comprensión de Dios se difunde, sin duda, a través de nuestro propio esquema mental, sus atributos no son nuestras concepciones proyectadas sobre él. Son características objetivas de su naturaleza.

Los atributos son inseparables del ser o la esencia de Dios. Algunas teologías anteriores pensaban que los atributos se adherían de alguna manera o al menos se distinguían de alguna manera de la sustancia, el ser o la esencia fundamental[3]. En muchos casos, esta idea se basó en la concepción aristotélica de la sustancia y el atributo. Algunas otras teologías se han ido hacia el extremo opuesto, negando prácticamente que Dios tiene una esencia. Aquí los atributos se representan como si fuera una recopilación de cualidades, como partes fragmentadas o segmentos de Dios[4]. Es mejor concebir los atributos de Dios como su naturaleza, no como una recopilación de partes separadas o una adición a su esencia. Por lo tanto, Dios es su amor, santidad y poder. Estas son simplemente diferentes formas de ver el ser unificado, Dios. Dios es ricamente complejo, y estas concepciones son solo intentos de comprender diferentes aspectos objetivos o facetas de su ser.

Cuando hablamos de la incomprensibilidad de Dios, no queremos decir que haya un ser o una esencia que sean desconocidos más allá o detrás de sus atributos. Más bien, queremos decir que no conocemos sus cualidades o su naturaleza de una manera completa y exhaustiva. Conocemos a Dios solo como él se ha revelado a sí mismo. Aunque su autorrevelación es sin duda coherente y exacta con su naturaleza completa, no es una revelación exhaustiva. Además, no entendemos totalmente ni conocemos exhaustivamente

3 William G. T. Shedd, *Dogmatic Theology* [Teología dogmática] (Grand Rapids: Zondervan, 1971), 1:158.

4 Charnock, *Existence and Attributes of God* [Existencia y atributos de Dios].

lo que él nos ha revelado de sí mismo. Por lo tanto, existe, y siempre existirá un elemento misterioso con respecto a Dios.

Clasificaciones de los Atributos

En un intento de comprender mejor a Dios, se han elaborado varios sistemas de clasificación de sus atributos. Con algunas modificaciones, la clasificación que se ha adoptado para este estudio es la de atributos naturales y morales. Los atributos morales son aquellos que en el contexto humano se relacionarían con el concepto de rectitud (en oposición a la maldad). La santidad, el amor, la misericordia y la fidelidad son ejemplos. Los atributos naturales son los superlativos no morales de Dios, como su conocimiento y poder[5]. Sin embargo, en lugar de naturales y morales, hablaremos de atributos de *grandeza* y atributos de *bondad*. En el capítulo siguiente nos ocuparemos primero de las cualidades de la grandeza, que incluyen la espiritualidad, la vida, la personalidad, la infinidad y la constancia.

- ¿Cuáles son algunos problemas y distorsiones que evidencian la necesidad de una comprensión correcta de Dios?
- ¿Qué dificultades surgen cuando exageramos la inmanencia o la trascendencia?
- ¿De qué manera confundimos los atributos de Dios con las obras de Dios? Brinde algunos ejemplos.
- ¿Cuál es la relación que existe entre la esencia de Dios y sus atributos?
- ¿De qué manera sería diferente su relación con Dios si Dios fuera solo trascendente o solo inmanente?

---

5 Edgar Y. Mullins, *The Christian Religion in Its Doctrinal Expression* [La religión cristiana en su expresión doctrinal] (Filadelfia: Judson, 1927), 222.

9

La Grandeza de Dios

Una vez estudiado este capítulo, el lector es capaz de:
1. Enumerar los atributos de la grandeza de Dios (espiritualidad, personalidad, vida, infinidad y constancia) y expresar la esencia de cada uno de ellos.
2. Explicar las formas en que Dios es infinito.
3. Promover la confianza en el Dios todopoderoso.

Algunos atributos de Dios expresan su grandeza. En este capítulo nos concentraremos en Dios como un espíritu personal, todopoderoso, eterno, omnipresente en todas partes dentro de su creación e inalterable en su perfección.

Estructura del Capítulo

Espiritualidad

Vida

Personalidad

Infinidad

- Espacio
- Tiempo
- Conocimiento
- Poder

Constancia

Espiritualidad

Entre los atributos más básicos de la grandeza de Dios está el hecho de que Él es el espíritu; es decir, no está compuesto de materia y no posee naturaleza física. Esto queda muy claro en las palabras dichas por Jesús en Juan 4:24: "Dios es Espíritu; y los que le adoran, en espíritu y en verdad es necesario que adoren" (NVI). También eso está implícito en varias referencias a su invisibilidad (Juan 1:18; 1 Ti 1:17; 6:15-16).

Una consecuencia de la espiritualidad de Dios es que no tiene las limitaciones propias de un cuerpo físico. Por un lado, no se limita a una ubicación geográfica o espacial determinada. Esto está implícito en la frase de Jesús: "la hora viene cuando ni en este monte ni en Jerusalén adoraréis al Padre" (Juan 4:21). Tomemos en cuenta también las palabras de Pablo en Hechos 17:24: "El Dios que hizo el mundo y todas las cosas que en él hay, siendo Señor del cielo y de la tierra, no habita en templos hechos por manos humanas". Además, no es destructible, como lo es la naturaleza material.

Por supuesto, hay muchos pasajes que sugieren que Dios tiene rasgos físicos como manos o pies. Parece que es más útil tratarlos como antropomorfismos, intentos de expresar la verdad acerca de Dios mediante analogías humanas. También hay casos en los que Dios aparece en forma física, especialmente en el Antiguo Testamento, en teofanías o automanifestaciones temporales de Dios. Parece que es mejor tomar las afirmaciones claras acerca de la espiritualidad y la invisibilidad de Dios al pie de la letra e interpretar los antropomorfismos y las teofanías en función de ellas. De hecho, Jesús mismo indicó claramente que un espíritu no tiene carne ni huesos (Lucas 24:39).

En los tiempos bíblicos, la doctrina de la espiritualidad de Dios era contraria a la práctica de la idolatría y la adoración a la naturaleza. Dios, al ser espíritu, no podía ser representado mediante objetos físicos o imágenes. El hecho de que no esté limitado por la ubicación geográfica también se opuso a la idea de que se podía incluir y controlar a Dios. En la actualidad, los mormones sostienen que tanto Dios el Hijo como el Padre tienen un cuerpo físico, aunque el Espíritu Santo no lo tiene. El mormonismo sostiene que un cuerpo inmaterial no puede existir[1]. Esto contradice claramente la enseñanza de la Biblia acerca de la espiritualidad de Dios.

Vida

A Dios le caracteriza la vida. Esto se afirma en las Escrituras de distintas maneras. Se encuentra en la afirmación de que él *es*. Su mismo nombre "YO SOY" (Ex 3:14) indica que es un Dios vivo. Las Escrituras no defienden su existencia. Simplemente la afirman o, con más frecuencia, solo la asumen. Hebreos 11:6 dice que "es necesario que el que se acerca a Dios crea que le hay, y que es galardonador de los que le buscan". Por lo tanto, la existencia de Dios se considera uno de los aspectos más básicos de su naturaleza.

El Dios vivo se compara con frecuencia con los otros dioses, objetos inanimados de metal o piedra. Jeremías 10:10 hace referencia a él como el Dios verdadero, el Dios vivo, que controla la naturaleza, mientras que "Los dioses que no hicieron los cielos ni la tierra, desaparezcan de la tierra y de debajo de los cielos" (v. 11). 1 Tesalonicenses 1:9 señala una comparación

1 James E. Talmage, *A Study of the Articles of Faith* [Un estudio de los artículos de fe], 36.ª ed. (Salt Lake City: Iglesia de Jesucristo de los Santos de los Últimos Días, 1957), 48.

similar entre los ídolos de los cuales los tesalonicenses se apartaron y "el Dios vivo y verdadero".

La vida de Dios es diferente que la de cualquier otro ser vivo. Mientras que todos los demás seres tienen su vida en Dios, la vida de Dios no proviene de ninguna fuente externa. Nunca se le representa como alguien a quien se le ha dado vida. Juan 5:26 dice que tiene vida en sí mismo. Con frecuencia se le atribuye el adjetivo "eterno", dando a entender que no ha habido nunca un momento en el que no haya existido. Además, se nos ha dicho que "en el principio", antes de que existiese algo, Dios ya existía (Gn 1:1). Por lo tanto, su existencia no puede provenir de cualquier otra cosa. Es preferible referirse a Dios como a alguien sin causa en lugar de alguien cuya causa es él mismo. Su misma naturaleza es existir. No es necesario que él desee su propia existencia. Sería lógicamente contradictorio que Dios no existiera.

Además, la existencia continua de Dios no depende de nada fuera de sí mismo. Todos los demás seres, en la medida en que estén vivos, necesitan algo, alimento, calor, protección, para mantenerse con vida. Sin embargo, Dios no tiene esa necesidad. Pablo niega que Dios necesite algo o que se deje servir por manos humanas (Hechos 17:25).

Aunque Dios es independiente en el sentido de que no necesita nada más para su existencia, esto no quiere decir que sea distante, indiferente o despreocupado. Dios se relaciona con nosotros, pero por su propia elección, no porque lo obligue alguna necesidad. Ha obrado y sigue obrando por ágape, un amor desinteresado, más que por alguna necesidad.

Una comprensión adecuada de este aspecto de la naturaleza de Dios debería liberarnos de la idea de que Dios nos necesita. Dios ha escogido usarnos para lograr sus propósitos, y en ese sentido ahora nos necesita. Sin embargo, podría haber elegido ignorarnos. Es por nuestro bien que nos permite conocerlo y servirlo, y somos nosotros los que perdemos si rechazamos esa oportunidad.

Personalidad

Además de ser espiritual y vivo, Dios es personal. Es un ser individual, con conciencia y voluntad propia, capaz de sentir, elegir y tener una relación recíproca con otros seres personales y sociales.

Las Escrituras muestran la personalidad de Dios de varias maneras. Una de ellas es que Dios tiene un nombre que él mismo se asigna y mediante el cual se revela a sí mismo. En los tiempos bíblicos los nombres no eran solo etiquetas para distinguir a una persona de otra. En nuestra sociedad impersonal, pocas veces los nombres se eligen por su significado; más bien, los padres eligen un nombre porque les gusta o porque es popular en la actualidad. Sin embargo, el enfoque hebreo era bastante diferente. Se elegía un nombre con mucho cuidado y prestando atención a su significado[2]. Cuando Moisés se pregunta cómo debe responder cuando los israelitas le pregunten el nombre del Dios que lo ha enviado, Dios se identifica como "YO SOY" o "YO SERÉ" (Yahveh, Jehová, el Señor, Ex 3:14). Con esto demuestra que no es un ser abstracto y que no se puede conocer, o una fuerza que no tiene nombre. Este nombre no se usa simplemente para referirse a Dios o para describirlo, sino también para dirigirse a él. Génesis 4:26 menciona que los seres humanos comenzaron a invocar el nombre del Señor. El Salmo 20 habla de alabar el nombre del Señor (v. 7) e invocarlo (v. 9). Se debe pronunciar su nombre y tratarlo con respeto, según Éxodo 20:7.

Otro indicio de la naturaleza personal de Dios se encuentra en su accionar. En la Biblia se le describe como alguien que conoce y se comunica con los seres humanos. En las primeras

2 Walther Eichrodt, *Theology of the Old Testament* [Teología del Antiguo Testamento] (Filadelfia: Westminster, 1967), 2:40–45

imágenes de su relación con la humanidad (Gn 3), Dios se acerca y habla con Adán y Eva de una manera que parece ser habitual. Aunque esta representación de Dios es sin duda antropomórfica, no obstante nos enseña que es una persona que se relaciona con personas. Tiene todas las capacidades asociadas con la personalidad: conocer, sentir, desear, obrar.

Esto tiene varias implicaciones. Como Dios es una persona, nuestra relación con él tiene una dimensión de calidez y entendimiento. Dios no es una máquina o una computadora que satisface automáticamente las necesidades de las personas. Es un padre conocedor, amoroso y bueno.

Dios es ilimitado y no tiene límites en términos de espacio, tiempo, conocimiento y poder.

Además, nuestra relación con Dios no es simplemente una calle de un solo sentido. Podemos acercarnos a él. Podemos hablarle, y él a su vez nos habla. Dios no solo recibe y acepta lo que ofrecemos. Es un ser vivo, recíproco. No solo es alguien a quien escuchamos, sino alguien que conocemos y con quien tenemos un encuentro personal. En consecuencia, Dios debe ser tratado como un ser, no como un objeto o fuerza que se puede usar o manipular.

Dios es un fin en sí mismo, no un medio para un fin. Es valioso para nosotros por lo que es en sí mismo, no solo por lo que hace. El fundamento del primer mandamiento: "No tendrás dioses ajenos delante de mí" (Ex 20:3) se encuentra después del versículo: "Yo soy Jehová, tu Dios, que te saqué de la tierra de Egipto". No entendemos bien este pasaje si lo interpretamos como si los israelitas tenían que poner a Dios primero debido a las cosas que había hecho: en agradecimiento debían hacer de

él su único Dios. Más bien, lo que él había hecho era una prueba de lo que era; tienen que amarlo y servirlo por lo que es, no solo de una manera profunda, sino de una manera exclusiva.

Infinidad

Dios es infinito. Esto no solo significa que Dios es ilimitado, sino que tampoco tiene límites. En este sentido, Dios es diferente a todo lo que experimentamos. Incluso aquellas cosas que el sentido común alguna vez nos dijo que eran infinitas o ilimitadas, ahora vemos que tienen límites. La energía en una época anterior parecía inagotable. En los últimos años nos hemos dado cuenta de que nuestras fuentes habituales de energía tienen limitaciones bastante claras, y nos estamos acercando a esos límites mucho más rápido de lo que imaginamos. Sin embargo, la infinidad de Dios se refiere a un ser ilimitado.

Espacio

Se puede considerar la infinidad de Dios en varios aspectos. Primero pensamos en términos de espacio, lo que tradicionalmente se ha denominado la inmensidad y la omnipresencia. Dios no está sometido a limitaciones del espacio. Con esto no nos referimos solo a la limitación de estar en un lugar específico, que si un objeto está en un lugar no puede estar en otro. Más bien, no es adecuado pensar en Dios como presente en el espacio. Todos los objetos finitos tienen una ubicación. Se encuentran en alguna parte. Esto les impide necesariamente estar en otro lugar. Sin embargo, con Dios, la cuestión del lugar o la ubicación no se aplica. Dios es quien creó el espacio (y el tiempo). Él estaba antes de que existiera el espacio. No puede estar ubicado en un lugar específico. Tomemos en cuenta la declaración de Pablo de que Dios no habita en templos hechos por manos humanas, porque Él es el Señor del cielo y de la tierra; él hizo el mundo y todas las cosas que en él hay (Hechos 17:24-25).

Otro aspecto de la infinidad de Dios en términos del espacio es que no existe ningún lugar donde no se le pueda encontrar. Aquí tenemos que enfrentarnos a la tensión que existe entre la inmanencia de Dios (él está en todas partes) y la trascendencia (él no está en ninguna parte). La idea aquí es que Dios es accesible desde cualquier parte de la creación. Jeremías cita a Dios diciendo: "¿Soy yo Dios de cerca solamente, dice Jehová, y no Dios desde muy lejos?" (Jer 23:23). Lo que esto parece implicar es que al ser un Dios cercano no excluye que también esté lejos. Él llena todo el cielo y la tierra (v. 24). Por lo tanto, no podemos escondernos "en lugares secretos" donde no podamos ser vistos. El salmista descubrió que no podía huir de la presencia de Dios: a cualquier lugar que fuera el salmista, Dios estaría allí (Sal 139:7-12). Jesús llevó este concepto un poco más allá. Al dar la Gran Comisión, ordenó a sus discípulos que fueran como testigos en todas partes, hasta el fin del mundo, y que estaría con ellos hasta lo último de la tierra (MT 28:19-20; Hechos 1:8). Por lo tanto, en efecto, indicó que no está limitado ni por el espacio ni por el tiempo.

Tiempo

Dios también es infinito con relación al tiempo. Él estaba antes de que comenzara el tiempo y no tendrá fin. La pregunta "¿cuántos años tiene Dios?" es simplemente inadecuada. No es más viejo hoy de lo que fue hace un año, ya que infinito más uno no es más que infinito.

Dios es siempre el que es. Él fue, es y será. El Salmo 90:1-2 dice:

> Señor, tú nos has sido refugio
> De generación en generación.
> Antes que naciesen los montes
> Y formases la tierra y el mundo,
> Desde el siglo y hasta el siglo, tú eres Dios.

Judas 25 dice: "Al único y sabio Dios, nuestro Salvador, sea gloria y majestad, imperio y potencia, ahora y por todos los siglos". Un pensamiento similar se encuentra en Efesios 3:21. El uso de expresiones como "el primero y el último" y "el Alfa y la Omega" sirven para expresar la misma idea (Is 44:6; Ap 1:8; 21:6; 22:13).

Ha existido intensas controversias filosóficas sobre si Dios es temporal (infinitamente extendido dentro del tiempo o eterno) o atemporal (fuera del tiempo o eterno). Una de las críticas habituales de la posición atemporal por parte de los temporalistas es que un Dios fuera del tiempo no tendría una sucesión de momentos o acontecimientos dentro de su naturaleza y, por lo tanto, no sabría lo que estuviera sucediendo en ese punto del tiempo terrenal, porque no sabría qué hora sería en la tierra. Este argumento, por supuesto, asume que Dios debe estar dentro o fuera del tiempo. Sin embargo, en la actualidad la ciencia nos puede brindar algunas perspectivas sobre esa cuestión.

Albert Einstein insistió en que, en lugar de ver la realidad como tres dimensiones de espacio más tiempo, debería verse como un universo de espacio-tiempo en cuatro dimensiones, en donde el tiempo y el espacio son conjuntamente relativos[3]. Si este es el caso, entonces la relación de Dios con el tiempo, al menos tal como la sentimos, debe entenderse como paralela a su relación con el espacio. Debido a que Dios no se encuentra simplemente e infinitamente lejos dentro del espacio, sino en una dimensión totalmente diferente de la realidad, se entendería como si estuviera "fuera" (se reconoce que es una metáfora espacial) del tiempo. Nos da la impresión de que el paralelismo nos induce a que veamos a Dios como si fuera no temporal ontológicamente, pero que está influyentemente presente dentro del tiempo.

3 Albert Einstein, *The Meaning of Relativity* [El significado de la relatividad] 5.ª ed. (Princeton: Princeton University Press, 1956), 31.

Dios es consciente de lo que está sucediendo, lo que ha sucedido y lo que sucederá en cada momento. Sin embargo, en cualquier momento determinado dentro del tiempo, también es consciente de la distinción entre lo que está pasando ahora, lo que ha pasado y lo que pasará[4].

Conocimiento

También se puede considerar la infinidad de Dios con relación a los objetos de conocimiento. Su entendimiento es infinito (Sal 147:5). Jesús dijo que ningún pajarillo puede caer a tierra sin la voluntad del Padre (MT 10:29), y que hasta los cabellos de la cabeza de los discípulos están todos contados (v. 30). Todos estamos completamente expuestos ante Dios (Heb 4:13). Él nos ve y nos conoce por completo. Y conoce todas las posibilidades genuinas, incluso cuando parecen ilimitadas en número.

Un aspecto del conocimiento divino que se ha debatido bastante es su presciencia. Se enseña, al menos de dos maneras, que Dios conoce el futuro, así como el pasado y el presente. Una de ellas es la afirmación directa de conocer el futuro, una característica que Jehová afirma que lo distingue de otros que afirman ser dioses (Is 44:8). Este tema se repite varias veces en Isaías 42-48. Además, esta presciencia se demuestra varias veces por las profecías que se dieron y se cumplieron. En oposición a esto, hay pasajes en los que Dios parece descubrir algo que no sabía ("Porque ya conozco que temes a Dios, por cuanto no me rehusaste tu hijo, tu único" [Gn 22:12]) o pasajes en los que cambia de opinión ("Se arrepintió de haber hecho al ser humano en la tierra, y le dolió en el corazón" [Gn 6:6 NVI]).

Probablemente, estos se entiendan mejor como representaciones de Dios como un ser humano (antropomorfismos y antropopatismos), en lugar de descripciones literales[5].

Otro factor, teniendo en cuenta este conocimiento, es la sabiduría de Dios. Esto quiere decir que Dios obra teniendo en cuenta todos los hechos y valores correctos. Al saber todas las cosas, Dios sabe lo que es bueno. En Romanos 11:33, Pablo valora de una manera convincente el conocimiento y la sabiduría de Dios:

> Oh profundidad de las riquezas de la
> sabiduría y de la ciencia de Dios!
> ¡Cuán insondables son sus juicios,
> e inescrutables sus caminos!

El salmista describe las obras de Dios como si las hizo todas ellas con sabiduría (Sal 104:24).

Dios tiene acceso a toda la información. Por ello, sus juicios se hacen con sabiduría. Nunca tiene que modificar su valoración de algo debido a información adicional. Él ve todas las cosas en su perspectiva adecuada, por lo tanto, no brinda a algo un valor mayor o menor del que debería tener. Por consiguiente, podemos orar con confianza, sabiendo que Dios no concederá algo que no sea bueno.

Poder

Finalmente, se puede considerar la infinidad de Dios en relación con lo que tradicionalmente se denomina la omnipotencia de Dios. Con esto queremos decir que Dios es capaz de hacer todas las cosas que son objetos propios de su poder. Esto se enseña en las Escrituras de varias maneras. Hay pruebas del poder ilimitado de Dios en uno de sus nombres, '*el shaddai*. Cuando Dios se le aparece a Abraham para reafirmar su

---

4 Ver James Barr, *Biblical Words for Time* [Palabras bíblicas para la palabra "tiempo"] (Naperville, Illinois: Alec R. Allenson, 1962), sobre todo su crítica a Oscar Cullmann, *Christ and Time: The Primitive Christian Conception of Time and History* [Cristo y el tiempo: la concepción del tiempo y de la historia en el cristianismo primitivo] (Filadelfia: Westminster, 1950).

5 He discutido la cuestión de la presciencia divina con mucha mayor profundidad en *What Does God Know and When Does He Know It?* [¿Qué sabe Dios y cuándo lo sabe?] (Grand Rapids: Zondervan, 2003).

alianza, él se identifica diciendo: "Yo soy el Dios Todopoderoso" (Gn 17:1). También vemos la omnipotencia de Dios cuando vence problemas que parecían ser insuperables. La promesa en Jeremías 32:15 de que se volverán a comprar y vender campos en Judá parece increíble en vista de la inminente caída de Jerusalén ante los babilonios. Sin embargo, la fe de Jeremías es fuerte: "¡Oh Señor Jehová! [...] ni hay nada que sea difícil para ti" (v. 17). Y después de hablar de lo difícil que es para un rico entrar en el reino de Dios, Jesús responde a la pregunta de sus discípulos sobre quién puede entonces salvarse: "Para los hombres esto es imposible; mas para Dios todo es posible" (MT 19:26).

Este poder de Dios se manifiesta de varias maneras diferentes. Las referencias al poder de Dios sobre la naturaleza son comunes, sobre todo en los Salmos, con frecuencia van acompañadas de una declaración acerca de que Dios creó todo el universo. El poder de Dios también es evidente en su control del transcurso de la historia. Pablo dice sobre Dios: "Ha prefijado el orden de los tiempos, y los límites de su habitación" para todos los pueblos (Hechos 17:26). Quizás lo más asombroso en muchos sentidos es el poder de Dios en la vida y la personalidad humana. La verdadera medida del poder divino no es la capacidad de Dios para crear o para levantar una gran piedra. En muchos sentidos, es mucho más difícil cambiar la personalidad humana y transformar a los pecadores para que sean salvos. Sin embargo, existen ciertas cualidades de este carácter todopoderoso de Dios. Él no puede hacer arbitrariamente cualquier cosa que podamos concebir. Solo puede hacer aquellas cosas que son objetos propios de su poder. Por lo tanto, no puede hacer lo que es lógicamente absurdo o contradictorio. No puede hacer círculos cuadrados o triángulos con cuatro esquinas. No puede deshacer lo que sucedió en el pasado, aunque puede borrar sus consecuencias o incluso su recuerdo. No puede actuar en contra de su naturaleza, no puede ser cruel o despreocupado. No puede dejar

de hacer lo que ha prometido. En referencia a que Dios hizo una promesa y la confirmó con un juramento, el autor de Hebreos dice: "Para que por dos cosas inmutables, en las cuales es imposible que Dios mienta, tengamos un fortísimo consuelo" (Heb 6:18). Sin embargo, todas estas "incapacidades" no son debilidades, sino fortalezas. La incapacidad para hacer el mal, mentir o cometer errores es una señal de una fuerza positiva más que de fracaso.

Otro aspecto del poder de Dios es que es libre. Aunque Dios está obligado a cumplir sus promesas, inicialmente no estaba obligado a hacer esas promesas. Por el contrario, las Escrituras, y Pablo, en especial, suelen atribuir sus decisiones y obras al "puro afecto de su voluntad". Las decisiones y obras de Dios no están determinadas por la consideración de ningún factor que se encuentre fuera de él. Son simplemente una cuestión de su propia y libre elección.

Constancia

En varios lugares de las Escrituras, se describe a Dios como inalterable. En el Salmo 102, el salmista compara la naturaleza de Dios con los cielos y la tierra.

> Ellos perecerán, mas tú permanecerás [...]
> y serán mudados.
> Pero tú eres el mismo,
> y tus años no se acabarán.
> (vv. 26-27)

Dios mismo dijo que aunque su pueblo no le ha obedecido, "Yo JEHOVÁ no cambio; por esto" (Mal 3:6). Santiago dice que Dios "no cambia como los astros ni se mueve como las sombras" (Santiago 1:17, NVI).

Esta constancia divina abarca varios aspectos. Primero, no hay un cambio cuantitativo. Dios no puede crecer en nada, porque ya es perfecto; tampoco puede disminuir, porque si lo hiciera, dejaría de ser Dios. Tampoco hay un cambio cualitativo. La naturaleza de Dios no sufre ninguna modificación. Por lo tanto, Dios no cambia su opinión, sus planes u obras, porque estos se basan en su naturaleza, que permanece inalterable pase lo que pase. De hecho, en Números 23:19 el argumento es que debido a que Dios no es humano, sus obras deben ser inalterables. Además, las intenciones de Dios, así como sus planes, siempre son coherentes, simplemente porque su voluntad no cambia. De esta manera, Dios es siempre fiel a su pacto con Abraham, por ejemplo.

Entonces, ¿qué debemos hacer con esos pasajes en los que Dios parece cambiar de opinión o arrepentirse de lo que ha hecho? Estos pasajes se pueden explicar de varias maneras.

1. Algunos de ellos deben entenderse como antropomorfismos y antropopatismos. Son simplemente descripciones de las obras y sentimientos de Dios en términos humanos y desde una perspectiva humana. Aquí se incluyen representaciones de un Dios que siente dolor o arrepentimiento.

2. Lo que pueden parecer cambios de opinión en realidad pueden ser nuevas etapas en el desarrollo del plan de Dios. Un ejemplo de esto es la ofrenda de salvación a los gentiles. Si bien era una parte del plan original de Dios, representó una ruptura bastante marcada con lo que había pasado antes.

3. Algunos supuestos cambios de opinión son cambios de orientación debido a que los seres humanos empezaron a tener una relación diferente con Dios. Dios no cambió cuando Adán pecó; más bien, la humanidad había cambiado en contra de Dios. Esto también funciona al contrario. Tomemos el caso de Nínive. De hecho, Dios dice: "De aquí a cuarenta días Nínive será destruida, a menos que se arrepientan". Nínive se arrepintió y se salvó. Eran los seres humanos los que habían cambiado, no el plan de Dios.

Algunas interpretaciones de la doctrina de la constancia divina, expresada como inmutabilidad, en realidad se han basado en

gran medida en la idea griega de la inmovilidad y la esterilidad. Esto hace que Dios sea inactivo. Sin embargo, la perspectiva bíblica no es que Dios sea estático, sino estable. Es activo y dinámico, pero de una forma estable y coherente con su naturaleza. Lo que estamos tratando aquí es la fiabilidad de Dios. Él será el mismo mañana como lo es hoy. Él obrará como lo ha prometido. Cumplirá con sus compromisos. El creyente puede confiar en eso (Lm 3:22-23; 1 Juan 1:9).

Dios es un gran Dios. La comprensión de este hecho motivó a los escritores bíblicos como los salmistas. Y esta comprensión conmueve a los creyentes en la actualidad y esto hace que se unan al compositor para proclamar:

> Señor, mi Dios, al contemplar
> los cielos,
> El firmamento y las estrellas mil,
> Al oír Tu voz en los potentes
> truenos
> Y ver brillar el sol en su cenit
>
> Mi corazón entona la canción.
> ¡Cuán grande es Él!
> ¡Cuán grande es Él!
> Mi corazón entona la canción.
> ¡Cuán grande es Él!
> ¡Cuán grande es Él![6]

Preguntas de Análisis y Reflexión

- ¿Cuáles son los atributos de la grandeza de Dios y cómo los describiría?
- ¿Por qué la infinidad de Dios en términos de espacio se encuentra en tensión con la inmanencia y la trascendencia de Dios?
- ¿Cuáles son las cualidades del carácter todopoderoso de Dios, y por qué son significativas?
- ¿Qué significa cuando decimos que Dios es libre?
- ¿Qué es lo que más le reconforta acerca del conocimiento infinito de Dios?

10

La Bondad de Dios

Una vez estudiado este capítulo, el lector es capaz de:

1. Nombrar y describir todos los atributos de Dios que constituyen su pureza moral, integridad y amor.
2. Entender la relación entre las cualidades morales de Dios y la armonía que existe entre esas cualidades.
3. Valorar adecuadamente la relación entre el amor y la justicia de Dios y mostrar cómo ambos atributos se encuentran en una armonía mutua.
4. Promover la comprensión que conducirá a que aumente la confianza, el amor y el compromiso hacia un Dios benevolente y amoroso.

Resumen del Capítulo

La bondad de Dios se puede descubrir en todas las relaciones con sus criaturas. Se demuestra de una manera más eficaz en sus atributos morales de pureza, integridad y todo el conjunto de características que se identifican como su amor. A veces se considera que estos atributos están en conflicto, como ocurre en el caso de la justicia y el amor. Sin embargo, cuando se consideran de una manera correcta, esto no sucede así.

Estructura del Capítulo

Cualidades Morales

- Pureza moral
  - » Santidad
  - » Rectitud
  - » Justicia
- Integridad
  - » Autenticidad
  - » Veracidad
  - » Fidelidad
- Amor
  - » Benevolencia
  - » Gracia
  - » Misericordia
  - » Persistencia

El Amor y la Justicia de Dios: ¿Un Punto de Tensión?

Cualidades Morales

Si las cualidades de grandeza que describimos en el capítulo anterior fueran solo los únicos atributos de Dios, es concebible que él pueda ser un ser moral o amoral, que ejerce su poder y conocimiento de una manera caprichosa e incluso cruel. Pero como tiene atributos de bondad así como de grandeza, se puede confiar en él y amarlo. En este capítulo consideraremos sus cualidades morales, es decir, las características de Dios como ser moral.

Para fines prácticos de estudio, clasificaremos sus atributos morales básicos en pureza, integridad y amor.

Pureza Moral

Por pureza moral entendemos que Dios está absolutamente libre de todo lo perverso y maligno. Su pureza moral incluye las dimensiones de santidad, rectitud y justicia.

SANTIDAD

Hay dos aspectos básicos de la santidad de Dios. El primero es su singularidad. Está totalmente separado de toda la creación. Esto es lo que Louis Berkhof llamaba "majestad-santidad" de Dios[1]. La singularidad de Dios se expresa en Éxodo 15:11:

> ¿Quién como tú, oh Jehová,
> entre los dioses?
> ¿Quién como tú, magnífico en
> santidad,
> Terrible en maravillosas hazañas,
> hacedor de prodigios?

Isaías vio al Señor "sentado sobre un trono alto y sublime". Los umbrales de las puertas se estremecieron y la casa se llenó de humo. El serafín daba voces diciendo: "Santo, santo, santo, Jehová de los ejércitos" (Is 6:1-4). La palabra hebrea para "santo" (qadosh) significa "distinguido" o "apartado del uso común, ordinario". El verbo del cual se deriva sugiere "cortar" o "separar". Mientras que en las religiones de los pueblos alrededor de Israel, el adjetivo "santo" se usaba libremente para los objetos, acciones y personas que participaban en la adoración, en el pacto de Israel, el pueblo mismo también debe ser santo.

Dios no solo está personalmente libre de cualquier maldad o mal moral, sino que no puede soportar su presencia. Él es, por así decirlo, alérgico al pecado y al mal. Isaías, al ver a Dios, se vuelve muy consciente de su propia impureza. Se desesperaba, "¡Ay de mí! que soy muerto; porque siendo hombre inmundo de labios, y habitando en medio de pueblo que tiene labios inmundos, han visto mis ojos al Rey, Jehová de los ejércitos" (Is 6:5). De manera similar, Pedro, en el suceso de la pesca milagrosa, cuando se dio cuenta de quién y qué es Jesús, dijo: "Apártate de mí, Señor, porque soy hombre pecador" (Lucas 5:8). Cuando medimos nuestra santidad, no con nuestro propio criterio o el de otros seres humanos, sino con el de Dios, es evidente que es necesario un cambio completo

---

1 Louis Berkhof, *Systematic Theology* [Teología sistemática] (Grand Rapids: Eerdmans, 1953), 73.

de condición moral y espiritual.

RECTITUD

La segunda dimensión de la pureza moral de Dios es su rectitud. Esto se refiere, por así decirlo, a la santidad de Dios aplicada a sus relaciones con otros seres. La rectitud de Dios significa, en primer lugar, que la ley de Dios, al ser una expresión verdadera de su naturaleza, es tan perfecta como él. El Salmo 19:7-9 lo expresa de la siguiente manera:

> La ley de Jehová es perfecta,
> que convierte el alma;
> El testimonio de Jehová es fiel,
> que hace sabio al sencillo.
> Los mandamientos de Jehová son rectos,
> que alegran el corazón;
> El precepto de Jehová es puro,
> que alumbra los ojos.
> El temor de Jehová es limpio,
> que permanece para siempre;
> Los juicios de Jehová son verdad,
> todos justos.

En otras palabras, Dios manda solo lo que es justo, y lo cual, por lo tanto, tendrá un efecto positivo en el creyente que obedece.

La rectitud de Dios también significa que sus obras están de acuerdo con la ley que él mismo ha establecido. Él es la expresión activa de lo que pide a otros. Por ejemplo, Abraham le dijo a Jehová: "Lejos de ti el hacer tal, que hagas morir al justo con el impío, y que sea el justo tratado como el impío; nunca tal hagas. El Juez de toda la tierra, ¿no ha de hacer lo que es justo?" (Gn 18:25).

Como Dios es recto, según el criterio de su propia ley, podemos confiar en él. Es honesto en sus tratos.

Una cuestión que ha sido un tema de debate en la historia del pensamiento cristiano es: ¿qué hace que algunas acciones sean buenas y otras sean malas?

En la época medieval, una escuela de pensamiento, la realista, sostenía que Dios escoge lo que es correcto porque él es correcto[2]. Lo que él decía que era bueno, no podía ser de otra manera, ya que existe un bien intrínseco en la bondad y un mal inherente en la crueldad. Otra escuela de pensamiento, el nominalismo, afirmaba que la elección de Dios es lo que hace que algo sea correcto. Podría haberlo elegido de otra manera; si lo hubiera hecho así, lo bueno hubiera sido algo bastante diferente a lo que es[3]. Una posición más correcta se encuentra entre el realismo y el nominalismo. Lo que es correcto no es algo arbitrario, de modo que la crueldad y el asesinato serían acciones buenas si Dios así lo afirmara. Al tomar decisiones, Dios sigue un criterio objetivo de lo que es correcto y lo que es incorrecto, un criterio que forma parte de la estructura misma de la realidad. Pero ese criterio que Dios cumple no es externo a Dios: es su propia naturaleza.

JUSTICIA

Dios no solo obra en conformidad con su ley, también administra su reino de acuerdo con ella. Es decir, exige que otros cumplan la ley. La rectitud que se describió anteriormente es la rectitud personal o individual de Dios. Su justicia es su rectitud oficial, su exigencia de que otros agentes morales cumplieran también las normas. En otras palabras, Dios es como un juez, quien como un individuo particular cumple la ley de la sociedad y que en su capacidad oficial administra esa misma ley para que sea cumplida por otros.

Las Escrituras dejan en claro que el pecado tiene consecuencias definidas, que al final ocurren, ya sea pronto o en el futuro. En Génesis 2:17 leemos la advertencia de Dios a Adán y Eva: "Del árbol de la ciencia del bien y del mal no comerás; porque el día que de él comieres, ciertamente morirás". Podemos

---

2 P. ej., Anselmo, *Cur Deus homo?* 1.12
3 Guillermo de Ockham, *Reportatio* 3.13C, 12CCC.

encontrar advertencias similares a lo largo de las Escrituras, incluida la declaración de Pablo de que "la paga del pecado es la muerte" (Ro 6:23). Dios castigará el pecado, ya que el pecado, por su naturaleza, merece ser castigado.

La justicia de Dios significa que él administra su ley con igualdad, sin mostrar favoritismo ni parcialidad. Solo los actos de una persona, no su situación en la vida, se toman en cuenta a la hora de determinar las consecuencias o las recompensas.

De esta manera, Dios condenó en los tiempos bíblicos a los jueces que, aunque estaban encargados de servir a sus representantes, aceptaban sobornos para alterar sus juicios (p. ej., 1 S. 8:3; Amós 5:12). La razón de sus condenas fue que el mismo Dios, al ser justo, esperaba ese mismo comportamiento en los encargados de administrar su ley.

Al igual que en el caso de la santidad, Dios espera que sus seguidores imiten su rectitud y justicia. Tenemos que adoptar su ley y sus preceptos como nuestras normas. Tenemos que tratar a los demás de una forma equitativa y justa (Amós 5:15, 24; Santiago 2:9) porque esto es lo que hace Dios.

Integridad

El conjunto de atributos que estamos clasificando como integridad se relaciona con la cuestión de la verdad. Existen tres dimensiones de la verdad: autenticidad, ser verdadero; veracidad, decir la verdad; y fidelidad, demostrar la verdad. Aunque pensamos que la veracidad consiste principalmente en decir la verdad, la autenticidad es la dimensión más básica de la verdad. Las otras dos se derivan de ella.

AUTENTICIDAD

La autenticidad de Dios significa que es un Dios real. En comparación con muchos de los dioses falsos e ilegítimos que encontraron los israelitas, su Señor es el "verdadero" Dios. En

Jeremías 10, el profeta describe con bastante sátira los objetos que algunos seres humanos adoraban. Construyen ídolos con sus propias manos, y después los adoran, aunque estos objetos no pueden hablar ni caminar (v. 5). Sin embargo, se dice del Señor:

> "Más Jehová es el Dios verdadero:
> él es el Dios vivo y Rey
> eterno" (v. 10)

En Juan 17:3, Jesús se dirige al Padre como al único Dios verdadero. Hay referencias similares en 1 Tesalonicenses 1:9; 1 Juan 5:20 y Apocalipsis 3:7 y 6:10.

Dios es real; no ha sido fabricado o construido, como todos los demás que pretenden ser deidades. Dios es lo que parece ser. Esta es una gran parte de su veracidad. El vicepresidente de relaciones públicas de una universidad cristiana solía decir: "Las relaciones públicas son el 90 % de lo que dices que eres y un 10 % es lo que dices con modestia". Dios no solo parece representar las cualidades de grandeza y bondad que estamos analizando. Él es realmente estos atributos.

VERACIDAD

La verdad divina significa que Dios representa las cosas tal como son. Samuel le dijo a Saúl: "El que es la Gloria de Israel no mentirá ni se arrepentirá, porque no es hombre para que se arrepienta" (1 S 15:29). Pablo habla del Dios "que no miente" (Tito 1:2). Y en Hebreos 6:18 leemos que cuando Dios añadió su juramento a su promesa, había "dos cosas inmutables, en las cuales es imposible que Dios mienta". Tomemos en cuenta que estos pasajes confirman más que Dios no miente ni mentirá. Dios *no puede* mentir, porque la mentira es contraria a su misma naturaleza.

Dios ha pedido a su pueblo que sea honesto en todas las situaciones, tanto en lo que afirman como en lo que suponen. De este modo, por ejemplo, los israelitas debían tener solo una pesa en su bolsa, no una para comprar y otra para vender (Dt 25:13-15). El pueblo de Dios también tiene que ser completamente honesto en la presentación del mensaje del evangelio. Aunque algunos pueden justificar que la importancia del fin justifica el uso de medios de una mala interpretación, Pablo deja claro que "renunciamos a lo oculto y vergonzoso, no andando con astucia, ni adulterando la palabra de Dios, sino por la manifestación de la verdad recomendándonos a toda conciencia humana delante de Dios" (2 Co 4:2). A un Dios de verdad se le sirve mejor cuando se le presenta la verdad.

FIDELIDAD

Si la autenticidad de Dios se trata de que sea verdadero, y su veracidad es que diga la verdad, entonces la fidelidad significa que él ha demostrado ser verdadero. Dios mantiene todas sus promesas. Como Balaam dijo a Balac:

> Dios no es hombre, para que mienta,
> Ni hijo de hombre para
> que se arrepienta.
> Él dijo, ¿y no hará?
> Habló, ¿y no lo ejecutará?
> (Num 23:19)

Pablo es más conciso: "Fiel es el que os llama, el cual también lo hará" (1 Ts 5:24). Se encuentran descripciones similares de Dios como fiel en 1 Corintios 1:9; 2 Corintios 1:18-22; 2 Timoteo 2:13 y 1 Pedro 4:19.

La fidelidad de Dios se demuestra varias veces a lo largo de todas las páginas de las Escrituras. Su promesa a Abraham de un hijo se cumplió cuando Abraham y Sara tenían 75 y 65 años, respectivamente.

Sara ya había pasado la edad para tener hijos y era estéril. Sin embargo, Dios demostró su fidelidad: nació el hijo que les había prometido (Isaac).

Al igual que en sus otros atributos morales,

el Señor espera que los creyentes imiten su fidelidad. El pueblo de Dios no debe dar su palabra sin pensar.

Y cuando dan su palabra, tienen que mantenerse fieles a ella (Ec 5:4-5). No solo deben mantener las promesas hechas a Dios (Sal 61:5, 8; 66:13), sino también las que hacen a otros seres humanos (Jos 9:16-21).

AMOR

Cuando pensamos en los atributos morales de Dios, quizá lo primero que viene a nuestra mente es el grupo de atributos que aquí clasificamos como amor. Muchos lo consideran el atributo básico, la auténtica naturaleza o definición de Dios[4]. Existe un sustento de esto en las Escrituras. Por ejemplo en 1 Juan 4 leemos:

> El que no ama, no ha conocido a Dios;
> porque Dios es amor (v.8).

> Y nosotros hemos conocido y creído el
> amor que Dios tiene para con nosotros
> Dios es amor; y el que permanece en
> amor, permanece en Dios,
> y Dios en él (v. 16).

En general, el amor de Dios puede considerarse como su eterno dar o compartir de sí mismo. Como tal, el amor siempre ha estado presente entre los miembros de la Trinidad, incluso antes de que existieran seres creados.

Jesús dijo: "Mas para que el mundo conozca que amo al Padre, y como el Padre me mandó, así hago" (Juan 14:31).

La triunidad de Dios significa que ha habido una práctica eterna del amor de Dios. Las dimensiones básicas del amor de Dios por nosotros son la benevolencia, la gracia, la

---

4 P. ej., Eberhard Jüngel, *God as the Mystery of the World* [Dios como misterio del mundo] trad. Darrell L. Guder (Grand Rapids: Eerdmans, 1983), 314.

misericordia y la persistencia.

BENEVOLENCIA

Por benevolencia entendemos la preocupación de Dios por el bienestar de aquellos a quienes ama. Él busca de una manera desinteresada nuestro máximo bienestar. Entre muchas referencias bíblicas, Juan 3:16 es probablemente la más conocida. Las declaraciones de la benevolencia de Dios no se limitan al Nuevo Testamento. Por ejemplo, en Deuteronomio 7:7-8 leemos: "No por ser vosotros más que todos los pueblos os ha querido Jehová y os ha escogido, pues vosotros erais el más insignificante de todos los pueblos; sino por cuanto Jehová os amó, y quiso guardar el juramento que juró a vuestros padres, os ha sacado Jehová con mano poderosa".

El amor de Dios es un interés abnegado por nosotros para nuestro bienestar. Es agapē, no erōs. En Juan 15, Jesús establece una comparación entre una relación señor-siervo (o jefe-empleado) y una relación de amistad. Esta última relación es la que caracteriza al creyente y al Salvador. Él se preocupa por nuestro propio bienestar, no por lo que puede obtener de nosotros. Dios no nos necesita. Él puede lograr lo que desea sin nosotros, aunque ha elegido obrar a través de nosotros.

Esta cualidad abnegada y desinteresada del amor divino se ve en lo que Dios ha hecho. El amor de Dios al enviar a su Hijo a morir por nosotros no fue motivado por el amor que teníamos antes por él. El apóstol Juan dice: "En esto consiste el amor: no en que nosotros hayamos amado a Dios, sino en que él nos amó a nosotros, y envió a su Hijo en propiciación por nuestros pecados" (1 Juan 4:10). La totalidad de Romanos 5:6-10 desarrolla el mismo tema. Tomemos en cuenta especialmente el versículo 8 ("Mas Dios muestra su amor para con nosotros, en que siendo aún pecadores, Cristo murió por nosotros") y el versículo 10 ("Porque si siendo enemigos, fuimos reconciliados con Dios por la muerte de su Hijo"). Este amor divino no solo

tomó la iniciativa de crear la base de la salvación al enviar a Jesucristo, sino que también nos busca constantemente. Las tres parábolas de Jesús en Lucas 15 enfatizan esto con firmeza.

La benevolencia de Dios, el verdadero cuidado y provisión de aquellos a quienes ama, se ve de muchas maneras. Dios cuida y provee incluso para la creación subhumana. Jesús enseñó que el Padre alimentaba a las aves del cielo y vestía a los lirios del campo (MT 6:26, 28; ver también Sal 145:16). El principio de que Dios es benevolente en su provisión y protección se extiende también a sus hijos humanos (MT 6:25, 30-33). Aunque podemos tender a tomar estas promesas como algo exclusivo para nosotros como creyentes, la Biblia indica que Dios es benévolo con toda la raza humana. Él "hace salir su sol sobre malos y buenos, y hace llover sobre justos e injustos" (MT 5:45). Por su naturaleza, Dios no solo piensa de forma positiva en los objetos de su amor, también obra para su bienestar. El amor es algo activo.

Algunos han planteado la cuestión sobre si el amor debería ser considerado un atributo de Dios. Quizás es más bien una definición de Dios, ya que Juan escribe: "Dios es amor" (1 Juan 4:8, 16). Si este es el caso, entonces todo lo dicho acerca de Dios debe interpretarse en términos de amor. Sin embargo, debemos tener en cuenta que el amor no es la única cualidad que se expresa gramaticalmente de esta manera que parece ser equivalente. Por ejemplo, Jesús le dijo a la mujer samaritana: "Dios es espíritu" (Juan 4:24), y Juan dijo que "Dios es luz" (1 Juan 1:5). Parece que esto se debe entender como una atribución de una cualidad, más que como una definición. Por lo tanto, se debe entender como una declaración de que Dios es amoroso, en lugar de una ecuación de Dios con amor.

GRACIA

La gracia es otro de los distintos atributos que forman parte del amor de Dios. Con esto queremos decir que Dios trata a su pueblo no por sus méritos o por lo que valen, por lo que se merecen, sino simplemente según sus necesidades. En otras palabras, trata con ellos basándose en su bondad y generosidad. Esta gracia se diferencia de la benevolencia (altruismo) que ya hemos descrito. La benevolencia es simplemente la idea de que Dios no busca su propio bienestar, sino el de los demás. Dios podría amar de una forma desinteresada, preocupándose por los demás, pero sigue insistiendo en que este amor debe merecerse y, por lo tanto, pide a todas las personas que hagan algo u ofrezcan algo para que puedan merecer los favores que recibieron o que van a recibir. Sin embargo, la gracia significa que Dios nos otorga favores que no merecemos. Él no nos pide nada.

Aunque, por supuesto, la gracia de Dios es importante en el Nuevo Testamento, se ha sugerido que la imagen de Dios en el Antiguo Testamento es bastante diferente. Sin embargo, muchos pasajes del Antiguo Testamento hablan de la gracia de Dios. En Éxodo 34:6, por ejemplo, Dios dice de sí mismo: "¡Jehová! ¡Jehová! fuerte, misericordioso y piadoso; tardo para la ira, y grande en misericordia y verdad". Hay pasajes en el Nuevo Testamento que relacionan de manera explícita la salvación con el don extravagante de la gracia de Dios. Por ejemplo, Pablo dice en Efesios 2:8-9: "Porque por gracia sois salvos por medio de la fe; y esto no de vosotros, pues es don de Dios; no por obras, para que nadie se gloríe" (cf. Tito 2:11; 3:4-7). La salvación es sin duda el regalo de Dios. A veces se impugna la justicia de Dios sobre la base de que algunos reciben esta gracia de Dios y otros no. Sin embargo, que alguno se salve es algo asombroso. Si Dios diera a todos lo que merecen, ninguno se salvaría.

MISERICORDIA

La misericordia de Dios es su compasión tierna y amorosa por su pueblo. Es su ternura de corazón hacia los necesitados. Si la gracia considera a los humanos como pecadores, culpables y condenados, la misericordia los ve como miserables y necesitados. El salmista dijo:

Como el padre se compadece
de los hijos,
Se compadece Jehová de
los que le temen. Sal 103:13)

Encontramos ideas similares en Deuteronomio 5:10; Salmos 57:10; y Salmos 86:5. El atributo de la misericordia se ve en la compasión que Jesús sentía cuando las personas que sufrían dolencias físicas acudían a él (Marcos 1:41). Su condición espiritual también le conmovía (MT 9:36). A veces ambos tipos de necesidades estaban involucradas. Por lo tanto, al describir el mismo incidente, Mateo habla de que Jesús tuvo compasión y sanó a los enfermos (MT 14:14), mientras que Marcos habla de que tuvo compasión y enseñó muchas cosas (Marcos 6:34). Mateo en otra parte combina las dos ideas. Cuando Jesús vio que la multitud estaba desamparada, como ovejas sin pastor, tuvo compasión de ellas. Así que anduvo "enseñando en las sinagogas de ellos, y predicando el evangelio del reino, y sanando toda enfermedad y toda dolencia en el pueblo" (MT 9:35).

PERSISTENCIA

La última dimensión del amor de Dios es la persistencia. Leemos acerca de la persistencia de Dios en Salmos 86:15; Romanos 2:4; 9:22; 1 Pedro 3:20; y 2 Pedro 3:15. En todos estos versículos, se representa a Dios conteniendo el juicio para seguir ofreciendo salvación y gracia durante largos períodos de tiempo.

La gran paciencia de Dios se manifestó en especial con los israelitas, como una muestra de su fidelidad hacia ellos. El pueblo de Israel se rebeló muchas veces contra Jehová, deseando regresar a Egipto, rechazando el liderazgo de Moisés, haciendo ídolos para adorarlos, adquiriendo las prácticas de los pueblos de los alrededores y casándose con ellos. Debe haber habido momentos en los que el Señor se sintiera tentado a abandonar a su pueblo. Una destrucción a gran escala de Israel en forma del diluvio hubiera sido lo más apropiado, pero el Señor no abandonó a Israel.

Sin embargo, la paciencia de Dios no se limitaba a sus tratos con Israel. Pedro incluso sugiere que el diluvio se retrasó tanto tiempo para brindar una oportunidad de salvación a aquellos que acabaron siendo destruidos (ver 1 Pedro 3:20). Al hablar del futuro día de la gran destrucción, Pedro también sugiere que la segunda venida se retrasa debido a la paciencia de Dios. Él no deseaba que "ninguno perezca, sino que todos procedan al arrepentimiento" (2 P 3:9).

En una ocasión Pedro se acercó a Jesús (en nombre de los discípulos, sin duda) y le preguntó cuántas veces debía perdonar a un hermano que había pecado contra él: ¿hasta siete veces? La respuesta de Jesús a Pedro, que se traduce mejor como "77 veces", demuestra la naturaleza persistente e implacable del amor que debe caracterizar a un seguidor del Señor (MT 18:21-22). El mismo Jesús demostró ese amor persistente con Pedro. Cuando Pedro negó a Jesús no una vez, sino tres veces, Jesús lo perdonó, tal como lo había hecho con tantos otros defectos suyos. De hecho, el ángel en la tumba pidió a las tres mujeres que dijeran a los discípulos y a Pedro que Jesús iba a Galilea, donde lo verían (Marcos 16:7). La fidelidad y la paciencia de Dios también se manifestaron cuando no abandonó a otros creyentes que habían pecado y le habían fallado: Moisés, David, Salomón y muchos más.

El Amor y la Justicia de Dios: Un Punto de Tensión?

Hemos analizado muchas características de Dios, sin agotarlas de ninguna manera. Pero ¿qué pasa con las interrelaciones que existe entre ellas? Supuestamente, Dios es un ser unificado e integral cuya personalidad es un conjunto armonioso. Entonces, no debería existir ninguna tensión entre los distintos atributos. Pero ¿en realidad es así?

El único punto de una tensión potencial que se suele destacar es la relación entre el amor de Dios y su justicia. Por un lado, la justicia de Dios parece tan severa, que exige la muerte de los que pecan. Este es un Dios duro y severo. Por otro lado, Dios es misericordioso, benévolo, clemente, paciente. ¿Estos rasgos no están en conflicto entre sí? Entonces, ¿existe una tensión interna en la naturaleza de Dios?[5]

Si comenzamos con las suposiciones de que Dios es un ser integral y que los atributos divinos son armoniosos, definiremos los atributos dependiendo de los demás. Por lo tanto, la justicia es una justicia amorosa, y el amor es un amor justo. La idea de que pueda existir un conflicto entre ambos puede haber surgido por definir estos atributos de forma aislada. Aunque la concepción del amor aparte de la justicia, por ejemplo, puede derivarse de fuentes externas, no es una enseñanza bíblica. Lo que estamos diciendo es que el amor no se entiende por completo si no incluye la justicia. De lo contrario, es solo sentimentalismo.

En realidad, el amor y la justicia han trabajado juntos en el trato de Dios con la raza humana. La justicia de Dios requiere que haya que pagar un precio por el pecado. Sin embargo, el amor de Dios desea que los seres humanos vuelvan a estar en comunión con él. El ofrecimiento de Jesucristo como expiación por el pecado demuestra que la justicia y el amor de Dios se han mantenido. Y realmente no existe una tensión entre los dos. Solo existe una tensión si nuestra perspectiva del amor requiere que Dios perdone el pecado sin pagar ningún precio. Pero esto significa pensar en Dios de una manera diferente de lo que realmente es. Además, el

5 Nels Ferré, *The Christian Understanding of God* [La comprensión cristiana de Dios] (Nueva York: Harper and Bros., 1951), 227–28.

ofrecimiento de Cristo como expiación muestra un amor más grande por parte de Dios que simplemente liberar de una forma indulgente a las personas de las consecuencias del pecado.

Para cumplir con la administración justa de su ley, el amor de Dios fue tan grande que entregó a su Hijo por nosotros. El amor y la justicia no son dos atributos separados que compiten entre sí. Dios es a la vez justo y amoroso, y Él mismo ha dado lo que él pide[6].

Preguntas de Análisis y Reflexión

- ¿Cuáles son los atributos morales de Dios y por qué son necesarios para un entendimiento adecuado de su verdadera naturaleza?
- ¿Qué importancia tiene la santidad de Dios y por qué es tan difícil para los seres humanos entender este aspecto de la naturaleza de Dios?
- ¿Cómo nos ayuda nuestra comprensión de Jesús a entender especialmente el amor de Dios?
- Algunos sostienen que existe una tensión entre la justicia de Dios y su amor. ¿Cómo respondería a esa acusación?
- ¿Qué ha aprendido del estudio de la bondad de Dios acerca de sus propias responsabilidades morales?

6 William G. T. Shedd, *Dogmatic Theology* [Teología dogmática] (Grand Rapids: Zondervan, 1971), 1:377–78.

11

Tres Personas en un Solo Dios: *La Trinidad*

Objetivos del Capítulo

Una vez estudiado este capítulo, el lector es capaz de:

1. Entender y explicar la enseñanza bíblica sobre la Trinidad en tres aspectos: la unidad de Dios, la deidad en tres personas y las tres personas en una unidad.
2. Enumerar y explicar las construcciones históricas de la Trinidad, tales como el punto de vista "económico", el monarquianismo dinámico, el monarquianismo modalista y el punto de vista ortodoxo.
3. Explicar el debate entre los evangélicos y los que tienen una perspectiva progresiva acerca de la autoridad dentro de la Trinidad y aquellos que afirman una autoridad equivalente.
4. Describir los elementos esenciales de la doctrina de la Trinidad y explicar por qué son tan importantes para la fe cristiana.
5. Articular las distintas analogías utilizadas para describir o explicar la doctrina de la Trinidad.

Estructura del Capítulo

La Enseñanza Bíblica

- La Unidad de Dios
- La Deidad en Tres Personas
- Tres Personas en una Unidad

Construcciones Históricas

- El Punto de Vista "Económico" de la Trinidad
- Monarquianismo Dinámico
- Monarquianismo Modalista
- La Formulación Ortodoxa

Autoridad Relativa de las Tres Personas

Elementos Esenciales de una Doctrina de la Trinidad

La Búsqueda de Analogías

Resumen del Capítulo

La Biblia no enseña explícitamente el punto de vista sobre la trinidad de Dios, pero las enseñanzas de que Dios es uno y que hay tres personas que son Dios conducen claramente a este punto de vista. Se han hecho muchos intentos para entender esta doctrina, algunos de los cuales han ocasionado distorsiones de esta profunda verdad. Aunque es posible que nunca comprendamos por completo esta difícil doctrina, existen analogías que pueden ayudarnos a comprenderla de una manera más completa.

En la doctrina de la Trinidad, encontramos una de las auténticas doctrinas distintivas del cristianismo. Entre todas las religiones del mundo, la fe cristiana es la única en afirmar que hay un solo Dios, aunque hay tres personas que son Dios. Aunque parece ser una doctrina contradictoria y no ha sido expuesta de una manera directa o explícita en las Escrituras, ha guiado a las mentes devotas, ya que han intentado que se haga justicia al testimonio de las Escrituras.

La doctrina de la Trinidad es fundamental para el cristianismo. Se ocupa de saber quién es Dios, cómo es, cómo obra y cómo debemos acercarnos a él. Además, la cuestión de la deidad de Jesucristo, que ha sido históricamente un punto de gran tensión, se relaciona mucho con nuestra idea de la Trinidad.

La postura que tomemos sobre la Trinidad también responderá algunas preguntas de naturaleza práctica. ¿A quién tenemos que alabar, solo al Padre, al Hijo, al Espíritu Santo o al Dios trino? ¿A quién tenemos que orar? ¿Debemos considerar la obra de cada uno de ellos de forma aislada o tenemos que pensar que la muerte expiatoria de Jesús también es en cierta manera obra del Padre?

> *La fe cristiana es la única que afirma que hay un solo Dios, aunque hay tres personas que son Dios.*

¿Se debe pensar que el Hijo es igual en esencia al Padre o se le debe relegar a una condición que es un poco inferior?

Comenzaremos nuestro estudio de la Trinidad analizando la base bíblica de la doctrina, ya que esto es fundamental para todo lo demás que hacemos aquí. Luego analizaremos varios intentos de tratar con la información bíblica, incluida la formulación ortodoxa. Finalmente, tendremos en cuenta los elementos esenciales de la doctrina y buscaremos analogías que nos ayuden a comprenderla un poco mejor.

La Enseñanza Bíblica

Hay tres tipos de evidencias que están separadas, pero que se relacionan entre sí: evidencias de la unidad de Dios, que hay un solo Dios; evidencia de que hay tres personas que son Dios; y finalmente, señales o al menos indicios de que las tres personas son una sola.

La Unidad de Dios

La religión de los antiguos hebreos consistía en una fe estrictamente monoteísta, como lo es sin duda la religión judía en la actualidad. La unidad de Dios fue revelada a Israel en distintos momentos y de diferentes maneras. Los diez mandamientos, por ejemplo, empiezan con la declaración: "Yo soy Jehová, tu Dios, que te saqué de la tierra de Egipto, de casa de servidumbre. No tendrás dioses ajenos delante de mí" (Ex 20:2-3).

La prohibición de idolatría, el segundo mandamiento (v. 4) también se basa en la característica de que Jehová es único. No tolerará que se adore a ningún objeto construido por el hombre, porque solo él es Dios. El rechazo del politeísmo se puede ver en todo el Antiguo Testamento. Dios demuestra varias veces su superioridad frente a otros que reclamaban ser dioses.

Un indicio más claro de la unidad de Dios es el Shemá de Deuteronomio 6, cuyas grandes verdades se ordenó que el pueblo de Israel aprendiera y que se las inculcara a sus hijos. Tenían que meditar sobre estas enseñanzas ("Estas palabras... estarán sobre tu corazón", v. 6). Tenían que hablar de ellas en casa y por el camino, al acostarse y al levantarse (v. 7). Tenían que utilizar señales visuales para llamar la atención sobre ellas: atarlas en la mano, ponerlas como frontales entre los ojos, escribirlas en los postes de las casas y en las puertas (vv. 8-9). Una de estas grandes verdades es una afirmación declarativa e indicativa: "Jehová, nuestro Dios, Jehová uno es" (v. 4). La segunda gran verdad que Dios quería que aprenda y enseñe el pueblo de Israel es un mandamiento que se basa en ese carácter especial: "Amarás a Jehová, tu Dios, de todo tu corazón, de toda tu alma y con todas tus fuerzas" (v. 5). Como él es uno, no tenía que haber ninguna división en el compromiso de Israel.

La enseñanza sobre la unidad de Dios no solo se enseña en el Antiguo Testamento. Santiago 2:19 elogia la creencia en un único Dios, aunque señala que esto no es suficiente para la justificación. Pablo escribió lo siguiente cuando hablaba sobre comer la carne que se había ofrecido a los ídolos: "Sabemos que un ídolo nada es en el mundo, y que no hay más que un Dios [...] el Padre, del cual proceden todas las cosas, y nosotros somos para él; y un Señor, Jesucristo, por medio del cual son todas las cosas, y nosotros por medio de él" (1 Co 8:4, 6). Aquí Pablo, al igual que la ley mosaica, excluye la idolatría basándose en que solo hay un Dios.

La Deidad en Tres Personas

Toda esta evidencia, por sí sola, nos conduce sin duda a una creencia que es básicamente monoteísta. Entonces ¿qué fue lo que motivó a la iglesia a ir más allá de esta evidencia? Fue el testimonio bíblico adicional al resultado de que tres personas son Dios. La deidad del primero, el Padre, no es muy cuestionada. Además de las referencias en 1 Corintios 8:4, 6 y 1 Timoteo 2:5-6, podemos darnos cuenta de los casos en

donde Jesús se refiere al Padre como Dios. Por ejemplo, en Mateo 6:26, indica que "vuestro Padre celestial las alimenta [las aves del cielo]". En una frase paralela que aparece poco después indica que "Dios viste la hierba del campo" (v. 30). Está claro que, para Jesús, "Dios" y "vuestro Padre celestial" son expresiones intercambiables. Y en muchas otras referencias a Dios, Jesús obviamente toma en cuenta al Padre (p. ej., MT 19:23-26; 27:46; Marcos 12:17, 24-27).

La condición de Jesús como deidad es un poco más problemática. Sin embargo, las Escrituras también lo identifican como Dios. Una referencia fundamental a la deidad de Jesucristo la encontramos en Filipenses 2. En los versículos 5 al 11 Pablo toma lo que con toda seguridad era un himno de la iglesia antigua y lo utiliza como base para pedir a sus lectores que practiquen la humildad. Habla de Jesucristo.

"Él, siendo en forma de Dios, no estimó
el ser igual a Dios como cosa
a que aferrarse" (v. 6 NVI)

La palabra que se traduce como "forma" es morphē. Este término en griego clásico y en griego bíblico significa "el conjunto de características que hacen que una cosa sea como es". Se refiere a la naturaleza genuina de una cosa.

Otro pasaje significativo es Hebreos 1. El autor, cuya identidad no conocemos, está escribiendo a un grupo de cristianos hebreos. Él (o ella) hace varias declaraciones que implican con firmeza la completa deidad del Hijo. En los primeros versículos, cuando el autor argumenta que el Hijo es superior a los ángeles, señala que Dios ha hablado a través del Hijo, le ha constituido como heredero de todas las cosas, y dice que ha hecho el universo por medio de él (v. 2). Luego, el autor en el versículo 3 describe al Hijo como el "resplandor de la gloria de Dios" y la "imagen misma de su sustancia". Aunque quizás se puede sostener que esto afirma solo que Dios se reveló a sí mismo a través del Hijo, en lugar de que el Hijo *es Dios*, el contexto sugiere lo contrario. Además de identificarse como el Padre de alguien a quien llama Hijo (v. 5), se cita a Dios en el versículo 8 (de Sal 45:6) llamando "Dios" al Hijo y en el versículo 10 como "Señor" (de Sal 102:25). El escritor concluye señalando que Dios le dijo al Hijo: "Siéntate a mi diestra" (Sal 110:1). Es importante destacar que el escritor bíblico se dirige a los cristianos hebreos, que seguramente estarían inmersos en el monoteísmo, de una manera que reafirmará de forma innegable la deidad de Jesús y su igualdad con el Padre.

Una consideración final es el concepto que Jesús tenía de sí mismo. Debemos tener en cuenta que Jesús nunca afirmó directamente su deidad. Él nunca dijo simplemente: "Soy Dios". Sin embargo, varias evidencias sugieren que esto es lo que en realidad pensaba de sí mismo. Afirmaba poseer lo que solo le pertenece a Dios. Habló de los ángeles de Dios (Lucas 12:8-9; 15:10) como sus ángeles (MT 13:41). Consideraba el reino de Dios (MT 12:28; 19:14, 24; 21:31, 43) y los elegidos de Dios (Marcos 13:20) como suyos. Además, decía tener potestad para perdonar los pecados (Marcos 2:8-10). Los judíos reconocían que solo Dios podía perdonar los pecados y, por lo tanto, acusaron a Jesús de blasfemia. También se le atribuía el poder de juzgar al mundo (MT 25:31-33) y de reinar sobre él (MT 24:30; Marcos 14:62).

También hay referencias bíblicas que identifican al Espíritu Santo con Dios. Aquí podemos ver que hay pasajes donde las referencias al Espíritu Santo aparecen de forma intercambiable con las referencias a Dios. Un ejemplo es Hechos 5:3-4. Ananías y Safira retuvieron una parte de las ganancias de la venta de su propiedad, mintiendo sobre lo que pusieron como totalidad a los pies de los apóstoles. Aquí, mentirle al Espíritu Santo (v. 3) se iguala con mentirle a Dios (v. 4). También se describe que el Espíritu Santo tiene las cualidades y realiza las obras de Dios. El Espíritu

Santo convence a las personas de pecado, de justicia y de juicio (Juan 16:8-11) y regenera o da nueva vida (Juan 3:8). En 1 Corintios 12:4-11, leemos que el Espíritu es el que concede dones a la iglesia y el que decide soberanamente quién los recibe. Además, recibe el honor y la gloria reservada para Dios. La blasfemia contra él es una ofensa muy grave (Marcos 3:29).

En 1 Corintios 3:16-17, Pablo les recuerda a los creyentes que ellos son el templo de Dios y que su Espíritu mora dentro de ellos. En el capítulo 6, dice que sus cuerpos son un templo del Espíritu Santo dentro de ellos (vv. 19-20). Parece que "Dios" y "Espíritu Santo" son expresiones intercambiables. También en varios lugares se coloca al Espíritu Santo a la misma altura de Dios. Un ejemplo es la fórmula bautismal de Mateo 28:19; un segundo ejemplo es la bendición paulina en 2 Corintios 13:14. Finalmente, en 1 Pedro 1:2, Pedro se dirige a sus lectores como "elegidos según la presciencia de Dios Padre en santificación del Espíritu, para obedecer y ser rociados con la sangre de Jesucristo".

Tres Personas en Una Unidad

A simple vista, estas dos pruebas, la unidad y la trinidad de Dios, parecen contradictorias. Cuando la iglesia comenzó a reflexionar sobre la cuestiones doctrinales, concluyó que Dios debe entenderse como tres en uno o, en otras palabras, trino. En este punto debemos preguntarnos si se enseña esta doctrina de una manera explícita en la Biblia, si las Escrituras la sugieren o es simplemente una deducción que procede de otras enseñanzas de la Biblia.

Un texto al que se ha hecho referencia tradicionalmente para documentar la Trinidad es 1 Juan 5:7, es decir, de la manera como se encuentra en versiones anteriores como la versión RVR1960: "Porque tres son los que dan testimonio en los cielos, el Padre, el Verbo, y el Espíritu Santo: y estos tres son uno". Aquí nos encontramos, al parecer, ante una declaración clara y breve de las tres personas en una unidad. Sin embargo, desafortunadamente, la base textual es tan débil que algunas traducciones recientes (p. ej., NVI) incluyen esta declaración solo en una nota al pie de página y en cursiva (para el v. 8), y otras la omiten por completo (p. ej., RSV). Si existe una base bíblica para las tres personas en una unidad, tenemos que buscarla en otra parte.

La forma plural para el nombre de Dios de Israel, *'elohim*, se considera a veces un indicio de la perspectiva de la trinidad. Este es un nombre genérico que se usa para referirse también a otros dioses. Cuando se usa para referirse al Dios de Israel, generalmente, aunque no siempre, se encuentra en plural. Algunos argumentarían que aquí hay una señal de la naturaleza plural de Dios.

También hay otras formas en plural. En Génesis 1:26, Dios dijo: "Hagamos al hombre a nuestra imagen". Aquí el plural aparece tanto en el verbo "hagamos" como en el pronombre posesivo "nuestra". Cuando Isaías fue llamado, oyo qué el Señor decía: "¿A quién enviaré, y quién irá por nosotros?" (Is 6:8). Lo que es importante desde el punto de vista del análisis lógico es el cambio del singular al plural. Génesis 1:26 en realidad dice: "Entonces dijo Dios [singular]: Hagamos [plural] al hombre a nuestra [plural] imagen". Se cita a Dios usando un verbo en plural para referirse a sí mismo. De la misma manera, Isaías 6:8 dice: "¿A quién enviaré [singular], y quién irá por nosotros [plural]?".

La enseñanza sobre la imagen de Dios en la humanidad también se ha considerado como un indicio de la Trinidad. Génesis 1:27 dice:

> Y Dios creó al ser humano a su imagen;
> lo creó a imagen de Dios.
> Hombre y mujer los creó.
> (NVI)

Algunos podrían argumentar que lo que tenemos aquí es un paralelismo, no solo en las dos primeras líneas, sino en las tres líneas. Por lo tanto, "hombre y mujer los creó" equivale a "Y creó Dios al hombre a su imagen" y "a imagen de Dios lo creó". Según esto, la imagen de Dios en el hombre (genérico) se encuentra en el hecho de que el hombre ha sido creado hombre y mujer (*i. e.*, plural)[1]. Esto significa que la imagen de Dios consiste en una unidad en la pluralidad, una característica de la copia y del arquetipo. Según Génesis 2:24, el hombre y la mujer serán uno (*'ehad*); está implicito una unión de dos entidades separadas. Es importante destacar que esta misma palabra se usa para Dios en el Shemá: "Jehová nuestro Dios, Jehová uno es [*'ehad*]" (Dt 6:4). Al parecer, aquí se afirma algo sobre la naturaleza de Dios: es un organismo, es decir, una unidad con distintas partes.

En muchas partes de las Escrituras, las tres personas están vinculadas en una unidad y una aparente igualdad. Una de ellas es la fórmula bautismal que se dicta en la Gran Comisión (MT 28:19-20): bautizándolos en el nombre del Padre, y del Hijo, y del Espíritu Santo. Tengamos en cuenta que "nombre" está en singular aunque se incluye a las tres personas. También existe otra vinculación directa de los tres nombres en una unidad y aparente igualdad en la bendición paulina en 2 Corintios 13:14: "La gracia del Señor Jesucristo, el amor de Dios, y la comunión del Espíritu Santo sean con todos vosotros". En el cuarto evangelio encontramos las evidencias más importantes de la igualdad de las personas de la Trinidad. La fórmula trinitaria aparece varias veces: 1:33-34; 14:16, 26; 15:26; 16:7, 13-15; 20:21-22 (cf. 1 Juan 4:2, 13-14). La dinámica interna entre las tres personas se manifiesta varias veces[2]. El

---

1 Paul King Jewett, *Man as Male and Female* [El hombre como varón y hembra] (Grand Rapids: Eerdmans, 1975), 33–40, 43–48; Karl Barth, *Church Dogmatics III/1* [Dogmática eclesial III/1] (Edinburgh: T&T Clark, 1958), 183–201.

2 George S. Hendry, *The Holy Spirit in Christian Theology* [El Espíritu Santo en la teología cristiana] (Filadelfia: Westminster, 1956), 31.

Hijo es enviado por el Padre (14:24) y procede de él (16:28). El Espíritu es dado por el Padre (14:16), es enviado del Padre (14:26), y procede del Padre (15:26). Sin embargo, el Hijo está muy involucrado en la venida del Espíritu: ora por su venida (14:16); el Padre envía el Espíritu en el nombre del Hijo (14:26); el Hijo enviará el Espíritu del Padre (15:26); el Hijo debe irse para que pueda enviar el Espíritu (16:7). El ministerio del Espíritu se entiende como una continuación y preparación del Hijo. Él les recordará lo que el Hijo ha dicho (14:26); dará testimonio del Hijo (15:26); hablará todo que oiga del Hijo, glorificando así al Hijo (16:13-14).

El prólogo del evangelio también contiene un material rico en cuanto al significado para la doctrina de la Trinidad. Juan dijo en el primer versículo del libro: "El Verbo estaba con Dios, y el Verbo era Dios". Aquí hay un indicio de la divinidad de la Palabra. Aquí también encontramos la idea de que aunque el Hijo es distinto del Padre, hay comunión entre ellos, ya que la preposición *pros* ("con") no solo connota la proximidad física al Padre, sino también de intimidad y comunión.

Este evangelio destaca la cercanía y la unidad entre el Padre y el Hijo de otras maneras. Jesús dijo: "Yo y el Padre uno somos" (Juan 10:30), y "El que me ha visto a mí, ha visto al Padre" (14:9). Ora para que sus discípulos sean uno como él, y que él y el Padre sean uno (17:21).

Nuestra conclusión de la información que acabamos de analizar es que aunque la doctrina de la Trinidad no se afirma de una manera explícita, las Escrituras, sobre todo el Nuevo Testamento, contienen tantas sugerencias sobre la deidad y la unidad de las tres personas que podemos entender por qué la iglesia formuló la doctrina y concluimos que tenían razón al hacerlo.

Construcciones Históricas

Durante los dos primeros siglos d. C hubo relativamente pocos intentos deliberados de tratar los temas teológicos y filosóficos de lo que ahora llamamos la doctrina de la Trinidad. Los pensadores como Justino y Taciano enfatizaron la unidad de la esencia entre la Palabra y el Padre y utilizan la imagen de la imposibilidad de separar la luz de su fuente, el sol. De esta manera, ilustraron que, aunque la Palabra y el Padre son diferentes, no son divisibles ni separables[3].

El Punto de Vista "Económico" de la Trinidad

Hipólito y Tertuliano hicieron pocos intentos por explorar las relaciones eternas entre los tres; más bien, se concentraron en las formas en que la tríada se manifestaba en la creación y la redención. A esto a veces se le denomina la Trinidad "económica" (cómo aparece Dios en la revelación), versus la Trinidad "inmanente" (cómo es él en sí mismo). Aunque la creación y la redención mostraban que el Hijo y el Espíritu eran distintos del Padre, también se consideraba que estaban unidos inseparablemente a él en su ser eterno. Al igual que las funciones mentales de un ser humano, la razón de Dios, es decir, la Palabra, se consideraba que estaba unida de forma inmanente e indivisible con él.

En un análisis rápido, notamos que hay algo de vaguedad en este punto de vista de la Trinidad. Cualquier esfuerzo por llegar a una comprensión más exacta de lo que significa resultará decepcionante.

Monarquianismo Dinámico

A fines del segundo y tercer siglo, se hicieron dos intentos para formular una definición precisa de la relación entre Cristo y Dios. A ambos puntos de vista se les ha denominado monarquianismo (literalmente, "soberanía única"), ya que destacan la singularidad y la unidad de Dios, pero solo la unidad afirma esa designación para sí mismo.

3 Justino Mártir, *Dialogue with Trypho* [Diálogo con Trifón] 61.2; 128.3.

El monarquianismo dinámico sostenía que Dios estaba dinámicamente presente en la vida del hombre Jesús. Había una obra o una fuerza de Dios sobre o a través del hombre Jesús, pero no había una presencia real sustantiva de Dios dentro de él. El creador del monarquianismo dinámico, Teodoto, afirmó que antes del bautismo Jesús era un hombre normal, aunque completamente virtuoso. En el bautismo de Jesús, el Espíritu, o Cristo, descendió sobre él, y desde ese momento en adelante realizó obras milagrosas de Dios. El monarquianismo dinámico nunca fue un fenómeno extendido y popular[4].

Monarquianismo Modalista

Por el contrario, el monarquianismo modalista fue una enseñanza más influyente. Mientras que el monarquianismo dinámico parecía negar la doctrina de la Trinidad, el modalismo parecía afirmarla. Ambas variedades de monarquianismo deseaban preservar la doctrina de la unidad de Dios. Sin embargo, el modalismo también estaba fuertemente comprometido con la deidad total de Jesús. Debido a que el término "Padre" se consideraba generalmente como la expresión de la deidad misma, cualquier sugerencia de que la Palabra o el Hijo fueran de alguna manera diferentes al Padre les parecía a los modalistas que era un caso de biteísmo, la creencia en dos dioses.

La idea esencial de esta escuela de pensamiento es que hay una deidad que se puede designar con nombre distintos: Padre, Hijo o Espíritu. Los términos no representan distinciones reales, sino que son simplemente nombres apropiados y que se le atribuyen en diferentes momentos. El Padre, el Hijo y el Espíritu Santo son idénticos:

son revelaciones sucesivas de la misma persona. La solución modalista a la paradoja de las tres personas y la unidad era que había una sola persona, no tres, con tres nombres, actividades o roles distintos[5].

El monarquianismo modalista fue una concepción genuinamente única, original y creativa, y en cierto modo un avance brillante. Se preservaba tanto la unidad de la deidad como la deidad de los tres: Padre, Hijo y Espíritu Santo. Sin embargo, la iglesia al evaluar esta teología la consideró deficiente en algunos aspectos significativos. En especial, el hecho de que a veces los tres aparezcan de forma simultánea en el escenario de la revelación bíblica demostró ser un gran obstáculo para este punto de vista. La escena del bautismo, cuando el Padre habla al Hijo, y el Espíritu desciende sobre el Hijo, es un ejemplo, junto con todos aquellos pasajes donde Jesús habla de la venida del Espíritu, o habla del Padre o con él.

La Formulación Ortodoxa

La doctrina ortodoxa de la Trinidad se expuso en una serie de debates y concilios que se generaron en gran parte debido a las controversias provocadas por movimientos como el monarquianismo y el arrianismo. El Concilio de Constantinopla (381) formuló una declaración definitiva en la que la iglesia hizo explícitas las creencias que antes estaban implícitas. La opinión que prevaleció fue básicamente la de Atanasio (293-373), elaborada y mejorada por los teólogos de Capadocia: Basilio, Gregorio de Nacianceno y Gregorio de Nisa.

La fórmula que expresa la posición de Constantinopla es "una *ousia* [sustancia] en tres *hipóstasis* [personas]". Parece que el énfasis suele estar más en la última parte de la fórmula, es decir, en la existencia separada de las tres personas, más que en la única deidad indivisible.

4 Atanasio, *On the Decrees of the Nicene Synod* (Defense of the Nicene Council) [Sobre los decretos del Sínodo de Nicea (Defensa del concilio de Nicea)] 5.24; *On the Councils of Ariminum and Seleucia* 2.26 [Sobre los concilios de Ariminum y Seleucia 2,26]; *Eusebio, Ecclesiastical History* 7.30 [Historia Eclesiástica 7.30].

5 Atanasio, *Four Discourses against the Arians* 3.23.4 [Cuatro discursos contra los arrianos 3.23.4].

La deidad única existe de forma simultánea en tres modos de ser o hipóstasis. La deidad existe "indivisible en personas divididas". Hay una "identidad de naturaleza" en las tres hipóstasis.

Los capadocios intentaron exponer los conceptos de la sustancia común y las personas múltiples separadas mediante la analogía de un universal y sus particulares: las personas individuales de la Trinidad están relacionadas con la sustancia divina de la misma manera que los humanos individuales se relacionan con el humano universal (o la humanidad). Cada una de las hipóstasis individuales es la *ousia* de la deidad que se diferencia por sus propias características o propiedades, así como los humanos individuales tienen características únicas que los diferencian de otros humanos individuales. Estas propiedades respectivas de las personas divinas son, según Basilio, la paternidad, la filiación y el poder santificador o santificación[6].

Está claro que la fórmula ortodoxa protege la doctrina de la Trinidad contra el peligro del modalismo. Sin embargo, ¿lo ha hecho a costa de caer en el error contrario, el triteísmo? A simple vista, parece que existe un gran peligro, pero se hicieron dos cosas para salvaguardar la doctrina de la Trinidad contra el triteísmo.

En primer lugar, se señaló que si podemos encontrar una única actividad del Padre, del Hijo y del Espíritu Santo que no sea diferente en ninguna de las tres personas, debemos concluir que hay una única sustancia idéntica que está involucrada. Y esta unidad se encontraba en la actividad divina de la revelación. La revelación se origina en el Padre, continúa a través del Hijo y se completa con el Espíritu. No son tres acciones, sino una sola acción en donde las tres están involucradas.

En segundo lugar, se insistió en lo concreto y lo indivisible de la sustancia divina. Gran parte de la crítica de la doctrina de los capadocios

acerca de la Trinidad se centró en la analogía de un universal que se manifiesta en los particulares. Para evitar la conclusión de que hay una multiplicidad de dioses dentro de la deidad, así como hay una multiplicidad de seres humanos dentro de la humanidad, Gregorio de Nisa sugirió que, estrictamente hablando, no deberíamos hablar de una multiplicidad de seres humanos, sino de una multiplicidad de un ser humano universal. Por lo tanto, los capadocios siguieron enfatizando que, aunque las tres personas de la Trinidad se pueden distinguir numéricamente como personas, no se pueden distinguir en su esencia o sustancia. Se pueden distinguir como personas, pero son solo una e inseparable en su esencia.

Cabe señalar aquí que ousia no es una realidad abstracta, sino una realidad concreta. Además, esta esencia divina es simple e indivisible. Siguiendo la doctrina aristotélica de que solo lo que es material es cuantitativamente divisible, los capadocios a veces negaban prácticamente que la categoría numérica se pudiera aplicar a la deidad. Dios es simple e incompuesto. Por lo tanto, aunque cada una de las personas es una, no se pueden sumar para que formen tres entidades.

Autoridad Relativa de las Tres Personas

Un tema que ha sido muy debatido por los evangélicos a principios del siglo XXI es la autoridad relativa de las tres personas de la Trinidad. Una postura, a la que me refiero como *autoridad gradual*, sostiene que en esencia o ser, en lo que son, las tres personas son completamente iguales. Sin embargo, los defensores de este punto de vista sostienen que el Padre es el miembro supremo de la Trinidad, y que el Hijo y el Espíritu Santo están subordinados a él de una manera eterna e inherente. Discrepan respecto a los roles que desempeñan, y estos roles a su vez se basan en las diferencias de relación que existen entre los tres. Respecto a la autoridad, hay grados,

---

6 Basilio, *Letters* 38.5; 214.4; 236.6 [Cartas 38.5; 214.4; 236.6].

y esta diferenciación es eterna e inherente a la Trinidad.

El apoyo a la postura gradual incluye partes en las Escrituras que sugieren que el Padre es quien decide, como la predestinación (Ro 8:29); el Padre envió al Hijo a la tierra (Juan 3:16; 8:29); el Padre se sienta en el trono y el Hijo está a su diestra (MT 26:64; Hechos 2:33). Esta autoridad y subordinación no solo estuvo presente en la eternidad pasada, sino que también continuará en la eternidad venidera (1 Co 15:24-28). Los mismos nombres "Padre" e "Hijo" indican una diferenciación de estatus, en la que, al igual que en las relaciones humanas, el Padre manda y el Hijo obedece[7]. Los gradacionistas también creen que la historia de la teología apoya bastante la idea de que esta estructura de mando y obediencia está presente en la Trinidad.

Finalmente, aunque los gradacionistas no lo identifican de esa manera, importantes principios filosóficos lo imponen. Sin esta diferenciación de roles y, por lo tanto, de autoridad, no existiría una base para diferenciar a las personas entre sí, y la Trinidad misma colapsaría en simplemente una persona A, persona A y persona A[8]. Algunos gradacionistas también sostienen que una comprensión correcta de estas relaciones implica una cierta manera de orar: al Padre, en el nombre del Hijo, por el poder del Espíritu[9].

El otro punto de vista, el de la autoridad equivalente, argumenta que la subordinación funcional del Hijo al Padre, y del Espíritu Santo tanto al Padre como al Hijo, fue solo temporal, con el propósito de cumplir las tareas especiales que el Hijo asumió durante su ministerio terrenal y que el Espíritu cumple en relación con la salvación. Los textos como Filipenses 2:5-11 y Hebreos 5:8 afirman que al encarnarse, Jesús renunció a su igualdad con el Padre y se hizo obediente, o aprendió a ser obediente. También cuestionan el significado de los términos "Padre" e "Hijo", afirmando que la filiación se usó en las Escrituras para denotar semejanza, no subordinación, y señalaron que estos no son los únicos nombres que se usan para las personas de la Trinidad, y que el orden en que se enumeran no es invariable. Al igual que los gradacionistas, los defensores de la autoridad equivalente afirman que la historia de la iglesia respalda su punto de vista sobre la igualdad de autoridad de los tres[10]. Más allá de eso, sostienen que la distinción que hacen los gradacionistas entre la función y el ser no se puede mantener: si uno es siempre y necesariamente autoritario sobre el otro, entonces la diferencia se debe extender desde la función al ser[11].

También es interesante observar que muchas de las funciones del Padre que los gradacionistas consideran un indicio de su superioridad también se atribuyen al Hijo y en algunos casos también al Espíritu Santo. El Hijo escoge a las personas para la salvación (MT 11:27; Juan 5:21) así como para el servicio (Juan 6:70), y el Espíritu escoge a quién dar qué dones (1 Co 12:11). Tanto el Padre (Juan 14:16, 26) como el Hijo (Juan 15:26; 16:7) envían el Espíritu Santo. El creyente es habitado por el Espíritu (Juan 14:27), el Hijo (2 Co 13:5), y posiblemente incluso el Padre (Juan 14:23; 1 Co 3:16). Tanto el Hijo como el Padre dan vida (Juan 5:21), al

---

7 Wayne Grudem, *Evangelical Feminism and Biblical Truth: An Analysis of More Than 100 Disputed Questions* [Feminismo evangélico y verdad bíblica: un análisis de más de cien cuestiones en disputa] (Sisters, Oregón: Multnomah, 2004), 413.

8 *Ibid.*, 433.

9 Bruce Ware, *Father, Son, and Holy Spirit: Relationships, Roles, and Relevance* [Padre, Hijo y Espíritu Santo: relaciones, roles y relevancia] (Wheaton: Crossway, 2005), 18.

10 Kevin *Giles, Jesus and the Father: Modern Evangelicals Reinvent the Doctrine of the Trinity* [Jesús y el Padre: los evangélicos modernos reinventan la doctrina de la Trinidad] (Grand Rapids: Zondervan, 2006).

11 Thomas H. McCall, *Which Trinity? Whose Monotheism? Philosophical and Systematic Theologians on the Metaphysics of Trinitarian Theology* [¿Cuál Trinidad? ¿El monoteísmo de quién? Teólogos filosóficos y sistemáticos sobre la metafísica de la teología trinitaria] (Grand Rapids: Eerdmans, 2010), 179–83.

igual que el Espíritu (Juan 6:63).

Un problema práctico es la oración. La realidad es que hay oraciones en el Nuevo Testamento dirigidas al Hijo (Hechos 7:59-60; 2 Co 12:8-9; Ap 22:20). Estas parecen ser oraciones genuinas, y Dios no las desaprobó de ninguna manera. Si la oración al Padre solo se encuentra implícita en el punto de vista gradacionista, entonces, de manera implícita, la legitimidad de estas oraciones implica la falsedad del punto de vista gradacionista. Mientras que algunos gradacionistas no restringen tanto la oración, pueden ser incoherentes, porque si el Hijo vino la primera vez en obediencia a la voluntad exclusiva del Padre, entonces parece incoherente orar al Hijo para que venga una segunda vez.

El problema filosófico de la distinción entre la esencia idéntica y los roles que no son iguales es más grave. Si la autoridad del Padre sobre el Hijo y el Espíritu y la subordinación del Hijo y del Espíritu al Padre es parte de la estructura misma de la Trinidad, como no podía ser de otra manera, entonces esta superioridad y subordinación no son características posibles, sino necesarias de cada una de las personas. Eso significa que no son cualidades accidentales, sino esenciales, y la esencia del Hijo es diferente e inferior a la del Padre. En otras palabras, las diferencias invariables e inevitables en la autoridad implican una subordinación tanto ontológica como funcional.

Por lo tanto, la postura que defiende tanto Agustín[12] como Calvino[13] parece ser la más útil: las acciones de cualquiera de las personas de la Trinidad son, en realidad, acciones en las que participan las tres personas. Esto puede significar que la voluntad del Padre que el Hijo vino a hacer era, en realidad, la voluntad de las tres personas, y que el Hijo participó en la

decisión de que él sería el que tenía que venir.

Además de las consideraciones bíblicas e históricas, el punto de vista gradacionista presenta suficientes dificultades que hacen que sea menos adecuado que el punto de vista de la autoridad equivalente. Por lo tanto, parece que lo mejor es mantener la autoridad igual y eterna de las tres personas[14].

Elementos Esenciales de una Doctrina de la Trinidad

Es importante hacer una pausa aquí para señalar los elementos destacados que deben incluirse en cualquier doctrina de la Trinidad.

1. La unidad de Dios es básica. Dios es uno, no varios. La unidad de Dios se puede comparar con la unidad de un marido y una esposa, pero debemos tener en cuenta que estamos tratando con un Dios, no con la unión de entidades separadas.

2. Se debe afirmar la deidad de cada una de las tres personas, Padre, Hijo y Espíritu Santo. Cada una de ellas es cualitativamente igual. El Hijo es divino de la misma manera y en la misma medida que el Padre, y esto también ocurre en el Espíritu Santo.

3. Dios no es tres en el mismo sentido en que es uno. Aunque la interpretación ortodoxa de la Trinidad parece contradictoria (Dios es uno y, sin embargo, es tres), la contradicción no es real, sino que es aparente. Existe una contradicción si algo es a y no es a al mismo tiempo y en el mismo sentido. La ortodoxia insiste en que Dios es tres personas en cada momento del tiempo, pero que la manera en que Dios es tres es en cierto modo diferente de la manera en que es uno.

4. La Trinidad es eterna. Siempre ha habido

---

12 Agustín, *On the Trinity* 1.9.19 [Sobre la Trinidad 1.9.19].

13 Juan Calvino, *Institutes of the Christian Religion* [Institución de la religión cristiana], ed. John T. McNeill, trad. Ford Lewis Battles (Filadelfia: Westminster, 1960), 2.12.2

14 Para un análisis más completo del debate ver *Who's Tampering with the Trinity? An Assessment of the Subordination Debate* [¿Quién está manipulando la Trinidad? Un análisis del debate sobre la subordinación] (Grand Rapids: Kregel, 2009).

tres, Padre, Hijo y Espíritu Santo, y todos ellos siempre han sido divinos. Ninguno de ellos llegó a existir en algún momento, o en algún momento se volvió divino. El Dios Trino es y será lo que siempre ha sido.

5. La función de un miembro de la Trinidad puede estar subordinada por un tiempo a uno o a ambos de los otros miembros, pero eso no significa que sea de ninguna manera inferior en esencia. Cada una de las tres personas de la Trinidad ha tenido, durante un período de tiempo, una función particular y única para sí misma. Esto debe entenderse como un rol temporal con el objetivo de lograr un fin determinado, no un cambio en su estado o esencia. En la experiencia humana, también hay una subordinación funcional. Varias personas que son iguales en un negocio o empresa pueden elegir a uno de ellos para que se desempeñe como el jefe de un grupo de trabajo o presidente de un comité durante un tiempo determinado, pero sin ningún cambio de rango. De la misma manera, el Hijo no se hizo menos que el Padre durante su encarnación terrenal, sino que se subordinó funcionalmente a la voluntad del Padre. Asimismo, el Espíritu Santo ahora está subordinado al ministerio del Hijo (ver Juan 14-16) así como también a la voluntad del Padre, pero esto no implica que sea menor que ellos.

6. La Trinidad es incomprensible. No podemos entender completamente su misterio. Cuando algún día veamos a Dios, lo veremos tal como es y lo entenderemos mejor que ahora. Sin embargo, incluso así no lo comprenderemos totalmente.

La Búsqueda de Analogías

El problema al elaborar una declaración de la doctrina de la Trinidad no consiste en solo entender la terminología. Eso es bastante difícil en sí mismo. Por ejemplo, es difícil saber qué significa "persona" en este contexto. Comprender las relaciones entre los miembros de la Trinidad es aún mas difícil.

> *Algún día entenderemos a Dios mejor que ahora, pero incluso así no lo comprenderemos totalmente.*

La mente humana busca analogías que puedan ayudarnos en este esfuerzo.

A nivel popular, con frecuencia se han utilizado analogías extraídas de la naturaleza física. Una analogía muy utilizada, por ejemplo, es el huevo: consta de yema, clara y cáscara, los cuales juntos forman un huevo completo. Otra analogía favorita es el agua. Se puede encontrar en estado sólido, líquido y en forma de vapor. Un pastor, cuando enseñaba a los jóvenes catecúmenos, intentó aclarar la trinidad y la unidad planteando esta pregunta: "¿Los pantalones representan una unidad o más de una unidad?". Su respuesta fue que los pantalones representan una unidad en la parte superior y son más de una unidad en la parte inferior.

La mayoría de las analogías extraídas del ámbito físico tienden a ser triteistas o modalistas en sus implicaciones. Las analogías que incluyen el huevo y los pantalones parecen sugerir que el Padre, el Hijo y el Espíritu Santo son partes separadas de la naturaleza divina. La analogía que implica las diversas formas del agua tiene matices modalistas, ya que el hielo, el agua líquida y el vapor son formas de existencia. Una cantidad determinada de agua no existe simultáneamente en los tres estados.

Una de las mentes más creativas en la historia de la teología cristiana fue Agustín. En su obra De Trinitate, Agustín argumenta que, debido a que el ser humano está hecho a imagen del Dios Trino, es lógico que esperemos encontrar, a través de un análisis de la naturaleza humana, un reflejo, aunque sea débil, de la triunidad de Dios. Con esto en mente, analizaremos dos analogías extraídas del ámbito de la experiencia humana.

La primera analogía se extrae del ámbito de la psicología humana individual. Como persona consciente de sí misma, puedo mantener un diálogo interno conmigo mismo. Puedo tomar diferentes posturas e incluso participar en un debate conmigo mismo. Además, soy una persona humana compleja con múltiples funciones y responsabilidades que interactúan de forma dinámica entre sí. Mientras considero lo que debo hacer en una situación determinada, el esposo, el padre, el teólogo y el ciudadano estadounidense que juntos me constituyen pueden informarse mutuamente.

Un problema con esta analogía es que en la experiencia humana se ve más claramente en situaciones donde hay tensión o competencia, en lugar de armonía, entre las diversas posiciones y roles que desempeña el individuo. Pero en Dios, por el contrario, siempre hay una perfecta armonía, comunicación y amor.

La otra analogía es la que procede del ámbito de las relaciones humanas interpersonales. Tomemos el caso de los gemelos idénticos. En cierto sentido, tienen una misma esencia, ya que su composición genética es idéntica. Un trasplante de órganos de uno a otro se puede lograr con relativa facilidad, ya que el cuerpo del receptor no rechazará el órgano del donante como a un extraño. Los gemelos idénticos suelen tener intereses y gustos similares. Aunque tengan diferentes esposos o esposas y diferentes jefes, los une un fuerte vínculo. Sin embargo, no son la misma persona. Son dos, no uno.

Estas dos analogías enfatizan diferentes aspectos de la doctrina de la Trinidad. La primera pone mayor énfasis en la unidad. La última ilustra la Trinidad de una manera más clara. La doctrina de la Trinidad es un ingrediente fundamental de nuestra fe. Cada una de las tres personas debe ser adorada, como lo es el Dios Trino. Y, teniendo en cuenta

su labor distintiva, es adecuado hacer oraciones de agradecimiento y de petición a cada uno de los miembros de la Trinidad, así como a todos ellos en una forma colectiva. Además, el amor y la unidad, los cuales son perfectos dentro de la deidad nos presentan la unidad y el afecto que deben caracterizar las relaciones dentro del cuerpo de Cristo.

Parece que Tertuliano tenía razón al afirmar que la doctrina de la Trinidad debe ser divinamente revelada, no humanamente construida. Es tan absurdo desde el punto de vista humano que nadie la habría inventado. No sostenemos la doctrina de la Trinidad porque sea evidente o convincente de una manera lógica. La sostenemos porque Dios ha revelado que así es él. Como alguien ha dicho acerca de esta doctrina: Trata de explicarlo y perderás la cabeza, pero trata de negarlo y perderás tu alma.

Preguntas de Análisis y Reflexión

- ¿Cuál es la evidencia bíblica de la deidad en tres personas?
- ¿Cómo se pueden debatir los diversos puntos de vista históricos de la Trinidad?
- ¿Cuáles son los elementos esenciales de la doctrina de la Trinidad? ¿Cómo estos ayudan a entender y a profundizar nuestra fe?
- ¿Qué aportan las analogías a nuestra comprensión?
- ¿Qué nos enseña un estudio de la interacción entre los miembros del Dios Trino acerca de cómo debemos relacionarnos unos con otros?

El Plan de Dios

12

Objetivos del Capítulo

Una vez completado este capítulo, el lector es capaz de:

1. Reconocer la terminología clave del plan de Dios y cómo definir esos términos.
2. Explicar la enseñanza bíblica sobre el plan de Dios tanto del Nuevo como del Antiguo Testamento.
3. Identificar y describir algunas características generales del plan de Dios.
4. Desarrollar una prioridad lógica del plan de Dios o de la acción humana analizando las perspectivas históricas del calvinismo y el arminianismo.
5. Describir un modelo moderadamente calvinista del plan de Dios e indicar por qué tiene más base bíblica que la perspectiva arminiana.
6. Inspirar en otros la confianza de la obra de Dios en la historia y su efecto en aquellos que creen en Cristo.

Resumen del Capítulo

Dios tiene un plan definido para la historia. Existen al menos nueve conclusiones que se pueden sacar de las referencias bíblicas sobre el plan de Dios. El calvinismo y el arminianismo plantean soluciones diferentes al problema de si el plan de Dios o la acción humana es lógicamente anterior. A partir de nuestro análisis, concluimos que una posición moderadamente calvinista es la que se basa más en la Biblia. Finalmente, hay una variedad de perspectivas sobre la historia, pero el punto de vista bíblico postula que Dios guía la historia hacia su objetivo y que podemos estar seguros de que si nos alineamos a su propósito nos dirigiremos a un resultado asegurado de la historia.

Estructura del Capítulo

Definiciones Clave

La Enseñanza Bíblica

- La Enseñanza del Antiguo Testamento
- La Enseñanza del Nuevo Testamento

La Naturaleza del Plan Divino

Prioridad Lógica: ¿El Plan de Dios o la Acción Humana?

Un Modelo Moderadamente Calvinista

- La Naturaleza Incondicional del Plan De Dios
- El Significado de la Libertad Humana
- La Voluntad de Dios y la Libertad Humana
- El Deseo y la Voluntad De Dios
- La Voluntad de Dios y la Necesidad de la Acción Humana

Diversas Formas De Entender La Historia

Hacia dónde va la historia y por qué? ¿Qué es lo que causa (si es que hay algo) que el patrón de la historia se desarrolle como lo está haciendo? Estas preguntas nos confrontan como personas reflexivas y afectan de manera crucial nuestro modo de vida. La respuesta del cristianismo es que Dios tiene un plan que incluye todo lo que sucede y que actualmente está realizando ese plan.

Definiciones Clave

Podemos definir el plan de Dios (que a menudo se designa como sus decretos) como su decisión eterna de hacer realidad todas las cosas que van a suceder. Una analogía, aunque inevitablemente insuficiente, puede ayudarnos a entender este concepto. El plan de Dios es como los planos del arquitecto, primero se dibujan mentalmente, luego en papel de acuerdo a una intención y un diseño, y solo después se ejecutan en una estructura real.

En este punto, es necesario aclarar cierta terminología. Muchos teólogos utilizan los términos "predestinar" y "predeterminar" prácticamente como sinónimos. Sin embargo, para nuestros propósitos, los usaremos de una manera diferente. "Predestinar" contiene una connotación un tanto estrecha que la de "predeterminar". Puesto que sugiere literalmente el destino de alguien o de algo, se utiliza mejor para referirse al plan de Dios en relación con la condición eterna de los agentes morales. Usaremos el término "predeterminar" en un sentido más amplio, para hacer alusión de las decisiones de Dios en cuanto a cualquier tema dentro del ámbito de la historia cósmica. "Predestinación" se reservará para el asunto de la salvación eterna o la condenación. Dentro de predestinación, se utilizará "elección" para la designación positiva de Dios de los individuos, naciones o grupos para la vida eterna y la comunión con Él; mientras que "reprobación" se referirá a la predestinación negativa o la designación de Dios de algunos para sufrir la condenación eterna o perdición.

Dios actualmente está realizando su plan, que es por toda la eternidad e incluye todo lo que sucede.

Por lo tanto, predeterminación se utiliza aquí con un rango de significado más amplio que predestinación.

La Enseñanza Bíblica

La Enseñanza del Antiguo Testamento

En la presentación del Antiguo Testamento, la obra planificadora y ordenadora de Dios está muy ligada al pacto que el Señor hizo con su pueblo. Al leer todo lo que Dios hizo al escoger y cuidar personalmente a su pueblo, destacan dos verdades sobre Él. Por un lado, Dios es sumamente poderoso, ya que es el creador y sustentador de todo lo que existe. Por otro lado, Dios es amoroso, cuidadoso y personal. No es simplemente un poder abstracto, sino una persona amorosa[1].

Para los escritores del Antiguo Testamento era prácticamente inconcebible que algo pudiera pasar independientemente de la voluntad y obra de Dios. Como evidencia de esto, consi-

1 Benjamin B. Warfield, *"Predestination"* ["Predestinación"], en *Biblical Doctrines* [Doctrinas bíblicas] (Nueva York: Oxford University Press, 1929), págs. 7-8.

dere que las expresiones impersonales comunes como "llovió" no se encuentran en el Antiguo Testamento. Para los hebreos, la lluvia no simplemente ocurría, sino que Dios la enviaba. Lo consideraban como el determinante todopoderoso de todo lo que pasaba. Por ejemplo, el mismo Dios comenta sobre la destrucción causada por el rey de Asiria.

> ¿No has oído decir que desde tiempos
> antiguos yo lo hice, que desde los días
> de la antigüedad lo tengo ideado? Y
> ahora lo he hecho venir, y tú serás
> para reducir las ciudades fortificadas a
> montones de escombros (Is 37:36).

Incluso algo que parece tan trivial como la construcción de fosos se describe como si se hubiera planeado mucho antes (Is 22:11). Asimismo, en el plan de Dios existe una preocupación por el bienestar de la nación de Israel y de cada uno de los hijos de Dios (Sal 27:10-11; 37; 65:3; 91; 121; 139:16; Dn 12:1; Jon 4:11). El Antiguo Testamento también enuncia la creencia de que Dios llevará a cabo con toda seguridad todo en su plan. En Isaías 14:27 leemos lo siguiente:

> Porque Jehová de los ejércitos lo ha
> determinado, ¿y quién lo impedirá?
> Y su mano extendida, ¿quién la hará
> retroceder?[2]

Particularmente en los libros de la sabiduría y los profetas, la idea de un propósito divino integral es la más destacada[3].

> Todas las cosas ha hecho
> Jehová para sí mismo,
> Y aun al impío para el día malo (Pr 16:4)[4].

Ya que somos seres humanos, como Job, puede que no siempre entendamos cómo Dios realiza su propósito en nuestras vidas.

> ¿Quién es el que oscurece el consejo
> sin entendimiento?
> Por tanto, yo hablaba lo que no entendía;
> Cosas demasiado maravillosas
> para mí,
> que yo no comprendía
> (Job 42:3).

Por lo tanto, en la perspectiva del creyente del Antiguo Testamento, Dios había creado al mundo y dirigía la historia, que era el desarrollo de un plan preparado en la eternidad y relacionado con la intención de la comunión con su pueblo.

La Enseñanza del Nuevo Testamento

El plan y el propósito de Dios también son prominentes en el Nuevo Testamento. Jesús afirmó que Dios había planeado no solo los eventos grandes y complejos, como la caída y destrucción de Jerusalén (Lucas 21:20-22), sino también los detalles, como la apostasía y la traición de Judas y la fidelidad de los demás discípulos (MT 26:24; Marcos 14:21; Lucas 22:22; Juan 17:12; 18:9). El cumplimiento del plan de Dios y de las profecías del Antiguo Testamento es un tema destacado en la redacción de Mateo (1:22; 2:15, 23; 4:14; 8:17; 12:17; 13:35; 21:4; 26:56) y Juan (12:38; 19:24, 28, 36). Aunque los críticos pueden objetar que algunas de estas profecías fueron cumplidas por personas que las conocían y que podían tener un gran interés en que se cumplieran (p. ej., Jesús cumplió Sal 69:21 al decir "Tengo sed" [Juan 19:28]), es notable que otras profecías fueron cumplidas por personas que no tenían ningún deseo de cumplirlas y que probablemente sabían de ellas, como los soldados romanos que echaron a suertes sobre la ropa de Jesús y

---

2 *Cf.* Job 42:2; Jer 23:20; Zac 1:6.
3 Warfield, *"Predestination"* ["Predestinación"], pág. 15.
4 *Cf.* 3:19-20; Job 38, especialmente v. 4; Is 40:12; Jer 10:12-13.

no rompieron ninguno de sus huesos[5]. Incluso cuando no había ninguna profecía específica que cumplir, Jesús transmitió un sentido de necesidad en relación con los eventos futuros. Por ejemplo, le dijo lo siguiente a sus discípulos:

> Mas cuando oigáis de guerras y de rumores de guerras, no os turbéis, porque es necesario que suceda así; pero aún no es el fin. [...] Y es necesario que el evangelio sea predicado antes a todas las naciones (Marcos 13:7, 10)

Los apóstoles también enfatizaron el propósito divino. Pedro, en su discurso en Pentecostés dijo lo siguiente: "a este, entregado por el determinado consejo y anticipado conocimiento de Dios, prendisteis y matasteis por manos de inicuos, crucificándole" (Hechos 2:23). El libro de Apocalipsis, escrito por el apóstol Juan, nos da un ejemplo particularmente sorprendente de la creencia en la eficacia del plan divino.

Precisamente en los escritos de Pablo es donde el plan divino, según el cual todo se cumple, se hace más explícito (1 Co 12:18; 15:38; Col 1:19). Él determina el propio destino de las naciones (Hechos 17:26). Esto incluye la obra redentora de Dios (Gl 3:8; 4:4-5), la designación de individuos y naciones (Ro 9-11) y la selección de Pablo incluso antes de su nacimiento (Gl 1:15). La imagen del alfarero y el barro, usada en una referencia específica y un tanto estrecha (Ro 9:20-23), expresa toda la filosofía de la historia de Pablo. Considera "todas las cosas" que pasan como parte de la intención de Dios para sus hijos (Ef 1:11-12), así "a los que aman a Dios, todas las cosas les ayudan a bien, esto es, a los que conforme a su propósito son llamados" (Ro 8:28), siendo su propósito que seamos "conformes a la imagen de su Hijo" (v. 29).

5 Bernard Ramm, *Protestant Christian Evidences* [Evidencias cristianas protestantes] (Chicago: Moody, 1953), pág. 88.

La Naturaleza del Plan Divino

Ahora tenemos que extraer de estas numerosas y variadas referencias bíblicas algunas características generales del plan de Dios, lo que nos permitirá entender de una manera más completa lo que podemos esperar de Dios.

1. El plan de Dios es por toda la eternidad. El salmista habló que Dios había planeado todos nuestros días antes de que existieran (Sal 139:16). Pablo en Efesios indica que Dios "nos escogió en él [Cristo] antes de la fundación del mundo" (1:4). Estas decisiones no se toman mientras se desarrolla la historia y se producen los acontecimientos. Dios manifiesta su propósito dentro de la historia (2 Ti 1:10), pero siempre han sido parte del plan de Dios, desde toda toda la eternidad, desde antes del principio de los tiempos (ver también Is 22:11).

Al ser eterno, el plan de Dios no tiene ninguna secuencia cronológica. En la eternidad no hay ni un antes ni un después. Sin duda, existe una secuencia lógica (p. ej., la decisión de dejar que Jesús muera en la cruz sigue lógicamente la decisión de enviarlo a la Tierra) y hay una secuencia temporal en la realización de los eventos que se han decretado; sin embargo, no hay secuencia temporal en la voluntad de Dios. Es una decisión coherente y simultánea.

2. El plan de Dios y las decisiones que contiene son libres por parte de Dios. Esto es implícito en las expresiones como "el puro afecto de su voluntad". También está implícito en el hecho de que nadie le ha aconsejado (de hecho, no hay nadie que *pueda* hacerlo). Isaías 40:13-14 dice lo siguiente:

> ¿Quién enseñó al Espíritu de Jehová, o le aconsejó enseñándole?
> ¿A quién pidió consejo para ser avisado?
> ¿Quién le enseñó el camino del juicio,
> o le enseñó ciencia,
> o le mostró la senda
> de la prudencia?

Pablo cita este mismo pasaje mientras concluye su gran declaración sobre la soberanía e inescrutabilidad de las obras de Dios (Ro 11:34).

Las decisiones de Dios no solo no provienen de ningún tipo de determinación externa, sino que tampoco son una cuestión de compulsión interna. Es decir, aunque las decisiones y acciones de Dios son bastante coherentes con su naturaleza, no están limitadas por la misma. Tuvo que actuar de manera amorosa y santa en todo lo que hacía, pero no estaba obligado a crear. Eligió libremente crear por razones que desconocemos.

3. En el sentido final, el propósito del plan de Dios es su gloria. Pablo señala que Dios nos escogió en Cristo y nos destinó "según el puro afecto de su voluntad, para alabanza de la gloria de su gracia" (Ef 1:5-6). Lo que Dios hace, lo hace por su propio nombre (Is 48:11; Ez 20:9). Jesús dijo que sus seguidores debían alumbrar su luz de tal manera que sus semejantes vieran sus buenas obras y glorificaran a su Padre en el cielo (MT 5:16; cf. Juan 15:8).

Esto no quiere decir que no haya motivaciones secundarias detrás del plan de Dios y sus acciones resultantes. Él ha provisto los medios de salvación para cumplir su amor por los humanos y su preocupación por su bienestar. Sin embargo, este no es un fin definitivo, sino solo un medio para el fin mayor, la propia gloria de Dios.

4. El plan de Dios es integral. Esto está implícito en la gran variedad de elementos mencionados en la Biblia como parte del plan de Dios. No obstante, más allá de eso, hay declaraciones explícitas de la extensión del plan de Dios. Pablo habla de Dios como el que "hace todas las cosas según el designio de su voluntad" (Ef 1:11). El salmista dice que "todas las cosas te sirven" (Sal 119:91 NBLA). Si bien todos los fines son parte del plan de Dios, también lo son todos los medios. Desde el punto de vista de Dios, no existe ninguna división entre las áreas sagradas y seculares de la vida. No hay áreas que queden fuera del ámbito de su preocupación y decisión.

5. El plan de Dios es eficaz. Sin duda, lo que Él ha propuesto desde la eternidad se cumplirá. El Señor dice lo siguiente:

> "Ciertamente se hará de la manera que
> lo he pensado, y será confirmado como lo
> he determinado". [...]
> Porque Jehová de los ejércitos
> lo ha determinado,
> ¿y quién lo impedirá?
> Y su mano extendida,
> ¿quién la hará retroceder?
> (Is 14:24, 27)

No cambiará de parecer, ni descubrirá consideraciones previamente desconocidas que harán que modifique sus intenciones.

6. El plan de Dios se relaciona con sus acciones más que con su naturaleza, sus decisiones según lo que debe hacer, no sobre sus atributos personales. Por ejemplo, Dios no decide ser amoroso y poderoso. Él es amoroso y poderoso simplemente por la virtud de ser Dios[6].

7. El plan de Dios hace alusión principalmente a lo que el mismo Dios hace en términos de creación, preservación, dirección y redención. También involucra la voluntad y la acción humanas, pero solo de forma secundaria; es decir, como medios para los fines que Él propone, o como resultados de las acciones que realiza. Obsérvese que el papel de Dios aquí es decidir que ciertas cosas ocurran en nuestras vidas, no establecer órdenes para actuar de una manera determinada. El plan de Dios no obliga a los humanos a actuar de una manera particular, sino que hace que actúen *libremente* de esa manera.

8. Por lo tanto, aunque el plan de Dios se refiere principalmente a lo que hace, las acciones de los humanos también están incluídas. Por

---

6 Augustus H. Strong, *Systematic Theology* [Teología sistemática] (Westwood, Nueva Jersey: Revell, 1907), págs. 353-354.

ejemplo, Jesús señaló que las respuestas de los individuos hacia su mensaje eran un resultado de la decisión del Padre (Juan 6:37, 44; cf. 17:2, 6, 9)

El plan de Dios no obliga a los humanos a actuar de una manera particular, sino que hace que actúen libremente de esa manera.

Lucas dice en Hechos 13:48 que "creyeron todos los que estaban ordenados para vida eterna".

Por un lado, el plan de Dios incluye lo que comúnmente llamamos actos buenos. Por otro lado, las acciones malas de los seres humanos, contrarias a la ley y a las intenciones morales de Dios, también se ven en las Escrituras como parte del plan de Dios, predeterminadas por Él. La traición, la condena y la crucifixión de Jesús son ejemplos destacados (Lucas 22:22; Hechos 2:23; 4:27-28).

9. El plan de Dios es inmutable en cuanto a sus detalles. Dios no cambia de parecer o modifica sus decisiones en relación con determinaciones específicas. Esto puede parecer extraño a la luz de la aparente alteración de sus intenciones respecto a Nínive (Jonás) y su supuesto arrepentimiento por haber hecho a los seres humanos (Gn 6:6). Sin embargo, la declaración en Génesis 6 debe considerarse como un antropomorfismo o antropopatismo, y el anuncio de Jonás sobre la destrucción inminente debe verse como una advertencia utilizada para llevar a cabo el plan real de Dios para Nínive. Debemos tener en mente aquí que la fidelidad es uno de los atributos de la grandeza de Dios.

Prioridad Lógica: ¿El Plan de Dios o la Acción Humana?

Ahora debemos considerar si el plan de Dios o la acción humana es lógicamente anterior. Aunque los calvinistas y arminianos están de acuerdo en que las acciones humanas están incluidas en el plan de Dios, difieren en cuál es la causa y cuál es el resultado. ¿Las personas hacen lo que hacen porque Dios ha decidido que es exactamente cómo actuarán o Dios primero prevé que harán y luego sobre esa base toma su decisión en cuanto a lo que va a pasar?

1. Por un lado, los calvinistas creen que el plan de Dios es lógicamente anterior y que las decisiones y acciones humanas son una consecuencia. En cuanto al tema particular de la aceptación o el rechazo de la salvación, Dios en su plan ha escogido que algunos crean y, por lo tanto, reciban el regalo de la salvación eterna. Él sabe de antemano lo que va a suceder porque Él ha decidido qué va a pasar. Esto es cierto en relación con todas las otras decisiones y acciones humanas también. Dios no depende de lo que los humanos decidan. Por ende, no es el caso de que Dios determine que lo que los humanos harán se cumplirá, ni escoge para la vida eterna a aquellos que prevé que creerán. Por el contrario, la decisión de Dios ha hecho que cada individuo actúe de una manera determinada[7].

2. Por otro lado, los arminianos ponen un gran énfasis en la libertad humana. Dios permite y espera que los humanos ejerzan la voluntad que se les ha entregado. Si no fuera así, no encontraríamos las invitaciones bíblicas para escoger a Dios: los pasajes de "porque todo el que quiera", como "Venid a mí todos los que estáis trabajados y cargados, y yo os haré descansar" (MT 11:28). La misma oferta de tales invitaciones implica que el oyente puede

---

7 J. Gresham Machen, *The Christian View of Man* [Visión cristiana del hombre] (Grand Rapids: Eerdmans, 1947), pág. 78.

tanto aceptarlas como rechazarlas. No obstante, esto parece inconsistente con la posición de que las decisiones de Dios han hecho que el futuro sea seguro. Si así fuera, no tendría sentido hacer invitaciones a los humanos, ya que las decisiones de Dios sobre lo que sucedería se cumplirían independientemente de lo que ellos hagan. Por lo tanto, los arminianos buscan otra manera de considerar las decisiones de Dios.

La clave consiste en entender el papel de la presciencia de Dios en la formación y ejecución del plan divino. En Romanos 8:29, Pablo dice lo siguiente: "Porque a los que antes conoció, también los predestinó". A partir de este versículo, los arminianos sacan la conclusión de que la designación o determinación de Dios del destino de cada individuo es un resultado de la presciencia. Por consiguiente, aquellos que Dios sabía de antemano que creerían son los que Él decidió que serían salvos. Se puede hacer una afirmación similar de todas las acciones humanas y de todos los otros aspectos de la vida. Dios sabe lo que todos nosotros haremos. Por lo tanto, desea lo que prevé que sucederá[8]. Así que se podría decir que, en la perspectiva arminiana, este aspecto del plan de Dios está condicionado a la decisión humana; mientras que, en la perspectiva calvinista, el plan de Dios es incondicional.

Un Modelo Moderadamente Calvinista

La Naturaleza Incondicional del Plan de Dios

A pesar de las dificultades al relacionar la soberanía divina con la libertad humana, llegamos a la conclusión, sobre la base bíblica, de que el plan de Dios es incondicional en lugar de estar condicionado a la decisión humana. Simplemente, no hay nada en la Biblia que sugiera que Dios escoge a los humanos por lo que harán

por su propia cuenta. El concepto arminiano de presciencia (prognōsis), por muy atractivo que sea, no está respaldado por las Escrituras. La palabra significa más que solamente tener un conocimiento anticipado o precognición de lo que pasará. Parece tener como antecedente el concepto hebreo de *yada'*, que a menudo significaba algo más que la mera conciencia. Sugería un tipo de conocimiento íntimo e incluso se utilizaba para las relaciones sexuales[9]. Cuando Pablo dice que Dios conocía de antemano a las personas de Israel, no se refería simplemente a un conocimiento anticipado que Dios tenía. De hecho, es claro que cuando Dios escogió a Israel no lo hizo sobre la base de un conocimiento anticipado de una respuesta favorable de parte de Israel. Si Dios hubiera previsto tal respuesta, ciertamente se habría equivocado. Observe que en Romanos 11:2 Pablo dice lo siguiente: "No ha desechado Dios a su pueblo, al cual desde antes conoció", y que a continuación se analiza la falta de fe de Israel. Sin duda, en este pasaje la presciencia debe significar algo más que un conocimiento anticipado. En Hechos 2:23, la presciencia se vincula con la voluntad de Dios. Además, en 1 Pedro 1 leemos que los elegidos son escogidos según la presciencia de Dios (v. 2) y que Cristo estaba destinado antes de la fundación del mundo (v. 20). Sugerir que la presciencia en este caso significa nada más que conocimiento previo o familiaridad es prácticamente privar a estos versículos de cualquier significado real. Debemos concluir que la presciencia, como se usa en Romanos 8:29, conlleva la idea de una disposición o selección favorable, así como de conocimiento anticipado.

Asimismo, hay pasajes en donde la naturaleza incondicional del plan de selección de Dios se hace bastante explícita. Esto se observa en la declaración de Pablo sobre la designación de Jacob en lugar de Esaú: "(pues no habían aún

8 Henry C. Thiessen, *Introductory Lectures in Systematic Theology* [Discursos sobre la Teología Sistemática] (Grand Rapids: Eerdmans, 1949), pág. 157.

9 Francis Brown, S. R. Driver y Charles A. Briggs, *Hebrew and English Lexicon of the Old Testament* [Léxico hebreo e inglés del Antiguo Testamento] (Nueva York: Oxford University Press, 1955), págs. 393-395.

nacido, ni habían hecho aún ni bien ni mal, para que el propósito de Dios conforme a la elección permaneciese, no por las obras sino por el que llama), se le dijo [a Rebeca]: El mayor servirá al menor.

Como está escrito: A Jacob amé, mas a Esaú aborrecí" (Ro 9:11-13). Pablo parece esforzarse por enfatizar el carácter inmerecido o incondicional de la designación de Jacob por parte de Dios. Posteriormente, en el mismo capítulo Pablo comenta lo siguiente: "De manera que de quien quiere, tiene misericordia, y al que quiere endurecer, endurece" (v. 18). La importancia de la imagen subsiguiente del alfarero y el barro es muy difícil de eludir (vv. 20-24). Del mismo modo, Jesús les dice a sus discípulos "No me elegisteis vosotros a mí, sino que yo os elegí a vosotros, y os he puesto para que vayáis y llevéis fruto, y vuestro fruto permanezca" (Juan 15:16). Debido a estas y similares consideraciones, debemos concluir que el plan de Dios es incondicional más que condicionado a acciones humanas previstas.

El Significado de la Libertad Humana

En esta instancia, debemos plantear la cuestión de si Dios puede crear seres verdaderamente libres y, al mismo tiempo, dar por ciertas todas las cosas que sucederán, incluidas las decisiones y acciones libres de esos seres. Un medio para aliviar la tensión es la distinción entre hacer algo seguro y hacer algo necesario.

El primero es una cuestión de la decisión de Dios de que algo *pasará* y el último es una cuestión de su decreto de que debe suceder.

En el primer caso, el ser humano no actuará en una manera contraria al curso de la acción que Dios ha escogido; en el último caso, el ser humano no puede actuar de forma contraria a lo que Dios ha escogido.

Es decir, Dios hace que una persona que podría actuar (o podría haber actuado) de otra manera actúe, de hecho, de una manera determinada (la manera que Dios quiere)[10].

¿Qué significa decir que soy libre? Significa que no estoy limitado. Por lo tanto, soy libre de hacer lo que me plazca. Pero ¿soy libre en relación con lo que me plazca y lo que no? Por decirlo de otra manera, puedo escoger una acción sobre otra porque me parece más atractiva. Sin embargo, puede que no controle del todo el atractivo que cada una de esas acciones tiene para mi. Eso es un asunto muy diferente. Tomo todas mis decisiones, pero esas decisiones son en gran medida influenciadas por ciertas características propias que no soy capaz de alterar por mi propia cuenta. Si, por ejemplo, me ofrecen para cenar entre hígado y cualquier otro plato principal, tengo toda la libertad de escoger el hígado, pero no deseo hacerlo. No tengo ningún control consciente sobre mi aversión al hígado. Es un hecho que va unido a mi condición de persona. En ese sentido, mi libertad es limitada. No sé si mis genes o los condicionamientos ambientales han provocado mi aversión al hígado, pero es evidente que no puedo alterar esta característica propia mediante la simple fuerza de voluntad. ¿Soy libre de hacer lo que deseo? Sí, sin duda. No obstante, ¿soy libre de desear como deseo? Esa es una pregunta totalmente distinta.

Entonces, hay limitaciones sobre lo que soy, lo que deseo y lo que quiero. Ciertamente, no escogí los genes que tengo, no seleccioné a mis padres ni el lugar geográfico o el entorno cultural exactos de mi nacimiento. Por lo tanto, mi libertad está dentro de estas limitaciones. Y aquí surge la pregunta: ¿quién establece esos factores? La respuesta teísta es que Dios lo hizo.

Tengo la libertad de escoger entre varias opciones, pero mi decisión estará influenciada por quien soy. Por ende, mi libertad debe entenderse como mi capacidad de escoger entre

10 Esta perspectiva se basa en lo que se conoce como "libertad compatibilista": la libertad es compatible con que (en este caso) Dios haya hecho cierto todo lo que ocurre. Ver Antony Flew, "Compatibilism, Free Will, and God", *Philosophy* 48 (1973): págs. 231-232.

opciones a luz de quien soy. Y quién soy es un resultado de la decisión y actividad de Dios. Dios tiene el control de todas las circunstancias que influyen en mi vida. Él puede hacer que surjan (o permitir que surjan) factores que hagan que una determinada opción sea atractiva, incluso poderosamente atractiva, para mí. A través de todos los factores que han intervenido en mi experiencia en el pasado, Él ha influido en el tipo de persona que soy ahora. De hecho, ha afectado lo que ha sucedido al querer que yo fuera la persona que se hiciera realidad.

Cuando un niño es concebido, existe una infinidad de posibilidades. De la unión del esperma y el óvulo pueden surgir innumerables combinaciones genéticas. No sabemos por qué resulta una combinación concreta. Pero ahora, en aras del argumento, consideremos la posibilidad de un hipotético individuo cuya combinación genética difiere de manera infinitesimal a la mía. Es idéntico a mí en todos los aspectos y en todas las situaciones de la vida actúa como yo. Sin embargo, en una situación crucial, respondería a un determinado estímulo de forma diferente a la mía. El mundo que Dios decide crear es uno en el que soy yo, y no mi homólogo, quien existe.

La Voluntad de Dios y la Libertad Humana

¿El hecho de que Dios haga ciertas las decisiones y acciones humanas es compatible con la libertad humana? La respuesta depende de nuestra comprensión de la libertad. Según la posición que defendemos, la respuesta a la pregunta "¿Podría el individuo haber decidido de otra manera?" es que sí, mientras que la respuesta a la pregunta "¿Pero lo habría hecho?" es que no. En nuestra opinión, para que exista la libertad humana, solo es necesario responder afirmativamente la primera pregunta. Pero otros podrían argumentar que la libertad humana solo existe si ambas preguntas se pueden responder de manera afirmativa; es decir, si el individuo no solo podría haber decidido de otra manera, sino que también podría haber deseado decidir de otra forma. En esta perspectiva, la libertad significa espontaneidad o incluso escoger aleatoriamente. Les podríamos señalar que, en lo que respecta a las decisiones y acciones humanas, nada es completamente espontáneo o aleatorio. Hay una medida de predictibilidad en relación con el comportamiento humano: cuanto mejor conozcamos a un individuo, mejor podremos anticipar sus respuestas. Por ejemplo, un buen amigo o familiar puede decir lo siguiente: "sabía que ibas a decir eso". Concluimos que, si la libertad significa escoger de forma aleatoria, la libertad humana es una imposibilidad práctica. Pero si la libertad significa la capacidad de escoger entre opciones, la libertad humana existe y es compatible con que Dios haga ciertas las decisiones y acciones humanas.

A esto se añade la idea de que Dios actúa de forma no forzosa para que tomemos una decisión. No nos obliga por la fuerza, es decir, la compulsión externa. Tampoco nos obliga mediante amenazas y manipulaciones, es decir, mediante la compulsión interna. Más bien, hace que la opción sea tan atractiva para nosotros que la escogemos, en lugar de una alternativa. John Feinberg utiliza una ilustración de un estudiante en su clase, que él, como instructor, decide que debe abandonar el aula, tal vez porque está perturbando la clase. El instructor, si es lo suficientemente fuerte, podría levantar al estudiante, llevarlo fuera de la puerta, ponerlo ahí y cerrar la puerta. Eso sería compulsión externa. Alternativamente, podría amenazar al estudiante, quizás incluso usando un arma de fuego para atentar contra su vida. Eso sería compulsión interna. La tercera opción sería razonar con el estudiante, señalándole ciertas ventajas de su salida del aula y las desventajas de su estancia. Esta sería la propia decisión del estudiante[11].

11 John Feinberg, *No One Like Him* [Nadie como Él] (Wheaton: Crossway, 2001), págs. 638-639.

Esta tercera idea es la que más se acerca al modelo de soberanía divina que defendemos. A veces se escucha el estereotipo del calvinismo (que en ocasiones es merecido) de que Dios arrastra a las personas pataleando y gritando a su reino, mientras objetan todo el tiempo. Sin duda, hay momentos en donde Dios obliga a que las personas le obedezcan.

No obstante, la mayor parte del tiempo la imagen es más bien la de Dios haciendo su voluntad tan persuasiva y atractiva que las personas la aceptan de forma voluntaria e incluso alegre y la realizan.

Cabe señalar que, si la certeza del resultado es inconsistente con la libertad, la presciencia divina, tal como el arminiano entiende ese término, presenta la misma dificultad para la libertad humana que la predeterminación divina.

Puesto que si Dios sabe qué haré, debe ser cierto que lo haré. Si no fuera cierto, Dios no podría saberlo; podría equivocarse (podría actuar de manera distinta a lo que Él espera). Pero si lo que haré es cierto, entonces sin duda lo haré, sin importar si sé o no lo que haré. ¡Pasará! Pero ¿entonces soy libre? En la perspectiva de aquellos cuya definición de libertad implica que no se puede tener la certeza de que un evento determinado sucederá, aparentemente no lo soy. En su punto de vista, la presciencia divina es tan incompatible con la libertad humana como lo es la predeterminación divina.

Podría parecer que la designación divina que hemos defendido es la misma que la idea arminiana de presciencia. Sin embargo, hay una diferencia importante. En la concepción arminiana, hay una presciencia de las entidades realmente existentes. Dios simplemente decide confirmar, por así decirlo, lo que prevé que los individuos reales decidirán y harán.

No obstante, en nuestro esquema Dios tiene una presciencia de posibilidades. Dios prevé lo que los posibles seres harán si son colocados en una situación particular con todas las influencias que estarán presentes en ese momento en el tiempo y espacio[12]. Sobre esta base, Él escoge quiénes de los posibles individuos se convertirán en realidades y qué circunstancias e influencias estarán presentes. Él sabe de antemano lo que estos individuos harán libremente, ya que, en efecto, tomó esa decisión al decidir crearlos.

El Deseo y la Voluntad de Dios

Nuestra postura de que Dios hizo cierto todo lo que ocurre plantea otra pregunta: ¿no hay una contradicción en ciertos puntos entre lo que Dios ordena y dice que desea y lo que realmente quiere? Por ejemplo, el pecado está universalmente prohibido, pero aparentemente Dios quiere que suceda. Sin duda, el asesinato se prohíbe en las Escrituras, pero la muerte de Jesús por ejecución fue aparentemente querida por Dios (Lucas 22:22; Hechos 2:23). Además, se nos dice que Dios no quiere que nadie perezca (2 P 3:9), pero aparentemente no quiere que todos sean salvos, ya que no todos lo son. ¿Cómo conciliamos estas consideraciones aparentemente contradictorias?

Debemos hacer una distinción entre dos sentidos diferentes de la voluntad de Dios, a los que nos referiremos como el "deseo" de Dios (voluntad1) y la voluntad de Dios (voluntad2). El primero es la intención general de Dios, los valores con los que se complace. El último es la intención específica de Dios en una situación dada, lo que decidirá que ocurrirá realmente. Hay veces, muchas, en donde Dios quiere permitir y por tanto hacer que suceda, lo que realmente no desea. Este es el caso del pecado. Dios no desea que el pecado ocurra. Sin embargo, hay ocasiones en donde simplemente dice, en

---

12 Esto es lo que a menudo se denomina "conocimiento medio", el conocimiento de todas las posibilidades. Aunque a veces es considerado como una alternativa al calvinismo, y algunas formas del calvinismo no dependen de él, se puede incorporar sin problemas a un calvinismo moderado. La diferencia entre nuestro punto de vista y el del conocimiento medio es el trabajo "persuasivo" que Dios hace en relación con los humanos, después de la creación.

efecto, "que así sea", permitiendo a un humano escoger libremente un acto pecaminoso.

No es diferente de la forma en que los padres tratan a veces a sus hijos. Una madre puede desear que su hijo evite cierto tipo de comportamiento, y le diga sobre eso. No obstante, hay situaciones en las que ella puede, sin ser observada por su hijo, ver que este está a punto de realizar la acción prohibida y, sin embargo, decidir no intervenir para evitarlo. Este en un caso en donde el deseo del padre es claramente que el hijo no realice cierto tipo de comportamiento, pero su voluntad es que él haga lo que ha querido hacer. Al decidir no intervenir para prevenir la acción, la madre realmente quiere que suceda. Quizás esta es la manera en que debemos entender el trato de José a manos de sus hermanos. No complace a Dios, ya que no es coherente con lo que él es. Sin embargo, Dios quiso permitirlo y no intervino para evitarlo. Y, curiosamente, Dios utilizó su acción para producir lo mismo que se pretendía evitar: la superioridad de José.

La Voluntad de Dios y la Necesidad de la Acción Humana

Otro asunto que se debe analizar es si nuestra perspectiva del plan universal de Dios elimina los incentivos de la actividad por parte nuestra. Si Dios ya ha asegurado lo que va a ocurrir, ¿tiene sentido que intentemos cumplir su voluntad? ¿Lo que hacemos realmente hace una diferencia en lo que sucede? Esta cuestión se refiere particularmente al evangelismo. Si Dios ya decidió (eligió) quién será salvo y quién no, ¿qué diferencia hay en que nosotros (o cualquier otra persona) tratemos de propagar el evangelio? Nada puede cambiar el hecho que el elegido será salvo y el no elegido no lo será.

Como respuesta, cabe señalar dos puntos. Uno es que, si Dios ha asegurado el fin, su plan también incluye los medios para alcanzarlo. Su plan puede incluir que nuestro testimonio sea el medio por el que una persona elegida

llegue a la fe salvadora. La otra consideración es que no sabemos a detalle cuál es el plan de Dios. Así que debemos proceder sobre la base de que Dios ha revelado su deseo. Por lo tanto, debemos testificar. Esto puede significar que parte de nuestro tiempo esté dedicado a alguien que en última instancia no entrará al reino de los cielos. Pero no significa que nuestro tiempo haya sido malgastado. Puede que haya sido el medio para cumplir otra parte del plan de Dios. Y, en definitiva, la medida de Dios para nuestro servicio es la fidelidad, no el éxito.

Diversas Formas de Entender la Historia

Como señalamos al principio de este capítulo, la doctrina cristiana del plan divino responde específicamente a la pregunta de hacia dónde va la historia y qué la mueve. Algunas concepciones del movimiento de la historia son bastante negativas. Esto es particularmente cierto en el caso de las visiones cíclicas, que no ven la historia como un progreso, sino como una simple repetición del mismo patrón, aunque de forma algo diferente. Las religiones orientales, especialmente el hinduísmo con su énfasis en la reencarnación, tienden a ser de este tipo. Uno pasa por ciclos de muerte y renacimiento, siendo el estatus de la vida de uno en cada nueva encarnación determinado, en gran medida, por la conducta de uno en la vida anterior. La salvación, si se puede llamar así, consiste en el nirvana, el escape del proceso repetido.

Las filosofías del día del juicio final abundan en la actualidad. Se cree que la historia llegará pronto un final desastroso como resultado de un colapso económico, una crisis ecológica que involucra una contaminación masiva del medio ambiente o el surgimiento de una guerra nuclear[13]. La raza humana está condenada porque no ha sabido gestionar el mundo de

13 P. ej., Barry Commoner, *The Closing Circle* [El círculo que se cierra] (Nueva York: Alfred A. Knopf, 1971); Paul R. Ehrlich, *The Population Bomb* [La explosión demográfica] (Nueva York: Ballantine, 1976).

forma sabia.

Otra prominente filosofía pesimista del siglo XX fue el existencialismo. La idea de que la absurdidad del mundo, lo paradójico e irónico de la realidad y el ciego azar de mucho de lo que ocurre, lleva a la desesperación. Al carecer de un patrón discernible en los acontecimientos de la historia, uno debe crear su propio significado mediante un acto consciente de libre voluntad.

Asimismo, hubo una serie de perspectivas bastante optimistas, especialmente en la última mitad del siglo XIX. El darwinismo se extendió del ámbito biológico a otras áreas, particularmente a la sociedad. Según Herbert Spencer, se convirtió en una filosofía integral que implicaba el crecimiento, el progreso y el desarrollo de toda la realidad. Aunque este punto de vista resultó poco realista, tuvo una influencia considerable en su época. En años más recientes, los utopismos que emplean los métodos de las ciencias del comportamiento han tratado de reestructurar la sociedad o, al menos, la vida de los individuos[14].

Hasta hace poco, la filosofía más militante de la historia a escala mundial ha sido el materialismo dialéctico, la filosofía en la que se basa el comunismo. Adaptando la filosofía de Georg Hegel, Karl Marx sustituyó su metafísica idealista por una visión materialista. Las fuerzas de la realidad material impulsan la historia hacia su fin. A través de una serie de pasos, se cambia el orden económico. Cada etapa del proceso se caracteriza por un conflicto entre dos grupos o movimientos antiéticos. Los medios de producción imperantes pasan del feudalismo al capitalismo y a una etapa socialista final en la que no habrá propiedad privada. En la sociedad sin clases, la dialéctica que ha movido la historia a través del proceso rítmico de tesis-antítesis-síntesis cesará y todo el mal se marchitará. Debido a que esta confianza se deposita en una fuerza impersonal, muchas personas bajo el comunismo no la encontraron ni personalmente satisfactoria ni socialmente eficaz.

Finalmente, está la doctrina cristiana del plan divino, que afirma que un Dios bueno, todopoderoso y omnisciente ha planeado desde la eternidad qué ocurrirá y que la historia está realizando su intención. Hay un objetivo definido hacia el que la historia progresa. Por lo tanto, la historia no se mueve por meras casualidades, átomos impersonales o un destino ciego. La fuerza que la impulsa es, más bien, un Dios amoroso con el que podemos tener una relación personal. Entonces, podemos mirar con seguridad hacia el logro del telos del universo. Y podemos alinear nuestras vidas con el resultado asegurado de la historia.

Preguntas de Análisis y Reflexión

- ¿Qué significan los términos "predeterminar" y "predestinar"?
- ¿Qué se puede aprender de las enseñanzas del Antiguo y Nuevo testamento sobre el plan de Dios?
- ¿Cuáles son las características generales del plan de Dios?
- ¿Qué significa la libertad humana en el modelo moderadamente calvinista?
- Si Dios ya ha escogido a las personas, ¿por qué cree usted que necesita participar en la proclamación del evangelio?

---

14 P. ej., B. F. Skinner, *Walden Two* [Walden Dos] (Nueva York: Macmillan, 1948).

La Obra Inicial de Dios:
La Creación

13

Una vez completado este capítulo, el lector es capaz de:

1. Entender las razones para estudiar la doctrina de la creación.
2. Identificar y definir los elementos de la enseñanza bíblica de la creación.
3. Debatir sobre el significado teológico de la doctrina de la creación.
4. Entender y explicar la relación entre la doctrina de la creación y la ciencia.
5. Identificar y describir las implicaciones de la doctrina de la creación. ˙

Resumen del Capítulo

Dios creó todas las cosas sin usar materiales preexistentes. Hay al menos cuatro elementos de la enseñanza bíblica de los que podemos deducir por lo menos nueve conclusiones teológicas. Se han propuesto varias teorías para armonizar la edad de la creación y el desarrollo dentro de la creación. La postura más creíble sostiene que los actos de creación de Dios involucraron largos periodos de tiempo a través de lo que a menudo se denomina creación progresiva. El cristiano puede tener confianza en la grandeza de Dios en su creación del universo y en todo lo que hay en él.

Estructura del Capítulo

Razones para Estudiar la Doctrina de la Creación

Elementos de la Enseñanza Bíblica de la Creación

- Creación a Partir de la Nada
- Su Naturaleza Integral
- La Obra del Dios Trino
- Su Propósito: La Gloria de Dios

El Significado Teológico de la Doctrina

La Doctrina de la Creación y su Relación con la Ciencia

- La Ciencia y la Biblia
- La Edad y el Desarrollo de la Tierra
- El Diseño Inteligente

Implicaciones de la Doctrina de la Creación

El plan de Dios debe considerarse como los planos y dibujos del arquitecto de un edificio que será construido. Pero el plan no era un mero esquema en la mente de Dios. Se ha traducido a la realidad mediante las acciones de Dios. En nuestro debate sobre la obra de Dios, nos concentraremos en aquellas obras que se le atribuyen especialmente, aunque no de forma exclusiva, a la obra de Dios el Padre. La primera es la creación; es decir, la obra de Dios al traer a la existencia, sin el uso de ningún material preexistente, todas las cosas.

Razones para Estudiar la Doctrina de la Creación

Hay varias razones para estudiar minuciosamente la doctrina de la creación.

1. En primer lugar, la Biblia le da una gran importancia. La primera declaración de la Biblia es "En el principio creó Dios los cielos y la tierra" (Gn 1:1). Asimismo, la creación es una de las primeras afirmaciones en el Evangelio de Juan, el más teológico de los Evangelios del Nuevo Testamento (Juan 1:1-3). La obra creadora de Dios juega un papel importante en la presentación bíblica de Dios.

2. La doctrina de la creación ha sido una parte significativa de la fe de la iglesia, un elemento sumamente importante de su enseñanza y predicación. El primer artículo del Credo de los Apóstoles dice lo siguiente: "Creo en Dios padre, Todopoderoso, Creador del cielo y de la tierra". Aunque este elemento particular (i. e., la frase que se refiere a la creación) no estaba en la primera forma del credo, sino que se añadió algo más tarde, no deja de ser significativo que en una formulación tan breve como el Credo de los Apóstoles la creación se considerara lo suficientemente importante como para ser incluída.

3. Nuestra comprensión de la doctrina de la creación es fundamental por su efecto en nuestro entendimiento de otras doctrinas. Los humanos fueron creados por Dios como seres separados, en lugar de emanar de Él. Puesto que toda la naturaleza fue creada por Dios y declarada buena por Él, no hay maldad inherente en ser material además de espiritual. Estas diferentes facetas de la doctrina de la creación nos dicen mucho sobre el estatus de los seres humanos. Además, dado que el universo es obra de Dios más que una simple casualidad, podemos discernir algo sobre la naturaleza y la voluntad de Dios a partir del análisis de la creación. Si se altera la doctrina de la creación en cualquier punto, también se alterarán estos otros aspectos de la doctrina cristiana.

4. La doctrina de la creación ayuda a diferenciar el cristianismo de otras religiones y cosmovisiones. Por ejemplo, aunque algunos pueden pensar que hay similitudes en las raíces del cristianismo y el hinduismo, un análisis detallado revela que la doctrina cristiana de Dios y la creación es totalmente diferente de la enseñanza hindú de Brahman-Atman.

5. El estudio de la doctrina de la creación es un punto de potencial diálogo entre el cristianismo y la ciencia natural. A veces, el diálogo ha sido bastante acalorado. El gran debate de la evolución a comienzos del siglo XX deja claro que, aunque la tecnología y la ciencia siguen cursos paralelos la mayor parte del tiempo, sin cruzarse en un tema común, la cuestión del origen del mundo es un punto en el que sí se encuentran. Es importante entender cuál es la posición cristiana y bíblica sobre este tema y qué está en juego.

6. A veces se han producido fuertes desacuerdos dentro de los círculos cristianos. En la controversia modernista-fundamentalista de principios del siglo XX, la lucha era a gran escala: la evolución contra la creación. En la actualidad, por el contrario, parece haber

disputas internas dentro del evangelicalismo entre la teoría del creacionismo progresivo y la perspectiva de que la Tierra tiene solo unos cuantos años. Se debe analizar de manera cuidadosa lo que precisamente la Biblia enseña sobre este tema.

Elementos de la Enseñanza Bíblica de la Creación

Creación a Partir de la Nada

Comenzamos nuestro análisis de la doctrina de la creación señalando que es la creación a partir de la nada (*ex nihilo*), o sin el uso de materiales preexistentes. Esto no quiere decir que toda la obra creadora de Dios fue directa e inmediata, ocurriendo en el mismo principio del tiempo.

> *Todo lo que ahora existe comenzó con el acto de Dios de traerlo a la existencia; no creó ni adaptó algo que ya existía independientemente de Él.*

También hubo una creación mediata o derivada, el trabajo posterior de Dios de desarrollar y dar forma a lo que originalmente había traído a la existencia. Aquí afirmamos que todo lo que ahora existe comenzó con el acto de Dios de traerlo a la existencia; no creó ni adaptó algo que ya existía independientemente de Él.

Aunque el lenguaje del Antiguo Testamento no es concluyente, la idea de la creación ex nihilo se puede encontrar en varios pasajes del Nuevo Testamento en donde el objetivo no es principalmente hacer una declaración sobre la naturaleza de la creación. En particular, hay numerosas referencias al principio del mundo o el comienzo de la creación:

> "desde [antes de] la fundación del mundo" (MT 13:35; 25:34; Lucas 11:50; Juan 17:24; Ef 1:4; Heb 4:3; 9:26; 1 P 1:20; Ap 13:8; 17:8)
>
> "desde el principio" (MT 19:4 RVR 1977, 8; Juan 8:44; 2 Ts 2:13; 1 Juan 1:1; 2:13-14; 3:8)
>
> "desde el principio del mundo" (MT 24:21)
>
> "desde el comienzo de la creación" (Marcos 10:6 RVR 1977; 2 P 3:4)
>
> "desde el principio de la creación que Dios creó" (Marcos 13:19)
>
> "desde la creación del mundo" (Ro 1:20)
>
> "Tú, oh Señor, en el principio pusiste los fundamentos de la tierra" (Heb 1:10 RVR 1977)
>
> "el principio de la creación de Dios" (Ap 3:14)

En cuanto a estas diversas expresiones, Werner Foerster dice lo siguiente: "estas frases muestran que la creación implica el comienzo de la existencia del mundo, por lo que no hay materia preexistente"[1].

En el Nuevo Testamento encontramos varias expresiones más explícitas sobre la idea de la creación a partir de la nada. Dios crea las cosas mediante su palabra. Pablo dice que Dios "llama las cosas que no son, como si fuesen" (Ro 4:17). Dios dijo "Resplandezca la luz en las tinieblas" (2 Co 4:6 NBV). Esto sugiere que el efecto ocurrió sin el uso de cualquier causa material antecedente. Dios creó el mundo a través de su palabra "de modo que lo que se ve fue hecho de lo que no se veía" (Heb 11:3).

A partir de estas referencias bíblicas se pueden sacar varias conclusiones. En primer

---

1 Werner Foerster, "κτίζω", en *Theological Dictionary of the New Testament* [Diccionario teológico del Nuevo Testamento], ed. Gerhard Kittel, trad. y ed. Geoffrey W. Bromiley (Grand Rapids: Eerdmans, 1965), 3:1029.

lugar, Dios tiene el poder de simplemente desear que las situaciones sucedan e inmediatamente ocurren como Él ha querido. En segundo lugar, la creación es un acto de su voluntad y no está coaccionada por ninguna fuerza o consideración fuera de Él. Además, Dios no se involucra a sí mismo, su propio ser, en el proceso. La creación no es una parte de Él o una emanación de su realidad.

Su Naturaleza Integral

Dios no solo creó una determinada parte de la realidad, con el resto atribuíble a algún otro origen, sino que creó toda la realidad. En la declaración inicial de Génesis ("En el principio creó Dios los cielos y la tierra"), la expresión "los cielos y la tierra" no pretende designar solo esos términos. Es un modismo que se refiere a todo lo que existe. Todo el universo se originó a través de este acto de Dios. Juan 1:3 presenta el mismo punto de manera más enfática y explícita, tanto en términos positivos como negativos: "Todas las cosas por él fueron hechas, y sin él nada de lo que ha sido hecho, fue hecho". Aquí hay una afirmación de la condición de criatura de todo lo que existe y de un rechazo a la idea de que algo pueda haber sido hecho por alguien o algo que no sea Dios

La Obra del Dios Trino

La creación es la obra del Dios trino. En el Antiguo Testamento, un gran número de referencias al acto creador se le atribuyen simplemente a Dios, en lugar de al Padre, al Hijo o al Espíritu, ya que las distinciones de la Trinidad aún no se habían revelado por completo (p. ej., Gn 1:1; Sal 96:5; Is 37:16; 44:24; 45:12; Jer 10:11-12). Sin embargo, en el Nuevo Testamento encontramos una diferencia. Primera de Corintios 8:6, que aparece en un pasaje donde Pablo habla sobre la conveniencia de comer alimentos que han sido ofrecidos a los ídolos, es particularmente instructiva. Al

comparar a Dios con los ídolos, Pablo dice lo siguiente: "para nosotros, sin embargo, solo hay un Dios, el Padre, del cual proceden todas las cosas, y nosotros somos para él; y un Señor, Jesucristo, por medio del cual son todas las cosas, y nosotros por medio de él". Pablo incluye tanto al Padre como al Hijo en el acto de la creación y, aun así, hace una distinción entre ambos. Aparentemente, el Padre tiene la parte más importante: Él es la fuente de la que provienen todas las cosas. El Hijo es el medio o el agente de la existencia de todas las cosas. Hay una afirmación similar en Juan 1:3 y Hebreos 1:10. Asimismo, hay referencias que parecen indicar que el Espíritu de Dios también estuvo activo al momento de la creación: Génesis 1:2; Job 26:13; 33:4; Salmos 104:30 e Isaías 40:12-13. Sin embargo, en algunos de estos casos es difícil determinar si la referencia es sobre el Espíritu Santo o la obra de Dios a través de su aliento, ya que la palabra hebrea *ruah* se puede usar para ambos.

Puede parecer que hay un conflicto entre atribuir la creación al Padre, al Hijo y al Espíritu Santo, y mantener que cada miembro de la Trinidad tenga su propia obra distintiva. Sin embargo, esto no es un problema, a menos que pensemos que solo hay una forma de causalidad. Cuando se construye una casa, ¿quién realmente la construye? Por un lado, es el arquitecto quien diseña y crea los planos a partir de los cuales se construye. Por otro lado, es el contratista quien realmente realiza el plan, aunque, de hecho, son los constructores los que construyen la casa. Pero, ciertamente, los propietarios, aunque no pongan ni un solo clavo, son también en cierto modo los que construyen la casa, ya que firman los papeles legales que autorizan su construcción y pagarán las cuotas mensuales de la hipoteca. Cada uno, de una manera única, es la causa de la casa. Se puede hacer una afirmación similar sobre la creación. Según las Escrituras, fue el Padre quien dio vida al universo creado. No obstante, el Espíritu y el Hijo fueron quienes lo formaron y llevaron a cabo los detalles del diseño. Aunque la creación proviene del Padre, es a través del Hijo y el Espíritu Santo.

Su Propósito: La Gloria de Dios

Aunque Dios no *tenía* que crear, lo hizo por razones buenas y suficientes, y la creación cumple ese propósito. En particular, la creación glorifica a Dios realizando su voluntad. Tanto las criaturas inanimadas (Sal 19:1) como las animadas lo glorifican. En la historia de Jonás, esto se ve de manera bastante vívida. Todos y todo (excepto Jonás al principio) obedecen la voluntad y el plan de Dios: la tormenta, el acto de echar suertes, los marineros, el gran pez, los ninivitas, el viento solano, la calabacera y el gusano. Cada parte de la creación es capaz de cumplir los propósitos que Dios tiene para ella, pero cada una obedece de manera diferente. La creación inanimada lo hace de forma mecánica, obedeciendo las leyes naturales que rigen el mundo físico. La creación animada lo hace instintivamente, respondiendo a impulsos internos. Solo los humanos y los ángeles son capaces de obedecer a Dios consciente y voluntariamente y, por lo tanto, glorificar a Dios de manera más completa.

El Significado Teológico de la Doctrina

A continuación, se analizará el significado teológico de la doctrina de la creación. ¿Qué es lo que realmente se afirma mediante esta enseñanza? Y, quizás igual de importante para nuestros propósitos, ¿qué se rechaza o contradice?

1. En primer lugar, la doctrina de la creación es, de forma bastante evidente, una afirmación de que no existe otra realidad definitiva que no sea Dios. No hay lugar para el dualismo, según el cual existen dos principios definitivos. En una forma de dualismo está el Señor, el Creador, el Hacedor, y está lo que el Creador utiliza, o lo

que trabaja, el material que emplea para crear. Pero esto no es lo que la doctrina cristiana afirma. Dios no trabajó con algo que ya existía, sino que creó la misma materia prima que utilizó. Si este no fuera el caso, Dios no sería realmente infinito.

2. El acto original de la creación divina es único. Es distinto de los actos "creativos" de los seres humanos, que implican la elaboración, utilizando los materiales que se tienen a la mano. Al producir obras de arte, el artista debe trabajar dentro de las limitaciones del medio empleado; por ejemplo, las características de reflexión de la pintura al óleo. Además, incluso los conceptos que el artista expresa dependen de la experiencia previa. La obra será una expresión ya sea de una idea directamente experimentada o de una combinación de elementos previamente experimentados en un nuevo conjunto; una idea genuinamente novedosa, totalmente nueva y fresca, es muy rara, de hecho. Sin embargo, Dios no está limitado por nada externo a Él. Sus únicas limitaciones son las de su propia naturaleza y las decisiones que ha tomado.

3. La doctrina de la creación también significa que nada hecho es intrínsecamente malo. Todo proviene de Dios y el relato de la creación señala cinco veces que Él vio que era bueno (Gn 1:10, 12, 18, 21, 25). Entonces, cuando completó su creación del ser humano, se nos dice que Dios vio todo lo que hizo y que fue muy bueno (v. 31). No había nada malo dentro de la creación original de Dios.

En cambio, en cualquier tipo de dualismo tiende a haber una distinción moral entre los principios o elementos superiores e inferiores[2]. Ya que el reino superior es divino y el inferior no, el primero se considera más real que el otro. Con el tiempo, esta diferencia metafísica tiende a considerarse también como una diferencia moral: lo superior es bueno y lo inferior es

---

2 Langdon Gilkey, *Maker of Heaven and Earth* [Hacedor del Cielo y la Tierra] (Garden City, Nueva York: Doubleday, 1965), pág. 48.

malo. Sin embargo, si toda la realidad debe su existencia a Dios, y si lo que Dios hizo fue "bueno" en todo momento, no podemos pensar que la materia sea inherentemente mala[3].

4. La doctrina de la creación también impone una responsabilidad a la raza humana. Los humanos no pueden justificar su mal comportamiento culpando al malvado reino material, pues no es intrínsecamente malo. El pecado humano debe ser un ejercicio de la libertad humana. Tampoco podemos culpar a la sociedad. La sociedad humana también fue parte de lo que Dios hizo y fue muy buena. Considerar que la sociedad es la causa del pecado es, por ende, una táctica inexacta y engañosa.

5. La doctrina de la creación también evita depreciar la encarnación de Cristo. Si, por un lado, el mundo material fuera de alguna manera intrínsecamente malo, sería muy difícil de aceptar el hecho de que la segunda persona de la Trinidad tomó forma humana, incluyendo un cuerpo físico. Por otro lado, una correcta comprensión de la doctrina de la creación, lo que Dios hizo fue bueno, nos permite afirmar el significado completo de la encarnación de Jesucristo, su toma de toda la naturaleza humana en sí mismo.

6. La doctrina de la creación también nos frena del ascetismo. Creer que la naturaleza física es mala ha llevado a algunos, incluyendo cristianos, a evitar el cuerpo humano y cualquier otro tipo de satisfacción física. El espíritu, al ser más divino, es el reino propio de los buenos y los piadosos. Por ende, se persigue la meditación y se considera que una dieta austera y la abstinencia de relaciones sexuales son condiciones de espiritualidad. Pero la doctrina de la creación afirma que, puesto que Dios ha creado todo lo que existe y lo hizo bueno, es redimible. La salvación y la espiritualidad no se encuentran huyendo o evitando el reino material, sino santificándolo.

7. Si toda la creación ha sido hecha por Dios, existe una conexión y una afinidad entre sus varias partes. Soy hermano de todos los otros seres humanos, porque el mismo Dios nos creó y nos cuida. Como el material inanimado también proviene de Dios, yo soy, en el fondo, uno con la naturaleza, ya que somos miembros de la misma familia.

8. Si bien la doctrina de la creación excluye cualquier forma de dualismo, también excluye el tipo de monismo que considera al mundo como una efusión o emanación de la naturaleza de Dios, una parte de Él separada de su esencia, por así decirlo. Existe una tendencia a ver esta emanación como todavía divina; por lo tanto, el resultado final de esta perspectiva es usualmente el panteísmo. La "creación" es un cambio de estado más que un comienzo del ser. La doctrina cristiana de la creación a partir de la nada rechaza todo esto. Los elementos individuales del mundo son criaturas genuinas que dependen de Dios, su Creador.

9. Asimismo, la doctrina de la creación señala las limitaciones intrínsecas de la condición de las criaturas. Ninguna criatura o combinación de criaturas puede equipararse a Dios, y nunca será Dios. Por consiguiente, no hay base alguna para la idolatría, para adorar a la naturaleza o venerar a los seres humanos. Dios tiene un estatus único, así que solo Él debe ser adorado (Ex 20:2-3).

Algunas veces pensamos en la gran brecha metafísica del universo como una brecha cuantitativa que está entre la raza humana y el resto de la creación. Sin embargo, en realidad, la gran brecha metafísica, tanto cuantitativa como cualitativa, está entre Dios en un lado y todo lo demás en el otro[4]. Él debe ser objeto de adoración, alabanza y obediencia. Todas las otras existencias son sujetos quienes ofrecen esos actos en sumisión a Él.

---

3 *Ibid.*, págs. 58-59.

4 Francis Schaeffer, *The God Who Is There* [El Dios que está ahí] (Downers Grove, Illinois: InterVarsity, 1968), págs. 94-95.

La Doctrina de la Creación y su Relación con la Ciencia

La Ciencia y la Biblia

Durante muchos años, la teología fue la "reina de las ciencias". Era la principal fuente de autoridad en Occidente y las enseñanzas de la Biblia y la iglesia eran el estándar con el que se medían las afirmaciones de verdad. Sin embargo, en el periodo moderno, el surgimiento de la ciencia causó fricción entre la teología y la ciencia. Los cristianos que creían plenamente que la Biblia es inspirada y fidedigna, y que Dios creó el mundo y le dio orden y sentido, tenían un deseo natural de que la teología y la ciencia se interrelacionaran ya que ambas derivan de Dios y apuntan a Él. Por el contrario, en ocasiones estalló un conflicto abierto y violento. En las primeras etapas, la disputa de la teología fue principalmente con las ciencias naturales; más tarde, las ciencias del comportamiento presentaron el mayor problema.

En los últimos años, la controversia ha cobrado mayor intensidad, con casos judiciales para decidir sobre la enseñanza de la evolución y el creacionismo. El conflicto ha llevado a mucha gente hacia un extremo o al otro. Algunos, pensando que hay un problema irreconciliable entre la evidencia científica a favor de la evolución y la enseñanza bíblica sobre la creación, han abandonado la fe en el cristianismo.

La gran brecha metafísica está

entre Dios en un lado y todo lo

demás en el otro

Otros prácticamente han abandonado la confianza en el método científico, creyendo que se basa en suposiciones falsas. No obstante, en muchos casos siguen utilizando la teología moderna que la ciencia ha ayudado a desarrollar.

Un área de desacuerdo afín es la naturaleza de la Biblia. Algunos creen que la Biblia tiene mucho que decir sobre tales cuestiones científicas como el origen del universo, la vida, y la raza humana, y que lo dice de forma bastante técnica. Otros, afirmando que la Biblia no es un libro de ciencia, la tratan como totalmente irrelevante sobre cualquier asunto científico, manteniendo que su mensaje es puramente religioso. Ambas concepciones son erróneas. Por un lado, la Biblia debe entenderse a la luz de su propósito: hacer posible que los humanos se relacionen salvíficamente con Dios. No fue dada para satisfacer nuestra curiosidad, ni para proporcionarnos la información que podría obtenerse mediante el estudio de la creación de Dios, su revelación general para nosotros. Las Escrituras describen temas de naturaleza, no en el lenguaje técnico que los científicos usan, pero en el lenguaje de la conversación común que refleja cómo el mundo se muestra a simple vista. Por otro lado, el hecho de que un libro no sea un texto formal sobre un tema en particular (pocos libros lo son) no quiere decir que no diga nada referente a ese tema. De hecho, la Biblia hace declaraciones o afirmaciones sobre la naturaleza y la relación de Dios con ella que tienen implicaciones para la ciencia. En algunos casos, sus afirmaciones religiosas están tan ligadas a las declaraciones sobre la naturaleza que no se pueden separar. Se debe tomar en serio los dos libros de Dios: el libro de su Palabra y el libro de sus palabras.

La Edad y el Desarrollo de la Tierra

Aparte de las cuestiones relacionadas específicamente al origen y la naturaleza de los seres humanos, hay dos problemas que han causado preocupación durante muchos años: la edad de la Tierra y el desarrollo dentro de la creación. El conflicto sobre la edad de la Tierra enfrenta la comprensión de que la Biblia enseña que Dios creó todo hace unos seis mil años (4004 a. C. fue el cálculo exacto hecho por el arzobispo James Ussher) con las indicaciones de la geología de que la Tierra tiene varios miles de millones de años. Los intentos de resolución suelen consistir en ajustar ya sea las indicaciones científicas o bíblicas de la edad o, en algunos casos, ambas.

Por un lado, aquellos que sostienen que la Tierra es relativamente joven suelen cuestionar la validez de los métodos científicos de datación, especialmente los que involucran materiales radioactivos. Algunos de ellos argumentan que en la época del diluvio la Tierra fue sometida a fuerzas geológicas inusuales que la alteraron de tal manera que parece mucho más antigua de lo que es en realidad. Una teoría ingeniosa sostiene que Dios creó el mundo hace seis mil años, pero lo hizo como si ya tuviera miles de millones de años. Por otro lado, aquellos que creen que la Tierra tiene miles de millones de años señalan que las genealogías en la Biblia nunca pretendieron ser usadas para calcular el principio del tiempo. Asimismo, la palabra hebrea traducida como "día" en Génesis 1 puede tener varios significados, incluyendo un largo periodo de tiempo. Algunos argumentan que en realidad los "días" no son periodos de tiempo, sino simplemente figuras retóricas. En mi opinión, el enfoque más satisfactorio es que Dios creó en una serie de actos que implicaron largos períodos y que se llevó a cabo hace un tiempo indefinido. Esto hace plena justicia a los datos científicos y bíblicos.

El otro problema principal sobre la creación y la ciencia es la cuestión del desarrollo. El evolucionismo sostiene que la vida se originó a través de una serie de factores causales y que, mediante un proceso conocido como selección natural, todas las especies que ahora existen se derivaron de un simple organismo. El creacionismo fíat insiste en que Dios directamente creó en el principio cada especie que habría y que no hubo evolución. El evolucionismo teísta argumenta que Dios creó el primer organismo y lo colocó dentro de su universo, el proceso por el cual la vida se desarrolló según las leyes científicas, tal vez ayudado en algunos puntos por la intervención de Dios (p. ej., el cambio de un primate superior en el primer humano).

Hay que tener en cuenta la importante evidencia a favor del surgimiento de nuevas especies a través del desarrollo natural: la similitud entre algunas formas distintas y la existencia de algunas formas transicionales; la restricción de ciertas especies en áreas aisladas (p. ej., Australia); la existencia de órganos vestigiales (p. ej., el cóccix en los humanos). Sin embargo, el registro bíblico, tal y como se entiende desde la perspectiva sobre la inspiración y autoridad que hemos defendido en este libro, parece señalar que Dios creó en una serie de actos. La mejor combinación de estas consideraciones se encuentra en lo que algunas veces se llama creacionismo progresivo. Esto señala que la palabra hebrea traducida como "género" en Génesis 1 no puede ser más específica que eso. Es simplemente una palabra para subdivisiones y, por tanto, no requiere la interpretación de que Dios creó directamente cada especie. Según este punto de vista, Dios crearía el primer miembro de un grupo de criaturas (por ejemplo, el primer caballo) y, durante un largo periodo de tiempo, otras formas estrechamente relacionadas evolucionarían a partir de ellas. Luego, Dios creó otras especies, de naturaleza muy distinta, de modo que las aves no evolucionaron de los peces, por ejemplo. Esto encaja perfecto tanto con los datos bíblicos como científicos, ya que, significativamente, hay deficiencias sistemáticas en el registro fósil. Así que, se puede tomar seriamente la ciencia y la teología.

A veces, los cristianos son intimidados por la teoría de la evolución, olvidando que es una simple teoría, aunque basada en mucha información. Pero cuando la ciencia va más allá de describir los hechos y ofrecer explicaciones de acontecimientos específicos para dar una explicación general del universo, está yendo más allá de su capacidad. Se ha convertido entonces en filosofía, y concretamente en cosmología, que la integridad intelectual exige que no se presente sin señalar que hay otras teorías explicativas. Sin duda, entre las alternativas está la perspectiva de que hay un ser supremo que ha creado todo lo que existe.

El Diseño Inteligente

A finales del siglo XX, se comenzó a desarrollar un nuevo y bastante vigoroso desafío a la evolución naturalista. La primera voz y la fuerza organizadora de este nuevo movimiento, conocido como diseño inteligente, fue el profesor de derecho Philip Johnson de la Universidad de California, Berkeley. Como autoridad en derecho y argumentación, Johnson abordó el caso, que generalmente se presenta para el darwinismo, como lo haría con un argumento legal. Consideró que el caso era deficiente en varios aspectos. Cabe señalar que su argumento no se refería a los datos empíricos, sino a las inferencias extraídas de esos datos[5].

Quizás el principal representante que ha surgido es William Dembski, quien tiene un doctorado tanto en matemáticas como en filosofía. Su más grande contribución al debate es la aplicación de la evaluación estadística al argumento evolutivo. Básicamente, su postura es que la posibilidad de que la complejidad de la naturaleza, tal y como la encontramos, haya surgido por pura casualidad es muy baja[6]. Por el contrario, el estado de desarrollo del universo, y ciertos elementos del mismo en particular, demuestra el tipo de características que comúnmente nos lle-

varían a reconocer la presencia de alguna actividad inteligente. Michael Behe desarrolló la idea de la complejidad irreductible. Mientras que la teoría evolutiva estándar ha defendido una serie de pequeños cambios, Behe sostiene que lo que tenemos es un sistema muy complejo, en el que cualquier parte, si no está presente, haría que el funcionamiento de todo sea imposible[7].

En el campo de la biología, la reacción de la mayoría ha sido que esto no es ciencia propia, sino religión disfrazada de ciencia. No exhibe las características de una ciencia[8]. Sin embargo, los eruditos del diseño inteligente insisten en que esta no es la doctrina de la creación. Aunque muchos de ellos son cristianos evangélicos, sostienen que no defienden la existencia de un creador. Simplemente tratan de señalar la insuficiencia de la teoría darwiniana. Dembski también argumenta que lo que él propone no es meramente una variación del *argumento* del diseño estándar, sino que debería denominarse *inferencia* del diseño. Lo que surge de la discusión no es una conclusión de un diseñador definitivo, sino la presencia de inteligencia *per se*[9].

Parece que esto es, al menos en parte, una disputa entre la filosofía de la ciencia y la lógica del método científico. La doctrina cristiana de la creación no depende del establecimiento del diseño inteligente. El tipo de argumento que ofrecen los proponentes del diseño inteligente, de hecho, apoya y hace más probable la posición

5 Philip E. Johnson, *Darwin on Trial* [Juicio a Darwin] (Downers Grove, Illinois: InterVarsity, 1991).

6 William A. Dembski, *The Design Inference: Eliminating Chance through Small Probabilities* [La inferencia del diseño: eliminando la casualidad mediante pequeñas probabilidades], Cambridge Studies in Probability, Induction and Decision Theory [Estudios de Cambridge en probabilidad, inducción y teoría de la decisión] (Nueva York: Cambridge University Press, 1998).

7 Michael J. Behe, *Darwin's Black Box: The Biochemical Challenge to Evolution* [La caja negra de Darwin: el reto de la bioquímica a la evolución] (Nueva York: Free Press, 1996).

8 Stuart Kauffman, *"Intelligent Design, Science or Not?"* ["Diseño inteligente, ¿ciencia o no?"], en *Intelligent Thought: Science versus the Intelligent Design Movement* [El pensamiento inteligente: ciencia versus el movimiento del diseño inteligente], ed. John Brockman (Nueva York: Vintage, 2006), págs. 169-178.

9 William A. Dembski, *The Design Revolution: Answering the Tough Questions about Intelligent Design* [La revolución del diseño: Respondiendo las preguntas más difíciles sobre el diseño inteligente] (Downers Grove, Illinois: InterVarsity, 2004), pág. 77.

de la creación, pero la presencia de inteligencia no requiere del Dios cristiano. Sin embargo, en caso de que esta teoría resulte inadecuada, la doctrina de la creación no se ve socavada por ello.

Implicaciones de la Doctrina de la Creación

¿Cuáles son las implicaciones de la creencia en la creación? La doctrina tiene un impacto significativo sobre cómo vemos y tratamos la vida y el mundo.

1. Todo lo que existe tiene valor. Dios lo hizo porque le complacía hacerlo y fue bueno a sus ojos. Cada parte tiene su lugar, que es exactamente el que Dios quiso que tuviera. Dios ama a toda su creación, no solo ciertas partes de ella. Por lo tanto, también debemos preocuparnos por toda ella, para preservar, custodiar y desarrollar lo que Dios ha hecho.

2. El accionar creador de Dios no solo incluye el accionar creador inicial, sino también sus obras indirectas posteriores. La creación no excluye el desarrollo dentro del mundo; lo incluye. Por ende, el plan de Dios involucra y utiliza lo mejor de la habilidad y conocimiento humanos en el refinamiento genético de la creación. Estos esfuerzos son nuestra colaboración con Dios en la obra continua de la creación. Pero, por supuesto, debemos tener en cuenta que los materiales y la verdad que empleamos en esos esfuerzos provienen de Dios.

3. Hay razones para investigar científicamente la creación. La ciencia asume que dentro de la creación hay algún tipo de orden o patrón que se puede descubrir. Si el universo fuera aleatorio y, en consecuencia, todos los hechos que los científicos recogen sobre él fueran una mera recopilación al azar, no sería posible una verdadera comprensión de la naturaleza. No obstante, al afirmar que todo se hizo según un patrón lógico, la doctrina de la creación corrobora la suposición de la ciencia. Es significativo que históricamente la ciencia se

142

haya desarrollado más pronto y de forma más rápida en la cultura europea, donde existía la creencia en un único Dios que había creado de acuerdo a un plan racional, más que en alguna otra cultura en la que se creía en varios dioses que realizaban actividades conflictivas[10]. Al saber que el universo tiene un patrón inteligente, el cristiano está motivado a buscarlo.

4. Nadie más que Dios es autosuficiente o eterno. Todo lo demás, todo objeto y todo ser, deriva su existencia a Él. Existe para hacer su voluntad. Aunque respetemos altamente la creación, ya que ha sido creada por Él, siempre mantendremos una clara distinción entre Dios y ella.

10 Alfred North Whitehead, *Science and the Modern World* [La ciencia y el mundo moderno] (Nueva York: Macmillan, 1925), pág. 12.

Preguntas de Análisis y Reflexión

- ¿Cuáles son los elementos de una comprensión bíblica de la creación?
- ¿Cuál es el significado teológico de la doctrina de la creación?
- ¿Cómo se relaciona la doctrina de la creación con la ciencia moderna?
- ¿Qué esfuerzos se han hecho para reconciliar la aparente edad de la Tierra con el material bíblico y con lo que sugieren?
- ¿Cuáles de las razones dadas para estudiar la doctrina de la creación es más importante para usted? ¿Hay otras razones que añadiría a la lista?

14

La Obra Continua de Dios: *Providencia*

Objetivos del Capítulo

Una vez completado este capítulo, el lector es capaz de:

1. Reconocer que una parte de la providencia de Dios es mantener a su creación mediante la preservación.
2. Entender que otra parte de la providencia es el obrar gobernador de Dios.
3. Reconocer que la oración tiene la función de evocar una respuesta humana apropiada a la providencia.
4. Entender que los milagros, u obras que son particularmente sobrenaturales, son un aspecto importante de la providencia.

Resumen del Capítulo

La providencia de Dios como preservación significa que Dios mantiene a la creación que creó. La providencia como gobierno significa que Dios está activamente comprometido en lograr sus propósitos en su creación y que el pecado no los puede frustrar. Si bien la oración no cambia a Dios, hace que el cristiano esté alineado con los propósitos de Dios, permitiendo así que Él cumpla esos propósitos. En ocasiones, Dios decide contrarrestar la ley natural para cumplir sus propósitos; esto ocurre en un milagro. Para el creyente, Dios siempre está presente y activo en su cuidado.

Estructura del Capítulo

Providencia como Preservación

- La Enseñanza Bíblica de la Preservación
- Las Dimensiones Teológicas de la Preservación

Providencia como Gobierno

- La Extensión del Obrar Gobernador de Dios
- Providencia: ¿General o Específica?
- La Relación Entre el Obrar Gobernador de Dios y el Pecado
- Las Principales Características e Implicaciones del Obrar Gobernador de Dios.

Providencia y Oración

Providencia y Milagros

La palabra deriva del latín *providere*, que literalmente significa "prever". Pero se trata de algo más que el simple conocimiento del futuro. La palabra también tiene la connotación de actuar prudentemente o prepararse para el futuro.

La providencia es, en cierto modo, central para la conducta de la vida cristiana. Significa que somos capaces de vivir con la seguridad de que Dios está presente y activo en nuestras vidas.

Él nos cuida y, por lo tanto, podemos enfrentarnos al futuro con confianza, sabiendo que las cosas no pasan por simple casualidad. Podemos orar, sabiendo que Dios escucha y actúa sobre nuestras oraciones.

Podemos enfrentar el peligro, sabiendo que Él se involucra y está consciente.

Se debe considerar que la providencia tiene dos aspectos. El primero es la obra de Dios de preservar su creación en existencia, mantenerla y sostenerla; generalmente se llama preservación o sustento.

El otro es el accionar de Dios de guiar y dirigir el curso de los acontecimientos para cumplir sus propósitos; esto se denomina gobierno o providencia propiamente dicha.

La preservación y el gobierno no deben ser considerados como dos actos separados de Dios, sino como aspectos distinguibles de su obra unitaria.

Providencia como Preservación

La preservación es la conservación de Dios de su creación en existencia.

Involucra la protección de Dios de su creación contra el daño y la destrucción, y su provisión de las necesidades de los elementos o miembros de la creación.

La Enseñanza Bíblica de la Preservación

Varios pasajes bíblicos hablan de que Dios preserva la creación como un todo. En Nehemías 9:6, Esdras dice lo siguiente: "Tú solo eres Jehová; tú hiciste los cielos, y los cielos de los cielos, con todo su ejército, la tierra y todo lo que está en ella, los mares y todo lo que hay en ellos; y tú vivificas todas estas cosas, y los ejércitos de los cielos te adoran". Luego de una declaración sobre el papel de Cristo en la creación, Pablo también lo vincula con la continuación de la creación: "Y él es antes de todas las cosas, y todas las cosas en él subsisten" (Col 1:17).

Los escritores de las Escrituras ven la mano preservadora de Dios en todas partes. En particular, los himnos de alabanza de los salmistas (p. ej., Sal 104) enfatizan la obra de preservación de Dios en la naturaleza. La importancia de tales pasajes es negar que cualquier parte de la creación es autosuficiente. La presencia de Dios es especialmente evidente en la preservación de Israel como una nación. Por ejemplo, la mano de Dios estuvo presente en proveer las necesidades de su pueblo durante la gran hambruna. Dios llevó a José a Egipto para proveer la alimentación del pueblo en tiempos de escasez. La salvación del pueblo en la época de Moisés es particularmente notable. Los hijos de Israel pudieron atravesar el Mar Rojo en suelo seco, mientras que los egipcios que los perseguían fueron arrastrados por las aguas y se ahogaron. En su peregrinaje por el desierto, el pueblo de la nación escogida por Dios recibió provisiones milagrosas y obtuvo victorias en batallas, a veces contra grandes probabilidades, mientras intentaban tomar la tierra que se les había prometido.

En el libro de Daniel, la obra de preservación de Dios es de nuevo muy sorprendente. Sadrac, Mesac y Abed-nego son condenados a ser quemados, pero salen ilesos del horno, mientras quienes los arrojan son destruidos por el calor. Ya que Daniel ora a su Dios, es lanzado al foso de los leones, pero también sale ileso.

Jesús también ha dado una clara enseñanza sobre la obra de preservación del Padre. Los discípulos estaban preocupados sobre las necesidades de la vida: lo que comerían y vestirían. Luego de enseñar que Dios provee para los miembros inferiores de su creación, el argumento de Jesús se traslada a los humanos: tienen más valor que las aves (MT 6:26) y las flores (v. 30). Por lo tanto, no es necesario que los humanos estén ansiosos por la comida o la vestimenta, ya que si buscan el reino de Dios y su justicia, todas estas cosas les serán añadidas (vv. 31-33). Esta es una referencia de la provisión de Dios. Una enseñanza similar ocurre en Mateo 10:28-32.

Las Dimensiones Teológicas de la Preservación

Un énfasis importante, tanto en la enseñanza de Jesús como en la de Pablo, es la inseparabilidad de los hijos de Dios de su amor y cuidado. En Juan 10, Jesús establece un contraste entre sus ovejas y los incrédulos. Sus ovejas reconocen y responden a su voz.

Nunca perecerán. Nadie las arrebatará de su mano; nadie es capaz de arrebatarlas de la mano del Padre (vv. 27-30). Pablo hace algo parecido cuando plantea la siguiente pregunta: "¿Quién nos separará del amor de Cristo?" (Ro 8:35). Lo resume diciendo: "Por lo cual estoy seguro de que ni la muerte, ni la vida, ni ángeles, ni principados, ni potestades, ni lo presente, ni lo por venir, ni lo alto, ni lo profundo, ni ninguna otra cosa creada nos podrá separar del amor de Dios, que es en Cristo Jesús Señor nuestro" (vv. 38-39).

Una dimensión destacada de la preservación de Dios es que el creyente no está libre del peligro o de la prueba, sino que es preservado dentro de ella. No se promete que la persecución y el sufrimiento no vendrán, sino que no

prevalecerán sobre nosotros. Pablo escribe que Dios suplirá todas nuestras necesidades conforme a sus riquezas en gloria en Cristo Jesús (Fil 4:19). Al escribir esas palabras desde la cárcel, Pablo indicaba que había aprendido a contentarse en cualquier situación en la que se encontrara (v. 11).

Los hijos de Dios no pueden separarse de su amor y cuidado; aunque no están libres de pruebas o peligro, son preservados dentro de ellos.

Había aprendido el secreto de enfrentarse ya sea a la abundancia o al hambre (v. 12) y podía hacer todo en el Señor que lo fortalecía (v. 13).

La enseñanza bíblica sobre la obra divina de la preservación excluye dos ideas opuestas. Una es la idea deísta de que Dios simplemente hizo el mundo, estableció sus patrones de acción para que cualquier cosa que cada miembro de la creación necesitara sea automáticamente provisto y luego permitió que el mundo siguiera su camino[1]. Al dar este modelo, la creación permanecerá a menos que Dios actúe para ponerle fin. Sin embargo, en el modelo bíblico, la creación dejaría de existir, si no fuera porque Dios sigue queriendo que persista. Un ejemplo para ayudarnos a entender correctamente la obra de preservación de Dios se puede sacar del mundo de las herramientas eléctricas. Podemos prender un taladro eléctrico manual presionando el interruptor y luego activando un dispositivo de bloqueo que mantendrá el

---

1 G. C. Joyce, *"Deism"* ["Deísmo"] en *Encyclopedia of Religion and Ethics* [Enciclopedia de religión y ética], ed. James Hastings (Nueva York: Scribner, 1955), 4:5-11.

taladro en funcionamiento hasta que se realice una acción definitiva para liberar el bloqueo. Esto es como la visión deísta de la obra de preservación de Dios. No obstante, hay otras herramientas, como las sierras eléctricas, que no tienen dispositivos de bloqueo incorporados. Estas herramientas requieren la aplicación continua de presión en el interruptor, como el "interruptor de hombre muerto" de una locomotora. Tales herramientas pueden servir como metáforas de la perspectiva bíblica de la preservación.

Alguna otra idea de preservación o sustento se debe evitar. Esta es la idea de que Dios es como un reparador celestial: la creación ha sido establecida y funciona ordinariamente como Dios pretende. Sin embargo, a veces es necesario que Dios intervenga para hacer un ajuste antes de que algo salga mal, o quizás para hacer una reparación después de que algo haya salido mal. En este punto de vista, Dios no es necesario cuando todo va bien; simplemente observa con aprobación. No obstante, la Biblia describe una participación mucho más activa de Dios de forma continua[2]. Dios actúa de manera inmanente en su creación, deseando constantemente que permanezca.

Los escritores bíblicos que entendieron la obra divina de la preservación tuvieron un claro sentido de confianza. Por ejemplo, el Salmos 91 describe al Señor como nuestro refugio y fortaleza. El salmista aprendió la lección que Jesús enseñó posteriormente a sus discípulos: no temer a los que matan el cuerpo porque no pueden matar el alma (MT 10:28). Esta no es una creencia de que la muerte no puede tocar al creyente, ya que la muerte les llega a todos (Heb 9:27). Por el contrario, es la confianza de que la muerte física no es el factor más importante, ya que ni siquiera eso nos puede separar del amor de Dios. Aunque la doctrina de la obra

de preservación de Dios no es una justificación para la temeridad o la imprudencia, es una protección contra el terror o incluso la ansiedad.

La obra de preservación de Dios también significa que podemos tener confianza en la regularidad del mundo creado y, en consecuencia, podemos planear y desarrollar nuestras vidas. Tomamos este hecho como algo seguro, pero es esencial para cualquier tipo de funcionamiento racional en el mundo. La creencia cristiana no se basa en un fundamento material o impersonal de la realidad, sino en un ser inteligente, bueno y con propósito que sigue queriendo la existencia de su creación, de modo que normalmente no se producen acontecimientos inesperados.

Providencia como Gobierno

La Extensión del Obrar Gobernador de Dios

Por gobierno de Dios nos referimos a su actividad en el universo para que todos los eventos cumplan su plan correspondiente. Como tal, el obrar gobernador de Dios incluye, por supuesto, el asunto al que nos hemos referido como preservación. Sin embargo, aquí se hace más énfasis en la dirección intencional de toda la realidad y del curso de la historia hacia los fines previstos por Dios. Es la real ejecución, dentro del tiempo, de su plan concebido en la eternidad.

Este obrar gobernador de Dios se extiende a lo largo de una gran variedad de áreas. Dios es descrito como controlador de la naturaleza. Una evidencia particularmente dramática del poder de Dios sobre la naturaleza puede verse en el caso de Elías, quien le dijo a Acab que no llovería a menos que sea por la palabra de Dios, y no llovió durante tres años y medio, y quien oró en el monte Carmelo para que Dios enviara fuego desde el cielo, y así se hizo (1 Reyes 17-18).

El poder de Jesús sobre la naturaleza fue parte de lo que hizo que los discípulos reconocieran

---

2 G. C. Berkouwer, *The Providence of God* [La providencia de Dios] (Grand Rapids: Eerdmans, 1952), pág. 74.

que Él era Dios (Marcos 4:39-41) (para expresiones similares del gobierno del Señor sobre las fuerzas de la naturaleza, ver Job 9:5-9; 37; Sal 104:14; 147:8-15; MT 6:25-30).

Las Escrituras nos dicen que Dios guía y dirige la creación animal. En Salmos 104:21-29, las bestias, desde los leoncillos hasta todas las criaturas marinas, son descritas haciendo su voluntad y dependiendo de Él para su provisión. Incapaces de decidir, los animales obedecen instintivamente el mandato de Dios.

Asimismo, el gobierno de Dios involucra la historia humana y el destino de las naciones. Una expresión particularmente vívida de esto se encuentra en Daniel 2:21:

Él muda los tiempos y las edades;
quita reyes, y pone reyes; da la sabiduría
a los sabios, y la ciencia a los entendidos.

Además, hay una ilustración dramática sobre Nabucodonosor en Daniel 4:24-25 (para expresiones similares de la dirección de Dios sobre la historia humana, ver Job 12:23; Sal 47:7-8; 66:7; Is 10:5-12).

El Señor también es soberano en las circunstancias de las vidas de las personas individuales. Ana, inspirada por la respuesta milagrosa a su oración por un hijo (Samuel), expresa su alabanza.

Jehová mata, y él da vida;
Él hace descender al Seol, y hace subir.
Jehová empobrece, y él enriquece;
Abate, y enaltece.
(1 S 2:6-7)

Pablo afirma que, incluso antes de que naciera, Dios lo apartó para su obra (Gl 1:15-16). David encontró consuelo al saber que Dios era soberano en su vida.

Mas yo en ti confío, oh Jehová;
Digo: Tú eres mi Dios.
En tu mano están mis tiempos;

Líbrame de la mano de mis enemigos y
de mis perseguidores
(Sal 31:14-15)

La soberanía del Señor incluye lo que consideramos como sucesos accidentales de la vida. Proverbios 16:33 dice:

La suerte se echa en el regazo;
Mas de Jehová es la decisión de ella

Cuando los primeros creyentes buscaron a alguien para reemplazar a Judas dentro del círculo de los apóstoles, nominaron a dos y luego oraron para que Dios les mostrara cuál de los dos, Barsabás o Matías, era su decisión. Entonces, les echaron suertes y cuando la suerte cayó sobre Matías, lo incluyeron con los once apóstoles (Hechos 1:23-26).

El obrar gobernador de Dios debe considerarse en el marco más amplio posible. El salmista dice:

Jehová estableció en los cielos su trono,
Y su reino domina sobre todos.
(Sal 103:19)

Luego, en los versículos 20-22, el salmista procede a invocar a todos los ángeles, a todos los ejércitos del Señor, los ministros que hacen su voluntad, todas sus obras, en todos los lugares de su dominio, para que lo bendigan. Las acciones libres de los humanos también son parte de la obra gobernadora de Dios.

Cuando Esdras restaura el templo, el rey Artajerjes de Persia provee los recursos de los fondos de su nación. Esdras comenta lo siguiente: "Bendito Jehová Dios de nuestros padres, que puso tal cosa en el corazón del rey, para honrar la casa de Jehová que está en Jerusalén" (Esdras 7:27). Incluso las acciones pecaminosas de los humanos son parte de la obra providencial de Dios. Probablemente el ejemplo más notable de esto es la crucifixión de Jesús, la cual Pedro atribuye tanto a Dios como al hombre pecador:

"a este, entregado por el determinado consejo y anticipado conocimiento de Dios, prendisteis y matasteis por manos de inicuos, crucificándole" (Hechos 2:23).

Providencia: ¿General o Específica?

Una cuestión que ha sido debatida a lo largo de la historia de la iglesia es si la providencia de Dios es general o específica.

La visión de la provisión general sostiene que Dios tiene objetivos generales que pretende y realmente logra, pero que con respecto a los detalles específicos permite una variación considerable, permitiendo las decisiones humanas.

La perspectiva de la providencia específica es que Dios decide en última instancia incluso los detalles de su plan y se asegura de que resulten como pretende.

Existen varias formas de cada uno de estos puntos de vista. Entre los proponentes de la providencia general están los arminianos tradicionales quienes sostienen que, aunque Dios tiene una presciencia exhaustiva, los humanos tienen libre albedrío, con lo que se refieren a la libertad libertaria o no compatibilista. Enfatizan que Dios pudo haber creado un mundo en el que todos los detalles estuvieran determinados, pero en lugar de eso decidió limitarse, y una importante ilustración de ello se encuentra en la encarnación.

Consideran varios pasajes bíblicos que enseñan sobre la libertad y responsabilidad humana como evidencia de que los humanos determinan muchos de los detalles de lo que sucede[3]. Algunos sostienen que Dios es realmente soberano sobre todo y que los humanos tienen libre albedrío libertario, pero

ven la relación entre estos dos factores como paradójicos en última instancia. Finalmente, los arminianos más extremos, como los teístas abiertos, consideran a Dios como alguien que toma riesgos. Aunque puede que Él tenga un plan sobre la manera en que hará que las cosas ocurran, no saber las acciones futuras de los agentes morales libres significa que a menudo tiene que cambiar sus planes a la luz de los acontecimientos imprevistos.Los teólogos de la soberanía general hacen hincapié en los textos bíblicos que muestran a las personas tomando decisiones o enfrentándose a ellas. Uno de ellos es la situación de Adán y Eva en el huerto del Edén y el llamado a los pecadores a aceptar a Jesucristo constituye otro grupo importante.

Estos teólogos también señalan las ocasiones en que la intención de Dios parece ser frustrada por las acciones humanas. Aquellos que defienden la soberanía específica o, como en ocasiones se denomina, "providencia meticulosa", sostienen que las Escrituras enseñan la soberanía de Dios sobre todo lo que sucede. Ya que las Escrituras no son suficientemente claras en su enseñanza sobre la libertad humana para determinar si es compatibilista o no compatibilista, necesitamos decidir qué punto de vista encaja mejor con las otras enseñanzas de las Escrituras. Algunos pasajes hablan sorprendentemente de la soberanía completa de Dios. Uno de los más poderosos es Efesios 1:11: "En él asimismo tuvimos herencia, habiendo sido predestinados conforme al propósito del que hace todas las cosas según el designio de su voluntad". Algunos textos indican que incluso los asuntos aparentemente diminutos están sujetos a su voluntad: "¿No se venden dos pajarillos por un cuarto? Con todo, ni uno de ellos cae a tierra sin vuestro Padre. Pues aun vuestros cabellos están todos contados. Así que, no temáis; más valéis vosotros que muchos pajarillos" (MT 10:29-31). El salmista escribe lo siguiente:

Y en tu libro estaban escritas
todas aquellas cosas

---

3 Jack Cottrell, "*The Nature of the Divine Sovereignty*" ["La naturaleza de la soberanía divina"], en *The Grace of God and the Will of Man* [La gracia de Dios y la voluntad del hombre], ed. Clark Pinnock (Grand Rapids: Zondervan, 1989).

> Que fueron luego formadas,
> (Sal 139:16)

El modelo de soberanía general tiene dificultades al lidiar con tales pasajes. En algunos casos, simplemente son ignorados[4]. John Sanders, quien defiende el teísmo abierto, ni siquiera menciona Efesios 1:11. En otros casos, la explicación es bastante forzada[5]. Así que Sanders psicologiza la declaración de José a sus hermanos en Génesis 45[6] y considera la predicción de Jesús, que Pedro lo negaría tres veces, como un caso de Dios manipulando las circunstancias para enseñarle una lección a Pedro[7]. Estas son indicaciones de que la exégesis puede ser influenciada por otras consideraciones extrabíblicas. Los pasajes narrativos tienen prioridad sobre los didácticos, una táctica hermenéutica cuestionable. Los teólogos de la soberanía específica argumentan menos sobre estos pasajes narrativos y más sobre los didácticos que parecen enseñar que Dios crea todas las cosas. En mi opinión, el argumento de la soberanía específica es el más fuerte de manera general. El modelo de soberanía específica parece ser capaz de tratar un ámbito más amplio de la enseñanza bíblica con menos distorsión que el otro. Ya que

4 Los textos que parecen hablar sobre la obra humana y la obra divina como más coextensivos, usualmente reciben un tratamiento escaso o nulo. En el libro de Pinnock, The Grace of God and the Will of Man [La gracia de Dios y la voluntad del hombre], p. ej., la única referencia a Flp 2:12-13 es una declaración breve que señala que Calvino lo apeló (Bruce R. Reichenbach, *"Freedom, Justice, and Moral Responsibility"* ["Libertad, justicia y responsabilidad moral"] pág. 289).

5 John Sanders reconoce que algunos pueden considerar "que las explicaciones de varios textos bíblicos debatidos anteriormente son forzadas y poco convincentes" (*The God Who Risks: A Theology of Divine Providence* [El Dios que toma riesgos: una teología de la providencia divina], 2da. ed. [Downers Grove, Illinois: InterVarsity, 2007], pág. 139), pero de todos modos las presenta. Sanders se refiere a los defensores de la presciencia exhaustiva, pero los lectores pueden juzgar por sí mismos la idoneidad de sus explicaciones.

6 *Ibid.*, págs. 84-85.

7 *Ibid.*, pág. 138.

la visión de la libertad compatibilista es una opción viable, el modelo de la soberanía específica es sostenible y preferible. También es útil tener en cuenta la distinción hecha previamente entre el deseo de Dios y su voluntad.

La Relación entre la Actividad Soberana de Dios y el Pecado

En esta instancia, debemos abordar el difícil problema de la relación entre la obra de Dios y los actos humanos pecaminosos. Es necesario hacer una distinción entre la obra normal de Dios en relación con las acciones humanas y su obra respecto a los actos pecaminosos. La Biblia deja bien claro que Dios no es la causa del pecado (Santiago 1:14). Pero si las acciones pecaminosas no son causadas por Dios, ¿qué significa cuando decimos que están dentro de su obrar gobernador? Dios puede y se relaciona con el pecado de varias maneras: puede (1) prevenirlo, (2) permitirlo, (3) dirigirlo o (4) limitarlo[8]. Obsérvese que en cada caso Dios no es la causa del pecado humano, sino que actúa en relación con él.

1. Dios puede prevenir el pecado. A veces, impide o evita que las personas realicen ciertos actos pecaminosos. David oró para que Dios lo guardara del pecado.

> Preserva también a tu siervo
> de las soberbias;
> Que no se enseñoreen de mí
> (Sal 19:13)

2. Dios no siempre previene el pecado. A veces, simplemente lo permite. Aunque no es lo que desearía que pasara, lo consiente. Al no prevenir el pecado que determinamos hacer, Dios hace que sea seguro que lo cometeremos,

8 Augustus H. Strong, *Systematic Theology* [Teología Sistemática] (Westwood, Nueva Jersey: Revell, 1907), págs. 423-425

pero no nos hace pecar ni hace necesario que actuemos así. Esto es probablemente lo que el Señor expresa de forma más clara en Salmos 81:12-13.

> Los dejé, por tanto, a la dureza de su
> corazón;
> Caminaron en sus propios consejos.
> ¡Oh, si me hubiera oído mi pueblo,
> Si en mis caminos hubiera andado Israel!

3. Dios también puede dirigir el pecado. Es decir, aunque permite que algunos pecados ocurran, Dios los dirige en una manera en que el bien resulta de ellos. Pedro vio que Dios usó la crucifixión de Jesús para el bien: "Sepa, pues, ciertísimamente toda la casa de Israel, que a este Jesús a quien vosotros crucificasteis, Dios le ha hecho Señor y Cristo" (Hechos 2:36; ver también Ro 11:13-15, 25). Dios es como un experto en artes marciales que redirige los esfuerzos malos de los humanos pecadores y Satanás de tal forma que se convierten en los propios medios para hacer el bien.

4. Finalmente, Dios puede limitar el pecado. A veces, Él no previene los actos malos, pero limita la extensión o el efecto de lo que los humanos malos, el diablo y sus demonios pueden hacer. Un excelente ejemplo es el caso de Job. Dios permitió que Satanás actuara, pero limitó lo que él podía hacer: "He aquí, todo lo que tiene está en tu mano; solamente no pongas tu mano sobre él" (Job 1:12).

"He aquí, él está en tu mano; mas guarda su vida" (2:6).

Las Principales Características e Implicaciones del Obrar Gobernador de Dios.

Ahora necesitamos resumir las principales características e implicaciones de la doctrina del gobierno divino.

1. El obrar gobernador de Dios es universal. Se extiende a todos los ámbitos, lo que es evidentemente bueno e incluso lo que es aparentemente malo. Pablo escribe lo siguiente: "Y sabemos que a los que aman a Dios, todas las cosas les ayudan a bien, esto es, a los que conforme a su propósito son llamados" (Ro 8:28).

2. La providencia de Dios no se extiende simplemente a su propio pueblo. Aunque hay una preocupación especial por el creyente, Dios no retiene toda su bondad del resto de la humanidad. Jesús dijo lo siguiente de manera bastante abierta en Mateo 5:45: "[...] hace salir su sol sobre malos y buenos, y que hace llover sobre justos e injustos". Esto es contrario a la opinión que sostienen algunos cristianos, que se expresó con humor hace algunos años en una tira cómica llamada "El reverendo". Un día el reverendo, vestido con su traje de clérigo, se va de vacaciones. Su vecino le ofrece regar su césped mientras él no está. "Gracias por tu consideración", le responde el reverendo, "pero he hecho otros arreglos". En la última escena, llueve sobre el césped del reverendo, pero no en los campos adyacentes. Así, dice Jesús, *no* es como trabaja Dios normalmente. Tanto el no creyente como el creyente se benefician de la bondad del Padre. Mi padre era cristiano y el hombre cuya granja estaba junto a la nuestra era un no cristiano que trabajaba siete días a la semana. Pero cuando llovía, normalmente llovía en ambas granjas por igual.

3. Dios es bueno en su gobierno. Trabaja para el bien, a veces realizándolo directamente, a veces contrarrestando o desviando los esfuerzos de los individuos malvados hacia el bien. El hecho de que Dios sea bueno en su gobierno debe producir que el creyente confíe en el resultado final de los acontecimientos de la vida. No solo Dios tiene el control, sino que también dirige asuntos de acuerdo a la bondad y gracia de su carácter.

4. Dios se preocupa personalmente por los suyos. Se preocupa por la oveja perdida (Lucas 15:3-7). Esta dimensión personal del gobierno de Dios se refiere significativamente

a la situación contemporánea. Con la creciente automatización e informatización también ha aumentado la despersonalización. Solo somos engranajes de la maquinaria, robots sin rostro, números archivados, registros digitales en discos de computadoras o entradas en cintas. La doctrina de la providencia de Dios nos asegura que su relación personal con nosotros es importante. Nos conoce a cada uno y cada uno le importa.

5. Nuestra accionar y el accionar de Dios no son mutuamente exclusivos. No tenemos base para el descuido, la indiferencia o la resignación frente al hecho de que Dios está obrando para lograr sus objetivos. Como hemos visto, su providencia incluye las acciones humanas. En ocasiones, los humanos son conscientes de que sus acciones cumplen la intención divina, como cuando Jesús dijo que debía hacer la voluntad del Padre (p. ej., MT 26:42). Otras veces, hay una realización inconsciente del plan de Dios. Poco sabía César Augusto cuando hizo su decreto (Lucas 2:1) que el censo que estaba ordenando haría posible el cumplimiento de la profecía de que el Mesías nacería en Belén, pero de todos modos ayudó a cumplirla.

No debería perderse la creencia en la providencia de Dios simplemente porque ahora hay menos necesidad de una intervención divina espectacular. Sabemos lo que causa que una persona se enferme (al menos en muchos casos) y la ciencia médica puede prevenir o curar las enfermedades.

Las oraciones por sanación a veces parecen ser inapropiadas (excepto en casos críticos o sin esperanza). La providencia de Dios parece ser un concepto extraño[9]. Sin embargo, hemos visto que la providencia incluye la obra inmanente de Dios; por lo tanto, Él actúa providencialmente tanto en la curación realizada por el médico como en una curación milagrosa.

9 Karl Heim, *Christian Faith and Natural Science* [Fe cristiana y ciencia natural] (Nueva York: Harper & Row, 1957), pág. 15.

Tenemos una tendencia a sentir que si Dios hace algo, evidentemente debe ser a través de medios sobrenaturales. Cuando el huracán Katrina golpeó a Nueva Orleans, la inundación alcanzó el campus del New Orleans Baptist Seminary [Seminario Teológico Bautista de Nueva Orleans]. Mientras las fuerzas de seguridad del seminario se preparaban para evacuar el campus, los posibles saqueadores estaban en fila, esperando su oportunidad para perpetrar un daño potencialmente mayor al que las fuerzas de la naturaleza habían infligido.

> *No solo Dios tiene el control, sino que también dirige asuntos de acuerdo a la bondad y gracia de su carácter.*

En ese momento, la unidad de la Guardia Nacional llegó y solicitó permiso para acampar en el campus, el cual fue otorgado. Como resultado, la escuela no sufrió daños por vandalismo. ¿No es esto la providencia preservadora de Dios como si se hubieran enviado grupos de ángeles para vigilar el campus?

Esto no se debe interpretar como que Dios no realiza milagros en la actualidad. Con el crecimiento del cristianismo en los países en vías de desarrollo, se hace evidente que donde la medicina y otras formas de tecnología no están todavía tan disponibles como en el mundo desarrollado, las obras sobrenaturales de Dios están más extendidas.

6. Dios es soberano en su gobierno. Esto quiere decir que solo Él determina su plan y sabe el significado de cada una de sus acciones. No es necesario que nosotros sepamos a dónde nos lleva. Por lo tanto, debemos ser cuidadosos de no ordenarle a Dios lo que debería hacer

para guiarnos. Algunas veces, el cristiano es tentado a decirle a Dios lo siguiente: "si quieres que haga a, entonces muéstramelo al hacer x". Sería mucho mejor, a pesar del vellón de Gedeón (Jue 6:36-40), que simplemente dejáramos que Dios nos iluminara (si así lo desea y en la medida en que lo desee) sobre el significado de su obra. Suponer que deberíamos ser capaces de entender el significado de todas las indicaciones de Dios puede llevarnos a la superstición más que a la piedad.

7. Necesitamos ser cuidadosos con lo que identificamos como providencia de Dios. El caso más notable de una identificación demasiado rápida de los acontecimientos históricos con la voluntad de Dios es probablemente el de los "cristianos alemanes", que en 1934 respaldaron la acción de Adolf Hitler como obra de Dios en la historia. Las palabras de su declaración son aleccionadoras para quienes las leemos ahora: "Estamos llenos de agradecimiento a Dios porque Él, como Señor de la historia, nos ha dado a Adolf Hitler como líder y salvador de nuestra difícil suerte. Reconocemos que, con cuerpo y alma, estamos vinculados y dedicados al Estado alemán y a su Führer. Esta atadura y deber contiene para nosotros, como cristianos evangélicos, su más profundo y santo significado en su obediencia al mandato de Dios"[10]. Desde nuestra perspectiva, el sinsentido de tales declaraciones parece evidente. Pero ¿quizás estemos haciendo en la actualidad algunos pronunciamientos que serán considerados de igual manera erróneos por quienes vengan unas décadas después de nosotros? Aunque no necesariamente tengamos que ir tan lejos como lo hizo Karl Barth al rechazar una teología natural basada en los desarrollos de la historia, en su condenación de la acción de los cristianos alemanes hay una palabra de precaución que es instructiva para nosotros.

10 Citado en Berkouwer, *Providence of God*, págs.162-163.

Providencia y Oración

Un problema que ha preocupado a los cristianos reflexivos al considerar la naturaleza de la providencia es el papel de la oración. El dilema proviene de la cuestión de qué es lo que realmente logra la oración. Por un lado, si la oración tiene algún efecto sobre lo que pasa, entonces parece que el plan de Dios no estaba determinado en primer lugar. En cierto sentido, la providencia depende de o es alterada por cuánto ora alguien o si alguien ora. Por otro lado, si el plan de Dios está establecido y hará lo que va a hacer, ¿importa entonces que oremos?

Hay que señalar que esta es simplemente una forma particular de la cuestión más amplia de la relación entre el esfuerzo humano y la providencia divina. Debemos tener en cuenta dos hechos: (1) las Escrituras enseñan que el plan de Dios es definitivo y determinado, por lo que no está sujeto a revisión; y (2) se nos ordena orar y enseñar que la oración tiene valor (Santiago 5:16). Pero ¿cómo estos dos factores se relacionan entre sí?

Se deduce de las Escrituras que en muchos casos Dios obra en un tipo de colaboración con los humanos. Dios no actúa si los humanos no cumplen su parte. Entonces, por un lado, cuando Jesús ministró en su pueblo natal de Nazaret, no realizó ningún milagro importante. Todo lo que hizo fue sanar a algunas personas enfermas. El hecho de que Jesús "estaba asombrado de la incredulidad de ellos" (Marcos 6:6), sugiere que los habitantes de Nazaret simplemente no le llevaban a sus necesitados para que los sanara. Es evidente que en muchos casos el acto de fe fue necesario para que Dios actuara, y tal fe faltaba en Nazaret. Por otro lado, cuando Jesús caminó sobre las aguas (MT 14:22-23), Pedro pidió que se le ordenara ir hacia Jesús sobre el agua y se le permitió hacerlo. Probablemente Jesús pudo haber permitido que todos los discípulos caminaran sobre las aguas ese día, pero solo lo hizo Pedro porque fue el único que lo solicitó. El centurión trayendo su petición por la sanación de un siervo (MT 8:5-13) y la mujer con la hemorragia aferrándose al manto de Jesús (MT 9:20-22), son ejemplos de fe que, demostrada en forma de petición, dio como resultado la obra de Dios. Cuando Dios dispone el fin (en estos casos, la sanación), también dispone los medios (que incluyen la petición de ser sanado, que a su vez presupone la fe). Por lo tanto, la oración no cambia lo que Él se ha propuesto. Es el medio por el que logra su fin. Es vital, entonces, que se pronuncie una oración, ya que sin ella el resultado deseado no se producirá.

Esto significa que la oración es más que una autoestimulación. No es un método que crea una actitud mental positiva en nosotros para que podamos hacer lo que se nos pide que hagamos. Por el contrario, la oración es en gran medida una cuestión de crear en nosotros una actitud correcta en relación con la voluntad de Dios. Jesús les enseñó a sus discípulos, y a nosotros, a orar "Venga tu reino. Hágase tu voluntad" antes de "El pan nuestro de cada día, dánoslo hoy". La oración no consiste tanto en conseguir que Dios haga nuestra voluntad, sino en demostrar que estamos tan interesados como Dios en que se haga su voluntad. Además, Dios nos enseñó persistencia en la oración (Lucas 11:9-10, obsérvese que las formas gramaticales que se usan en el griego original sugieren una acción continua: seguir pidiendo, seguir buscando, seguir llamando). Orar solo una vez por algo y luego cesar es una señal de poca fe, compromiso y esfuerzo. La oración persistente hace aparente que nuestra petición es importante tanto para nosotros como lo es para Dios.

No siempre recibimos lo que pedimos. Jesús pidió tres veces que le quitaran la copa (muerte por crucifixión) y Pablo oró tres veces para que le quitara el aguijón de la carne. En cada caso, algo más necesario fue concedido (p. ej., 2 Co 12:9-10). Los creyentes pueden orar con confianza, sabiendo que nuestro sabio y buen Dios nos dará no necesariamente lo que pedimos, sino lo que es mejor. Como dice el salmista:

> Porque sol y escudo es Jehová Dios
> [el Señor];
> Gracia y gloria dará Jehová.
> No quitará el bien a los que
> andan en integridad.
> (Sal 84:11)

Providencia y Milagros

Lo que hemos estado analizando hasta ahora son cuestiones de providencia común o normal. Si bien son de origen sobrenatural, son relativamente comunes y, por lo tanto, no tan llamativos o espectaculares. No obstante, debemos considerar un aspecto adicional de la providencia: los milagros, obras sorprendentes o inusuales de Dios que son claramente sobrenaturales. Son obras sobrenaturales especiales de la providencia de Dios que no tienen explicación sobre la base de los patrones usuales de la naturaleza.

Un aspecto importante sobre los milagros involucra su relación con las leyes de la naturaleza.

Para algunos, los milagros no han sido una ayuda para la fe, sino un obstáculo, ya que son tan contrarios a los patrones usuales de ocurrencia que parecen muy improbables o incluso increíbles. Entonces, la cuestión de cómo estos eventos se deben considerar en relación con las leyes naturales es de gran importancia. Han existido tres perspectivas clásicas de la relación entre los milagros y las leyes naturales.

La primera concepción es que los milagros son en realidad las manifestaciones de leyes naturales poco conocidas o prácticamente desconocidas.

Si entendiéramos y conociéramos completamente la naturaleza, podríamos comprender e incluso predecir estos acontecimientos.

Siempre que las raras circunstancias que producen un milagro vuelvan a aparecer en esa combinación en particular, el milagro volverá a producirse[11]. Ciertos casos bíblicos parecen encajar con este patrón; por ejemplo, la pesca milagrosa en Lucas 5. Según este punto de vista, Cristo no creó peces para la ocasión, ni los condujo de alguna manera desde sus lugares en el lago hasta donde se iba a colocar la red. Más bien, se presentaron condiciones inusuales para que los peces se reunieran en un lugar en el que normalmente no se esperaría que estuvieran. Por lo tanto, el milagro de Jesús no fue tanto una cuestión de omnipotencia como de omnisciencia. El milagro consistió en que Él sabía dónde estarían los peces. Algunas de las sanaciones de Jesús bien podrían haber sido psicosomáticas o incluso casos de poderosa sugestión que eliminaban los síntomas histéricos. Jesús simplemente utilizó su extraordinario conocimiento de la psicosomática para lograr estas sanaciones.

Gran parte de este punto de vista es atractivo, especialmente porque algunos de los milagros bíblicos encajan bastante bien en este esquema; es muy posible que algunos de ellos fueran de esta naturaleza. Sin embargo, hay algunos problemas al adoptar esta perspectiva como una explicación integral. Algunos milagros son muy difíciles de explicar en términos de esta visión. Por ejemplo, ¿fue el caso del ciego de nacimiento (Juan 9) un cuadro de ceguera congénita psicosomática? Ahora, sin duda, nadie sabe qué leyes puede haber que no sabemos. Pero es razonable asumir que debemos tener al menos alguna pista de cuáles pueden ser esas leyes desconocidas. La misma ambigüedad de la teoría es tanto su fuerza como su debilidad. Decir, sin más argumentos, que hay leyes de la naturaleza que no conocemos nunca se puede confirmar ni refutar.

Una segunda concepción es que los milagros rompen las leyes de la naturaleza. En el caso del hierro que flotó, por ejemplo (2 Reyes 6:6), esta teoría sugiere que, por un corto periodo

de tiempo, en ese pie cúbico de agua, la ley de la gravedad quedó suspendida. En efecto, Dios anuló la ley de la gravedad hasta que se recuperó el hierro o cambió la densidad del hierro o del agua. Esta perspectiva de los milagros tiene la virtud de parecer considerablemente más sobrenatural que la anterior. Pero hay ciertos inconvenientes. Por un lado, tal suspensión o ruptura de las leyes de la naturaleza suele presentar complicaciones que requieren toda una serie de milagros compensatorios. En la historia del día largo de Josué (Jos 10:12-14), por ejemplo, habría que hacer varios ajustes, de los que no hay ninguna pista en la narración, si Dios realmente detuviera la revolución de la Tierra sobre su eje. Si bien esto es ciertamente posible para un Dios todopoderoso, no hay ninguna indicación de ello en los datos astronómicos[12]. Hay otros dos problemas, uno psicológico y otro teológico. Psicológicamente, el aparente desorden introducido en la naturaleza por la perspectiva de que los milagros son violaciones de la ley natural innecesariamente predispone a los científicos a ser prejuiciosos frente a ellos. De hecho, hay quienes rechazan categóricamente los milagros basándose únicamente en esta definición[13]. Y, teológicamente, esta perspectiva parece alegar que Dios obra contra sí mismo, introduciendo así una forma de autocontradicción.

Una tercera concepción es la idea de que cuando los milagros ocurren, las fuerzas naturales son contrarrestadas por la fuerza sobrenatural. En este punto de vista, las leyes de la naturaleza no se suspenden. Siguen operando, pero se introduce la fuerza sobrenatural, negan-

---

11 Patrick Nowell-Smith, *"Miracles"* ["Milagros"] en *New Essays in Philosophical Theology* [Nuevos ensayos en teología filosófica], ed. Antony Flew y Alasdair MacIntyre (Nueva York: Macmillan, 1955), págs. 245-248.

12 Bernard Ramm, *The Christian View of Science and Scripture* [El punto de vista cristiano de la ciencia y la Escritura] (Grand Rapids: Eerdmans, 1954), págs. 156-161. Una simple explicación es que un milagro de refracción resultó en una prolongación de luz.

13 P. ej., David Hume, *An Enquiry concerning Human Understanding* [Investigación sobre el entendimiento humano] 10.1.

do el efecto de la ley natural[14]. En el caso del hierro, por ejemplo, la ley de la gravedad sigue funcionando alrededor del hierro, pero la mano invisible de Dios estaba debajo de él, sosteniéndolo, como si una mano humana lo levantara. Esta perspectiva tiene la ventaja de considerar los milagros como genuinamente sobrenaturales o extranaturales, pero sin ser antinaturales, como los considera el segundo punto de vista. Sin duda, en el caso de los peces, puede que las condiciones del agua hayan causado que los peces estuvieran allí, pero esas condiciones no habrían estado presentes si Dios no hubiera influido en factores como el flujo y la temperatura del agua. Y, a veces, también puede que hayan ocurrido actos de creación, como en el caso de la alimentación de los cinco mil.

En este punto, debemos mencionar los propósitos de los milagros. Al menos hay tres. El más importante es glorificar a Dios. Esto significa que cuando los milagros ocurren en la actualidad, debemos dar crédito a Dios, quien es la fuente del milagro, no el agente humano, quien es el canal. En la época bíblica, un segundo propósito de los milagros era establecer la base sobrenatural de la revelación, que a menudo los acompañaba. El hecho de que la palabra griega sēmeia ("señales") aparezca frecuentemente en el Nuevo Testamento como un término para los milagros enfatiza esta dimensión. También señalamos que los milagros se producían a menudo en momentos de revelación especialmente intensa. Esto se puede observar en el ministerio de nuestro Señor (p. ej., Lucas 5:24-26, donde revela su autoridad para perdonar pecados). Finalmente, los milagros ocurren para satisfacer las necesidades humanas. A menudo, nuestro Señor es descrito como alguien conmovido por la compasión hacia la gente necesitada y herida que viene a Él (p. ej., MT 14:14). Los sanó para aliviar el sufrimiento causado por tales enfermedades

como la ceguera, la lepra y la hemorragia. Nunca realizó sus milagros por el propósito egoísta de exhibirlos.

Hemos visto que la doctrina de la providencia no es una concepción abstracta. Es la convicción del creyente de que está en las manos de un Dios bueno, sabio y poderoso que logrará sus propósitos en el mundo.

No te desanimes pase lo que pase
Dios cuidará de ti;
Bajo sus alas de amor moramos;
Dios cuidará de ti.

A lo largo de los días de trabajo, cuando
el corazón se desvanece
Dios cuidará de ti;
Cuando los peligros acechan tu camino,
Dios cuidará de ti.
Sin importar cuál sea la prueba,
Dios cuidará de ti;
Apóyate, cansado, en su pecho
Dios cuidará de ti.

Dios cuidará de ti,
durante cada día,
a lo largo de todo el camino;
Él cuidará de ti,
Dios cuidará de ti.
(Civilla Durfee Martin,
"Dios cuidará de ti" 1904)

Preguntas de Análisis y Reflexión

- ¿Qué dos aspectos de la providencia son importantes que el cristiano entienda? ¿Cómo se presentan en las Escrituras?
- ¿Cuál es la extensión del obrar gobernador de Dios?
- ¿Cuáles son las formas en las que Dios se relaciona con el pecado?
- ¿Cómo se relacionan los milagros con la providencia de Dios?
- ¿De qué maneras usted considera la providencia de Dios cuando ora?

---

14 C. S. Lewis, *Miracles* [Milagros] (Nueva York: Macmillan, 1947), págs. 59-61.

15

El Mal y el Mundo de Dios:
Un Problema Especial

Objetivos del Capítulo

Una vez completado este capítulo, el lector es capaz de:

1. Definir y entender la naturaleza del problema del mal.
2. Explicar las cuestiones teológicas que influyen en este problema y que contribuyen a mitigarlo.
3. Reforzar la fe del creyente y permitir que responda a las críticas de la fe cristiana.

Resumen del Capítulo

Probablemente el desafío intelectual más difícil de la fe cristiana es el problema del mal en el mundo. Si Dios es todopoderoso y bondadoso, ¿cómo puede el mal estar presente en el mundo? Aunque el problema nunca se resolverá por completo en esta vida terrenal, hay enseñanzas bíblicas que ayudan a mitigarlo.

Estructura del Capítulo

La naturaleza del problema

Tipos de solución

Temas para tratar el problema del mal

- El mal como acompañamiento necesario de la creación de la humanidad
- Una reevaluación de lo que constituye el bien y el mal
- El mal en general como resultado del pecado en general
- El mal específico como el resultado de pecados específicos
- Dios como la víctima del mal
- La vida después de la muerte

La Naturaleza del Problema

Hemos hablado de la naturaleza de la providencia de Dios y hemos señalado que es universal: Dios tiene el control de todo lo que ocurre. Él tiene un plan para todo el universo y todo el tiempo, y está trabajando para realizar ese buen plan. Pero hay un problema en esta reconfortante doctrina: el problema del mal.

El problema se puede plantear de una manera simple o más compleja. David Hume lo expresó sucintamente cuando escribió sobre Dios: "¿Él está dispuesto a prevenir el mal, pero no puede? entonces él es impotente. ¿Él puede, pero no está dispuesto? entonces él es malévolo. ¿Es capaz y dispuesto? Entonces, ¿de dónde viene mal?"[1] La existencia del mal también puede considerarse como un problema para la oración de hora de la comida que se ha enseñado a orar a muchos niños: "Dios es grande, Dios es bueno. Permítenos agradecerle por nuestra comida". Si Dios es grande, entonces es capaz de prevenir que el mal suceda. Si Dios es bueno, no querrá que el mal ocurra. Pero el mal es evidente entre nosotros. Por lo tanto, el problema del mal puede considerarse como un conflicto que involucra tres conceptos: el poder de Dios, la bondad de Dios y la presencia del mal en el mundo. El mal que provoca este dilema es de dos tipos generales. El primer tipo, el mal natural, no involucra la voluntad ni las acciones humanas, pero es un simple aspecto de la naturaleza que parece trabajar contra el bienestar humano. Hay fuerzas destructivas de la naturaleza: huracanes, terremotos, tornados y el sufrimiento y pérdida de vidas humanas a causa de enfermedades como el cáncer, la fibrosis quística y la esclerosis múltiple. El otro tipo de mal, el denominado mal moral,

se trata de la decisión y la acción de agentes morales libres. Aquí encontramos las guerras, los delitos, la crueldad, la lucha de clases, la discriminación, la esclavitud y las injusticias demasiado numerosas como para mencionarlas. Si bien los males morales pueden, en cierta medida, eliminarse de nuestra consideración culpando al ejercicio del libre albedrío de los seres humanos, los males naturales no pueden descartarse.

El problema del mal toma distintas formas. En general, la forma religiosa del problema del mal ocurre cuando algún aspecto particular de la experiencia de uno cuestiona la grandeza o bondad de Dios y, por lo tanto, amenaza la relación entre el creyente y Dios. La forma teológica del problema tiene que ver con el mal en general. No es un asunto de cómo una situación concreta y específica puede existir a la luz de lo que Dios es y quién es, sino de cómo podría existir cualquier problema de este tipo. Es importante tener en cuenta estas distinciones, ya que la persona para la que algún mal concreto supone una dificultad religiosa puede necesitar atención pastoral más que ayuda para resolver problemas intelectuales[2]. De manera similar, tratar la lucha intelectual genuina de alguien como una simple cuestión de sentimientos no será muy útil. No reconocer la forma religiosa del problema del mal parecerá insensible y no tratar la forma teológica parecerá intelectualmente insultante. Especialmente, cuando ambos se encuentran juntos es importante reconocer y distinguir los componentes respectivos.

1 David Hume, *Dialogues concerning Natural Religion* [Diálogos sobre la religión natural], parte 10.

2 Alvin Plantinga, *God, Freedom, and Evil* [Dios, la libertad y el mal] (Nueva York: Harper & Row, 1974), págs. 63-64.

Tipos de Solución

Han existido muchos tipos diferentes de teodiceas, es decir, intentos de mostrar que Dios no es responsable del mal. En su mayor parte (nuestro análisis es bastante simplificado), estos intentos de solución tratan de reducir la tensión modificando uno o más de los tres elementos que en combinación han provocado el dilema: la grandeza de Dios, la bondad de Dios y la presencia del mal.

Una manera de resolver la tensión del problema que hemos estado describiendo es abandonar la idea de la omnipotencia de Dios. Este enfoque, llamado finitismo, a menudo se encuentra en dualismos como el zoroastrismo o el maniqueísmo. Estos dualismos proponen que hay dos principios definitivos en el universo: Dios y el poder del mal. Dios intenta superar el mal, y lo haría si pudiera, pero simplemente es incapaz de hacerlo.

Una segunda manera de aliviar las tensiones del problema es modificar la idea de la bondad de Dios. Aunque pocos o ninguno de los que se llaman a sí mismos cristianos negarían la bondad de Dios, algunos, al menos implícitamente, sugieren que la bondad debe entenderse en un sentido un tanto diferente al que se suele entender. Alguien que entra en esta categoría es Gordon H. Clark.

Como calvinista acérrimo, Clark no duda en usar el término "determinismo" para describir que Dios causa todas las cosas, incluyendo los actos humanos. Al describir la relación de Dios con ciertas acciones malas de los seres humanos, incluso declara lo siguiente: "Deseo afirmar con toda franqueza y rotundidad que, si un hombre se emborracha y le dispara a su familia, fue la voluntad de Dios que lo hiciera"[3]. Ya que Dios es la única causa máxima de todo, y todo lo que Dios causa es bueno, Clark concluye que es bueno y correcto que Dios (en última instancia) cause actos tan malos como que un hombre borracho le dispare a su familia, aunque Dios no peca y no es responsable de este acto pecaminoso. Sin embargo, en esta solución al problema del mal, el término "bondad" ha sufrido una transformación tal que se aleja de lo que comúnmente se entiende por bondad de Dios.

Una tercera solución propuesta al problema del mal rechaza la realidad del mal, haciendo innecesario cualquier explicación de cómo puede coexistir con un Dios omnipotente y bueno. Encontramos esta perspectiva en varias formas del panteísmo. Por ejemplo, la filosofía de Benedict Spinoza sostiene que solo hay una sustancia y todas las cosas distinguibles son modos o atributos de esa sustancia. Todo tiene una causa determinada; Dios crea todo en la más alta perfección[4]. Una versión más popular pero considerablemente menos sofisticada de esta solución al problema del mal se encuentra en la ciencia cristiana, que afirma que el mal en general, y particularmente las enfermedades, es una ilusión: no tiene realidad[5].

Temas para Tratar el Problema del Mal

Una solución total para el problema del mal va más allá de la capacidad humana. Así que, a continuación, presentaremos varios temas que al combinarse nos ayudarán a enfrentar el problema. Estos temas serán coherentes con los principios básicos de la teología defendida en este libro.

Aunque una solución total para el

problema del mal va más allá de

3 Gordon H. Clark, *Religion, Reason, and Revelation* [Religión, razón y revelación] (Filadelfia: Presbyterian and Reformed, 1961), pág. 221; para el argumento de Clark ver págs. 221-241.

4 Benedict Spinoza, *Ethics* 1.33.2

5 Mary Baker Eddy, *Science and Health with Key to the Scriptures* [Ciencia y salud con clave de las Escrituras] (Boston: Trustees under the will of Mary Baker Eddy, 1934), pág. 348.

la capacidad humana, el mal será

un acompañamiento necesario del

plan de Dios para que las personas

sean completamente humanas.

Esta teología se puede caracterizar como un calvinismo leve que le da un lugar primordial a la soberanía de Dios, al mismo tiempo que busca relacionarla de una manera positiva con la libertad e individualidad humanas. Esta teología es un dualismo en donde el segundo elemento es contingente con o derivado del primero. Es decir, existen realidades distintas a Dios que tienen una propia existencia genuina y buena, pero que en última instancia recibieron su existencia de Él por medio de la creación (no emanación). Asimismo, esta teología afirma el pecado, la caída de la raza humana y la consecuente pecaminosidad de cada humano; la realidad del mal y de los seres demoníacos personales encabezados por el diablo; la encarnación de la segunda persona del Dios Trino, quien se convirtió en un sacrificio expiatorio por los pecados humanos; y la vida eterna más allá de la muerte. En el contexto de esta estructura teológica, los siguientes temas se presentan como medios de ayuda para tratar el problema del mal.

El Mal como Acompañamiento Necesario de la Creación de la Humanidad

Hay algunas cosas que Dios no puede hacer. Dios no puede ser cruel, ya que la crueldad es contraria a su naturaleza. No puede mentir. No puede romper su promesa. Hay algunas otras cosas que Dios no puede hacer sin que haya ciertos resultados inevitables. Por ejemplo, Dios no puede hacer un círculo, un verdadero círculo, sin que todos los puntos de la circunferencia sean equidistantes del centro. De manera

similar, Dios no puede crear a un humano sin ciertas características que lo acompañen.

Los seres humanos no serían verdaderamente humanos sin el libre albedrío. Si bien los humanos son libres en el sentido asumido por los arminianos o libres en un sentido que no es inconsistente con que Dios haya asegurado lo que va a suceder, el hecho de que Dios haya hecho a los seres humanos tal como se propuso significa que tienen ciertas capacidades (p. ej., las capacidades de desear y actuar) que no podrían ejercer plenamente si no existiera posibilidad del mal. Para que Dios impida el mal, tendría que haber hecho a la humanidad distinta de lo que es. La verdadera humanidad requiere la capacidad de desear tener y hacer cosas contrarias a las intenciones de Dios. La posibilidad del mal era un acompañamiento necesario del plan de Dios para crear a la gente completamente humana.

Otra dimensión de este tema es que para que Dios hiciera el mundo físico tal como es fueron necesarios ciertos concomitantes. Aparentemente, para que los humanos tengan una genuina decisión moral con la posibilidad de un verdadero castigo por la desobediencia, significaba que podían morir. Asimismo, el sustento de la vida requería condiciones que podían llevar a la muerte en su lugar. Así que, por ejemplo, la misma agua que necesitamos para vivir puede, en otras circunstancias, causar la muerte por ahogamiento.

En este momento, alguien puede preguntar: "si Dios no podía crear el mundo sin la posibilidad acompañante del mal ¿por qué lo creó? o ¿por qué no creó al mundo sin seres humanos?" Por un lado, no podemos responder esa pregunta porque no somos Dios, pero es apropiado señalar que era evidentemente mejor en términos de lo que Dios pretende en última instancia, que cree en lugar de no crear. Además, era mejor crear seres capaces de tener comunión con Él y obedecerle, incluso frente a las tentaciones de hacer lo contrario. Sin duda, esto era un bien mayor que colocar a los "humanos" en un entorno totalmente antiséptico del que se hubiera excluido incluso la posibilidad lógica de desear algo contrario a la voluntad de Dios.

Una Reevaluación de lo que Constituye el Bien y el Mal

Puede que parte de lo que pensamos como bueno y malo en realidad no sea así. Tenemos la tendencia a identificar lo bueno con lo que es agradable para nosotros en el presente y lo malo con lo que es personalmente desagradable, incómodo o perturbador. Sin embargo, la Biblia parece describir las cosas un tanto diferente.

En primer lugar, debemos considerar la dimensión divina. El bien no debe definirse en términos de lo que da placer personal a los humanos de una forma directa. El bien se debe determinar en relación con la voluntad y ser de Dios. El bien es lo que le glorifica, cumple su voluntad y se ajusta a su naturaleza. A veces, los cristianos citan con bastante ligereza la promesa de Romanos 8:28: "Y sabemos que a los que aman a Dios, todas las cosas les ayudan a bien, esto es, a los que conforme a su propósito son llamados". Pero ¿qué es este bien? Pablo nos da la respuesta en el versículo 29: "Porque a los que antes conoció, también los predestinó para que fuesen hechos conformes a la imagen de su Hijo, para que él sea el primogénito entre muchos hermanos". Por lo tanto, esto es el bien: no es la riqueza o la salud personal, sino ser conforme a la imagen del Hijo de Dios; no nuestra comodidad a corto plazo, sino nuestro bienestar a largo plazo.

En segundo lugar, debemos considerar la dimensión del tiempo o la duración. Algunos males experimentados son en realidad muy perturbadores a corto plazo, pero a largo plazo producen un bien mucho mayor. El dolor del taladro del dentista y el sufrimiento de la recuperación posquirúrgica pueden parecer males bastante graves, pero en realidad son muy pequeños a la luz de los efectos a largo plazo que

se derivan de ellos. Las Escrituras nos motivan a evaluar nuestro sufrimiento temporal a la luz de la eternidad. Pablo dice lo siguiente: "Pues tengo por cierto que las aflicciones del tiempo presente no son comparables con la gloria venidera que en nosotros ha de manifestarse" (Ro 8:18; ver también 2 Co 4:17; Heb 12:2; 1 P 1:6-7). A menudo, un problema se magnifica por su proximidad a nosotros en la actualidad, por lo que se vuelve desproporcionado con respecto a otros asuntos pertinentes. Una buena pregunta sobre cualquier mal aparente es: ¿cuán importante será para mí en un año? ¿En cinco años? ¿En un millón de años?

En tercer lugar, está la cuestión de la extensión del mal. Tenemos la tendencia de ser muy individualistas en nuestra valoración del bien y el mal. Pero este es un mundo grande y complejo, y Dios tiene que cuidar a muchas personas. La lluvia del sábado que estropea un picnic familiar o un partido de golf puede parecerme un mal, pero puede ser un bien mucho mayor para los agricultores cuyos campos resecos rodean el campo de golf o el parque y, en última instancia, para un número mucho mayor de personas que dependen de las cosechas de los agricultores, cuyo precio se verá afectado por la abundancia o escasez de la oferta.

Parte de lo que estamos diciendo aquí es que lo que parece malo puede en algunos casos ser el medio para un bien mayor. Aunque puede que no los entendamos, los planes y acciones de Dios son siempre buenos y conducen invariablemente a buenas consecuencias. No es que los planes y acciones de Dios son buenos debido a sus consecuencias. Por el contrario, lo que hace que las acciones y planes de Dios sean buenos es el hecho de que Él los ha querido.

El Mal en General como Resultado del Pecado en General

Una doctrina cardinal de la teología que se desarrolla en este libro es el hecho del pecado racial. Esto no se refiere al pecado de la discriminación racial, sino que toda la raza humana ha pecado y ahora es pecadora. A través de Adán, toda la raza humana violó la voluntad de Dios y cayó del estado de inocencia en el que Dios la había creado. Como consecuencia, todos nosotros comenzamos la vida con una tendencia natural a pecar. La Biblia nos dice que con la caída, el primer pecado, hubo un cambio radical en el universo. La muerte vino sobre la humanidad (Gn 2:17; 3:2-3; 19). Dios pronunció una maldición sobre la raza humana, que se representa mediante ciertas especificaciones: dolores agudos al dar a luz (3:16), la dominación del esposo sobre la esposa (v. 16), trabajo arduo (v. 17), espinos y cardos (v. 18), probablemente un simple ejemplo de los efectos reales de la creación. En Romanos 8, Pablo dice que toda la creación fue afectada por el pecado humano y ahora está en la esclavitud de la decadencia (vv. 19-23). Espera la redención de su esclavitud. Por ende, parece probable que toda una serie de males naturales también puedan ser el resultado del pecado de los humanos.

Sin embargo, algo más serio y más evidente es la contribución de la caída al mal moral, es decir, el mal que tiene que ver con la voluntad y acción humana. Sin duda, gran parte del dolor e infelicidad de los seres humanos es un resultado del mal estructural dentro de la sociedad. Por ejemplo, el poder puede estar en las manos de algunos que lo usan para explotar a otros. El egoísmo a escala colectiva puede mantener a una determinada clase social o grupo racial en condiciones dolorosas o de indigencia.

Una cuestión importante que no se puede ignorar es cómo el pecado hubiera ocurrido en primer lugar. Parte de la respuesta es que para que los humanos sean verdaderamente libres, debe haber una opción. La opción es obedecer o desobedecer a Dios. En el caso de Adán y Eva, el árbol de la ciencia del bien y del mal simbolizaba esa opción (Gn 2:17). Cuando desobedecieron a Dios, su relación con Él se distorsionó y el pecado se hizo realidad. Los humanos fueron grandemente afectados por

el pecado: sus actitudes, valores y relaciones cambiaron.

Entonces, Dios no creó el pecado. Simplemente proveyó las opciones necesarias para la libertad humana, opciones que podían resultar en pecado. Son los humanos quienes pecaron, no Dios.

El Mal Específico como el Resultado de Pecados Específicos

Algunos males específicos son el resultado de pecados específicos o al menos imprudencias. Algunos de los acontecimientos malos en la vida son causados por las acciones pecaminosas de otros. El asesinato, el abuso infantil, el robo y el abuso sexual son males que resultan del ejercicio de decisiones pecaminosas por individuos pecadores. En algunos casos, la víctima es inocente del mal que se produce, pero en otros casos contribuye o provoca la mala acción.

En un gran número de casos, nosotros mismos provocamos el mal por nuestras propias acciones pecaminosas o imprudentes. Debemos ser muy cuidadosos al aplicar este principio. Los amigos de Job solían atribuir sus desgracias únicamente a sus pecados (p. ej., Job 22). Pero Jesús indicó que la tragedia no siempre es el resultado de un pecado específico. Cuando sus discípulos preguntaron sobre el hombre que nació ciego, "Rabí, ¿quién pecó, este o sus padres, para que haya nacido ciego?", Jesús les contestó: "No es que pecó este, ni sus padres, sino para que las obras de Dios se manifiesten en él" (Juan 9:2-3). Jesús no estaba negando que el hombre y sus padres habían pecado, sino que estaba refutando la idea de que la ceguera era el resultado de un pecado específico. No es prudente atribuir automáticamente las desgracias al propio pecado.

Sin embargo, al dar esta advertencia debemos señalar que hay casos de pecado que traen resultados desafortunados sobre el pecador individual. Un caso puntual es el de David, cuyo pecado con Betsabé y el asesinato de Urías resultó en la muerte del hijo de Betsabé y David, así como un conflicto en la propia casa de David. Quizás, esto se deba considerar más en términos de los efectos de ciertos actos que en términos del castigo de Dios.

No sabemos de qué se trata, pero es muy posible que ciertas condiciones existentes en el momento del acto de adulterio dieran lugar a un defecto genético en el niño. Y puede que el sentido de culpa de David haya llevado a la indulgencia hacia sus propios hijos, lo que a su vez condujo a sus pecados.

Gran parte del mal que se narra en las Escrituras llega a las personas como resultado de sus propios pecados, o el de alguien cercano a ellas.

Pablo dijo: "No os engañéis; Dios no puede ser burlado: pues todo lo que el hombre sembrare, eso también segará. Porque el que siembra para su carne, de la carne segará corrupción; mas el que siembra para el Espíritu, del Espíritu segará vida eterna" (Gl 6:7-8). Aunque es probable que Pablo estaba pensando principalmente en la dimensión eterna de las consecuencias del pecado, el contexto (la primera parte del cap. 6) parece indicar que también pensaba sobre los efectos temporales. La violación de la ley contra el adulterio (Ex 20:14) puede resultar en la destrucción de relaciones de confianza, no solo con el cónyuge, sino también con los hijos. El consumo habitual de alcohol puede destruir la salud de una persona con cirrosis hepática. Dios no está atacando al bebedor, sino que las acciones del bebedor han provocado la enfermedad.

No obstante, esto no quiere decir que Dios no pueda usar los resultados naturales del pecado para disciplinar a la gente.

Dios como la Víctima del Mal

El hecho de que Dios asumiera el pecado y sus efectos malos es una contribución única de la doctrina cristiana a la solución del problema del mal[6]. Es notable que, aunque al saber que Él mismo se convertiría en la principal víctima del mal que resultó del pecado, de todos modos Dios permitió que el pecado ocurra. La Biblia nos dice que Dios se afligió por la pecaminosidad humana (Gn 6:6). Aunque ciertamente hay antropomorfismo en este caso, no deja de haber indicios de que el pecado humano es doloroso o perjudicial para Dios. Pero incluso más importante es el hecho de la encarnación. El Dios trino sabía que la Segunda Persona vendría a la Tierra para ser objeto de numerosos males: hambre, fatiga, traición, burla, rechazo, sufrimiento y muerte. Lo hizo para negar el pecado y, por ende, sus efectos malos. Dios sufre con nosotros el mal de este mundo y, en consecuencia, es capaz de librarnos del mal. ¡Qué tal medida de amor! Cualquiera que quiera impugnar la bondad de Dios por permitir el pecado y, por lo tanto, el mal, debe contrastar esa acusación con la enseñanza de las Escrituras de que Dios mismo se hizo víctima del mal para que Él y nosotros pudiéramos vencer el mal.

La Vida Después de la Muerte

Sin duda, en esta vida hay casos bastante claros de injusticia y sufrimiento inocente. Si esta vida fuera todo lo que existe, seguramente el problema del mal sería irresoluble. Pero la doctrina del cristianismo de la vida después de la muerte enseña que habrá un gran tiempo de juicio: cada pecado será reconocido y se revelará la voluntad divina. Se administrará de manera justa el castigo por el mal y la dimensión final de la vida eterna será otorgada a todos los que respondieron al regalo amoroso de Dios. Por lo tanto, la queja del salmista sobre cómo el mal prospera y el justo sufre se satisfacerá a la luz de la vida después de la muerte.

6 C. S. Lewis, *The Problem of Pain* [El problema del dolor] (Nueva York: Macmillan, 1962), págs. 119-120.

Preguntas de Análisis y Reflexión

- ¿Cuáles son tres soluciones al problema del mal?
- ¿Cómo la libertad humana afecta el problema del mal?
- ¿Cómo definiría los términos "bueno" y "malo"?
- ¿Cómo afectan los pecados generales y específicos al mal?
- Si Dios está realizando un buen plan, ¿por qué cree usted que las cosas buenas parecen pasarle a la gente mala?

16

Agentes Especiales de Dios:
Los Ángeles

Objetivos del Capítulo

Una vez estudiado este capítulo, el lector es capaz de:

1. Identificar y entender sobre los ángeles buenos y sus características únicas.
2. Identificar y entender sobre los ángeles malos a través de sus características y acciones.
3. Crear confianza en los ángeles de Dios, pero no una fascinación excesiva.
4. Crear un respeto sano por los ángeles malos, pero no una fascinación ni miedo.
5. Descubrir el papel de la doctrina de los ángeles al realizar el plan de Dios.
6. Entender las limitaciones y el destino final de Satanás y sus sirvientes.

Estructura del Capítulo

Ángeles Buenos

- Terminología
- Su Origen, Naturaleza y Estatus
- Sus Capacidades y Poderes
- Sus Actividades

Ángeles Malos

- El Origen de los Demonios
- El Líder de los Demonios
- Las Acciones de los Demonios
- La Posesión Demoníaca

El Papel de la Doctrina de los Ángeles

Resumen del Capítulo

Existen seres sobrehumanos (pero no divinos) que trabajan dentro de la historia humana. Algunos de estos, que se mantienen fieles a Dios, realizan su obra. Otros, que cayeron de su estado de santidad creado, viven para oponerse a Dios y a sus hijos. El cuidado y la preocupación de Dios por su creación se evidencia en la ministración de ángeles buenos. En cambio, Satanás y sus seguidores buscan frustrar los propósitos de Dios. Pero Dios ha limitado sus poderes.

Cuando debatimos sobre los ángeles, entramos en un tema que, en cierto modo, es el más inusual y confuso de toda la teología. Karl Barth, quien dio el tratamiento más extenso del tema y que se encuentra en cualquier libro de texto de teología reciente, describió el tema de los ángeles como el "más notable y difícil de todos"[1]. Por lo tanto, es un tema que resulta tentador omitir o descuidar. Sin embargo, las Escrituras enseñan que Dios creó estos seres espirituales y decidió llevar a cabo muchos de sus actos a través de ellos. Por ende, si vamos a ser fieles estudiantes de la Biblia, no tenemos más opción que hablar de ellos.

Por ángeles nos referimos a aquellos seres espirituales que Dios creó como superiores al hombre, algunos de los cuales han permanecido obedientes a Dios y cumplen su voluntad, y otros que desobedecieron, perdieron su condición de santos y ahora se oponen y obstaculizan su obra.

Una de las razones por las que el tema es difícil es que, aunque hay abundantes referencias a los ángeles en la Biblia, no son tratadas. Cuando se mencionan, siempre es para informarnos más sobre Dios, lo que hace y cómo lo hace.

Ángeles Buenos

Terminología

El término hebreo principal para ángel es *malak* y la palabra griega correspondiente es *angelos*. En cada caso, el significado básico es "mensajero", ya sea humano o angelical. Cuando se usa para los ángeles, los términos enfatizan su papel de portador de mensaje. Otros términos del Antiguo Testamento para ángeles son "santos" (Sal 89:5, 7) y "vigilantes"

(Dn 4:13, 17, 23). En conjunto, se denominan "el consejo" (Sal 89:7 NBLA), "la asamblea" (Sal 89:5 NVI) y "ejército" o "ejércitos", como en la expresión muy común "Jehová [o Señor Dios] de los ejércitos", que se encuentra más de sesenta veces solo en el libro de Isaías. Se cree que las expresiones del Nuevo Testamento que hacen alusión a los ángeles son "huestes celestiales" (Lucas 2:13), "espíritus" (Heb 1:14); y en varias combinaciones "principados", "potestades", "tronos", "dominios" y "autoridades" (ver especialmente Col 1:16; también Ro 8:38; 1 Co 15:24; Ef 6:12; Col 2:15). El término "arcángel" aparece en dos pasajes, 1 Tesalonicenses 4:16 y Judas 9. En el último, Miguel es nombrado arcángel.

Su Origen, Naturaleza y Estatus

Las Escrituras no declaran explícitamente que los ángeles fueron creados, ni se mencionan en el relato de la creación (Gn 1-2). Sin embargo, el hecho de que fueron creados está claramente implícito en Salmos 148:2, 5.

> Alabadle, vosotros todos sus ángeles;
> Alabadle, vosotros todos sus ejércitos.
> Alaben el nombre de Jehová;
> Porque él mandó, y fueron creados.

Por mucho tiempo, los judíos y cristianos han creído y enseñando que los ángeles son seres inmateriales o espirituales. En este caso, como en el asunto de su creación, las pruebas explícitas no son abundantes. De hecho, en Hechos 23:8-9 se podría concluir que los ángeles y espíritus se distinguen entre sí, aunque los ángeles pueden ser parte del género de los espíritus. La declaración más clara sobre la naturaleza espiritual de los ángeles se encuentra en Hebreos 1:14, donde el escritor, evidentemente refiriéndose a los ángeles (ver

---

1 Karl Barth, *Church Dogmatics III/3* [Dogmática eclesial III/3] (Edimburgo: T&T Clark, 1961), pág. 369.

vv. 5, 13), dice: "¿No son todos espíritus ministradores, enviados para servicio a favor de los que serán herederos de la salvación?". Parece seguro concluir que los ángeles son seres espirituales, es decir, que no tienen cuerpos físicos ni materiales. Las manifestaciones físicas registradas en las Escrituras se deben considerar como apariencias asumidas para la ocasión (angelofanía).

A veces se ha tendido a exaltar indebidamente a los ángeles, dándoles la adoración y la reverencia que solo corresponde a la Deidad. Sin embargo, el pasaje más extenso sobre los ángeles, Hebreos 1:5-2:9, establece de manera particular que Cristo es superior a los ángeles. Aunque fue creado por un corto tiempo un poco menos que los ángeles, es en todo sentido superior a ellos. Si bien son superiores a los seres humanos en muchas de sus capacidades y cualidades, los ángeles forman parte de la clase de seres creados y, por tanto, finitos, aunque no sabemos con precisión cuándo fueron creados.

Hay un gran número de ángeles. Las Escrituras tienen varias maneras de indicar su número: "millares" (Dt 33:2); "veintenas de millares de millares/ y miles de miles" (Sal 68:17); "doce legiones" (36 000 a 72 000, el tamaño de la legión romana variaba entre 3 000 a 6 000; MT 26:53); "la compañía de muchos millares de ángeles" (Heb 12:22); "muchos ángeles" y "millones de millones" (Ap 5:11). Aunque no hay razón para tomar ninguna de estas cifras como números exactos, particularmente en vista del significado simbólico de los números usados (12 y 1 000) es claro que los ángeles son un grupo muy grande.

Sus Capacidades y Poderes

Los ángeles son representados como seres personales. Se puede interactuar con ellos. Tienen inteligencia y voluntad (2 S 14:20; Ap 22:9). Son criaturas morales, algunas caracterizadas como santas (MT 25:31; Marcos 8:38; Lucas 1:26; Hechos 10:22; Ap 14:10), mientras que otras, que han caído, son descritas como mentirosas y pecadoras (Juan 8:44; 1 Juan 3:8-10).

En Mateo 24:36, Jesús da a entender que los ángeles tienen conocimiento sobrehumano, pero al mismo tiempo afirma claramente que este conocimiento tiene límites: "Pero del día y la hora nadie sabe, ni aun los ángeles de los cielos, sino solo mi Padre". Así como los ángeles poseen un gran conocimiento, pero no omnisciencia, también tienen un gran poder sobrehumano, pero no omnipotencia. Este gran poder se deriva de Dios y los ángeles siguen dependiendo de su voluntad favorable para ejercerlo. Están restringidos a actuar dentro de los límites de su permiso. Esto se aplica incluso para Satanás, cuya capacidad de afligir a Job fue circunscrita por la voluntad del Señor (Job 1:12; 2:6). Los ángeles de Dios solo actúan para realizar las órdenes de Dios, no de manera independiente. Solo Dios hace maravillas (Sal 72:18). Como criaturas, los ángeles están sujetos a todas las limitaciones del carácter de criatura.

Sus Acciones

1. Los ángeles alaban y glorifican a Dios de manera continua (Job 38:7; Sal 103:20; 148:2; Ap 5:11-12; 7:11; 8:1-4). Aunque esta actividad usualmente se realiza en la presencia de Dios, en al menos una ocasión se llevó a cabo en la Tierra: en el nacimiento de Jesús los ángeles cantaron "Gloria a Dios en las alturas" (Lucas 2:13-14).

2. Los ángeles revelan y comunican el mensaje de Dios a los humanos. Esta acción se ajusta más con el significado de la raíz de la palabra "ángel". Los ángeles estaban particularmente involucrados como mediadores de la ley (Hechos 7:53; Gl 3:19; Heb 2:2). Aunque no se mencionan en Éxodo 19, Deuteronomio 33:2 dice: "Jehová [...] vino de entre diez millares de santos". Este oscuro pasaje puede ser una alusión a la mediación de los ángeles. Si bien no se dice que realizaron una función similar en relación con el nuevo pacto, el Nuevo Testamento a menudo

los describe como transmisores de los mensajes de Dios.

Los ángeles buenos alaban a Dios de manera continua, nos comunican su mensaje, nos ministran, ejecutan juicio sobre sus enemigos y participarán en la segunda venida.

Gabriel se le apareció a Zacarías (Lucas 1:13-20) y a María (Lucas 1:26-38). Los ángeles también hablaron con Felipe (Hechos 8:26), Cornelio (Hechos 10:3-7), Pedro (Hechos 11:13;12:7-11) y Pablo (Hechos 27:23).

3. Los ángeles ministran a los creyentes. Esto incluye proteger a los creyentes del daño. En la iglesia primitiva había un ángel que sacó a los apóstoles (Hechos 5:19) y posteriormente a Pedro (Hechos 12:6-11) de la cárcel. Los salmistas experimentaron el cuidado de los ángeles (Sal 34:7; 91:11). Sin embargo, el principal ministerio de los ángeles es el de las necesidades espirituales. Tienen un gran interés en el bienestar espiritual de los creyentes, regocijándose en su conversión (Lucas 15:10) y sirviéndoles en sus necesidades (Heb 1:14). Los ángeles son los espectadores de nuestras vidas (1 Co 4:9; 1 Ti 5:21) y están presentes dentro de la iglesia (1 Co 11:10). Cuando los creyentes fallecen, ellos los llevan al lugar de bendición (Lucas 16:22)

4. Los ángeles ejecutan juicio sobre los enemigos de Dios. El ángel del Señor trajo la muerte a 185 000 asirios (2 Reyes 19:35) y a los hijos de Israel hasta que el Señor le dijo que extienda su mano sobre Jerusalén (2 S 24:16). Fue un ángel del Señor quién mató a Herodes

(Hechos 12:23). El libro de Apocalipsis está lleno de profecías sobre el juicio administrado por los ángeles (8:6-9:21; 16:1-17; 19:11-14).

5. Los ángeles estarán involucrados en la segunda venida. Acompañarán al Señor en su regreso (MT 25:31), así como estuvieron presentes en otros acontecimientos importantes de la vida de Jesús, incluyendo su nacimiento, tentación y resurrección. Separarán el trigo de la cizaña (MT 13:39-42). Cristo enviará sus ángeles con gran voz de trompeta para juntar a los escogidos de los cuatro vientos (MT 24:31; ver también 1 Ts 4:16-17).

¿Qué hay del concepto de los ángeles de la guarda (la idea de que cada persona, o al menos cada creyente, tiene un ángel específico asignado para cuidarlo y acompañarlo en esta vida)? Esta idea fue parte de la popular creencia judía en la época de Cristo y se ha trasladado a algunos pensamientos cristianos[2]. Hay dos pasajes bíblicos que se citan como evidencia de los ángeles de la guarda. Al llamar a un niño y ponerlo en medio de los discípulos, Jesús dijo: "Mirad que no menospreciéis a uno de estos pequeños; porque os digo que sus ángeles en los cielos ven siempre el rostro de mi Padre que está en los cielos" (MT 18:10). Cuando la muchacha Rode le dijo a los demás en la casa que Pedro estaba en la puerta, ellos dijeron "¡Es su ángel!" (Hechos 12:15). Estos versículos parecen indicar que los ángeles son designados especialmente a los individuos.

Sin embargo, en una parte de la Biblia leemos que no solo uno, sino varios ángeles acompañan, protegen y proveen a los creyentes. Eliseo está rodeado por varios caballos y carros de fuego (2 Reyes 6:17); Jesús podría haber llamado a doce legiones de ángeles (MT 26:53); varios ángeles cargan el alma de Lázaro al seno de Abraham (Lucas 16:22). Además, la referencia de Jesús sobre los ángeles de los pequeños especifica

---

2 A. J. Maclean, *"Angels"* ["Ángeles"], en *Dictionary of the Apostolic Church* [Diccionario de la iglesia apostólica], ed. James Hastings (Nueva York: Scribner, 1916), 1:60.

que están en la presencia del Padre. Esto sugiere que se trata de ángeles que adoran en presencia de Dios, más que de ángeles que cuidan de los seres humanos en este mundo. La respuesta a Rode refleja la tradición judía de que un ángel de la guarda se asemeja a las personas a quienes es asignado. Pero un informe que indica que ciertos discípulos creían en los ángeles de la guarda no confiere autoridad a esta creencia. Algunos cristianos seguían teniendo creencias erróneas o confusas sobre diversos temas. Al no tener un material didáctico definitivo, debemos concluir que no hay suficiente evidencia para el concepto de ángeles de la guarda.

Ángeles Malos

El Origen de los Demonios

La Biblia no dice mucho sobre cómo los ángeles malos llegaron a tener su carácter moral actual, e incluso menos sobre su origen. Podemos aprender algo sobre su origen por lo que se dice de su carácter moral. Hay dos pasajes estrechamente relacionados que nos informan sobre la caída de los ángeles malos. Segunda de Pedro 2:4 dice que "Dios no perdonó a los ángeles que pecaron, sino que arrojándolos al infierno los entregó a prisiones de oscuridad, para ser reservados al juicio". Judas 6 dice que "los ángeles que no guardaron su dignidad, sino que abandonaron su propia morada, los ha guardado bajo oscuridad, en prisiones eternas, para el juicio del gran día". Los seres descritos en estos dos versículos son claramente identificados como ángeles que pecaron y fueron juzgados. Deben ser, como todos los otros ángeles, seres creados.

Un problema que presentan estos dos versículos es que se dice que los ángeles malos han sido arrojados a las tinieblas para ser retenidos hasta el juicio. Esto ha llevado a algunos a teorizar que hay dos clases de ángeles caídos: aquellos que están encarcelados y otros que son libres de llevar a cabo en mal en el mundo. Otra

posibilidad es que estos dos pasajes describan la condición de todos los demonios. Que lo último sea correcto es sugerido por el recordatorio de 2 Pedro 2. En el versículo 9, Pedro dice que "sabe el Señor librar de tentación a los piadosos, y reservar a los injustos para ser castigados en el día del juicio". Este lenguaje es casi idéntico al que se usa en el versículo 4. Observe que el recordatorio del capítulo (vv. 10-22) es una descripción del accionar pecaminoso continuo de estas personas que están bajo castigo. De manera similar, concluimos que, aunque fueron arrojados a las tinieblas, los ángeles caídos tienen suficiente libertad para llevar a cabo sus acciones malignas.

Entonces, los demonios son ángeles creados por Dios y, por ende, fueron originalmente buenos, pero pecaron y se volvieron malos. No sabemos cuándo sucedió esta rebelión, pero debe haber ocurrido entre el tiempo que Dios completó la creación y pronunció todo "bueno en gran manera" y la tentación y la caída de los humanos (Gn 3).

El Líder de los Demonios

El diablo es el nombre dado en las Escrituras para el líder de estos ángeles caídos. También es conocido como Satanás, que significa ser o actuar como un adversario[3]. La palabra en griego más común para él es diabolos ("diablo, adversario, acusador"). Hay otros términos que se usan para referirse a él, pero con menos frecuencia: tentador (MT 4:3; 1 Ts 3:5), Beelzebú (MT 12:24, 27; Marcos 3:22; Lucas 11:15, 19), enemigo (MT 13:39), malo (MT 13:19, 38; 1 Juan 2:13; 3:12; 5:18), Belial (2 Co 6:15), adversario (1 P 5:8), engañador (Ap 12:9), gran dragón (Ap 12:3), padre de mentira (Juan 8:44), homicida (Juan 8:44), pecador (1 Juan 3:8). Todos ellos transmiten algo del carácter y

3 Francis Brown, S. R. Driver y Charles A. Briggs, *Hebrew and English Lexicon of the Old Testament* [Léxico hebreo e inglés del Antiguo Testamento] (Nueva York: Oxford University Press, 1955), pág. 966.

las acciones del diablo.

El diablo está, como su nombre indica, comprometido en oponerse a Dios y la obra de Cristo. Lo hace especialmente al tentar a los humanos. Esto se ve en la tentación de Jesús, la parábola del trigo y la cizaña (MT 13:24-30) y el pecado de Judas (Lucas 22:3)[4].

Uno de los significados principales de Satanás es engaño. Pablo nos dice que Satanás se disfraza como un ángel de luz y que sus ministros se disfrazan como ministros de justicia (2 Co 11:14-15). Su uso del engaño también se menciona en Apocalipsis 12:9 y 20:8, 10. Él "cegó el entendimiento de los incrédulos, para que no les resplandezca la luz del evangelio de la gloria de Cristo, el cual es la imagen de Dios" (2 Co 4:4). Se opone y estorba (1 Ts 2:18) a los cristianos en su servicio, incluso usando dolencias físicas para ese fin (así que, probablemente, 2 Co 12:7).

A pesar de todo su poder, Satanás está limitado, como se indica en el caso de Job. Puede ser resistido con éxito y huirá (Santiago 4:7; ver también Ef 4:27) Sin embargo, no puede huir por nuestra propia fuerza, sino solo por el poder del Espíritu Santo (Ro 8:26; 1 Co 3:16).

Acciones de los Demonios

Como súbditos de Satanás, los demonios realizan su trabajo en el mundo. Por lo tanto, se puede asumir que participan en todas las formas de tentación y engaño que él utiliza. Infligen enfermedad: mudez (Marcos 9:17), sordera y mudez (Marcos 9:25), ceguera y sordera (MT 12:22), convulsiones (Marcos 1:26; 9:20; Lucas 9:39) y parálisis o insuficiencia (Hechos 8:7). Sobre todo, se oponen al progreso espiritual del pueblo de Dios (Ef 6:12).

Posesión Demoníaca

Los incidentes de posesión demoníaca reciben una atención destacada en los relatos bíblicos. La expresión técnica es "tener un demonio" o "estar endemoniado".

A veces, encontramos expresiones como "espíritus inmundos" (Hechos 8:7; 19:12).

Las manifestaciones de posesión demoníaca son variadas. Ya hemos señalado algunas de las dolencias físicas que los demonios causan. La persona poseída puede tener una fuerza inusual (Marcos 5:2-4), actuar de maneras extrañas como no usar ropa y vivir en sepulcros en lugar de una casa (Lucas 8:27), o tener una conducta autodestructiva (MT 17:15; Marcos 5:5). Evidentemente, hay grados de aflicción, ya que Jesús habló del espíritu inmundo que "toma consigo otros siete espíritus peores que él" (MT 12:45). El elemento común en todos estos casos es que la persona involucrada está siendo destruida, ya sea física, emocional o espiritualmente. Parece que los demonios podían hablar, presumiblemente usando la voz de la persona poseída (p. ej., MT 8:29, 31). Aparentemente, los demonios también pueden poseer animales (ver los relatos paralelos del incidente de los cerdos: MT 8; Marcos 5; Lucas 8).

Cabe destacar que los escritores bíblicos no atribuyeron todas las enfermedades a la posesión demoníaca. Lucas registra que Jesús distinguía entre dos tipos de sanación: "Yo voy a seguir echando fuera demonios y sanando a la gente hoy y mañana" (Lucas 13:32 NBV). Ni la epilepsia era confundida con posesión demoníaca. Leemos en Mateo 17:15-18 que Jesús echó fuera un demonio de un epiléptico, pero en Mateo 4:24 los epilépticos (así como los paralíticos) eran distinguidos de los demoníacos. En el caso de varias sanaciones, no se hacen menciones de demonios. Por ejemplo, en Mateo no se menciona el exorcismo en el caso de la sanación del siervo del centurión (8:5-13), o de la mujer con la hemorragia que duró doce años (9:19-20).

Jesús echaba fuera demonios sin pronunciar una elaborada fórmula.

---

4 Ver también Hechos 5:3; 1 Co 7:5; 2 Co 2:11; Ef 6:11; 2 Ti 2:26.

Simplemente les ordenaba salir (Marcos 1:25; 9:25). Le atribuía el exorcismo al Espíritu de Dios (MT 12:28) o al dedo de Dios (Lucas 11:20). Jesús confirió autoridad a sus discípulos para echar fuera demonios (MT 10:1). Pero los discípulos necesitaban confianza si querían tener éxito (MT 17:19-20). La oración también se menciona como un requisito para el exorcismo (Marcos 9:29). A veces, la fe por parte de una tercera parte era un requisito (Marcos 9:23-24; cf. 6:5-6). En ocasiones, los demonios eran expulsados de alguien que no había expresado el deseo de ser sanado.

No hay razón para creer que la posesión demoníaca solo ocurría en el pasado. Hay casos, especial pero no exclusivamente en culturas menos desarrolladas, que parecen explicarse solo sobre esta base.

El cristiano debe estar alerta a la posibilidad de que la posesión demoníaca suceda en la actualidad. Al mismo tiempo, uno no debe atribuirle rápidamente los fenómenos físicos y psíquicos aberrantes a la posesión demoníaca. Así como Jesús y los escritores bíblicos distinguieron los casos de posesión de otras enfermedades, así deberíamos nosotros, probando a los espíritus.

En los últimos años ha aumentado el interés por el fenómeno de la posesión demoníaca. Como consecuencia, algunos cristianos pueden llegar a considerar esto como la principal manifestación de las fuerzas del mal. No obstante, Satanás, el gran gran engañador, puede estar fomentando el interés por la posesión demoníaca con la esperanza de que los cristianos se despreocupen de otras formas más sutiles de influencia de los poderes del mal.

El Papel de la Doctrina de los Ángeles

Aunque esta creencia en los ángeles buenos y malos pueda parecer oscura y extraña para algunos, juega un papel importante en la vida del cristiano. Se pueden extraer varios beneficios de nuestro estudio de este tema:

1. Es un consuelo y una motivación para nosotros darnos cuenta de que agentes poderosos, numerosos e invisibles están disponibles para ayudarnos en nuestras necesidades. La mirada de fe hará por el creyente lo que la visión de los ángeles hizo por el criado de Eliseo (2 Reyes 6:17).

2. La alabanza y el servicio de los ángeles a Dios nos da un ejemplo de cómo debemos comportarnos ahora y cómo será nuestra actividad en la vida después de la muerte en la presencia de Dios.

3. Nos hace reflexionar al darnos cuenta de que incluso los ángeles que estaban cerca de Dios sucumbieron a la tentación y cayeron. Este es un recordatorio para nosotros cuando nos exhortan: "el que piensa estar firme, mire que no caiga" (1 Co 10:12).

4. El conocimiento sobre los ángeles inmundos sirve para alertarnos sobre el peligro y la sutileza de la tentación que se puede esperar de las fuerzas satánicas, y nos da una idea de algunas de las formas de actuar del diablo. Debemos tener cuidado con los dos extremos.

No debemos tomarlo demasiado a la ligera para no despreciar los peligros. Sin embargo, tampoco debemos tener interés en él.

5. Recibimos confianza al darnos cuenta de que, aunque Satanás y sus cómplices sean poderosos, hay límites definidos de lo que pueden hacer. Por lo tanto, podemos, por la gracia de Dios, resistirlo con éxito.

Y podemos saber que su derrota final es segura, pues Satanás y sus ángeles serán arrojados al lago de fuego y azufre para siempre (MT 25:41; Ap 20:10).

- ¿Por qué es necesario estudiar a los ángeles e incluirlos en el estudio de la teología?
- ¿Cuáles son los papeles y responsabilidades de los ángeles en el plan de Dios?
- ¿Cómo compararía y contrastaría a los ángeles buenos y malos?
- ¿Qué límites tienen Satanás y sus emisarios?
- ¿De qué maneras el papel de los ángeles buenos inspira en su vida confianza en Dios?

PARTE 4

Humanidad

Introducción a la Doctrina de la Humanidad

17

Objetivos del Capítulo

Al final de este capítulo, el lector es capaz de:

1. Identificar y entender las tres perspectivas contemporáneas de la humanidad.
2. Comparar y contrastar estas tres perspectivas de la humanidad con la doctrina cristiana de la humanidad.
3. Reconocer y evaluar las diferencias entre el relato evolutivo del origen humano y la creación humana directa por parte de Dios.
4. Explicar el significado teológico de la creación humana y su importancia en la cosmovisión cristiana.

Resumen del Capítulo

La perspectiva cristiana de la humanidad sostiene que un ser humano es una criatura de Dios, hecha a imagen de Dios. Esto contrasta con tres puntos de vista contemporáneos de la humanidad. La creación humana directa por Dios provee una explicación más satisfactoria para el origen humano que el relato evolutivo. Además, el creacionismo progresivo es la mejor interpretación tanto de los datos bíblicos como científicos. Finalmente, se llega a siete conclusiones sobre el significado teológico de la creación.

Estructura del Capítulo

Perspectivas de la Humanidad

- Una Máquina
- Un Animal
- Un Peón del Universo

La Perspectiva Cristiana de la Humanidad

El Relato Bíblico de la Creación Humana

- La Creación Humana Directa en las Escrituras
- La Creación Humana Directa y la Ciencia

El Significado Teológico De La Creación Humana

Perspectivas de la Humanidad

La doctrina de la humanidad es especialmente oportuna para que la estudiemos y la utilicemos en nuestro diálogo con el mundo no cristiano. Es un área en donde la cultura contemporánea se plantea continuamente preguntas a las que el mensaje cristiano puede dar respuesta. Debido a que muchas disciplinas distintas tratan sobre la naturaleza humana, hay varias perspectivas diferentes de la humanidad. Nos será útil, al desarrollar nuestra concepción teológica cristiana, conocer al menos tres de las más predominantes.

Una Máquina

Una de estas perspectivas tiene que ver con lo que el humano puede hacer. Por ejemplo, el empleador está interesado en la fuerza y energía humana, las habilidades o capacidades que posee. Sobre esta base, el empleador "alquila" al trabajador por una cierta cantidad de horas al día. A veces, el hecho de que los humanos sean considerados como máquinas es particularmente evidente cuando la automatización causa que un trabajador sea desplazado de su trabajo. Un robot, siendo más preciso y consistente, a menudo realiza mejor el trabajo. Además, requiere menos atención, no solicita aumento de salario y no pierde tiempo debido a enfermedad.

La principal preocupación de quienes tienen esta concepción del ser humano será satisfacer las necesidades de la persona (la máquina) que la mantendrán funcionando eficazmente. La salud del trabajador es de interés, no por la posible angustia personal, sino en términos de eficiencia laboral. Si una máquina, o la introducción de más técnicas avanzadas, puede realizar mejor el trabajo, no habrá duda en adoptar tales medidas porque el trabajo es el principal objetivo y preocupación. Además, al trabajador se le paga el mínimo necesario para que realice la tarea[1]. En este enfoque, las personas son básicamente consideradas como cosas, como medios para fines más que como fines en sí mismos. Tienen valor siempre y cuando sean útiles. Pueden moverse como piezas de ajedrez, como hacen algunas grandes empresas con su personal directivo, manipulándolos si es necesario para lograr los fines previstos.

Un Animal

Otra perspectiva considera a los seres humanos principalmente como miembros del reino animal y derivados de algunas de sus formas superiores. Los humanos se crearon a través del mismo tipo de proceso por el que se creó a los animales y tendrán un fin similar. No hay una diferencia cualitativa entre los humanos y los otros animales. La única diferencia es la del grado.

Este punto de vista de la humanidad es, quizás, el más desarrollado en la psicología del comportamiento. En este caso, la motivación humana se entiende principalmente en términos de impulsos biológicos. El conocimiento de los humanos no se obtiene a través de la introspección, sino mediante la experimentación con animales[2].

1 Brendan Lynch, *"Man vs. Machine"* ["Hombre vs. Máquina"], *Boston Herald*, 26 de octubre, 2011, pág. 4.

2 Sobre la psicología del comportamiento ver, p. ej., Paul Young, *Motivation of Behavior: The Fundamental Determinants of Human and Animal Activity* [La motivación del comportamiento: los determinantes fundamentales de la actividad humana y animal] (Nueva York: John Wiley and Sons, 1936). Para una novela que describe una sociedad ideal construida sobre el uso del conductismo, ver B. F. Skinner, *Walden Two* [Walden Dos] (Nueva York: Macmillan, 1948).

El comportamiento humano puede verse afectado por procesos similares a los que se usan en animales.

Así como el perro de Pavlov aprendió a salivar cuando sonaba una campana, los seres humanos también pueden ser condicionados a reaccionar de determinadas maneras. El estímulo positivo (recompensa) y el estímulo negativo (castigo), menos deseable, son medios de control y entrenamiento.

Un Peón del Universo

Particularmente entre algunos existencialistas, pero también en gran parte de la sociedad, encontramos la idea de que los humanos están a merced de las fuerzas del mundo que controlan su destino, pero no tienen una preocupación real por ellos.

Estas son consideradas fuerzas ciegas, fuerzas casuales en muchos casos. A veces son fuerzas personales, pero incluso son fuerzas sobre las que los humanos tienen influencia, como los superpoderes políticos. Esta es prácticamente una perspectiva pesimista que describe a las personas como aplastadas por un mundo que es hostil o, en el mejor de los casos, indiferente frente a su bienestar y necesidad. El resultado es un sentido de impotencia e inutilidad.

Albert Camus plasmó esta idea general en su reelaboración del mito clásico de Sísifo. Este último murió y fue al inframundo. Sin embargo, fue regresado a la Tierra.

Cuando fue llamado al infierno, se negó a volver, ya que disfrutaba plenamente de los placeres de la vida.

Como castigo fue regresado y sentenciado a empujar una gran roca hasta la cima de una colina. No obstante, cuando logró llegar, la roca rodó hacia abajo. Avanzó a duras penas hasta el fondo de la colina y volvió a empujar la roca hasta la cima para que volviera a rodar hacia abajo. Fue condenado a repetir este proceso eternamente.

A pesar de todos sus esfuerzos, no hubo ningún resultado permanente[3]. Ya sea inmerso en pensamientos temerosos sobre la muerte, la próxima extinción natural del planeta, la destrucción nuclear, o simplemente en la lucha contra los que controlan el poder político y económico, todo aquel que sostiene que el ser humano es básicamente un peón a merced del universo está apoderado por un sentimiento similar de impotencia y resignación.

La Perspectiva Cristiana de la Humanidad

Por su parte, la perspectiva cristiana de la humanidad es que un humano es una criatura de Dios, hecha a imagen de Dios. En primer lugar, esto significa que se debe entender que la humanidad se originó no mediante un proceso casual de evolución, sino a través del acto consciente e intencionado de una persona inteligente e infinita. La razón de la existencia humana radica en la intención del Ser Supremo. En segundo lugar, la imagen de Dios es intrínseca e indispensable para la humanidad. Lo que diferencia a los humanos del resto de la creación es que solo ellos son capaces de tener una relación personal consciente con el Creador y responderle.

El ser humano también tiene una dimensión eterna. El punto de inicio finito en el tiempo fue la creación por un Dios eterno, que dio a los humanos un futuro eterno. Por lo tanto, cuando preguntamos cuál es el bien para los humanos, no debemos responder solo en términos de bienestar temporal o comodidad física. Otra (y, en muchos casos, más importante) dimensión debe cumplirse. Sin embargo, el humano, sin duda, como parte de la creación física y el reino animal, tiene las mismas necesidades que los otros miembros de esos grupos. Nuestro bienestar físico es importante. Ya que Dios se preocupa por ello, nosotros también debemos

3 Albert Camus, *"The Myth of Sisyphus"* ["El mito de Sísifo"], en *Existentialism from Dostoevsky to Sartre* [Existencialismo desde Dostoevsky a Sartre], ed. Walter Kaufmann (Cleveland: World, 1956), págs. 312-315.

hacerlo.

No podemos descubrir nuestro verdadero sentido considerándonos a nosotros mismos y a nuestra propia felicidad como el más alto de todos los valores, ni podemos encontrar la felicidad, la plenitud o la satisfacción buscándola directamente. Una fuente superior nos ha conferido nuestro valor y solo nos sentimos realizados cuando servimos y amamos a ese ser superior.

Muchas de las preguntas planteadas directa o implícitamente por la cultura contemporánea son respondidas por la perspectiva cristiana de la humanidad. Además, este punto de vista le da al individuo un sentido de identidad. Por ejemplo, la imagen del humano como máquina conduce a la sensación de que somos eslabones insignificantes, desapercibidos y sin importancia. Sin embargo, la Biblia indica que todos tenemos valor y somos conocidos por Dios: cada cabello de nuestra cabeza está enumerado (MT 10:28-31). Asimismo, la perspectiva cristiana abarca toda la gama de fenómenos humanos de forma más completa y con menos distorsiones que cualquier otro punto de vista. Y esta visión, más que cualquier otro enfoque de la vida, nos permite funcionar de una manera que es profundamente satisfactoria a largo plazo.

El Relato Bíblico de la Creación Humana

Cuando hablamos del origen de la humanidad, nos referimos a algo más que simplemente su principio, ya que "principio" hace alusión solo al hecho de llegar a existir. No obstante, la teología no plantea únicamente cómo los humanos existieron a la luz de la Tierra, sino por qué o qué propósito hay detrás de su presencia aquí. La imagen bíblica es que un Dios omnisciente, todopoderoso y bueno creó a la raza humana para amarle, servirle y disfrutar una relación con Él. Génesis contiene dos relatos de la creación de Dios de los seres humanos. El primero, en 1:26-27, simplemente

registra (1) la decisión de Dios de hacer a los humanos a su propia imagen y semejanza, y (2) la acción de Dios implementando esta decisión. No se dice nada sobre los materiales o métodos usados. El primer relato pone más énfasis al propósito o la razón de la creación de los humanos; en concreto, debían ser fructíferos, multiplicarse y tener dominio sobre la Tierra (v. 28). El segundo relato, Génesis 2:7, es bastante diferente: "Jehová Dios formó al hombre del polvo de la tierra, y sopló en su nariz aliento de vida, y fue el hombre un ser viviente". Aquí el énfasis parece estar en la manera en que Dios creó.

La Creación Humana Directa en las Escrituras

La imagen bíblica de la creación de la raza humana por Dios parece ciertamente entrar en conflicto con el relato evolutivo de que los seres humanos llegaron a existir por obra de las fuerzas naturales. De hecho, las disputas sobre la evolución que hubo entre la iglesia y la ciencia se centraron principalmente en el origen de la raza humana. Quizás la cuestión más pertinente es hasta qué punto vemos la creación de los seres humanos como algo directo. ¿Dios directamente creó toda la constitución de Adán, tanto física como psicológica, o simplemente tomó un primate superior existente y lo modificó, confiriéndole la imagen de Dios para que se convirtiera en un ser humano? Esta cuestión separa la evolución teísta (en donde Dios creó el primer organismo y luego trabajó dentro del proceso de evolución, interviniendo ocasionalmente, sin embargo, para modificar lo que estaba surgiendo [p. ej., infundiendo el alma humana en una forma física previamente existente]) tanto del creacionismo fíat (en donde Dios creó cada especie en un corto periodo de tiempo) como del creacionismo progresivo (en donde Dios creó directamente cada una de las "especies", incluyendo a los humanos; estas creaciones separadas constituyeron una serie de pasos durante un largo periodo de tiempo).

Un factor principal al determinar nuestra respuesta a la pregunta de si toda la naturaleza humana era una de *novo* ("nueva") creación o si parte de ella fue derivada del proceso de la evolución, es el enfoque hermenéutico que adoptamos en los primeros capítulos de Génesis. Un enfoque es mantener que el pasaje no dice nada específico que tenga que ver con cuestiones científicas sobre el origen del ser humano. Esto parece exageradamente extremo e injustificado. Un enfoque más razonable es preguntar con qué tipo de material literario tratamos en los primeros tres capítulos de Génesis.

Sin duda, parece que en Génesis 1-3 no todos los objetos se deben entender como simples objetos. Por ejemplo, el árbol del cual Adán y Eva estaban prohibidos de comer no es un simple árbol, sino el "árbol de la ciencia del bien y del mal". La serpiente parece no haber sido una simple serpiente, sino el mismo diablo. Por lo tanto, ¿no es posible que el "polvo" que se usó para formar a Adán (Gn 2:7) fuera algo más que partículas físicas de la tierra? ¿Podría representar o simbolizar los bloques de construcción inanimados de los que surgió la materia orgánica y, por tanto, la vida? O ¿podría, como los evolucionistas teístas a veces sugieren, representar una forma de vida prehumana?

Un asunto que hay que afrontar es si el simbolismo es coherente. La palabra "polvo" no solo se encuentra en Génesis 2:7, sino también en el versículo 3:19.

> pues polvo eres,
> y al polvo volverás.

Si entendemos que en 2:7 representa a una criatura ya existente, nos encontramos con dos opciones: el significado del término debe ser diferente en 3:19 (y también en 3:14) o tenemos la situación bastante absurda de que al morir uno vuelve a ser un animal. Se debe señalar que en esos severos casos degenerativos, donde una persona se convierte prácticamente en un subhumano, el cambio ocurre antes de la muerte.

Somos criaturas de Dios, hechas a imagen de Dios

Entonces, sería mejor dejar que la (clara) referencia al polvo en 3:19 interprete la referencia (menos clara) al polvo en 2:7.

Un segundo problema de la evolución teísta es que la expresión "fue el hombre un ser viviente" (Gn 2:7). Las palabras traducidas "ser viviente" también se usan para describir a las otras criaturas que Dios creó previamente (1:20, 21, 24). Esto parece indicar que Adán se convirtió en un ser viviente al momento del accionar especial de Dios en 2:7, lo que contradice la perspectiva teísta de la evolución de que él ya era un ser viviente (aunque de un tipo diferente) antes de ese momento. A la luz de tales consideraciones, concluimos que la información bíblica favorece la perspectiva de que los humanos fueron creados directamente en su totalidad por Dios.

La Creación Humana Directa y la Ciencia

Sin embargo, ¿qué hay sobre la información científica? ¿Cómo encaja con el creacionismo progresivo? ¿Excluyen la creación directa? Señalamos que los evolucionistas han buscado por mucho tiempo el vínculo faltante entre los humanos y el primate superior. No se ha encontrado nada que pueda identificarse claramente como tal; de hecho, es improbable que tal vínculo pueda ser probado. Entonces, el creacionismo progresivo parecería ser la mejor interpretación tanto de la información bíblica como científica.

Una pregunta frecuente es: ¿en dónde encaja Adán en el registro fósil? Un antropólogo cristiano solía responder esta pregunta parcialmente: "si me dices exactamente cómo era Adán, te lo diré". Esto señala el hecho de que se nos dan muy pocos detalles sobre las características físicas de Adán. También enfatiza el hecho de que la apariencia física no es el criterio principal de la humanidad. Así que, para responder la pregunta primero debemos preguntar qué define a la humanidad, no teológicamente, sino antropológicamente.

Entre las sugerencias sobre la marca distintiva de la humanidad se encuentran la fabricación de herramientas, el entierro de los muertos y el uso de un simbolismo complejo o, más concretamente, del lenguaje. Sin embargo, se ha descubierto que los chimpancés fabrican herramientas de forma elemental. James Murk sostiene que el entierro de muertos solo presupone miedo a lo desconocido, lo que a su vez supone solo imaginación, no sentido moral[4]. La tercera sugerencia, el uso del lenguaje, parece ser la que tiene menos dificultades. Esto relacionaría a Adán (y, por tanto, al inicio de la humanidad) con un gran estallido de la cultura hace unos treinta mil o cuarenta mil años, la época del hombre de cromañón. No obstante, hay algunos problemas con esta fecha, especialmente en vista de los elementos neolíticos (p. ej., agricultura) que se encuentran en Génesis 4. Ya que el periodo neolítico comenzó hace aproximadamente entre diez mil y ocho mil años, tenemos el problema de una brecha de veinte mil años entre generaciones. Se han propuesto varias posibles soluciones a este problema. Sin embargo, esta es un área en donde no hay información suficiente para hacer cualquier declaración categórica; se requerirá mucho estudio adicional.

El Significado Teológico de la Creación Humana

Ahora que hemos visto brevemente la doctrina de la creación humana, debemos determinar su significado teológico. Hay varios puntos que requieren atención e interpretación especial.

1. Que los humanos fueran creados significa que no tienen una existencia independiente. Llegaron a existir porque Dios lo quiso y obró para traerlos a la vida y preservarlos. Esto debería hacer que nos preguntemos la razón de nuestra existencia. ¿Por qué Dios nos puso aquí y qué haremos a la luz de ese propósito? Ya que no estaríamos vivos si no es por Dios, todo lo que somos y tenemos proviene de Él. Así que la mayordomía no significa darle a Dios una parte de lo que es nuestro, parte de nuestro tiempo o de nuestro dinero. Toda la vida nos ha sido confiada para nuestro uso, pero le sigue perteneciendo a Dios y debe ser utilizada para servirle y glorificarle.

Esto también ayuda a establecer la identidad humana. Si lo que somos es, al menos en parte, consecuencia de nuestro origen, la clave de nuestra identidad se encontrará en el hecho de que Dios nos ha creado. No somos simplemente hijos de padres humanos, ni tampoco somos el resultado de factores causales que actúan en el mundo. Estamos aquí como resultado de la intención y el plan consciente de un ser inteligente y nuestra identidad es, al menos parcialmente, una cuestión de cumplimiento de ese plan divino.

2. Los humanos son parte de la creación. Por muy diferentes que sean de los demás seres creados por Dios, no se distinguen tan marcadamente del resto como para no tener ninguna relación con ellos. Somos parte de la secuencia de la creación, como lo son los otros seres. El origen de los humanos en uno de los días de la creación nos vincula mucho más cerca con todos los otros seres creados que con el Dios que hizo la creación. Esto significa que debe haber armonía entre nosotros y el resto de las criaturas.

Cuando se toma seriamente, nuestro parentesco con el resto de la creación tiene un impacto definitivo. La palabra "ecología" proviene del griego *oikos*, que significa "casa",

---

4 James W. Murk, *"Evidence for a Late Pleistocene Creation of Man"* ["Pruebas de la creación del hombre en el pleistoceno tardío"], *Journal of the American Scientific Affiliation* 17, n.º 2 (junio 1965): págs. 37-49.

lo que indica la idea de que hay una gran familia. Lo que los humanos hacen sobre una parte afecta también a las otras partes, una verdad que se hace más evidente a medida que comprobamos que la contaminación perjudica a las vidas humanas y la destrucción de ciertos depredadores naturales le da a las plagas una oportunidad relativamente libre.

Por virtud de nuestro origen tenemos un parentesco con el resto de la creación de Dios y, en particular, con toda la raza humana.

---

3. Sin embargo, el ser humano tiene un lugar único en la creación. A pesar de nuestro estatus creado, hay un elemento que nos hace distintos del resto de las criaturas. Por un lado, se dice que todas las criaturas son hechas "según su género". Por otro lado, el humano es descrito como hecho a imagen y semejanza de Dios. Los humanos son colocados encima del resto de la creación para que ejerzan dominio sobre ella. Esto significa que el ser humano no está satisfecho cuando todas sus necesidades animales han sido satisfechas. Hay que tener en cuenta el elemento trascendente designado por la forma única en que se describe al ser humano y que, por tanto, se distingue de las demás criaturas.

4. Hay un parentesco entre humanos. La doctrina de la creación y la descendencia de toda la raza humana a partir de una pareja original significa que todos estamos relacionados con los demás. El lado negativo de nuestra descendencia común es que, en el estado natural, todas las personas son hijos rebeldes del Padre celestial y, por tanto, están alejados de Él y de los demás.

Todos somos como el hijo pródigo. Pero si se comprende plenamente la verdad de la unidad de la humanidad y se actúa en consecuencia, debería producir una preocupación y empatía por otras personas. Nos gozaremos con los que se gozan y lloraremos con los que lloran (Ro 12:15), incluso si no son cristianos.

5. Hay límites definidos en la humanidad. Como criaturas, los humanos tienen las limitaciones que conlleva el ser finito. Nuestra finitud significa que nuestro conocimiento siempre será incompleto y estará sujeto a error. Esto debería impartir un cierto sentido de humildad a todos nuestros juicios, ya que nos damos cuenta de que podemos estar equivocados, por muy impresionante que parezca nuestra fuente de información. La finitud también afecta nuestras vidas. La humanidad no es inherentemente inmortal. Y, tal y como está constituida, debemos enfrentarnos a la muerte (Heb 9:27). Incluso dentro del estado original de la raza humana, cualquier posibilidad de vivir para siempre depende de Dios. Solo Dios es inherentemente eterno; todo lo demás muere.

La finitud significa que todos nuestros logros tienen limitaciones prácticas. Aunque la humanidad ha hecho grandes progresos en las hazañas físicas, el progreso no es ilimitado. Un ser humano puede realizar un salto de altura de dos metros, pero es poco probable que alguien, dentro de nuestra atmósfera, llegue a saltar trescientos metros sin la ayuda de la propulsión artificial. Otros ámbitos de realización, ya sean intelectuales, físicos o de otro tipo, tienen limitaciones prácticas similares.

6. La limitación no es inherentemente mala. Hay una tendencia a quejarse del hecho de que el humano es finito. En efecto, algunos sostienen que esta es la causa del pecado humano. Si no fuéramos limitados, siempre sabríamos lo que está bien y podríamos hacerlo. Pero la Biblia indica que al hacer a los humanos con las limitaciones que van con el carácter de criatura, Dios miró lo que creó y pronunció que era

"bueno en gran manera" (Gn 1:31). La finitud también puede llevar a pecar si no aceptamos nuestra limitación y vivimos consecuentemente. Sin embargo, el mismo hecho de nuestra limitación no produce inevitablemente el pecado. Más bien, las respuestas inadecuadas a esa limitación constituyen o resultan en pecado.

Algunos sienten que la pecaminosidad humana es un remanente de etapas anteriores de nuestra evolución, pero que gradualmente está quedando atrás. Mientras nuestro conocimiento y capacidad aumenten, nos volveremos menos pecadores. No obstante, eso no es verdad. En la práctica real, parece que el aumento de la sofisticación le da a los humanos la oportunidad de tener formas más ingeniosas de pecar. Uno podría pensar que el gran crecimiento de la tecnología informática, por ejemplo, daría lugar a soluciones para muchos problemas humanos básicos y, por ende, a un ser humano más justo. Aunque tal tecnología es, de hecho, usada con frecuencia para propósitos beneficiosos, la codicia humana también ha conducido a maneras nuevas e ingeniosas de robar tanto dinero como información y otras formas de explotación mediante el uso de la computadora. Entonces, la reducción de nuestras limitaciones no conduce inevitablemente a ser mejores seres humanos. Las limitaciones humanas no son malas en sí mismas.

7. La humanidad es, sin embargo, algo maravilloso. Aunque los humanos son criaturas, somos las más altas entre ellas, las únicas hechas a imagen de Dios. No somos simplemente una producción casual de un mecanismo ciego o un subproducto o restos arrojados en el proceso de hacer algo mejor, sino un producto especialmente diseñado por Dios.

A veces los cristianos han sentido innecesario minimizar la capacidad y logros humanos para dar mayor gloria a Dios. Sin duda, debemos poner los logros humanos en su propio contexto en relación con Dios. Pero no es necesario proteger a Dios contra la competencia de su más alta criatura. La grandeza humana puede glorificar más a Dios.

Los humanos son grandes, pero lo que los hace grandes es que Dios los creó. El nombre *Stradivari* habla sobre la calidad de un violín; su fabricante es el mejor. Incluso mientras admiramos el instrumento, admiramos aún más el talento de su creador. El ser humano ha sido creado por el mejor y más sabio de todos los seres, Dios. Un Dios que ha podido crear una criatura tan maravillosa es un gran Dios.

> Reconoced que Jehová es Dios;
> Él nos hizo, y no nosotros a nosotros mismos;
> Pueblo suyo somos, y ovejas de su prado.
> Entrad por sus puertas con acción de gracias,
> Por sus atrios con alabanza;
> Alabadle, bendecid su nombre.
> Porque Jehová es bueno; para siempre es su misericordia,
> Y su verdad por todas las generaciones (Sal 100:3-5).

Preguntas de Análisis y Reflexión

- ¿Cuáles son las tres perspectivas contemporáneas de la humanidad?
- ¿Cómo estas imágenes de la humanidad han afectado la perspectiva de la sociedad sobre la naturaleza humana?
- ¿Qué cuestiones separan al relato evolutivo del origen humano de la perspectiva que afirma la creación humana directa por parte de Dios?
- ¿Cuáles son las siete conclusiones sobre el significado de la creación humana?
- ¿Cómo estas conclusiones le ayudan a entenderse mejor como una criatura de Dios?

18

La Imagen de Dios en el Ser Humano

Objetivos del Capítulo

Una vez estudiado este capítulo, el lector es capaz de:
1. Identificar y explicar los pasajes relevantes de las Escrituras sobre la imagen de Dios en el ser humano.
2. Distinguir entre tres perspectivas diferentes sobre la imagen de Dios y evaluar cada una de ellas.
3. Identificar seis inferencias que se obtienen de la perspectiva bíblica de la imagen de Dios.
4. Identificar seis implicaciones específicas que resultan de imaginar a Dios.

Resumen del Capítulo

La imagen de Dios en la humanidad es fundamental para entender lo que nos hace humanos. Las perspectivas sustantiva, relacional y funcional de la imagen de Dios no son explicaciones completamente satisfactorias. Debemos sacar nuestras conclusiones sobre la imagen de Dios infiriendo a partir de la información bíblica. Las implicaciones de la imagen de Dios deben inspirarnos y establecer los parámetros de nuestra visión de toda la humanidad.

Estructura del Capítulo

Pasajes relevantes de las Escrituras

Perspectivas de la imagen

- La perspectiva sustantiva
- La perspectiva relacional
- La perspectiva funcional

Evaluación de las perspectivas

Conclusiones sobre la naturaleza de la imagen

Implicaciones de la doctrina

P

or muy importante que sea la respuesta a la pregunta "¿De dónde viene el ser humano?" para entender la identidad humana, no nos dice todo lo que necesitamos saber sobre lo que Dios trajo a la vida cuando creó a la humanidad.

Si investigamos la descripción de la Biblia de la humanidad, encontramos que las personas en la actualidad tienen una condición anormal. El ser humano real no es el que encontramos ahora en la sociedad humana, sino el ser que provino de la mano de Dios, no corrompido por el pecado ni la caída. En un sentido muy real, los únicos humanos verdaderos fueron Adán y Eva antes de la caída, y Jesús. Todos los demás son muestras retorcidas, distorsionadas y corruptas de la humanidad. Por lo tanto, es necesario ver la condición humana original y a Cristo si queremos evaluar correctamente lo que significa ser humano.

Una expresión clave es que Dios hizo a los humanos a imagen y semejanza de Dios. Esto distinguía a las personas de todas las otras criaturas, ya que solo se utiliza esta expresión con los humanos. Aunque hubo un gran debate sobre el tema, el concepto es fundamental porque la imagen de Dios es lo que hace a los humanos seres humanos[1]. En este capítulo analizaremos los pasajes bíblicos destacados. Luego observaremos algunas interpretaciones representativas de la expresión "la imagen de Dios" para intentar juntar los pasajes bíblicos en una construcción. Finalmente, buscaremos formular un entendimiento que sea fiel al pleno testimonio bíblico y explicar el significado contemporáneo del concepto.

1 Gerhard von Rad, "εἰκών" en *Theological Dictionary of the New Testament* [Diccionario teológico del Nuevo Testamento], ed. Gerhard Kittel, trad. y ed. Geoffrey W. Bromiley (Grand Rapids: Eerdmans, 1964), 2:390-392; Walther Eichrodt, *Theology of the Old Testament* [Teología del Antiguo Testamento] (Filadelfia: Westminster, 1967), 2:122.

Pasajes Relevantes de las Escrituras

Hay varios pasajes bíblicos que tratan sobre la imagen de Dios. Probablemente, el más conocido es Génesis 1:26-27.

> Entonces dijo Dios: Hagamos al hombre
> a nuestra imagen, conforme a nuestra
> semejanza; y señoree en los peces del
> mar, en las aves de los cielos, en las
> bestias, en toda la tierra, y en todo
> animal que se arrastra sobre la tierra.
> Y creó Dios al hombre a su imagen,
> a imagen de Dios lo creó;
> varón y hembra los creó.

El versículo 26 es la declaración de intención de Dios; incluye los términos *tselem* y *demut*, traducidos respectivamente como "imagen" y "semejanza". El primer término se repite dos veces en el versículo 27. En Génesis 5:1 tenemos una recapitulación de lo que Dios hizo: "El día en que creó Dios al hombre, a semejanza de Dios lo hizo". El escritor añade en el versículo 2 (NVI): "Los creó hombre y mujer, y los bendijo. El día que fueron creados los llamó «seres humanos»". El término que se usa es *demut*. En Génesis 9:6 se prohíbe el asesinato sobre la base de que la humanidad fue creada a imagen de Dios.

> El que derramare sangre de hombre, por
> el hombre su sangre será derramada;
> porque a imagen de Dios es hecho
> el hombre.

Si bien este pasaje no dice explícitamente que los humanos aún poseen la imagen de Dios, es claro que lo que Dios había hecho antes sigue teniendo alguna relación o efecto, incluso en este punto posterior a la caída. Dos pasajes del Nuevo Testamento mencionan la imagen de

Dios en relación con la creación del ser humano. En 1 Corintios 11:7, Pablo dice: "Porque el varón no debe cubrirse la cabeza, pues él es imagen y gloria de Dios; pero la mujer es gloria del varón". Pablo no dice que una mujer es la imagen de Dios, sino que simplemente señala que ella es la gloria del hombre, ya que el hombre es la gloria de Dios. Asimismo, en Santiago 3:9, sobre la base de que los humanos están hechos a semejanza de Dios, el autor condena el uso de la lengua para maldecir a los humanos: "Con ella bendecimos al Dios y Padre, y con ella maldecimos a los hombres, que están hechos a la semejanza de Dios". También hay una especie de sugerencia de la imagen de Dios en Hechos 17:28, aunque no se usa el término: "Porque en él vivimos, y nos movemos, y somos; como algunos de vuestros propios poetas también han dicho: Porque linaje suyo somos".

Además, hay varios pasajes en el Nuevo Testamento que se refieren a los creyentes volviéndose la imagen de Dios mediante el proceso de salvación. Romanos 8:29 señala que están siendo conforme a la imagen del Hijo: "Porque a los que antes conoció, también los predestinó para que fuesen hechos conformes a la imagen de su Hijo, para que él sea el primogénito entre muchos hermanos". En 2 Corintios 3:18 leemos lo siguiente: "Por tanto, nosotros todos, mirando a cara descubierta como en un espejo la gloria del Señor, somos transformados de gloria en gloria en la misma imagen, como por el Espíritu del Señor" (ver también Ef 4:23-24; Col 3:10).

Perspectivas de la Imagen

¿Cuál es la imagen de Dios entonces? Formular una definición involucrará tanto interpretar las referencias individuales e integrar las varias declaraciones evidentes como todas las alusiones en las Escrituras. Hay tres maneras generales de ver la naturaleza de la imagen. Algunos consideran que la imagen consta de ciertas características dentro de la misma naturaleza humana, ya sea física o psicológica/ espiritual. A este punto de vista lo llamaremos perspectiva sustantiva de la imagen. Otros consideran la imagen no como algo inherente o intrínsecamente presente en los humanos, sino como la experiencia de una relación entre el ser humano y Dios, o entre dos o más humanos.

La imagen de Dios distingue a los humanos de todas las otras criaturas; es lo que nos hace humanos

Esta es la perspectiva *relacional*. Finalmente, algunos consideran que la imagen no es algo que un ser humano es o experimenta, sino algo que el humano hace. Esta es la perspectiva *funcional*.

La Perspectiva Sustantiva

La perspectiva sustantiva ha sido dominante durante la mayor parte de la historia de la teología cristiana. El elemento común en las diversas variedades de esta visión es que la imagen se identifica como alguna característica o cualidad definida dentro de la composición del ser humano. Algunos han considerado que la imagen de Dios es un aspecto de nuestra estructura física o corporal. Aunque esta forma de la perspectiva nunca se ha extendido, ha persistido hasta el día de hoy. Puede basarse en una interpretación literal de la palabra hebrea *tselem*, que en su sentido más concreto concreto significa "estatua" o "forma"[2].

Dada esta interpretación, Génesis 1:26

2 Charles Ryder Smith, The Bible Doctrine of Man [La doctrina bíblica del hombre] (Londres: Epworth, 1956), págs. 29-30, 94-95.

significaría algo como "hagamos a los humanos que se parecen a nosotros". Probablemente, los mormones sean los defensores actuales más destacados de la postura de que la imagen de Dios es física.

Las perspectivas sustantivas más comunes sobre la imagen de Dios la aíslan en términos de alguna cualidad psicológica o espiritual de la naturaleza humana, especialmente la razón. De hecho, la especie humana es clasificada biológicamente como Homo sapiens, el ser pensante.

No es de extrañar que los teólogos destaquen la razón como el aspecto más importante de la naturaleza humana, ya que los teólogos son la parte de la iglesia encargada de intelectualizar o reflexionar sobre su fe. Sin embargo, hay que tener en cuenta que al hacerlo no solo han aislado un aspecto de la naturaleza humana para su consideración, sino que también han concentrado su atención en una sola faceta de la naturaleza de Dios. Esto puede dar lugar a una interpretación errónea. Sin duda, la omnisciencia y la sabiduría constituyen una dimensión importante de la naturaleza de Dios, pero no son de ninguna manera la esencia misma de la divinidad.

Aunque las perspectivas sustantivas difieren ampliamente en sus concepciones de la naturaleza de la imagen de Dios, están de acuerdo en una en particular: la ubicación de la imagen. Se encuentra dentro de los humanos como una capacidad o cualidad residente.

La Perspectiva Relacional

Muchos teólogos modernos no conciben la imagen de Dios como algo residente dentro de la naturaleza humana. De hecho, no simplemente se cuestionan qué es el ser humano o que tipo de naturaleza puede tener. En cambio, piensan en la imagen de Dios como la experiencia de una relación. Se puede decir que los seres humanos están en la imagen o muestran la imagen cuando están en una relación particular que, de hecho, es la imagen.

En el siglo XX, la teología neoortodoxa cambió el enfoque con bastante fuerza hacia una comprensión más dinámica de la imagen. Aunque Karl Barth y Emil Brunner diferían en algunos puntos, a veces muy enfáticamente, llegaron a tener ciertos elementos en común.

1. La imagen de Dios y la naturaleza humana se entienden mejor a través de un estudio de la persona de Jesús, no de la naturaleza humana per se.

2. Obtenemos nuestra comprensión de la imagen mediante la revelación divina.

3. La imagen de Dios no se debe entender en términos de ninguna cualidad estructural dentro de los humanos; no es algo que el humano es o posee. Por el contrario, la imagen es una cuestión de la relación personal con Dios; es algo que el humano experimenta. Por lo tanto, es dinámica en lugar de estática.

4. La relación de un humano con Dios, que constituye la imagen de Dios, es paralela a la relación entre humanos. Barth hace mucho más hincapié en la relación hombre-mujer y Brunner tiende a enfatizar el círculo más amplio de las relaciones humanas, es decir, la sociedad.

5. La imagen de Dios es universal; se encuentra en todos los humanos, en todos los tiempos y lugares. Por lo tanto, está presente en los seres humanos pecadores. Siempre hay una relación, ya sea positiva o negativa.

6. No se puede ni es necesario llegar a una conclusión sobre lo que puede haber en la naturaleza de una persona que constituya la capacidad de tener esa relación. Brunner y Barth nunca se preguntan qué es lo que se requiere estructuralmente para que la imagen de Dios esté presente en un ser humano. Por lo tanto, para Brunner y Barth la imagen de Dios no es una entidad que poseemos,

sino la experiencia presente cuando una relación es activa.

En los últimos años, la influencia del posmodernismo ha resultado en incluso un mayor énfasis en la dimensión social, la relación entre humanos más que la relación de los humanos con Dios. En el postmodernismo, el yo tiende a disolverse, al igual que las esencias reales o la verdad independientemente existente. Más allá de eso, el hincapié del posmodernismo en la comunidad significa que los humanos son completamente humanos solo cuando tienen una relación social. Entonces, desde una perspectiva cristiana posmodernista, los humanos en su conjunto son la imagen de Dios, en lugar de los individuos, en la dimensión escatológica así como en la realidad actual[3].

La Perspectiva Funcional

Un tercer tipo de perspectiva de la imagen ha tenido una larga historia y recientemente su popularidad ha aumentado. Esta es la idea de que la imagen no es algo presente en la composición humana o la experiencia de la relación con Dios u otros humanos, sino que la imagen consiste en algo que uno hace. Es una función humana, la que se menciona con más frecuencia es el ejercicio del dominio sobre la creación.

En Génesis 1:26, "Hagamos al hombre a nuestra imagen, conforme a nuestra semejanza" es seguido inmediatamente de "y señoree en los peces del mar, [...]". No solo hay una estrecha conexión entre estos conceptos en este versículo, en donde Dios expresa su intención de crear, sino también en los versículos 27-28, donde leemos que Dios creó a los humanos a imagen de Dios y les ordenó tener dominio[4]. Algunos consideran que la yuxtaposición de estos dos conceptos es algo más que una coincidencia. Ejercer dominio es considerado como el contenido de la imagen de Dios.

Un segundo pasaje que contiene una estrecha conexión entre la imagen de Dios en la humanidad y el ejercicio del dominio es Salmos 8:5-6.

> Le has hecho poco menor que los
> ángeles,
> Y lo coronaste de gloria y de honra.
> Le hiciste señorear sobre las obras de tus
> manos;
> Todo lo pusiste debajo de sus pies

"Generalmente, los comentaristas están convencidos de que Salmos 8 depende en gran medida de Génesis 1"[5]. Una de sus prueba es el catálogo de criaturas en Salmos 8:7-8: las bestias del campo, las aves de los cielos y los peces del mar[6]. Entonces, se llega a la conclusión de que el versículo 5 es equivalente a las declaraciones en Génesis 1 de que la humanidad fue creada a imagen de Dios.

Una interpretación exhaustiva de la imagen de Dios como el ejercicio de dominio por parte de la humanidad se encuentra en *Somewhat Less Than God* [Un poco menos que Dios] de Leonard Verduin, que plantea esta cuestión con bastante fuerza: "De nuevo, la idea de tener dominio destaca como característica central. Que el hombre sea una criatura destinada a tener dominio y que, como tal, es a imagen de su Creador, es el peso del relato de la creación

---

3 Stanley J. Grenz, *"The Social God and the Relational Self: Toward a Theology of the Imago Dei in the Postmodern Context"* ["El Dios social y ser relacional: hacia una teología del Imago Dei en el contexto posmoderno"] en *Personal Identity in Theological Perspective* [La identidad personal en la perspectiva teológica], ed. Richard Lints, Michael S. Horton y Mark R. Talbot (Grand Rapids: Eerdmans, 2006), pág. 92.

4 Leonard Verduin, *Somewhat Less Than God: The Biblical View of Man* [Un poco menos que Dios: El punto de vista bíblico acerca del hombre] (Grand Rapids: Eerdmans, 1970), pág. 27.

5 Norman Snaith, *"The Image of God"* ["La imagen de Dios"] *Expository Times* 86, n.° 1 (Octubre 1974): pág. 24.

6 *Ibid.*

en el libro de Génesis, el Libro de los Orígenes. Es el punto central que el escritor de este relato quería hacer"[7].

Esta perspectiva ha hecho que surja un gran énfasis en lo que a veces se llama en los círculos reformados "el mandato cultural". Así como Jesús envió a sus apóstoles al mundo y les encargó que hicieran discípulos a todas las personas, Dios envió a sus más altas criaturas, los seres humanos, a la creación y les encargó que la gobernaran. Esta comisión implica que los humanos deben hacer el pleno uso de su capacidad para aprender sobre toda la creación, ya que al entender a la creación los humanos serán capaces de predecir y controlar sus acciones. Estas actividades no son opcionales, sino que son parte de la responsabilidad que va con ser la más alta criatura de Dios.

Evaluación de las Perspectivas

Ahora necesitamos evaluar las tres perspectivas generales de la imagen de Dios.

Comenzaremos con las perspectivas menos tradicionales, las concepciones de la imagen como relación y función.

La perspectiva relacional ha aprovechado correctamente la verdad de que solo el ser humano, de entre todas las criaturas, conoce y se relaciona conscientemente con Dios. Las descripciones de Adán y Eva en el huerto del Edén sugieren que habitualmente tenían comunión con Dios. Es significativo que tanto en la ley de Antiguo Testamento (los diez mandamientos en Ex 20) como en la declaración de Jesús de los dos grandes mandamientos (MT 22:36-40; Marcos 12:28-31; Lucas 10:26-27), la voluntad de Dios para los seres humanos tiene que ver con la relación con Dios y con los demás seres humanos.

Sin embargo, hay ciertos problemas con la perspectiva de que la imagen de Dios es totalmente una cuestión relacional. Uno de ellos es la universalidad de la imagen. ¿En qué sentido se puede decir que aquellos que viven en total indiferencia a Dios, o incluso en rebelión hostil contra Él, son (o están en) la imagen de Dios? Otro problema surge cuando nos preguntamos qué permite que los humanos tengan esta relación que ninguna otra criatura puede tener. Sin duda, hay ciertos factores previos para que la relación se produzca.

Debemos concluir que Barth y Brunner se desviaron por sus presupuestos totalmente antisubstancialistas, derivados del existencialismo. Esto lleva a la postura de que la singularidad humana debe ser formal y no sustantiva. Pero la base exacta de la constitución formal del ser humano como ser capaz de relacionarse nunca se define.

Cuando pasamos al punto de vista funcional, volvemos a ver un aprovechamiento profundo de uno de los principales elementos del cuadro bíblico de la imagen de Dios, en concreto, que al acto de Dios de crear al ser humano le sigue inmediatamente el mandato de tener dominio. Ciertamente es, al menos, una conexión muy estrecha entre la imagen y el ejercicio del dominio. También hay, sin duda, un paralelismo entre Génesis 1 y Salmos 8 (i. e., en la descripción del ámbito que los humanos tienen que dominar). Pero también hay problemas con este punto de vista.

Un problema tiene que ver con la conexión entre Salmos 8 y Génesis 1. Los términos "imagen" y "semejanza" no aparecen en Salmos 8. Si el salmo, de hecho, depende de Génesis 1, ¿dónde encontramos una referencia específica a la imagen? Y si el ejercicio del dominio sobre las criaturas mencionadas en los versículos 7-8 del salmo constituye efectivamente la imagen de Dios, entonces se esperaría también que este pasaje tenga alguna referencia específica a la imagen, aunque esto es, por supuesto, un argumento del silencio.

Asimismo, Génesis 1 no contiene ninguna equivalencia clara de la imagen de Dios con el ejercicio del dominio. Por el contrario, hay

---

7 Verduin, *Somewhat Less Than God*, pág. 27.

algunas indicaciones de que son distinguibles. Se dice que Dios creó a los humanos a su imagen; luego Dios dio la orden de tener dominio. En otras palabras, se habla del ser humano como si fuera la imagen de Dios antes de que se le ordene ejercer el dominio.

En el versículo 26, el uso de dos expresiones exhortativas: "Hagamos al hombre a nuestra imagen, conforme a nuestra semejanza" y "señoree", parece diferenciar los dos conceptos. Walther Eichrodt señala que se da una bendición cuando el ser humano es creado, pero que se necesita una segunda bendición antes que de ejercer el dominio sobre las criaturas[8]. Entonces, parece que la perspectiva funcional puede haber tomado una consecuencia de la imagen y haberla equiparado a la propia imagen.

Ahora debemos observar cuidadosamente la perspectiva sustantiva o estructural. Es significativo que el texto de las Escrituras nunca identifica qué cualidades dentro del ser humano pueden ser la imagen. La crítica de que, en intentos equivocados de identificar tales cualidades, varios defensores del punto de vista estructural realmente sugirieron conceptos no bíblicos (p. ej., la antigua noción griega de razón) está justificada[9].

Asimismo, la perspectiva estructural se limita a menudo a un aspecto de la naturaleza humana y, en particular, a la dimensión intelectual. Esto a su vez implica que la imagen de Dios varía con diferentes humanos. Cuánto más intelectual es una persona, mayor es la extensión en la que la imagen de Dios está presente. Luego, está el problema adicional de determinar lo que pasó cuando Adán y Eva entraron en un estado de pecaminosidad. No parece ser el caso de que la caída afectara la inteligencia o la razón en general.

Además, algunos no creyentes son más inteligentes y perceptivos que otros cristianos altamente santificados.

Conclusiones sobre la Naturaleza de la Imagen

Al haber notado dificultades con cada una de las perspectivas generales, ahora debemos intentar formular algunas conclusiones sobre lo que es la imagen de Dios.

La existencia de una amplia diversidad de interpretaciones sugiere que no hay declaraciones directas en las Escrituras que resuelvan el problema.

Entonces, nuestras conclusiones deben ser inferencias razonables sacadas a partir de lo poco que las Escrituras dicen sobre el tema.

1. La imagen de Dios es universal dentro de la raza humana. El primer hombre universal, Adán, no simplemente una porción de la raza humana, fue creado a imagen de Dios.

2. La imagen de Dios no se ha perdido como resultado del pecado o, particularmente, de la caída. Si fuera el caso, la imagen de Dios no es algo accidental o externo a la naturaleza humana. Es algo inseparablemente conectado con la humanidad.

3. No hay nada que indique que la imagen está presente en una persona en un grado mayor que en otra. Los dones naturales superiores, como gran inteligencia, no son evidencia de la presencia o grado de la imagen.

4. La imagen no se relaciona con ninguna variable. Por ejemplo, no hay ninguna declaración directa que vincula a la imagen con el desarrollo de relaciones o que la haga dependiente del ejercicio de dominio. Las afirmaciones en Génesis 1 simplemente dicen que Dios decidió hacer al ser humano a su imagen y así lo hizo. Esto parece preceder cualquier actividad humana.

5. A la luz de las anteriores consideraciones, la imagen se debe considerar principalmente como sustantiva o estructura. La imagen es algo en la propia naturaleza de los humanos, en la manera en que fueron creados.

8 Eichrodt, *Theology of the Old Testament*, 2:127.

9 David Cairns, *The Image of God in Man* [La imagen de Dios en el hombre] (Nueva York: Philosophical Library, 1953), pág. 57.

Se refiere a algo que el humano es en lugar de algo que el humano tiene o hace.

La imagen de Dios implica las facultades de la personalidad que hacen de los humanos, como Dios, seres capaces de interactuar con otras personas, pensar, reflexionar y decidir libremente.

Por el contrario, el énfasis de las perspectivas relacional y funcional está en las consecuencias o aplicaciones de la imagen más que en la propia imagen. Aunque están estrechamente relacionados con la imagen de Dios, experimentar relaciones y ejercer dominio no son en sí mismos esa imagen. Sin embargo, al haber dicho esto, debemos contar con el hecho de que la persona lleva más plenamente la imagen de Dios cuando esa imagen es activa, no simplemente estática[10].

6. La imagen hace alusión a los elementos de la constitución humana que permiten el cumplimiento del destino humano. La imagen de Dios implica las facultades de la personalidad que hacen de los humanos, como Dios, seres capaces de interactuar con otras personas, pensar, reflexionar y decidir libremente.

La creación de Dios fue por propósitos definidos. Se pretendía que el humano conozca, ame, obedezca a Dios y viva en armonía con otros humanos, como indica la historia de Caín y Abel. Sin duda, el ser humano fue colocado en la Tierra para ejercer dominio sobre el resto de la creación. Pero estas relaciones y esta función presupone algo más. Los humanos son de forma más plena humanos cuando están activos en estas relaciones y realizan esta función, cumpliendo el telos, el propósito de Dios para ellos. Pero estas son las consecuencias o las aplicaciones de la imagen. La imagen en sí misma es el conjunto de cualidades que se requieren para que ocurran estas relaciones y esta función.

Además de esta cuestión sobre en qué consiste la imagen de Dios, debemos preguntar por qué el humano está hecho a imagen de Dios. ¿Cuál es la intención de Dios para ellos dentro de la vida? Aquí nos ayudan especialmente las otras perspectivas de la imagen, ya que se enfocan en las consecuencias o manifestaciones de la imagen. El carácter y las acciones de Jesús serán una guía particularmente útil en este asunto, puesto que Él fue el ejemplo perfecto de lo que se pretendía que la naturaleza humana fuera:

1. Jesús tenía una comunión perfecta con el Padre. Mientras estaba en la Tierra tenía comunión y a menudo hablaba con el Padre. Su comunión se ve más claramente en la oración sacerdotal en Juan 17. Jesús habló sobre cómo el Padre y Él eran uno (vv. 21-22). Glorificó y glorificaría al Padre (vv. 1, 4), y el Padre lo glorificó y lo glorificaría (vv. 1, 5, 22, 24).

2. Jesús obedeció la voluntad del Padre perfectamente. En el huerto de Getsemaní, Jesús oró lo siguiente: "Padre, si quieres, pasa de mí esta copa; pero no se haga mi voluntad, sino la tuya" (Lucas 22:42). De hecho, a través de su ministerio su propia voluntad fue subordinada (Juan 4:34; 5:30; 6:38).

3. Jesús siempre mostró un fuerte amor por los humanos. Observe, por ejemplo, su preocupación por la oveja perdida de Israel (MT 9:36; 10:6), su compasión por el enfermo (Marcos 1:41) y el dolor (Lucas 7:13), y su paciencia y perdón con aquellos que fallaron (p. ej., Pedro).

---

10 Charles Sherlock sostiene que la Biblia no nos dice mucho sobre lo que la imagen es como lo que *involucra*: "Por lo tanto, la imagen de Dios solo puede verse cuando la vivimos" (The Doctrine of Humanity [La doctrina de la humanidad] [Downers Grove, Illinois: InterVarsity, 1996], pág. 41).

Dios pretende que un sentido similar de comunión, obediencia y amor caracterice la relación de los seres humanos con Dios, y que los seres humanos estén unidos entre sí en el amor. Somos completamente humanos solo cuando manifestamos esas características.

Implicaciones de la Doctrina

Las implicaciones de la humanidad creada a imagen de Dios incluyen las siguientes:

1. Pertenecemos a Dios. Aunque la expresión "imagen de Dios" no aparece, es fundamental para un completo entendimiento de Marcos 12:13-17[11]. La cuestión era si había que pagar impuestos al César. Cuando le trajeron una moneda, Jesús preguntó de quién era la imagen que aparecía en ella. Los fariseos y herodianos respondieron: "De César". Jesús respondió: "Dad a César lo que es de César, y a Dios lo que es de Dios". ¿Cuáles son "las cosas que son de Dios"? Presuntamente, cualquier cosa que lleva la imagen de Dios. Entonces, Jesús estaba diciendo: "dale tu dinero al César; tiene su imagen y, por ende, le pertenece. Pero dale a Dios lo que es tuyo. Tú llevas su imagen y le perteneces".

Compromiso, devoción, amor, lealtad, servicio a Dios, todas estas son respuestas apropiadas para aquellos que llevan la imagen de Dios.

2. Debemos modelarnos según Jesús, la revelación completa de la imagen de Dios. Él es la imagen plena de Dios y la única persona cuya humanidad nunca se estropeó por pecar (Heb 4:15).

3. Experimentamos la plena humanidad solo cuando estamos apropiadamente relacionados con Dios. No importa cuán sofisticado o gentil sea, nadie es plenamente humano a menos que sea un discípulo redimido de Dios. Entonces, hay

lugar para nuestra teología para el humanismo, es decir, un humanismo cristiano y bíblico interesado en llevar a otros a una relación apropiada con Dios. El Nuevo Testamento aclara que Dios restaurará la imagen dañada, y tal vez incluso la amplíe y la supere (2 Co 3:18).

4. Aprender y trabajar es bueno. El ejercicio del dominio es una consecuencia de la imagen de Dios. La humanidad debe lograr la comprensión y el control de la creación, así como ejercer el dominio sobre nuestras propias personalidades y capacidades. Observe que el ejercicio de dominio era parte de la intención original de Dios para la humanidad; precedía a la caída. Entonces, el trabajo no es una maldición, sino una parte del buen plan de Dios.

5. El humano es valioso. El carácter sagrado de la vida humana es un principio extremadamente importante en el esquema de cosas de Dios. Incluso después de la caída, el asesinato estaba prohibido; la razón dada era que los humanos, aunque son pecadores, aún estaban hechos a imagen de Dios (Gn 9:6).

6. La imagen es universal en la humanidad. Fue a Adán, un humano, a quien se le dio la imagen. Ya sea si se considera que fue el primer humano o un ser representativo o simbólico, "Adán" era toda la raza humana y "Eva" era la madre de todos los vivientes (Gn 3:20). Tanto Génesis 1:27 como 5:1-2 aclaran que la imagen la llevaban el hombre y la mujer.

La universalidad de la imagen significa que hay una dignidad en el ser humano. Cada individuo es algo hermoso, aunque sea una distorsión de lo que originalmente Dios pretendía que la humanidad fuera. La universalidad de la imagen también significa que todas las personas tienen puntos de sensibilidad hacia las cosas espirituales. Aunque a veces estos puntos pueden estar profundamente escondidos y ser difíciles de identificar, todo el mundo posee el potencial para tener comunión con Dios y estará incompleto a menos que esta comunión se realice.

Dado que todos son creados a imagen de

---

11 Dorothy Sayers, *The Man Born to Be King* [El hombre que nació para ser Rey] (Nueva York: Harper, 1943), pág. 225; Cairns, *Image of God*, pág. 30.

Dios, no se debe hacer nada que infrinja el legítimo ejercicio de dominio de otro. No se le debe quitar la libertad a un ser humano que no haya perdido este derecho por abusar de él (esto último incluiría a los asesinos, ladrones, etc.). Esto significa, de forma más evidente, que la esclavitud es incorrecta. Sin embargo, más allá de eso, significa que privar a alguien de la libertad mediante medios ilegales, manipulación o intimidación es incorrecto. Todos tienen el derecho de ejercer dominio, un derecho que termina solo cuando se le quita a otro el derecho de ejercer dominio.

Otra cuestión que tiene implicaciones de gran alcance, sobre todo para la ética, es el estatus del no nacido o, más específicamente, del feto que todavía está en el útero de la madre. ¿El feto se debe considerar como una persona o simplemente como una masa de tejido dentro del cuerpo de la madre? Si fuera el primer caso, el aborto sería verdaderamente el asesinato de una vida humana y tendría serias consecuencias morales. Si fuera el último caso, el aborto sería simplemente un proceso quirúrjico que involucra la eliminación de un bulto no deseado como un quiste o un tumor.

Aunque ningún pasaje de las Escrituras demuestra de manera concluyente que el feto es un humano a los ojos de Dios, hay varios textos (p. ej., Sal 139:13-15; Lucas 1:41-44; Heb 7:9-10) que cuando se toman como un todo nos dan evidencia suficiente para sacar una conclusión muy probable. Y cuando se trata de un asunto tan trascendental como la posible destrucción de una vida humana, la prudencia dicta que se siga un rumbo conservador. Si uno conduce y ve lo que puede ser una pila de trapos o un niño tirado en la calle, asumirá que es un ser humano. Y un cristiano consciente tratará a un feto como un humano, ya que es altamente probable que Dios considere un feto como una persona capaz de (al menos potencialmente capaz de) tener una comunión con Dios por la que los humanos fueron creados.

Cada humano es una criatura de Dios hecha a imagen de Dios. Dios nos dotó a cada uno de nosotros con las facultades de la personalidad que nos permiten adorarle y servirle. Cuando usamos esas facultades para esos fines, somos lo que Dios quiso que fuéramos y, entonces, somos más plenamente humanos.

Preguntas de Análisis y Reflexión

- ¿Qué observaciones se pueden hacer a partir de los pasajes relevantes de las Escrituras para entender la imagen de Dios?
- ¿De qué manera difieren las perspectivas sustantiva, relacional y funcional de la imagen de Dios? ¿Qué problemas hay en cada perspectiva?
- ¿Qué inferencias pueden extraerse del material bíblico sobre la imagen de Dios?
- ¿Qué conclusiones sobre la naturaleza de la imagen de Dios se pueden sacar del material bíblico y cómo estas conclusiones nos ayudan a entender mejor nuestra verdadera humanidad?
- ¿Cuál de las implicaciones de la doctrina es más significativa para usted? ¿Por qué?

La Naturaleza Constitucional del Ser humano

19

Objetivos del Capítulo

Una vez estudiado este capítulo, el lector es capaz de:

1. Enumerar y reafirmar las perspectivas básicas de la constitución humana como tricotomista, dicotomista y monista.
2. Relacionar las consideraciones bíblicas con cada una de esas tres perspectivas básicas de la constitución humana.
3. Comparar y contrastar un modelo alternativo que se base en la unidad condicional.
4. Entender y aplicar las implicaciones de la unidad condicional.

Resumen del Capítulo

Hay tres perspectivas tradicionales de la constitución humana: el tricotomismo, el dicotomismo y el monismo. Un debate detallado de las consideraciones bíblicas podría llevar a rechazar los tres puntos de vista tradicionales. En lugar de estos, un modelo alternativo ofrece una unidad condicional de la persona, que tiene cinco implicaciones.

Estructura del Capítulo

Perspectivas Básicas de la Constitución Humana

- Tricotomismo
- Dicotomismo
- Monismo

Consideraciones Bíblicas

Un Modelo Alternativo: La Unidad Condicional

Implicaciones de la Unidad Condicional

Cuando preguntamos qué es el ser humano, preguntamos varias preguntas distintas. Una, que ya hemos abordado, es la cuestión del origen.

También preguntamos sobre la función o propósito humano. Eso podría llevarnos a la pregunta del destino final del ser humano. La composición humana es otra de las cuestiones que plantea la pregunta sobre qué es el ser humano. ¿Son conjuntos unitarios o están formados de dos o más componentes? Y si están hechos de múltiples componentes, ¿qué son?

Perspectivas Básicas de la Constitución Humana

Tricotomismo

Una perspectiva común en los círculos protestantes conservadores ha sido denominada "tricotomismo". Un humano está compuesto de tres elementos.

El primer elemento es el cuerpo físico, algo que los humanos tienen en común con animales y plantas. La diferencia es el grado, ya que los humanos tienen una estructura física más compleja.

La segunda parte del ser humano es el alma. Este es el elemento psicológico, la base de la razón, la emoción, la interrelación social, etc. Se piensa que los animales tienen un alma rudimentaria. Poseer un alma es lo que distingue a los humanos y animales de las plantas. Lo que realmente diferencia a los humanos de los animales no es un alma más compleja y avanzada, sino un tercer elemento, en concreto, un espíritu.

Este elemento religioso permite que los humanos perciban asuntos espirituales y respondan al estímulo espiritual. Es la base de las cualidades espirituales del individuo, mientras que los rasgos de la personalidad residen en el alma[1].

El fundamento principal del tricotomismo son ciertos pasajes de las Escrituras que enumeran tres componentes de la naturaleza humana o distinguen entre el alma y el espíritu. Un texto primordial es 1 Tesalonicenses 5:23: "Y el mismo Dios de paz os santifique por completo; y todo vuestro ser, espíritu, alma y cuerpo, sea guardado irreprensible para la venida de nuestro Señor Jesucristo" (ver también Heb 4:12). Además, una división triple parece estar implícita en 1 Corintios 2:14-3:4, en donde Pablo clasifica a los humanos como "carnales" (*sarkikos*), "hombre natural" (*psychikos*, literalmente "del alma") o "espirituales" (*pneumatikos*). Estos términos parecen referirse a funciones u orientaciones diferentes, si no a diferentes componentes, del ser humano.

El tricotomismo se volvió particularmente popular entre los padres alejandrinos de los primeros siglos de la iglesia, como Clemente de Alejandría, Orígenes y Gregorio de Nisa. Cayó en cierto desprestigio después de que Apolinar se sirviera de él para construir su cristología, que la iglesia determinó como herética. Aunque algunos de los padres orientales siguieron manteniéndolo, sufrió un declive general en popularidad hasta que fue restablecida en el siglo XIX por teólogos ingleses y alemanes[2].

Dicotomismo

Probablemente, la perspectiva más ampliamente sostenida durante la mayor parte de la historia del pensamiento cristiano ha sido el punto de vista de que el ser humano está com-

---

1 Franz Delitzsch, *A System of Biblical Psychology* [Un sistema de psicología bíblica] (Grand Rapids: Baker, 1966), págs. 116-117.

2 Louis Berkhof, *Systematic Theology* [Teología sistemática] (Grand Rapids: Eerdmans, 1953), págs. 191-192.

puesto de dos elementos: un aspecto material (el cuerpo) y un componente inmaterial (el alma o el espíritu).

El dicotomismo fue comúnmente sostenido desde el primer período del pensamiento cristiano. Sin embargo, luego del Concilio de Constantinopla del año 381 creció en popularidad hasta el punto en que prácticamente era la creencia universal de la iglesia.

Las formas recientes del dicotomismo argumentan que el Antiguo Testamento presenta un punto de vista unitario de la naturaleza humana. No obstante, en el Nuevo Testamento esta perspectiva unitaria se reemplaza por un dualismo: el humano está compuesto de cuerpo y alma. El cuerpo es la parte física de los seres humanos, la parte que muere. El alma es la parte inmaterial de los humanos, la parte que sobrevive a la muerte. Es esta naturaleza inmortal lo que diferencia a los humanos de todas las otras criaturas[3].

Muchos de los argumentos a favor del dicotomismo están, en esencia, en contra de la concepción tricotomista. El dicotomista se opone al tricotomismo alegando que si se sigue el principio de que cada una de las referencias separadas en versículos como 1 Tesalonicenses 5:23 representa una entidad distinta, surgen dificultades con algunos otros textos. Por ejemplo, en Lucas 10:27 Jesús dice: "Amarás al Señor tu Dios con todo tu corazón, y con toda tu alma, y con todas tus fuerzas, y con toda tu mente". Aquí no tenemos tres entidades, sino cuatro, y estas cuatro apenas coinciden con las tres en 1 Tesalonicenses. De hecho, solo una de ellas es la misma, en concreto, el alma. Además, "espíritu" tanto como "alma" se usa para la creación animal. Por ejemplo, Eclesiastés 3:21 se refiere al espíritu de la bestia. A menudo, los términos "espíritu" y "alma" parecen usarse indistintamente. Observe, por ejemplo, Lucas 1:46-47, que es probablemente un caso de paralelismo.

3 *Ibid.*, págs. 192-195.

Engrandece mi alma al Señor;
Y mi espíritu se regocija en Dios
mi Salvador

Aquí los dos términos parecen prácticamente equivalentes. Hay muchos otros ejemplos. Los componentes básicos de la naturaleza humana son designados como cuerpo y alma en Mateo 6:25 y 10:28, pero como cuerpo y espíritu en Eclesiastés 12:7 y 1 Corintios 5:3, 5. La muerte se describe como la salida del alma (Gn 35:18; 1 Reyes 17:21; Hechos 15:26) y el espíritu (Sal 31:5; Lucas 23:46). A veces, la palabra "alma" se utiliza como sinónimo de uno mismo o de la vida: "Porque ¿qué aprovechará al hombre, si ganare todo el mundo, y perdiere su alma? (MT 16:26)". Hay referencias estar agitado en espíritu (Gn. 41:8; Juan 13:21) y en alma (Sal 42:6; Juan 12:27).

Aunque los teólogos liberales han distinguido de forma bastante clara el alma y el cuerpo como prácticamente dos sustancias diferentes, y algunos de ellos, noblemente Harry Emerson Fosdick, sustituyeron la inmortalidad del alma por la doctrina tradicional de la resurrección del cuerpo, los conservadores no han llevado la perspectiva dualista tan lejos. Si bien creen que el alma es capaz de sobrevivir a la muerte, vivir en un estado incorpóreo, también esperan una resurrección futura. No es la resurrección del cuerpo contra la supervivencia del alma[4]. Por el contrario, son ambas como etapas separadas del futuro humano.

Monismo

Los puntos en común entre las perspectivas tricotomista y dicotomista superan sus diferencias. Ambos están de acuerdo en que el humano es complejo o compuesto, hecho de partes separables. En cambio, el monismo insiste

4 Augustus H. Strong, *Systematic Theology* [Teología sistemática] (Westwood, Nueva Jersey: Revell, 1907), págs. 998-1003, 1015-1023.

en que los humanos no deben considerarse en ningún sentido como compuestos por partes o entidades separadas, sino como una unidad radical. En la comprensión monista, la Biblia no ve a un ser humano como cuerpo, alma y espíritu, sino simplemente como un yo. Los términos que a veces se utilizan para distinguir las partes de un ser humano deben entenderse básicamente como sinónimos.

Según el monismo, ser un humano es ser o tener un cuerpo. La idea de que un humano puede existir de alguna manera aparte del cuerpo es impensable. En consecuencia, no hay posibilidad de la existencia incorpórea después de la muerte. Entonces, no solo no hay posibilidad de una vida futura aparte de la resurrección del cuerpo, sino que también se descarta cualquier tipo de estado intermedio entre la muerte y la resurrección.

El monismo, que surgió en parte como una reacción contra la idea liberal de la inmortalidad del alma, fue popular en la neoortodoxia y en el movimiento bíblico teológico. El enfoque se realizó en gran medida a través de un método de estudio de palabras. Un ejemplo destacado es *The Body* [El cuerpo], el estudio de John A. T. Robinson sobre la teología paulina[5]. Este volumen recurre al debate de H. Wheeler Robinson de la terminología del Antiguo Testamento para los humanos y naturaleza humana. La expresión "cuerpo y alma" no se debe entender como una distinción entre ambos, ni como una división de los seres humanos en componentes. Por el contrario, debe considerarse como una descripción exhaustiva de la personalidad humana. En la concepción del Antiguo Testamento, un ser humano es una unidad psicofísica, carne animada por el alma. Como lo describe una clásica frase de H. Wheeler Robinson: "La idea hebrea de la personalidad es la de un cuerpo animado, no un alma encarnada"[6]. Dada esta perspectiva unitaria del ser humano, el hebreo no tiene una palabra explícita para el cuerpo: "nunca necesitó una mientras el cuerpo era el hombre"[7].

Para resumir el argumento monista moderno: la información bíblica describe a un humano como un ser unitario. El pensamiento hebreo no hace una distinción dentro de la personalidad humana. El cuerpo y el alma no son términos opuestos, sino sinónimos intercambiables.

Consideraciones Bíblicas

Ahora debemos evaluar el monismo a la luz de toda la información bíblica. Parece que la perspectiva monista absoluta de la humanidad ha pasado por alto u ocultado algunos datos significativos.

Ciertos pasajes parecen indicar un estado intermedio entre la muerte y la resurrección, un estado en que el individuo vive en una existencia personal consciente. Uno de estos pasajes es la declaración de Jesús a uno de los ladrones en la cruz: "De cierto te digo que hoy estarás conmigo en el paraíso" (Lucas 23:43). Otro es la parábola del hombre rico y Lázaro (Lucas 16:19-31). Algunos han pensado que esto no es una parábola, sino el registro de un evento real, ya que sería la única de las parábolas que nombra a uno de los personajes de la historia. Se dice que un hombre rico y uno pobre mueren. El hombre rico fue al Hades, en donde pasó una gran aflicción en las llamas; mientras que el hombre pobre, Lázaro, fue llevado al seno de Abraham. Ambos estaban en un estado consciente. Una tercera consideración que señala un estado intermedio es la referencia de Pablo de estar ausentes del cuerpo y en casa con el Señor (2 Co 5:8). El apóstol expresa su temor

---

5 John A. T. Robinson, *The Body* [El cuerpo] (Londres: SCM, 1952).

6 H. Wheeler Robinson, *"Hebrew Psychology"* ["Psicología hebrea"] en *The People and the Book* [La gente y el libro], ed. Arthur S. Peake (Oxford: Clarendon, 1925), pág. 362.

7 *Ibid.*, pág. 366.

a este estado de desnudez (vv. 3-4), deseando más bien ser revestido (v. 4). Finalmente, hay algunas referencias en las Escrituras en donde la diferencia entre el cuerpo y el alma es difícil de descartar. Un ejemplo prominente es la declaración de Jesús en Mateo 10:28: "Y no temáis a los que matan el cuerpo, mas el alma no pueden matar; temed más bien a aquel que puede destruir el alma y el cuerpo en el infierno".

A partir de las consideraciones anteriores, parece que la enseñanza bíblica sobre la naturaleza del ser humano no excluye la posibilidad de algún tipo de carácter compuesto, o al menos algún tipo de divisibilidad, dentro de la constitución humana.

Un Modelo Alternativo: La Unidad Condicional

Ahora debemos intentar sacar algunas conclusiones y formar un modelo viable[8]. Hemos señalado que en el Antiguo Testamento el humano es considerado como una unidad. La terminología del cuerpo y el alma aparece

en el Nuevo Testamento, pero no puede estar precisamente relacionada con la idea de la existencia corporal e incorpórea. Si bien a veces se contrasta el cuerpo y el alma (como en la declaración de Jesús en MT 10:28), no siempre se distinguen claramente. Además, las representaciones de los humanos en las Escrituras parecen considerarlos, en la mayor parte, como seres unitarios. Rara vez se aborda la naturaleza espiritual independientemente o al margen del cuerpo.

Dicho esto, sin embargo, también debemos recordar aquellos pasajes que señalan un aspecto inmaterial del ser humano que es separable de su existencia material. Las Escrituras indican que hay un estado intermedio que involucra la existencia consciente personal entre la muerte y la resurrección. Este concepto de un estado intermedio no es inconsistente con la doctrina de la resurrección, ya que el estado intermedio (p. ej., inmaterial o incorpóreo) es claramente incompleto o anormal (2 Co 5:2-4). En la resurrección venidera (1 Co 15), la persona recibirá un cuerpo nuevo o perfeccionado.

La gama completa de los datos bíblicos puede acomodarse mejor a la visión que denominaremos "unidad condicional". Según esta perspectiva, el estado normal de un ser humano es el de un ser unitario encarnado. Es significativo que las Escrituras no nos insten en ningún momento a huir o escapar del cuerpo, como si éste fuera de algún modo inherentemente malo. Sin embargo, esta condición monista puede romperse, como sucede en el momento de la muerte, y el aspecto inmaterial del ser humano sigue vivo aunque el material se descomponga. No obstante, en la resurrección habrá un regreso a la condición corporal. La persona asumirá un cuerpo que tiene algunos puntos de continuidad con el antiguo cuerpo, pero también es un cuerpo nuevo, reconstruído o espiritual. La solución a la variedad de datos en el testimonio bíblico no es, pues, la inmortalidad del alma o la resurrección del cuerpo. De acuerdo con lo que

---

8 El estudio reciente más completo que combina las consideraciones bíblicas, filosóficas y científicas en apoyo a lo que denomina "dualismo holístico" es el de John W. Cooper, *Body, Soul, and Life Everlasting: Biblical Anthropology and the Monism-Dualism Debate* [Cuerpo, alma y vida eterna: la antropología bíblica y el debate del monismo y dualismo] (Grand Rapids: Eerdmans, 2000). J. P. Moreland y Scott B. Rae analizan los argumentos a favor de un dualismo similar al que hemos descrito aquí, y sostienen que "la metafísica y la moral están íntimamente conectadas y que nuestra visión dualista del cuerpo y el alma proporciona el relato más convincente de la persona humana y su dimensión moral" (*Body and Soul: Human Nature and the Crisis in Ethics* [Cuerpo y alma: la naturaleza humana y la crisis en la ética] [Downers Grove, Illinois: InterVarsity, 2000], pág. 10). Una declaración resumida de la misma visión se puede encontrar en J. P. Moreland, "*A Defense of a Substance Dualist View of the Soul*" ["Una defensa de la visión dualista de la sustancia del alma"] en J. P. Moreland y David M. Ciocchi, *Christian Perspectives on Being Human: A Multidisciplinary Approach to Integration* [Perspectivas cristianas sobre ser humano: un enfoque multidisciplinario de la integración] (Grand Rapids: Baker, 1993), págs. 55-79.

ha sido la tradición ortodoxa en la iglesia, es *ambos/y*.

¿Qué tipo de analogía podemos emplear para que nos ayude a entender este complejo de ideas? Una que se usa a veces es el compuesto químico en contraste con una mezcla de elementos. En una mezcla, los átomos de cada elemento retienen sus características distintivas porque mantienen sus identidades separadas. Si la naturaleza de un ser humano fuera una mezcla, entonces las cualidades físicas y espirituales serían distinguibles de alguna forma y la persona actuaría como un ser espiritual o físico. Sin embargo, en un compuesto, los átomos de todos los elementos involucrados entran a nuevas combinaciones para formar moléculas. Estas moléculas tienen características o cualidades que son distintas a las de los elementos de las que están compuestas. En el caso de la sal de mesa simple (el compuesto cloruro de sodio), por ejemplo, no se puede detectar las cualidades del sodio ni del cloro.

Ya que somos seres unitarios, nuestra condición espiritual no puede ser tratada independientemente de nuestra condición física y psicológica, y viceversa.

No obstante, es posible romper el compuesto, con lo que se tiene de nuevo los elementos originales con sus características distintivas. Estas características incluirían la naturaleza tóxica del cloro, mientras que el producto compuesto no es venenoso.

Podemos pensar en un ser humano como un compuesto unitario de un elemento

material e inmaterial. Los elementos físicos y espirituales no siempre son distinguibles, ya que el ser humano es un sujeto unitario; no hay un conflicto entre la naturaleza material e inmaterial. Sin embargo, la unidad se puede disolver: en la muerte. En la resurrección se formará de nuevo un compuesto, en el que el alma (si decidimos llamarlo así) volverá a estar inseparablemente unida a un cuerpo.

Implicaciones de la Unidad Condicional

¿Cuáles son las implicaciones del monismo contingente, es decir, la perspectiva de que la naturaleza humana es una unidad condicional?

1. Los humanos deben ser tratados como unidades. Su condición espiritual no puede ser tratada independientemente de su condición física y psicológica, y viceversa. La medicina psicosomática es apropiada. También lo es el ministerio psicosomático (¿o debería llamarse ministerio neumopsicosomático?). El cristiano que desea estar espiritualmente sano prestará atención a tales cuestiones como la dieta, el descanso y el ejercicio. Cualquier intento de lidiar con la condición espiritual de la gente al margen de su condición física y estado emocional y mental solo será parcialmente exitoso, como lo será cualquier intento de tratar las emociones humanas aparte de la relación de las personas con Dios.

2. Un humano es un ser complejo, cuya naturaleza no se reduce a un solo principio.

3. Los diferentes aspectos de la naturaleza humana deben ser abordados y respetados. No se debe despreciar el cuerpo, las emociones o el intelecto. El Evangelio es un llamado a toda la persona. Es significativo que Jesús, en su encarnación, se hiciera plenamente humano, ya que vino a redimir la totalidad de lo que somos.

4. El desarrollo o madurez religiosa no consiste en subyugar una parte de la naturaleza humana con otra. Ninguna parte de la naturaleza humana es mala per se. La depravación total significa que el pecado infecta

todo lo que es el ser humano, no simplemente el cuerpo, la mente o las emociones. Por lo tanto, el cristiano no pretende dejar al cuerpo (que muchos consideran erróneamente como la única parte mala de la naturaleza humana) bajo el control del alma. Del mismo modo, no se debe considerar que la santificación implica solo una parte de la naturaleza humana, puesto que ninguna parte representa de manera exclusiva el bien o la justicia. Dios está obrando para renovar todo lo que somos. Por consiguiente, el ascetismo, en el sentido de negar las necesidades corporales naturales simplemente por el propio bien, no se debe practicar.

5. La naturaleza humana no es inconsistente con la enseñanza bíblica de una existencia personal consciente entre la muerte y la resurrección, como veremos en nuestro tratamiento de la escatología.

Preguntas de Análisis y Reflexión

- ¿Qué conceptos tradicionales se han defendido en relación con la constitución humana?
- ¿Qué apoyo bíblico u oposición encuentra para cada una de las perspectivas tradicionales de la constitución humana?
- ¿Cómo afecta la unidad constitucional nuestro punto de vista de la naturaleza humana?
- ¿Qué implicaciones surgen de aceptar la posición de unidad condicional de la constitución humana?
- ¿De qué manera considerar a un humano como una unidad afecta su obligación moral a esa persona?

20

La Naturaleza y la Fuente del Pecado

Una vez estudiado este capítulo, el lector es capaz de:

1. Explicar por qué es difícil hablar sobre el pecado en la sociedad contemporánea.
2. Identificar y describir cinco perspectivas bíblicas sobre la naturaleza del pecado.
3. Identificar varias concepciones de la fuente del pecado.
4. Relacionar y expresar la enseñanza bíblica sobre la fuente del pecado.

El análisis de la información bíblica provee una mejor comprensión de la naturaleza, la fuente y las consecuencias del pecado. El pecado es cualquier acción o pensamiento opuesto a Dios. En pocas palabras, el pecado es no permitir que Dios sea Dios y poner algo o alguien en el lugar de supremacía que le corresponde a Dios.

La Dificultad de Hablar sobre el Pecado

Las Perspectivas Bíblicas sobre la Naturaleza del Pecado

La Fuente del Pecado

- Varias Concepciones
- La Enseñanza Bíblica

Por muy importante que sea la doctrina del pecado, no es un tema fácil de debatir en la actualidad por muchas razones. Una de ellas es que el pecado, como la muerte, no es un tema agradable. No nos gusta pensar en nosotros mismos como personas malas o malvadas. Sin embargo, la doctrina del pecado nos enseña que eso es lo que somos por naturaleza. Nuestra sociedad enfatiza tener una actitud mental positiva. Este énfasis casi se ha vuelto un nuevo tipo de legalismo, cuya mayor prohibición es "no deberás hablar nada negativo"[1].

Otra razón por la que el pecado es difícil de debatir es que para muchas personas es un concepto extraño. Al culpar de los problemas de la sociedad a un entorno insalubre y no a los seres humanos pecadores, un sentimiento de culpa objetiva se ha vuelto relativamente infrecuente en ciertos círculos. La culpa se entiende como un sentimiento irracional que uno no debería tener. Sin un punto de referencia teísta trascendente, no hay nadie más que uno mismo y los demás seres humanos ante los que uno es responsable o tiene que rendir cuentas. Por lo tanto, si nuestras acciones no dañan a ningún ser humano, no hay razón para sentirse culpable[2].

Asimismo, mucha gente es incapaz de entender el concepto de pecado como una fuerza interior, una condición inherente, un poder controlador. Las personas de hoy piensan más en términos de pecados, es decir, actos erróneos individuales. Los pecados son algo externo y concreto lógicamente separables de la persona. Sobre esta base, alguien que no ha hecho nada malo (generalmente concebido como un acto externo) es considerado bueno.

Las Perspectivas Bíblicas sobre la Naturaleza del Pecado

Aunque muchas personas hoy en día ignoran o se sienten incómodas con el tema del pecado, es imperativo que discutamos esta doctrina. La Biblia presenta un número de perspectivas sobre la naturaleza del pecado:

1. El pecado es una inclinación interior.

El pecado no solo son actos erróneos, sino también la pecaminosidad. Es una disposición interna inherente que nos inclina a cometer actos erróneos. En este caso, los motivos son prácticamente tan importantes como las acciones. Así que Jesús condenó el enojo y la lujuria con tanta vehemencia como el asesinato y el adulterio (MT 5:21-22, 27-28). No es simplemente que seamos pecadores porque pecamos, sino que pecamos porque somos pecadores. Por lo tanto, ofrecemos esta definición del pecado: el pecado es cualquier falta de conformidad, activa o pasiva, con la ley moral de Dios. Esto puede ser una cuestión de acto, de pensamiento o de disposición o estado interior. El pecado es no estar a la altura de lo que Dios espera de nosotros en acto, pensamiento y ser.

2. El pecado es la rebelión y la desobediencia. La Biblia asume que todas las personas están en contacto con la verdad de Dios. Pablo señala que esto incluye incluso a los gentiles, que, aunque no tienen la revelación especial de Dios, tienen la ley de Dios escrita en sus corazones (Ro 2:14-15). No creer en el mensaje, particularmente cuando se presenta de manera abierta y especial, es desobediencia o rebelión contra Dios. Un ejemplo destacado es el pecado

---

1 Robert H. Schuller, Self-Esteem: *The New Reformation* [Autoestima: la nueva reforma] (Waco: Word, 1982).

2 Sobre la pérdida del sentimiento de culpa, ver, p. ej., Karl Menninger, *Whatever Became of Sin?* [¿Qué ha sucedido con el pecado] (Nueva York: Hawthorn, 1973).

de Adán y Eva. Aunque se les permitió comer de cualquier árbol en el huerto del Edén, Dios les ordenó no comer del árbol de la ciencia del bien y del mal (Gn 2:16-17).

El pecado es cualquier falta de conformidad, activa o pasiva, con la ley moral de Dios. Esto puede ser una cuestión de acto, de pensamiento o de disposición o estado interior.

Adán y Eva rechazaron la prerrogativa de Dios de establecer qué era correcto e incorrecto para ellos. Se rebelaron contra la autoridad de Dios y, por ende, le desobedecieron.

3. El pecado implica una discapacidad espiritual. Altera nuestra condición interna, nuestro carácter. Al pecar nos torcemos o distorsionamos, por así decirlo. La imagen de Dios con la que fuimos creados se trastorna. En Romanos 1, Pablo describe este proceso. Al negarse a reconocer a Dios, los pecadores se volvieron vanos en sus pensamientos y sus mentes insensatas se oscurecieron (v. 21). Dios les dio una mente reprobada (v. 28), es decir, una mente no calificada o descalificada. Cuando se la deja sola, la mente humana no es adecuada para informar y dirigir correctamente nuestra conducta[3]. Los resultados de esta discapacidad espiritual son los pecados enumerados en los versículos 29-31. Solo a través de una renovación de la mente por parte de Dios el individuo puede ser restaurado a una condición espiritualmente sana y no distorsionada (Ro 12:2).

3 James D. G. Dunn, *Romans 1-8* [Romanos 1-8], Word Biblical Commentary 38 (Waco: Word, 1988), pág. 75.

4. El pecado es el cumplimiento incompleto de las normas de Dios. Una idea común que está presente en las caracterizaciones bíblicas del pecado es que el pecador no cumple con la ley de Dios. Hay varias formas en las que no cumplimos su estándar de justicia. Podemos simplemente no alcanzar la norma establecida o no hacer en absoluto lo que Dios manda y espera. Saúl no siguió el mandato de Dios de destruir a los amalequitas y todo lo que poseían. Debido a que Saúl perdonó al rey Agag y al mejor ganado, Dios rechazó a Saúl como rey de Israel (1 S 15:23). A veces podemos hacer lo correcto pero por la razón equivocada, cumpliendo así lo que dicta la ley pero no su espíritu. En Mateo 6, Jesús condena los buenos actos como el resultado principalmente del deseo de obtener la aprobación de otras personas en lugar de agradar a Dios (vv. 2, 5, 16).

5. El pecado es el desplazamiento de Dios. Colocar otra cosa, algo más, en el lugar supremo que le pertenece a Dios es pecado. Escoger cualquier objeto finito sobre Dios está mal, sin importar cuán desinteresado el acto pueda parecer. Los principales textos tanto en el Nuevo como en el Antiguo Testamento apoyan esta postura. Los diez mandamientos comienzan con el mandato de darle a Dios su propio lugar. "No tendrás dioses ajenos delante de mí" (Ex 20:3) es la primera prohibición en la ley. Del mismo modo, Jesús afirmó que el primer y gran mandamiento es: "Y amarás al Señor tu Dios con todo tu corazón, y con toda tu alma, y con toda tu mente y con todas tus fuerzas" (Marcos 12:30). El adecuado reconocimiento de Dios es primordial. La idolatría en cualquier forma, no el orgullo, es la esencia del pecado.

La Fuente del Pecado

Varias Concepciones

Hemos mencionado varias perspectivas bíblicas sobre el pecado. Ahora debemos preguntarnos sobre la fuente del pecado, la causa o la ocasión que lleva a pecar. Esto es fundamental porque la cura del pecado necesariamente implicará identificar y negar la causa.

Frederick Tennant sostenía que la fuente del pecado era la naturaleza animal de uno. El pecado es simplemente la persistencia de instintos y patrones de conducta normales de nuestra ascendencia animal en el periodo en donde los humanos adquirieron conciencia moral[4]. En este caso, la cura no puede ser un simple cambio a un estado inocente previo. Por el contrario, será una cuestión de liberarnos por completo de esos instintos antiguos o aprender a controlarlos y dirigirlos propiamente. Esta concepción de la cura del pecado adopta la creencia optimista de que el proceso evolutivo está dirigiendo a la raza humana en la dirección correcta.

Según Reinhold Niebuhr, la fuente del pecado es la ansiedad causada por la finitud humana, el intento de superar a través de sus propios esfuerzos la tensión entre nuestras limitaciones y aspiraciones[5]. La cura implicará aceptar las limitaciones y poner la confianza en Dios. Pero esta cura es una cuestión de alterar la actitud de una persona, no una conversión real.

Paul Tillich relaciona el pecado con el alejamiento existencial humano de la base de todo ser (la definición de Dios de Tillich), de otros seres y de uno mismo, una condición que parece ser prácticamente un acompañamiento natural de la condición de criatura[6]. Aquí también la cura principal es una cuestión de cambiar la actitud de uno, no una conversión real. La solución implica ser cada vez más consciente de que uno es parte del ser, o que participa en la base del ser. El resultado será la cancelación de la alienación de uno de la base del ser, otros seres, y el propio.

Según la teología de la liberación, la fuente del pecado es la lucha económica[7]. La solución es eliminar la opresión y las desigualdades de posesión y poder. Más que la evangelización de los individuos, los teólogos de la liberación buscan la acción económica y política para modificar la estructura de la sociedad como medio para eliminar el pecado.

Harrison Sacket Elliott consideraba la competitividad individualista como la fuente del pecado. Ya que el pecado se aprende mediante la educación y el condicionamiento social, debe eliminarse de la misma manera[8]. El antídoto es la educación que enfatiza un esfuerzo no competitivo hacia objetivos comunes.

La Enseñanza Bíblica

Desde la perspectiva evangélica, el problema radica en el hecho de que los humanos desde la caída son pecadores por naturaleza y viven en un mundo en el que las fuerzas poderosas buscan inducirlos al pecado. En primer lugar, es importante señalar que el pecado no es causado por Dios. Santiago se deshace rápidamente de esta idea, que probablemente sería bastante atractiva para algunos: "Cuando alguno es tentado, no diga que es tentado de parte de Dios; porque Dios no puede ser tentado por el mal, ni él tienta a nadie" (Santiago 1:13). Tampoco se alienta la idea de que el pecado resulta inevitablemente de la propia estructura de la realidad. Por el contrario, la responsabilidad del pecado recae directamente sobre los

4 Frederick R. Tennant, *The Origin and Propagation of Sin* [Origen y propagación del pecado] (Cambridge: Cambridge University Press, 1902), págs. 90-91.

5 Reinhold Niebuhr, *The Nature and Destiny of Man* [Naturaleza y destino del hombre] (Nueva York: Scribner, 1941), 1:180-182.

6 Paul Tillich, *Systematic Theology* [Teología sistemática] (Chicago: University of Chicago Press, 1957), 2:44.

7 Ver Gustavo Gutierrez, *A Theology of Liberation* [Teología de la liberación], trad. Hermana Caridad Inda y John Eagleson (Maryknoll, Nueva York: Orbis, 1973); James H. Cone, *A Black Theology of Liberation* [Teología de la liberación negra] (Filadelfia: Lippincott, 1970).

8 Ver Harrison S. Elliott, *Can Religious Education Be Christian?* [¿Puede la educación religiosa ser cristiana?] (Nueva York: Macmillan, 1940).

hombros de los propios seres humanos: "sino que cada uno es tentado, cuando de su propia concupiscencia es atraído y seducido. Entonces la concupiscencia, después que ha concebido, da a luz el pecado; y el pecado, siendo consumado, da a luz la muerte" (Santiago 1:14-15).

Los humanos tienen ciertos deseos.

Estos, en el fondo, son legítimos. En muchos casos, su satisfacción es indispensable para la supervivencia del individuo o de la raza. Por ejemplo, el hambre es el deseo de comida. Sin la satisfacción de este deseo o impulso, podríamos morir de hambre. Del mismo modo, el impulso sexual busca la gratificación.

Si no se satisface, no habría reproducción humana y, por lo tanto, no se preservaría la raza humana. Podemos afirmar que estos impulsos fueron dados por Dios y que hay situaciones en las que su satisfacción no es solo admisible, sino incluso quizás obligatoria.

Observamos, además, la capacidad humana. Los humanos pueden elegir entre varias alternativas, incluyendo opciones que no están inmediatamente presentes. Solo ellos, entre todas las criaturas, son capaces de trascender su ubicación en el tiempo y el espacio. A través de la memoria pueden revivir el pasado y aceptarlo o repudiarlo. Mediante la anticipación pueden construir escenarios sobre el futuro y escoger entre ellos.

Pueden imaginarse ocupando diferentes posiciones en la sociedad o estar casados con una persona diferente. Por lo tanto, no solo podemos desear lo que está disponible, sino también lo que no es apropiado o legítimo. Esta capacidad expande grandemente las posibilidades de actuar y/o pensar de forma pecaminosa[9].

Una serie de deseos naturales, aunque buenos en sí mismos, son áreas potenciales para la tentación y el pecado[10]:

1. *El deseo de disfrutar las cosas*. Dios ha colocado ciertas necesidades en cada uno de nosotros. No solo la satisfacción de esas necesidades es esencial, sino que también puede traer placer. Por ejemplo, la necesidad de comer y beber debe satisfacerse porque no es posible vivir sin ello. Al mismo tiempo, comer y beber también pueden ser legítimamente deseados como una fuente de placer. Sin embargo, cuando se busca comer y beber solo por el placer del consumo, y más de lo necesario, se está cometiendo el pecado de la gula. El impulso sexual, aunque no es necesario para la conservación de la vida del individuo, es esencial para mantener y continuar la raza humana. Podemos desear legítimamente la satisfacción de ese impulso porque es esencial y también porque produce placer. No obstante, cuando el impulso se satisface de manera que trasciende las limitaciones naturales y propias (i. e., cuando se satisface fuera del matrimonio), se convierte en la base del pecado. Cualquier satisfacción impropia de un deseo natural es un ejemplo de "los deseos de la carne" (1 Juan 2:16).

2. *El deseo de obtener cosas*. Hay una función en el plan de Dios[11] para obtener posesiones. Esto está implícito en el mandamiento de tener dominio sobre el mundo (Gn 1:28) y en las parábolas de mayordomía (p. ej., Gn 25:14-30). Además, las posesiones materiales son consideradas como incentivos legítimos para motivar la diligencia. Sin embargo, cuando el deseo de adquirir bienes mundanos se vuelve tan cautivador que se satisface a toda costa, incluso explotando o robando a los demás,

10 M. G. Kyle, *"Temptation, Psychology of"* ["Tentación, Psicología de la"], en International Standard Bible Encyclopedia [Enciclopedia Bíblica Estándar Internacional], ed. James Orr (Grand Rapids: Eerdmans, 1952), 5:2944-2944B.

11 N. del T: El término inglés Economy se refiere a un sistema complejo y dinámico. Asimismo, en términos de teología tiene el sentido de administración o mayordomía global y la forma en que Dios hace las cosas.

9 Reinhold Niebuhr, *The Self and the Dramas of History* [El yo y los dramas de la historia] (Londres: Faber & Faber, 1956), págs. 35-37.

entonces se ha degenerado en "los deseos de los ojos" (1 Juan 2:16).

3. *El deseo de hacer cosas.* Las parábolas de mayordomía también describen el deseo de lograr tanto lo natural como lo apropiado. Es parte de lo que Dios espera de la humanidad. No obstante, cuando este deseo transgrede las limitaciones correctas y se busca a costa de otros humanos, se ha degenerado en "la vanagloria de la vida" (1 Juan 2:16).

Hay maneras correctas de satisfacer cada uno de estos deseos y también hay límites divinamente impuestos. No aceptar estos deseos como han sido establecidos por Dios y, por lo tanto, no someterse al control divino es pecado. En tales casos, los deseos no se ven en el contexto de su origen divino o como medios destinados a complacer a Dios, sino como fines en sí mismos.

Observe que en la tentación de Jesús, satanás apeló a deseos legítimos. Los deseos que satanás instó a Jesús a cumplir no eran malos per se. Por el contrario, el tiempo sugerido y la manera de cumplirlos constituía el mal. Jesús ayunó durante cuarenta días y cuarenta noches y, por ende, tenía hambre. Era una necesidad natural que tenía que ser satisfecha si quería preservar su vida. Era correcto que Jesús fuera alimentado, pero no a través de alguna provisión milagrosa ni probablemente antes de que completara su prueba. Era correcto que Jesús deseara bajar de manera segura del pináculo del templo, pero no que requiera una muestra milagrosa de poder del Padre. Era justo que Jesús reclamara todos los reinos de la tierra, porque son suyos. Los creó (Juan 1:3) e incluso ahora los sostiene (Col 1:17). Pero no era correcto buscar establecer este reclamo adorando al líder de las fuerzas del mal.

A menudo, la tentación involucra una incitación externa. Este fue el caso de Jesús. En el caso de Adán y Eva, la serpiente no sugirió directamente que comieran del árbol prohibido. Más bien, preguntó si los frutos de todos los árboles estaban prohibidos para

208

ellos. Luego declaró. "No moriréis... [sino que] seréis como Dios" (Gn 3:4-5). Si bien el deseo de comer del árbol o ser como Dios estuvo presente naturalmente, también hubo una incitación externa de origen satánico. En algunos casos, un humano persuade a otro a sobrepasar los límites divinamente impuestos sobre el comportamiento. Sin embargo, en el análisis final, el pecado es la elección de la persona que lo comete. El deseo de hacer lo que se hace puede estar presente de forma natural y también puede haber una incitación externa. Pero el individuo es el responsable final. Adán y Eva eligieron actuar por impulso y sugerencia; Jesús eligió no hacerlo.

Además del deseo natural y la tentación, también debe haber, sin duda, una oportunidad para pecar. Inicialmente, Adán no podría haber sido tentado a la infidelidad con su esposa, ni Eva podría haber tenido celos de otras mujeres. Para los que vivimos después de la caída y no somos Jesús, hay un factor adicional que complica las cosas: algo conocido como "la carne" influye fuertemente en lo que hacemos. Pablo habla de ello en varios pasajes, por ejemplo, Romanos 7:18: "Y yo sé que en mí, esto es, en mi carne, no mora el bien; porque el querer el bien está en mí, pero no el hacerlo". En Gálatas 5:16-24, habla vívidamente sobre la oposición entre la carne y el espíritu, y las obras de la carne, que constituyen un gran catálogo de maldades. Por "carne", Pablo no se refiere a la naturaleza física del ser humano. Más bien, el término designa la vida egoísta, la negación o el rechazo a Dios, algo que se ha vuelto parte de la naturaleza humana: una tendencia o inclinación hacia el pecado y lejos de hacer la voluntad de Dios. Por lo tanto, ahora somos menos capaces de elegir lo correcto como lo hacían originalmente Adán y Eva. Es incluso concebible que los deseos humanos naturales, buenos en sí mismos, hayan sufrido una alteración.

¿Qué nos dice la enseñanza bíblica de la fuente del pecado sobre la cura? La cura del pecado vendrá a través de una alteración producida sobrenaturalmente de la propia naturaleza humana y también mediante la ayuda divina para contrarrestar el poder de la tentación. Es la conversión individual y la regeneración lo que cambiará a la persona y la llevará a una relación con Dios para hacer posible una vida cristiana exitosa.

Preguntas de Análisis y Reflexión

- ¿Por qué es difícil para las personas en la cultura contemporánea hablar sobre el concepto del pecado?
- El pecado se ha descrito como no dejar que Dios sea Dios. ¿Está de acuerdo con esta descripción? De algunos ejemplos para apoyar su respuesta.
- ¿De qué manera el concepto de una naturaleza animal como la fuente del pecado afecta nuestra perspectiva de la humanidad?
- ¿Cuál es la relación entre los deseos naturales y el pecado?
- ¿De qué manera el pecado afecta su vida? ¿Cómo el pecado personal afecta las vidas de los demás? De algunos ejemplos.

Los Resultados del Pecado

21

Una vez completado este capítulo, el lector es capaz de:

1. Resumir las consecuencias del pecado sobre la relación de la humanidad con Dios.
2. Expresar la gravedad del pecado.
3. Identificar y explicar los efectos específicos del pecado en el pecador.
4. Describir los efectos del pecado en las relaciones humanas.

Resumen del Capítulo

El pecado tiene varias consecuencias graves cuando se trata de la relación entre el pecador y Dios. Estas consecuencias incluyen la desaprobación divina, la culpa, el castigo y la muerte. El pecado también tiene consecuencias que afectan al propio pecador, incluyendo la esclavitud, el escape de la realidad, la negación de pecado, el autoengaño, la insensibilidad, el egocentrismo y el desasosiego. Estos efectos en el pecador tienen implicaciones sociales en la competencia, la incapacidad de empatizar, el rechazo a la autoridad y la incapacidad de amar.

Estructura del Capítulo

Resultados que Afectan la Relación con Dios

- Desaprobación Divina
- Culpa
- Castigo
- Muerte
  » Muerte física
  » Muerte espiritual
  » Muerte eterna

Efectos en el Pecador

- Esclavitud
- Escape de la Realidad
- Negación del Pecado
- Autoengaño
- Insensibilidad
- Egocentrismo
- Desasosiego

Efectos en la Relación con Otros Humanos

- Competencia
- Incapacidad de Empatizar
- Rechazo a la Autoridad
- Incapacidad de Amar

Un aspecto que se destaca tanto en el Antiguo como en el Nuevo Testamento es que el pecado es un asunto muy serio con consecuencias duraderas y de largo alcance. En el siguiente capítulo analizaremos los efectos colectivos del pecado, es decir, el impacto del pecado de Adán en toda su posteridad. Sin embargo, en este capítulo, nos ocuparemos de los efectos individuales del pecado de una persona tal como se ilustran en las Escrituras (particularmente en el relato de Adán y Eva) y se encuentran en nuestra propia experiencia.

El impacto del pecado tiene varias dimensiones. Hay efectos en las relaciones del pecador con Dios y otros humanos, así como con uno mismo. Algunos de los resultados del pecado se pueden denominar "consecuencias naturales"; es decir, se derivan del pecado en una secuencia prácticamente automática de causa y efecto. Otros son específicamente ordenados y dirigidos por Dios como un castigo por pecar.

Resultados que Afectan la Relación con Dios

El pecado produjo una transformación inmediata en la relación de Adán y Eva con Dios. Evidentemente, ellos estaban en buenos y estrechos términos con Dios. Confiaban y le obedecían y, sobre la base de Génesis 3:8, se puede concluir que usualmente tenían comunión con Dios. Ahora, ya que violaron el mandato y la confianza de Dios, se colocaron en el lado equivocado de Dios y, por ende, se convirtieron en sus enemigos. No fue Dios el que cambió o se movió, sino Adán y Eva.

Desaprobación Divina

Es notable como la Biblia caracteriza la relación de Dios con el pecado y el pecador. En el Antiguo Testamento hay dos momentos en se dice que Dios odia el pecado de Israel. En Oseas 9:15, Dios dice:

> Toda la maldad de ellos fue en
> Gilgal;
> allí, pues, les tomé aversión;
> por la perversidad de sus obras los echaré
> de mi casa; no los amaré más;
> todos sus príncipes
> son desleales.

Esta es una expresión muy fuerte. Un sentimiento similar se expresa en Jeremías 12:8. En dos otras oportunidades se dice que Dios odia al malvado (Sal 5:5; 11:5). Sin embargo, se encuentran con mucha más frecuencia pasajes en donde se dice que odia la maldad (p. ej., Pr 6:16-17; Zac 8:17). No obstante, el odio no es unilateral por parte de Dios, sino que los malvados son descritos como aquellos que odian a Dios (Ex 20:5; Dt 7:10) y, de forma más común, aquellos que odian lo justo (Sal 18:40; 69:4; Pr 29:10). En aquellos pocos pasajes en donde se dice que Dios odia al malvado, es aparente que ellos iniciaron el cambio en la relación.

Que Dios mire con favor a algunos y con desaprobación o enojo a otros, y que a veces es descrito como amando a los israelitas y otras veces como odiándolos, no son señales de cambio, inconsistencia o inestabilidad en Dios. Por el contrario, es parte de su naturaleza santa estar categóricamente en contra de los actos pecaminosos.

Cuando nos comprometemos en tales acciones, nos movemos a la esfera de la desaprobación de Dios. El Antiguo Testamento a menudo describe a los que pecan y violan la ley de Dios como enemigos de Dios.

Sin embargo, solo raramente la Biblia habla de Dios como su enemigo (Ex 23:22; Is 63:10; Lm 2:4-5).

Al pecar nos colocamos en el lado equivocado de Dios y, por ende, nos convertimos en sus enemigos.

Charles Ryder Smith comenta lo siguiente: "En el Antiguo Testamento, 'enemistad', como odio, es raro en Dios, pero común en el hombre"[1]. Al rebelarse contra Dios, son los humanos, no Dios, quienes rompen la relación.

En el Nuevo Testamento, hay un enfoque particular en la enemistad y odio de los no creyentes y el mundo hacia Dios y su pueblo. Pecar es hacerse enemigo de Dios. En Romanos 8:7 y Colosenses 1:21, Pablo describe los designios de la carne: "no se sujetan a la ley de Dios" o alienada de Dios. En Santiago 4:4, leemos que "la amistad del mundo es enemistad contra Dios". Sin embargo, Dios no es enemigo de nadie, ya que ama a todos y no odia a nadie. Amó tanto que envió a su hijo a morir por nosotros aunque fuéramos pecadores y enemigos de Él (Ro 5:8-10). Él representa lo que ordena. Ama a sus enemigos.

Aunque Dios no es enemigo de los pecadores, ni los odia, también es bastante claro que Dios se enoja por el pecado. Las Escrituras no solo se refieren a la reacción presente de Dios hacia el pecado, sino también sugiere ciertas obras divinas que vendrán. En Juan 3:36, por ejemplo, Jesús dice: "El que cree en el Hijo tiene vida eterna; pero el que rehúsa creer en el Hijo no verá la vida, sino que la ira de Dios está sobre él". Romanos 1:18 enseña que "la ira de Dios se revela desde el cielo contra toda impiedad e injusticia de los hombres que detienen con injusticia la verdad". Romanos 2:5 (NBLA) trata sobre "acumulando ira" para el día del juicio. La ira de Dios es una cuestión muy real

1 Charles Ryder Smith, *The Bible Doctrine of Sin and of the Ways of God with Sinners* [La doctrina bíblica del pecado y de los caminos de Dios con los pecadores] (Londres: Epworth, 1953), pág. 43.

y presente, pero no se revelará o manifestará por completo en acción hasta algún momento posterior.

A partir de lo anterior es evidente que Dios mira con desaprobación el pecado, de hecho, que el pecado causa enojo, ira o desagrado en Él. Sin embargo, se deben hacer dos comentarios adicionales. En primer lugar, la ira no es algo que Dios elige sentir. Su disconformidad con el pecado no es un asunto arbitrario, ya que su propia naturaleza es santa; automáticamente rechaza el pecado. El segundo comentario es que debemos evitar pensar que la ira de Dios es excesivamente emocional. No es que esté hirviendo de ira, con su temperamento prácticamente fuera de control. Es capaz de ejercer la paciencia y la longanimidad, y lo hace. Tampoco hay que pensar que Dios está frustrado por nuestro pecado. La decepción es quizás una forma más precisa de caracterizar su reacción.

Culpa

Nuestra relación con Dios también se ve afectada por la culpa. Esta palabra necesita una explicación más detallada, ya que en el mundo actual el significado usual del término es sentimiento de culpa o el aspecto subjetivo de la culpa. A menudo, estos sentimientos son considerados como irracionales y, de hecho, a veces lo son. Es decir, puede que una persona no haya hecho nada objetivamente mal, pero de todos modos puede tener esos sentimientos. Sin embargo, a lo que nos referimos es al estado de haber violado la intención de Dios y, por lo tanto, estar sujeto a un castigo. Para aclarar a los que nos referimos con "culpa", será útil comentar brevemente sobre dos palabras que pueden estar presentes en la propia definición del pecado, en concreto, "malo" y "erróneo". Por un lado, podemos definir el pecado como lo que es intrínsecamente malo en lugar de bueno. Es impuro, repulsivo y odiado por Dios simplemente porque es lo opuesto a lo bueno. No obstante, aquí hay un problema. La declaración de que el pecado es malo solo debe entenderse en términos estéticos: el pecado es una acción fea, retorcida y estropeada que no alcanza la norma perfecta de Dios.

Por otro lado, podemos definir el pecado como algo que implica no solo lo malo, sino también lo erróneo. En el primer caso, el pecado podría asemejarse a una enfermedad desagradable de la cual las personas sanas se alejan por miedo. Pero en el segundo caso, consideramos al pecado no solo como una falta de integridad o de perfección, sino también como un mal moral, como una violación deliberada de los mandatos de Dios y, por lo tanto, merecedora de castigo.

Esta distinción se puede ilustrar pensando en un auto difícil de manejar e ineficiente, que consume poca gasolina o que está muy dañado y es una monstruosidad. Un automóvil así puede ser una prueba de paciencia para su dueño, pero mientras los faros, los intermitentes y otros elementos de seguridad funcionen correctamente, las emisiones de gases de escape estén dentro de los límites establecidos por la ley y esté debidamente autorizado y asegurado, no hay nada ilegal en el vehículo. Sin embargo, si el auto emite una excesiva cantidad de contaminantes dentro del ambiente, o alguna parte segura no funciona bien, se rompe la ley y se podría imponer merecidamente una penalidad. Ahora, cuando hablamos de culpabilidad nos referimos a que el pecador, como el auto que no tiene las regulaciones legales seguras, ha violado la ley y, por lo tanto, merece un castigo.

En este punto debemos observar la naturaleza precisa de la alteración que el pecado y la culpa producen en la relación entre Dios y el humano. Dios es el todopoderoso, el eterno, la única realidad independiente y no contingente. Todo lo que existe proviene de Él. Y el humano, la criatura más alta de todas, tiene los regalos de la vida y la persona solo por la bondad y gracia de Dios. Como amo, Dios ha puesto a los humanos en cargo de la creación y les ordenó dominarla

(Gn 1:28). Como todopoderoso y plenamente santo, Dios ha demandado nuestra adoración y obediencia en respuesta a sus regalos. Pero no hemos cumplido con la voluntad de Dios. Al habernos confiado la riqueza de la creación, la hemos utilizado para nuestros propios fines, como malversadores. Además, al igual que los ciudadanos que tratan despectivamente a un monarca o a un alto cargo electo, a un héroe o a una persona de grandes logros, no hemos tratado con respeto al más alto de todos los seres. Además, somos desagradecidos con todo lo que Dios ha hecho por nosotros y nos ha dado (Ro 1:21). Y, finalmente, hemos rechazado el regalo de la amistad y el amor de Dios y, en el caso más extremo, la salvación lograda mediante la muerte del propio Hijo de Dios. Estas ofensas se magnifican por lo que Dios es: el Creador todopoderoso, infinitamente superior a nosotros. Cuando la criatura priva al Creador de lo que le corresponde, se rompe el equilibrio, ya que Dios no está siendo honrado ni obedecido. Si no se corrigiera esa alteración, Dios dejaría prácticamente de ser Dios. Por lo tanto, el pecado y el pecador merecen e incluso necesitan ser castigados.

Castigo

La imposición del castigo de Dios, entonces, es otro resultado de nuestro pecado. Es importante que determinemos la naturaleza básica y la intención del castigo de Dios al pecador. ¿Es un castigo curativo que pretende corregir al pecador? ¿Es disuasorio señalar las consecuencias a las que conduce el pecado y, por lo tanto, advertir a los demás contra el mal? ¿O es retributivo, designado simplemente a dar a los pecadores lo que merecen?

En la actualidad existe un sentimiento bastante generalizado de oposición a la idea de que el castigo de Dios al pecador sea retributivo. La retribución se considera como primitiva, cruel, una marca de hostilidad y deseo de venganza, lo cual es particularmente inapropiado en un Dios de amor que es un Padre para sus hijos terrenales[2]. Sin embargo, a pesar de este sentimiento, que puede reflejar el concepto que una sociedad permisiva tiene un padre amoroso, hay definitivamente una dimensión de retribución divina en la Biblia, particularmente en el Antiguo Testamento. Sin duda, la pena de muerte, siendo terminal, no pretendía ser rehabilitadora. Y aunque también tenía un efecto disuasorio, la conexión directa entre lo que se le había hecho a la víctima y lo que se le iba a hacer al ofensor es clara. Esto se observa particularmente en un pasaje como Génesis 9:6:

El que derramare sangre de hombre, por
el hombre su sangre será derramada;
porque a imagen de Dios
es hecho el hombre.

La idea de la retribución también se ve claramente en el término hebreo *naqam*. Esta palabra, que (incluyendo a sus derivados) aparece cerca de ocho veces en el Antiguo Testamento, es a menudo traducida como "venganza", "revancha" y "tomar venganza". Aunque los términos "venganza" y "revancha" son traducciones apropiadas para designar las acciones de Israel contra sus vecinos, hay algo inapropiado cuando se aplica a las acciones de Dios[3]. "Venganza" o "revancha" carga la idea de represalia o ganar satisfacción (psicológicamente) de compensar lo que se ha hecho, en lugar de la idea de obtener y administrar justicia. No obstante, la preocupación de Dios es mantener la justicia. Por lo tanto, en relación con el castigo de Dios a los pecadores, "retribución" es una mejor traducción que "venganza".

Hay varias referencias, particularmente en los Profetas Mayores, sobre la dimensión retributiva del castigo de Dios para los pecadores. Los

ejemplos se encuentran en Isaías 1:24; 61:2; 63:4; Jeremías 46:10 y Ezequiel 25:14. En Salmos 94:1 se dice que Dios es el "Dios de las venganzas". En estos casos, como en la mayoría del Antiguo Testamento, el castigo previsto se produce en el tiempo histórico y no en un estado futuro. La idea de la retribución también se encuentra en varios pasajes narrativos.

Por ejemplo, el diluvio (Gn 6) no fue enviado para disuadir a nadie del pecado, ya que sus únicos supervivientes, Noé y su familia, ya eran personas justas. Y, sin duda, no pudo haber sido enviado por ninguna razón correctiva o rehabilitadora, puesto que todos los malvados fueron destruidos.

Aunque menos frecuente que en el Antiguo Testamento, la idea de justicia retributiva también se encuentra en el Nuevo Testamento. En este caso, la referencia es más hacia un juicio futuro que temporal. Hay paráfrasis de Deuteronomio 32:35 tanto en Romanos 12:19 como Hebreos 10:30: "Mía es la venganza, yo daré el pago".

No debemos pasar por alto las otras dos dimensiones o funciones del castigo.

El apedreamiento de Acán y su familia (Josué 7) fue parcialmente retribución por lo que había hecho, pero también fue un medio de disuadir a otros de una conducta similar. Por esta razón, el castigo se administraba a menudo de manera pública.

También está el efecto disciplinario del castigo. El castigo se administraba para convencer a los pecadores del error de sus actos y apartarlos de ellos. El Salmos 107:10-16 indica que el Señor castigó a los israelitas por sus pecados y que como consecuencia se volvieron de su maldad, al menos temporalmente. El escritor de Hebreos nos dice "el Señor al que ama, disciplina, Y azota a todo el que recibe por hijo" (Heb 12:6). En el Antiguo Testamento, hay incluso una idea de purificación del pecado a través del castigo. Al menos esto se da a entender en Isaías 10:20-21.

Dios usaría a Asiria para castigar a su

---

2 Nels Ferré, *The Christian Understanding of God* [La concepción cristiana de Dios] (Nueva York: Harper & Bros., 1951), pág. 228.

3 Smith, *Doctrine of Sin*, pág. 47.

pueblo y como resultado de esta experiencia un remanente de Israel aprendería a apoyarse en el Señor.

> El remanente volverá, el remanente
> de Jacob
> volverá al Dios fuerte.

Muerte

Uno de los resultados evidentes del pecado es la muerte. Esta verdad se señala por primera vez en la declaración de Dios prohibiendo a Adán y Eva comer del fruto del árbol de la ciencia del bien y del mal: "porque el día que de él comieres, ciertamente morirás" (Gn 2:17). También se encuentra en una forma clara y didáctica en Romanos 6:23: "la paga del pecado es muerte".

El punto de Pablo es que, al igual que la paga, la muerte es un retorno adecuado, una justa recompensa por lo que hemos hecho. Esta muerte que hemos merecido tiene varios aspectos: (1) muerte física, (2) muerte espiritual y (3) muerte eterna.

MUERTE FÍSICA

La mortalidad de todos los seres humanos es tanto un hecho evidente como una verdad enseñada por las Escrituras. Hebreos 9:27 dice lo siguiente: "está establecido para los hombres que mueran una sola vez, y después de esto el juicio". Pablo en Romanos 5:12 atribuye la muerte al pecado original de Adán.

Sin embargo, aunque la muerte entró al mundo a través del pecado de Adán, se propagó a todos los humanos porque todos pecaron.

Esto plantea la cuestión de si los humanos fueron creados mortales o inmortales. ¿Habrían muerto si no hubieran pecado? Por un lado, los calvinistas básicamente han adoptado la postura negativa, argumentando que la muerte

física entró con la maldición (Gn 3:19)[4].

"La paga del pecado es muerte":

física, espiritual y eterna.

Por otro lado, el punto de vista pelagiano es que los humanos fueron creados mortales. El principio de la muerte y la decadencia forma parte de toda la creación[5]. Los pelagianos señalan que si el punto de vista calvinista es correcto, entonces fue la serpiente quien estaba en lo cierto y Jehová quien estaba equivocado al decir: "porque el día que de él comieres, ciertamente morirás", ya que Adán y Eva no fueron fulminados inmediatamente después de cometer su pecado[6]. La muerte física, según la perspectiva pelagiana, es un acompañamiento natural de ser humano. Las referencias bíblicas a la muerte como una consecuencia del pecado se entienden como referencias a la muerte espiritual, la separación de Dios, en lugar de la muerte física.

El problema no es tan simple como podría parecer a primera vista. La suposición de que la mortalidad comenzó con la caída, y que Romanos 5:12 y varias referencias similares del Nuevo Testamento sobre la muerte se entiendan como referencias a la muerte física, puede no

4 Louis Berkhof, *Systematic Theology* [Teología sistemática] (Grand Rapids: Eerdmans, 1953), pág. 260. Los arminianos generalmente tienden a estar de acuerdo con los calvinistas, más que con los pelagianos, en este punto. Ver H. Orton Wiley, *Christian Theology* [Teología cristiana] (Kansas City, Misuri: Beacon Hill, 1958), 1:34-37, págs. 91-95.

5 Ver Augustín, *A Treatise on the Merits and Forgiveness of Sins, and the Baptism of Infants* [Tratado sobre los méritos y el perdón de los pecados, y el bautismo de los niños] 1.2.

6 Dale Moody, *The Word of Truth: A Summary of Christian Doctrine Based on Biblical Revelation* [La palabra de verdad: un resumen de la doctrina cristiana basado en la revelación bíblica] (Grand Rapids: Eerdmans, 1981), pág. 295.

estar justificada. Un obstáculo a la idea de que la mortalidad física es un resultado del pecado es el caso de Jesús. No solo no pecó (Heb 4:15), sino que tampoco estaba manchado por la naturaleza corrupta de Adán. Aún así murió. ¿Cómo pudo afectar la mortalidad a alguien que, espiritualmente, se encontraba en el lugar que ocupaban Adán y Eva antes de la caída? Esto es un enigma. ¿Es posible escapar de alguna manera del dilema creado por esta información contradictoria?

En primer lugar, debemos observar que la muerte física está vinculada con la caída de una manera clara. Génesis 3:19 parecería no ser una declaración de lo que es el caso y ha sido desde la creación, sino un pronunciamiento de una nueva situación.

> Con el sudor de tu rostro comerás el pan
> hasta que vuelvas a la tierra, porque de
> ella fuiste tomado; pues polvo eres, y
> al polvo volverás.

Además, parece difícil separar las ideas de la muerte física y espiritual en los escritos de Pablo, particularmente en 1 Corintios 15. El tema de Pablo es que la muerte física ha sido vencida a través de la resurrección de Cristo. Los humanos aún mueren, pero la finalidad de la muerte ha sido removida. Pablo atribuye al pecado el poder que la muerte física posee ante la ausencia de la resurrección. Pero con Cristo superando la muerte física, el mismo pecado (y, por lo tanto, la muerte espiritual) es vencido (vv. 55-56). Sin la resurrección de Cristo de la muerte física, permaneceríamos en nuestros pecados; es decir, seguiríamos muertos espiritualmente (v. 17). Louis Berkhof parece estar en lo cierto cuando dice: "La Biblia no conoce la distinción, tan común entre nosotros, entre una muerte física, una espiritual y una eterna; tiene una visión sintética de la muerte y la considera como una separación de Dios"[7].

7 Berkhof, *Systematic Theology*, págs. 258-59.

Sin embargo, hay consideraciones de que Adán y Eva murieron espiritualmente pero no físicamente al momento o día en que pecaron, y que incluso el Jesús sin pecado era capaz de morir. ¿Cómo se explica todo esto?

Sugeriría el concepto de inmortalidad condicional como el estado de Adán antes de la caída. No era intrínsecamente capaz de vivir para siempre, pero no era necesario que muriera[8]. Dadas las condiciones correctas, hubiera podido vivir para siempre. Este podría ser el significado de las palabras de Dios cuando decidió expulsar a Adán y Eva del Edén y de la presencia del árbol de la vida: "que no alargue su mano, y tome también del árbol de la vida, y coma, y viva para siempre" (Gn 3:22). Se da la impresión de que Adán y Eva, incluso después de la caída, podrían haber vivido eternamente si hubieran comido el fruto del árbol de la vida. Lo que ocurrió en el momento de su expulsión del Edén fue que los seres humanos, que antes podían vivir eternamente o morir, fueron separados de las condiciones que hacían posible la vida eterna y, por lo tanto, se volvió inevitable que murieran. Previamente, *podían* morir; ahora *morirían*. Esto también significa que Jesús nació con un cuerpo sujeto a la muerte. Tenía que comer para vivir, ya que si no comía podría haber muerto de hambre.

Debemos señalar que habían otros cambios como resultado del pecado. En el Edén, los humanos tenían cuerpos que presumiblemente podían enfermarse; después de la caída había enfermedades que podían contraer. La maldición, que implicaba la llegada de la muerte a la humanidad, incluía también toda una serie de males que llevarían a la muerte. Pablo nos dice que algún día este conjunto de condiciones será removido y toda la creación será liberada de esta "esclavitud de corrupción" (Ro 8:18:23).

Para resumir: el potencial de la muerte estaba

8 Augustín hace un punto similar al distinguir entre ser "mortal" y estar "sujeto a muerte" (*Merits and Forgiveness of Sins* 1.3).

dentro de la creación desde el principio, pero también estaba el potencial de la vida eterna. El pecado, en el caso de Adán y de cada uno de nosotros, significa que la muerte ya no es simplemente potencial sino real.

Muerte espiritual

La muerte espiritual está relacionada tanto con la muerte física como distinguida de ella. Es la separación de toda la persona de Dios. Como un ser perfectamente santo, Dios no puede contemplar el pecado o tolerar su presencia. Por lo tanto, el pecado es una barrera en la relación entre Dios y los humanos, llevándolos bajo el juicio y condenación de Dios.

Además de este aspecto objetivo de la muerte espiritual, también hay un aspecto subjetivo. Con frecuencia, la Biblia declara que las personas separadas de Cristo están muertas en delitos y pecados. Esto significa, al menos parcialmente, que la sensibilidad sobre cuestiones espirituales y la capacidad de actuar y responder espiritualmente, hacer buenas cosas, están ausentes o severamente dañadas. La vida nueva que ahora es nuestra por la resurrección de Cristo y que se simboliza en el bautismo (Ro 6:4), aunque no excluye la muerte física, significa que el pecado ya no nos domina. Poseemos una nueva sensibilidad y vitalidad espiritual.

Muerte eterna

La muerte eterna es, en un sentido muy real, la extensión y finalización de la muerte espiritual. Si uno llega a la muerte física estando muerto espiritualmente, separado de Dios, esa condición se vuelve permanente. Así como la vida eterna es cualitativamente diferente de nuestra vida actual e interminable, la muerte eterna es la separación de Dios que es cualitativamente diferente de la muerte física y eterna. En el juicio final, las personas que comparezcan ante el tribunal de Dios se dividirán en dos grupos.

Los que sean juzgados justos serán enviados a la vida eterna (MT 25:34-40, 46b). Aquellos que sean juzgados injustos serán enviados al castigo eterno o al fuego eterno (vv. 41-46a). En Apocalipsis 20, Juan escribe sobre una "segunda muerte". La primera muerte es la muerte física, de la cual la resurrección nos libera, pero no nos exime. Aunque todos acabarán muriendo de la primera muerte, la cuestión importante es si en cada caso individual se ha superado la segunda muerte. Aquellos que participan en la primera resurrección son llamados "bienaventurados y santos". Se dice que la segunda muerte no tiene potestad sobre ellos (v. 6). En la última parte del capítulo, la muerte y el Hades son arrojados al lago de fuego (vv. 13-14), al que fueron arrojados anteriormente la bestia y el falso profeta (19:20). Se habla de esto como la segunda muerte (20:14). Cualquiera cuyo nombre no se encuentre en el libro de la vida será lanzado al lago de fuego. Este es el estado permanente que el pecador escoge en la vida.

Hemos analizado los efectos que el pecado tiene en la relación de los seres humanos con Dios. El argumento de que ciertas acciones no son malas, siempre que sean realizadas por adultos que consienten y no se dañe a nadie, ignora el hecho de que el pecado es principalmente malo contra Dios y afecta fundamentalmente a la relación entre el pecador y Dios.

Efectos en el Pecador

Esclavitud

El pecado también tiene consecuencias internas variadas y complejas para la persona que lo comete. Una de estas es su poder de esclavitud. El pecado se convierte en un hábito o incluso en una adicción. Un pecado lleva a otro pecado. Por ejemplo, luego de matar a Abel, Caín se sintió obligado a mentir cuando Dios le preguntó dónde estaba su hermano.

Lo que algunas personas consideran libertad para pecar, libertad de las restricciones de obedecer la voluntad de Dios, es en realidad la esclavitud que produce el pecado. En algunos casos, el pecado adquiere tanto control y poder sobre una persona que esta no puede escapar de él. Pablo recuerda que los romanos cristianos "eran esclavos del pecado" (Ro 6:17 NVI). Pero la sujeción del pecado en el individuo se pierde por la obra de Cristo: "Porque la ley del Espíritu de vida en Cristo Jesús me ha librado de la ley del pecado y de la muerte" (Ro 8:2).

Escape de la realidad

El pecado también resulta del rechazo a enfrentar la realidad. Las duras dimensiones de la vida, y especialmente las consecuencias de nuestro pecado, no se enfrentan de manera realista; en particular, la cruda realidad de la muerte (Heb 9:27). No saber que la muerte es la paga del pecado (Ro 6:23) puede ser la base de muchos de nuestros intentos de evitar pensar en eso.

Negación del Pecado

La negación de la muerte va acompañada de la negación del pecado, de varias maneras. Se puede reetiquetar, de modo que no se reconozca como pecado en absoluto. Puede considerarse una cuestión de enfermedad, de privación, de ignorancia, o tal vez de inadaptación social, en el peor de los casos.

Otra forma de negar nuestros pecados es admitir el error de nuestras acciones, pero rechazar la responsabilidad por ellas. Observamos esta dinámica en el caso del primer pecado. Cuando fueron confrontados por la pregunta del Señor "¿Quién te enseñó que estabas desnudo? ¿Has comido del árbol del que yo te mandé no comieses?" (Gn 3:11), Adán respondió desviando la culpa: "La mujer que me diste por compañera me dio del árbol, y yo comí" (v. 12). La reacción inmediata de Adán fue negar la responsabilidad personal: solo había comido a petición de Eva. Obsérvese que incluso trató de echarle la culpa a Dios.

Intentar desviar la responsabilidad de uno mismo es una práctica habitual, ya que en el fondo suele haber un sentimiento de culpa que se quiere erradicar desesperadamente. Pero tratar de desviar la responsabilidad agrava el pecado y hace que el arrepentimiento sea menos probable. Todas las excusas y explicaciones que ofrecemos por nuestras acciones son señales de la profundidad de nuestro pecado.

Autoengaño

El autoengaño es el problema subyacente cuando negamos el pecado. Jeremías escribe lo siguiente:

> Engañoso [inestable, torcido]
> es el corazón más que todas las cosas,
> y perverso;
> ¿quién lo conocerá? (17:9)

Los hipócritas de los que Jesús con frecuencia hablaba probablemente se engañaron a ellos mismos antes de tratar de engañar a otros. Señaló los extremos ridículos a los que puede llegar el autoengaño: "¿Y por qué miras la paja que está en el ojo de tu hermano, y no echas de ver la viga que está en tu propio ojo?" (MT 7:3).

Insensibilidad

El pecado también produce insensibilidad. Mientras sigamos pecando y rechazando las advertencias y condenaciones de Dios, nos volvemos cada vez menos receptivos a los estímulos de la conciencia y a los llamados de la Palabra y del Espíritu. Con el tiempo, incluso se pueden cometer graves pecados sin remordimiento. Quizás, el ejemplo más claro en el ministerio de Jesús es el de los fariseos, quienes, al ver los milagros de Jesús y escuchar sus enseñanzas, atribuyeron la obra del Espíritu Santo a Belcebú, el príncipe de los demonios

(MT 12:24).

Egocentrismo

Un egocentrismo creciente también resulta del pecado. En muchos sentidos, el pecado es un repliegue sobre uno mismo que se confirma con la práctica. Llamamos la atención sobre nosotros mismos, sobre nuestras buenas cualidades y logros, y minimizamos nuestros defectos. Buscamos favores y oportunidades especiales en la vida, deseando una pequeña ventaja adicional que nadie más tiene. Estamos especialmente atentos a nuestros propios deseos y necesidades, mientras ignoramos los de los demás.

Desasosiego

Finalmente, el pecado a menudo produce desasosiego. Hay un cierto carácter insaciable en el pecado. Nunca se produce una satisfacción completa. Si bien algunos pecadores pueden tener una estabilidad relativa por un tiempo, el pecado eventualmente pierde su capacidad de satisfacer. Se alega que en una respuesta a la pregunta "¿Cuánto dinero se necesita para satisfacer a un hombre", John D. Rockefeller respondió "solo un poco más".

Efectos en la Relación con Otros Humanos

Competencia

El pecado también tiene grandes efectos en las relaciones entre humanos. Uno de los más importantes en la proliferación de la competencia. Ya que el pecado hace que uno sea cada vez más egoísta, inevitablemente habrá conflicto con los demás. Deseamos la misma posición, la misma pareja conyugal o el mismo inmueble que otro tiene. Cada vez que alguien gana, alguien más pierde. La versión más extrema y a gran escala de la competencia humana es la guerra, con su destrucción masiva de bienes y vidas humanas. Santiago es bastante claro sobre los factores principales

que conducen a la guerra: "¿De dónde vienen las guerras y los pleitos entre vosotros? ¿No es de vuestras pasiones, las cuales combaten en vuestros miembros? Codiciáis, y no tenéis; matáis y ardéis de envidia, y no podéis alcanzar; combatís y lucháis" (Santiago 4:1-2).

Incapacidad de Empatizar

La incapacidad de empatizar con otros es una consecuencia principal del pecado. Al preocuparnos por nuestros deseos personales, reputación y opiniones, solo vemos nuestra propia perspectiva. Esto es lo opuesto de lo que Pablo ordenaba a sus lectores: "Nada hagáis por contienda o por vanagloria; antes bien con humildad, estimando cada uno a los demás como superiores a él mismo; no mirando cada uno por lo suyo propio, sino cada cual también por lo de los otros. Haya, pues, en vosotros este sentir que hubo también en Cristo Jesús" (Flp 2:3-5).

Rechazo a la Autoridad

El rechazo a la autoridad es a menudo una ramificación social del pecado. Si encontramos seguridad en nuestras propias posesiones y logros, cualquier autoridad externa es amenazante. Como nos impide hacer lo que queremos, hay que resistirse a ella o ignorarla. En el proceso, sin duda, los derechos de muchos otros pueden ser pisoteados.

Incapacidad de Amar

Finalmente, el pecado resulta en la incapacidad de amar. Si nuestro deseo es la autosatisfacción, las personas que están en nuestro camino representarán una competencia y amenaza para nosotros y, por lo tanto, no actuaremos por el bienestar de los demás. Y así, las sospechas, los conflictos, la amargura e incluso el odio surgen del ensimismamiento o la búsqueda de valores finitos que han suplantado a Dios en el centro de la vida del pecador.

El pecado es una cuestión seria y tiene efectos de gran alcance en nuestra relación con Dios, con nosotros mismos y con otros humanos. Por consiguiente, se necesitará una cura con efectos igualmente amplios.

- ¿De qué manera difieren el Antiguo y Nuevo Testamento en su comprensión del pecado y sus efectos?
- ¿Cómo está relacionado el pecado con la muerte?
- ¿Qué efectos del pecado son evidentes en el pecador?
- ¿Cuáles son las consecuencias del pecado en relación con otros humanos?
- Suponiendo que estuviera escribiendo un sermón o una lección sobre el pecado, ¿cómo convencería a su audiencia de la gravedad del pecado?

22

La Magnitud del Pecado

Una vez estudiado este capítulo, el lector es capaz de:

1. Relacionar las enseñanzas del Antiguo y Nuevo Testamento sobre la extensión del pecado para una mayor comprensión del mismo.
2. Relacionar las enseñanzas del Antiguo y Nuevo Testamento sobre la intensidad del pecado para una comprensión más amplia de la generalización del pecado.
3. Identificar y explicar las tres teorías tradicionales del pecado original: pelagianismo, arminianismo y calvinismo.
4. Extrapolar los conceptos bíblicamente apropiados de esas teorías y formular un modelo bíblico y contemporáneo del pecado original.

Es evidente, tanto en el Antiguo como en el Nuevo Testamento que el pecado es universal. Además, ambos testamentos afirman la profundidad y alcance del pecado en todos los humanos. El concepto de depravación total, propiamente entendido, es útil para explicar la condición del pecador. Las tres perspectivas históricas del pecado original incluyen el pelagianismo, el arminianismo y el calvinismo. Un entendimiento contemporáneo de la magnitud del pecado incorpora una perspectiva bíblica y los mejores elementos de estos puntos de vista tradicionales.

El Alcance del Pecado

- La Enseñanza del Antiguo Testamento
- La Enseñanza del Nuevo Testamento

La Intensidad del Pecado

- La Enseñanza del Antiguo Testamento
- La Enseñanza del Nuevo Testamento
- El pecado y la Depravación Total

Teorías del Pecado Original

- Pelagianismo
- Arminianismo
- Calvinismo

Pecado Original: Un Modelo Bíblico y Contemporáneo

$\mathcal{A}$l haber visto parte de la naturaleza del pecado, su fuente y sus efectos, ahora debemos plantearnos su magnitud. Esta pregunta tiene dos facetas: (1) ¿cuán extenso y común es el pecado? (2) ¿Cuán intenso y radical es?

El Alcance del Pecado

Con respecto a la pregunta de quién peca, la respuesta es evidente: el pecado es universal. No solo unos pocos individuos aislados o incluso una mayoría de la raza humana, sino todos los humanos, sin excepción, son pecadores.

La Enseñanza del Antiguo Testamento

La universalidad del pecado se enseña en varias formas y lugares en las Escrituras. En el Antiguo Testamento no solemos encontrar declaraciones generales sobre todas las personas en todos los tiempos, sino sobre todos los que vivían en la época sobre la que se escribe. En la época de Noé, el pecado de la humanidad era tan grande y amplio que Dios decidió destruir todo (a excepción de Noé, su familia y los animales dentro del arca). La descripción es vívida: "Y vio Jehová que la maldad de los hombres era mucha en la tierra, y que todo designio de los pensamientos del corazón de ellos era de continuo solamente el mal" (Gn 6:5). Dios se arrepintió de haber creado a la humanidad y resolvió borrar a toda la raza humana, junto con todos los demás seres vivos, ya que la corrupción era mundial.

Incluso después de que el diluvio destruyera a los malvados de la Tierra, Dios sigue considerando que "el intento del corazón del hombre es malo desde su juventud" (Gn 8:21). Una declaración categórica sobre la pecaminosidad humana se encuentra en 1 Reyes 8:46: "porque no hay hombre que no peque" (cf. Ro 3:23). David hace una declaración similar cuando pide misericordia a Dios.

> Y no entres en juicio con tu siervo;
> Porque no se justificará
> delante de ti
> ningún ser humano (Sal 143:2)[1].

Estas declaraciones de la pecaminosidad universal de la raza humana deben considerarse como un calificativo para todas las referencias bíblicas a personas perfectas o irreprochables (p. ej., Sal 37:37; Pr 11:5). Incluso aquellos que son específicamente descritos como perfectos tienen defectos. David era un hombre conforme al corazón de Dios (1 S 13:14). Sin embargo, sus pecados fueron graves y ocasionaron el gran salmo penitencial (Sal 51). Isaías 53:6 se toma el trabajo de universalizar su descripción metafórica de los pecadores.

> Todos nosotros nos descarriamos
> como ovejas, cada cual se apartó por su
> camino; más Jehová cargó en él el
> pecado de todos nosotros.

La Enseñanza del Nuevo Testamento

El Nuevo Testamento es incluso más claro sobre la universalidad del pecado humano. El pasaje más conocido es Romanos 3, en donde Pablo cita y desarrolla el Salmos 14 y 53, así como 5:9; 140:3; 10:7; 36:1; e Isaías 59:7-8. Afirma que "tanto los judíos como los gentiles están bajo el pecado" (Ro 3:9 NVI) y luego reúne una serie de citas descriptivas, comenzando con:

> No hay justo, ni aun uno;
> No hay quien entienda,
> No hay quien busque a Dios.
> Todos se desviaron, a una se hicieron

1 Ver también Sal 130:3; Ec 7:20.

inútiles;
No hay quien haga lo bueno,
no hay ni siquiera uno (vv. 10-12).

Nadie será justificado por las obras de la ley (v. 20). La razón es clara: "por cuanto todos pecaron, y están destituidos de la gloria de Dios" (v. 23). Pablo también deja en claro que no solo habla de los no creyentes, aquellos fuera de la fe cristiana, sino también sobre todos los creyentes, incluyéndose a sí mismo (Ef 2:3). Es evidente que no hay excepciones en esta regla universal.

No solamente la Biblia afirma a menudo que todos son pecadores, sino que también lo asume completamente. Por ejemplo, observe que los mandamientos de arrepentimiento se relacionan con todos. En el Areópago, Pablo dijo: "Pero Dios, habiendo pasado por alto los tiempos de esta ignorancia, ahora manda a todos los hombres en todo lugar, que se arrepientan" (Hechos 17:30). En el Nuevo Testamento, cada persona, por virtud de ser humana, se considera pecadora con necesidad de arrepentimiento y nuevo nacimiento. El pecado es universal. Como lo señala Charles Ryder: "La universalidad del pecado es un hecho. Al examinarlo, se encontrará que cada discurso en Hechos, incluso el de Esteban, y cada epístola solo asume que todos los hombres han pecado. Esta también es la suposición de Jesús en los evangelios sinópticos. [...] Jesús trata con todos partiendo de la base de que 'aquí hay un pecador'"[2].

Una prueba adicional de la universalidad del pecado es que todas las personas están sujetas al castigo por pecar: en concreto, la muerte. Salvo por aquellos que estén vivos cuando Cristo regrese, todos sucumbirán a la muerte. Romanos 3:23 ("todos pecaron, y están destituidos de la gloria de Dios") y 6:23 ("la paga del pecado es muerte") están interconectados. En lo último, la universalidad de la muerte es evidencia de la universalidad del pecado que el anterior versículo trata. Entre estos dos versículos viene Romanos 5:12: "Por tanto, como el pecado entró en el mundo por un hombre, y por el pecado la muerte, así la muerte pasó a todos los hombres, por cuanto todos pecaron". Aquí, también, el pecado se considera universal.

La Intensidad del Pecado

Al haber visto que el alcance del pecado es universal, ahora debemos ver la cuestión de su intensidad. ¿Cuán pecador es el pecador? ¿Cuán profundo es nuestro pecado? ¿Somos básicamente puros con una inclinación positiva al bien o somos total y absolutamente corruptos? Debemos ver cuidadosamente la información bíblica y luego buscar interpretarla e integrarla.

La Enseñanza del Antiguo Testamento

El Antiguo Testamento habla principalmente de los pecados más que de la pecaminosidad, el pecado como un acto en lugar de un estado o disposición. Sin embargo, se hace una distinción entre los pecados sobre la base de la motivación implicada. El derecho de asilo para quien ha matado a una persona está reservado a los que han matado accidentalmente y no intencionadamente (Dt 4:42). El motivo era totalmente importante como el mismo acto. Además, los pensamientos e intenciones internos eran condenados muy aparte de los actos externos. Un ejemplo es el pecado de codicia, un deseo interno que se elige deliberadamente[3].

Sin embargo, hay un paso más para entender el pecado en el Antiguo Testamento. Particularmente en los escritos de Jeremías y Ezequiel, el pecado se describe como una enfermedad espiritual que aflige el corazón.

2 Charles Ryder Smith, *The Bible Doctrine of Sin and of the Ways of God with Sinners* [La doctrina bíblica del pecado y de los caminos de Dios con los pecadores] (Londres: Epworth, 1953), págs. 159-160.

3 *Ibid.*, pág. 34.

Nuestro corazón es malo y debe ser cambiado o incluso intercambiado. No simplemente hacemos el mal; nuestra misma inclinación es mala. Jeremías dice:

> Engañoso es el corazón más que todas las
> cosas, y perverso;
> ¿quién lo conocerá? (17:9)

En el libro de Ezequiel, Dios declara que los corazones de la gente necesitan cambiar: "Y les daré un corazón, y un espíritu nuevo pondré dentro de ellos; y quitaré el corazón de piedra de en medio de su carne, y les daré un corazón de carne" (Ez 11:19).

Salmos 51, el gran salmo penitencial, expresa de manera más completa la idea de la pecaminosidad o de una naturaleza pecaminosa. Aquí encontramos un gran énfasis en la idea del pecado como una condición o disposición interna y la necesidad de purgar a la persona interna. David señala que él ha sido pecador no solo desde su nacimiento sino desde su concepción (v. 5). Indica que el Señor desea la verdad en lo íntimo y de la necesidad de que se le enseñe la sabiduría en lo secreto (v .6). El salmista ora para ser lavado y limpiado (v. 2), y le pide a Dios que cree en él un corazón limpio y que ponga un espíritu nuevo y recto (o firme) en él (v. 10). Es claro que el salmista no piensa en sí mismo solo como alguien que comete pecados, sino como una persona pecaminosa.

La Enseñanza del Nuevo Testamento

El Nuevo Testamento es incluso más claro y más enfático en estos asuntos. Jesús habló de la disposición interna como maldad. No es suficiente con no cometer un asesinato, ya que el que se enfada con un hermano es susceptible de ser juzgado (MT 5:21-22). No es suficiente abstenerse de cometer adulterio. Si un hombre desea a una mujer, en su corazón ya ha cometido adulterio con ella (MT 5:27-28).

El propio testimonio personal de Pablo es también un poderoso argumento de que la corrupción de la naturaleza humana produce los pecados individuales. Evoca que "mientras estábamos en la carne, las pasiones pecaminosas que eran por la ley obraban en nuestros miembros llevando fruto para muerte" (Ro 7:5). Ve "otra ley en mis miembros, que se rebela contra la ley de mi mente, y que me lleva cautivo a la ley del pecado que está en mis miembros" (v. 23). Entonces, en el pensamiento de Pablo, como en el de Jesús, los pecados son el resultado de la naturaleza humana. En cada humano existe una fuerte inclinación hacia el mal, una inclinación con efectos definidos.

El Pecado y la Depravación Total

El adjetivo "total" suele ir unido a la idea de depravación. Al principio, en la Biblia leemos: "Y vio Jehová que la maldad de los hombres era mucha en la tierra, y que todo designio de los pensamientos del corazón de ellos era de continuo solamente el mal" (Gn 6:5). Pero la expresión "depravación total" se debe usar cuidadosamente, ya que a veces se ha interpretado como si transmitiera una falsa comprensión de la naturaleza humana[4].

Por depravación total no nos referimos a que la persona no regenerada es totalmente insensible en términos de conciencia, del bien y del mal. La declaración de Pablo en Romanos 2:15 señala que los gentiles tienen la ley escrita en sus corazones: "dando testimonio su conciencia, y acusándoles o defendiéndoles sus razonamientos". Asimismo, la depravación total no quiere decir que la persona pecadora sea tan pecadora como sea posible. Hay personas no regeneradas genuinamente altruistas que muestran bondad, generosidad y amor a los demás, que son buenas y devotos esposos y padres.

4 Augustus H. Strong, *Systematic Theology* [Teología Sistemática] (Westwood, Nueva Jersey: Revell, 1907), págs. 637-638; Louis Berkhof, *Systematic Theology* [Teología Sistemática] (Grand Rapids: Eerdmans, 1953), pág. 246.

La depravación total significa que el pecado afecta cada aspecto de nuestra persona, que nuestros buenos actos no son hechos plenamente por amor a Dios y que somos completamente incapaces de librarnos de esta condición pecaminosa.

Finalmente, la doctrina de la depravación total no significa que el pecador se compromete en toda forma posible de pecado. ¿Qué queremos decir entonces, concretamente, con la idea de la depravación total? En primer lugar, el pecado es un asunto de la persona en su totalidad[5]. La base del pecado no es solo un aspecto de la persona, como el cuerpo o la razón. Sin duda, hay varias referencias que dejan en claro que el cuerpo es afectado (p. ej., Ro 6:6,12; 7:24; 8:10, 13). Otros versículos señalan que la mente o la razón está implicada (p. ej., Ro 1:21; 2 Co 3:14-15; 4:4) y que las emociones también (p. ej., Ro 1:26-27; Gl 5:24 y 2 Ti 3:2-4, en donde los impíos se describen como amantes de sí mismos y del placer en lugar de amar a Dios). Finalmente, la voluntad también se ve afectada. La persona no regenerada no tiene un verdadero libre albedrío, sino que es esclavo del pecado (Ro 6:17).

Además, la depravación total significa que incluso el altruismo de la persona no regenerada siempre contiene algún elemento de motivo impropio. Los buenos actos no se realizan del todo, ni siquiera principalmente, por amor perfecto a Dios. En cada caso hay otro factor, ya sea la preferencia del propio interés o de algún otro objeto menos que Dios. Los fariseos, quienes a menudo debatían con Jesús, hicieron muchas cosas buenas (MT 23:23), pero no tenían un amor real por Dios. Así que Él les dijo:

> Escudriñad las Escrituras; porque a
> vosotros os parece que en ellas tenéis
> la vida eterna; y ellas son las que dan
> testimonio de mí; y no queréis venir a mí
> para que tengáis vida.
> Gloria de los hombres no recibo. Mas yo
> os conozco, que no tenéis amor de Dios
> en vosotros (Juan 5:39-42).

Finalmente, la depravación total significa que los pecadores son completamente incapaces de librarse de su condición pecaminosa[6]. Aparte de que los actos buenos que realizan están contaminados por un amor a Dios imperfecto, las acciones buenas y lícitas no pueden mantenerse de forma coherente. El pecador no puede alterar su vida por medio de un proceso de determinación, voluntad propia o reformación. No se puede escapar del pecado. El hecho se describe en las frecuentes referencias de las Escrituras sobre los pecadores como "muertos espiritualmente" (Ef 2:1-2, 5). Esto no quiere decir que los pecadores son absolutamente insensibles e indiferentes al estímulo espiritual, sino que más bien son incapaces de hacer lo que deben. Las personas no regeneradas son incapaces de realizar obras genuinamente buenas y redentoras; cualquier cosa que hagan está muerta o es ineficaz en relación con Dios. La salvación por obras es absolutamente imposible (Ef 2:8-9).

Cualquiera que ha tratado de vivir una vida perfecta con su propia fuerza ha descubierto lo que Pablo menciona aquí. Eventualmente, tales esfuerzos terminan en frustración en el mejor de los casos. Un catedrático de seminario describió su intento personal. Enumeró treinta

---

5 Berkhof, *Systematic Theology*, pág. 247.

6 Strong, *Systematic Theology*, págs. 640-646.

características de la vida cristiana. Luego asignó cada una a un día diferente del mes. En el primer día trabajó muy duro en el primer atributo. Con mucha concentración logró estar a la altura de su objetivo durante todo el día. En el segundo día del mes pasó a la segunda área y la dominó. Luego pasó a las otras áreas, dominando sucesivamente cada una de ellas, hasta que el último día realizó perfectamente la característica asignada. Pero justo cuando se deleitaba con la sensación de victoria, volvió a mirar el objetivo del primer día para ver cómo le iba. Para su disgusto, descubrió que había perdido completamente de vista el objetivo del primer día, y el del segundo, tercero y cuarto. Su experiencia es un estudio empírico de lo que la Biblia nos enseña: "No hay quien haga lo bueno, no hay ni siquiera uno" (Sal 14:3b; 53:3b; Ro 3:12). La Biblia también da la razón de esto: "Todos se desviaron, a una se han corrompido [depravado]" (Sal 14:3a; 53:3a). Somos totalmente incapaces de realizar obras genuinamente meritorias que sean suficientes para calificar para el favor de Dios.

Teorías del Pecado Original

Todos nosotros, aparentemente sin excepción, somos pecadores. Con esto nos referimos no solo a que todos pecamos, sino que todos tenemos una naturaleza corrompida o depravada que nos inclina a pecar que es prácticamente inevitable. ¿Cómo es esto posible? ¿Cuál es la base de este hecho increíble? ¿Hay algún factor común en todos nosotros? Pero ¿cuál es este factor común habitualmente referido como pecado original?[7] ¿De dónde proviene y cómo se transmite o comunica?

Encontramos la respuesta en Romanos 5: "Por tanto, como el pecado entró en el mundo por un hombre, y por el pecado la muerte, así la muerte pasó a todos los hombres, por cuanto todos pecaron" (v. 12). Esta idea se repite de varias maneras distintas en los siguientes versículos (vv. 15-19).

Pablo observa un tipo de conexión causal entre lo que Adán hizo y la pecaminosidad de todas las personas a lo largo del tiempo. Pero ¿cuál es la naturaleza de esta influencia ejercida por Adán sobre todos los humanos y por qué medios opera?

Se han hecho numerosos esfuerzos para entender y esclarecer esta influencia adámica. En las siguientes páginas examinaremos y evaluaremos varios de estos intentos. Por lo tanto, intentaremos construir un modelo que haga justicia a las varias dimensiones del testimonio bíblico y que también sea inteligible dentro del contexto contemporáneo.

Pelagianismo

La primera perspectiva de la relación entre los humanos individuales y el primer pecado de Adán es la de Pelagio. Se dice que fue un monje inglés que se mudó a Roma para enseñar[8]. Pelagio era un moralista: su principal interés era que las personas vivan vidas buenas y decentes. Le parecía que una visión excesivamente negativa de la naturaleza humana estaba teniendo un efecto desafortunado en el comportamiento humano. Junto con el énfasis en la soberanía de Dios, la estimación de la pecaminosidad humana parecía eliminar toda motivación para intentar vivir una buena vida[9].

Para contrarrestar estas tendencias, Pelagio hizo un gran énfasis en la idea del libre albedrío.

A diferencia de otras criaturas, los humanos fueron creados libres de las fuerzas controladoras del universo. Asimismo, los humanos en la actualidad son libres de cualquier influencia determinante de la caída. Pelagio, que defendía

---

7 Por "pecado original" nos referimos a la dimensión del pecado con la que comenzamos la vida, o el efecto que el pecado de Adán tiene en nosotros como una precondición de nuestras vidas.

8 John Ferguson, *Pelagius* [Pelagio] (Cambridge: W. Heffer, 1956), pág. 40.

9 *Ibid.*, pág. 47.

el punto de vista creacionista del origen del alma, sostenía que el alma, creada por Dios especialmente para cada persona, no estaba manchada por ninguna supuesta corrupción o culpa[10].

La influencia de Adán, si es que hay alguna, sobre sus descendientes es solo la de un mal ejemplo.

Si el pecado de Adán no tuviera un efecto directo en cada humano, entonces no habría necesidad de una obra especial de la gracia de Dios en el corazón de cada individuo. Más bien, la gracia de Dios simplemente está presente en todos lados y en todo momento[11]. Podemos, por nuestros propios esfuerzos, cumplir perfectamente los mandatos de Dios sin pecar[12]. No hay una inclinación natural hacia el pecado en el comienzo de la vida; cualquier inclinación posterior en esa dirección viene solo a través de la construcción de malos hábitos. Por lo tanto, la salvación por obras es muy posible, aunque se trata de un término erróneo.

Ya que no somos realmente pecaminosos, culpables o condenados, este proceso no es una cuestión de salvación de algo que actualmente nos ata. Es más bien una preservación o mantenimiento de nuestro correcto estado y buena posición. Por nuestro propio logro evitamos caer en una condición pecaminosa.

Arminianismo

Una perspectiva más moderada es el arminianismo.

Jacobo Arminio era un pastor y teólogo holandés reformado que modificó considerablemente la postura teológica en la que había sido capacitado[13]. Según el arminianismo recibimos nuestra naturaleza corrupta de Adán. Comenzamos la vida sin rectitud. Por lo tanto, todos los humanos son incapaces, sin la ayuda divina, de cumplir los mandatos espirituales de Dios. Esta incapacidad es física e intelectual, pero no del libre albedrío.

Aunque algunos arminianos señalan que la "culpa" es también parte del pecado original, no se refieren a la real culpabilidad, sino solo a la responsabilidad del castigo. Porque toda la culpabilidad y la condenación que se nos haya podido imponer por el pecado de Adán ha sido eliminada por la gracia preveniente. Orton Wiley dice lo siguiente: "El hombre no está condenado ahora por la depravación de su propia naturaleza, aunque esa depravación es de la esencia del pecado; sostenemos que su culpabilidad fue eliminada por el regalo gratuito de Cristo". Esta gracia preveniente se extiende a todos y, en efecto, neutraliza la corrupción recibida de Adán[14].

Calvinismo

Los calvinistas han centrado más la atención en la cuestión del pecado original que la mayoría de otras escuelas de teología. En términos generales, la postura calvinista sobre este asunto es que hay una conexión definida entre el pecado de Adán y todas las personas de todos los tiempos. De algún modo, su pecado no es solo el pecado de un único individuo, sino también el nuestro. Ya que participamos (todos nosotros) en ese pecado desde el comienzo de la vida, quizás incluso desde el momento de la

---

10 Robert F. Evans, *Pelagius: Inquiries and Reappraisals* [Pelagio: investigaciones y reapropiaciones] (Nueva York: Seabury, 1968), págs. 82-83.

11 Augustín, *On the Grace of Christ and on Original Sin* [Sobre la gracia de Cristo y el pecado original] 1.3.

12 Augustín, *On the Proceedings of Pelagius* [Sobre las actas de Pelagio] 16.

13 La tradición de que Arminio era un calvinista convencido al que se le asignó la defensa de la fe reformada y que en el proceso de "defenderla" se convirtió al punto de vista contradictorio es muy sospechosa. Ver Carl Bangs, *Arminius: A Study in the Dutch Reformation* [Arminio: un estudio de la reformación neerlandesa] (Nashville: Abingdon, 1971), pág. 138-141.

14 H. Orton Wiley, *Christian Theology* [Teología cristiana] (Kansas City, Misuri: Beacon Hill, 1958), 2:121-28. La cita es de la página 135.

concepción, recibimos una naturaleza corrupta junto con una consiguiente tendencia inherente hacia el pecado. Asimismo, todas las personas son culpables del pecado de Adán. La muerte, la penalidad por el pecado, se ha transmitido de Adán a todos los humanos; la muerte es la evidencia de la culpa de todos. Por lo tanto, mientras que en el punto de vista pelagiano Dios no imputa ni una naturaleza corrupta ni la culpa a la humanidad, y en el punto de vista arminiano Dios imputa una naturaleza corrupta pero no la culpa (en el sentido de culpabilidad), en el esquema calvinista imputa tanto una naturaleza corrupta como la culpa. La postura calvinista se basa en un entendimiento muy serio y bastante literal de las declaraciones de Pablo en Romanos 5:12-19 de que el pecado entró al mundo a través de Adán y la muerte mediante ese pecado, por lo que la muerte pasó a todas las personas porque todas pecaron. Por medio del pecado de una persona todos se vuelven pecadores.

Surge una pregunta sobre la naturaleza de la conexión o la relación entre Adán y nosotros y, por lo tanto, también entre el primer pecado de Adán y nuestra pecaminosidad. Se han realizado numerosos intentos de resolver esta pregunta. Los dos enfoques principales ven la relación en términos de liderazgo federal y liderazgo natural.

El enfoque que ve la conexión de Adán con nosotros en términos de liderazgo federal generalmente está relacionado con la perspectiva creacionista del origen del alma. Este es el punto de vista de que los humanos reciben su naturaleza física por herencia de sus padres, pero que el alma es especialmente creada por Dios para cada individuo y unida al cuerpo en el nacimiento (o en otro momento más apropiado). Por lo tanto, no estábamos presentes psicológica o espiritualmente en ninguno de nuestros antepasados, incluido Adán. Sin embargo, Adán era nuestro representante. Las consecuencias de sus acciones pasaron a sus descendientes también. Adán estaba a prueba por todos nosotros,

230

por así decirlo; y porque Adán pecó, todos nosotros somos tratados como culpables y corruptos. Vinculados por el pacto entre Dios y Adán, somos tratados como si hubiéramos hecho real y personalmente lo que él, como nuestro representante, hizo.

El otro enfoque principal ve la conexión a Adán con nosotros en términos de un liderazgo natural (o realista). Este enfoque está relacionado con el punto de vista traducianista del origen del alma, según el que recibimos nuestras almas por transmisión de nuestros padres, así como nuestras naturalezas físicas. Entonces estuvimos presentes de forma germinal o seminal en nuestros ancestros; en un sentido muy real, estuvimos presentes en Adán. Su acción no fue simplemente la de un único individuo, sino la de toda la raza humana. Por lo tanto, no hay nada injusto o impropio sobre recibir una naturaleza corrupta o culpable de Adán, ya que estamos recibiendo los resultados justos del pecado. Esta es la perspectiva de Agustín[15].

Pecado Original: Un Modelo Bíblico y Contemporáneo

El pasaje clave para construir un modelo bíblico y contemporáneo del pecado original es Romanos 5:12-19. Pablo sostiene que la muerte es la consecuencia del pecado. El versículo 12 es particularmente determinante: "Por tanto, como el pecado entró en el mundo por un hombre, y por el pecado la muerte, así la muerte pasó a todos los hombres, por cuanto todos pecaron". Cualquiera que sea el significado exacto de estas palabras, Pablo ciertamente señala que la muerte se originó en la raza humana debido al pecado de Adán. También indica que la muerte es universal y la causa de esto es el pecado universal de la

15 Augustín, *A Treatise on the Merits and Forgiveness of Sins, and the Baptism of Infants* [Tratado sobre los méritos y el perdón de los pecados, y el bautismo de los niños] 1.8-11.

humanidad. Sin embargo, posteriormente dice que la causa de la muerte de todos es el pecado de un hombre, Adán: "por la transgresión de aquel uno murieron los muchos" (v. 15); "por la transgresión de uno solo reinó la muerte" (v. 17). El problema es cómo relacionar las declaraciones de que la universalidad de la muerte se obtuvo mediante el pecado de Adán con la afirmación de que provino a través del pecado de todos los seres humanos.

Se ha sugerido que en la última oración del versículo 12 Pablo se refiere al pecado(s) personal de todos. Todos pecamos individualmente y, por lo tanto, generamos por nuestra propia acción la misma culpa personal que Adán provocó por medio de su acción. La oración se traduciría en: "de esta manera la muerte llegó a todos, porque cada uno ha pecado". De acuerdo con el principio de la responsabilidad por las acciones personales y solo por ellas, el significado sería que todos mueren porque todos son culpables, y todos son culpables porque cada uno ha pecado por su cuenta.

Hay varios problemas con esta interpretación. Uno es la palabra "pecaron" en el versículo 12. Si esta interpretación es correcta, la palabra adecuada sería "pecan", en tiempo presente, denotando algo que pasa continuamente. Además, el pecado al que se hace alusión en "por cuanto todos pecaron" sería diferente al que se hace referencia en "el pecado entró en el mundo por un hombre", así como el que tratan los versículos 15 y 17. Asimismo, las últimas dos oraciones aún tendrían que ser explicadas.

Existe otra manera de entender la oración final del versículo 12, una forma que evita estos problemas y le da un sentido a los versículos 15 y 17. El verbo grigo traducido como "pecaron" es un simple aoristo. Este tiempo verbal se refiere más comúnmente a una sola acción pasada. Si Pablo quería referirse explícitamente a un proceso continuo del pecado, hubiera usado los tiempos verbales presente e imperfecto. Pero eligió el aoristo y hay que tomarlo al pie de la letra. De hecho, si consideramos que el

pecado de todos los humanos y el de Adán son lo mismo, los problemas que hemos señalado se vuelven considerablemente menos complejos. Entonces, no hay un conflicto entre el versículo 12 y los versículos 15 y 17. Además, el problema potencial presentado en el versículo 14, en donde leemos que "reinó la muerte desde Adán hasta Moisés, aun en los que no pecaron a la manera de la transgresión de Adán", se resuelve porque no es la imitación o la repetición del pecado de Adán, sino la participación en él, lo que cuenta.

La oración final en el versículo 12 nos dice que estamos involucrados de alguna forma en el pecado de Adán; fue en algún sentido también nuestro pecado. Pero ¿qué quiere decir esto? Por un lado, se puede entender en términos de liderazgo federal: Adán actuó en nombre de todas las personas. Había un tipo de contrato entre Dios y Adán como nuestro representante, así que lo que Adán hizo nos ata. Por otro lado, nuestra implicación en el pecado de Adán se puede entender mejor en términos de liderazgo natural. La posición que se adopta en este volumen es que la totalidad de nuestra naturaleza humana, tanto física como espiritual, material e inmaterial, ha sido otorgada por nuestros padres y ancestros más lejanos por medio de la descendencia de la primera pareja de humanos. Sobre esa base, todos estuvimos realmente presentes dentro de Adán, así que todos hemos pecado en su acto. Por lo tanto, no hay injusticia en nuestra condenación y muerte como resultado del pecado original.

Sin embargo, aquí hay un problema adicional: la condiciones de los infantes y niños. Si el razonamiento precedente es correcto, entonces todos comenzamos la vida tanto con la naturaleza corrupta como con la culpa heredada que son las consecuencias del pecado. ¿Esto significa que, si estos pequeños mueren antes de tomar una decisión consciente de recibir "la abundancia de la gracia y del don de la justicia" (v. 17), están perdidos y condenados a la muerte eterna?

Si bien la condición de los infantes y aquellos que nunca alcanzan la competencia moral es una cuestión difícil, es evidente que nuestro Señor no los considera bajo condenación. De hecho, los puso como ejemplo del tipo de persona que heredará el reino de Dios (MT 18:3; 19:14). David tenía la confianza de que volvería a ver a su hijo que había muerto (2 S 12:23). Sobre la base de tales consideraciones es difícil sostener que se deben considerar a los niños como pecadores, condenados o perdidos.

Para resumir los principales principios de la doctrina tal y como la hemos esbozado: hemos argumentado que la Biblia, particularmente los escritos de Pablo, sostiene que debido al pecado de Adán todas las personas reciben una naturaleza corrupta y son culpables ante los ojos de Dios. Además, hemos expuesto la perspectiva agustiniana (liderazgo natural) de la imputación del pecado original.

Nos volvemos responsables y culpables del pecado de Adán cuando aceptamos o aprobamos nuestra propia naturaleza corrupta.

Todos estábamos presentes en forma indiferenciada en la persona de Adán, que junto con Eva era toda la raza humana. Por lo tanto, no fue solo Adán sino los seres humanos los que pecaron. Estuvimos involucrados, aunque no personalmente, y somos responsables del pecado. Además, hemos argumentado que la enseñanza bíblica es que los niños no están bajo la condenación de Dios por este pecado, al menos no hasta tener una edad de responsabilidad en asuntos morales y espirituales. Ahora debemos preguntarnos si la doctrina del pecado original puede considerarse y expresarse de manera que haga justicia a todos estos factores.

El paralelismo que Pablo establece en Romanos 5 entre Adán y Cristo en su relación con nosotros es impresionante. Hay un declaración similar en 1 Corintios 15:22: "Porque así como en Adán todos mueren, también en Cristo todos serán vivificados". Pablo afirma que de alguna manera paralela, lo que cada uno de ellos hizo tiene su influencia en nosotros (así como el pecado de Adán lleva a la muerte, el acto de justicia de Cristo lleva a la vida). ¿Cuál es este paralelo? Si la condenación y la culpa de Adán se nos imputan sin que haya por nuestra parte ningún tipo de elección consciente de su acto, lo mismo ocurriría necesariamente con la imputación de la justicia y la obra redentora de Cristo. Pero ¿su muerte nos justifica simplemente en virtud de su identificación con la humanidad a través de la encarnación e independientemente de que hagamos una aceptación consciente y personal de su obra? ¿Y todos los humanos tienen la gracia de Cristo imputada, al igual que todos tienen el pecado de Adán imputado? La respuesta usual de los evangélicos es no; hay bastante evidencia de que hay dos clases de personas, los perdidos y los salvados, y que solo una decisión de aceptar la obra de Cristo la hace efectiva en nuestras vidas. Pero si este es el caso, entonces la imputación de la culpa basada en la acción de Adán, aunque Adán nos incluya a nosotros, ¿no requeriría también algún tipo de elección volitiva? Si no hay una "fe inconsciente", ¿puede haber un "pecado inconsciente"? Y, ¿qué hay sobre los infantes que mueren? A pesar de haber participado en ese primer pecado, son aceptados y salvados de alguna forma. Aunque no aceptaron de manera consciente la obra de Dios (o del pecado de Adán para esa cuestión), los efectos espirituales de la maldición se niegan en su caso.

La forma actual de mi entendimiento es la siguiente: todos estamos involucrados en el pecado de Adán y, por ende, recibimos tanto la naturaleza corrupta que tuvo luego de la caída y la culpa y condenación adjuntadas a su pecado. Sin embargo, con esta cuestión de culpa, así como con la imputación de la justicia de Cristo, debe haber alguna decisión consciente y voluntaria de nuestra parte. Hasta que esto ocurra, solo hay una imputación condicional de la culpa. Por lo tanto, no hay condena hasta que se alcanza la edad de responsabilidad. Si un niño muere antes de ser capaz de tomar decisiones morales genuinas, la imputación contingente del pecado adámico no se hace real, y el niño experimentará el mismo tipo de existencia futura con el Señor que aquellos que han alcanzado la edad de responsabilidad moral y que sus pecados han sido perdonados como resultado de aceptar el regalo de salvación basado en la muerte expiatoria de Cristo.

¿Cuál es la naturaleza de la decisión voluntaria que termina nuestra inocencia infantil y constituye una ratificación del primer pecado, la caída? Una postura de esta pregunta es que no hay una imputación final de primer pecado hasta que cometemos un pecado por nuestra cuenta, ratificando así el pecado de Adán. A diferencia del punto de vista arminiano, esta postura sostiene que en el momento de nuestro primer pecado nos volvemos culpables tanto de nuestro propio pecado *como del pecado original*. Sin embargo, hay otra posición que preserva de manera más completa el paralelismo entre nuestra aceptación de la obra de Cristo y la acción de Adán, y al mismo tiempo señala de forma más clara nuestra responsabilidad por el primer pecado. Nos volvemos responsables y culpables cuando aceptamos o aprobamos nuestra naturaleza corrupta. Hay un momento en la vida de cada uno en donde nos volvemos conscientes de nuestra propia tendencia a pecar. En ese momento podemos aborrecer la naturaleza pecaminosa que ha estado ahí todo el tiempo. En ese caso nos arrepentiríamos de ella e incluso, si hay conciencia del evangelio, podríamos pedir a Dios perdón y limpieza. Por lo menos habría un rechazo de nuestra estructura pecaminosa. Pero si aceptamos esa naturaleza pecaminosa, de hecho, consideramos que es buena. Al dar nuestra aprobación tácita a la corrupción, también aprobamos o concurrimos a la acción en el huerto del Edén hace mucho tiempo. Nos volvemos culpables de ese pecado sin haber cometido ninguno por nuestra cuenta. Esta perspectiva parece ser la que encaja mejor con los distintos factores en la presentación bíblica de la doctrina del pecado original.

Preguntas de Análisis y Reflexión

- ¿Cuáles son las similitudes y diferencias que percibe entre las enseñanzas del Antiguo y Nuevo Testamento sobre el alcance del pecado?
- ¿Qué significa precisamente la depravación total?
- ¿Qué es el pelagianismo y cómo argumentaría contra esta postura? ¿De qué manera esta postura refleja el punto de vista de muchas personas en la cultura contemporánea?
- ¿Cómo compararía y constrastaría el arminianismo y el calvinismo?
- ¿Cómo se siente al ser pecador como resultado de su implicación en el pecado de Adán? ¿El modelo que el autor ofrece resuelve algunas de las dificultades que plantea?

PARTE 5

La Persona y la Obra de Cristo

23

La Deidad de Cristo

Objetivos del Capítulo

Una vez completado este capítulo, el lector es capaz de:

1. Demostrar un pleno entendimiento de la deidad de Jesucristo y la importancia que tiene para la fe cristiana.
2. Identificar y explicar la enseñanza bíblica sobre la deidad de Cristo.
3. Reconocer y describir el ebionismo y arrianismo, dos puntos de vista sobre Jesucristo, y cómo se desvían del entendimiento histórico y bíblico de su deidad.
4. Formular implicaciones sobre la deidad de Cristo para desarrollar una cristología equilibrada.

Estructura del Capítulo

La Enseñanza Bíblica

- La autoconciencia de Jesús
- El Evangelio de Juan
- Hebreos
- Pablo
- El término "Señor"
- La evidencia de la resurrección

Desviaciones Históricas de la Creencia en la Plena Deidad De Cristo

- Ebionismo
- Arrianismo

Cristología Funcional

Implicaciones de la Deidad de Cristo

Resumen del Capítulo

La deidad de Cristo se encuentra en la cúspide de la controversia y la creencia sobre la fe cristiana. Los puntos de vista heréticos, como los de los ebionitas y arrianos, han descrito a Cristo como un humano único que no posee una naturaleza divina. Algunos pasajes bíblicos relevantes claramente indican que este no es el caso. La deidad de Cristo tiene un valor real para el creyente en relación con el conocimiento de Dios, la vida nueva, la relación personal con Dios y la capacidad de adorar a Cristo por lo que es.

Hemos visto que los humanos fueron creados para amar, servir y tener comunión con Dios. También hemos visto que no cumplen esta intención divina; es decir, todos los humanos pecan.

Sin embargo, puesto que Dios nos amó, Él escogió obrar a través de Cristo para restaurarnos a la condición y relación pretendidas. Por lo tanto, nuestro entendimiento de la persona y obra de Cristo se desarrolla directamente de las doctrinas de la humanidad y del pecado.

Uno de los temas más controvertidos y a la vez cruciales de la teología cristiana es la deidad de Cristo. Está en el centro de nuestra fe; ya que nuestra fe está en Jesús realmente siendo Dios en carne humana, y no solo un humano extraordinario o incluso la persona más inusual que haya vivido.

Durante la historia de la iglesia, han surgido distintos desafíos sobre la deidad de Jesús, con el islam volviéndose recientemente un retador agresivo.

El islam sostiene que Jesús fue uno de los grandes profetas, que no murió en la cruz, alguien tomó su lugar, y que no resucitó de la muerte.

Aunque la gran cuestión de la propia autoridad divide al islam del cristianismo ortodoxo, es importante entender claramente lo que la Biblia enseña sobre Jesús.

La Enseñanza Bíblica

Así como con otras doctrinas, nuestra fuente principal es el testimonio de las Escrituras.

Aquí encontramos una amplia variedad de material y énfasis, pero no una opinión diferente.

Si bien no es posible investigar cada referencia que trata sobre esta consideración, al menos podemos hacer un muestreo de los datos.

La Autoconciencia de Jesús

Al observar la evidencia bíblica de la deidad de Cristo, comenzamos con la propia autoconciencia de Jesús. ¿Qué pensaba y creía Jesús de sí mismo? Algunos han argumentado que Jesús no hizo ninguna declaración de ser Dios. Su mensaje fue completamente sobre el Padre, no sobre sí mismo. Por lo tanto, somos llamados a creer *con* Jesús, no *en* Jesús[1]. Es verdad que Jesús no hizo una declaración explícita y abierta sobre la deidad. No dijo con muchas palabras "Yo soy Dios". Sin embargo, lo que encontramos son declaraciones que podrían ser inapropiadas si las hace alguien más que no sea Dios. Por ejemplo, Jesús dijo que enviaría a "sus ángeles" (MT 13:41); en otro lado son llamados "los ángeles de Dios" (Lucas 12:8-9; 15:10). Esa referencia es particularmente importante, ya que habla no solo de los ángeles sino también del reino como suyo.

Aún más importantes son las prerrogativas que Jesús declaró. En particular, su declaración de perdonar pecados resultó en una acusación de blasfemia contra Él. Cuando el paralítico fue bajado por el techo por sus cuatro amigos, el comentario inicial de Jesús fue "Hijo, tus pecados te son perdonados" (Marcos 2:5). La reacción de los escribas indica el significado que le atribuyeron a sus palabras: "¿Por qué habla este así? Blasfemias dice. ¿Quién puede perdonar pecados, sino solo Dios?" (v. 7). Robert Stein señala que su reacción muestra que interpretaron el mandamiento de Jesús "como el ejercicio de una prerrogativa divina, el poder de realmente perdonar pecados"[2]. Jesús declaró

1 Adolf von Harnack, *What Is Christianity?* [¿Qué es el cristianismo?] (Nueva York: Harper & Bros., 1957), pág. 144.

2 Robert H. Stein, *The Method and Message of Jesus' Teaching* [El método y mensaje de la enseñanza de Jesús] (Filadelfia: Westminster, 1978), pág. 114.

otras prerrogativas también. En Mateo 25:31-46 habla sobre el juicio del mundo. Se sentará en su trono glorioso y dividirá las ovejas de las cabras. Sin duda, este es un poder que solo Dios puede ejercer.

La autoridad que Jesús afirmaba y ejercía también se puede ver claramente en relación con el Shabbat. Dios estableció el carácter sagrado del Shabbat (Ex 20:8-11). Solo Dios podía derogar o modificar esta norma. Sin embargo, considere lo que pasó cuando los discípulos de Jesús recogieron espigas en Shabbat y los fariseos objetaron que se estaban violando las reglas del Shabbat (al menos su versión de ellas). Jesús respondió señalando que David había violado una de las leyes al comer del pan reservado para los sacerdotes. Entonces, volviendo directamente a la situación en cuestión, Jesús afirmó: "El día de reposo fue hecho por causa del hombre, y no el hombre por causa del día de reposo. Por tanto, el Hijo del Hombre es Señor aun del día de reposo" (Marcos 2:27-28). Claramente estaba declarando el derecho de redefinir el estatus del Shabbat, un derecho que solo le pertenece a alguien prácticamente igual a Dios.

Vemos que Jesús también declara una relación inusual con el Padre, particularmente en las afirmaciones registradas en Juan. Por ejemplo, declara ser uno con el Padre (Juan 10:30) y que verlo y conocerlo es como ver y conocer al Padre (Juan 14:7-9). Hay una afirmación de preexistencia en su declaración en Juan 8:58: "Jesús les dijo: De cierto, de cierto os digo: Antes que Abraham fuese, yo soy". Observe que en lugar de decir "yo fui", dice "yo soy". Leon Morris sugiere que hay un contraste implícito entre "un modo de ser que tiene un principio definido" y "uno que es eterno"[3]. También es muy probable que

Jesús esté aludiendo a la "fórmula YO SOY" por la que el Señor se identifica a sí mismo en Éxodo 3:14-15; ya que en este caso, como en Éxodo, el "yo soy" es una fórmula que denota existencia. Si bien algunas de las declaraciones de Jesús parecen bastante vagas para nosotros, no hay duda de cómo las interpretaron sus adversarios. La reacción inmediata de los judíos a la declaración de Jesús de que existió antes que Abraham fue tomar piedras y lanzárselas (Juan 8:59). Sin duda, esta es una señal de que consideraban que Él era culpable de blasfemia, ya que el apedreamiento era el precepto por blasfemia (Lv 24:16). Si intentaron apedrearlo simplemente porque estaban enojados por sus referencias desfavorables a ellos, habrían sido culpables, ante los ojos de la ley, de intento de asesinato.

En cierto modo, la indicación más clara del autocomprensión de Jesús se encuentra en relación con su juicio y condenación. La acusación, según el relato de Juan, fue "porque se hizo a sí mismo Hijo de Dios" (Juan 19:7). Mateo registra que el sumo sacerdote dijo en el juicio: "que nos digas si eres tú el Cristo, el Hijo de Dios" (MT 26:63). "Jesús le dijo: Tú lo has dicho; y además os digo, que desde ahora veréis al Hijo del Hombre sentado a la diestra del poder de Dios, y viniendo en las nubes del cielo" (v. 64). Esta es la declaración más clara de su deidad que se puede encontrar en los Evangelios.

Jesús no solo no discutió la acusación de que pretendía ser Dios, sino que aceptó que sus discípulos le atribuyeran la deidad. El caso más claro de esto es su respuesta a la declaración de Tomás: ¡Señor mío, y Dios mío! (Juan 20:28). Aquí había una excelente oportunidad para corregir una idea equivocada, si era el caso, pero Jesús no lo hizo.

Hay indicaciones adicionales de la autoestimación de Jesús. Una es la manera en que yuxtapone sus propias palabras con el Antiguo Testamento, las Escrituras de su época. En repetidas veces dice: "Oísteis que fue dicho

---

3 Leon Morris, *The Gospel according to John: The English Text with Introduction, Exposition, and Notes* [El Evangelio según Juan: el texto inglés con introducción, exposición y notas] (Grand Rapids: Eerdmans, 1971), pág. 473.

[...]. Pero yo os digo que [...]" (p. ej., MT 5:21-22, 27-28). Aquí Jesús supone colocar su palabra al mismo nivel que las Escrituras del Antiguo Testamento. Jesús declara tener el poder en sí mismo para establecer una enseñanza tan autoritaria como la que los profetas dan en el Antiguo Testamento.

Jesús también, por implicación, declaración directa y hechos, declara tener poder sobre la vida y la muerte. En Juan 5:21 afirma lo siguiente: "Porque como el Padre levanta a los muertos, y les da vida, así también el Hijo a los que quiere da vida". Quizás la declaración más enfática se encuentra en sus palabras a Marta: "Yo soy la resurrección y la vida; el que cree en mí, aunque esté muerto, vivirá" (Juan 11:25).

Jesús se aplicó específicamente a sí mismo expresiones que transmitían su autocomprensión. Una de estas es "Hijo de Dios".

Si bien el título es capaz de varios distintos significados, Jesús "vertió en él un nuevo contenido para describir su propia y única persona y su relación con Dios"[4]. Significaba que Jesús tenía una relación con el Padre distinta a la de cualquier otro humano. Los judíos entendieron que Jesús estaba declarando una filiación única que difería "no solo cuantitativamente, sino cualitativamente; no solo en grado, sino en especie"[5]. Leemos en Juan 5:2-18, por ejemplo, que reaccionaron con gran hostilidad cuando, en defensa de su sanación en Shabbat, Jesús relacionó su obra con la del Padre.

Como Juan lo explica: "Por esto los judíos aún más procuraban matarle, porque no solo quebrantaba el día de reposo, sino que también decía que Dios era su propio Padre, haciéndose igual a Dios" (v. 18).

Jesús se consideraba a sí mismo como igual con el Padre y como poseedor del derecho de hacer cosas que solo el Padre tiene el derecho de hacer.

A partir de todo lo anterior, parece difícil, salvo sobre la base de cierto tipo de presuposición crítica, evitar la conclusión de que Jesús se consideraba a sí mismo como igual con el Padre y como poseedor del derecho de hacer cosas que solo el Padre tiene el derecho de hacer.

El Evangelio de Juan

Cuando examinamos el conjunto del Nuevo Testamento, descubrimos que lo que sus escritores dicen sobre Jesús es totalmente coherente con su propia autocomprensión y sus afirmaciones sobre sí mismo. Sin duda, el Evangelio de Juan destaca por sus referencias sobre la deidad de Jesús. El prólogo particularmente expresa esta idea. Juan dice: "En el principio era el Verbo, y el Verbo era con Dios, y el Verbo era Dios". Ha identificado al Verbo como divino y distinguido al Verbo de Dios. No está describiendo aquí un simple monoteísmo o un monarquianismo modalista. El resto del Evangelio apoya y amplía la idea del prólogo.

Hebreos

El libro de Hebreos también es muy enfático sobre la divinidad de Jesús. En el primer capítulo, el autor habla sobre el Hijo como el resplandor de la gloria de Dios y la representación exacta de su naturaleza (Heb 1:3).

Este Hijo, por el que Dios creó el mundo (v.

---

4 George E. Ladd, *The New Testament and Criticism* [El Nuevo Testamento y la crítica] (Grand Rapids: Eerdmans, 1967), pág. 177.

5 Stein, *Method and Message*, pág. 132.

2), también sustenta (o sostiene) todas las cosas con la palabra de su poder (v. 3). En el versículo 8, que es una cita de Salmos 45:6, el Hijo es nombrado "Dios". El argumento es que el Hijo es superior a los ángeles (1:4-2:9), Moisés (3:1-6) y los sumo sacerdotes (4:14-5:10). Es superior porque no es simplemente un humano o un ángel, sino algo más alto, en concreto, Dios.

Pablo

Pablo a menudo da testimonio de la deidad de Jesús. En Colosenses 1:15-20, Pablo escribe que el Hijo es la imagen del Dios invisible (v. 15); Él es aquel en quien y por quién y para quien todas las cosas subsisten (v. 17).

En el versículo 19, Pablo concluye este argumento: "por cuanto agradó al Padre que en él habitase toda plenitud". En Colosenses 2:9 declara una idea muy similar: "Porque en él habita corporalmente toda la plenitud de la Deidad".

Pablo también confirma algunas de las afirmaciones que Jesús había hecho anteriormente. En el Antiguo Testamento, el juicio se le atribuye a Dios.

Aunque Pablo se refiere en ocasiones al juicio de Dios (p. ej., Ro 2:3), también habla del "Señor Jesucristo, que juzgará a los vivos y a los muertos" (2 Ti 4:1) y del "tribunal de Cristo" (2 Co 5:10).

Filipenses 2:5-11, un pasaje debatido previamente (ver págs. 109-110), es una clara afirmación de la deidad de Jesucristo.

Habla de Él como siendo o existiendo en la "forma" (morphē) de Dios (v. 6). En el griego clásico y bíblico, este término se refiere a "todo el conjunto de características que hacen a algo lo que es".

Todo el pasaje, como Reginald Fuller sostiene, presenta un "patrón cristológico triple":

Jesús siendo Dios, se vació a sí mismo, se convirtió en humano y luego fue exaltado de nuevo al estado de deidad o de igualdad con el Padre[6].

El Término "Señor"

Hay un tipo de argumento más general para la deidad de Cristo. Los escritores del Nuevo Testamento asignan el término *kyrios* ("Señor") a Jesús, particularmente en su estado resucitado y ascendido. Si bien es cierto que el término puede utilizarse sin ninguna connotación cristológica elevada, varias consideraciones sostienen que el término significa divinidad cuando se aplica a Jesús. En primer lugar, en la Septuaginta (la traducción griega del Antiguo Testamento) *kyrios* es la traducción usual del nombre *Jehovah* y del reverencial *'adonai*, que lo sustituía habitualmente.

Además, varias referencias del Nuevo Testamento sobre Jesús como "Señor" son citas de textos del Antiguo Testamento que emplean uno de los nombres Hebreos para Dios (p. ej., Hechos 2:20-21 y Ro 10:13 [cf., Joel 2:31-32]; 1 P 3:15 [cf. Is 8:13]). Estas referencias dejan en claro que los apóstoles le daban el título de "Señor" a Jesús en su sentido más alto. Finalmente, kyrios se usa en Nuevo Testamento para designar tanto al Dios Padre, el Dios soberano (p, ej., MT 1:20; 9:38; 11:25; Hechos 17:24; Ap 4:11), como a Jesús (p, ej., Lucas 2:11; Juan 20:28; Hechos 10:36; 1 Co 2:8; Flp 2:11; Santiago 2:1; Ap 19:16). William Childs Robinson comenta que cuando se habla de Jesús "como el Señor exaltado, se le identifica tanto con Dios que en algunos pasajes hay ambigüedad en cuanto a si se refiere al Padre o al Hijo (p. ej., Hechos 1:24; 2:47; 8:39; 9:31; 11:21; 13:10-12; 16:14; 20:19; 21:14; cf. 18:26; Ro 14:11)"[7]. Particularmente,

---

6 Reginald H. Fuller, The Foundations of New Testament Christology [Fundamentos de la cristología neotestamentaria] (Nueva York: Scribner, 1965), pág. 232.

7 William Childs Robinson, *"Lord"* ["Señor"] en *Baker's Dictionary of Theology* [Diccionario Baker de teología], ed. Everett F. Harrison (Grand Rapids: Baker, 1960), págs. 328-329.

para los judíos el término *kyrios* sugería que Cristo era igual que el Padre.

La Evidencia de la Resurrección

Para algunos, el enfoque que hemos descrito en un intento de demostrar la deidad de Jesús puede parecer acrítico, usando la Biblia sin tomar en cuenta los hallazgos de los métodos de investigación bíblica más radicales. Sin embargo, hay otra manera de establecer la deidad de Jesús, una forma que no nos enredará en la disputa de cuestiones críticas punto por punto. Recurrimos a la cristología de Wolfhart Pannenberg, especialmente como ha sido desarrollada en su libro *Jesus—God and Man* [Jesús: Dios y hombre][8]. La tendencia en años recientes, tanto entre los eruditos evangélicos como no evangélicos, ha sido concluir sobre bases puramente históricas la probabilidad de que la resurrección de Jesús haya ocurrido[9]. Pannenberg sigue este mismo camino, pero continúa mostrando cómo el hecho de la resurrección de Jesús argumenta su deidad. El argumento de Pannenberg solo se puede entender a la luz de su punto de vista de la revelación y la historia. Según Pannenberg, toda la historia es reveladora. Entonces, solo puede decirse que la revelación ha ocurrido plenamente cuando la historia ha seguido su curso, porque solo entonces podemos ver hacia dónde ha ido. Por lo tanto, es de esperar que la historia no tenga ningún valor revelador para nosotros ahora, ya que solo disponemos de partes incompletas, como las piezas de un rompecabezas. No obstante, la resurrección, por ser el fin de la historia, al haber sucedido de forma proléptica, sí nos da la revelación, incluso dentro del tiempo[10].

Pannenberg sostiene que la resurrección debe entenderse desde el punto de vista de las tradiciones históricas de las que es parte. Mientras que se ha convertido en algo habitual considerar un acontecimiento como una constante y su interpretación como una variable que cambia con el tiempo, él une ambas cosas. El significado de un acontecimiento es el que le atribuyen las personas en cuya historia sucede. Pannenberg señala que, para los judíos de la época de Jesús, su resurrección hubiera significado divinidad. Como evidencia de la resurrección de Jesús, Pannenberg indica el surgimiento del cristianismo, que Pablo remonta a las apariciones de Cristo resucitado. Si el surgimiento del cristianismo se puede entender "solo si se examina a la luz de la esperanza escatológica de una resurrección de entre los muertos, entonces lo que así se designa es un acontecimiento histórico, aunque no sepamos nada más concreto sobre él"[11].

Pannenberg está de acuerdo con Paul Althaus en que la proclamación de la resurrección en Jerusalén tan pronto después de la muerte de Jesús es muy importante. Dentro de la primera comunidad cristiana debe haber un testimonio confiable sobre la tumba vacía. Pannenberg también observa que en la polémica judía contra el mensaje cristiano de la resurrección de Jesús no hay ninguna declaración de que la tumba de Jesús no estaba vacía[12]. Por lo tanto,

---

8 Wolfhart Pannenberg, *Jesus—God and Man* [Jesús: Dios y hombre] (Filadelfia: Westminster, 1968).

9 Ejemplos son Stephen T. Davis, ed., *The Resurrection: An Interdisciplinary Symposium on the Resurrection of Jesus* [La resurrección: un simposio interdisciplinario sobre la resurrección de Jesús] (Nueva York: Oxford University Press, 1997); William Lane Craig, *The Son Rises: The Historical Evidence for the Resurrection of Jesus* [El Hijo resucita: la evidencia histórica de la resurrección de Jesús] (Chicago: Moody Press, 1981); *Did the Resurrection Happen? A Conversation with Gary Habermas and Antony Flew* [¿La resurrección ocurrió? Una conversación con Gary Habermas y Antony Flew], ed. David Baggett (Downers Grove, Illinois: InterVarsity, 2009).

10 Wolfhart Pannenberg, *"Dogmatic Theses on the Doctrine of Revelation"* ["Tesis dogmáticas sobre la doctrina de la revelación"] en *Revelation as History* [Revelación como historia], ed. Wolfhart Pannenberg (Nueva York: Macmillan, 1968), pág. 134.

11 Pannenberg, *Jesus—God and Man*, pág. 98

12 *Ibid.*, págs. 100-101.

tenemos evidencia apropiada para establecer la historicidad de la resurrección, que es prueba de la deidad de Jesús[13].

Desviaciones Históricas de la Creencia en la Plena Deidad de Cristo

Debido a que la iglesia tenía dificultades para entender quién y qué es Jesús, y particularmente cómo está relacionado con el Padre, surgieron algunas interpretaciones desviadas.

Ebionismo

Los ebionitas, una secta de judíos cristianos herejes, negaron la deidad real u ontológica de Jesus. Según los ebionitas, Jesús era un humano ordinario que poseía dones inusuales pero no sobrehumanos o sobrenaturales de justicia y sabiduría. Rechazaban el nacimiento virginal, sosteniendo que Jesús nació de José y María de manera normal[14]. En el bautismo, Cristo descendió sobre Jesús en forma de paloma. Esto se entendía más como la presencia del poder y la influencia de Dios en el hombre Jesús que como una realidad metafísica personal. Casi al final de la vida de Jesús, Cristo se retira de Él. Por lo tanto, Jesús era principalmente humano, aunque un humano en el que, al menos durante un tiempo, el poder de Dios estuvo presente y activo en un grado inusual.

El punto de vista de los ebionitas sobre Jesús tenía la virtud de resolver la tensión entre la creencia en la deidad de Jesús y la perspectiva monoteísta de Dios, pero a un alto precio. El ebionismo tenía que ignorar o negar un gran conjunto de material bíblico: todas las referencias a la preexistencia, el nacimiento virginal y la condición y función cualitativamente única de Jesús. Según la iglesia, esto era una concesión demasiado grande.

Arrianismo

La enseñanza de un presbítero alejandrino llamado Arrio se convirtió en la primera gran amenaza a las perspectivas implícitamente sostenidas por la iglesia sobre la deidad de Jesús. Aunque fue condenado por la iglesia en el Concilio de Nicea en el año 325 y en concilios posteriores, el arrianismo perdura hasta nuestros días en diversas formas, sobre todo en el movimiento conocido como los Testigos de Jehová.

Una concepción central en el entendimiento arriano de Jesús es el carácter trascendental y único absoluto de Dios[15]. Dios es la única fuente de todas las cosas, el único ser no creado en todo el universo. Solo Él posee los atributos de la deidad. Todo lo demás aparte de Dios ha llegado a existir mediante un acto de creación por el que lo llamó a la existencia a partir de la nada. Solo el Padre es increado y eterno. Por lo tanto, el Verbo es un ser creado, aunque el primero y más alto de los seres. Si bien el Verbo es una criatura perfecta, no está realmente al mismo nivel que las otras criaturas, no es autoexistente.

Los arrianos se basaban en una colección bastante amplia de referencias bíblicas[16]. Esta incluye textos que parecen implicar que Cristo es inferior al Padre (p. ej., Juan 14:28, donde Jesús dice: "el Padre mayor es que yo") y pasajes que atribuyen al Hijo ciertas imperfecciones como debilidad, ignorancia y sufrimiento (p. ej., Marcos 13:32: "Pero de aquel día y de la hora nadie sabe, ni aun los ángeles que están en el cielo, ni el Hijo, sino el Padre").

Los semiarrianos eran un tanto menos extremos, ya que destacaban la similitud en lugar de la diferencia entre el Verbo y el Padre. Estaban dispuestos a decir que el Verbo era similar en naturaleza (o esencia) al Padre

---

13 *Ibid.*, pág. 89.

14 Justino Mártir, *Dialogue with Trypho* [Diálogo con Trifón] 47.

15 Atanasio, *On the Councils of Ariminum and Seleucia* [Sobre los concilios de Ariminum y Seleucia] 16.

16 Atanasio, *Four Discourses against the Arians* [Cuatro discursos contra los arrianos].

(*homoiousios*), pero que no tiene la misma esencia que el Padre (*homoousios*).

Hay dos respuestas principales a la teología arriana.

Una es señalar que los tipos de pruebas, a los que se ha apelado antes en este capítulo para fundamentar la deidad de Cristo, son ignorados o tratados inadecuadamente por los arrianos.

> *Para conocer el amor, la santidad*
>
> *y el poder de Dios solo tenemos*
>
> *que mirar a Cristo.*

La otra es analizar los pasajes que han sido apelados en apoyo al punto de vista arriano. En general, se debe decir que los arrianos han malinterpretado varias declaraciones bíblicas en relación con la subordinación del Hijo durante su encarnación. Las descripciones de su subordinación funcional temporal al Padre han sido malinterpretadas como declaraciones sobre la esencia del Hijo.

Cristología Funcional

No todas las modificaciones de la doctrina de la deidad plena de Jesús se encuentran en los primeros siglos de la historia de la iglesia. Unos de los avances cristológicos interesantes de finales del siglo XX fue el surgimiento de la "cristología funcional".

Es decir, un énfasis en lo que Jesús hizo, más que en lo que es. Básicamente, la cristología funcional pretende trabajar sobre la base de fundamentos puramente del Nuevo Testamento en lugar de las categorías más metafísicas o especulativas de un periodo posterior de reflexión, que se consideran arraigadas en el pensamiento griego[17]. Sin embargo, debido a que la cristología funcional pasa por alto algunas características del testimonio bíblico y distorsiona otras, no es una cristología adecuada en la actualidad. Es cuestionable si, como los cristologistas funcionales afirman, el Nuevo Testamento pone mucho más énfasis en la función u obra de Jesús que en su persona o naturaleza. Los conceptos ontológicos están implícitos, si no explícitos en el Nuevo Testamento. Para que una cristología sea completamente adecuada debe abordar e integrar tanto las cuestiones ontológicas como funcionales.

Implicaciones de la Deidad de Cristo

Hay varias implicaciones importantes sobre la doctrina de la deidad de Cristo:

1. Podemos tener un conocimiento real de Dios. Jesús dijo: "El que me ha visto a mí, ha visto al Padre" (Juan 14:9). Mientras los profetas transmitían el mensaje de Dios, Jesús era Dios. Si queremos saber cómo es el amor de Dios, la santidad de Dios y el poder de Dios, solo tenemos que mirar a Cristo.

2. El arrepentimiento está disponible para nosotros. La muerte de Cristo es suficiente para todos los pecadores que han existido, ya que no fue un simple humano finito quien murió, sino un Dios infinito. Él, la vida, el Dador y Sustentador de la vida, que no debió morir, murió.

3. Dios y la humanidad se han reunido. No fue un ángel o un humano quien vino de Dios a la raza humana, sino que Dios mismo cruzó el abismo creado por el pecado.

4. La adoración a Cristo es apropiada. No es solo la más alta de las criaturas, sino es Dios en el mismo sentido y en el mismo grado que el

---

17 P. ej., Oscar Cullmann, *The Christology of the New Testament* [La cristología del Nuevo Testamento], rev. ed. (Filadelfia: Westminster, 1963).

Padre. Él es tan merecedor de nuestra alabanza, adoración y obediencia como el Padre.

Un día todos reconocerán quién y qué es Jesús. Aquellos que creen en la deidad de Cristo ya reconocen quién es y actúan en conformidad:

> ¡Hermoso Salvador! ¡Señor de las naciones!
> ¡Hijo de Dios e Hijo del Hombre!
> Gloria y honor, Alabanza, adoración,
> ¡Ahora y para siempre, sé Tú!
> ("Beautiful Savior" ["Hermoso Salvador"], 1677)

Preguntas de Análisis y Reflexión

- ¿Por qué la deidad de Cristo es tan importante para la fe cristiana? Use referencias bíblicas para sustentar su respuesta.
- ¿Qué dijo Jesús que podría sustentar su divinidad?
- ¿Qué puntos de vista se han desarrollado que minimizan la deidad de Cristo y se siguen enseñando hoy en día?
- ¿Qué implicaciones se pueden sacar sobre la deidad de Cristo?
- ¿De qué maneras son importantes estas implicaciones para su fe cristiana?

La Humanidad de Cristo

Una vez estudiado este capítulo, el lector es capaz de:

1. Valorar la importancia de la doctrina de la humanidad de Cristo.
2. Examinar el material bíblico en busca de evidencias físicas, emocionales e intelectuales de la humanidad de Cristo.
3. Comprender las herejías de la iglesia antigua acerca del docetismo y el apolinarismo, que negaban o limitaban la humanidad de Cristo.
4. Identificar y describir la evidencia bíblica y el significado teológico del nacimiento virginal.
5. Examinar y afirmar la ausencia de pecado de Jesús.
6. Evaluar seis implicaciones de la humanidad de Jesús.

Aunque la doctrina de la humanidad de Cristo es menos controvertida que la doctrina de su divinidad, han sido varias las posturas que niegan o disminuyen su humanidad. El nacimiento virginal, por el cual Jesús tomó forma humana, es significativo como evidencia de la condición sobrenatural de Cristo. La cuestión de la ausencia de pecado de Jesús representa un problema especial. Algunos sostienen que Jesús no pudo ser humano si no pecó. Sin embargo, esta conclusión no es lógica. Aceptar la plena humanidad de Jesús conlleva varias implicaciones.

La Importancia de la Humanidad de Cristo

La Evidencia Bíblica

- La Naturaleza Humana Física
- La Naturaleza Humana Psicológica

Las Primeras Herejías sobre la Humanidad de Jesús

- El Docetismo
- El Apolinarismo

El Nacimiento Virginal

- La Evidencia Bíblica
- El Significado Teológico

La Ausencia de Pecado de Jesús

Implicaciones de la Humanidad de Jesús

El tema de la humanidad de Jesucristo no suscita, en cierto modo, la misma atención y controversia que su deidad. A primera vista, parece una cuestión evidente en sí misma, ya que, al margen de lo que fuera Jesús, con toda seguridad debía ser humano. En el siglo XX, la humanidad de Jesús no recibió la atención que se prestó a su deidad, que fue uno de los principales puntos de discusión entre fundamentalistas y modernistas. En efecto, lo que no se discute tiende a no ser objeto de debate, al menos no con tanta profundidad como las grandes controversias. Sin embargo, históricamente, el tema de la humanidad de Jesús ha desempeñado un papel al menos tan importante en el diálogo teológico como su deidad, especialmente en los primeros años de la iglesia. Además, en términos prácticos, ha supuesto de alguna manera un mayor peligro para la teología ortodoxa.

La Importancia de la Humanidad de Cristo

La importancia de la humanidad de Jesús no puede ser sobrestimada, ya que el asunto de la encarnación tiene que ver con nuestra salvación. El problema humano es la brecha entre nosotros y Dios. Desde luego, la brecha es ontológica. Dios es muy superior a los humanos, tanto que no puede ser conocido por la razón humana sin intervención. Para ser conocido, Dios debe tomar alguna iniciativa para darse a conocer a la humanidad. Pero el problema no es meramente ontológico, sino que también existe una brecha espiritual y moral entre ambos, una brecha creada por el pecado de los humanos. Los humanos no pueden, por su propio esfuerzo moral, contrarrestar el pecado para elevarse al nivel de Dios. Para que haya comunión entre los dos, tienen que estar unidos de alguna otra manera. Esto, según se entiende tradicionalmente, se ha logrado mediante la encarnación, en la que la deidad y la humanidad se unieron en una sola persona. Sin embargo, si Jesús no fue realmente uno de nosotros, la humanidad no se ha unido con la deidad y no podemos ser salvos. La validez de la obra realizada en la muerte de Cristo, o al menos su capacidad de aplicación a nosotros como humanos, depende de la realidad de su humanidad, al igual que su eficacia depende de la autenticidad de su deidad.

Además, el ministerio intercesor de Jesús depende de su humanidad. Si fue realmente uno de nosotros, y experimentó todas las tentaciones y pruebas humanas, entonces es capaz de entender y empatizar con nosotros en nuestras luchas como humanos. Sin embargo, si no fue humano, o solo lo fue de forma incompleta, no puede interceder realmente como debe hacerlo un sacerdote en favor de aquellos a los que representa.

La Evidencia Bíblica

La Naturaleza Humana Física

Existe abundante evidencia bíblica de que Jesús era una persona plenamente humana y que no carecía de ninguno de los elementos esenciales de la humanidad que nos constituyen a cada uno de nosotros. En primer lugar, tenía un cuerpo totalmente humano. Nació. No descendió del cielo y apareció de repente en la Tierra, sino que fue concebido en el vientre de una madre humana y fue nutrido prenatalmente como cualquier otro niño. Aunque su concepción fue única al no involucrar a un hombre, el proceso desde ese momento fue de forma aparente idéntico al que experimenta todo feto humano. Jesús también tenía un árbol genealógico tradicional, como se indica por las genealogías de Mateo y Lucas. Tuvo antepasados y presuntamente recibió genes de ellos, al igual que cualquier otro ser humano recibe genes de sus antepasados.

No solo el nacimiento de Jesús, sino también su vida, indican que tenía una naturaleza humana física. Se nos dice que creció "en sabiduría y en estatura, y en gracia para con Dios y los hombres" (Lucas 2:52). Creció físicamente, nutriéndose de comida y agua. No tenía una fuerza física ilimitada. Sin embargo, su cuerpo puede haber sido casi perfecto en algunos aspectos que el nuestro, porque no había en él ninguno de los pecados que afectan a la salud. Jesús tenía la misma fisiología y las mismas limitaciones físicas que los demás seres humanos.

Experimentó hambre (MT 4:2), sed (Juan 19:28) y fatiga (Juan 4:6). Finalmente, Jesús sufrió físicamente y murió, como cualquier otra persona. Esto es evidente en todo el relato de la crucifixión, pero quizá sea más claro en Juan 19:34, donde leemos que le clavaron una lanza en el costado y salió agua y sangre mezcladas, lo que indica que ya había muerto. Indudablemente, había sentido el sufrimiento físico (tan genuinamente como lo haríamos usted o yo) cuando lo golpearon, le pusieron la corona de espinas en la cabeza y le clavaron los clavos en las manos (o en las muñecas) y en los pies.

Además, observamos que Jesús empleaba sobre sí mismo una terminología que denotaba humanidad. Una declaración clara se encuentra en Juan 8:40, donde Jesús dice a los judíos: "Procuráis matarme a mí, hombre que os he hablado la verdad, la cual he oído de Dios". Otros también usan ese lenguaje en referencia a Jesús. Pablo, en su argumentación sobre el pecado original, compara a Jesús con Adán y utiliza tres veces la expresión "un hombre" para referirse a Jesús (Ro 5:15, 17, 19). Encontramos un pensamiento y una expresión similares en 1 Corintios 15:21, 47-49.

Las Escrituras también hacen referencia a que Cristo se encarnó, es decir, se hizo humano. Juan escribió: "Y aquel Verbo fue hecho carne, y habitó entre nosotros" (Juan 1:14).

Además de una naturaleza física, Jesús tuvo el mismo tipo de características emocionales e intelectuales que los demás seres humanos: pensaba, razonaba y experimentaba toda la variedad de sentimientos humanos.

Juan fue particularmente enfático en este asunto en su primera carta, donde uno de los propósitos era combatir una herejía que negaba que Jesús hubiera sido genuinamente humano: "Todo espíritu que confiesa que Jesucristo ha venido en carne, es de Dios; y todo espíritu que no confiesa que Jesucristo ha venido en carne, no es de Dios" (1 Juan 4:2-3).

Quienes vivieron en la época de Jesús tuvieron una auténtica percepción física de él, lo que indica que tenía un cuerpo físico. Juan lo expresa de forma vívida en 1 Juan 1:1: "Lo que era desde el principio, lo que hemos oído, lo que hemos visto con nuestros ojos, lo que hemos contemplado, y palparon nuestras manos tocante al Verbo de vida".

Juan está estableciendo aquí la realidad de la naturaleza humana de Jesús. Realmente oyó, vio y tocó a Jesús. Los griegos consideraban que el tacto era el más básico y fiable de los sentidos, ya que se trata de una percepción directa: no hay ningún medio que intervenga entre el perceptor y el objeto percibido.

Por lo tanto, cuando Juan habla de lo que "palparon nuestras manos", está enfatizando lo completamente física que fue la manifestación de Jesús.

La Naturaleza Humana Psicológica

Si Jesús era un verdadero ser humano físicamente, también era plena y genuinamente humano psicológicamente. Las Escrituras le atribuyen el mismo tipo de características emocionales e intelectuales que tienen todos los humanos. Pensaba, razonaba y sentía toda la variedad de emociones humanas. Por supuesto, también amaba.

A uno de sus discípulos se le llama el discípulo "al cual Jesús amaba" (Juan 13:23). Jesús se compadecía o se apiada de los hambrientos, los enfermos o los perdidos (MT 9:36; 14:14; 15:32; 20:34). La palabra griega utilizada aquí para denotar su reacción significa literalmente "ser movido desde las propias entrañas". A Jesús le conmovían los sufrimientos humanos. Podía estar triste y turbado, como ocurrió justo antes de su traición y crucifixión (MT 26:37). También experimentó gozo (Juan 15:11; 17:13; Heb 12:2). Podía enfadarse, se afligía con la gente (Marcos 3:5) e incluso se indignaba (Marcos 10:14).

Desde luego, algunas de estas emociones no demuestran por sí mismas que Jesús fuera humano, porque Dios verdaderamente siente amor y compasión, como observamos en nuestra discusión sobre su naturaleza, así como ira e indignación ante el pecado. Sin embargo, algunas de las reacciones de Jesús son exclusivamente humanas. Por ejemplo, muestra asombro en respuesta a situaciones tanto positivas como negativas.

Se asombra de la fe del centurión (Lucas 7:9) y de la incredulidad de los habitantes de Nazaret (Marcos 6:6). Asimismo, resultan instructivas las referencias a que Jesús se sentía atribulado. Aquí vemos su reacción particularmente humana ante una variedad de situaciones, especialmente su sentido de la muerte a la que tenía que ir. En el huerto de Getsemaní, es evidente que estaba en medio de una lucha y tensión, y al parecer no quería que lo dejaran solo (Marcos 14:32-42). En la cruz, su clamor "Dios mío, Dios mío, ¿por qué me has desamparado?" (Marcos 15:34), fue una expresión muy humana de soledad.

Una de las reacciones más humanas de Jesús se produjo ante la muerte de Lázaro. Al ver a María y a sus acompañantes llorar, Jesús "se estremeció en espíritu y se conmovió" (Juan 11:33); lloró (v. 35); y en la tumba fue "profundamente conmovido otra vez" (v. 38). La descripción aquí es vívida, ya que para describir el gemido de Jesús en el espíritu, Juan eligió un término que se utiliza para referirse al resoplar de los caballos. Jesús poseía una naturaleza humana capaz de sentir pena y remordimiento tan profundamente como nosotros.

Cuando abordamos el tema de las cualidades intelectuales de Jesús, descubrimos que tenía unos conocimientos bastante notables.

Conocía el pasado, el presente y el futuro en un grado que no está al alcance de los seres humanos ordinarios.

Por ejemplo, conocía los pensamientos tanto de sus amigos (Lucas 9:47) como de sus enemigos (Lucas 6:8). Sabía que la mujer samaritana había tenido cinco maridos y que estaba viviendo con un hombre con el que no estaba casada (Juan 4:18). Sabía que Lázaro ya estaba muerto (Juan 11:14).

Sin embargo, este conocimiento no era ilimitado. Jesús preguntaba con frecuencia, y la impresión que dan los Evangelios es que lo hacía porque no sabía. Desde luego, algunas personas, especialmente los maestros, hacen preguntas cuyas respuestas ya conocen. Pero Jesús parecía preguntar porque necesitaba información que no poseía[1]. Por ejemplo, preguntó al padre del niño epiléptico: "¿Cuánto tiempo hace que le sucede esto?" (Marcos 9:21). Según parece, Jesús carecía de esta información necesaria para la sanación apropiada.

El testimonio bíblico va aún más lejos. En al

---

1 Leon Morris, *The Lord from Heaven: A Study of the New Testament Teaching on the Deity and Humanity of Jesus* [El Señor de los cielos: Un estudio de la enseñanza del Nuevo Testamento sobre la deidad y la humanidad de Jesús] (Grand Rapids: Eerdmans, 1958), pág. 45.

menos un caso, Jesús declaró expresamente que no conocía un asunto en particular.

Al hablar de la segunda venida, dijo: "Pero de aquel día y de la hora nadie sabe, ni aun los ángeles que están en el cielo, ni el Hijo, sino el Padre" (Marcos 13:32).

Hay que destacar también la "vida religiosa humana" de Jesús. Aunque a algunos les suene extraño y tal vez incluso un poco blasfemo, no deja de ser exacto. Asistía al culto en la sinagoga y lo hacía de forma regular o habitual (Lucas 4:16).

Su vida de oración era una clara indicación de la dependencia humana del Padre. Jesús oraba con regularidad. En ocasiones, oraba con gran intensidad y duración, como en el huerto de Getsemaní.

Antes del importante paso de elegir a sus doce discípulos, Jesús oró toda la noche (Lucas 6:12). Jesús se sentía dependiente del Padre para que le guiara, le diera fuerza y le preservara del mal.

Por lo tanto, resulta aparente que para los discípulos y los autores de los libros del Nuevo Testamento no había ninguna duda sobre la humanidad de Jesús. En realidad, no se discutía el punto, ya que apenas se cuestionaba (con la excepción de la situación a la que se refería 1 Juan). Los más cercanos a Jesús, que vivían con él cada día, lo consideraban tan humano como ellos mismos. Pudieron comprobar por sí mismos que era humano. Además, en una ocasión, después de la resurrección de Jesús, se empezaba a dudar de que pudiera ser un espíritu, y él les invitó a comprobar por sí mismos la autenticidad de su humanidad: "Mirad mis manos y mis pies, que yo mismo soy; palpad, y ved; porque un espíritu no tiene carne ni huesos, como veis que yo tengo" (Lucas 24:39).

Hizo todo lo que ellos hicieron, excepto pecar y pedir perdón.

Comió con ellos, sangró, durmió y lloró. Si Jesús no era humano, entonces seguramente nadie lo ha sido nunca.

Las Primeras Herejías sobre la Humanidad de Jesús

El Docetismo

Sin embargo, en los primeros días de la vida de la iglesia se produjeron muchas desviaciones respecto a la consideración de Jesús como plenamente humano. Vemos tal negación de la realidad de la humanidad de Jesús ya en la situación a la que se opuso enérgicamente la primera carta de Juan. Además de un grupo específico de cristianos conocidos como docetistas, una actitud básica de negación de la humanidad de Jesús impregnaba muchos otros movimientos dentro del cristianismo, como el gnosticismo y el marcionismo[2].

El docetismo toma su nombre del verbo griego dokeō, que significa "parecer o aparentar". Su tesis central es que Jesús solo parecía ser humano. Dios no podría haberse hecho realmente carne, ya que toda la materia es mala, y él es perfectamente puro y santo. El Dios trascendente no podría de ninguna manera haberse unido a una influencia tan corruptora. Al ser impasible e inmutable, Dios no podría haber sufrido las modificaciones en su naturaleza que necesariamente se habrían producido con una auténtica encarnación. No podría haberse expuesto a las experiencias de la vida humana. La humanidad de Jesús, su naturaleza física, era simplemente una ilusión, no una realidad. Jesús era más bien un fantasma, una aparición, que un ser humano[3].

Esta cristología particular resolvía la tensión en la idea de que la deidad y la humanidad estaban unidas en una sola persona. Lo hizo afirmando que mientras la deidad era real y completa, la humanidad era solo apariencia.

2 Tertuliano, *On the Flesh of Christ* 5 [Sobre la carne de Cristo 5].

3 J. F. Bethune-Baker, *An Introduction to the Early History of Christian Doctrine* [Introducción a la historia temprana de la doctrina cristiana] (Londres: Methuen, 1903), pág. 80.

Pero la iglesia reconocía que esta solución se había conseguido a un precio demasiado alto: la pérdida de la humanidad de Jesús y, por lo tanto, de cualquier conexión real entre él y nosotros. Hoy en día es difícil encontrar casos puros de docetismo, aunque las tendencias docetistas se dan en diversos esquemas de pensamiento.

El Apolinarismo

Apolinar, un obispo sirio del siglo IV, estaba muy preocupado por mantener la unidad del Hijo, Jesucristo. Ahora bien, si Jesús tenía dos naturalezas completas, según Apolinar, debía tener un *nous* humano ("alma, mente, razón") y también un *nous* divino. Apolinar pensaba que esta dualidad era absurda. Por ello, construyó una cristología basada en una interpretación extremadamente limitada de Juan 1:14 ("Y aquel Verbo fue hecho carne"; i. e., la carne era el único aspecto de la naturaleza humana implicado)[4]. A juicio de Apolinar, Jesús era una unidad compuesta: una parte del componente (algunos elementos de Jesús) era humana y el resto divina. Lo que él (el Verbo) tomó no fue toda la humanidad, sino únicamente la carne, es decir, el cuerpo. Sin embargo, esta carne no podía ser vivificada por sí misma. Tenía que haber una "chispa de vida" que la activara. Se trataba del Logos divino, que ocupaba el lugar del alma humana. Por lo tanto, Jesús era humano físicamente, pero no psicológicamente. Tenía un cuerpo humano, pero no un alma humana. Su alma era divina[5].

Así pues, Jesús, aunque humano, era un poco diferente de los demás humanos. Jesús no tenía una voluntad humana. En consecuencia, no podía pecar, porque su persona estaba totalmente controlada por su alma divina[6].

Loraine Boettner establece la analogía de una mente humana implantada en el cuerpo de un león: el ser resultante no se rige por la psicología del león o del animal, sino por la psicología humana. Se trata de un paralelismo aproximado con la visión apolinaria de la persona de Jesús[7].

El apolinarismo resultó ser una solución ingeniosa pero inaceptable al problema. La doble naturaleza de Jesús tendía a convertirse en una sola naturaleza en la práctica, el alma divina absorbiendo la humana. En consecuencia, la doctrina apolinaria fue condenada en el Concilio de Constantinopla de 381.

El Nacimiento Virginal

Junto a la resurrección, el acontecimiento más debatido y controvertido de la vida de Jesús es el nacimiento virginal, el medio por el que Cristo tomó forma humana. A finales del siglo XIX y principios del XX, el nacimiento virginal estaba en la vanguardia del debate entre los fundamentalistas y los modernistas. Los fundamentalistas insistían en la doctrina como una creencia esencial. Los modernistas la rechazaban por considerarla no esencial o insostenible, o la reinterpretaban de forma no literal. Para los primeros era una garantía de la unicidad cualitativa y la deidad de Cristo, mientras que para los segundos parecía desplazar la atención de su realidad espiritual a una cuestión biológica[8].

De lo que se habla aquí es en realidad de la "concepción virginal". Con esto lo que se quiere decir es que la concepción de Jesús en el vientre de María no fue el resultado de una actividad sexual. María era virgen en el momento de la concepción de Jesús y continuó siéndolo hasta el momento de su nacimiento, ya que las

---

4 J. N. D. Kelly, *Early Christian Doctrines* [Las primeras doctrinas cristianas] (Nueva York: Harper & Row, 1960), pág. 291.

5 *Ibid.*, pág. 292. Existe una disputa sobre si Apolinar era dicotomista o tricotomista.

6 *Ibid.*, pág. 293

7 Loraine Boettner, *Studies in Theology* [Estudios de teología] (Grand Rapids: Eerdmans, 1947), pág. 263.

8 Harry Emerson Fosdick, *The Man from Nazareth as His Contemporaries Saw Him* [El hombre de Nazaret como lo vieron sus contemporáneos] (Nueva York: Harper & Bros., 1949), págs. 158-160.

Escrituras indican que José no tuvo relaciones sexuales con ella hasta después del nacimiento de Jesús (MT 1:25). María quedó embarazada por una influencia sobrenatural del Espíritu Santo sobre ella, pero eso no significa que Jesús fuera el resultado de la copulación entre Dios y María. Tampoco significa que no haya habido un parto normal.

La Evidencia Bíblica

La doctrina del nacimiento virginal se basa únicamente en dos referencias bíblicas explícitas: Mateo 1:18-25 y Lucas 1:26-38. Hay otros pasajes en el Nuevo Testamento que algunos han argumentado que se refieren o al menos aluden o presuponen el nacimiento virginal. Además, está la profecía de Isaías 7:14, que es citada por Mateo (1:23). Pero incluso cuando se tienen en cuenta estos pasajes, el número de referencias relevantes es bastante escaso. Sin embargo, el hecho de que la Biblia afirme la existencia de un nacimiento virginal, no una sino dos veces, es prueba suficiente. Dado que creemos que la Biblia es inspirada y tiene autoridad, Mateo 1 y Lucas 1 nos convencen de que el nacimiento virginal es un hecho.

El Significado Teológico

Hay desacuerdos en cuanto a la importancia del nacimiento virginal, incluso entre los que insisten en que hay que mantener la creencia en la doctrina. Desde luego, por un lado es importante el nacimiento virginal sencillamente porque se nos dice que ocurrió. Seamos o no capaces de ver la necesidad de que haya un nacimiento virginal, si la Biblia nos dice que ocurrió, es importante creer que así fue, ya que no hacerlo es un rechazo tácito de la autoridad de la Biblia. Pero, debemos preguntar, ¿no es importante el nacimiento virginal de alguna manera más específica?

Algunos han argumentado que la doctrina es indispensable para la encarnación. Sin el nacimiento virginal no habría habido una unión de Dios y el hombre[9]. Si Jesús hubiera sido simplemente el producto de una unión sexual normal entre un hombre y una mujer, habría sido solamente un humano, no el Dios-hombre. Pero ¿es esto realmente cierto? ¿No podría haber sido Dios y hombre si hubiera tenido dos padres humanos o ninguno? Así como Adán fue creado directamente por Dios, Jesús también podría haber sido una creación especial directa. En consecuencia, debería haber sido posible que Jesús tuviera dos padres humanos y que, pese a ello, fuera plenamente el Dios-hombre. Sin embargo, lo que Dios hizo fue suministrar, mediante una creación especial, tanto el componente humano que ordinariamente aporta el varón (y así tenemos el nacimiento virginal) y también un factor divino (y así tenemos la encarnación). El nacimiento virginal requiere solamente que un humano normal haya sido traído a la existencia sin un padre humano masculino. Esto podría haber ocurrido sin una encarnación y podría haber habido una encarnación sin un nacimiento virginal. El punto aquí es que el hecho de que Jesús sea tanto divino como humano no dependió del nacimiento virginal.

Una segunda sugerencia que se hace con

---

9 Tertuliano, *Adversus Marcionem* 4.10. Carl F. H. Henry se aproxima a esta postura cuando afirma: "Desde luego, se puede admitir que el nacimiento virginal no es rotundamente idéntico a la encarnación, al igual que la tumba vacía no es absolutamente idéntica a la resurrección. La una podría afirmarse sin la otra. Sin embargo, la conexión es tan estrecha, y de hecho indispensable, que si se negara el nacimiento virginal o la tumba vacía, es probable que la encarnación o la resurrección se pusieran en duda, o se afirmaran en una forma muy diferente de la que tienen en las Escrituras y la enseñanza histórica. El nacimiento virginal bien podría describirse como una característica esencial e histórica de la encarnación, que no solo guarda una analogía con las naturalezas divina y humana del encarnado, sino que también pone de manifiesto la naturaleza, el propósito y la importancia de esta obra de Dios para la salvación" (*"Our Lord's Virgin Birth"* ["El nacimiento virginal de nuestro Señor"], *Christianity Today,* 7 de diciembre de 1959, pág. 20).

frecuencia es que el nacimiento virginal fue indispensable para la ausencia de pecado de Jesús[10]. Si hubiera tenido tanto lo que aporta la madre como lo que aporta normalmente el padre, habría tenido una naturaleza depravada y, por lo tanto, pecaminosa, como el resto de nosotros. Pero este argumento parece sugerir que nosotros también estaríamos libres de pecado si no tuviéramos un padre varón. A su vez, esto significaría una de dos cosas: o bien (1) el padre, y no la madre, es la fuente de la depravación, una noción que en efecto implica que las mujeres no tienen una naturaleza depravada (o si la tienen, no la transmiten); o bien (2) la depravación no proviene de la naturaleza de nuestros padres, sino del acto sexual por el que se produce la reproducción. Pero no hay nada en las Escrituras que respalde esta última alternativa. El Salmo 51:5 afirma que: "He aquí, en maldad he sido formado, y en pecado me concibió mi madre", lo cual significa simplemente que el salmista era pecador desde el principio de su vida. No quiere decir que el acto de la concepción sea pecaminoso en sí mismo.

Por lo tanto, nos queda la primera alternativa, es decir, que la transmisión del pecado está relacionada con el padre. Pero esto tampoco tiene fundamento bíblico. Aunque se podría encontrar algún respaldo en la afirmación de Pablo de que fue el pecado de *Adán* (Ro 5:12) lo que hizo pecadores a todos los humanos, Pablo también indica que Eva, y no Adán, "al ser [la] engañada, cayó en pecado" (1 Ti 2:14 [DHH]). No hay signos de mayor pecaminosidad entre los hombres que entre las mujeres.

Surge la pregunta: Si toda la raza humana está manchada por el pecado original, ¿no habría aportado María algunas de sus consecuencias a Jesús? Se ha argumentado que Jesús tenía una naturaleza depravada, pero que no cometió ningún pecado *real*[11]. En respuesta, señalaríamos que el ángel dijo a María: "El Espíritu Santo vendrá sobre ti, y el poder del Altísimo te cubrirá con su sombra; por lo cual también el Santo Ser que nacerá, será llamado Hijo de Dios" (Lucas 1:35). Parece probable que la influencia del Espíritu Santo fue tan poderosa y santificadora en su efecto que no hubo transmisión de depravación o de culpa de María a Jesús. Sin esa influencia santificadora especial, habría poseído la misma naturaleza depravada que tenemos todos nosotros. Ahora bien, si el Espíritu Santo impidió que la corrupción se transmitiera de María a Jesús, ¿no podría haber impedido que la transmitiera también José? Concluimos que la ausencia de pecado de Jesús no dependía de la concepción virginal.

Una tercera sugerencia es que, aunque el nacimiento virginal no fue esencial para la encarnación o la ausencia de pecado de Cristo, tiene un gran valor en términos de simbolizar la realidad de la encarnación[12]. Es un factor de evidencia, en gran medida de la misma manera que los otros milagros y, en particular, la función de la resurrección para certificar la sobrenaturalidad de Cristo. Sobre esta base, el nacimiento virginal no era necesario ontológicamente, es decir, el nacimiento virginal no era necesario para que Jesús fuera Dios. Sin embargo, es necesario epistemológicamente, es decir, para que sepamos que es Dios.

Esta tercera sugerencia se sostiene en el hecho de que el nacimiento virginal no se menciona en los sermones evangelísticos del libro de los Hechos. Por lo tanto, es posible que no sea una de las doctrinas principales (i. e., indispensable para la salvación). Es una doctrina subsidiaria

---

10 Hans von Campenhausen, *The Virgin Birth in the Theology of the Ancient Church* [El nacimiento virginal en la teología de la antigua iglesia] (Naperville, Illinois: Alec R. Allenson, 1964), págs. 79-86.

11 Según parece, Karl Barth sostenía la postura de que Jesús tomó sobre sí la misma naturaleza caída que nosotros poseemos ahora, por lo que su ausencia de pecado consistía en que nunca cometió un pecado real (*Church Dogmatics* I/2 [Dogmática de la iglesia I/2] [Edimburgo: T&T Clark, 1956], págs. 151-155).

12 Edward J. Carnell, "*The Virgin Birth of Christ*" ["El nacimiento virginal de Cristo"], Christianity Today, 7 de diciembre de 1959, págs. 9-10.

o de apoyo, que ayuda a crear o sustentar la creencia en las doctrinas indispensables o refuerza las verdades que se encuentran en otras doctrinas.

1. La doctrina del nacimiento virginal es un recordatorio de que nuestra salvación es sobrenatural. Juan afirmó que aquellos que creen y reciben la autoridad para convertirse en hijos de Dios nacen "no de sangre, ni de voluntad de carne, ni de voluntad de varón, sino de Dios" (Juan 1:13). El énfasis es que la salvación no viene por el esfuerzo humano, ni es un logro humano. Así también el nacimiento virginal señala la incapacidad de los humanos para iniciar incluso el primer paso del proceso. La humanidad no solo es incapaz de asegurar su propia salvación, sino que ni siquiera podría introducir al Salvador en su sociedad.

2. El nacimiento virginal es también un recordatorio de que la salvación de Dios es plenamente un don de la gracia. No había nada particularmente meritorio en María. Indudablemente, María manifestaba cualidades que Dios podía utilizar, como la fe y la dedicación (Lucas 1:38, 46-55). Pero realmente no tenía nada especial que ofrecer, ni siquiera un esposo. El hecho de que alguien que no podía tener un hijo por sí misma fuera elegida para dar a luz al Hijo de Dios nos recuerda que la salvación no es un logro humano, sino un don de Dios, y además inmerecido.

3. El nacimiento virginal evidencia la condición de ser único de Jesús, el Salvador. Aunque podría haber habido una encarnación sin un nacimiento virginal, la naturaleza milagrosa del nacimiento (o al menos de la concepción) sirve para mostrar que Jesús fue, por lo menos, un ser humano muy inusual, escogido por Dios de manera particular.

4. Aquí hay otra evidencia del poder y la soberanía de Dios sobre la naturaleza. En varias ocasiones (p. ej., los nacimientos de Isaac, Samuel y Juan el Bautista), Dios había proporcionado un niño cuando la madre era estéril o había pasado la edad de procrear. Sin duda, estos fueron nacimientos milagrosos. Sin embargo, este nacimiento fue aún más sorprendente. El hecho de que Dios fuera capaz de obrar lo aparentemente imposible en el asunto del nacimiento virginal simboliza su capacidad para llevar a cabo la tarea aparentemente imposible de conceder un nuevo nacimiento a los pecadores. Como dijo el propio Jesús con respecto a la salvación: "Para los hombres esto es imposible; mas para Dios todo es posible" (MT 19:26).

La Ausencia de Pecado de Jesús

Otra cuestión importante en cuanto a la humanidad de Jesús es la de si pecó o, en realidad, si podría haber pecado. La Biblia indica claramente que no pecó. El escritor a los Hebreos afirma que Jesús "fue tentado en todo según nuestra semejanza, pero sin pecado" (Heb 4:15). Jesús es descrito como "Sumo Sacerdote [quien] comprende nuestras debilidades, porque enfrentó todas y cada una de las pruebas que enfrentamos nosotros, sin embargo, él nunca pecó" (7:26 [NTV]) y como "sin mancha" (9:14). Pedro, que evidentemente conocía bien a Jesús, declaró que era "el Santo de Dios" (Juan 6:69 [NVI]) y enseñó que Jesús "no hizo pecado, / ni se halló engaño en su boca" (1 P 2:22). Juan señaló que "no hay pecado en él" (1 Juan 3:5). Pablo también aseguró que Cristo "no tenía pecado" (2 Co 5:21 [NBV]).

El propio Jesús afirmó explícita e implícitamente que era justo. Preguntó a sus oyentes: "¿Quién de ustedes puede demostrar que yo tengo algún pecado?" (Juan 8:46 [DHH]), pero nadie respondió. Enseñó a sus discípulos a confesar sus pecados y a pedir perdón, pero no hay constancia de que confesara el pecado y pidiera perdón por sí mismo. Aparte de la blasfemia, no se le acusó de ningún pecado; y desde luego, si era Dios, entonces lo que hizo (p. ej., su declaración de que los pecados debían ser perdonados) no fue una blasfemia. Aunque no es una prueba absoluta de la ausencia de pecado de Jesús, existen amplios testimonios que demuestran su inocencia de los cargos por los que fue crucificado. La mujer de Pilato advirtió: "Deja en paz a ese hombre inocente" (MT 27:19 [NTV]); el ladrón en la cruz dijo: "Este hombre no hizo nada malo" (Lucas 23:41 [DHH]); e incluso Judas declaró: "He pecado [...] porque he entregado sangre inocente" (MT 27:4 [NVI]). Debemos concluir en que la Biblia da testimonio uniforme de la ausencia de pecado de Jesús[13].

Pero ¿podría haber pecado Jesús? Las Escrituras nos dicen que Dios no hace el mal y no puede ser tentado (Santiago 1:13). Por lo tanto, ¿era realmente posible que Jesús, siendo Dios, pecara? Y si no, ¿fue auténtica su tentación? Aquí nos encontramos con uno de los grandes misterios de la fe: Las dos naturalezas de Jesús, que se examinarán más detenidamente en el próximo capítulo.

Jesús no es solamente tan humano

como nosotros; es más humano.

No obstante, conviene señalar aquí que, si bien pudo pecar, es seguro que no lo haría[14]. Hubo auténticas luchas y tentaciones, pero el resultado fue siempre seguro.

¿Una persona que no sucumbe a la tentación la siente realmente? Leon Morris argumenta que la persona que resiste es la que conoce toda la fuerza de la tentación. La ausencia de pecado apunta a una tentación más intensa y no a una menos intensa. "El hombre que cede a una determinada tentación no ha sentido toda su fuerza. Ha cedido mientras la tentación tiene todavía algo en reserva. Solo el hombre que no cede a una tentación, quien, en lo que respecta a esa tentación en particular, está libre de pecado, conoce el alcance total de esa tentación"[15].

Pero la pregunta sigue siendo: ¿Es verdaderamente humana una persona que no peca? Si decimos que no, estamos sosteniendo que el pecado forma parte de la esencia de la naturaleza humana. Este punto de vista debe ser considerado una grave herejía por cualquiera que crea que el ser humano ha sido creado por Dios, ya que Dios sería entonces la causa del pecado, el creador de una naturaleza que es esencialmente mala. En la medida en que afirmamos que, por el contrario, el pecado no forma parte de la esencia de la naturaleza humana, en lugar de preguntar: "¿Es Jesús tan humano como nosotros?", podríamos preguntar mejor: "¿Somos nosotros tan humanos como Jesús?" Y es que el tipo de naturaleza humana que cada uno de nosotros posee no es una naturaleza humana pura. La verdadera humanidad creada por Dios se ha corrompido y estropeado en nuestro caso. Solo ha habido tres seres humanos puros: Adán y Eva (antes de la caída) y Jesús. Todos los demás no somos más que versiones rotas y corrompidas de la humanidad. Jesús no es solamente tan humano como nosotros; es más humano. Nuestra humanidad no es un punto de referencia para medir la suya. Su humanidad, verdadera y no adulterada, es la norma por la que debemos ser medidos.

Implicaciones de la Humanidad de Jesús

La doctrina de la plena humanidad de Jesús

---

13 Por supuesto, hay quienes sostienen que Jesús sí pecó. Entre ellos está Nels Ferré, que detecta en el comportamiento de Jesús una falta de confianza perfecta en el Padre, que constituye el pecado de la incredulidad. Pero la exégesis de Ferré es errónea y su visión del pecado está fuertemente influenciada por conceptos existenciales, más que bíblicos. Ver *Christ and the Christian* [Cristo y el cristiano] (Nueva York: Harper & Row, 1958), págs. 110-114.

14 Esto nos recuerda a nuestra discusión sobre el libre albedrío, ya que aunque somos libres de elegir, Dios ya ha hecho que nuestra elección sea segura (ver págs. 128-130).

15 Morris, *Lord from Heaven* [Señor de los cielos], págs. 51-52.

tiene un gran significado para la fe y la teología en el cristianismo.

1. La muerte expiatoria de Jesús puede realmente beneficiarnos. No fue un extraño a la raza humana quien murió en la cruz. Era uno de nosotros y, por lo tanto, podía ofrecer verdaderamente un sacrificio en nuestro favor. Al igual que el sacerdote del Antiguo Testamento, Jesús fue un humano que ofreció un sacrificio en nombre de sus semejantes.

2. Jesús puede compadecerse e interceder por nosotros. Él ha experimentado todo lo que nosotros podemos sufrir. Cuando tenemos hambre, estamos cansados o nos sentimos solos, él nos comprende perfectamente, porque él mismo ha pasado por todo eso (Heb 4:15).

3. Jesús manifiesta la verdadera naturaleza de la humanidad. Aunque a veces nos inclinamos a sacar nuestras conclusiones sobre lo que es la humanidad a partir de un examen inductivo de nosotros mismos y de los que nos rodean, estos no son más que ejemplos imperfectos de lo que es la humanidad. Jesús no solamente nos ha dicho lo que es la humanidad perfecta, sino que la ha ejemplificado.

4. Jesús puede ser nuestro ejemplo. No es una superestrella celestial, sino alguien que ha vivido donde nosotros vivimos. Por lo tanto, podemos mirarlo como un modelo de vida cristiana. Las normas bíblicas sobre el comportamiento humano, que nos parecen tan difíciles de alcanzar, se observan en él como una posibilidad humana. Desde luego, debe existir una plena dependencia de la gracia de Dios. El hecho de que Jesús encontrara necesario orar y depender del Padre es un indicio de que nosotros debemos depender igualmente de él.

5. La naturaleza humana es buena. Cuando nos inclinamos hacia el ascetismo (y consideramos la naturaleza humana, y en particular la física, como algo intrínsecamente malo o, al menos, inferior a lo espiritual e inmaterial), el hecho de que Jesús tomara sobre sí toda nuestra naturaleza humana es un recordatorio de que ser humano no es malo, es bueno.

6. Dios no es totalmente trascendente. No está tan alejado de la raza humana. Si en un tiempo pudo verdaderamente vivir entre nosotros como una persona humana real, no es de extrañar que pueda actuar, y de hecho lo hace, dentro del ámbito humano también en la actualidad.

Con Juan nos regocijamos de que la encarnación haya sido real y completa: "Y aquel Verbo fue hecho carne, y habitó entre nosotros (y vimos su gloria, gloria como del unigénito del Padre), lleno de gracia y de verdad" (Juan 1:14).

Preguntas de Análisis y Reflexión

- ¿Por qué es importante la doctrina de la humanidad de Jesús?
- ¿Cómo explicaría usted las herejías del docetismo y el apolinarismo para que sean comprensibles para una persona que no haya estudiado la doctrina o la historia de la iglesia?
- ¿Por qué es importante el nacimiento virginal para la teología cristiana?
- Supongamos que se le ha pedido que defienda el concepto de la ausencia de pecado de Jesús, especialmente ante la posibilidad de que haya podido pecar. ¿Qué diría usted?
- ¿En qué se parece la humanidad de usted a la de Jesús? ¿En qué se diferencia?

La Unidad de la Persona de Cristo

Objetivos del Capítulo

Una vez estudiado este capítulo, el lector es capaz de:
1. Describir el significado de la unidad de las dos naturalezas, divina y humana, en una persona, Jesús, y las complejidades que conlleva esta unidad.
2. Demostrar un conocimiento del material bíblico relacionado con la unidad de la persona de Jesucristo.
3. Reconocer y describir cinco enfoques para explicar la persona de Jesucristo.
4. Expresar un entendimiento pleno de la doctrina de las dos naturalezas en una sola persona, Jesucristo, y la relevancia que tiene para la teología cristiana.

Resumen del Capítulo

La doctrina de la persona de Jesucristo no termina con la descripción de sus naturalezas divina y humana. La unidad de estas dos naturalezas tiene amplias implicaciones para la comprensión de la teología cristiana. A través del entendimiento antropológico, los seres humanos han tratado de negar o exagerar el punto de vista de la unidad de Jesucristo. Sin embargo, el material bíblico e histórico respalda la visión de que Cristo tiene una naturaleza humana y divina unidas en una sola persona.

Estructura del Capítulo

La Importancia y la Dificultad del Asunto

El Material Bíblico

Las Primeras Malas Interpretaciones

- El nestorianismo
- El eutiquianismo

Otros Enfoques para Resolver el Problema

- El adopcionismo
- El kenoticismo
- La doctrina de la encarnación dinámica

Principios Básicos de la Doctrina de las Dos Naturalezas en Una Sola Persona

Al haber llegado a la conclusión de que Jesús era plenamente divino y plenamente humano, todavía nos enfrentamos a una gran cuestión: la relación entre estas dos naturalezas en la única persona, Jesús. Este es uno de los problemas teológicos más difíciles, al igual que la Trinidad y la relación entre el libre albedrío humano y la soberanía divina. También es una cuestión de suma importancia. Ya hemos explicado que la cristología en general es relevante porque la encarnación supuso la superación de la brecha metafísica, moral y espiritual entre Dios y la raza humana. Superar esta brecha dependía de la unidad entre la deidad y la humanidad en Jesucristo. Y es que si Jesús era a la vez Dios y hombre, pero las dos naturalezas no estaban unidas, entonces la brecha, aunque menor, permanecía. La separación de Dios y la raza humana sigue siendo una dificultad que no ha sido superada. Si la redención lograda en la cruz ha de servir para la humanidad, debe ser obra del Jesús humano. Pero si ha de tener el valor infinito necesario para expiar los pecados de todos los humanos en relación con un Dios infinito y perfectamente santo, entonces debe ser también obra del Cristo divino. Si la muerte del Salvador no es la obra de un Dios-hombre unificado, será deficiente en uno u otro punto.

La doctrina de la unificación de lo divino y lo humano en Jesús es difícil de comprender porque plantea la combinación de dos naturalezas que por definición tienen atributos contradictorios. Por un lado, Cristo como deidad es infinito en conocimiento, poder y presencia. Si es Dios, debe conocer todas las cosas. Puede hacer todas las cosas que son objeto propio de su poder. Puede estar en todas partes a la vez. Pero, por otro lado, si era un humano, estaba limitado en conocimiento. No podía hacer todo. Y ciertamente estaba limitado a estar en un solo

lugar a la vez. La cuestión se complica aún más por la relativa escasez de material bíblico con el que trabajar. En la Biblia no hay declaraciones directas sobre la relación de las dos naturalezas. Lo que tenemos que hacer es inferir a partir del concepto que Jesús tenía de sí mismo, de sus acciones y de varias declaraciones didácticas sobre él.

El Material Bíblico

Comenzamos observando la ausencia de referencias a la dualidad en el pensamiento, la acción y el propósito de Jesús. Por el contrario, hay indicios de una multiplicidad respecto a la Divinidad tomada en su conjunto, por ejemplo, en Génesis 1:26: "Entonces dijo Dios [singular]: 'Hagamos [plural] al hombre a nuestra [plural] imagen'". Referencias similares, sin cambio de número, se encuentran en Génesis 3:22 y 11:7. Hay casos en los que un miembro de la Trinidad se dirige a otro en los Salmos 2:7 y 40:7-8, así como en las oraciones de Jesús al Padre. Sin embargo, Jesús siempre habló de sí mismo en singular: esto es particularmente notable en la oración de Juan 17, donde Jesús declara que él y el Padre son uno (vv. 21-22), pero no hace referencia a ningún tipo de complejidad dentro de sí mismo.

Hay referencias en las Escrituras que aluden tanto a la deidad como a la humanidad de Jesús, aunque se refieren claramente a un solo sujeto. Entre ellas están Juan 1:14 ("Y aquel Verbo fue hecho carne, y habitó entre nosotros, [...] lleno de gracia y de verdad"); Gálatas 4:4 ("Dios envió a su Hijo, nacido de mujer y nacido bajo la ley"); y 1 Timoteo 3:16 ("Dios fue manifestado en carne, Justificado en el Espíritu, Visto de los ángeles, Predicado a los gentiles, Creído en el mundo, Recibido arriba en gloria").

> *La superación de la brecha metafísica, moral y espiritual entre Dios y la raza humana (y, por lo tanto, nuestra propia salvación) depende de la unidad de la deidad y la humanidad en Jesucristo.*

El último texto es especialmente significativo, pues se refiere tanto a la encarnación terrenal de Jesús como a su presencia en el cielo antes y después de ella.

Otras referencias se centran en la obra de Jesús de tal manera que queda claro que no es función de lo humano o lo divino exclusivamente, sino de un sujeto unificado. Por ejemplo, en referencia a la obra de Cristo, Juan afirma: "Y si alguno hubiere pecado, abogado tenemos para con el Padre, a Jesucristo el justo. Y él es la propiciación por nuestros pecados; y no solamente por los nuestros, sino también por los de todo el mundo" (1 Juan 2:1-2). Esta obra de Jesús, que supone tanto su humanidad (4:2) como su deidad (4:15; 5:5), es obra de una sola persona, que se describe en la misma epístola como el Hijo que el Padre ha enviado como Salvador del mundo (4:14). Además, varios pasajes en los que se designa a Jesús por uno de sus títulos son muy reveladores. Por ejemplo, tenemos situaciones en las Escrituras donde se utiliza un título divino para referirse al accionar humano de Jesús. Pablo señala: "Ninguno de los gobernantes de este mundo la entendió [la sabiduría secreta y oculta de Dios], porque de haberla entendido no habrían crucificado al Señor de la gloria" (1 Co 2:8).

En Colosenses 1:13-14 [NBLA], Pablo escribe: "Porque Él nos libró del dominio de las tinieblas y nos trasladó al reino de Su Hijo amado, en quien tenemos redención: el perdón de los pecados". Aquí se yuxtapone la condición de rey del Hijo de Dios con la obra redentora de su crucifixión y resurrección corporal. A la inversa, el título de "Hijo del Hombre", que Jesús utilizaba a menudo para referirse a sí mismo durante su ministerio terrenal, aparece en pasajes que aluden a su estatus celestial; por ejemplo, en Juan 3:13, "Nadie subió al cielo, sino el que descendió del cielo; el Hijo del Hombre, que está en el cielo". Nada en ninguna de estas referencias contradice la postura de que la única persona, Jesucristo, era tanto un ser humano terrenal como un ser divino preexistente que se encarnó. Tampoco hay ninguna sugerencia de que estas dos naturalezas se hayan turnado para realizar su accionar[1].

Las Primeras Malas Interpretaciones

La reflexión sobre la relación entre las dos naturalezas surgió relativamente en una época tardía de la historia de la iglesia. Lógicamente, fueron anteriores las discusiones sobre la autenticidad y plenitud de las dos naturalezas. Una vez que la iglesia hubo resuelto estas cuestiones, en los concilios de Nicea (325) y Constantinopla (381), era conveniente indagar en la relación precisa entre las dos naturalezas. En efecto, el asunto en cuestión era: ¿Qué significa realmente declarar que Jesús era plenamente Dios y plenamente humano? En el proceso de sugerir y examinar posibles respuestas, la iglesia rechazó algunas de ellas por considerarlas inadecuadas.

El Nestorianismo

Un teólogo que ofreció una respuesta fue Nestorio, el patriarca de Constantinopla.

Está claro que el punto de vista condenado por la iglesia como nestoriano no se ajustaba a la postura ortodoxa en su totalidad y que

---

1 G. C. Berkouwer, *The Person of Christ* [La persona de Cristo] (Grand Rapids: Eerdmans, 1955), pág. 293.

probablemente fue sostenido por algunos de los seguidores de Nestorio[2].

Sin embargo, los principales eruditos consideran que el propio Nestorio no era un "nestoriano", sino que una terminología mal elegida, unida a la oposición de un adversario agresivo, condujo a una condena injusta de sus puntos de vista[3].

Poco después de que Nestorio fuera instalado como patriarca en el año 428, se vio obligado a pronunciarse sobre la conveniencia de referirse a María como *theotokos* ("portadora de Dios"). Nestorio era reacio a hacerlo, a menos que *theotokos* fuera acompañado por el término *anthrōpotokos* ("portadora de seres humanos").

Aunque sus ideas no eran únicas en aquella época, la elección de un lenguaje bastante desafortunado causó problemas a Nestorio. Señalaba que Dios no puede tener una madre y que, ciertamente, ninguna criatura podría haber generado un miembro de la Divinidad. Por lo tanto, María no dio a luz a Dios, sino que dio a luz a un hombre que fue un instrumento de Dios. Aunque Nestorio profesaría posteriormente estar de acuerdo con la formulación de Calcedonia (dos naturalezas unidas en una persona), prefería pensar en términos de una "conjunción" más que de una unión.

Quizá la mejor síntesis posible del pensamiento de Nestorio sea mencionar que, aunque no sostenía conscientemente ni enseñaba abiertamente que hubiera una división en la persona de Cristo, lo que decía parecía implicarlo[4]. De las declaraciones de Nestorio y de las reacciones a sus opiniones surgió la imagen tradicional del nestorianismo como una herejía que dividía al Dios-hombre en dos personas distintas. Esta herejía fue condenada en el Concilio de Éfeso (431).

El Eutiquianismo

Eutiquio (ca. 375-454) fue el archimandrita de un monasterio en Constantinopla. No es fácil determinar con exactitud la doctrina de Eutiquio. Declaraba que el Señor Jesucristo después de su nacimiento poseía una sola naturaleza, la de Dios hecho carne y convertido en hombre. Eutiquio rechazaba la idea de dos naturalezas por ser algo contrario a las Escrituras y a las opiniones de los padres. Sin embargo, suscribía el nacimiento virginal y afirmaba que Cristo era simultáneamente Dios perfecto y humano perfecto. Su argumento básico parece haber sido que había dos naturalezas antes de la encarnación y una después[5].

Las ideas de Eutiquio constituyeron la base de un movimiento que enseñaba que la humanidad de Jesús estaba tan absorbida en la deidad como para ser prácticamente eliminada. En efecto, el eutiquianismo era una forma de docetismo. Hubo una interpretación variante de la naturaleza como una fusión de la deidad y la humanidad de Jesús en algo muy diferente: una tercera sustancia, un híbrido por así decirlo. Es posible que esto sea lo que sostenía el propio Eutiquio, aunque su pensamiento era confuso (al menos en la forma en que lo expresaba).

---

2 J. F. Bethune-Baker, *An Introduction to the Early History of Christian Doctrine* [Introducción a la historia temprana de la doctrina cristiana] (Londres: Methuen, 1903), págs. 274-275.

3 Friedrich Loofs, *Nestorius and His Place in the History of Christian Doctrine* [Nestorio y su lugar en la historia de la doctrina cristiana] (Nueva York: Lenox Hill, 1975), págs. 41, 60-61; J. F. Bethune-Baker, *Nestorius and His Teaching* [Nestorio y su enseñanza] (Cambridge: Cambridge University Press, 1908), págs. 82-100.

4 A. B. Bruce, *The Humiliation of Christ in Its Physical, Ethical, and Official Aspects* [La humillación de Cristo en sus aspectos físicos, éticos y de autoridad], 2da ed. (Nueva York: A. C. Armstrong, 1892), págs. 50-51.

5 Jaroslav Pelikan, *The Christian Tradition: A History of the Development of Doctrine* [La tradición cristiana: Una historia del desarrollo de la doctrina], vol. 1, *The Emergence of the Catholic Tradition* (100–600) [El surgimiento de la tradición católica (100-600)] (Chicago: University of Chicago Press, 1971), págs. 262-263.

Otros Enfoques para Resolver el Problema

El Adopcionismo

Un enfoque previo y recurrente para resolver el problema de las "dos naturalezas en una sola persona" es el adopcionismo. Expresado en su forma más simple, se trata de la idea de que Jesús de Nazaret fue simplemente un humano durante los primeros años de su vida.

Sin embargo, en algún momento, probablemente con el bautismo de Jesús (o quizás con su resurrección), Dios lo "adoptó" como su Hijo. Esto fue más un caso de un humano que se convirtió en Dios que de un Dios que se convirtió en humano[6]. En respaldo de su posición, los adopcionistas se concentran en la idea bíblica de que Jesús fue engendrado por Dios (p. ej., Juan 3:16).

No obstante, quienes se toman en serio la enseñanza plena de las Escrituras son conscientes de los principales obstáculos que se oponen a este punto de vista, como la preexistencia de Cristo, la narración previa al nacimiento y el nacimiento virginal.

El Kenoticismo

En el siglo XIX, algunos propusieron que la clave para entender la encarnación se encuentra en la expresión "[Jesús] se despojó a sí mismo" (Flp 2:7). Según este enfoque, llamado kenoticismo (la palabra griega para "despojar" es kenoō), de lo que Jesús se despojó fue de la forma de Dios (v. 6).

La Segunda Persona de la Trinidad dejó de lado sus atributos claramente divinos (omnipotencia, omnipresencia, etc.) y asumió en cambio cualidades humanas.

En efecto, la encarnación consistió en un intercambio de una parte de la naturaleza divina por características humanas[7]. Sus cualidades morales, como el amor y la misericordia, se mantuvieron. El kenoticismo también sostiene que Jesús es Dios y hombre no simultáneamente, sino sucesivamente.

Con respecto a ciertos atributos, es Dios, luego es un humano; y luego, Dios de nuevo.

Aunque este punto de vista resuelve cierto grado de dificultad, no explica la evidencia que hemos citado anteriormente de que los escritores bíblicos consideraban a Jesús como Dios y como humano.

Además, los indicios de una aparente encarnación continuada (ver, p. ej., 1 Ti 3:16) atentan contra el mantenimiento de esta teoría, por muy innovadora que sea.

La Doctrina de la Encarnación Dinámica

Un último enfoque para resolver el problema de las dos naturalezas en una persona podría denominarse doctrina de la encarnación dinámica. Esta doctrina sostiene que la presencia de Dios en el Jesús divino-humano no fue en forma de una unión hipostática personal entre la Segunda Persona de la Trinidad y un individuo humano, Jesús de Nazaret. Más bien, la encarnación debe considerarse como la presencia activa del poder de Dios en la persona de Jesús[8]. Según esta interpretación de la encarnación, la diferencia entre Cristo y nosotros es solo cuantitativa, no cualitativa. Pero hay que señalar que esta interpretación entra en conflicto con muchos énfasis de las Escrituras: la plenitud de Dios que habita en Jesús corporalmente (Col 2:9), la preexistencia de Cristo (Juan 1:18; 8:58) y la singularidad de su filiación (Juan 3:16).

---

6 Robert L. Ottley, *The Doctrine of the Incarnation* [La doctrina de la encarnación] (Londres: Methuen, 1896), 2:151-161.

7 Hugh Ross Mackintosh, *The Doctrine of the Person of Jesus Christ* [La doctrina de la persona de Jesucristo] (Nueva York: Scribner, 1914), págs. 463-490.

8 Para una versión del siglo XX de este punto de vista, ver Donald Baillie, *God Was in Christ* [Dios estaba en Cristo] (Nueva York: Scribner, 1948).

Principios Básicos de la Doctrina de las Dos Naturalezas en una sola Persona

Hemos revisado varios enfoques para resolver el complejo problema cristológico de las dos naturalezas en una sola persona. La declaración clásica de esta doctrina, la norma para toda la cristiandad, fue formulada en el Concilio de Calcedonia en 451. Esta afirmación indica que:

> un mismo Cristo, Hijo, Señor, Unigénito, que debe ser reconocido en dos naturalezas, de manera *inconfundible, inmutable, indivisible, inseparable;* la distinción de las naturalezas no es en absoluto anulada por la unión, sino que se conserva la propiedad de cada naturaleza. Además, concurre en una sola Persona (prosōpon) y en una sola Subsistencia (*hipóstasis*), no partida ni dividida en dos personas, sino en un solo y mismo Hijo, y unigénito, Dios Verbo, el Señor Jesucristo, como los profetas desde el principio [han declarado] acerca de él, y el mismo Señor Jesucristo nos ha enseñado, y el Credo de los santos Padres nos ha transmitido[9].

Esta afirmación evade tanto la herejía del nestorianismo como la del eutiquianismo, insistiendo tanto en la unidad de la persona como en la integridad y separación de las dos naturalezas. Pero esto no hace más que intensificar la situación. Y es que, ¿cuál es la relación precisa entre las dos naturalezas? ¿Cómo pueden mantenerse ambas sin dividir a Jesús en dos personas, cada una con un conjunto de atributos separado y único? ¿Y cómo podemos defender que Jesús es una sola persona, con un solo centro de conciencia, sin fusionar las dos naturalezas en una mezcla

9 Philip Schaff, *The Creeds of Christendom* [Los credos de la cristiandad] (Nueva York: Harper & Bros., 1919), 2:62.

o híbrido? La conclusión de Calcedonia es en esencia negativa: "sin confusión, sin cambio, sin división, sin separación". Nos indica lo que no significa la expresión "dos naturalezas en una sola persona". En cierto sentido, Calcedonia no es la respuesta, sino la pregunta. Debemos preguntar con mayor profundidad: ¿Cuáles son los principios fundamentales de la doctrina de la encarnación y cómo deben entenderse? Varios puntos cruciales nos ayudarán a comprender este gran misterio.

1. La encarnación fue más una adición de atributos humanos que una pérdida de atributos divinos. En Filipenses 2:6-7 se suele entender que Jesús se despojó de algunos de sus atributos divinos, quizá incluso de su propia deidad. Según esta interpretación, se hizo humano convirtiéndose en algo menos que Dios. Sin embargo, según nuestra interpretación de Filipenses 2:6-7, de lo que se despojó Jesús no fue de la morphē divina, es decir, la naturaleza de Dios.

Aunque Jesús no dejó de ser por naturaleza lo que el Padre era, se subordinó funcionalmente al Padre durante el período de su vida terrenal.

En ningún momento este pasaje señala que haya dejado de poseer la naturaleza divina. Esto queda más claro cuando tenemos en cuenta Colosenses 2:9: "Porque en él habita corporalmente toda la plenitud de la Deidad". Por lo tanto, ¿qué significa la afirmación de que Jesús "se despojó a sí mismo"?

Algunos han sugerido que Jesús se despojó a sí mismo vertiendo su divinidad en su humanidad como quien vierte el contenido de una copa en otra. Sin embargo, esto es un error a la hora de identificar el recipiente en el que Jesús derramó su naturaleza divina cuando la despojó de su humanidad. Una mejor aproximación a Filipenses 2:6-7 es pensar en la frase "tomando forma de siervo" como una explicación indirecta de la kenosis. Podríamos interpretar la primera parte del versículo 7 como "se despojó a sí mismo, tomando forma de siervo". La frase adverbial es una explicación de cómo Jesús se despojó a sí mismo o de lo que hizo que constituyó la kenosis. Si bien el texto no especifica de qué se despojó, cabe destacar que "forma de siervo" contrasta fuertemente con el "ser igual a Dios" (v. 6). Concluimos que es la igualdad con Dios, y no la forma de Dios, de lo que Jesús se despojó. Aunque no dejó de ser por naturaleza lo que el Padre era, se subordinó funcionalmente al Padre durante el período de su vida terrenal.

2. La unión de las dos naturalezas significaba que no funcionaban de forma independiente. Jesús no ejercía su deidad en ciertos momentos y su humanidad en otros. Sus acciones fueron siempre las de divinidad-humanidad. Esta es la clave para entender las limitaciones funcionales que la humanidad imponía a la divinidad. Por ejemplo, seguía teniendo el poder de estar en todas partes (omnipresencia). Sin embargo, como ser encarnado, estaba limitado en el ejercicio de ese poder por la posesión de un cuerpo humano. Esto no debe considerarse una reducción del poder y las capacidades de la Segunda Persona de la Trinidad, sino más bien una limitación inducida por las circunstancias en el ejercicio de su poder y capacidades.

Imagine la siguiente analogía. El velocista más rápido del mundo se inscribe en una carrera de tres piernas, en la que debe correr con una de ellas atada a la pierna de un compañero. Aunque su capacidad física no disminuye, las condiciones en las que la ejerce están muy limitadas. Incluso si su compañero en la carrera es el segundo velocista más rápido del mundo, su tiempo será mucho más lento que

si compitieran por separado.

Esta es la situación del Cristo encarnado. Al igual que el corredor podría desatarse el nudo, pero opta por limitarse mientras dure la prueba, la encarnación de Cristo fue una limitación voluntaria, elegida por él mismo. No tenía que asumir la humanidad, pero eligió hacerlo durante el período de la encarnación.

3. Al pensar en la encarnación, debemos comenzar no con las concepciones tradicionales que se tienen de la humanidad y la deidad, sino con el reconocimiento de que ambas se dan a conocer más plenamente en Jesucristo. En ocasiones nos acercamos a la encarnación partiendo de la premisa de que es prácticamente imposible. Sabemos lo que es la humanidad y lo que es la deidad, y son, desde luego, incompatibles por definición. Son, respectivamente, lo finito y lo infinito. Pero esto es partir de un punto equivocado.

Nuestra comprensión de la naturaleza humana se ha formado mediante una investigación inductiva tanto de nosotros mismos como de los demás seres humanos que encontramos a nuestro alrededor. Pero ninguno de nosotros es la humanidad tal y como Dios deseaba que fuera o como salió de su mano.

La humanidad fue estropeada y corrompida por el pecado de Adán y Eva.

Cuando afirmamos que en la encarnación Jesús asumió la humanidad, no nos referimos a este tipo de humanidad. Y es que la humanidad de Jesús no era la de los humanos pecadores, sino la que poseían Adán y Eva desde su creación y antes de su caída. No era simplemente tan humano como nosotros; era más humano que nosotros. Era espiritualmente el tipo de humanidad que poseeremos cuando seamos glorificados. Jesús revela plenamente la verdadera naturaleza de la humanidad.

Jesucristo es también nuestra mejor fuente de conocimiento de la deidad. Asumimos que sabemos cómo es Dios realmente, pero es en Jesús donde Dios se revela y se nos da a conocer más plenamente.

Gráfico 3: Las Seis Herejías Principales sobre la Persona de Cristo

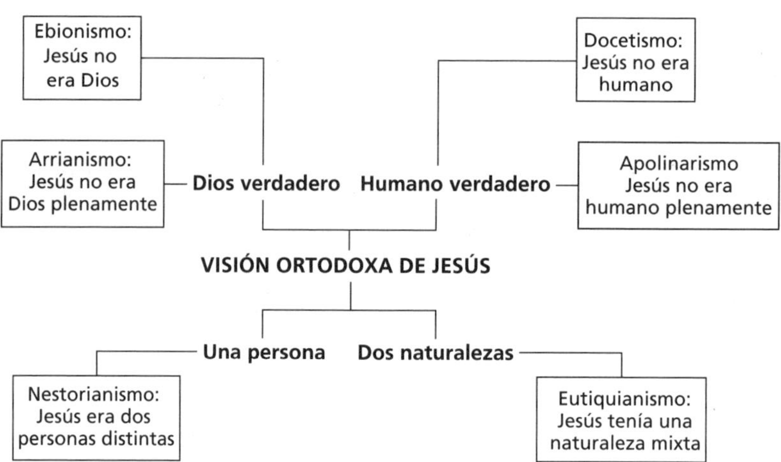

Como declaró Juan: "A Dios nadie le vio jamás; el unigénito Hijo, que está en el seno del Padre, él le ha dado a conocer" (Juan 1:18). Por lo tanto, nuestra idea de cómo es la deidad viene principalmente a través de la revelación de Dios en Jesucristo.

En relación con la posibilidad de que exista una unidad entre la deidad y la humanidad, debemos tener en cuenta la figura distintiva de la humanidad que nos ofrece la Biblia. Como imagen de Dios, el ser humano ya es la criatura más parecida a Dios. Es muy posible que parte del propósito de Dios al hacer a la humanidad a su propia imagen fuera facilitar la encarnación que algún día tendría lugar.

Es importante entender que la iniciativa de la encarnación viene de arriba, por así decirlo, y no de abajo. Parte de nuestro problema en la comprensión de la encarnación puede venir del hecho de que nos preguntamos, en efecto, cómo podría un humano ser Dios, como si se tratara de que un humano se convirtiera en Dios o añadiera de algún modo la deidad a su humanidad. Sin embargo, que Dios se haga humano (o, de manera más correcta, que añada humanidad a su deidad) no es imposible. Él es ilimitado y, por lo tanto, capaz de condescender a lo menor, mientras que lo menor no puede ascender a lo mayor o a lo más alto. El hecho de que un humano no ascendiera a la divinidad, ni Dios elevara a un humano a la divinidad, sino que Dios condescendiera a tomar la humanidad, facilita nuestra capacidad de concebir la encarnación.

También es conveniente considerar a Jesús como una persona muy compleja. Conocemos a algunas personas que tienen personalidades sencillas. Otras personas tienen personalidades mucho más complejas. Es posible que tengan una experiencia más amplia, una formación educativa más variada o una estructura emocional más compleja.

Ahora bien, si imaginamos la complejidad amplificada hasta un grado infinito, entonces tenemos un pequeño vistazo a la "personalidad de Jesús", por así decirlo, sus dos naturalezas en una sola persona. Y es que la personalidad de Jesús incluía las cualidades y los atributos que constituyen la deidad. Este aspecto sirve para recordarnos que la persona de Jesús no era simplemente una amalgama de cualidades humanas y divinas fusionadas en una especie de *tertium quid*. Más bien, la suya era una personalidad que, además de las características de la naturaleza divina, tenía también todas las cualidades o atributos de la naturaleza humana perfecta y sin pecado.

Hemos señalado varias dimensiones de la verdad bíblica que nos ayudarán a comprender mejor la encarnación. En ocasiones se ha dicho que solo hay siete chistes básicos y que cada chiste no es más que una variación de uno de los mismos.

Una afirmación similar puede hacerse sobre las herejías relativas a la persona de Cristo. Básicamente hay seis, todas ellas aparecieron en los cuatro primeros siglos cristianos. Como ilustra el gráfico 3, niegan la autenticidad (ebionismo) o la integridad (arrianismo) de la deidad de Jesús, rechazan la autenticidad (docetismo) o la plenitud (apolinarismo) de su humanidad, dividen su persona (nestorianismo) o confunden sus naturalezas (eutiquianismo). Todas las desviaciones de la doctrina ortodoxa de la persona de Cristo son simplemente variaciones de una de estas herejías. Si bien podemos tener dificultades para especificar exactamente el contenido de la doctrina de la encarnación, la fidelidad plena a la enseñanza de las Escrituras evitará cuidadosamente cada una de estas distorsiones.

Preguntas de Análisis y Reflexión

- ¿Cómo es posible reunir la naturaleza humana y la divina en una sola persona y por qué es necesario?
- ¿Cómo explica la Biblia la unidad de la persona de Jesucristo?
- ¿Qué afirman el nestorianismo y el eutiquianismo sobre la persona de Jesucristo y en qué se diferencian?
- ¿Qué elementos son necesarios para comprender la doctrina de las dos naturalezas en una sola persona?
- ¿Por qué es importante para su relación con Dios que Jesús fuera tanto humano como divino?

Introducción a la Obra de Cristo

Una vez estudiado este capítulo, el lector es capaz de:

1. Reconocer y explicar la fase de humillación de la obra de Cristo, que implica su encarnación y muerte.
2. Reconocer y explicar la fase de exaltación de la obra de Cristo, que implica su resurrección, ascensión, posición a la derecha del Padre y segunda venida.
3. Identificar y describir las funciones de la revelación, el gobierno y la reconciliación de Jesucristo para todos los creyentes.
4. Reconocer y describir cinco teorías de la expiación.

La obra de Cristo se adecua exclusivamente a la función que mantiene en la Trinidad. En el plano temporal, hay dos estados principales de la obra de Cristo: la humillación y la exaltación. Tradicionalmente, la obra de Jesús se ha clasificado en torno a tres funciones básicas que desempeña: su función reveladora, su gobierno y su obra reconciliadora. Un aspecto fundamental de su obra reconciliadora es la expiación. A lo largo de la historia, el significado de la expiación ha sido controvertido. Las diferentes teorías de la expiación han abarcado distintos elementos. Todos estos elementos son evidentes en la expiación y deben incluirse en una explicación de la doctrina.

Las Fases de la Obra de Cristo

- La Humillación
  - » La Encarnación
  - » La Muerte
- La Exaltación
  - » La Resurrección
  - » La Ascensión y Posición a da Derecha del Padre
  - » La Segunda Venida

Las Funciones de Cristo

- La Función Reveladora de Cristo
- El Gobierno de Cristo
- La Obra Reconciliadora de Cristo: La Intercesión y la Expiación

Las Múltiples Teorías de la Expiación

- La Teoría Sociniana: La Expiación como Ejemplo
- La Teoría de la Influencia Moral: La Expiación como Demostración del Amor de Dios
- La Teoría Gubernamental: La Expiación como Demostración de la Justicia Divina
- La Teoría del Rescate: La Expiación como Victoria Sobre las Huestes del Pecado y del Mal
- La Teoría de la Satisfacción: La Expiación como Compensación al Padre

Un estudio profundo de la persona de Cristo, su deidad y su humanidad, nos capacita para comprender mejor lo que su naturaleza única le permitió hacer por la humanidad. Desde luego, siempre fue la Segunda Persona eterna de la Trinidad. Sin embargo, se encarnó por la tarea que tenía que cumplir: salvarnos de nuestro pecado.

Sin una comprensión previa de la persona y la naturaleza de Jesucristo, no se puede entender plenamente la obra que realizó. Lo que él era le servía especialmente para lo que iba a hacer.

Las Fases de la Obra de Cristo

Al examinar la obra de Jesús, descubrimos que se realizó en dos fases principales, tradicionalmente denominadas como el estado de su humillación y el estado de exaltación. Cada una de estas fases consta, a su vez, de una serie de pasos. Hay dos escalones inferiores a su gloria (la encarnación y la muerte), y luego una serie de escalones superiores hasta su glorificación, e incluso peldaños más arriba.

La Humillación

La encarnación

El hecho de la encarnación de Jesús en ocasiones se enuncia de forma directa, como en Juan 1:14, donde el apóstol expresa simplemente: "Aquel Verbo fue hecho carne". Otras veces se hace énfasis en lo que Jesús dejó o en lo que tomó sobre sí mismo. Un ejemplo de lo primero es Filipenses 2:6-7: Jesucristo

> no estimó el ser igual a Dios como cosa
> a que aferrarse,
> sino que se despojó a sí mismo, tomando
> forma de siervo, hecho
> semejante a los hombres

Un ejemplo de esto último es Gálatas 4:4: "Dios envió a su Hijo, nacido de mujer y nacido bajo la ley".

A lo que Jesús renunció al venir a la tierra fue inmenso. De una condición de "igual a Dios", que implicaba la presencia inmediata del Padre y del Espíritu Santo, así como la continua alabanza de los ángeles, vino a la Tierra, donde no tenía nada de eso. Incluso si Cristo hubiera venido al más alto de los esplendores que la Tierra pudiera ofrecer, el descenso habría sido igualmente inmenso. Pero no fue a la más alta de las circunstancias humanas a la que vino. Más bien, tomó la forma de un siervo, un esclavo. Llegó a una familia muy común. Nació en la pequeña y oscura ciudad de Belén. Pero lo más llamativo es que nació en el humilde ambiente de un establo y se acostó en un pesebre.

Nació bajo la ley. Él, que había originado la ley y era el Señor de la misma, se sometió a la ley, cumpliéndola en su totalidad. Fue como si un funcionario, habiendo promulgado un estatuto que debían seguir los que estaban bajo su mando, descendiera él mismo a una posición inferior en la que también debía obedecer. La sujeción de Jesús a la ley fue completa. En consecuencia, fue circuncidado a la edad de ocho días y en el momento adecuado fue llevado al templo para el rito de la purificación de la madre (Lucas 2:21-39). Al someterse a la ley, afirma Pablo, Jesús pudo redimir a los que están bajo la ley (Gl 4:5).

¿Qué hay de los atributos de la deidad durante el período de la humillación? Ya hemos sugerido que la Segunda Persona de la Trinidad se despojó de ser igual a Dios añadiendo o asumiendo la humanidad (ver las págs. 264-265). Al hacerlo, Jesús renunció al ejercicio independiente de sus atributos divinos. Esto no significa que renunciara a algunos (o a todos) sus atributos divinos, sino que renunció voluntariamente a la capacidad de ejercerlos por sí mismo. Solo podía ejercerlos bajo la dependencia del Padre y vinculado a la posesión de una naturaleza plenamente humana[1]. Ambas voluntades, la del Padre y la suya, eran necesarias para que pudiera utilizar sus atributos divinos. Una buena analogía podría ser una caja de seguridad, ya que se necesitan dos llaves para abrirla: la del banco y la del depositante. Del mismo modo, si Jesús iba a ejercer el poder divino, ambas voluntades debían ponerse de acuerdo para que la acción tuviera lugar. Por lo tanto, el hecho de asumir la naturaleza humana implicaba una humillación inmensurable. No podía ejercer libre e independientemente todas las capacidades que tenía cuando estaba en el cielo.

La muerte

El último escalón inferior en la humillación de Jesús fue su muerte. Él, que era "la vida" (Juan 14:6), el Creador, el dador de la vida y de la nueva vida que constituye la victoria sobre la muerte, se sometió a la muerte. Él, que no había cometido ningún pecado, sufrió la muerte, la consecuencia o "la paga" del pecado. Al hacerse humano, Jesús se sometió a la posibilidad de la muerte, es decir, se hizo mortal; y la muerte no solo era una posibilidad, sino que se convirtió en una realidad.

Además, Jesús no solamente sufrió la muerte, ¡sino que fue una muerte humillante! Experimentó un tipo de ejecución reservada por el Imperio romano para los peores criminales. Fue una muerte lenta y dolorosa, prácticamente una muerte por tortura. A esto hay que añadir la ignominia de las circunstancias. Las burlas y las provocaciones de la multitud, los abusos de los líderes religiosos y de los soldados romanos agravaron la humillación. La muerte parecía ser el fin de su misión, pues había fracasado en su

cometido. Su voz se había apagado, de modo que ya no podía predicar ni enseñar y su cuerpo estaba sin vida, incapaz de curar, resucitar de entre los muertos o calmar las tormentas.

La Exaltación

La resurrección

La muerte de Jesús fue el punto más bajo de su humillación, pero la victoria sobre la muerte a través de la resurrección fue el primer paso adelante en el proceso de su exaltación. La resurrección es especialmente significativa, ya que infligir la muerte era lo peor que el pecado y sus poderes podían hacer a Cristo. La incapacidad de la muerte para retenerlo simboliza la totalidad de su victoria. ¿Qué más pueden hacer las fuerzas del mal si alguien a quien han matado no permanece muerto?

Dado que la resurrección es tan importante, ha suscitado una gran controversia. Desde luego, no hubo testigos humanos de la resurrección real, ya que Jesús se encontraba solo en la tumba cuando esta se produjo. Sin embargo, encontramos dos tipos de evidencias. En primer lugar, la tumba en la que Jesús había sido colocado estaba vacía y el cuerpo nunca fue sacado a la luz. Segundo, una gran variedad de personas testificaron que habían visto a Jesús vivo. La explicación más natural de estos testimonios es que Jesús estaba realmente vivo de nuevo. Además, no hay otra (o al menos no mejor) manera de explicar la transformación de los discípulos de personas asustadas y derrotadas a predicadores acérrimos de la resurrección[2].

Una cuestión que merece especial atención es la naturaleza del cuerpo de la resurrección. Parece que hay pruebas contradictorias sobre

1 Augustus H. Strong, *Systematic Theology* [Teología sistemática] (Westwood, Nueva Jersey: Revell, 1907), págs. 703-704.

2 Daniel Fuller, *Easter Faith and History* [La fe y la historia de la Pascua] (Grand Rapids: Eerdmans, 1965), págs. 181-182; cf. Wolfhart Pannenberg, *Jesus—God and Man* [Jesús: Dios y hombre] (Filadelfia: Westminster, 1968), págs. 96-97.

este asunto. Por un lado, se nos indica que la carne y la sangre no van a heredar el reino de Dios, y hay otros indicios de que no tendremos un cuerpo material en el cielo.

Por otro lado, Jesús comió después de la resurrección y aparentemente era reconocible. Además, las marcas de los clavos en sus manos y la herida de la lanza en su costado sugieren que todavía tenía un cuerpo material (Juan 20:25-27). Si queremos reconciliar este aparente conflicto, es importante tener en cuenta que en ese momento Jesús había resucitado, pero no había ascendido.

En el momento de nuestra resurrección, nuestros cuerpos serán transformados en un solo paso. Sin embargo, en el caso de Jesús, los dos acontecimientos, la resurrección y la ascensión, se separaron en lugar de confluir en uno solo. Por lo tanto, el cuerpo que tenía en el momento de la resurrección todavía tenía que experimentar una transformación más completa ya en el momento de la ascensión. Todavía tenía que convertirse en el "cuerpo espiritual" del que habla Pablo en 1 Corintios 15:44[3].

Pero aunque el cuerpo de Jesús después de la resurrección puede haber sido de naturaleza más física que su ser después de la ascensión, su resurrección, al igual que el nacimiento virginal, no debe considerarse como una cuestión esencialmente biológica o un hecho físico. Más bien, fue el triunfo de Jesús sobre el pecado y la muerte y todas las repercusiones que conlleva. Fue el paso fundamental de su exaltación: se liberó de la maldición que le supuso cargar voluntariamente con el pecado de toda la raza humana.

---

3 Para un análisis más exhaustivo sobre el cuerpo resucitado de Jesús, ver Millard J. Erickson, *The Word Became Flesh: A Contemporary Incarnational Christology* [El Verbo fue hecho carne: Una cristología contemporánea de la encarnación] (Grand Rapids: Baker, 1991), págs. 565-576. La postura adoptada aquí es en esencia la misma que la de James Orr, *The Resurrection of Jesus* [La resurrección de Jesús] (Nueva York: Hodder & Stoughton, 1908), págs. 196-202.

LA ASCENSIÓN Y POSICIÓN A LA DERECHA DEL PADRE

El primer paso en la humillación de Jesús implicó dejar el estatus que tenía en el cielo y venir a las condiciones de la Tierra; el segundo paso en la exaltación implicó dejar las condiciones de la Tierra y reasumir su lugar con el Padre. El propio Jesús predijo en varias ocasiones su regreso al Padre (Juan 6:62; 14:2, 12; 16:5, 10, 28; 20:17). Lucas ofrece los relatos más extensos de la ascensión verdadera (Lucas 24:50-51; Hechos 1:6-11). Pablo también escribe sobre la ascensión (Ef 1:20; 4:8-10; 1 Ti 3:16), al igual que el escritor de la carta a los Hebreos (1:3; 4:14; 9:24).

En los tiempos premodernos se solía pensar en la ascensión como una transición de un lugar (la Tierra) a otro (el cielo). Sin embargo, ahora sabemos que el espacio es tal que el cielo no está meramente arriba de la Tierra y también parece probable que la diferencia entre la Tierra y el cielo no sea simplemente geográfica. No se puede llegar a Dios simplemente viajando lo suficientemente lejos y rápido en un vehículo espacial de algún tipo. Dios está en una dimensión diferente de la realidad y la transición de aquí a allá requiere un cambio no solo de lugar sino de estado. Por lo tanto, la ascensión de Jesús no fue un simple cambio físico y espacial, sino también un cambio espiritual. En ese momento, Jesús sufrió el resto de la metamorfosis iniciada con la resurrección de su cuerpo.

El significado de la ascensión es que Jesús dejó atrás las condiciones asociadas a la vida en esta Tierra. De este modo, el dolor, tanto físico como psicológico, de la Tierra ya no es suyo. La oposición, la hostilidad, la incredulidad y la infidelidad que encontró han sido sustituidas por la alabanza de los ángeles y la presencia inmediata del Padre. ¡Qué contraste con los abusos e insultos que soportó mientras estaba en la Tierra!

Hubo razones concretas por las que Jesús

tuvo que dejar la Tierra. Una fue para preparar un lugar para nuestra futura morada (Juan 14:2-3). Otra razón por la que tuvo que irse es para que viniera el Espíritu Santo, la Tercera Persona de la Trinidad (Juan 16:7). La llegada del Espíritu Santo era esencial, porque mientras que Jesús solo podía trabajar con los discípulos a través de la enseñanza externa y el ejemplo, el Espíritu Santo podía trabajar dentro de ellos (Juan 14:17). Como resultado, los creyentes serían capaces de hacer las obras que hizo Jesús, e incluso mayores (Juan 14:12). Además, por medio del ministerio del Espíritu Santo, el Dios Trino estaría presente con ellos, por lo que Jesús pudo expresar que estaría con ellos para siempre (Mateo 28:20).

La ascensión de Jesús significa que ahora está sentado a la derecha del Padre (ver MT 26:64; Hechos 2:33-36; 5:31; Ef 1:20-22; Heb 10:12; 1 P 3:22 y Ap 3:21; 22:1). La mano derecha es el lugar de la distinción y el poder. Recordemos cómo Santiago y Juan deseaban sentarse a la derecha de Cristo, y también a su izquierda (Marcos 10:37-40). El hecho de que Jesús se siente a la derecha de Dios no debe interpretarse como un símbolo de descanso o inactividad. Es un símbolo de autoridad y gobierno activo. La mano derecha es también el lugar donde Jesús siempre está intercediendo ante el Padre en nuestro favor (Heb 7:25).

La Segunda Venida

Queda una dimensión de la exaltación. Las Escrituras indican claramente que Cristo volverá en algún punto en el futuro, pero el momento exacto es desconocido para nosotros. En ese momento su victoria será completa. Será el Señor conquistador, el juez de todo. Por lo tanto, su reinado, que en la actualidad es solo potencial y que muchos no aceptan, será total. Él mismo ha declarado que su segunda venida será en gloria (MT 25:31). Aquel que vino en un estado de bajeza, humildad y hasta humillación, regresará en una exaltación absoluta. Y entonces, verdaderamente, toda rodilla se doblará y toda lengua confesará que Jesucristo es el Señor (Flp 2:10-11).

Las Funciones de Cristo

Históricamente, ha sido costumbre categorizar la obra de Cristo en términos de tres "cargos": profeta, sacerdote y rey. Es importante guardar las verdades de que Jesús revela a Dios a la humanidad, reconcilia a Dios y a la humanidad entre sí, y gobierna y gobernará sobre toda la creación, incluyendo a la humanidad. Estas verdades, si no los títulos exactos, deben preservarse si queremos reconocer la plenitud de lo que Cristo lleva a cabo en su ministerio. Hemos optado por hablar de las tres funciones de Cristo: revelar, gobernar y reconciliar. Es apropiado pensar en estos aspectos de la obra de Cristo como su comisión, ya que Jesús era el Mesías, el ungido.

La Función Reveladora de Cristo

Muchas referencias al ministerio de Cristo destacan la revelación del Padre y de la verdad celestial. Es más, está claro que Jesús se consideraba a sí mismo un profeta, ya que cuando su ministerio en Nazaret no fue recibido, afirmó: "No hay profeta sin honra, sino en su propia tierra y en su casa" (MT 13:57). El hecho de que fuera un profeta fue reconocido por los que le oyeron predicar, al menos por sus seguidores. Además, en el momento de su entrada triunfal en Jerusalén, las multitudes exclamaban: "Este es Jesús el profeta, de Nazaret de Galilea" (MT 21:11).

El hecho de que Jesús fuera un profeta era en sí mismo un cumplimiento de la profecía. Pedro lo identifica específicamente con la predicción de Moisés en Deuteronomio 18:15: "El Señor tu Dios levantará de entre tus hermanos un profeta como yo" (Hechos 3:22). El ministerio profético de Jesús fue como el de los demás profetas, en el sentido de que fue enviado por Dios. Sin embargo, había una diferencia significativa entre él y ellos. Él había salido de la misma presencia de Dios, y por eso podía revelar especialmente al Padre, porque había estado con él.

Como profeta, Jesús revela al Padre y la verdad celestial; como rey, Jesús gobierna todo el universo; como sacerdote, hace posible nuestra salvación.

En consecuencia, Juan afirma: "A Dios nadie le vio jamás; el unigénito Hijo, que está en el seno del Padre, él le ha dado a conocer" (Juan 1:18).

A pesar de la singularidad del ministerio profético de Jesús, en varios aspectos fue similar a la labor de los profetas del Antiguo Testamento. Su mensaje se parecía en muchos sentidos al de ellos. Había declaraciones de perdición y juicio, y había proclamación de buenas nuevas y salvación. En Mateo 23, Jesús pronuncia juicios sobre los escribas y fariseos, llamándolos hipócritas, serpientes y víboras. Desde luego, el mensaje profético de la condena del pecado ocupaba un lugar destacado en su predicación. Pero Jesús también proclamaba buenas nuevas. Entre los profetas del Antiguo Testamento, Isaías en particular había anunciado las buenas nuevas de Dios (Is 40:9; 52:7). Del mismo modo, en Mateo 13, Jesús describe el reino de los cielos en términos que lo hacen realmente una buena nueva: el reino de los cielos es como un tesoro escondido en un campo (v. 44) y como una perla de gran valor (v. 46).

La obra reveladora de Cristo abarca una amplia gama de tiempos y formas. Comenzó incluso antes de su encarnación. Como el

Logos, es la luz que ha iluminado a todos los que vienen al mundo; por lo tanto, en cierto sentido toda la verdad ha venido de él y a través de él (Juan 1:9). Un segundo y más evidente período de la obra reveladora de Jesús fue, sin duda, su ministerio profético durante su estancia en la Tierra. Aquí se unen dos formas de revelación. Él hablaba la palabra divina de la verdad. Sin embargo, más allá de eso, él era la verdad y era Dios, por lo tanto, lo que hizo fue una exhibición, no una mera proclamación, de la verdad y la realidad de Dios. En tercer lugar, está el continuo ministerio revelador de Cristo a través de su iglesia[4]. Les prometió su presencia en el mandamiento continuo (MT 28:20). En muchos sentidos, su ministerio sería continuado y completado por el Espíritu Santo. El Espíritu sería enviado en nombre de Jesús y enseñaría a sus seguidores todas las cosas y les recordaría todo lo que les había hablado (Juan 14:26).

La obra reveladora del Espíritu Santo no sería independiente de la obra de Jesús. Quizá por eso Lucas hace la afirmación un tanto desconcertante de que su primer libro se refería a todo lo que Jesús "comenzó a hacer y a enseñar" (Hechos 1:1). Concluimos que cuando los apóstoles proclamaban la verdad, Jesús continuaba su obra de revelación a través de ellos.

La obra reveladora final y más completa de Jesús se halla en el futuro. Se acerca un tiempo en el que volverá, y una de las palabras para referirse a la segunda venida de Cristo es "revelación" (*apokalypsis*)[5].

En ese momento veremos clara y directamente (1 Co 13:12), y lo veremos tal como es (1 Juan 3:2). Es entonces cuando se eliminarán todas las barreras que impiden el pleno conocimiento de Dios y de las verdades de las que habló Cristo.

4 Charles Hodge, *Systematic Theology* [Teología sistemática] (Grand Rapids: Eerdmans, 1952), 2:463.

5 Ver George E. Ladd, *The Blessed Hope* [La bendita esperanza] (Grand Rapids: Eerdmans, 1956), págs. 65-67.

El Gobierno de Cristo

Los Evangelios presentan a Jesús como un rey, el gobernante de todo el universo. Isaías había anticipado un futuro gobernante que se sentaría en el trono de David (Is 9:7). El escritor a los Hebreos aplica el Salmo 45:6-7 al Hijo de Dios.

> Tu trono, oh Dios,
> por el siglo del siglo;
> Cetro de equidad es el
> cetro de tu reino (Heb 1:8).

Jesús mismo dijo que en el nuevo mundo el Hijo del Hombre se sentaría en un trono glorioso (MT 19:28). Afirmó que el reino de los cielos era suyo (MT 13:41).

Se tiende a pensar que el gobierno de Jesús se sitúa casi exclusivamente en el futuro, pues si miramos a nuestro alrededor en la actualidad, no lo vemos gobernando muy activamente.

Sin embargo, hay que señalar que, por el contrario, hay pruebas de que Cristo está gobernando hoy. En particular, el universo natural le obedece. Dado que Cristo es aquel por quien todas las cosas llegaron a existir (Juan 1:3) y por quien todas las cosas continúan (Col 1:17), él tiene el control del universo natural. Pero ¿hay evidencias de un reinado de Cristo sobre los humanos de hoy en día? Por supuesto que sí. El reino de Dios, sobre el que reina Cristo, está presente en la iglesia. Él es la cabeza del cuerpo, la iglesia (Col 1:18). Cuando estuvo en la Tierra, su reino estaba presente en el corazón de los discípulos. Y dondequiera que los creyentes de hoy sigan el señorío de Cristo, el Salvador está ejerciendo su función gobernante o de rey.

A la luz de lo anterior, podemos ver que el gobierno de Jesucristo no es una cuestión meramente de su exaltación final.

Es en relación con el paso final de su exaltación, cuando regrese en poder, que su gobierno será completo. El himno en Filipenses 2 enfatiza que a Cristo se le ha dado un

nombre que es sobre todo nombre, para
que en el nombre de Jesús se doble
toda rodilla de los que están en los cielos,
y en la tierra, y debajo de la tierra;
y toda lengua confiese que Jesucristo es el
Señor, para gloria de Dios Padre
(vv. 9-11)

Se acerca un tiempo en el que todos estarán bajo su gobierno, ya sea con voluntad y entusiasmo, o sin voluntad y a regañadientes.

La Obra Reconciliadora de Cristo: La Intercesión y la Expiación

Un aspecto de la obra de Cristo como reconciliador es su ministerio de la intercesión. La Biblia registra innumerables casos en los que Jesús intercedió por sus discípulos mientras estuvo en la Tierra. El más extenso es su oración sacerdotal por el grupo (Juan 17), donde oró para que se cumpliera su gozo en ellos (v. 13). No oró para que fueran sacados del mundo, sino para que fueran guardados del maligno (v. 15). También oró para que todos fueran uno (v. 21). Además, esta última oración fue por los que creerían a través de la palabra de los discípulos (v. 20).

Jesús continúa esta intercesión por todos los creyentes durante su presencia celestial con el Padre. En Romanos 8:33-34, Pablo plantea la cuestión de quién podría condenarnos o presentar una acusación contra nosotros. Seguramente no puede ser Cristo, porque está a la derecha del Padre, intercediendo por nosotros. En Hebreos 7:25, se nos indica que vive eternamente para interceder por los que se acercan a Dios por medio de él, y en el 9:24, se nos señala que se muestra en la presencia de Dios en nuestro favor.

¿Cuál es el objetivo de esta intercesión? Jesús presenta su justicia al Padre para nuestra justificación. También aboga por la causa de su justicia en favor de los creyentes que, estando previamente justificados, siguen pecando.

Y, por último, parece, sobre todo por los casos ocurridos durante su ministerio terrenal, que Cristo suplica al Padre que los creyentes sean santificados y preservados del poder del tentador maligno.

Hay otro aspecto aún más fundamental de la obra reconciliadora de Cristo, que es el aspecto en el que se basa su intercesión. En la expiación llegamos a un punto crucial de la fe cristiana, porque es el punto de transición, por así decirlo, de los aspectos objetivos a los subjetivos de la teología cristiana. Aquí cambiamos nuestro enfoque de la naturaleza de Cristo a su obra activa en nuestro favor; aquí la teología sistemática tiene una aplicación directa a nuestras vidas. La expiación ha hecho posible nuestra salvación. También es el cimiento de otras doctrinas principales que aguardan nuestro estudio: la doctrina de la iglesia se ocupa de los aspectos colectivos de la salvación; la doctrina de las últimas cosas, de sus aspectos futuros.

Nuestras doctrinas sobre Dios y sobre Cristo influirán en nuestra comprensión de la expiación. Si, por un lado, Dios es un ser santo, justo y exigente, entonces los humanos no podrán satisfacerlo fácilmente y es muy probable que haya que hacer algo en nombre de los humanos para satisfacer a Dios. Si, por el contrario, Dios es un Padre indulgente y permisivo que afirma: "Tenemos que permitir que los humanos se diviertan un poco de vez en cuando", entonces puede ser suficiente con darles un poco de ánimo e instrucción. Si Cristo es un mero ser humano, entonces la obra que hizo solo sirve de ejemplo, ya que no pudo ofrecer nada en nuestro nombre. Sin embargo, si es Dios, su obra por nosotros fue mucho más allá de lo que podemos hacer por nosotros mismos, puesto que no solo sirvió de ejemplo, sino también de sacrificio por nosotros. La doctrina de la humanidad, definida ampliamente para incluir la doctrina del pecado, también afecta la figura. Si los seres humanos están en principio intactos espiritualmente, probablemente puedan, con un poco de esfuerzo, cumplir lo que Dios quiere de ellos. Por lo tanto, la instrucción, la inspiración y la motivación constituyen lo que los humanos necesitan y, por consiguiente, la esencia de la expiación. Sin embargo, si la humanidad está totalmente depravada y, en consecuencia, es incapaz de hacer lo que es correcto por mucho que lo desee o se esfuerce, entonces tuvo que hacerse una obra más radical en su favor.

Las Múltiples Teorías de la Expiación

El significado y el impacto de la expiación tienen una gran riqueza y complejidad. En consecuencia, han surgido diversas teorías sobre la expiación. Dada la abundancia de testimonios bíblicos sobre el hecho de la expiación, diferentes teólogos eligen enfatizar distintos textos. Su elección de textos refleja sus opiniones sobre otras áreas de la doctrina

Examinaremos varias de las teorías, con lo que obtendremos una apreciación de la complejidad del significado de la expiación. Al mismo tiempo, llegaremos a ver lo incompleto e inadecuado de una sola de ellas por sí misma.

La Teoría Sociniana: La Expiación como Ejemplo

Fausto y Lelio Socino, que vivieron en el siglo XVI, desarrollaron una enseñanza que está mejor representada en la actualidad por los unitarios. Rechazaban cualquier idea de satisfacción vicaria[6]. Los socinianos señalaban, en cambio, 1 Pedro 2:21: "Pues para esto fuisteis llamados; porque también Cristo padeció por nosotros, dejándonos ejemplo, para que sigáis sus pisadas". Desde la perspectiva sociniana, la muerte de Jesús satisface dos necesidades humanas. En primer lugar, satisface la necesidad de un ejemplo de ese amor absoluto por Dios que debemos mostrar si queremos experimentar la salvación. En segundo lugar, la

---

6 Fausto Socino, *De Jesu Christo servatore* 1.1.

muerte de Jesús nos inspira. El ideal del amor absoluto a Dios es tan sublime que parece prácticamente inalcanzable. La muerte de Jesús es la prueba de que ese amor está dentro de la esfera de la realización humana. Lo que él pudo hacer, ¡nosotros también podemos!

Sin embargo, la visión sociniana debe enfrentarse al hecho de que múltiples pasajes de las Escrituras que abordan la muerte de Jesús hablan de rescate, sacrificio, sacerdocio, cargar con el pecado y cosas similares. Cabe destacar, de hecho, que la afirmación siguiente se encuentra apenas tres versículos después del texto favorito de los socinianos (1 P 2:21): "Él mismo, en su cuerpo, llevó al madero nuestros pecados, para que muramos al pecado y vivamos para la justicia. Por sus heridas ustedes han sido sanados" (v. 24 [NVI]). ¿Cómo debe entenderse esta afirmación? La respuesta habitual de los socinianos y otros de su convicción es que la expiación es solamente un concepto metafórico[7]. Todo lo que es necesario para que Dios y los humanos sean restaurados a la relación que tenían prevista es la adopción personal tanto de las enseñanzas de Jesús como del ejemplo que dio en vida y especialmente en muerte.

La Teoría de la Influencia Moral: La Expiación como Demostración del Amor de Dios

La teoría de la influencia moral considera que la muerte de Cristo es una demostración del amor de Dios. En un principio desarrollada por Pedro Abelardo, esta teoría no recibió mucho apoyo hasta que fue popularizada por Horace Bushnell (1802-1876) en Estados Unidos y por Hastings Rashdall (1858-1924) en Gran Bretaña. Según ellos, la naturaleza de Dios es esencialmente amor. Minimizan las cualidades como la justicia, la santidad y la rectitud. En consecuencia, los seres humanos no necesitan temer la justicia y el castigo de Dios. Por lo

tanto, su problema no es que hayan violado la ley de Dios y que Dios los castigue (de hecho, debe hacerlo); más bien, son las actitudes humanas las que los alejan de Dios.

Nuestra separación y alejamiento de Dios puede adoptar muchas formas diferentes. Puede que no nos demos cuenta de que nuestra desobediencia es una fuente de dolor para Dios. O puede que no nos demos cuenta de que, a pesar de todo lo que ha ocurrido, Dios nos sigue amando. Puede que temamos a Dios, o que le culpemos de los problemas en nuestra relación con él, o incluso de los problemas del mundo en general. Sin embargo, si nos arrepintiéramos y nos volviéramos a Dios con confianza y fe, habría reconciliación, porque la dificultad no reside en la capacidad de Dios para perdonar. La dificultad reside en nosotros[8]. Bushnell considera el pecado como una especie de enfermedad de la cual debemos ser sanados. Cristo vino a corregir este defecto en nosotros. Su muerte demuestra toda la extensión del amor de Dios por nosotros. Ser conscientes de ese amor nos sirve para sanar nuestra ignorancia y nuestro temor a Dios.

La Teoría Gubernamental: La Expiación como Demostración de la Justicia Divina

Los enfoques anteriores respecto a la expiación han representado a Dios como un ser básicamente compasivo e indulgente. Sostienen que para recuperar el favor de Dios basta con hacer lo mejor posible o responder al amor de Dios. Sin embargo, según la teoría gubernamental, la ley de Dios es un asunto serio y su violación o incumplimento no debe tomarse a la ligera.

El principal partidario de la visión gubernamental fue Hugo Grotius (1583-1645), quien era más un jurista que un clérigo. Grotius entendía a Dios como un ser santo y justo que

---

7 *Ibid.*, 1.3.

8 Hastings Rashdall, *The Idea of Atonement in Christian Theology* [La idea de la expiación en la teología cristiana] (Londres: Macmillan, 1920), pág. 26.

ha establecido ciertas leyes. El pecado es una violación de esas leyes. Dios, como gobernante, tiene derecho a castigar el pecado, ya que el pecado merece intrínsecamente un castigo[9]. Sin embargo, las acciones de Dios deben entenderse a la luz de su atributo dominante: el amor.

Según Grotius, aunque Dios tiene derecho a castigar el pecado, no es necesario ni obligatorio que lo haga. Es posible que Dios suavice la ley de modo que no tenga que imponer un castigo o pena específica para cada violación. Sin embargo, ha actuado de manera que se mantengan los intereses del gobierno. La función de Dios aquí es la de gobernante y no la de acreedor o amo. Un acreedor puede cancelar una deuda si así lo desea. Un amo puede castigar o no castigar, según su voluntad. Pero un gobernante no puede simplemente ignorar o pasar por alto las violaciones de las normas. Más bien, Dios debe actuar teniendo en cuenta los mejores intereses de los que están bajo su autoridad[10]. Por lo tanto, era necesario contar con una expiación que diera pie al perdón y que, al mismo tiempo, mantuviera la estructura del gobierno moral. Lo que Dios hizo a través de la muerte de Cristo fue demostrar lo que la justicia de Dios exigirá que suframos si continuamos en el pecado. El espectáculo de los sufrimientos que soportó Cristo es suficiente para disuadirnos del pecado. Y si nos apartamos del pecado, podemos ser perdonados y el gobierno moral de Dios puede ser preservado. Así pues, gracias a la muerte de Cristo, es posible que Dios perdone los pecados sin que se rompa la fibra moral del universo.

Al examinar la teoría gubernamental resulta sorprendente ver que carece de una base bíblica explícita. Más bien, se observa la mente del abogado en acción, centrándose en los principios generales de las Escrituras y extrayendo ciertas inferencias de ellos. Isaías 42:21 es el único versículo citado como apoyo directo de la teoría de que la muerte de Cristo fue exigida por la preocupación de Dios de preservar su gobierno moral y su ley al perdonar el pecado.

> Jehová se complació por amor
> de su justicia en magnificar
> la ley y engrandecerla.

Pero este versículo no aborda la idea de la expiación en sí misma. Por lo tanto, mientras que otras teorías toman una declaración bíblica explícita sobre la naturaleza de la expiación y la enfatizan más que otras, la teoría gubernamental actúa de forma inferencial a partir de algunas de las enseñanzas y principios generales de las Escrituras.

La Teoría del Rescate: La Expiación como Victoria sobre las Huestes del Pecado y del Mal

La teoría con mayor derecho a haber sido el enfoque estándar en la historia temprana de la iglesia es probablemente la denominada teoría del rescate. Gustaf Aulén la ha llamado la visión clásica[11], y en muchos sentidos esa designación es correcta, ya que en diversas formas dominó el pensamiento de la iglesia hasta la época de Anselmo y Abelardo. Incluso fue la manera principal en que Agustín entendía la expiación, y gracias a ello ha gozado del inmenso prestigio que su nombre le otorgaba.

El principal promotor de la teoría del rescate fue Orígenes. En su opinión, la historia bíblica era la representación de un gran drama cósmico. En la lucha cósmica entre las fuerzas del bien y del mal, Satanás estableció el control

---

9 Hugo Grotius, *A Defense of the Catholic Faith concerning the Satisfaction of Christ against Faustus Socinus* [Defensa de la fe católica respecto a la satisfacción de Cristo contra Faustus Socinus] (Andover, Massachusetts: Warren F. Draper, 1889), cap. 5.

10 *Ibid.*, caps. 2-3.

11 Gustaf Aulén, *Christus Victor: An Historical Study of the Three Main Types of the Idea of the Atonement* [Christus Victor: Un estudio histórico de los tres tipos principales de la idea de la expiación], trad. A. G. Hebert (Nueva York: Macmillan, 1931), pág. 20.

sobre la humanidad. Satanás es ahora el poder gobernante en el mundo.

Como gobernante del mundo, sus derechos no pueden ser simplemente dejados de lado, ya que Dios no se rebajará a utilizar técnicas empleadas por el diablo; Dios no "robará" a la humanidad, por así decirlo.

El texto en el que Orígenes y otros que sostienen la teoría del rescate se apoyan con más fuerza es la declaración de Jesús de que había venido a ofrecer su vida como rescate por muchos (MT 20:28; Marcos 10:45). ¿A quién se pagó este rescate? Sin lugar a dudas, Dios no pagaría un rescate a sí mismo. Más bien, debió pagarse al maligno, pues fue él quien nos mantuvo cautivos hasta que se pagó el rescate, es decir, el alma de Jesús[12]. Según Orígenes, Satanás pensaba que podía ser el señor del alma de Jesús; pero la resurrección de Jesús demostró lo contrario. Orígenes también sugiere que el diablo no percibía que la humanidad, parcialmente liberada por las enseñanzas y milagros de Cristo, sería completamente liberada por su muerte y resurrección. Por lo tanto, Satanás liberó a la raza humana, solo para descubrir que no podía retener a Cristo, a quien había aceptado a cambio de la humanidad[13].

Sin embargo, las Escrituras no enseñan que fue el pago de un rescate a Satanás lo que aseguró su derrota y el triunfo de Dios, sino que Cristo ocupó nuestro lugar para liberarnos de la maldición de la ley (Ro 6:6-8; Gl 3:13). Al cargar con la pena de nuestro pecado y satisfacer así, de una vez por todas, los justos requisitos de la ley, Cristo anuló el control de Satanás sobre nosotros de raíz: el poder de ponernos bajo la maldición y la condena de la ley.

Por lo tanto, la muerte de Cristo fue el triunfo verdadero de Dios sobre las fuerzas del mal, pero solo porque fue un sacrificio sustitutivo.

La Teoría de la Satisfacción: La Expiación como Compensación al Padre

De todas las teorías que estamos examinando en este capítulo, la que considera más claramente que el efecto principal de la muerte de Cristo es de carácter objetivo se conoce normalmente como la teoría comercial o de la satisfacción. Enfatiza que Cristo murió para satisfacer un principio de la propia naturaleza de Dios Padre. De este modo, la expiación no implicó ningún tipo de pago a Satanás.

Anselmo aborda la expiación en su obra principal, *Cur Deus homo?* El título (literalmente, "¿Por qué Dios es humano?") indica la orientación principal del tratado.

Anselmo intenta descubrir por qué Dios asumió la naturaleza humana en primer lugar. La comprensión de Anselmo sobre la expiación (y la encarnación) se basa fundamentalmente en su doctrina del pecado. El pecado es, básicamente, la falta de rendir a Dios lo que le corresponde, quitándole lo que es suyo por derecho y deshonrándolo.

Los pecadores debemos devolver a Dios lo que le hemos quitado. Pero no basta simplemente con devolverle a Dios lo que le hemos quitado, porque al quitarle lo que es suyo, le hemos perjudicado; e incluso después de devolverle lo que le hemos quitado, debe haber alguna compensación o reparación adicional por el perjuicio que se le ha hecho[14]. Una buena comparación son las resoluciones judiciales modernas que estipulan que un ladrón, además de restituir la propiedad de la víctima, debe pagar una indemnización punitiva o cumplir una pena de prisión.

El honor quebrantado de Dios puede ser restablecido o bien castigando a los humanos (condenándolos) o bien aceptando la satisfacción hecha en su nombre[15]. ¿Cómo se iba a lograr esta satisfacción?

---

12 Orígenes, *Commentary on Matthew* [Comentario sobre Mateo] 13.28.
　13 *Ibid.*

14 Anselmo, *Cur Deus homo?* 1.11
15 *Ibid.*, 1.13.

Cristo murió para satisfacer un principio de la propia naturaleza de Dios Padre.

El ser humano no estaba en condiciones de dar una satisfacción por sí mismo, ya que, aunque hiciera todo lo posible, solo estaría dando a Dios lo que le corresponde. Para que fuera efectiva, la satisfacción que se diera tenía que ser mayor de lo que todos los seres creados son capaces de hacer, ya que solo pueden hacer lo que ya se les exige. Por lo tanto, únicamente Dios podía dar una satisfacción. Sin embargo, para que sirviera a la humanidad en su relación con Dios, tenía que ser hecha por un humano. En consecuencia, la satisfacción tenía que ser realizada por alguien que es a la vez Dios y un ser humano. Por consiguiente, la encarnación es una necesidad lógica[16].

Cristo, siendo a la vez Dios y hombre sin pecado, no merecía la muerte. Por lo tanto, el ofrecimiento de su vida a Dios en nombre de la raza humana, de la que formaba parte, fue más allá de lo que se le exigía. De este modo, pudo servir como una auténtica satisfacción a Dios por los pecados de la humanidad. ¿Fue suficiente el pago? Sí, lo fue. La muerte del propio Dios-hombre, en la medida en que, siendo Dios, tenía poder sobre su propia vida (Juan 10:18) y no tenía que morir, tiene un valor infinito. De hecho, el hecho de que su cuerpo sufriera el más mínimo daño habría sido un asunto de valor infinito[17].

Hemos visto que la muerte de Cristo se interpreta de muy diversas maneras. Cada una de las teorías que hemos examinado aprovecha un aspecto significativo de su obra. Aunque podemos tener grandes objeciones a algunas de las teorías, reconocemos que cada una posee una dimensión de la verdad. En su muerte, Cristo (1) nos dio un ejemplo perfecto del tipo de dedicación que Dios desea de nosotros; (2) demostró el gran alcance del amor de Dios; (3) enfatizó la gravedad del pecado y la severidad de la justicia de Dios; (4) triunfó sobre las fuerzas del pecado y la muerte, liberándonos de su poder; y (5) satisfizo al Padre por nuestros pecados. Los seres humanos necesitábamos que se hicieran todas estas cosas por nosotros, y Cristo las hizo todas. Ahora debemos preguntarnos: ¿cuál de ellas es el cimiento para las demás? ¿Cuál de ellas hace posible las demás? Nos ocuparemos de estas preguntas en el próximo capítulo. Cuando lo hagamos, será con un profundo aprecio por la medida plena de lo que Cristo hizo para llevarnos a la comunión con el Padre.

Preguntas de Análisis y Reflexión

- Cuando intentamos comprender la obra de Cristo, ¿qué significó para él humillarse al encarnarse? ¿Qué significa esto para el creyente en la actualidad?
- A la luz de la revelación de las Escrituras, ¿qué significa que Cristo sea rey y sacerdote? ¿Son dos funciones completamente diferentes?
- ¿Cómo debe entenderse la expiación a la luz de las demás doctrinas de la fe cristiana?
- Según la concepción sociniana de la expiación, ¿cuáles son las dos necesidades que satisface la muerte de Jesús y por qué?
- ¿Cómo responde usted ante la teoría de la satisfacción de la expiación?

16 *Ibid.*, 2.8.
17 *Ibid.*, 2.10.

El Tema Central de la Expiación

Objetivos del Capítulo

Una vez estudiado este capítulo, el lector es capaz de:
1. Recordar cinco factores antecedentes de la expiación y mostrar cómo influyen en una visión de la expiación.
2. Reconocer y explicar la enseñanza del Nuevo Testamento que trata de la expiación.
3. Identificar y describir el significado esencial de la expiación y la importancia de ese significado para el creyente
4. Enumerar y describir cinco objeciones frente a la teoría de la sustitución penal y demostrar los problemas bíblicos y racionales de estas objeciones.
5. Identificar y describir las implicaciones de la expiación sustitutiva para toda la humanidad.

Resumen del Capítulo

Las doctrinas sobre la naturaleza de Dios, el estatus de la ley, la condición humana, Cristo y el sistema de sacrificios del Antiguo Testamento tienen una gran influencia en la visión de la expiación. En los Evangelios, Jesucristo se veía a sí mismo como un rescate, un sustituto y un sacrificio. Pablo describía la obra expiatoria de Cristo como una propiciación, o apaciguamiento de la ira de Dios, por los pecados de la humanidad. Por lo tanto, podemos entender que la expiación implica sacrificio, propiciación, sustitución y reconciliación en la relación de Dios con la humanidad. La teoría de la sustitución penal es la que mejor describe esta relación para la expiación.

Estructura del Capítulo

Factores Antecedentes

- La Naturaleza de Dios
- El Estatus de la Ley
- La Condición Humana
- Cristo
- El Sistema de Sacrificios del Antiguo Testamento

La Enseñanza del Nuevo Testamento

- Los Evangelios
- Los Escritos de Pablo

El Significado Esencial de la Expiación

- Sacrificio
- Propiciación
- Sustitución
- Reconciliación

Objeciones Frente a la Teoría de la Sustitución Penal

- La Distorsión de la Naturaleza de la Divinidad
- La Moralidad o Rectitud de la Sustitución
- La Hipocresía Divina
- La Naturaleza Culturalmente Condicionada de la Teoría
- Una Visión Demasiado Individualista

Implicaciones de la Expiación Sustitutiva

Al examinar las diversas teorías de la expiación en el capítulo anterior, hemos observado que cada una de ellas se centra en un aspecto significativo de la obra expiatoria de Cristo. Ahora debemos preguntarnos cuál de esos aspectos es la dimensión primaria o más esencial de esa obra, aquella a la que se adhieren las demás o de la cual dependen.

Factores Antecedentes

Nuestros puntos de vista sobre otras doctrinas tienen necesariamente una fuerte influencia en nuestras conclusiones sobre la expiación. Por ello, comenzamos revisando los antecedentes sobre los que construiremos nuestra comprensión de esa doctrina.

La Naturaleza de Dios

Al igual que los pasajes bíblicos aparecen en contextos, también lo hacen las doctrinas. En todo asunto de estudio teológico, el contexto más amplio es, desde luego, la doctrina de Dios, especialmente cuando se trata de una relación con Dios, como la expiación. La naturaleza de Dios es la santidad perfecta y completa. Esto no es opcional o arbitrario, sino que es la forma en que Dios es por naturaleza. Al ser contrario a la naturaleza de Dios, el pecado le resulta repulsivo. Es alérgico al pecado, por así decirlo. Sin embargo, Dios es un Dios amoroso que anhela que sus criaturas humanas disfruten de la comunión con él. Estos dos atributos no compiten entre sí. Dios se caracteriza por una santidad amorosa, o un amor santo.

El Estatus de la Ley

El segundo factor importante que debemos considerar al construir nuestra teoría de la expiación es el estatus de la ley moral y espiritual de Dios. La ley debe considerarse como la expresión de la persona y la voluntad de Dios. Él no manda a amar y prohíbe el asesinato simplemente porque así lo decide. Dios declara que el amor es bueno porque él mismo es amor. La mentira es mala porque Dios mismo no puede mentir.

Así pues, la ley es en realidad una especie de transcripción de la naturaleza de Dios. Desobedecer la ley es grave, no porque la ley tenga algún valor inherente o dignidad que deba ser preservada, sino porque desobedecerla es en realidad un ataque a la propia naturaleza de Dios. Por lo tanto, el legalismo (la actitud de que la ley debe ser obedecida porque sí) es inaceptable. Más bien, la ley debe ser entendida como un medio para relacionarse con un Dios personal.

Por lo tanto, la violación de la ley, ya sea por transgredirla o por incumplirla, conlleva las graves consecuencias de la responsabilidad del castigo, especialmente la muerte. A Adán y Eva se les dijo que el día que comieran del fruto del árbol morirían sin duda (Gn 2:15-17). Según Pablo, "la paga del pecado es muerte" (Ro 6:23) y "el que siembra para agradar a su naturaleza pecaminosa, de esa misma naturaleza cosechará destrucción" (Gl 6:8 [NVI]). Existe un vínculo claro entre el pecado y la responsabilidad del castigo. Sobre todo en la última cita (Gl 6:7-8) se evidencia una conexión directa de causa-efecto entre el pecado y el castigo. Sin embargo, en cada caso se entiende que el castigo es algo inevitable y no algo posible.

La Condición Humana

Otro factor crucial en nuestra comprensión de la expiación es la naturaleza y condición de la humanidad. Ya hemos señalado antes (ver las págs. 226-227) el hecho de la depravación total, con lo que queríamos indicar no que los seres humanos son tan impíos del todo como pueden serlo, sino que son totalmente incapaces de hacer algo para salvarse a sí mismos o para salir de su condición de pecadores. De esto se deduce que la expiación, para cumplir con la humanidad lo que debía hacerse, tenía que ser realizada por alguien más en nombre de la humanidad.

Cristo

Nuestra comprensión de la naturaleza de Cristo es crucial aquí. Anteriormente hemos afirmado que Cristo es tanto Dios como humano (ver los caps. 23-25). La humanidad de Jesús significa que su muerte expiatoria es aplicable a los humanos. Dado que Jesús era realmente uno de nosotros, pudo redimirnos. No era un extraño que intentaba hacer algo por nosotros, sino un auténtico ser humano que representaba al resto de nosotros. Esto está implícito en lo que Pablo expresa en Gálatas 4:4-5: "Dios envió a su Hijo [...] nacido bajo la ley, para que redimiese a los que estaban bajo la ley". Su muerte tiene el valor suficiente para expiar a toda la raza humana. La muerte de un ser humano ordinario apenas podría tener el valor suficiente para cubrir sus propios pecados, por no hablar de los de todo el mundo. Pero la muerte de Jesús tiene un valor infinito. Como Dios, Jesús no tenía que morir. Al no tener pecado, no tuvo que morir como pago por sus propios pecados. Por lo tanto, su muerte puede expiar los pecados de toda la humanidad.

El Sistema de Sacrificios del Antiguo Testamento

La muerte expiatoria de Cristo también debe analizarse en el contexto del sistema de sacrificios del Antiguo Testamento. Antes de la muerte expiatoria de Cristo, era necesario ofrecer regularmente sacrificios para compensar los pecados cometidos. Estos sacrificios eran necesarios, no para obrar una reforma en el pecador, ni para disuadir al pecador o a otros de cometer más pecados, sino para expiar el pecado, que inherentemente merecía un castigo. Había habido una ofensa contra la ley de Dios y, por lo tanto, contra Dios mismo, y esto tenía que ser corregido.

La palabra hebrea más utilizada en el Antiguo Testamento para referirse a los distintos tipos de expiación es kāpar y sus derivados. La palabra significa literalmente "cubrir"[1]. Los pecadores eran liberados del castigo al interponerse algo entre su pecado y Dios. De este modo, Dios veía el sacrificio expiatorio en lugar del pecado. El hecho de cubrir el pecado significaba que la pena ya no tenía que ser exigida al pecador[2].

> *La humanidad de Jesús significa que su muerte expiatoria es aplicable a los humanos; su deidad significa que su muerte puede expiar los pecados de toda la humanidad.*

Varios factores eran necesarios para que el sacrificio cumpliera su efecto. El animal sacrificado debía ser inmaculado, sin mancha. La persona por la que se hacía la expiación debía presentar el animal e imponerle las manos (Lv 1:3-4). La imposición de manos simbolizaba la transferencia de la culpa del pecador a la

1 Francis Brown, S. R. Driver y Charles A. Briggs, *Hebrew and English Lexicon of the Old Testament* [Diccionario hebreo e inglés del Antiguo Testamento] (Nueva York: Oxford University Press, 1955), págs. 497-498.

2 R. Laird Harris, *"rɔk̲:{"*, en *Theological Wordbook of the Old Testament* [Vocabulario teológico del Antiguo Testamento], ed. R. Laird Harris (Chicago: Moody Press, 1980), 1:452-453.

víctima[3]. Seguidamente, el sacerdote aceptaba la ofrenda o el sacrificio.

Mientras que las partes legales del Antiguo Testamento tipifican con una claridad considerable el carácter sacrificial y sustitutivo de la muerte de Cristo, los pasajes proféticos van aún más lejos. Establecen la conexión entre los sacrificios del Antiguo Testamento y la muerte de Cristo. Isaías 53 es el más claro de todos. Tras describir la persona del Mesías e indicar la naturaleza y el alcance de la iniquidad de los pecadores, el profeta hace una alusión al sacrificio de Cristo.

> Todos nosotros nos descarriamos como
> ovejas, cada cual se apartó por su
> camino; mas Jehová cargó en él el
> pecado
> de todos nosotros (v.6)

La iniquidad de los pecadores debe ser transferida al Siervo de Jehová, al igual que en los ritos del Antiguo Testamento los pecados eran transferidos al animal del sacrificio. La imposición de manos era una anticipación de la aceptación activa por parte del creyente de la obra expiatoria de Cristo.

La Enseñanza del Nuevo Testamento

Los Evangelios

El Nuevo Testamento es mucho más detallado en el tema de la expiación de Cristo. En primer lugar, veremos el propio testimonio de nuestro Señor sobre la naturaleza y el propósito de su muerte. Aunque Jesús no tenía mucho que contar sobre su muerte durante la primera parte de su ministerio, hacia el final empezó a hablar de ella de forma bastante explícita y clara.

Jesús estaba profundamente convencido de

que el Padre le había enviado para hacer la obra del Padre. Declara en Juan 10:36 que el Padre lo había enviado al mundo. El apóstol Juan relaciona expresamente el envío del Padre con la obra redentora y expiatoria del Hijo: "Porque no envió Dios a su Hijo al mundo para condenar al mundo, sino para que el mundo sea salvo por él" (Juan 3:17). El propósito de la venida era la expiación, y el Padre estaba personalmente implicado en esa obra, por cuanto el castigo recayó sobre su propio Hijo, al que había enviado voluntariamente.

Jesús tenía la firme convicción de que su vida y su muerte constituían el cumplimiento de las profecías del Antiguo Testamento. Concretamente, interpretó su propia vida y muerte como un claro cumplimiento de Isaías 53. En la Última Cena expresó: "Porque os digo que es necesario que se cumpla todavía en mí aquello que está escrito: Y fue contado con los inicuos; porque lo que está escrito de mí, tiene cumplimiento" (Lucas 22:37). Al citar Isaías 53:12, se identificó como el Siervo de Jehová. Sus referencias frecuentes a su sufrimiento dejan claro que entendía su muerte como la razón principal de su venida. Claramente comunicó a sus discípulos que el Hijo del Hombre debía sufrir muchas cosas, ser rechazado por las autoridades religiosas y ser asesinado (Marcos 8:31).

Jesús comprendía que su muerte constituía un *rescate*. Sin especificar a quién debía pagarse el rescate, ni de qué control debían ser liberados los esclavizados, Jesús indicó que la entrega de su vida iba a ser el medio por el que muchos serían liberados de la esclavitud (MT 20:28; Marcos 10:45).

Cristo también se concebía a sí mismo como nuestro *sustituto*. Este concepto es particularmente prominente en el Evangelio de Juan. Jesús afirmó: "Nadie tiene mayor amor que este, que uno ponga su vida por sus amigos" (Juan 15:13). Desde luego, estaba enunciando un principio de amplia aplicación. Pero, dado que hablaba a las puertas de su crucifixión, no

---

3 Gustave F. Oehler, *Theology of the Old Testament* [Teología del Antiguo Testamento] (Grand Rapids: Zondervan, 1950), pág. 274.

cabe duda de lo que pensaba. El apóstol Juan también registra el comentario burlón de Caifás al Sanedrín: "Vosotros no sabéis nada; ni pensáis que nos conviene que un hombre muera por el pueblo, y no que toda la nación perezca" (Juan 11:49-50). El asunto de interés no es la actitud de Caifás, sino la profunda verdad que Caifás había expresado sin saberlo. Jesús moriría en lugar no solamente de la nación, sino de todo el mundo. De manera significativa, Juan hace hincapié en esta observación de Caifás por segunda vez (18:14).

También hay indicios de que Jesús se percibía a sí mismo en el papel de un *sacrificio*. En su gran oración sacerdotal expresó: "Por ellos yo me consagro para que también ellos sean consagrados por medio de la verdad" (Juan 17:19 BLPH). El verbo aquí es común en los contextos de sacrificio. La declaración de Juan el Bautista al comienzo del ministerio de Jesús tiene connotaciones similares: "He aquí el Cordero de Dios, que quita el pecado del mundo" (Juan 1:29).

Jesús tenía un profundo sentir de que él era la fuente y el dador de la verdadera vida. En Juan 17:3 se afirma: "Y esta es la vida eterna: que te conozcan a ti, el único Dios verdadero, y a Jesucristo, a quien has enviado". La concesión de la vida eterna está aquí vinculada tanto al Padre como al Hijo. Podemos recibir esta vida a través de una relación especialmente estrecha con el Hijo, a la que también se refirió simbólicamente como "comer su carne" (Juan 6:52-58).

Para resumir lo que Jesús y los escritores de los Evangelios declararon sobre su muerte: Jesús sentía una estrecha identificación entre él y su Padre. Hablaba regularmente de que el Padre le había enviado. Él y el Padre son uno, por lo que la obra que hizo el Hijo fue también la obra del Padre. Jesús vino con el propósito de dar su vida como *rescate*, un medio para liberar a las personas que estaban esclavizadas por el pecado. Se ofreció a sí mismo como *sustituto* de ellos. Paradójicamente, su muerte da la vida;

nosotros la obtenemos aceptándolo en nosotros mismos. Su muerte fue un   tipificado por el sistema de sacrificios del Antiguo Testamento. Estos diversos motivos son elementos vitales en nuestra construcción de la doctrina de la expiación.

Los Escritos de Pablo

Cuando acudimos a los escritos de Pablo, encontramos una gran colección de enseñanzas sobre la expiación, enseñanzas que coinciden con lo que indican los Evangelios sobre el tema. Pablo también identifica y equipara el amor y el obrar de Jesús con el del Padre. Se pueden citar innumerables textos: "Dios estaba en Cristo reconciliando consigo al mundo" (2 Co 5:19); "Dios muestra su amor para con nosotros, en que siendo aún pecadores, Cristo murió por nosotros" (Ro 5:8). Por lo tanto, al igual que los escritores de los Evangelios y el propio Jesús, Pablo no considera la expiación como algo que Jesús hizo independientemente del Padre, sino que es la obra de ambos. Además, lo que Pablo señala respecto al amor del Padre, también lo afirma respecto al del Hijo: "Porque el amor de Cristo nos constriñe, pensando esto: que si uno murió por todos, luego todos murieron" (2 Co 5:14; ver también Ef 5:2). El amor del Padre y el del Hijo son intercambiables. George Ladd comenta: "La idea de que la cruz expresa el amor de Cristo por nosotros mientras arrebata la expiación a un Padre severo y reacio, perfectamente justo, pero perfectamente inamovible, es una perversión de la teología del Nuevo Testamento"[4].

Sin embargo, una vez dicho esto, debemos señalar que el tema de la ira divina sobre el pecado también es prominente en Pablo. Es importante darse cuenta, por ejemplo, de que Romanos 3:21-26, un pasaje sobre la redención

---

4 George E. Ladd, *A Theology of the New Testament* [Teología del Nuevo Testamento] (Grand Rapids: Eerdmans, 1974), pág. 424.

que Dios ha provisto en Jesucristo, es la culminación de un proceso de razonamiento que comenzó con el pronunciamiento de la ira de Dios contra el pecado: "Ciertamente, la ira de Dios viene revelándose desde el cielo contra toda impiedad e injusticia de los seres humanos, que con su maldad obstruyen la verdad" (Ro 1:18 [NVI]).

La santidad de Dios exige que haya expiación si se quiere superar la condición condenada de los pecadores. El amor de Dios ofrece esta expiación.

Pablo a menudo pensaba y se refería a la muerte de Cristo como un sacrificio. En 1 Corintios 5:7 (DHH) escribe: "Porque Cristo, que es el Cordero de nuestra Pascua, fue muerto en sacrificio por nosotros".

Sus abundantes referencias a la sangre de Cristo también sugieren un sacrificio: "ahora que hemos sido justificados por su sangre" (Ro 5:9 NVI); "en él tenemos la redención mediante su sangre" (Ef 1:7 NVI); ha reconciliado consigo todas las cosas, "haciendo la paz mediante la sangre de su cruz" (Col 1:20). Sin embargo, Ladd ha señalado que hubo en realidad muy poco derramamiento de la sangre de Cristo como tal[5]. Aunque hubo una pérdida de sangre cuando le pusieron la corona de espinas en la cabeza y cuando le clavaron los clavos en el cuerpo, no fue hasta después de su muerte cuando brotó la sangre (mezclada con agua) (Juan 19:34). Por lo tanto, las referencias a la sangre de Cristo no se refieren realmente a su sangre en sí, sino a su muerte como provisión de sacrificio por nuestros pecados.

El apóstol Pablo también sostiene que Cristo murió por nosotros o en nuestro favor. Dios "no escatimó ni a su propio Hijo, sino que lo entregó por todos nosotros" (Ro 8:32); "Cristo nos amó, y se entregó a sí mismo por nosotros" (Ef 5:2); Cristo se hizo "por nosotros maldición" (Gl 3:13; ver también Ro 5:8; 1 Ts 5:10).

Por último, Pablo contempla la muerte de

Cristo como propiciatoria, es decir, Cristo murió para aplacar la ira de Dios contra el pecado. Este punto ha sido cuestionado, especialmente por C. H. Dodd en su libro *The Bible and the Greeks* [La Biblia y los griegos]. Dodd basa su argumento en la forma en que el verbo *hilaskomai* y sus cognados se utilizan en la Septuaginta. Sostiene que no se trata de una propiciación, sino de una expiación, lo que se observa en versículos como Romanos 3:25[6]. Dios no se apaciguó con la muerte de Cristo. Más bien, lo que Cristo logró al morir fue limpiar a los pecadores de su pecado, cubrir su pecado e impureza.

Sin embargo, parece cuestionable que las conclusiones de Dodd, por muy influyentes que sean, sean exactas[7]. Sus conclusiones bien pueden ser el resultado de una concepción errónea de que la ira del Padre y el amor del Hijo constituyen una contradicción irresoluble dentro de la Trinidad. Este concepto erróneo queda al descubierto cuando Dodd es incapaz de tomar en serio la evidencia contraria de pasajes como Zacarías 7:2; 8:22; y Malaquías 1:9, donde un cognado del verbo hilaskomai se refiere a la propiciación o al apaciguamiento de Dios.

Al contrario que Dodd, observamos que hay pasajes en los escritos de Pablo que no pueden interpretarse satisfactoriamente si negamos que la ira de Dios tenía que ser aplacada. Esto es especialmente cierto en Romanos 3:25-26.

Antiguamente, Dios dejaba impunes los pecados. Se le podría acusar en este sentido de haber pasado por alto el pecado, ya que no había exigido un castigo por él. Sin embargo, ahora ha puesto a Jesús como "propiciación" (la palabra

---

5 *Ibid.*, pág. 425.

6 C. H. Dodd, *The Bible and the Greeks* [La Biblia y los griegos] (Londres: Hodder & Stoughton, 1935), pág. 94.

7 Ver a Ladd, *Theology*, págs. 429-430. Para una réplica más exhaustiva de la opinión de Dodd, ver a Roger Nicole, "*C. H. Dodd and the Doctrine of Propitiation*" ["C. H. Dodd y la doctrina de la propiciación"], *Westminster Theological Journal* 17 (1955): págs. 117-157.

griega es hilastērion). Esto demuestra tanto que Dios es justo (su ira exigió el sacrificio) como que es el justificador de los que tienen fe en Jesús (su amor proveyó el sacrificio para ellos).

Los múltiples pasajes que hablan de la ira de Dios contra el pecado son evidencia de que la muerte de Cristo fue necesariamente propiciatoria: Romanos 1:18; 2:5, 8; 4:15; 5:9; 9:22; 12:19; 13:4-5; Efesios 2:3; 5:6; Colosenses 3:6 y 1 Tesalonicenses 1:10; 2:16; 5:9.

Así pues, la idea de Pablo sobre la muerte expiatoria (Cristo como hilastērion) no es simplemente que cubre el pecado y lo limpia de su corrupción (expiación), sino que el sacrificio también apacigua a un Dios que odia el pecado y se opone radicalmente a ello (propiciación).

El Significado Esencial de la Expiación

Una vez revisada la enseñanza directa de la Biblia sobre el tema de la expiación, debemos concentrarnos ahora en sus motivos fundamentales.

Sacrificio

Ya hemos señalado varias referencias a la muerte de Cristo como sacrificio. Ahora complementaremos nuestra comprensión de este concepto observando en particular lo que indica el libro de Hebreos sobre el tema. En Hebreos 9:6-15 se compara la obra de Cristo con el Día de la Expiación del Antiguo Testamento.

Cristo es representado como el sumo sacerdote que entró en el Lugar Santo para ofrecer un sacrificio. Sin embargo, el sacrificio que Cristo ofreció no fue la sangre de cabras y terneros, sino su propia sangre (v. 12). Así aseguró la "redención eterna".

Se establece un vivo contraste entre el sacrificio de los animales, que solo tenía un efecto limitado, y el de Cristo, cuya muerte tiene un efecto eterno. Mientras que los sacrificios de Moisés debían ofrecerse en repetidas ocasiones, la muerte de Cristo fue la expiación una vez

y para siempre por los pecados de toda la humanidad (v. 12).

Un pensamiento similar se expresa en Hebreos 10:5-18. Aquí también la idea es que en lugar de los holocaustos, se sacrificó el cuerpo de Cristo (v. 5).

Se trataba de una ofrenda de una vez y para siempre (v. 10). En lugar de la ofrenda diaria del sacerdote (v. 11), Cristo "ofreció por los pecados un solo sacrificio para siempre" (v. 12 [DHH]).

En Hebreos 13, el escritor compara la muerte de Cristo con la ofrenda por el pecado del Antiguo Testamento. Murió para santificar al pueblo mediante su sangre. Por ello se nos exhorta a acudir a él fuera del campamento y a soportar el maltrato que soportó (vv. 10-13).

Lo que es único en el sacrificio de Cristo, y muy importante que hay que tener en cuenta, es que Cristo es tanto la víctima como el sacerdote que lo ofrece.

Lo que eran dos partes en el sistema levítico se combinan en Cristo. La mediación que Cristo inició con su muerte continúa incluso ahora en la forma de su intercesión sacerdotal por nosotros.

Propiciación

En nuestra sección del material paulino sobre la expiación, señalamos la controversia sobre si la muerte de Cristo fue propiciatoria. Aquí debemos observar que el concepto de propiciación no se limita a los escritos de Pablo.

En el sistema de sacrificios del Antiguo Testamento, la ofrenda se hacía ante el Señor, por lo que también tenía efecto: "el sacerdote la quemará en el altar sobre la ofrenda presentada por fuego al Señor.

Así el sacerdote hará expiación por [los pecadores], y el pecado que haya[n] cometido le[s] será perdonado" (Lv 4:35 NVI).

En vista de la ira de Dios contra el pecado y la afirmación de que la ofrenda debería hacerse al Señor y el perdón seguiría, se deduce que este versículo apunta a un apaciguamiento de Dios[8].

Sustitución

Hemos observado que Cristo murió por nuestra causa o en nuestro favor. Pero ¿es apropiado hablar de su muerte como sustitutiva, es decir, murió realmente en nuestro lugar?

Existen diversas observaciones que indican que Cristo verdaderamente ocupó nuestro lugar. Para empezar, hay toda una serie de pasajes que nos hablan de que nuestros pecados fueron "cargados" sobre Cristo, que "llevó" nuestra iniquidad, que "fue hecho pecado" por nosotros. Un ejemplo destacado es el de Isaías 53.

> Todos andábamos perdidos, como ovejas;
> cada uno seguía su propio camino,
> pero el Señor hizo recaer sobre él
> la iniquidad de todos nosotros.
> (v. 6 NVI)
> Y [él] con los transgresores fue contado;
> Llevó el pecado de muchos,
> E intercedió por los transgresores.
> (v. 12 [NBLA])

Al ver a Jesús, Juan el Bautista exclamó: "¡He aquí el Cordero de Dios que quita el pecado del mundo!" (Juan 1:29 [RVA-2015]). Pablo afirmó: "Cristo no cometió pecado alguno; pero por causa nuestra, Dios lo hizo pecado, para hacernos a nosotros justicia de Dios en Cristo" (2 Co 5:21 [DHH]). Y evidentemente, al tener en mente Isaías 53:5-6, 12, Pedro escribió: "Él mismo, en su cuerpo, llevó al madero nuestros pecados, para que muramos al pecado y vivamos para la justicia. Por sus heridas ustedes han sido sanados" (1 P 2:24 [NVI]).

La idea común en estos distintos pasajes es que Jesús cargó con nuestros pecados, los cuales fueron depositados en él o transferidos de nosotros a él.

Otra prueba de esto son las preposiciones griegas utilizadas para designar la relación precisa entre la obra de Cristo y nosotros. La preposición que más claramente sugiere la sustitución es $\dot{\alpha}\nu\tau\acute{\iota}$. Esta palabra en contextos no soteriológicos significa claramente "en lugar de" o "en vez de". Por ejemplo, Jesús preguntó: "¿Qué padre de vosotros, si su hijo le pide pan, le dará una piedra? ¿o si pescado, en lugar de pescado, le dará una serpiente?" (Lucas 11:11). Cuando observamos los pasajes en los que se utiliza la preposición $\dot{\alpha}\nu\tau\acute{\iota}$ para especificar la relación entre la muerte de Cristo y los pecadores, esta misma idea de sustitución está claramente presente. Por lo tanto, al igual que la sustitución está presente en la afirmación "ojo por ojo" de Mateo 5:38, también se encuentra en casos como el de Mateo 20:28: "el Hijo del Hombre no vino para ser servido, sino para servir, y para dar su vida en rescate por muchos".

A. T. Robertson comenta que los pasajes doctrinales importantes como Mateo 20:28 "enseñan la concepción sustitutiva de la muerte de Cristo, no porque $\dot{\alpha}\nu\tau\acute{\iota}$ por sí mismo signifique 'en lugar de', lo cual no es cierto, sino porque el contexto hace que cualquier otra idea resultante esté fuera de lugar"[9].

La otra preposición pertinente es $\dot{\upsilon}\pi\grave{\epsilon}\rho$. Tiene una variedad de significados, incluyendo "en lugar de". Ahora bien, se ha afirmado que $\dot{\alpha}\nu\tau\acute{\iota}$ significa literalmente "en lugar de" y que $\dot{\upsilon}\pi\grave{\epsilon}\rho$ significa "en nombre de".

---

8 Gabriel Abe hace hincapié en que el concepto de la propiciación no es simplemente un concepto occidental, sino que encaja bien con la religión tradicional africana, en la que "estos sacrificios se ofrecen para calmar la ira de las divinidades y los espíritus enfurecidos con el fin de eliminar los pecados cometidos, obtener su favor y restablecer la paz entre el ofensor y la divinidad" ("*Redemption, Reconciliation, Propitiation*" ["Redención, reconciliación, propiciación"], *Journal of Theology for Southern Africa*, nro. 95 [julio de 1996]: pág. 7).

9 A. T. Robertson, *A Grammar of the Greek New Testament in the Light of Historical Research* [Una gramática del Nuevo Testamento griego a la luz de la investigación histórica] (Nashville: Broadman, 1934), pág. 573.

G. B. Winer replica: "En la mayoría de los casos, el que actúa en nombre de otro aparece por él (1 Ti 2:6; 2 Co 5:15), y por esto es que ὑπέρ en ocasiones limita con ἀντί, es decir, en lugar de"[10].

En algunos pasajes bíblicos (p. ej., Ro 5:6-8; 8:32; Gl 2:20; Heb 2:9), ὑπέρ puede tomarse en el sentido de "en nombre de", aunque probablemente signifique "en lugar de". Sin embargo, en otros pasajes (especialmente en Juan 11:50; 2 Co 5:15; Gl 3:13), el significado es obviamente "en lugar de". No es necesario que el significado de "en lugar de" sea evidente en todos los casos, ya que hay suficiente evidencia bíblica de que la muerte de Cristo fue sustitutiva.

Reconciliación

La muerte de Cristo también pone fin a la enemistad y al distanciamiento que existen entre Dios y la humanidad. Nuestra hostilidad hacia Dios queda eliminada. Las Escrituras suelen hacer énfasis en que hemos sido reconciliados con Dios, es decir, él asume el papel activo, ya que nos reconcilia consigo mismo. Sobre esta base, quienes defienden la teoría de la influencia moral han sostenido que dicha reconciliación es estrictamente obra de Dios[11]. ¿Tienen razón?

Para responder, tenemos que señalar, en primer lugar, que cuando la Biblia exhorta a que alguien se reconcilie con otro, la hostilidad no recae necesariamente en la persona a la que se dirige[12]. La declaración de Jesús en Mateo 5:23-24 corrobora esta afirmación: "Por tanto, si traes tu ofrenda al altar, y allí te acuerdas de que tu hermano tiene algo contra ti, deja allí tu ofrenda delante del altar, y anda, reconcíliate primero con tu hermano, y entonces ven y presenta tu ofrenda".

Cabe destacar que la otra persona es la que se siente agraviada y soporta la animosidad, y no se indica que la persona que ofrece la ofrenda sienta tal hostilidad. Sin embargo, es este último el que es instado a reconciliarse con el otro.

Del mismo modo, aunque Dios no es el que arrastra la animosidad, es él quien trabaja para lograr la reconciliación.

Otra notable referencia bíblica al respecto es la palabra de Pablo en Romanos 11:15. La reconciliación del mundo ahora es posible gracias a la destitución de los judíos. Dios toma la iniciativa, rechazando a Israel del favor divino y de la gracia del evangelio. La reconciliación del mundo (los gentiles) queda en contraste con el rechazo de Israel.

Al ofrecerse a sí mismo por nosotros, Jesús cargó verdaderamente con el castigo que debería haber sido nuestro, aplacó al Padre y logró que la reconciliación entre Dios y la humanidad fuera posible.

Por lo tanto, la reconciliación también es presuntamente un acto de Dios, su acto de recibir al mundo en su favor y de tratar especialmente con ellos.

Por muy importante que sea que los humanos se vuelvan a Dios, el proceso de reconciliación implica principalmente que Dios se vuelva a favor de ellos.

---

10 G. B. Winer, *A Treatise on the Grammar of New Testament Greek* [Un tratado de gramática del griego del Nuevo Testamento], 3ra rev. ed. (9.ª ed. inglesa) (Edimburgo: T&T Clark, 1882), pág. 479.

11 Peter Abelard, *Commentary on the Epistle to the Romans 5:5* [Comentario sobre la Epístola a los Romanos 5:5].

12 John Murray, *Redemption—Accomplished and Applied* [La redención consumada y aplicada] (Grand Rapids: Eerdmans, 1955), págs. 34-38.

Objeciones Frente a la Teoría de la Sustitución Penal

Evidentemente, de las diversas teorías examinadas en el capítulo anterior, es la teoría de la satisfacción la que mejor expresa el aspecto esencial de la obra expiatoria de Cristo. Él murió para satisfacer la justicia de la naturaleza de Dios. Este punto de vista ha sido comúnmente referido como la teoría de la sustitución penal. Al ofrecerse a sí mismo por nosotros, Jesús cargó verdaderamente con el castigo que debería haber sido nuestro, aplacó al Padre y logró que la reconciliación entre Dios y la humanidad fuera posible. Aunque los pasajes pertinentes de las Escrituras apuntan claramente en la dirección de esta teoría de la expiación, se han planteado varias objeciones. En los últimos años, las objeciones se han ampliado y agudizado[13].

La Distorsión de la Naturaleza de la Divinidad

Para algunos teólogos, la idea de la ira de Dios oscurece la naturaleza fundamental de Dios, es decir, que es amor[14]. Aquí hay una doble crítica, que la imagen de un Dios iracundo y juzgador es infiel a la imagen bíblica, y que esto es injusto, al castigar a un inocente por los pecados de otros. Un aspecto más del problema teológico es la aparente división que introduce entre un Hijo amable y amoroso, y un Padre violento y juzgador. Otra faceta de la objeción se refiere al concepto de la propiciación. El hecho de que el Hijo amoroso venza al Padre y pase de su enfado e ira contra el pecado a un espíritu amoroso y perdonador se considera un indicio de conflicto interno en la mente de Dios o entre las personas de la Trinidad[15]. Para responder a esta objeción es conveniente recordar las innumerables referencias que indican que Cristo fue enviado por el amor del *Padre*. Por lo tanto, no se trata de que la propiciación cambiara a un Dios airado en un Dios amoroso. Si bien la santidad, la rectitud y la justicia del Padre exigían que hubiera un pago por el pecado, su amor lo proporcionó. Esto se refleja con toda claridad en 1 Juan 4:10: "En esto consiste el amor: no en que nosotros hayamos amado a Dios, sino en que él nos amó a nosotros, y envió a su Hijo en propiciación por nuestros pecados". Por consiguiente, la propiciación no desvirtúa el amor y la misericordia de Dios. Al exigir el pago del castigo, Dios demostró cuán grandes son su santidad y su justicia. Al proporcionar él mismo ese pago, manifestó la magnitud de su amor. En Romanos 3:26 (NVI), Pablo lo expresa así: "Pero en el tiempo presente ha ofrecido a Jesucristo para manifestar su justicia. De este modo Dios es justo y, a la vez, el que justifica a los que tienen fe en Jesús".

La Moralidad o Rectitud de la Sustitución

La segunda objeción sugiere que el hecho de que el Padre sustituya a su Hijo para que cargue con nuestro castigo resulta algo improcedente e injusto. Por utilizar una analogía con los tribunales, supongamos que un juez, al declarar

---

13 Para un argumento conciso de la base bíblica que sustenta el punto de vista de la sustitución penal y su defensa frente a muchas de las objeciones, ver a I. Howard Marshall, *"The Theology of the Atonement"* ["La teología de la expiación"], en *The Atonement Debate: Papers from the London Symposium on the Theology of the Atonement* [El debate sobre la expiación: Documentos del simposio de Londres sobre la teología de la expiación], ed. Derek Tidball, David Hilborn y Justin Thackeri (Grand Rapids: Zondervan, 2008), págs. 49-68. Para una declaración más completa de Marshall, ver su obra *Aspects of the Atonement: Cross and Resurrection in the Reconciling of God and Humanity* [Aspectos de la expiación: La cruz y la resurrección en la reconciliación de Dios y la humanidad] (Colorado Springs: Paternoster, 2007).

14 Ver a Steve Chalke y Alan Mann, *The Lost Message of Jesus* [El mensaje perdido de Jesús] (Grand Rapids: Zondervan, 2003), pág. 182. Se ha convertido en una cuestión de debate si se trata de la propia crítica de los autores al punto de vista de la sustitución penal o de su representación de una caricatura del enfoque.

15 Albrecht Ritschl, *The Christian Doctrine of Justification and Reconciliation* [La doctrina cristiana de la justificación y la reconciliación] (Edimburgo: T&T Clark, 1900), 3:473.

culpable a un acusado, no procede a castigarlo, sino que castiga a un inocente. ¿No sería esto impropio?[16] Esta crítica se basa en una separación no bíblica de las personas de la Trinidad. El castigo por los pecados humanos no es algo que se imponga a un Hijo inocente y no dispuesto. Jesús declaró: "Por eso me ama el Padre, porque yo pongo mi vida, para volverla a tomar. Nadie me la quita, sino que yo de mí mismo la pongo. Tengo poder para ponerla, y tengo poder para volverla a tomar. Este mandamiento recibí de mi Padre" (Juan 10:17-18). Jesús no fue obligado por el Padre a entregar su vida. Lo hizo voluntariamente y así complació al Padre. La segunda respuesta es que la obra de Cristo es también la del Padre. Varios textos indican que el Padre y el Hijo son uno. Por lo tanto, el Padre no impuso el castigo a otro que no fuera él mismo. Está claro que Dios es tanto el juez como la persona que paga el castigo. En términos de nuestra analogía con la sala de un tribunal, no es como si el juez dictara una sentencia contra el acusado, y alguna parte inocente y hasta ahora no involucrada apareciera para pagar la multa o cumplir la sentencia. Más bien, es como si el juez dictara la sentencia sobre el acusado, luego se quitara la toga y se fuera a cumplir la sentencia en lugar del acusado.

La Hipocresía Divina

¿Por qué Dios no perdona simplemente los pecados? Si los seres humanos somos capaces de perdonarnos unos a otros simplemente con un acto de buena voluntad, ¿no debería Dios poder hacer lo mismo?[17] Sin embargo, esta afirmación no tiene en cuenta que Dios no es solamente una persona privada que ha sido agraviada, sino también el administrador oficial del sistema judicial. El hecho de que Dios elimine o ignore la culpa del pecado sin exigir un pago destruiría, desde luego, la propia fibra moral del universo, la distinción entre el bien y el mal. Una consideración adicional es que cuando alguien peca contra nosotros, somos conscientes de que la culpa puede ser nuestra, al menos en parte, y de que en otras múltiples ocasiones hemos pecado contra otros. Pero con Dios, que no es tentado ni hace el mal, no existe ese elemento de imperfección que haga que nuestro pecado parezca menos terrible.

La Naturaleza Culturalmente Condicionada de la Teoría

Otra crítica a la visión de la satisfacción penal de la expiación señala que en realidad surgió en un período en el que la sociedad estaba estructurada sobre la base del feudalismo. Según la versión de Anselmo, de la cual se derivan las opiniones modernas sobre la satisfacción penal, el hecho de deber honor al señor feudal se convirtió en una cuestión muy importante. Por lo tanto, llegó a concebir la relación del individuo con Dios bajo ese modelo[18]. Este enfoque obstaculiza la misión de la iglesia. La idea de un Dios vengativo es ofensiva para las personas de hoy en día. Algunos críticos sostienen que la popularidad de la visión de la sustitución penal está ligada a una postura moderna, y como tal tiene poco que ofrecer a un mundo posmoderno[19]. Es cierto que esta concepción de un Dios santo es inaceptable para muchas personas en la actualidad. Sin embargo, hay que tener en cuenta que, en cierta medida, siempre ha sido así. Siempre ha habido y habrá un escándalo con el evangelio.

---

16 *Racovian Catechism* [Catecismo racoviano], trad. Thomas S. Rees (Londres: Longman, Hurst, Rees, Orme y Brown, 1818; repr., Lexington: American Theological Library Association, 1962), 5.8.

17 Fausto Socino, *De Jesu Christo servatore* 1.1.

18 Joel B. Green y Mark D. Baker, *Recovering the Scandal of the Cross: Atonement in New Testament and Contemporary Contexts* [Recuperando el escándalo de la cruz: La expiación en el Nuevo Testamento y en los contextos contemporáneos] (Downers Grove, Illinois: InterVarsity, 2000), págs. 126-136.

19 *Ibid.*, págs. 28-29.

Aunque debemos tener cuidado de no exponer la doctrina de forma innecesariamente ofensiva, tampoco podemos acomodar la visión bíblica a una cultura antropocéntrica y en cierto modo libertina sin que en el proceso se convierta en algo menos que la verdad revelada por Dios.

Una Visión Demasiado Individualista

Algunos critican el énfasis en la relación del individuo con Dios y en los pecados individuales, dejando de lado las dimensiones sociales más amplias del pecado. Además, sus orígenes y su tono son demasiado occidentales para ser aceptables para personas de otras partes del mundo, en especial las que viven en sociedades basadas en la vergüenza, más que en la culpa[20]. No cabe duda de que, al igual que un misionero debe comenzar con el lenguaje de su destinatario, es posible que ciertos aspectos de la explicación multifacética de la expiación deban utilizarse como inicio de la conversación. Sin embargo, la dimensión de la sustitución penal de la expiación es algo más que un simple concepto occidental, ya que se basa en las propias Escrituras.

Implicaciones de la Expiación Sustitutiva

La teoría sustitutiva de la muerte expiatoria de Cristo, cuando se comprende en toda su complejidad, resulta una verdad enriquecedora y significativa. Tiene varias implicaciones importantes para nuestra comprensión de la salvación:

1. La teoría de la sustitución penal confirma la enseñanza bíblica de la depravación total de todos los seres humanos. Dios no habría ido tan lejos como para dar muerte a su preciado Hijo si no fuera absolutamente necesario. Los seres humanos son totalmente incapaces de satisfacer su propia necesidad.

2. La naturaleza de Dios no es unilateral, ni

hay tensión entre sus diferentes aspectos. No es simplemente justo y exigente, ni solamente amoroso y dadivoso. Es justo, hasta el punto de que el sacrificio por el pecado tuvo que ser provisto. Es amoroso, tanto que él mismo ofreció este sacrificio.

3. No hay otro camino de salvación que la gracia y, en concreto, la muerte de Cristo. Tiene un valor infinito y, por lo tanto, cubre los pecados de toda la humanidad para siempre. Un sacrificio finito, por el contrario, ni siquiera puede cubrir plenamente los pecados del individuo que lo ofrece.

4. Para el creyente hay seguridad en su relación con Dios, porque la base de la relación, la muerte sacrificial de Cristo, es completa y permanente. Aunque nuestros sentimientos puedan cambiar, los cimientos de nuestra relación con Dios permanecen inamovibles.

5. Nunca debemos tomar a la ligera la salvación que tenemos. Si bien es gratuita, también es costosa, pues le costó a Dios el máximo sacrificio. Por consiguiente, debemos estar siempre agradecidos por lo que ha hecho, y debemos amarlo en respuesta e imitar su carácter dadivoso.

En esto consiste el amor: no en que nosotros hayamos amado a Dios, sino en que él nos amó a nosotros, y envió a su Hijo en propiciación por nuestros pecados (1 Juan 4:10).

Preguntas de Análisis y Reflexión

- ¿Cómo considera Pablo la muerte de Cristo en sus escritos del Nuevo Testamento?
- ¿Qué elementos intervienen en el significado esencial de la expiación y por qué?
- ¿Cuáles son las objeciones a la teoría de la sustitución penal de la expiación, y cómo respondería usted a ellas?
- ¿Qué significado para la teología cristiana puede extraerse de la teoría de la sustitución penal de la expiación?
- ¿Qué ha aprendido usted de este capítulo en cuanto a apreciar la naturaleza de Dios?

20 *Ibid.*, págs. 153-170.

PARTE 6

El Espíritu Santo

28

La Persona del Espíritu Santo

Objetivos del Capítulo

Una vez estudiado este capítulo, el lector es capaz de:
1. Expresar por lo menos tres razones por las que el estudio del Espíritu Santo es importante.
2. Citar las razones por las que la comprensión de la doctrina del Espíritu Santo ha sido y sigue siendo difícil.
3. Comprender la naturaleza (la deidad y la personalidad) del Espíritu Santo.
4. Evaluar las implicaciones de la doctrina del Espíritu Santo.

Resumen del Capítulo

Dado que el Espíritu Santo no se describe sistemáticamente en las Escrituras, la doctrina de la Tercera Persona de la Trinidad ha sido controvertida. El Espíritu es importante, ya que proporciona el contacto entre el creyente y Dios. A partir de la evidencia bíblica, podemos descubrir su deidad y personalidad. De nuestro estudio se pueden extraer diversas conclusiones sobre la persona y la obra del Espíritu Santo.

Estructura del Capítulo

La Importancia de la Doctrina del Espíritu Santo

Dificultades para Entender al Espíritu Santo

La Naturaleza del Espíritu Santo

- La Deidad del Espíritu Santo
- La Personalidad del Espíritu Santo

Implicaciones de la Doctrina del Espíritu Santo

Las partes culminantes de nuestro estudio de la teología sistemática deben entenderse en el contexto de las doctrinas que ya hemos examinado. Comenzamos con Dios, el Ser Supremo, y su obra de planificación, creación y cuidado de todo lo que existe. Luego revisamos la más alta de las criaturas, los seres humanos, en términos de su propósito de destino divino y su desviación de ese plan divino. También vimos las consecuencias que sufrió la raza humana y la provisión que Dios estableció para su redención y restauración.

> *El Espíritu Santo es el punto en el que la Trinidad se hace personal para el creyente.*

La creación, la providencia y la provisión de la salvación son la obra objetiva de Dios. Llegamos ahora a la obra subjetiva de Dios: la aplicación de su obra divina de salvación a los seres humanos. Examinaremos el carácter real de la salvación recibida y experimentada por los seres humanos. Seguidamente, investigaremos la forma colectiva que adopta la fe, es decir, la iglesia. Y, por último, analizaremos la culminación del plan de Dios, es decir, las últimas cosas.

Otra forma de ver nuestro estudio de la teología sistemática es verlo como centrado en la obra de los diferentes miembros de la Trinidad. El Padre se destaca en la obra de la creación y la providencia (parte 3), el Hijo ha llevado a cabo la redención de la humanidad pecadora (partes 4-5), y el Espíritu Santo aplica esta obra redentora a las criaturas de Dios, logrando así que la salvación sea real (partes 6-8). La comprensión de la Tercera Persona de la Trinidad iluminará la doctrina de la salvación.

La Importancia de la Doctrina del Espíritu Santo

Hay varias razones por las que el estudio del Espíritu Santo es de especial importancia para nosotros. Una de ellas es que el Espíritu Santo es el punto en el que la Trinidad se hace personal para el creyente.

Por lo general, pensamos en el Padre como algo trascendente y lejano en el cielo; y del mismo modo, el Hijo parece lejano en la historia y, por lo tanto, también relativamente incognoscible.

Pero el Espíritu Santo está activo en la vida de los creyentes porque reside en nosotros. Es la persona particular de la Trinidad a través de la cual toda la Divinidad Trina actúa hoy en día en nosotros.

Una segunda razón por la que el estudio del Espíritu Santo es especialmente importante es que vivimos en un período en el que la obra del Espíritu Santo es más prominente que la de los otros miembros de la Trinidad.

La obra del Padre fue la más conspicua en el período del Antiguo Testamento, así como la del Hijo en el período cubierto por los Evangelios y hasta la ascensión.

El Espíritu Santo ocupó el centro de la escena a partir de Pentecostés, es decir, el período comprendido en el libro de los Hechos y las Epístolas, y los períodos subsiguientes de la historia de la iglesia.

Una tercera razón de la importancia de la doctrina del Espíritu Santo es que, en una cultura que hace hincapié en lo experimental, es sobre todo a través de la obra del Espíritu Santo como sentimos la presencia de Dios en nuestro interior y la vida cristiana adquiere una especial tangibilidad.

Dificultades para Entender al Espíritu Santo

Aunque el estudio del Espíritu Santo es especialmente importante, nuestra comprensión es a menudo más incompleta y confusa en este caso que en la mayoría de las otras doctrinas. Una de las razones es que en la Biblia tenemos menos revelaciones explícitas sobre el Espíritu Santo que sobre el Padre o el Hijo. Quizá esto se deba parcialmente a que una gran parte del ministerio del Espíritu Santo consiste en declarar y glorificar al Hijo (Juan 16:14). A diferencia de otras doctrinas, no hay discusiones sistemáticas sobre el Espíritu Santo. Prácticamente el único intento por profundizar en la cuestión es el discurso de Jesús en Juan 14-16. En la mayoría de las ocasiones, el Espíritu Santo se menciona en relación con otro tema.

Otro problema adicional es la falta de representaciones claras. Dios Padre se entiende bastante bien porque la figura de un padre es familiar para prácticamente todo el mundo. El Hijo no es difícil de conceptualizar, ya que realmente apareció en forma humana y fue observado y reportado. Pero el Espíritu es intangible y difícil de visualizar. Y para complicar este asunto está la desafortunada terminología de la versión King James y otras traducciones inglesas más antiguas que se refieren al Espíritu Santo como "Holy Ghost" (literalmente, Fantasma Santo).

Además, surge un problema por el hecho de que, ya en el tiempo actual, el Espíritu ejerce un ministerio de servicio al Padre y al Hijo, cumpliendo su voluntad (que, por supuesto, es también la suya). Ahora bien, esta subordinación temporal de funciones (la del Hijo en su ministerio terrenal y la del Espíritu en la actualidad) no debe llevarnos a la conclusión de que existe también una inferioridad de esencia. Sin embargo, en la práctica, muchos de nosotros tenemos una teología no oficial que considera que el Espíritu es de una esencia inferior a la del Padre y el Hijo. De hecho, la Trinidad se visualiza como PADRE, HIJO y espíritu santo. Este error es similar al de los arrianos. A partir de los pasajes bíblicos que hablan de la subordinación del Hijo al Padre durante su ministerio terrenal, concluyeron que el Hijo es de un estatus y esencia inferior al del Padre.

En la última mitad del siglo XX, a nivel popular o laico, la doctrina del Espíritu Santo se convirtió en la más controvertida de todas las doctrinas. Como resultado, ha habido cierta reticencia a discutir el Espíritu, por temor a que tal discusión pueda llevar a la disensión. Mientras que en ciertos círculos ser "cristiano carismático" es una insignia de prestigio, en otros es un estigma.

La Naturaleza del Espíritu Santo

La Deidad del Espíritu Santo

La deidad del Espíritu Santo no es tan fácil de establecer como la del Padre y el Hijo. Sin embargo, hay distintas bases sobre las que se puede concluir que el Espíritu Santo es Dios de la misma manera y en el mismo grado que el Padre y el Hijo.

En primer lugar, debemos observar que varias referencias al Espíritu Santo son intercambiables con las referencias a Dios. En Hechos 5, Ananías y Safira habían vendido una parte de una propiedad y representaron el dinero que traían como la totalidad de lo que habían recibido. Al reprender a Ananías, Pedro pregunta: "Ananías, ¿por qué llenó Satanás tu corazón para que mintieses al Espíritu Santo, y sustrajeses del precio de la heredad?" (v. 3). En el siguiente versículo afirma: "No has mentido a los hombres, sino a Dios". Parece que en la mente de Pedro "mentir al Espíritu Santo" y "mentir a Dios" eran expresiones intercambiables.

Otro pasaje en el que el "Espíritu Santo" y "Dios" se utilizan de forma intercambiable es la discusión de Pablo sobre el cuerpo del cristiano. En 1 Corintios 3:16 escribe: "¿No sabéis que sois templo de Dios, y que el Espíritu de Dios mora en vosotros?". En el 6:19 [NVI] utiliza un lenguaje casi idéntico: "¿Acaso no saben que su cuerpo es templo del Espíritu Santo, quien está en ustedes y al que han recibido de parte de Dios?". Está claro que, para Pablo, el hecho de que el Espíritu Santo habite en nosotros es equivalente a que Dios more en nosotros. Al equiparar la frase "templo de Dios" con la frase "templo del Espíritu Santo", Pablo establece claramente que el Espíritu Santo es Dios.

Además, el Espíritu Santo posee los atributos o cualidades de Dios. Una de ellas es la omnisciencia. Pablo escribe en 1 Corintios 2:10-11:

> Pero Dios nos las reveló a nosotros por el Espíritu; porque el Espíritu todo lo escudriña, aun lo profundo de Dios Porque ¿quién de los hombres sabe las cosas del hombre, sino el espíritu del hombre que está en él? Así tampoco nadie conoció las cosas de Dios, sino el Espíritu de Dios.

Y Jesús promete en Juan 16:13 que sus seguidores serán guiados a toda la verdad por el Espíritu.

El poder del Espíritu Santo también se menciona de forma destacada en el Nuevo Testamento. En Lucas 1:35, una referencia a la concepción virginal, las frases "el Espíritu Santo" y "el poder del Altísimo" tienen una estructura paralela o sinónima. Pablo reconocía que los logros de su ministerio se conseguían "mediante poderosas señales y milagros, por el poder del Espíritu de Dios" (Ro 15:19 NVI). Además, Jesús atribuyó al Espíritu Santo la capacidad de cambiar los corazones y las personalidades humanas: es el Espíritu quien obra la convicción (Juan 16:8-11) y la regeneración (Juan 3:5-8) en nosotros. Aunque estos textos no afirman específicamente que el Espíritu sea omnipotente, sí que indican que tiene un poder que seguramente solo posee Dios.

Otro atributo del Espíritu que lo une al Padre y al Hijo es su eternidad. En Hebreos 9:14 se habla de él como "el Espíritu eterno" por el que Jesús se ofreció a sí mismo. Sin embargo, únicamente Dios es eterno (Heb 1:10-12) y todas las criaturas son temporales. Por lo tanto, el Espíritu Santo debe ser Dios.

Además de tener atributos divinos, el Espíritu Santo realiza ciertas obras que comúnmente se atribuyen a Dios. Estuvo y sigue estando involucrado en la creación, tanto en su origen como en su cuidado y guía providencial. El salmista expresa lo siguiente:

> Pero, si envías tu Espíritu, [todas las partes de la creación anteriormente enumeradas] son creados, y así renuevas la faz de la tierra. (Sal 104:30 NVI)

El testimonio bíblico más abundante sobre el papel del Espíritu Santo se refiere a su obrar espiritual sobre o dentro de los seres humanos. Ya hemos señalado que Jesús atribuyó la regeneración al Espíritu Santo (Juan 3:5-8). Esto lo confirma Pablo en Tito 3:5. Además, el Espíritu resucitó a Cristo de entre los muertos y también nos resucitará a nosotros, es decir, Dios nos resucitará por medio del Espíritu (Ro 8:11).

Las Escrituras es otra obra divina del Espíritu Santo. En 2 Timoteo 3:16, Pablo escribe: "Toda la Escritura es inspirada por Dios, y útil para enseñar, para redargüir, para corregir, para instruir en justicia". Pedro también menciona el papel del Espíritu al proveer las Escrituras, pero hace énfasis en la influencia sobre el escritor más que en el producto final: "Porque nunca la profecía fue traída por voluntad humana, sino que los santos hombres de Dios hablaron siendo inspirados por el Espíritu Santo" (2 P 1:21).

Nuestra última observación para argumentar a favor de la deidad del Espíritu Santo es su vinculación con el Padre y el Hijo sobre una base de aparente igualdad. Una de las evidencias mejor conocidas es la fórmula bautismal prescrita en la Gran Comisión: "Por tanto, id, y haced discípulos a todas las naciones, bautizándolos en el nombre del Padre, y del Hijo, y del Espíritu Santo" (MT 28:19). La bendición paulina de 2 Corintios 13:14 es otra prueba, al igual que 1 Corintios 12:4-6, donde Pablo, al hablar de los dones espirituales, establece una correlación entre los tres miembros de la Divinidad. Asimismo, Pedro, en la salutación de su primera epístola, vincula a los tres, señalando sus respectivos papeles en el proceso de salvación: "[A los exiliados de la dispersión] elegidos según la presciencia de Dios Padre en santificación del Espíritu, para obedecer y ser rociados con la sangre de Jesucristo: Gracia y paz os sean multiplicadas" (1 P 1:2).

La Personalidad del Espíritu Santo

El Espíritu Santo no es una fuerza impersonal. Este punto es especialmente importante en una época donde las tendencias panteístas están entrando en la cultura occidental a través de la influencia de las religiones orientales. La Biblia deja claro de varias maneras que el Espíritu Santo es una persona y posee todas las cualidades que ello implica.

La primera evidencia de la personalidad del Espíritu es el uso del pronombre masculino para representarlo. Dado que la palabra griega *pneuma* ("espíritu") es neutra y que los pronombres deben concordar con sus antecedentes en cuanto a persona, número y género, cabría esperar que se utilizara el pronombre neutro para representar al Espíritu Santo. Sin embargo, en Juan 16:13-14, la descripción que hace Jesús del ministerio del Espíritu Santo utiliza un pronombre masculino donde se esperaría un pronombre neutro. El único antecedente posible en el contexto inmediato es "Espíritu de verdad" (v. 13). O bien Juan, al relatar el discurso de Jesús, cometió un error gramatical en este punto (lo cual es poco probable, ya que no encontramos ningún error similar en ninguna otra parte del Evangelio), o bien eligió deliberadamente utilizar el masculino para transmitirnos que Jesús se refiere a una persona, no a una cosa.

Una segunda fuente de evidencia de la personalidad del Espíritu Santo es una serie de pasajes en los que su obrar se asemeja, de un modo u otro, al obrar de otra persona que es claramente un agente personal. El término *paraklētos* ("consejero, intercesor") se aplica al Espíritu Santo en Juan 14:26; 15:26 y 16:7. En cada uno de estos contextos, es evidente que no se trata de una especie de influencia abstracta, pues también se habla expresamente de Jesús como *paraklētos* (1 Juan 2:1). Lo más significativo son las palabras de Jesús en Juan 14:16, donde expresa que orará al Padre para que dé a los discípulos otro *paraklētos*. La palabra "otro" significa "otro de la misma clase"[1]. Dadas las afirmaciones de Jesús que vinculan la venida del Espíritu con su propia partida (p. ej., 16:7), esto significa que el Espíritu es un sustituto de Jesús y desempeñará la misma función. La similitud de su función es una muestra de que el Espíritu Santo, al igual que Jesús, debe ser una persona.

Otra función que realizan tanto Jesús como el Espíritu Santo, y que por lo tanto sirve como muestra de la personalidad del Espíritu, es glorificar a otro miembro de la Trinidad. En Juan 16:14 Jesús menciona que el Espíritu "me glorificará; porque tomará de lo mío, y os lo hará saber". Un paralelismo se encuentra en Juan 17:4, donde en su oración sacerdotal Jesús afirma que durante su ministerio en la tierra glorificó al Padre.

Las vinculaciones más interesantes del Espíritu Santo con agentes personales son aquellas en las que se le relaciona tanto con el Padre como con el Hijo. Entre las más conocidas están, una vez más, la fórmula bautismal de Mateo 28:19 y la bendición de 2 Corintios 13:14. Judas

1 Richard Trench, *Synonyms of the New Testament* [Sinónimos del Nuevo Testamento] (Grand Rapids: Eerdmans, 1953), págs. 357-361.

exhorta: "Pero vosotros, amados, edificándoos sobre vuestra santísima fe, orando en el Espíritu Santo, conservaos en el amor de Dios, esperando la misericordia de nuestro Señor Jesucristo para vida eterna" (vv. 20-21). Pedro se dirige a sus lectores como aquellos que han sido "elegidos según la presciencia de Dios Padre en santificación del Espíritu, para obedecer y ser rociados con la sangre de Jesucristo: Gracia y paz os sean multiplicadas" (1 P 1:2). El Espíritu Santo también está vinculado al Padre y al Hijo en varios acontecimientos del ministerio de Jesús. En el bautismo de Jesús (MT 3:16-17), las tres personas de la Trinidad estaban presentes. Jesús señaló que la expulsión de demonios estaba relacionada con el Padre y el Espíritu (MT 12:28). La conjunción del Espíritu Santo con el Padre y el Hijo en estos acontecimientos es una muestra de que es personal, al igual que ellos.

El hecho de que el Espíritu posea ciertas características personales es la tercera muestra de su personalidad. Entre las más notables están la inteligencia, la voluntad y las emociones, consideradas tradicionalmente como los tres elementos fundamentales de la personalidad. De las diversas referencias a la inteligencia y el conocimiento del Espíritu, citamos aquí Juan 14:26 (BLPH), donde Jesús promete que "el Abogado, el Espíritu Santo, a quien el Padre enviará en mi nombre, hará que ustedes recuerden cuanto yo les he enseñado y él se lo explicará todo". La voluntad del Espíritu está atestiguada en 1 Corintios 12:11 (NVI), donde se afirma que los distintos dones espirituales son realizadas por "un mismo y único Espíritu, quien reparte a cada uno según él lo determina". La afirmación de que el Espíritu tiene emociones es evidente en Efesios 4:30, donde Pablo advierte que no se debe contristar al Espíritu.

El Espíritu Santo también puede ser afectado como una persona, mostrando así su personalidad de forma pasiva. Es posible mentir al Espíritu Santo, como hicieron Ananías y Safira (Hechos 5:3-4). Pablo habla de

los pecados de contristar al Espíritu Santo (Ef 4:30) y de apagar el Espíritu (1 Ts 5:19). Esteban acusa a sus adversarios de resistir siempre al Espíritu Santo (Hechos 7:51). Si bien es posible resistir a una mera fuerza, no se puede mentir ni contristar a algo impersonal. Y también, muy especialmente, está el pecado de la blasfemia contra el Espíritu Santo (MT 12:31; Marcos 3:29). Este pecado, del cual Jesús sugiere que es más grave que la blasfemia contra el Hijo, indudablemente no se puede cometer contra algo impersonal.

Además, el Espíritu Santo participa en obras y ministerios morales que únicamente pueden ser realizados por una persona. Entre estas obras están enseñar, regenerar, escudriñar, hablar, interceder, dar órdenes, testificar, guiar, iluminar y revelar. Un pasaje interesante e inusual es el de Romanos 8:26: "Y de igual manera el Espíritu nos ayuda en nuestra debilidad; pues qué hemos de pedir como conviene, no lo sabemos, pero el Espíritu mismo intercede por nosotros con gemidos indecibles". Sin duda, Pablo tiene una persona en mente. Y Jesús tiene en cuenta al Espíritu Santo cada vez que habla de él, por ejemplo, cuando en Juan 6:18 (NVI) se expresa: "Y, cuando él venga, convencerá al mundo de su error en cuanto al pecado, a la justicia y al juicio".

Todas las observaciones anteriores conducen a una conclusión. El Espíritu Santo es una persona, no una fuerza, y esa persona es Dios, tan plenamente y de la misma manera que lo son el Padre y el Hijo.

Implicaciones de la Doctrina del Espíritu Santo

Una comprensión correcta de quién y qué es el Espíritu Santo tiene ciertas implicaciones:

1. El Espíritu Santo es una persona, no una fuerza indeterminada. Por lo tanto, es alguien con quien podemos tener una relación personal, alguien a quien podemos y debemos orar.

2. El Espíritu Santo, al ser plenamente divino,

debe recibir el mismo honor y respeto que damos al Padre y al Hijo. Es apropiado adorarle como lo hacemos con ellos. No se le debe considerar en ningún sentido inferior en esencia a ellos, aunque su papel pueda en ocasiones estar subordinado al de ellos.

3. El Espíritu Santo es uno con el Padre y el Hijo. Su obra es la expresión y ejecución de lo que los tres han planeado juntos. No hay tensión entre sus personas y su accionar.

4. Dios no está lejos. En el Espíritu Santo, el Dios Trino se acerca, tanto como para ingresar verdaderamente en cada creyente. Dios está aún más íntimamente involucrado con nosotros ahora que en la encarnación. A través del accionar del Espíritu, se ha convertido realmente en Emanuel: "Dios con nosotros".

¡Alabado sea el Espíritu! Consolador
de Israel,
Enviado por el Padre y el Hijo
para bendecirnos;
Alabad al Padre, al Hijo y al
Espíritu Santo,
Alabad al Dios Trino.
(Elizabeth Rundle Charles,
"Praise Ye the Triune God" ["Alabad al
Dios Trino"],
ca. 1858)

- Al considerar el Espíritu Santo, ¿qué razones puede usted dar a favor de que se estudie su persona y su obra?
- ¿Qué dificultades en particular están relacionadas al considerar la doctrina del Espíritu Santo?
- ¿Cuáles son algunas evidencias bíblicas de que el Espíritu Santo es una deidad?
- ¿Por qué es importante afirmar que el Espíritu Santo es una persona?
- ¿Qué ha aprendido usted sobre el Espíritu Santo?

29

La Obra del Espíritu Santo

Una vez estudiado este capítulo, el lector es capaz de:

1. Examinar la obra del Espíritu Santo en el Antiguo Testamento.
2. Describir la obra del Espíritu Santo en la vida y el ministerio de Jesús.
3. Mostrar cómo la obra del Espíritu Santo afecta a la vida del creyente al principio y a lo largo de la vida cristiana.
4. Evaluar las manifestaciones de los dones milagrosos en la actualidad.
5. Extraer varias conclusiones sobre el significado de la obra del Espíritu Santo en la actualidad

Aunque ha habido cierta controversia sobre la obra del Espíritu Santo en el Antiguo Testamento, es evidente que el Espíritu obró tanto en el Antiguo como en el Nuevo Testamento. Fue particularmente evidente en la vida y el ministerio de Jesús. Sigue obrando en la vida de las personas a las que Dios llama al arrepentimiento y a la fe. Con los cambios de actitud hacia los dones del Espíritu en los últimos años, los dones milagrosos han asumido un papel importante en algunos círculos. Es necesario hacer una evaluación sobre cómo se deben considerar estos dones.

La Obra del Espíritu Santo en el Antiguo Testamento

La Obra del Espíritu Santo en la Vida de Jesús

La Obra del Espíritu Santo en la Vida del Cristiano

- El Comienzo de la Vida Cristiana
- La Continuación de la Vida Cristiana

Los Dones Milagrosos en la Actualidad

Implicaciones de la Obra del Espíritu

La obra del Espíritu Santo es de especial interés para los cristianos, ya que es particularmente a través de esta obra que Dios está personalmente involucrado y activo en la vida del creyente. Además, en los últimos años, esta faceta de la doctrina ha sido objeto de la mayor controversia sobre el Espíritu Santo. Aunque esta controversia se centra en algunos de sus dones especiales más espectaculares, esa es una base demasiado estrecha sobre la cual construir nuestra discusión aquí. Las cuestiones controvertidas deben considerarse en el contexto del accionar más general del Espíritu.

La Obra del Espíritu Santo en el Antiguo Testamento

A menudo es difícil identificar al Espíritu Santo en el Antiguo Testamento, que refleja las primeras etapas de la revelación progresiva. De hecho, el término "Espíritu Santo" rara vez se emplea aquí. Más bien, la expresión habitual es "el Espíritu de Dios". La mayoría de las referencias del Antiguo Testamento a la Tercera Persona de la Trinidad consisten en los dos sustantivos "Espíritu" y "Dios". De esta construcción no resulta evidente que se trate de una persona separada. La expresión "Espíritu de Dios" bien podría entenderse como una simple referencia a la voluntad, la mente o el accionar de Dios[1]. Sin embargo, hay algunos casos en los que el Nuevo Testamento deja claro que una referencia del Antiguo Testamento al "Espíritu de Dios" es una referencia al Espíritu

Santo. Uno de los pasajes más destacados del Nuevo Testamento es Hechos 2:16-21, donde Pedro explica que lo que ocurre en el Pentecostés es el cumplimiento de la declaración del profeta Joel: "Derramaré mi Espíritu sobre toda la humanidad" (Hechos 2:17 DHH). Seguramente los acontecimientos de Pentecostés fueron la realización de la promesa de Jesús: "Pero recibiréis poder, cuando haya venido sobre vosotros el Espíritu Santo" (Hechos 1:8). En resumen, el "Espíritu de Dios" del Antiguo Testamento es sinónimo del Espíritu Santo[2].

Existen diversas áreas principales del obrar del Espíritu Santo en los tiempos del Antiguo Testamento. La primera es la creación: "Y la tierra estaba desordenada y vacía, y las tinieblas estaban sobre la faz del abismo, y el Espíritu de Dios se movía sobre la faz de las aguas" (Gn 1:2). El obrar continuo de Dios con la creación se atribuye al Espíritu. Job expresa:

Con su soplo [o espíritu] dejó el cielo
despejado; con su mano mató a la
serpiente escurridiza
(26:13 DHH)

Otra área general de la obra del Espíritu es la concesión de la profecía y las Escrituras[3]. Los profetas del Antiguo Testamento testificaron que su forma de hablar y escribir era el resultado de la venida del Espíritu sobre ellos. Ezequiel ofrece el ejemplo más claro: "Y luego que me habló, entró el Espíritu en mí y me afirmó sobre mis pies, y oí al que me hablaba" (2:2; cf. 8:3;

---

1 J. H. Raven afirma que las referencias del Antiguo Testamento al "Espíritu de Dios" no se refieren específicamente al Espíritu Santo: "Aquí no hay distinción de personas en la Divinidad. El Espíritu de Dios en el Antiguo Testamento es Dios mismo ejerciendo una influencia activa" (*The History of the Religion of Israel* [La historia de la religión de Israel] [Grand Rapids: Baker, 1979], pág. 164).

2 Para la postura de que pasajes como Sal 104:30 son referencias personales al Espíritu Santo, ver a Leon Wood, *The Holy Spirit in the Old Testament* [El Espíritu Santo en el Antiguo Testamento] (Grand Rapids: Zondervan, 1976), págs. 19-20.

3 Eduard Schweizer, *The Holy Spirit* [El Espíritu Santo], trad. Reginald H. y Ilse Fuller (Filadelfia: Fortress, 1980), págs. 10-19.

11:1, 24; ver también 2 P 1:21).

Otra obra del Espíritu de Dios en el Antiguo Testamento consistía en transmitir ciertas habilidades necesarias para diversas tareas[4].

Por ejemplo, leemos que al nombrar a Bezalel para construir y equipar el tabernáculo, Dios expresó: "Y lo he llenado del Espíritu de Dios, en sabiduría y en inteligencia, en ciencia y en todo arte, para inventar diseños, para trabajar en oro, en plata y en bronce, y en artificio de piedras para engastarlas, y en artificio de madera; para trabajar en toda clase de labor" (Ex 31:3-5). La administración también parece haber sido un don del Espíritu. Incluso el Faraón reconoció la presencia del Espíritu en José: "Y dijo Faraón a sus siervos: ¿Acaso hallaremos a otro hombre como este, en quien esté el espíritu de Dios?" (Gn 41:38). En la época de los jueces, la administración por el poder y los dones del Espíritu Santo fue especialmente dramática[5]. Gran parte de lo que se hizo fue logrado por lo que hoy llamaríamos "liderazgo carismático". La descripción del llamamiento de Gedeón indica lo siguiente: "Entonces el Espíritu de Jehová vino sobre Gedeón, y cuando este tocó el cuerno, los abiezeritas se reunieron con él" (Jue 6:34). La obra del Espíritu en la época de los jueces consistía en gran medida en conceder la habilidad para combatir en la guerra. El Espíritu también dotaba a los primeros reyes de Israel de capacidades especiales. Por ejemplo, se nos dice que la unción de David fue acompañada por la venida del Espíritu de Dios (1 S 16:13).

Sin embargo, el Espíritu no solo se manifiesta en los incidentes dramáticos. Además de las cualidades de liderazgo nacional y las heroicidades de la guerra, estaba presente en la vida espiritual de Israel. En este sentido, se le denomina "buen Espíritu". Cuando se dirigía a Dios, Esdras recordaba al pueblo de Israel la provisión hecha a sus antepasados en el desierto: "Y enviaste tu buen Espíritu para enseñarles, y no retiraste tu maná de su boca, y agua les diste para su sed" (Neh 9:20). La bondad del Espíritu se observa también en las referencias a él como "santo Espíritu". Al pedir que sus pecados sean borrados, David ora de la siguiente manera:

No me eches de delante de ti,
Y no quites de mí tu santo Espíritu.
(Sal 51:11)

El Antiguo Testamento describe al Espíritu Santo como el encargado de producir las cualidades morales y espirituales de la santidad y la bondad en la persona sobre la que viene o en la que habita. En algunos casos, sobre todo en el libro de los Jueces, su presencia parece ser intermitente y estar relacionada con una actividad o ministerio concreto.

El testimonio del Antiguo Testamento sobre el Espíritu anticipa un tiempo venidero en el que el ministerio del Espíritu será más completo[6]. En parte, esto se relaciona con el Mesías venidero, sobre el cual el Espíritu reposará en un grado y forma inusuales. Jesús cita los primeros versos de Isaías 61 ("El Espíritu de Jehová el Señor está sobre mí, porque me ungió Jehová; me ha enviado a predicar buenas nuevas a los abatidos") e indica que ahora se cumplen en él (Lucas 4:18-21). Sin embargo, hay una promesa más generalizada, que no se limita al Mesías. Se encuentra en Joel 2:28-29.

Después de estas cosas
derramaré mi espíritu sobre toda la
humanidad:
los hijos e hijas de ustedes
profetizarán,
los viejos tendrán sueños
y los jóvenes visiones.
También sobre siervos y siervas
derramaré mi espíritu en aquellos días.

---

4 Wood, *Holy Spirit*, págs. 42-43.
5 *Ibid.*, pág. 41.
6 George Smeaton, *The Doctrine of the Holy Spirit* [La doctrina del Espíritu Santo] (Londres: Banner of Truth Trust, 1958), págs. 33-35.

En el Pentecostés, Pedro citó esta profecía, indicando que ya se había cumplido.

La Obra del Espíritu Santo en la Vida de Jesús

En la vida de Jesús encontramos una presencia y un obrar omnipresentes y poderosas del Espíritu. Incluso el comienzo mismo de su existencia encarnada fue obra del Espíritu Santo[7]. Después de informar a María de que iba a tener un hijo, el ángel le explicó: "El Espíritu Santo vendrá sobre ti, y el poder del Altísimo te cubrirá con su sombra; por lo cual también el Santo Ser que nacerá, será llamado Hijo de Dios" (Lucas 1:35). El anuncio de Juan el Bautista sobre el ministerio de Jesús también destaca el lugar del Espíritu Santo. Juan enfatizaba que, a diferencia de su propio bautismo, que fue simplemente con agua, Jesús bautizaría con el Espíritu Santo (Marcos 1:8).

El Espíritu está presente de forma extraordinaria desde el principio del ministerio público de Jesús, cuando se pudo percibir la venida del Espíritu Santo sobre él en su bautismo (Mateo 3:16; Marcos 1:10; Lucas 3:22; Juan 1:32). Inmediatamente después, Jesús estaba "lleno del Espíritu Santo" (Lucas 4:1). El resultado directo fue la mayor tentación, o conjunto de tentaciones, al inicio del ministerio público[8]. Jesús fue guiado por el Espíritu Santo a la situación en la que tuvo lugar la tentación. La afirmación de Marcos es contundente: "Inmediatamente el Espíritu lo llevó al desierto" (1:12 NBV). Jesús es prácticamente "expulsado" por el Espíritu. Lo que cabe destacar aquí es que la presencia del Espíritu Santo en la vida de Jesús lo pone en conflicto directo e inmediato con las fuerzas del mal.

El resto del ministerio de Jesús también se llevó a cabo mediante el poder y la dirección del Espíritu. Esto fue evidentemente una realidad en la enseñanza de Jesús[9]. Lucas nos indica que después de la tentación "Jesús volvió en el poder del Espíritu a Galilea" (4:14). Entonces procedió a enseñar en todas las sinagogas.

Lo que es cierto de la enseñanza de Jesús lo es también de sus milagros, en particular su exorcismo de demonios. Aquí se manifiesta la confrontación entre el Espíritu Santo y las fuerzas malignas que actúan en el mundo. En una ocasión, los fariseos afirmaron que Jesús expulsaba a los demonios mediante el príncipe de los demonios. Jesús señaló la contradicción interna de esta afirmación (MT 12:25-27) y luego replicó: "Pero si yo por el Espíritu de Dios echo fuera los demonios, ciertamente ha llegado a vosotros el reino de Dios" (v. 28). Su condena contra las palabras de los fariseos como "blasfemia contra el Espíritu" (v. 31) y su advertencia de que "al que hable contra el Espíritu Santo, no le será perdonado" (v. 32) son pruebas de que lo que acababa de hacer lo hizo a través del poder del Espíritu Santo.

No solo sus enseñanzas y milagros, sino también toda la vida de Jesús en este momento estaba "en el Espíritu Santo". Cuando los setenta regresaron de su misión e informaron que hasta los demonios eran sometidos a ellos en el nombre de Jesús (Lucas 10:17), este estaba "lleno de alegría por el Espíritu Santo" (v. 21 NVI). Incluso sus emociones estaban "en el Espíritu Santo".

No hay evidencia de un crecimiento de la presencia del Espíritu Santo en la vida de Jesús. No hay una serie de experiencias de la venida del Espíritu Santo, solo la concepción y el bautismo. Sin embargo, hay una implementación creciente de la presencia del Espíritu. Tampoco hay evidencia de ningún tipo de fenómeno extático en la vida de Jesús ni de ninguna enseñanza suya sobre el tema. A la luz de los problemas que la iglesia encontró en Corinto, y de los fenómenos

---

7 Karl Barth, *Dogmatics in Outline* [La dogmática resumida] (Nueva York: Philosophical Library, 1949), pág. 95.

8 Schweizer, *Holy Spirit*, pág. 51.

9 Dale Moody, *Spirit of the Living God* [Espíritu del Dios vivo] (Nashville: Broadman, 1976), págs. 40-41.

de Pentecostés y de las experiencias posteriores registradas en los Hechos, es sorprendente que ni la vida personal del Salvador ni su enseñanza den ningún indicio de tales eventos carismáticos.

La Obra del Espíritu Santo en la Vida del Cristiano

El Comienzo de la Vida Cristiana

En las enseñanzas de Jesús encontramos un énfasis especialmente fuerte en la obra del Espíritu Santo para iniciar a las personas en la vida cristiana.

Jesús enseñó que el obrar del Espíritu es esencial tanto en la conversión, que desde la perspectiva humana es el comienzo de la vida cristiana, como en la regeneración, que desde la perspectiva de Dios es su punto de partida.

La conversión consiste en que el ser humano se vuelva a Dios.

Consta de un elemento negativo y otro positivo: el arrepentimiento, es decir, el abandono del pecado; y la fe, es decir, la aceptación de las promesas y de la obra de Cristo. Jesús habló particularmente del arrepentimiento, y específicamente de la convicción de pecado, que es el requisito previo del arrepentimiento. Afirmó: "Y cuando él [el Consolador] venga, convencerá al mundo de pecado, de justicia y de juicio. De pecado, por cuanto no creen en mí; de justicia, por cuanto voy al Padre, y no me veréis más; y de juicio, por cuanto el príncipe de este mundo ha sido ya juzgado" (Juan 16:8-11). Sin esta obra del Espíritu Santo, no puede haber conversión.

La regeneración es la transformación milagrosa del individuo y la implantación de energía espiritual.

Jesús dejó muy claro a Nicodemo que la regeneración, que es esencial para ser aceptados por el Padre, es un acontecimiento sobrenatural, y el Espíritu Santo es el agente que la produce (Juan 3:3, 5-6).

El comienzo de la vida cristiana se produce gracias al obrar del Espíritu en nuestra conversión y regeneración.

La carne (i. e., el esfuerzo humano) no es capaz de efectuar esta transformación. Tampoco puede ser comprendida por el intelecto humano. De hecho, Jesús comparó esta obra del Espíritu con el soplo del viento:

"El viento sopla de donde quiere, y oyes su sonido; más ni sabes de dónde viene, ni a dónde va; así es todo aquel que es nacido del Espíritu" (v. 8)[10].

La Continuación de la Vida Cristiana

La obra del Espíritu no se completa cuando uno se convierte en creyente; todo lo contrario, acaba de empezar.

Él desempeña una serie de otras funciones en la vida cristiana diaria:

1. Otra de las funciones del Espíritu es la de conferir poder. Probablemente, Jesús dejó a sus discípulos boquiabiertos cuando les aseguró: "De cierto, de cierto os digo: El que en mí cree, las obras que yo hago, él las hará también; y aun mayores hará, porque yo voy al Padre" (Juan 14:12). Seguramente les parecía increíble a los discípulos, que a estas alturas eran muy conscientes de sus propias debilidades y carencias, que fueran a hacer obras mayores que las que había hecho el propio Maestro. Sin embargo, Pedro predicó el domingo de Pentecostés y tres mil personas creyeron.

10 Para un análisis de las palabras de Jesús a Nicodemo, ver a Henry B. Swete, *The Holy Spirit in the New Testament: A Study of Primitive Christian Teaching* [El Espíritu Santo en el Nuevo Testamento: Un estudio de la enseñanza cristiana primitiva] (Londres: Macmillan, 1909), págs. 130-135.

El propio Jesús nunca tuvo ese tipo de respuesta, por lo que sabemos. ¡Tal vez no reunió tantos conversos genuinos en todo su ministerio! Pero la clave del éxito de los discípulos no estaba en sus capacidades y fuerzas.

Jesús les había indicado que esperaran la venida del Espíritu Santo (Hechos 1:4-5), que les daría el poder que había prometido, lo que les capacitaría para hacer las cosas que había previsto (v. 8).

2. Otro elemento de la promesa de Jesús fue que el Espíritu Santo moraría en el creyente (Juan 14:16-17). Jesús había sido un maestro y líder, pero su influencia era la de la palabra y el ejemplo externos.

Sin embargo, el Espíritu es capaz de influir de forma más intensa porque, al habitar en el interior, puede llegar al centro mismo del pensamiento y las emociones de la persona, y conducirla a toda la verdad, como prometió Jesús (Juan 16:13-14).

3. Es evidente que el Espíritu tiene una función de enseñanza. Anteriormente, en el mismo discurso, leemos que él traería a la memoria y aclararía para los discípulos las palabras que Jesús ya les había dado (Juan 14:26).

Este ministerio de la iluminación por parte del Espíritu Santo no era solamente para aquella primera generación de discípulos, sino que también incluye la ayuda a los creyentes de hoy para entender las Escrituras.

4. Otro punto de especial interés es la labor de intercesión del Espíritu Santo. Conocemos la intercesión de Jesús, como Sumo Sacerdote, en nuestro favor.

Pablo también habla de una oración de intercesión similar por parte del Espíritu Santo: "Y de igual manera el Espíritu nos ayuda en nuestra debilidad; pues qué hemos de pedir como conviene, no lo sabemos, pero el Espíritu mismo intercede por nosotros con gemidos indecibles.Mas el que escudriña los corazones sabe cuál es la intención del Espíritu, porque conforme a la voluntad de Dios intercede por los santos" (Ro 8:26-27).

De este modo, los creyentes tienen la certeza de que, cuando no saben orar, el Espíritu Santo intercede sabiamente por ellos para que se haga la voluntad del Señor.

5. El Espíritu Santo también obra la santificación en la vida del creyente.

Se entiende por santificación que la transformación continua del carácter moral y espiritual, de modo que la vida del creyente llegue a reflejar la posición que ya tiene a los ojos de Dios. En Romanos 8:1-17, Pablo profundiza en esta obra del Espíritu Santo.

La vida en el Espíritu es lo que Dios quiere para el cristiano. Pablo en Gálatas 5 contrasta la vida en el Espíritu con la vida en la carne. Instruye a sus lectores a caminar por el Espíritu en lugar de satisfacer los deseos de la carne (v. 16). Si siguen esta instrucción, el Espíritu producirá en ellos una serie de cualidades que se denominan colectivamente como "frutos del Espíritu" (vv. 22-23).

Estas cualidades no pueden ser producidas plenamente en las vidas humanas por el esfuerzo propio sin ayuda. Son una obra sobrenatural. Se oponen a las obras de la carne (una lista de pecados en los versículos 19-21), al igual que el propio Espíritu se opone a la carne. Por lo tanto, la obra del Espíritu Santo en la santificación no es simplemente la obra negativa de morir a la carne (Ro 8:13), sino también la producción de una semejanza positiva con Cristo.

6. El Espíritu también otorga ciertos dones especiales a los creyentes en el cuerpo de Cristo. En los escritos de Pablo hay tres listas diferentes de tales dones; también hay una lista breve en 1 Pedro (ver el gráfico 4).

Es necesario hacer algunas observaciones sobre estas listas. En primer lugar, aunque todas ellas hacen referencia a los dones del Espíritu, sus orientaciones básicas difieren.

Efesios 4:11 es, en realidad, una lista de diversos cargos en la iglesia o de personas que son dones de Dios para la iglesia. Romanos 12:6-8 y 1 Pedro 4:11 catalogan varias funciones básicas realizadas en la iglesia. La lista en 1

Gráfico 4: Los Dones del Espíritu

Ro 12:6-8	**1 Co 12:4-11**	**Ef 4:11**	**1P 4:11**
profecía	sabiduría	apóstoles	hablar
servicio	conocimiento	profetas	servicio
enseñanza	fe	evangelistas	
exhortación	sanación	pastores y	
liberalidad	hacer milagros	maestros	
presidir	profecía		
practicar la	discernimiento		
misericordia	de espíritus		
	hablar en diversas		
	lenguas		
	interpretación de		
	lenguas		

Corintios es más una cuestión de habilidades especiales. Es probable que cuando estos pasajes hablan de los "dones del Espíritu", tengan diferentes significados en mente. Por ello, no se debe intentar reducir esta expresión a un concepto o definición unitaria. En segundo lugar, no está claro si estos dones son dotes de nacimiento, capacidades especiales recibidas en algún momento posterior o una combinación de ambas. En tercer lugar, algunos dones, como la fe y el servicio, son cualidades o actividades que se esperan de todo cristiano; en tales casos es probable que el escritor tenga en mente una capacidad inusual en ese ámbito. En cuarto lugar, dado que ninguna de las cuatro listas incluye todos los dones que se encuentran en las otras listas, es bastante concebible que colectivamente no agoten todos los posibles dones del Espíritu. Por lo tanto, estas listas, individual y colectivamente, son representativas de los distintos dones con los que Dios ha dotado a la iglesia.

También es importante en este punto señalar una serie de observaciones que Pablo hizo en relación con la naturaleza de los dones y la forma en que deben ejercerse. Estas observaciones aparecen en 1 Corintios 12 y 14.

1. Los dones se otorgan al cuerpo (la iglesia). Son para la edificación de todo el cuerpo, no para el mero disfrute o aprovechamiento de los miembros individuales que los poseen (12:7; 14:5, 12).

2. Ninguna persona tiene todos los dones (12:14-21), ni todos los dones se conceden a todas las personas (12:28-30). Por consiguiente, los miembros individuales de la iglesia se necesitan mutuamente.

3. Aunque no sean igual de conspicuos, todos los dones son importantes (12:22-26).

4. El Espíritu Santo reparte los distintos dones a quien quiere y como quiere (12:11).

Los Dones Milagrosos en la Actualidad

Algunos de los dones más espectaculares han atraído una atención particular y han suscitado una gran controversia en los últimos años. En ocasiones se les denomina dones extraordinarios, dones milagrosos, dones especiales, dones de señales o dones carismáticos, siendo esta última una expresión algo redundante, ya que el término *charismata* significa básicamente dones. Los más mencionados con frecuencia son la sanación por la fe, el exorcismo de demonios y, especialmente, la glosolalia, o el hablar en lenguas. La cuestión que ha suscitado más controversia es si el Espíritu Santo sigue dispensando estos dones en la iglesia en la actualidad y, en caso de ser así, si son normativos (i. e., si todo cristiano puede y debe recibirlos y ejercerlos).

Los grupos carismáticos aparecieron en los primeros tiempos de la historia de la iglesia. El más destacado fue el de los montanistas, que floreció en la segunda mitad del siglo II. En su bautismo, Montano habló en lenguas y comenzó a profetizar. Declaró que el Paráclito, el Espíritu Santo prometido por Jesús, hablaba a través de él. Montano y dos de sus discípulas se creían portavoces del Espíritu Santo. Los montanistas enseñaban que sus profecías aclaraban las Escrituras y que los profetas inspirados por el Espíritu seguirían surgiendo dentro de la comunidad cristiana[11].

Grupos como los montanistas no tuvieron un efecto duradero en la iglesia. Durante siglos se hizo relativamente poco énfasis en el Espíritu Santo y su obra. Sin embargo, a finales del siglo XIX, se produjo un desarrollo que iba a dar al Espíritu Santo, al menos en algunos círculos, prácticamente el papel preeminente en la teología. Ya en 1896 se produjeron algunos estallidos relacionados con el hablar en lenguas, o glosolalia, en Carolina del Norte. En Topeka, capital de Kansas, fue Charles Parham, director de una pequeña escuela bíblica, quien asignó a sus alumnos el estudio del bautismo del Espíritu Santo durante su ausencia. Cuando Parham regresó, su conclusión unánime fue que la Biblia enseña que debe haber un bautismo del Espíritu Santo después de la conversión y el nuevo nacimiento, y que hablar en lenguas es la señal de que uno ha recibido este don[12]

Sin embargo, el verdadero surgimiento del pentecostalismo se produjo en las reuniones organizadas por un predicador negro de la santidad, William J. Seymour, a partir de 1906. Debido a que estas reuniones se celebraron en una antigua iglesia metodista en 312 Azusa Street en Los Ángeles, llegaron a ser conocidas como las reuniones de Azusa Street[13]. A partir de este comienzo, el fenómeno pentecostal se extendió por todo Estados Unidos y otros países, sobre todo en Escandinavia. En los últimos años, este tipo de pentecostalismo se ha convertido en una poderosa fuerza en América Latina y en otros países del tercer mundo.

Durante muchos años, el movimiento pentecostal fue un factor relativamente aislado dentro del cristianismo. Se encontraba sobre todo en denominaciones compuestas en gran medida por personas de las clases socioeconómicas más bajas. Sin embargo, a principios de la década de 1950, esto comenzó a cambiar. En algunos lugares antes improbables, la glosolalia comenzó a practicarse. En las iglesias episcopales, luteranas e incluso católicas, se hacía énfasis en las manifestaciones especiales de la obra del Espíritu Santo. Hay diferencias significativas entre este movimiento, que podría llamarse neopentecostal o carismático, y el pentecostalismo tradicional que había surgido a principios del siglo XX y que continúa hasta hoy. El neopentecostalismo es más bien un movimiento transdenominacional, que atrae a muchos de sus participantes de las clases media y media-alta[14]. Los dos grupos también difieren en la forma de practicar sus dones carismáticos.

11 Tertuliano, *On the Resurrection of the Flesh* [Sobre la resurrección de la carne] pág. 63.

12 Klaude Kendrick, *The Promise Fulfilled: A History of the Modern Pentecostal Movement* [La promesa cumplida: Una historia del movimiento pentecostal moderno] (Springfield, Misuri: Gospel, 1961), págs. 48-49, 52-53.

13 *Ibid.*, págs. 64-68.

14 Richard Quebedeaux, *The New Charismatics: The Origins, Development, and Significance of Neo-Pentecostalism* [Los nuevos carismáticos: Los orígenes, el desarrollo y la importancia del neopentecostalismo] (Garden City, Nueva York: Doubleday, 1976), págs. 4-11.

En los grupos pentecostales tradicionales, varios miembros pueden hablar u orar en voz alta a la vez. Este no es el caso de los cristianos carismáticos, ya que algunos utilizan el don exclusivamente en su tiempo de oración privado. Las manifestaciones públicas del don suelen producirse sobre todo en grupos especiales y no en el servicio de adoración colectivo de la congregación.

Es necesario examinar ambos lados de la cuestión sobre los dones especiales si queremos entenderlos y abordarlos correctamente. Dado que la glosolalia es el más destacado de estos dones, nos concentraremos en ella. Nuestras conclusiones servirán para evaluar también los demás dones. El argumento a favor de la glosolalia, que se basa en gran medida en los pasajes narrativos del libro de los Hechos, es bastante directo. El argumento suele comenzar con la observación de que, tras los episodios de conversión y regeneración registrados en los Hechos, solía producirse una llenura o bautismo especial con el Espíritu Santo, y que su manifestación habitual era hablar en una lengua desconocida. No hay ninguna indicación de que el Espíritu Santo dejara de otorgar este don a la iglesia[15].

A menudo se emplea también un argumento experiencial para respaldar la glosolalia. Las personas que han experimentado el don por sí mismas o que han observado a otros practicándolo tienen una certeza subjetiva sobre la experiencia. Enfatizan los beneficios que produce en la vida espiritual del cristiano, especialmente en que vitaliza la vida de oración[16].

Además, los defensores de la glosolalia argumentan que la práctica no está prohibida en ninguna parte de las Escrituras. Al escribir a los corintios, Pablo no censura el uso adecuado del don, sino únicamente las perversiones del mismo. De hecho, expresa: "Doy gracias a Dios que hablo en lenguas más que todos vosotros" (1 Co 14:18).

Quienes rechazan la idea de que el Espíritu Santo siga dispensando los dones carismáticos argumentan que históricamente los dones milagrosos ya han cesado, ya que han sido prácticamente desconocidos durante la mayor parte de la historia de la iglesia[17].

Unos cuantos que rechazan la posibilidad de la glosolalia contemporánea utilizan 1 Corintios 13:8 (NBLA) como argumento: "si hay lenguas, cesarán". Sostienen que las lenguas, a diferencia de la profecía y el conocimiento, no estaban destinadas a ser dadas continuamente hasta el tiempo del fin, sino que ya han cesado[18]. Por lo tanto, las lenguas no están incluidas en la referencia a los dones imperfectos, que desaparecerán cuando venga el perfecto (vv. 9-10)[19]. Algunos teólogos abogarían por la desaparición de los dones milagrosos sobre la base de Hebreos 2:3-4 (RVA-2015): "Salvación, que al principio fue declarada por el Señor, nos fue confirmada por medio de los que oyeron, dando Dios testimonio juntamente con ellos con señales, maravillas, diversos hechos poderosos y dones repartidos por el Espíritu Santo según su voluntad". La idea central de este argumento

15 Donald Gee, *The Pentecostal Movement, Including the Story of the War Years* [El movimiento pentecostal, incluida la historia de los años de guerra] (1940-1947), rev. ed. (Londres: Elim, 1949), pág. 10.

16 Laurence Christenson, *Speaking in Tongues and Its Significance for the Church* [El hablar en lenguas y su significado para la iglesia] (Mineápolis: Bethany Fellowship, 1968), págs. 72-79.

17 Anthony Hoekema, *What about Tongue-Speaking?* [¿Qué de las lenguas?] (Grand Rapids: Eerdmans, 1966), págs. 16-18.

18 La base de este argumento es la distinción que se hace en 1 Co 13:8 entre el verbo usado con "lenguas" y el verbo usado con "profecías" y "conocimiento". No solo se trata de una palabra totalmente diferente, sino que también se usa la voz media en el primer caso y la pasiva en el segundo.

19 Stanley D. Toussaint, *"First Corinthians Thirteen and the Tongues Question"* ["Primera de Corintios 13 y la cuestión de las lenguas"], Bibliotheca Sacra 120 (Octubre-diciembre 1963): págs. 311-316; Robert Glenn Gromacki, The Modern Tongues Movement [El movimiento de las lenguas modernas] (Filadelfia: Presbyterian & Reformed, 1967), págs. 118-129.

es que el propósito de los dones milagrosos era atestiguar y, por lo tanto, autentificar la revelación y la encarnación. Cuando se cumplió ese propósito, los milagros, al ser innecesarios, simplemente se desvanecieron[20].

Un segundo aspecto del argumento en contra es la existencia de paralelismos con la glosolalia que, evidentemente, no deben interpretarse como dones especiales del Espíritu Santo. Por ejemplo, se observa que hay fenómenos similares en otras religiones. Las prácticas de ciertos brujos vudú son un ejemplo de ello. También la psicología encuentra paralelismos entre el hablar en lenguas y ciertos casos de sugestionabilidad aumentada causada por el lavado de cerebro o la terapia de electroshock[21].

Un punto de interés especial ha sido el estudio de la glosolalia por parte de los lingüistas. Aunque algunos defensores de la glosolalia afirman que las lenguas de Corinto y las de hoy en día son meras articulaciones de sílabas aparentemente sin relación entre sí, otros sostienen que las lenguas de Corinto y las de la actualidad son, como las de Pentecostés, verdaderas lenguas. Este último grupo debe responder a las acusaciones científicas de que muchos casos de glosolalia simplemente no muestran un número suficiente de las características del lenguaje para ser clasificados como tales[22].

¿Existe una manera de abordar responsablemente las observaciones planteadas por ambas partes de esta disputa? Dado que este asunto tiene un efecto significativo en la forma de llevar la vida cristiana, e incluso en el propio estilo o tono de la vida cristiana, la cuestión no puede ser simplemente ignorada. Aunque se pueden extraer pocas conclusiones dogmáticas en este ámbito, se pueden hacer algunas apreciaciones pertinentes.

En cuanto al bautismo del Espíritu Santo, observamos en primer lugar que el libro de los Hechos habla de una obra especial del Espíritu posterior al nuevo nacimiento. Sin embargo, parece que el libro de los Hechos comprende un período de transición. Desde entonces, el patrón normal ha sido que la conversión/regeneración y el bautismo del Espíritu Santo coincidan. En 1 Corintios 12:13, Pablo escribe: "Porque por un solo Espíritu fuimos todos bautizados en un cuerpo, sean judíos o griegos, sean esclavos o libres; y a todos se nos dio a beber de un mismo Espíritu". Del versículo 12 se desprende claramente que este "un solo cuerpo" es Cristo. Por lo tanto, Pablo parece estar indicando en el versículo 13 que nos convertimos en miembros del cuerpo de Cristo al ser bautizados en él por el Espíritu. El bautismo por el Espíritu parece ser, si no equivalente a la conversión y al nuevo nacimiento, al menos simultáneo a ellos.

Pero ¿qué pasa con los casos de los Hechos en los que claramente hubo una separación entre la conversión/regeneración y el bautismo del Espíritu? De acuerdo con la observación del párrafo anterior de que los Hechos comprenden un período de transición, mi interpretación es que estos casos implicaban efectivamente a personas que fueron regeneradas antes de recibir el Espíritu Santo. Eran los últimos creyentes del Antiguo Testamento[23]. Estaban regenerados porque creían en la revelación que habían recibido y temían a Dios. Sin embargo, no habían recibido el Espíritu, porque la promesa de su venida no podía cumplirse hasta que Jesús

---

20 Benjamin B. Warfield, *Miracles: Yesterday and Today* [Milagros: Ayer y hoy] (Grand Rapids: Eerdmans, 1953), pág. 6.

21 William Sargent, *"Some Cultural Group Abreactive Techniques and Their Relation to Modern Treatments"* ["Algunas técnicas de abreacción de grupos culturales y su relación con los tratamientos modernos"], en *Proceedings of the Royal Society of Medicine* (Londres: Longmans, Green, 1949), págs. 367-374.

22 William J. Samarin, *Tongues of Men and Angels: The Religious Language of Pentecostalism* [Lenguas de hombres y de ángeles: El lenguaje religioso del pentecostalismo] (Nueva York: Macmillan, 1972), caps. 4-6.

23 Para un análisis más completo, ver a Frederick Dale Bruner, *A Theology of the Holy Spirit* [Una teología del Espíritu Santo] (Grand Rapids: Eerdmans, 1970), pág. 153-218.

hubiera ascendido (además, hay que tener en cuenta que incluso los discípulos de Jesús, que indudablemente ya estaban regenerados según el sistema del Nuevo Testamento, no fueron bautizados con el Espíritu hasta Pentecostés). Pero cuando en Pentecostés quienes ya estaban regenerados bajo el sistema del Antiguo Testamento recibieron a Cristo, fueron llenos del Espíritu. Una vez ocurrido esto, ya no había creyentes regenerados del Antiguo Testamento. Tras los sucesos de Pentecostés no encontramos ningún otro caso claro de tal experiencia posconversión entre los judíos. Lo que ocurrió con los judíos como grupo (Hechos 2) también sucedió con los samaritanos (Hechos 8) y con los gentiles (Hechos 10). A partir de entonces, la regeneración y el bautismo del Espíritu fueron simultáneos. El caso de los discípulos de Apolos en Hechos 19 parece ser un asunto de creyentes incompletamente evangelizados, pues solo habían sido bautizados en el bautismo de Juan, que era un bautismo de arrepentimiento, y ni siquiera habían oído que hay un Espíritu Santo. En ninguno de estos cuatro casos el bautismo del Espíritu Santo fue buscado por los receptores, ni hay ningún indicio de que el don no recayera en todos los miembros del grupo. Este esquema interpretativo parece encajar bien con las palabras de Pablo en 1 Corintios 12:13, con el hecho de que las Escrituras no nos ordenan en ninguna parte ser bautizados en o por el Espíritu Santo, y también con el registro de los Hechos.

A mi juicio, no es posible determinar con certeza si los fenómenos carismáticos contemporáneos son realmente dones del Espíritu Santo. Simplemente no hay evidencia bíblica que indique el tiempo de cumplimiento de la predicción de que las lenguas cesarán. Además, la evidencia histórica tampoco es clara y concluyente. Existe una gran cantidad de evidencia en ambos lados. Cada grupo es capaz de citar una cantidad impresionante de datos que están a su favor, pasando por alto los datos presentados por el otro grupo. Sin embargo, esta falta de contundencia histórica no es un problema. Por un lado, aunque la historia demostrara que el don de lenguas ha cesado, nada impide que Dios lo restablezca. Por otro lado, la prueba histórica de que el don ha estado presente a través de las diversas épocas de la iglesia no validaría los fenómenos actuales.

Por lo tanto, lo que debemos hacer es evaluar cada caso por sus propios méritos. Esto no significa que debamos juzgar la experiencia espiritual o la vida espiritual de otros cristianos profesantes. Lo que sí significa es que no podemos asumir que todos aquellos que afirman haber tenido una experiencia especial de la obra del Espíritu Santo la han tenido realmente. Los estudios científicos han descubierto suficientes paralelismos no causados por el Espíritu para advertirnos de que no debemos ser ingenuamente crédulos ante cualquier afirmación. Desde luego, no todas las experiencias religiosas excepcionales pueden ser de origen divino, a menos que Dios sea un ser sumamente ecuménico y tolerante, que incluso concede manifestaciones especiales de su Espíritu a algunos que ni siquiera profesan la fe cristiana y que, de hecho, pueden oponerse a ella. No cabe duda de que si las fuerzas demoníacas podían producir imitaciones de los milagros divinos en los tiempos bíblicos (p. ej., los magos de Egipto eran capaces de imitar las plagas hasta cierto punto), lo mismo puede ocurrir hoy en día. Sin embargo, y a la inversa, no se puede argumentar de forma concluyente que tales dones no se dan en nuestros tiempos y que no pueden darse en la actualidad. Por consiguiente, no se puede afirmar a priori y de forma categórica que una pretensión de glosolalia sea espuria. De hecho, puede ser francamente peligroso, a la luz de las advertencias de Jesús respecto a la blasfemia contra el Espíritu Santo, atribuir fenómenos específicos al obrar demoníaco.

En el análisis final, la cuestión de si la Biblia enseña que el Espíritu dispensa dones especiales en la actualidad no es un tema de gran importancia práctica. Porque incluso si lo hace, no debemos dedicar nuestras vidas a buscarlos. Los concede soberanamente y solo él determina quiénes los reciben (1 Co 12:11). Si decide concedernos un don especial, lo hará independientemente de que lo esperemos o lo busquemos. Lo que se nos ordena hacer (Ef 5:18) es estar llenos del Espíritu Santo (la forma del imperativo griego sugiere una acción continua).

Estar llenos del Espíritu no se trata tanto de que obtengamos más del Espíritu, sino de que él posea nuestras vidas en mayor medida.

No se trata tanto de que obtengamos más del Espíritu Santo, ya que presuntamente todos los cristianos poseen el Espíritu plenamente. Más bien, tiene que ver con que él posea nuestras vidas en mayor medida. Cada uno de nosotros debe aspirar a dar al Espíritu Santo el control total de su vida. Cuando eso ocurra, nuestras vidas manifestarán los dones que Dios quiere que tengamos, junto con todos los frutos y actos de su poder que él desea mostrar a través de nosotros. Hay que tener en cuenta, como hemos señalado antes, que no hay un único don para cada cristiano, ni ningún don es más importante que los demás.

El fruto del Espíritu es más importante, en muchos sentidos, que recibir ciertos dones. Según Pablo, estas virtudes son la verdadera evidencia de la obra del Espíritu en los cristianos. El amor, el gozo y la paz en la vida de una persona son las señales más seguras de una experiencia vital con el Espíritu. En particular, Pablo destaca que el amor es más deseable que

cualquier don, por espectacular que sea (1 Co 13:1-3).

Pero ¿cuál es el procedimiento adecuado con respecto a un caso real de práctica pública moderna de lo que se afirma que es el don bíblico de la glosolalia? En primer lugar, no hay que sacar conclusiones de antemano sobre si es genuino. Luego, se debe seguir el procedimiento establecido por Pablo hace ya mucho tiempo. De este modo, si uno habla en lenguas, debe haber un intérprete para que el grupo en su conjunto pueda ser edificado. Solo debe hablar uno a la vez y no más de dos o tres en una sesión (1 Co 14:27). Si no hay nadie presente para interpretar, ya sea el orador o alguna otra persona, entonces el aspirante a orador debe guardar silencio en la iglesia y restringir el uso de las lenguas a la práctica devocional personal (v. 28). Por un lado, no debemos prohibir el hablar en lenguas (v. 39), y por otro lado, en ninguna parte se nos ordena buscar este don.

Por último, hay que señalar que el énfasis de las Escrituras se centra en quien otorga los dones y no en quienes los reciben. Con frecuencia, Dios realiza obras milagrosas sin que intervengan agentes humanos. Por ejemplo, leemos en Santiago 5:14-15 que los ancianos de la iglesia deben orar por los enfermos. Se menciona que es la oración de fe, y no un hacedor de milagros humano, la que los salva. Cualquiera que sea el don, lo más importante es la edificación de la iglesia y la glorificación de Dios.

Implicaciones de la Obra del Espíritu

Las implicaciones de la obra del Espíritu son las siguientes:

1. Los dones que tenemos nos los concede el Espíritu Santo. Debemos reconocer que no son nuestros propios logros. Están destinados a ser utilizados en el cumplimiento de su plan.

2. El Espíritu Santo capacita a los creyentes en su vida y servicio como cristianos. Las carencias personales no deben disuadirnos ni desanimarnos.

3. El Espíritu Santo dispensa sus dones a la iglesia con sabiduría y soberanía. La posesión o la falta de un don particular no es motivo de orgullo o remordimiento. Los dones no son recompensas para aquellos que los buscan o cumplen con los requisitos para obtenerlos.

4. No hay un solo don para todos y no hay nadie que tenga todos los dones. La comunión del cuerpo es necesaria para el desarrollo espiritual pleno del creyente de forma individual.

5. Podemos confiar en el Espíritu Santo para que nos dé la comprensión de la Palabra de Dios y nos guíe hacia su voluntad para nosotros.

6. Es conveniente dirigir la oración al Espíritu Santo, al igual que al Padre y al Hijo, así como al Dios Trino. En estas oraciones le agradeceremos y sobre todo le pediremos que continúe la obra única que realiza en nosotros.

Preguntas de Análisis y Reflexión

- ¿Cómo describiría usted la obra del Espíritu Santo durante la época del Antiguo Testamento?
- ¿Cómo ministraba el Espíritu Santo en la vida de Jesucristo? ¿Qué podemos aprender de esto sobre la obra del Espíritu?
- ¿Cómo obra el Espíritu Santo en la vida del creyente cristiano? Considere la experiencia del nuevo nacimiento y el subsiguiente crecimiento hacia la madurez.
- Al considerar los dones milagrosos del Espíritu, ¿qué papel deben cumplir los dones en la vida del creyente y de la iglesia? Defienda su postura.
- En su relación con Dios, ¿qué aspecto de la labor de intercesión del Espíritu Santo es más significativo?

30

Cuestiones Recientes Sobre el Espíritu Santo

Objetivos del Capítulo

Una vez completado este capítulo, el lector es capaz de:

1. Identificar las diversas formas en que la profecía ha sido recientemente relacionada con la obra del Espíritu Santo.
2. Explicar y valorar el obrar del Espíritu Santo en otras religiones, especialmente en los escritos de Amos Yong.
3. Evaluar el obrar de otros espíritus, en particular tal como lo entiende el movimiento de guerra espiritual.

Resumen del Capítulo

El incremento de interés de los últimos años por el obrar del Espíritu Santo ha tomado varias formas, cada una de las cuales puede aportar valiosas ideas, pero que también incluyen ciertas dificultades. Algunos afirman que, mediante la guía del Espíritu Santo, cualquier creyente con el don de profecía puede decir palabras de Dios. Amos Yong asegura que el Espíritu Santo puede estar activo en otras religiones más allá del cristianismo. También hay quienes sostienen que hay otros espíritus activos en el mundo. En diversas formas, el movimiento de guerra espiritual defiende que los espíritus malignos se oponen a Dios y pretenden dañar a su pueblo.

Estructura del Capítulo

El Espíritu Santo y la Profecía en la Actualidad

El Espíritu Santo y Otras Religiones del Mundo

El Espíritu Santo y Otros "Espíritus"

En los siglos XX y XXI, como hemos señalado anteriormente, se ha producido un incremento en el interés y el obrar respecto al Espíritu Santo. Parte de ello ha sido el resurgimiento de asuntos más antiguos, pero otra parte se ha centrado en cuestiones exclusivas de los factores culturales y teológicos generales de la época.

Este periodo, en algunos aspectos significativos, es más propicio para un interés en el Espíritu Santo. Por un lado, el énfasis posmoderno en la dimensión subjetiva y experiencial de la vida se ha correlacionado bien con el Espíritu Santo como la persona de la Trinidad que se relaciona particularmente con los cristianos en la vida real de sus vidas cristianas. Este énfasis en la dimensión subjetiva en la obra del Espíritu y en la vida cristiana ha compensado la cantidad relativamente menor de material bíblico sobre el Espíritu Santo, en comparación con las muchas referencias al Padre y al Hijo. También significa que la comprensión doctrinal del Espíritu Santo ha tendido a centrarse más en las experiencias personales de los seres humanos que en las fuentes bíblicas.

El Espíritu Santo y la Profecía en la Actualidad

Un área de interés en el Espíritu Santo ha sido la aparición de manifestaciones actuales del don de profecía. Algunos sostienen que el fenómeno del Nuevo Testamento de hablar en forma profética no cesó con el cierre del canon del Nuevo Testamento, sino que se da en la iglesia actual, es un elemento deseable de la vida de la iglesia y se debería promover y estimular.

Según esta postura, hay que distinguir entre lo que se designa como profecía en el Antiguo Testamento y en el Nuevo Testamento. Básicamente, este enfoque sostiene que la profecía del Antiguo Testamento implicaba una narración anticipada de inspiración divina,

que en parte predecía el futuro, pero que en su totalidad representaba un mensaje especialmente revelado por Dios. Como tal, tiene autoridad, es infalible y, cuando se registra bajo la inspiración del Espíritu Santo, se convierte en un texto de las Escrituras. Sin embargo, en el Nuevo Testamento, esta función de declarar la verdad autorizada y especialmente revelada por Dios no la desempeña el profeta, sino el apóstol, el equivalente en el Nuevo Testamento al profeta del Antiguo Testamento. En la iglesia del Nuevo Testamento, la profecía era más generalizada, es decir, se confería y practicaba potencialmente a cualquier creyente.

La mayoría de quienes defienden la práctica del don de profecía en la actualidad insisten en que no debe considerarse con la misma autoridad que las Escrituras. Mientras que prácticamente todas estas personas consideran que las Escrituras son plenamente la Palabra de Dios y, por lo tanto, autorizadas e incluso inerrantes, la palabra de la profecía es imperfecta e impura, y contiene elementos en los que no se debe confiar ni obedecer. Es por ello que Pablo, en 1 Tesalonicenses 5:20-21, cuando habla de la profecía, insta a sus lectores a probarlo todo, aferrándose a lo que es bueno[1]. Esto implica que había profecías que no eran buenas, verdaderas o autorizadas. La profecía es una respuesta humana a una revelación, o un mensaje de la revelación[2].

En el evangelismo contemporáneo existen formas más moderadas y más radicales que están a favor de la profecía. Wayne Grudem representa una versión más modesta de este punto de vista. Para él, el don es "algo que Dios puede traer de repente a la mente, o algo

---

1 Wayne Grudem, *The Gift of Prophecy in the New Testament and Today* [El don de profecía en el Nuevo Testamento y en la actualidad], rev. ed. (Wheaton: Crossway, 2000), pág. 257.

2 *Ibid.*, pág. 76.

que Dios puede imprimir en el corazón o los pensamientos de alguien de tal manera que la persona tiene la sensación de que viene de Dios"[3]. Por ejemplo, una persona puede sentirse especialmente guiada a orar por alguien y luego la persona que oró puede descubrir que había una necesidad especial que no conocía en específico.

Un enfoque más radical respecto al don contemporáneo de la profecía es el de Jack Deere. Según él, existe el peligro de que el conocimiento de la Biblia sirva de filtro, interpretando y restringiendo la experiencia[4]. Considera que Dios habla a través de los sueños, las visiones, una voz audible para uno solo, una voz interna audible y las experiencias ordinarias[5]. Hace especial énfasis en conocer acontecimientos particulares por adelantado, y en conocer la presencia del pecado en los corazones de las personas, desconocida para los demás. Reconoce los peligros que pueden derivarse de este enfoque, incluido el tipo de ministerio "Dios me dijo que te dijera…". Hay varias pautas para evitar estos peligros, como pedir permiso a Dios para decir algo, hablar con humildad y distinguir entre revelación, interpretación e iluminación[6].

A modo de evaluación, estos promotores de las profecías actuales han señalado correctamente el peligro de permitir que las premisas o preconceptos controlen nuestras creencias y prácticas. La adaptación puede ser a una visión del mundo más bien naturalista, donde realmente no buscamos ni pedimos a Dios que obre de ninguna manera que no sea predecible sobre una base natural.

Algunos de los tipos de experiencias que estos teólogos describen son también familiares para muchos no carismáticos. La mayoría de nosotros hemos tenido momentos en los que hemos percibido situaciones y personas que iban más allá del puro conocimiento objetivo de la información. Por ejemplo, como pastor, recuerdo que una mujer me dijo: "Cuando usted predica, es como si mirara dentro de mi alma y viera lo que hay allí". Más de uno de nosotros ha tenido fuertes convicciones de que Dios nos guiaba de una determinada manera, a veces en contradicción con lo que serían las consideraciones puramente racionales. Los no carismáticos a menudo se refieren a esto como iluminación (especialmente para entender el significado y la aplicación de las Escrituras), discernimiento, o algo por el estilo. Básicamente, la diferencia es que los no carismáticos consideran esto como menos dramático u orientado a la crisis que los carismáticos. También suelen pensar en términos de aplicación de los principios bíblicos a las situaciones contemporáneas, en lugar de una aplicación más literal de las enseñanzas y los acontecimientos bíblicos a lo contemporáneo.

No cabe duda de que este recordatorio de que el Espíritu Santo es personal y activo en la vida del cristiano y de la iglesia es importante y necesario. Sin embargo, hay ciertos problemas y peligros en este enfoque. Uno de ellos es que, al igual que con otras cuestiones pneumatológicas, sus defensores suelen apelar a la dimensión subjetiva y experiencial. No hay ninguna prueba bíblica clara de que la función de la profecía deba continuar más allá del Nuevo Testamento. Hay que reconocer que se trata de un argumento basado en el silencio, pero en este caso la carga de la evidencia recae en la parte afirmativa, por lo que la ausencia puede ser significativa. Los proponentes que abogan por que la profecía sea un don permanente no defienden realmente su caso de forma bíblica. Más bien, los casos de supuesta profecía, acompañados de una simple suposición de que ser un cristiano del Nuevo Testamento significa una repetición bastante

---

3 *Ibid.*, pág. 320.

4 Jack Deere, *Surprised by the Voice of God: How God Speaks Today through Prophecies, Dreams, and Visions* [Sorprendido por la voz de Dios: Cómo Dios habla hoy a través de profecías, sueños y visiones] (Grand Rapids: Zondervan, 1996), págs. 120-121.

5 *Ibid.*, págs. 114-156.

6 *Ibid.*, págs. 190-216.

literal de las instancias del Nuevo Testamento, son la norma.

A veces se presta poca atención a la diferencia entre el contexto de las iglesias del Nuevo Testamento y la iglesia de hoy en día. Las iglesias del libro de los Hechos no tenían fácil acceso a los escritos del Nuevo Testamento. De hecho, muchos de ellos estaban en proceso de ser escritos. Actualmente, Dios ha provisto de forma permanente parte de lo que se necesitaba de la profecía. A mi parecer, no se valoran debidamente los procesos indirectos o las causas secundarias de Dios. Lo interesante es que Deere reconoce este posible problema, al referirse al hombre que esperaba que Dios lo rescatara, pero que se negó a aceptar el rescate de personas en un barco y un helicóptero[7].

Existe el problema de que una palabra profética sea errónea. La mayoría de las personas que defienden este punto de vista reconocen el problema del error. Hacer de esto una cuestión de un mensaje de la revelación, en lugar de ser la revelación en sí misma, es, como mínimo, interesante. Incluso hacer que sea una cuestión de juicio de grupo no resuelve completamente el problema, ya que hay subgrupos fluctuantes y superpuestos dentro del grupo más grande, como cuando la mayoría cambia en términos de lo que cree. La dificultad de las posibles profecías contradictorias se resuelve estableciendo que cuando llega una segunda profecía, el primer profeta debe ceder ante ella. Aquí hay algo del mismo tipo de dificultad que tienen todos los enfoques de este tipo, es decir, ¿qué pasa si yo tengo una profecía de que la suya es errónea? Este no debería ser el caso, o al menos no lo fue en la iglesia de los Hechos.

El movimiento profético presta muy poca atención a las promesas de Jesús respecto a la obra posterior del Espíritu Santo relacionada con la revelación que Jesús había dado. Por ejemplo, se puede observar lo siguiente:

> Pero el Abogado, el Espíritu Santo, a quien el Padre enviará en mi nombre, hará que ustedes recuerden cuanto yo les he enseñado y él se lo explicará todo (Juan 14:26 BLPH).

> Pero cuando venga el Espíritu de verdad, él os guiará a toda la verdad; porque no hablará por su propia cuenta, sino que hablará todo lo que oyere, y os hará saber las cosas que habrán de venir. Él me glorificará; porque tomará de lo mío, y os lo hará saber. Todo lo que tiene el Padre es mío; por eso dije que tomará de lo mío, y os lo hará saber (Juan 16:13-15; ver también Juan 15:26).

Algunas de estas afirmaciones están dirigidas principalmente a los oyentes originales, pero otras se aplican a las generaciones posteriores de los seguidores de Jesús. Calvino y otros reformadores hacían mucho énfasis en esta fusión de la Palabra y el Espíritu. Tal vez debamos considerar esto como una iluminación de las Escrituras que fueron dadas por inspiración del Espíritu Santo, más que como una revelación. Se trata de una cuestión de percepción más que de una nueva verdad.

No cabe duda de que es apropiado hablar de que Dios conduce o guía de forma personal y subjetiva, e incluso sorprendente. Sin embargo, esto representa un mensaje para uno mismo, y no debe aplicarse a los demás. Aunque es cierto que hay casos en las Escrituras de personas que aconsejan a otras, por lo general Dios revela su voluntad hacia una persona para esta misma, no para otra.

Existe algo así como que Dios "revela" su voluntad para un grupo. Sin embargo, cuando se basa en el patrón de los Hechos, se trata de que el grupo reciba la comunicación como grupo. Aunque haya un líder que persuada a los demás, es una cuestión de persuasión, no de mera proclamación. El Espíritu es el que convence, el que provoca la convicción, como Jesús señaló:

7 *Ibid.*, págs. 114.

"Y, cuando él venga, convencerá al mundo de su error en cuanto al pecado, a la justicia y al juicio" (Juan 16:8 NVI). Si bien su referencia aquí es específicamente a la convicción de pecado, a la luz de las otras declaraciones en este discurso, parece tener una aplicación más amplia.

El enfoque de este movimiento profético no tiene en cuenta algunas ideas posbíblicas de la psicología y la sociología. En realidad, esto ocurre tanto desde la perspectiva moderna como desde la posmoderna. Desde la perspectiva moderna, la psicología ofrece explicaciones alternativas de algunas cosas que algunos afirman que funcionan espiritualmente. Algunas de ellas pueden ser una cuestión de fenómenos psicológicos subjetivos más que de una conexión objetiva con el Espíritu Santo. Desde una perspectiva posmoderna, se nos recuerda que todo nuestro conocimiento está condicionado por nuestra situación cultural e histórica. Puede ser que lo que se percibe como una impresión tan poderosa del Espíritu Santo sea en realidad nuestra propia personalidad o nuestros sesgos. Un pastor presentó a su iglesia un conjunto de cinco iniciativas que sentía que Dios le había llevado a proponer, sugiriendo que si la congregación no las adoptaba, no estaba seguro de seguir en esa iglesia. Comentó: "A mí me gusta el cambio, cualquier tipo de cambio", sin darse cuenta de que tal vez lo que él estaba convencido de que era la guía de Dios era una manifestación de las características de su propia personalidad. La iglesia aprobó todas sus propuestas, pero al cabo de dos años se marchó a otro tipo de ministerio.

Las ideas válidas de este movimiento profético pueden incorporarse sin caer en algunas de sus trampas. La experiencia es un criterio cuestionable, en parte porque algunos de nosotros hemos tenido experiencias que contradicen las que aquí se exponen. Por ejemplo, yo he comprobado que el obrar del Espíritu es algo de lo que no soy consciente, pero es algo por lo que oro. He descubierto que las personas han sido bendecidas por lo que yo consideraba un sermón pobre, o incluso de una forma que no había planeado conscientemente. En otras palabras, la dimensión "profética" en ocasiones se halla en la recepción más que en la declaración.

Cuando oro por la gente, a menudo lo hago sin saber la necesidad exacta, en lugar de conocer claramente su situación. Tal vez sea a esto a lo que se refería Pablo cuando escribió: "Y de igual manera el Espíritu nos ayuda en nuestra debilidad; pues qué hemos de pedir como conviene, no lo sabemos, pero el Espíritu mismo intercede por nosotros con gemidos indecibles. Mas el que escudriña los corazones sabe cuál es la intención del Espíritu, porque conforme a la voluntad de Dios intercede por los santos" (Ro 8:26-27). Asimismo, puede ser significativo que este pasaje preceda inmediatamente a la afirmación: "Y sabemos que a los que aman a Dios, todas las cosas les ayudan a bien, esto es, a los que conforme a su propósito son llamados" (v. 28).

El Espíritu Santo y Otras Religiones del Mundo

Tradicionalmente, el tema de la relación del cristianismo con otras religiones del mundo ha sido importante. Ha sido especialmente urgente en los momentos en que el contacto entre estas diferentes religiones ha sido más frecuente, como cuando el cristianismo se expandió a otras culturas. En el pasado, las cuestiones solían situarse en el ámbito de la cristología y la soteriología (es decir, si Cristo es el medio exclusivo de salvación). Hay tres posturas definidas. El exclusivismo es el punto de vista que considera que el cristianismo es verdadero y que solo reciben la salvación aquellos que suscriben abiertamente sus creencias y prácticas.

La discusión sobre la relación del cristianismo con otras religiones del mundo se aborda en términos de pneumatología, es decir, si el Espíritu Santo puede obrar en otras religiones distintas del cristianismo manifiesto, hasta qué punto y en qué forma.

El inclusivismo insiste en que la salvación se produce únicamente a través de Jesucristo o de la iglesia, pero puede haber personas que sean cristianas sin estar conscientemente implicadas en el cristianismo. El pluralismo enseña que todas las religiones hablan en realidad de lo mismo, de modo que las diferentes religiones son simplemente rutas alternativas que conducen a la misma meta.

Sin embargo, ahora también la discusión se aborda en términos de pneumatología, es decir, si el Espíritu Santo puede obrar en otras religiones distintas del cristianismo manifiesto, hasta qué punto y en qué forma. Amos Yong, un pentecostal asiático-americano, considera que un enfoque pneumatológico de la teología de las religiones "no solo ayuda a comprender el pluralismo religioso (las dimensiones teológicas o teóricas), sino que nos permite comprometernos con las otras religiones (la dimensión práctica o intersubjetiva) [...] [Esto] comienza con la presencia universal del Espíritu Santo como presencia y accionar universal de Dios"[8].

Yong basa este punto de partida en la referencia a que el Espíritu fue derramado "sobre toda la humanidad" en Hechos 2:17 (DHH), lo cual entiende que "por un lado tiene una aplicación universal y por otro incluye el mundo de las religiones"[9]. El hecho de que todos los oyentes escucharan el mensaje hablado en su propia lengua debe considerarse en relación con el incidente de la torre de Babel en el Génesis. Esto significa que este "derramamiento del Espíritu redime la diversidad de lenguas". Esta diversidad de lenguas también está vinculada a la diversidad de culturas, y dado que la cultura está inseparablemente relacionada con la religión, "el principio de la diversidad lingüística y cultural incluye necesariamente el de la diversidad religiosa. De ahí que el relato de Pentecostés pueda entenderse como una redención no solo de la lengua y la cultura del ser humano, sino también de la religiosidad humana"[10]. Esto no quiere decir que toda la religiosidad humana esté santificada, como tampoco lo están todas las palabras humanas, ni todos los aspectos de la cultura. Sin embargo, sí representa una base narrativa para "entender el mundo de las religiones en una perspectiva pneumatológica"[11].

La visión de Yong contiene varios elementos clave. Uno es la naturaleza dinámica de la religión. La conversión debe entenderse no como un punto, sino como un proceso continuo. Esto también es válido para las tradiciones. Por esto, Yong afirma que su enfoque pneumatológico permite "reconocer las 'religiones' y las 'tradiciones religiosas' no como sustantivos, sino como verbos: están formadas por los procesos de 'tradicionalización' humana y, por lo tanto, moldeadas por las diversas respuestas y acciones humanas a las realidades consideradas trascendentes"[12]. En este enfoque pneumatológico, en lugar de estar subordinada a las doctrinas, la praxis (el ritual, la piedad, la devoción, la

---

8 Amos Yong, *"A P(new)matological Paradigm for Christian Mission in a Religiously Plural World"* ["Un paradigma p(neo)matológico para la misión cristiana en un mundo religiosamente plural"], *Missiology: An International Review* 33, nro. 2 (abril del 2005): pág. 176.

9 *Ibid.*
10 *Ibid.*, pág. 177.
11 *Ibid.*
12 *Ibid.*, pág. 178.

moralidad, etc.) pasa a ser igual o incluso más importante que las doctrinas[13].

Yong aborda la cuestión del diálogo interreligioso. Según él, el Espíritu Santo, que capacita a los cristianos para hablar en otras lenguas, también puede permitir entender otra religión desde dentro[14]. Esto tiene implicaciones significativas para la estrategia misionera. Mientras que tradicionalmente los misioneros se dedicaban tanto al diálogo como a la proclamación respecto a los de otras religiones, el enfoque pneumatológico significa entrar en la situación de la persona de otra religión, con los beneficios de eliminar los malentendidos de la fe del otro, a la vez que se experimenta una profundización del propio compromiso y se reconocen elementos erróneos de la propia fe[15]. Insta a un tipo de diálogo en el que no se pretende simplemente escuchar al otro para tener la oportunidad de proclamar la propia fe, sino que se intenta adentrarse en la fe del otro de manera que se perciba el mundo y la vida como lo ve un budista o un hindú. Aunque reconoce que este tipo de "conversión" dialógica (que no es más que encarnar la propia fe en otra cultura) podría dar lugar a una conversión real a la otra fe en el sentido religioso pleno, Yong confía en que no es probable que esto ocurra, porque toda esta teología pneumatológica de las religiones se basa en la creencia del obrar del Espíritu Santo y del Espíritu de Cristo[16].

Algunos han cuestionado la singularidad del cristianismo en un esquema según el cual el Espíritu Santo se considera presente y activo en otras religiones. Sin embargo, la singularidad cualitativa significa que cada religión tiene características diferentes de las demás. A Yong le preocupa el intento de adjudicar que la verdadera revelación únicamente se halle en el cristianismo. Sostiene que hay un anhelo humano de seguridad que busca establecer reglas para juzgar la autenticidad de la revelación. Pero debemos recordar que "si hay un rasgo consistente en los relatos bíblicos sobre el Espíritu, es que este no puede ser controlado por las ideologías humanas; más bien, como el viento, las idas y venidas del Espíritu no pueden predecirse. Esta imprevisibilidad se aplica no solo a la interpretación humana de la revelación divina, sino también a las normas y criterios con los que tratamos de discernir la presencia y el accionar del Espíritu y de otros espíritus"[17]. No podemos juzgar de antemano qué es una revelación genuina y qué no lo es.

La postura de Yong tiene mucho mérito. Es cierto que la labor misionera eficaz debe implicar la indagación y la escucha con empatía. Además, al igual que la caída no eliminó la imagen de Dios en los seres humanos, el Espíritu no está necesariamente ausente del todo, a excepción de los círculos cristianos. Existe algo llamado la gracia común, y la obra del Espíritu Santo forma parte de ella. Una vez reconocidos estos valiosos elementos en esta pneumatología, hay muchas cosas que deberían hacernos reflexionar sobre los argumentos de Yong. En primer lugar, el proceso por el que pasa del texto de Pentecostés en Hechos 2 a esta pneumatología plenamente desarrollada contiene un gran número de vacíos, tanto exegéticos como lógicos. Además, parece suponer varios elementos de la cultura de los últimos tiempos y del presente, sin considerarlos o incluso sin reconocerlos.

Un ejemplo destacado sería la preferencia de Yong por los verbos frente a los sustantivos en el debate sobre la religión. El siglo XX mostró un marcado desprecio por los sustantivos, prefiriendo los verbos o los adjetivos. Esta suposición puede ser válida, pero hay que justificarla si se pretende basar en ella conclusiones tan amplias. Utiliza las ciencias conductuales de forma selectiva para reforzar sus argumentos, por ejemplo, cuando apela al deseo de seguridad. Por último, parece haber

13 *Ibid.*, pág. 178-179.
14 *Ibid.*, pág. 179-180.
15 *Ibid.*, pág. 181-182.
16 *Ibid.*, pág. 182-183.

17 *Ibid.*, pág. 188.

una ambigüedad auténtica, o tal vez incluso una ambivalencia, en el esfuerzo de Yong por explicar con mayor exactitud el grado de singularidad del cristianismo como canal de la gracia de Dios.

El Espíritu Santo y otros "espíritus"

En los últimos años ha aumentado notablemente el interés por la presencia y el accionar de otros espíritus en el mundo. En el movimiento de guerra espiritual esto ha tomado una variedad de formas. Ha sido prominente en la tercera ola del movimiento carismático moderno. También es una característica vívida de gran parte del cristianismo africano, donde hay un fuerte sentido de la presencia de espíritus malignos. Charles Kraft y C. Peter Wagner (dos profesores del Seminario Teológico Fuller que, como ex misioneros y estudiantes del cristianismo mundial, entraron en contacto con la lucha de los cristianos contra el mal) contribuyeron a popularizarla en Estados Unidos.

En general, el término "guerra espiritual" se refiere al hecho de que el cristiano está implicado en la lucha entre las fuerzas de Dios y las del mal, de modo que Clinton Arnold define el término como "una forma de caracterizar nuestra lucha común como cristianos"[18]. Tal y como la conciben muchos hoy en día, esta postura presenta una cosmovisión en la que los seres espirituales desempeñan un papel muy importante en lo que ocurre, tanto en la Tierra como a una escala más cósmica. La vida cristiana se centra en la lucha con los seres malignos, ya sean considerados ángeles o espíritus. El movimiento se dio a conocer a través de una novela escrita por Frank Peretti[19]. Aunque se trata de una novela, recibe una ambientación específica y parece que pretende transmitir la impresión de que es representativa de lo que realmente sucede en el mundo actual.

A menudo se considera que este enfoque es el despertar de una cosmovisión que ha sido suprimida por la cosmovisión modernista (por la que se entiende la Ilustración) que prácticamente excluía al mundo espiritual, en particular a los espíritus malignos. Gregory Boyd ha mezclado este pensamiento con su teísmo abierto para ofrecer una solución al problema del mal. A su entender, la concepción clásica sobre Dios había permitido que las ideas filosóficas griegas se impusieran a las bíblicas, planteando así un Dios omnisciente y omnipotente (o que lo controla todo). Dado que todo lo que ocurre es necesariamente parte de la voluntad de Dios, de alguna manera los sucesos malignos deben ser voluntad de Dios, aunque en algunas versiones la voluntad humana entra en juego. Por el contrario, Boyd concibe el mal como algo causado en gran parte por fuerzas malignas personales. Por lo tanto, no es necesario tratar de justificar a Dios a la luz de estos sucesos malignos. El problema es más bien el de participar en la lucha con las fuerzas del mal. En su lucha, los espíritus malignos emplean agentes naturales y humanos. Lo hacen en parte tomando el control de los seres humanos, ya sea en la escala menor de simplemente influenciar sus pensamientos o en la escala más radical de la posesión demoníaca de los seres humanos, incluso de los cristianos en algunos casos. También pueden utilizar la naturaleza, lo que incluye provocar enfermedades en los creyentes o trabajar a través de instituciones y procesos sociales y políticos. La labor de los creyentes es ser consciente del accionar de estas fuerzas malignas y resistirlas en el combate espiritual, reprendiendo a los espíritus malignos, expulsándolos de los poseídos y participando en otros actos de guerra espiritual[20].

18 Clinton Arnold, *Three Crucial Questions about Spiritual Warfare* [Tres preguntas cruciales sobre la guerra espiritual] (Grand Rapids: Baker, 1997), pág. 27.

19 Frank E. Peretti, *This Present Darkness* [Esta patente oscuridad] (Westchester, Illinois: Crossway, 1986).

20 Gregory A. Boyd, *God at War: The Bible and Spiritual Conflict* [Dios en pie de guerra: La Palabra y el conflicto espiritual] (Downers Grove, Illinois: InterVarsity, 1997).

Más allá de la lucha que se libra aquí en la Tierra entre las fuerzas del bien y del mal, existe también una dimensión cósmica. Por decirlo de alguna manera, en los cielos se libra la lucha entre los espíritus malignos, por un lado, y las fuerzas del bien, incluyendo tanto a los espíritus como a los cristianos, por el otro.

Esta noción de una "guerra espiritual" presenta una cosmovisión en la que los seres espirituales desempeñan un papel muy importante en lo que ocurre, tanto en la Tierra como a una escala más cósmica.

Es importante que los cristianos sean conscientes de esta gran lucha, se armen para ella y participen en ella. El combate en este nivel extra terrenal implica lo que Wagner llama "guerra espiritual de nivel estratégico" o SLSW[21] (por sus siglas en inglés).

A menudo, en las formas más radicales del pensamiento de la guerra espiritual, la organización de este mundo espiritual maligno se explica con considerable detalle. Hay niveles de organización. Además, según Daniel 10, la representación espiritual se hace bajo la creencia de que hay espíritus territoriales. También hay espíritus que tienen jurisdicción sobre áreas en

particular de la tentación humana y el pecado[22].

Se pueden encontrar movimientos similares entre los cristianos de los países menos desarrollados. Por ejemplo, en África existe una fuerte creencia en los espíritus malignos. La cultura tradicional africana da mucha importancia al poder de los espíritus y, en consecuencia, cuando los cristianos son capaces de vencer a los espíritus malignos, el evangelismo gana credibilidad. Además, la religión tradicional africana cree en el accionar de los espíritus de los antepasados a favor de uno.

La guerra espiritual ha constituido una contribución importante para el cristianismo en general al llamar la atención sobre la realidad de la lucha espiritual que se libra. La cultura moderna ha tenido la tendencia a eliminar, o al menos a ignorar, la realidad de las fuerzas sobrenaturales, y ha reducido todo el mal del mundo a causas explicables desde un punto de vista naturalista. Muchos cristianos han tenido la inclinación a conformarse con esta misma perspectiva y no han considerado realmente la posibilidad del accionar demoníaco. El declive en la conciencia del pecado y la tentación ha sido parte de esta respuesta. Las Escrituras dejan claro que hay un diablo y que este diablo tiene un ejército de demonios o espíritus malignos, y él junto con sus huestes se oponen desesperadamente a Dios y a sus seguidores. Los cristianos son exhortados en repetidas ocasiones por los escritores de las Escrituras a participar en esta lucha espiritual.

Sin embargo, hay una serie de puntos en los que esta versión de la vida cristiana debe ser cuidadosamente examinada y cuestionada. Por un lado, es importante recordar que Cristo ha vencido decisivamente a las fuerzas del mal en su muerte y resurrección, y que esta victoria se materializará plenamente en el escatón. Más allá de esto, hemos adquirido una perspectiva

---

21 C. Peter Wagner, *Confronting the Powers: How the New Testament Church Experienced the Power of Strategic-Level Spiritual Warfare* [Confrontemos las potestades: Cómo la iglesia neotestamentaria experimentó el poder de la guerra espiritual a un nivel estratégico] (Ventura, California: Regal, 1996).

22 C. Peter Wagner, ed., *Engaging the Enemy: How to Fight and Defeat Territorial Spirits* [Enfrentando al enemigo: Cómo luchar y derrotar a los espíritus territoriales] (Ventura, California: Regal, 1996).

importante sobre el papel de las causas naturales de las enfermedades. No es necesario asumir automáticamente que una determinada enfermedad es el resultado de una opresión satánica. Aunque puede ser común suponer que este modelo de guerra es más acorde con el posmodernismo que con el modernismo, hay que señalar que gran parte de la descripción de la lucha espiritual que se está librando tiene más en común con el período premoderno que con el posmoderno[23]. El verdadero pensamiento posmoderno no ignora las ideas correctas de la modernidad en materia científica y médica. Un líder de guerra espiritual dio un sermón en el que describía su "noche negra del alma", que le había obligado a ausentarse de sus funciones durante varios meses. Para una persona con conocimientos básicos de psicología, su descripción se parecía mucho a los síntomas clínicos de la depresión, aunque parecía no haber considerado esa posibilidad. Debemos recordar que Dios obra tanto directa e inmediatamente como indirectamente y a través de instrumentos. Se trata de algo así como una forma de sanación divina cuando Dios obra a través de los esfuerzos capacitados de un médico, como cuando interviene milagrosamente. Si bien esto último puede ser lo más espectacular, no honramos a Dios cuando descuidamos los instrumentos que puede haber proporcionado para nuestro bienestar.

Sin embargo, lo más grave es la discrepancia que existe entre algunas partes de esta teoría y la práctica del Nuevo Testamento, especialmente la de Jesús. En el mejor de los casos, la ecuación bastante sencilla de las prácticas de guerra espiritual con el Nuevo Testamento es cuestionable. Hemos observado la enseñanza de que la victoria, en cierto sentido, ya ha sido ganada. De este modo, por ejemplo, se puede observar que en los encuentros de Jesús con los demonios, no hubo ninguna lucha. Como Robert Guelich afirma: "Jesús no tiene que someter a los demonios. Su comportamiento desde el principio muestra que reconocen la desesperanza de su situación ante él. Vienen a él como suplicantes más que como negociadores"[24]. Además, los exorcismos que se encuentran en parte de la literatura sobre la guerra espiritual parecen tener más semejanza con fórmulas mágicas que con los incidentes bíblicos de los cuales se presentan como ejemplos modernos[25]. Más allá de eso, el énfasis en la organización de tipo militar de las fuerzas del mal y de los espíritus territoriales tiene poco o ningún precedente en los relatos bíblicos. Como resume Guelich su evaluación respecto al punto de vista de Peretti: el "énfasis en la guerra espiritual como descripción fundamental de la vida cristiana corre el riesgo de convertir al 'Príncipe de la paz' en el 'Comandante-jefe', función que encaja más con la expectativa mesiánica de la literatura apocalíptica judía que con la cristología de los Evangelios y el corpus paulino. Conduce a numerosas distorsiones sobre la persona y la obra de Cristo, el papel de los creyentes en la proclamación del evangelio con sus implicaciones personales y sociales, Satanás y sus huestes, y la naturaleza del mal"[26]. Paul Hiebert considera que lo difícil es interpretar las Escrituras desde la óptica de una cosmovisión que le es ajena, como la cosmovisión tribal de las sociedades animistas o una cosmovisión indoeuropea basada en un dualismo cósmico, como el zoroastrismo, el maniqueísmo o el hinduismo[27].

Por lo tanto, llegamos a la conclusión de que, aunque el movimiento de guerra espiritual ha vuelto a hacer hincapié correctamente en la

---

23 Boyd, *God at War*, pág. 66.

24 Robert A. Guelich, *"Spiritual Warfare: Jesus, Paul and Peretti"* ["La guerra espiritual: Jesús, Pablo y Peretti"], The Journal of the Society of Pentecostal Studies 13, nro. 1 (Spring 1991): pág. 40.

25 *Ibid.*, pág. 61.

26 *Ibid.*, pág. 63.

27 Paul G. Hiebert, R. Daniel Shaw y Tite Tiénou, *Understanding Folk Religion: A Christian Response to Popular Beliefs and Practices* [Hacia un entendimiento de las religiones populares: una respuesta Cristiana

realidad y el accionar de las fuerzas espirituales malignas, especialmente en lugares como África, corre el riesgo de distorsionar seriamente la enseñanza bíblica sobre estos asuntos[28]. De hecho, como señala Guelich, puede conducir al segundo de los dos errores que menciona C. S. Lewis con respecto a los demonios: "creer y sentir un interés excesivo e insano en ellos"[29]. Por consiguiente, y paradójicamente, puede llevar a que el cristiano se convierta en una víctima del plan de batalla de Satanás[30].

Preguntas de análisis y reflexión

- ¿Cómo definen la profecía aquellos que afirman que las manifestaciones del don de profecía se dan en la actualidad?
- ¿Qué problemas plantea el enfoque más reciente basado en el don de profecía?
- ¿Qué implicaciones tiene para la estrategia misionera del enfoque pneumatológico de Yong?
- ¿Cómo apoyan y desafían las Escrituras los puntos de vista del movimiento de guerra espiritual?
- ¿Qué ha encontrado usted de valioso respecto a superar las luchas espirituales a las que se enfrenta?

28 Para una explicación completa y cuidadosamente detallada, ver *"Deliver Us from Evil—Consultation Statement"* ["Líbranos del mal: Declaración de consulta"], elaborada en un encuentro temático sobre la guerra espiritual en Nairobi, Kenia, en agosto de 2000, convocado por el Comité de Lausana para la Evangelización Mundial. Disponible en internet en www.lausanne.org/en/documents/all/nairobi-2000/179-overview.html.

29 C. S. Lewis, *Screwtape Letters* [Cartas del diablo a su sobrino] (Nueva York: Macmillan, 1962), pág. 3.

30 Guelich, *"Spiritual Warfare"*, pág. 63.

PARTE 7

Salvación

Concepciones de la Salvación

31

Objetivos del Capítulo

Una vez leído este capítulo, el lector es capaz de:

1. Identificar y explicar los detalles en los que difieren las distintas concepciones de la salvación.
2. Identificar y describir cinco concepciones de la salvación.
3. Comparar y contrastar cinco concepciones de la salvación y evaluar cuál de ellas explica mejor la evidencia bíblica.

Resumen del Capítulo

A lo largo de los años se han desarrollado diferentes concepciones de la salvación, y cada una de ellas hace énfasis en diversos aspectos de la misma. Difieren en cuanto a la relación de la salvación con el tiempo, la naturaleza y el ámbito de la necesidad a tratar, el instrumento de la salvación, la dirección del movimiento en la salvación y la extensión de la salvación. Las cinco concepciones de la salvación en la actualidad son la teología de la liberación, la teología existencial, la teología secular, la teología católica romana contemporánea y la teología evangélica.

Estructura del Capítulo

Detalles en los que Difieren las Interpretaciones de la Salvación

- La Dimensión Temporal
- La Naturaleza y el Ámbito de la Necesidad
- El Instrumento de la Salvación
- La Dirección del Movimiento en la Salvación
- La Extensión de la Salvación

Concepciones de la Salvación en la Actualidad

- Teologías de la Liberación
- Teología Existencial
- Teología Secular
- Teología Católica Romana Contemporánea
- Teología Evangélica

La salvación es la aplicación de la obra de Cristo a la vida humana. Por consiguiente, la doctrina de la salvación tiene un atractivo y una relevancia especiales, ya que se refiere a nuestra necesidad más crucial. Aunque a las personas familiarizadas con el término "salvación" les parezca que tiene un significado algo evidente, existen, incluso dentro de los círculos cristianos, concepciones bastante diferentes de lo que implica la salvación. Antes de examinar las más destacadas de estas concepciones, será útil examinar brevemente varios detalles en los que difieren. Esto nos dará las categorías que podemos emplear al analizar los distintos enfoques.

Detalles en los que Difieren las Concepciones de la Salvación

La Dimensión Temporal

La salvación se concibe de distintas maneras: como un acontecimiento único al comienzo de la vida cristiana, como un proceso que continúa a lo largo de la vida cristiana o como un suceso futuro. Algunos cristianos consideran que la salvación se completa fundamentalmente al inicio de la vida cristiana. Acostumbran repetir: "hemos sido salvados". Otros entienden la salvación como un proceso: "estamos siendo salvados". Y otros piensan en la salvación como algo que se recibirá en el futuro: "seremos salvos". Se pueden combinar los dos o los tres puntos de vista, en cuyo caso se entiende que los aspectos separados de la salvación (p. ej., la justificación, la santificación y la glorificación) ocurren en momentos diferentes.

También debemos determinar el tipo de marco cronológico que está en cuestión. Dado que las acciones particulares pueden tener lugar en un solo momento o a lo largo de un periodo de tiempo, la salvación y sus aspectos constitutivos pueden concebirse de varias maneras:

332

1. Una serie de puntos: …

2. Una serie de procesos discontinuos:

______ ______ ______ ______

3. Una serie de procesos que se van superponiendo:

____

____

____

4. Un único proceso continuado con componentes que se distinguen

____|____|____|____|____|____

La Naturaleza y el Ámbito de la Necesidad

Una segunda cuestión está relacionada con la naturaleza y el ámbito de la necesidad que debe ser tratada. En la visión tradicional, la carencia básica del ser humano se concibe como vertical, como una separación de Dios. Lo que se necesita es restaurar la relación rota entre Dios y la criatura. Esta es la visión evangélica de la salvación. Un segundo enfoque es que el problema principal del ser humano es horizontal. Esto puede significar una deficiente adaptación individual a los demás o una falta fundamental de armonía dentro de la sociedad en su conjunto. La salvación implica la eliminación de las rupturas dentro de la raza humana, la sanación de las relaciones personales y sociales. La "teología relacional" se ocupa de este proceso a nivel de los desajustes individuales y de los problemas de los grupos pequeños. Las teologías de la liberación abordan los conflictos entre las diferentes clases raciales, de género o económicas. Un tercer planteamiento es que el principal problema de la humanidad es interno. El individuo está plagado de sentimientos que deben ser erradicados: culpa, inferioridad, inseguridad. Las palabras clave aquí son "adaptación", "autocomprensión", "aceptación de uno mismo" y "mayor autoestima"l.

El Instrumento de la Salvación

La cuestión de cómo se obtiene o transmite la salvación es también muy importante. Algunas opiniones consideran que la transmisión de la salvación es prácticamente un proceso físico. Este es el caso de ciertos sistemas sacramentalistas que creen que la salvación o la gracia se obtiene por medio de un objeto físico. Por ejemplo, en el catolicismo romano tradicional, se cree que la gracia se transmite y recibe verdaderamente al tomar el pan de la Eucaristía en el cuerpo de uno. Aunque el valor del sacramento depende en cierta medida de la actitud o condición interior del comulgante, la gracia se recibe principalmente a través del acto físico externo. Otros sostienen que la salvación se transmite por la acción moral. En este caso, la salvación se crea mediante la alteración del estado de las cosas. Esta idea de la salvación se encuentra en el movimiento del evangelio social y en las teologías de la liberación. Las teologías evangélicas representan una tercera idea: la salvación está mediada por la fe. Por medio de la fe se apropia de la obra consumada por Cristo. En este sentido, el receptor es pasivo en este proceso.

La Dirección del Movimiento en la Salvación

Una consideración adicional es la dirección del movimiento en la salvación. ¿Obra Dios salvando a los individuos, efectuando una transformación personal que se extiende a la sociedad y cambia el mundo del que forman parte los redimidos? ¿O actúa Dios alterando las estructuras de nuestra sociedad y luego utilizando estas estructuras alteradas para cambiar a las personas que la componen?

El movimiento del evangelio social de finales del siglo XIX y principios del XX estaba convencido de que el problema fundamental del ser humano no reside en una naturaleza humana pervertida, sino en un entorno social perverso. Por lo tanto, en lugar de intentar sanar a los individuos, hay que modificar las condiciones que conducen a su enfermedad. Podríamos decir que los defensores del evangelio social proponían una especie de ministerio espiritual de salud pública.

El enfoque opuesto ha sido defendido por los segmentos del cristianismo que hacen énfasis en la conversión. Los males de la sociedad resultan del hecho de que está compuesta por individuos malos. Únicamente en la medida en que estos individuos se transformen existe una esperanza real de cambiar la sociedad.

La Extensión de la Salvación

La extensión de la salvación es un problema para los que entienden la salvación como algo que se aplica a los individuos y no a la sociedad. La interrogante es: ¿quién o cuántos se salvarán? Por un lado, la postura particularista considera que la salvación se basa en las respuestas individuales a la gracia de Dios. Sostiene que no todos responderán afirmativamente a Dios; en consecuencia, algunos se perderán y otros se salvarán. Por otro lado, la postura universalista asegura que Dios restaurará a todos los seres humanos para que tengan una relación con él, tal y como estaba previsto en un principio. La postura universalista tiene dos variantes. Una puede ser universalista por el hecho de ser particularista optimista. Es decir, uno podría sostener tanto que es necesario aceptar a Jesucristo personalmente para ser salvo y que cada individuo lo hará. Sin embargo, desgraciadamente no parece que todo el mundo en el pasado haya aceptado a Cristo; de hecho, un número incontable de personas ni siquiera tuvo la oportunidad de hacerlo. Por consiguiente, no es factible pensar que todos se salven de esta manera, a menos que haya algún tipo de medio inconsciente por el que se puedan cumplir las condiciones para la salvación. La postura universalista más común es asumir que al final Dios simplemente aceptará a todas las personas en la comunión eterna con él.

Concepciones de la Salvación en la Actualidad

Teologías de la Liberación

Uno de los movimientos vitales que actualmente proponen su enfoque peculiar de la salvación es el conjunto de teologías que pueden denominarse colectivamente como "teologías de la liberación". Podríamos subdividir este movimiento en teologías negras, feministas y del tercer mundo. Es especialmente la última de estas tres la que se denomina teología de la liberación. Aunque algunas diferencias significativas han producido ocasionalmente conflictos entre estos grupos, hay suficientes puntos en común entre ellos como para permitirnos trazar algunos rasgos básicos de su visión sobre la naturaleza de la salvación.

Uno de los énfasis comunes es que el problema básico de la sociedad es la opresión y la explotación de las clases sin poder a manos de los que sí lo tienen. La salvación consiste en el libramiento (o liberación) de dicha opresión. El método de la liberación será el adecuado según la naturaleza de la situación concreta.

El análisis de las teologías de la liberación sobre la problemática de la humanidad proviene de dos fuentes. En primer lugar, existe un consenso de que el enfoque capitalista o "desarrollista" de las cuestiones económicas y políticas (todos los problemas se resolverán automáticamente a medida que las naciones no desarrolladas avancen por el camino trazado por las naciones industriales) es inherentemente erróneo e inepto. Para los teólogos de la liberación es cada vez más evidente que el desarrollo económico de las naciones avanzadas, así como la prosperidad de las clases sociales de élite, se consigue a costa de los menos privilegiados, que nunca saldrán de su situación. En segundo lugar, existe la sensación de que la Biblia se identifica con los oprimidos. Los teólogos de la liberación reconocen que su teología está sesgada en su enfoque de la Biblia, pero responden que los escritores bíblicos compartían este sesgo. La historia de la obra redentora de Dios es una historia de grupos de personas oprimidas. El pueblo de Israel fue oprimido en Egipto y en la historia posterior también por naciones más poderosas.

Desde el punto de vista evangélico, el principal problema del ser humano es nuestra separación de Dios, la Palabra de Dios es su instrumento para presentarnos la salvación que se encuentra en Cristo, y la fe es nuestro medio para aceptar esa salvación.

Del hecho de que gran parte de las Escrituras están escritas desde la perspectiva de las personas sin poder, la teología de la liberación concluye que el mensaje de salvación de Dios les concierne de forma especial.

Pero ¿cuál es la naturaleza específica de la salvación según las teologías de la liberación? No conciben la salvación fundamentalmente como la vida individual después de la muerte. Sostienen que la Biblia aborda mucho más la realización del reino de Dios en la época actual. Incluso la vida eterna se suele situar en el contexto de un nuevo orden social y se considera no tanto como algo que pueda ser arrancado de la historia, sino como un participante en su culminación. La salvación de todas las personas de la opresión es el cometido de la obra de Dios en la historia y, por lo tanto, debe ser la tarea de los que creen en él utilizando todos los medios posibles, incluido el esfuerzo político e incluso la revolución si es necesario.

Teología Existencial

Diversas teologías del siglo XX han sido existenciales en el sentido de estar basadas o construidas a partir de la filosofía existencial. Quizá el representante más destacado de la teología existencial a este respecto sea Rudolf Bultmann. Para interpretar el Nuevo Testamento y construir una teología, Bultmann se basó en el pensamiento del filósofo existencialista Martin Heidegger. Bultmann tomó prestado de Heidegger el concepto de la existencia auténtica y la inauténtica. Menciona dos tendencias en el "hombre moderno". Hay una tendencia a guiarse en la vida por una orientación hacia uno mismo para satisfacer los propios deseos de la felicidad y la seguridad, así como la utilidad y el beneficio. Esto es egoísmo y presunción. Los seres humanos no solo son irrespetuosos con las preocupaciones y necesidades de los demás, sino que también son desobedientes a los mandatos y a las exigencias de Dios sobre sus vidas. Niegan que Dios exista o, si creen, niegan que Dios tenga derecho legítimo a su obediencia y devoción[1].

Otra tendencia del "hombre moderno" es la autonomía. Se trata de la creencia de que uno puede obtener una seguridad verdadera por su propio esfuerzo, a través de la acumulación de riquezas, la proliferación de la tecnología y la búsqueda de ejercer influencia, ya sea individual o colectivamente. Por desgracia, se trata de una esperanza inalcanzable, debido a los obstáculos insuperables, como la muerte y las catástrofes naturales. La continuación de la acción humana egoísta y autónoma constituye un rechazo o una negación de todo lo que el ser humano está destinado a ser[2].

¿Qué es, pues, la auténtica existencia o salvación? La palabra de Dios "llama al hombre a salir de su egoísmo y de la seguridad ilusoria que se ha construido. Lo llama hacia Dios, quien está más allá del mundo y del pensamiento científico. Al mismo tiempo, llama al hombre a su verdadero ser"[3]. Concebida como la obediencia a Dios "dando la espalda al yo y abandonando toda seguridad", la salvación no es, pues, una alteración de la sustancia del alma, como algunos se han inclinado a interpretar la regeneración, ni tampoco una declaración forense de que somos justos a los ojos de Dios, como se entiende tradicionalmente la justificación. Más bien, es una alteración fundamental de nuestra *Existenz*, de toda nuestra perspectiva y conducta de vida[4].

Aunque la teología existencial particular de Bultmann ha perdido su popularidad, junto con el programa de desmitologización en el que se basaba, los elementos de la filosofía existencial perviven de muchas formas en la teología posterior. La oposición al "racionalismo", la preferencia por la mentalidad "hebrea" frente a la "griega", la resistencia a las explicaciones inclusivas y la aplicación de la teología a las preocupaciones personales inmediatas son algunas de las muchas evidencias de su presencia continuada.

Teología Secular

Todo el contexto cultural en el que se desarrolla la teología ha ido cambiando. Se pensaba que el accionar de Dios era la explicación de la existencia del mundo y de lo que sucede en él, y que era el encargado de resolver los problemas a los que se enfrentaban los seres humanos. Sin embargo, en la actualidad muchas personas en la práctica depositan su confianza en lo visible, en el aquí y el ahora, y en explicaciones que no presuponen ninguna entidad trascendente o que va más allá de la percepción de los sentidos. Se han vuelto seculares, es decir, han adoptado inconscientemente un estilo de vida que en

1 Rudolf Bultmann, *Jesus Christ and Mythology* [Jesucristo y la mitología] (Nueva York: Scribner, 1958), págs. 39-40.

2 *Ibid.*, pág. 45.

3 *Ibid.*, pág. 40.

4 *Ibid.*, págs. 19-22.

la práctica no tiene lugar para Dios. Parte de esta perspectiva secular es el resultado de un pragmatismo básico. El esfuerzo científico ha logrado satisfacer las necesidades humanas, así que la religión ya no es necesaria ni eficaz. Por lo tanto, esta es una era poscristiana[5].

Hay dos posibles respuestas que la iglesia puede dar a esta situación. Una es ver al cristianismo y al secularismo como competidores, como alternativas el uno al otro. En el siglo XX, los teólogos cristianos adoptaron cada vez más una respuesta diferente. Consiste en considerar el secularismo no como un competidor, sino como una expresión madura de la fe cristiana. Uno de los precursores de este enfoque fue Dietrich Bonhoeffer. En los últimos años de su vida, desarrolló una postura a la que se refirió como "cristianismo sin religión"[6]. Dios ha educado a su más alta criatura para que sea independiente de él. Al igual que los padres sabios ayudan a sus hijos a independizarse de ellos, en la secularización Dios se ha esforzado por llevar a la raza humana a un punto de autosuficiencia. Otros recogieron y elaboraron las ideas de Bonhoeffer. John A. T. Robinson en Gran Bretaña y los teólogos de la muerte de Dios en Estados Unidos han sido los principales proponentes de la teología secular[7].

La teología secular rechaza la concepción tradicional de que la salvación consiste en apartarse del mundo y recibir la gracia sobrenatural de Dios. Más bien, la salvación no se produce a *través* de la religión, sino a *partir* de ella. Darse cuenta de la propia capacidad y utilizarla, independizarse de Dios, alcanzar la mayoría de edad, afirmarse a sí mismo e implicarse en el mundo: este es el verdadero significado de la salvación.

Teología Católica Romana Contemporánea

Es difícil caracterizar el pensamiento católico romano contemporáneo sobre cualquier tema porque, mientras que en un tiempo había una postura oficial y uniforme dentro del catolicismo romano sobre la mayoría de las cuestiones, ahora parece que solo hay una gran diversidad. Las normas doctrinales oficiales siguen existiendo, pero ahora se complementan, y en algunos casos parecen contradecirse, con declaraciones posteriores. Entre estas declaraciones posteriores se encuentran las conclusiones del Concilio Vaticano II y las opiniones publicadas de eruditos católicos individuales. Es necesario ver algunas de estas declaraciones con el trasfondo de la postura tradicional de la iglesia.

La postura oficial católica ha sido durante mucho tiempo que la iglesia es el único canal de la gracia de Dios. Esta gracia se transmite a través de los sacramentos de la iglesia. Quienes están fuera de la iglesia oficial u organizada no pueden recibirla. La iglesia se considera a sí misma como poseedora de una franquicia exclusiva para la distribución de la gracia divina.

La postura tradicional de que la unión con la iglesia es necesaria para la salvación se ha modificado. Por ejemplo, Yves Congar argumenta precisamente a favor de los grados de pertenencia en la iglesia[8]. Aunque la mayor parte de la raza humana no tiene una conexión visible y oficial con la iglesia, existe, sin embargo, una pertenencia invisible.

El Concilio Vaticano II adoptó una postura

---

5 Paul Van Buren, *The Secular Meaning of the Gospel* [El significado secular del Evangelio] (Nueva York: Macmillan, 1963), págs. 1-20; Langdon Gilkey, *Naming the Whirlwind: The Renewal of God-Language* [Nombrando el torbellino: La renovación del lenguaje de Dios] (Indianápolis: Bobbs-Merrill, 1969), págs. 3-29.

6 Dietrich Bonhoeffer, *Letters and Papers from Prison* [Cartas y documentos desde la cárcel], ed. Eberhard Bethge, ed. ampliada (Nueva York: Macmillan, 1972), págs. 278-280.

7 Ver, p. ej., a John A. T. Robinson, *Honest to God* [Sincero para con Dios] (Filadelfia: Westminster, 1963).

8 Yves Congar, *The Wide World My Parish: Salvation and Its Problems* [Verdad y dimensiones de la salvación: El mundo entero es mi parroquia] (Baltimore: Helicon, 1961), págs. 101-104.

Gráfico 5: Los Aspectos de la Salvación

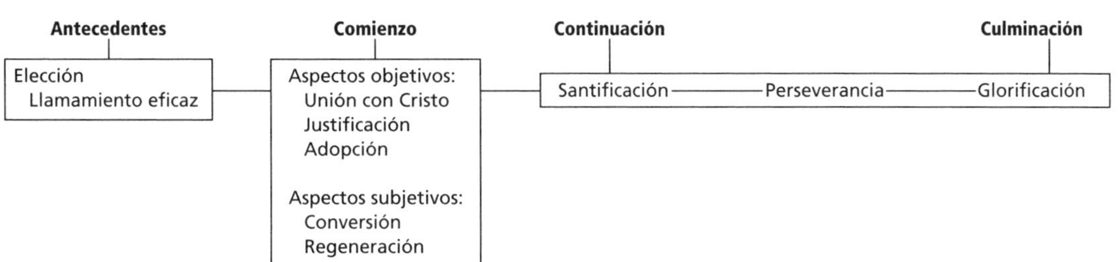

similar a la de Congar: el pueblo de Dios no se limita a la iglesia visible y jerárquica. El pueblo de Dios se divide en tres categorías según su grado de participación en la iglesia.

1. Los católicos que están "incorporados" en la iglesia.
2. Los cristianos no católicos que están "vinculados" a la iglesia. Aunque su situación no es tan segura como la de los católicos romanos, tienen iglesias genuinas y no están separados completamente de Dios.
3. Los no cristianos que están "relacionados" con la iglesia[9].

El tercer grupo incluye a los que Rahner denomina "cristianos anónimos". El hecho de que la gente esté fuera de la iglesia católica visible (o cualquier iglesia cristiana) no significa que estén separados de la gracia de Dios. Cristo murió también por ellos, y no deberíamos negar esta gracia.

También se ha discutido en la iglesia sobre la naturaleza de la salvación. Ha habido una mayor apertura hacia el concepto clásico protestante de la justificación.

A este respecto, la obra de Hans Küng sobre la teología de Karl Barth ha sido particularmente significativa. En el pasado, el catolicismo mezclaba lo que los protestantes denominaban justificación y santificación en un solo concepto: la gracia santificante. Sin embargo, Küng habla sobre aspectos objetivos y subjetivos de la justificación. La primera corresponde a lo que los protestantes suelen denominar justificación. En este aspecto de la salvación, el ser humano es pasivo y Dios es activo.

La segunda corresponde más o menos a lo que los protestantes suelen llamar santificación, donde el ser humano es activo[10]. Küng observa que Barth destacaba la primera, mientras que el Concilio de Trento enfatizaba la segunda. Sin embargo, no hay un conflicto real entre Barth y Trento[11].

Para resumir: en los últimos años, la Iglesia católica se ha mostrado más abierta a la posibilidad de que algunos que están fuera de la iglesia visible, y tal vez algunos que no afirman en absoluto ser cristianos, puedan ser receptores de la gracia. Como resultado, la comprensión católica de la salvación se ha vuelto considerablemente más amplia que la concepción tradicional.

Además, la concepción actual incluye dimensiones que normalmente se han asociado con el protestantismo.

---

9 "*Dogmatic Constitution on the Church*" ["Constitución dogmática sobre la iglesia"], en *The Documents of Vatican II* [Los documentos del Vaticano II], ed. Walter M. Abbott (Nueva York: Herder & Herder, 1966), pág. 35.

10 Hans Küng, *Justification: The Doctrine of Karl Barth and a Catholic Reflection* [La justificación: Doctrina de Karl Barth y una interpretación católica] (Nueva York: Thomas Nelson, 1964), págs. 222-235, 264-274.

11 *Ibid.*, págs. 275-284.

Teología Evangélica

La postura tradicional ortodoxa o evangélica sobre la salvación está estrechamente correlacionada con la comprensión ortodoxa de la problemática humana. Según esta concepción, la relación entre el ser humano y Dios es la principal. Cuando eso no está bien, las demás dimensiones de la vida también se ven afectadas negativamente.

Los evangélicos entienden que las Escrituras indican que hay dos aspectos principales en el problema humano del pecado. Primero, el pecado es una relación rota con Dios. El ser humano se ha negado a cumplir con las expectativas divinas, ya sea por transgredir las limitaciones que la ley de Dios ha establecido o por negarse a hacer lo que allí se ordena categóricamente.

La salvación restablece nuestra relación con Dios y transforma la naturaleza radicalmente corrupta de nuestros corazones.

La desviación de la ley da lugar a un estado de culpabilidad o de responsabilidad por el castigo. En segundo lugar, la naturaleza misma de la persona se estropea como resultado de la desviación de la ley. Ahora hay una inclinación hacia el mal, una propensión al pecado. Normalmente denominada "corrupción", esta inclinación suele manifestarse como desorientación y conflicto internos. Además, dado que vivimos en el contexto de una red de relaciones interpersonales, la ruptura de nuestra relación con Dios se traduce también en una perturbación de nuestras relaciones con otras personas. El pecado adquiere incluso dimensiones colectivas: toda la estructura de la sociedad inflige penurias y agravios a individuos

338

y grupos minoritarios.

Algunos aspectos de la doctrina de la salvación se relacionan con el asunto de la condición de la persona con Dios (en el gráfico 5 se puede apreciar un diagrama de las relaciones temporales entre los distintos aspectos de la salvación). El estatus legal del individuo debe cambiar de culpable a no culpable. Es una cuestión de ser declarado justo o recto a los ojos de Dios, de ser considerado plenamente conforme a los requisitos divinos. El término teológico aquí es "justificación". Uno es justificado al ser llevado a una unión legal con Cristo. Sin embargo, es necesario algo más que la mera remisión de la culpa, porque se ha perdido la cálida intimidad que debería caracterizar la relación con Dios. Este problema se rectifica mediante la adopción, con la cual se restablece el favor de Dios y se pueden reclamar todos los beneficios proporcionados por el Padre amoroso.

Además de la necesidad de restablecer la relación con Dios, también es necesario cambiar la condición del corazón. El cambio básico en la dirección de la vida de uno, de una inclinación hacia el pecado a un deseo positivo de vivir rectamente, se denomina "regeneración" o, literalmente, "nuevo nacimiento". Se trata de una alteración real del carácter de uno, una infusión de una energía espiritual positiva. Sin embargo, esto es tan solo el comienzo de la vida espiritual. La condición espiritual del individuo se altera progresivamente, y uno se vuelve realmente más santo. Este cambio subjetivo progresivo se denomina "santificación" ("hacer santo"). La santificación se completa finalmente en la vida más allá de la muerte, cuando la naturaleza espiritual del creyente se perfecciona. Esto se denomina "glorificación". El mantener la fe y el compromiso del individuo hasta el mismísimo final a través de la gracia de Dios es la "perseverancia".

¿Cuáles son, según la construcción teológica evangélica, los medios para la salvación o, más ampliamente, los medios de la gracia? En la concepción evangélica, la Palabra de Dios desempeña un papel indispensable en todo el asunto de la salvación. Pedro habla de este papel instrumental de la Palabra de Dios: "Pues habéis nacido de nuevo, no de una simiente corruptible, sino de una que es incorruptible, es decir, mediante la palabra de Dios que vive y permanece. [...] Y esta es la palabra que os fue predicada" (1 P 1:23, 25 LBLA). Por lo tanto, la Palabra de Dios, ya sea leída o predicada, es el medio de Dios para presentarnos la salvación que se encuentra en Cristo, y la fe es nuestro medio para aceptar esa salvación[12]. Pablo lo expresó muy claramente en Efesios 2:8-9: "Porque por gracia sois salvos por medio de la fe; y esto no de vosotros, pues es don de Dios; no por obras, para que nadie se gloríe". Por consiguiente, las obras no son un medio para recibir la salvación. Más bien, son el resultado natural y la evidencia de una fe genuina[13]. La fe que no produce obras no es una fe real. Y a la inversa, las obras que no provienen de la fe y de una relación correcta con Cristo no tendrán ninguna importancia en el momento del juicio.

¿Cuál es, en la teología evangélica, la extensión de la salvación? Es decir, ¿quienes serán salvos? Y específicamente, ¿serán todos salvos? De vez en cuando, la postura de que todos serán salvos ha sido adoptada en la iglesia. Como mencionamos anteriormente en este capítulo, esta postura se conoce como universalismo. Sin embargo, el pensamiento más común de la iglesia a lo largo de la historia, y el punto de vista adoptado por la mayoría de los evangélicos, es que mientras algunos o incluso muchos serán salvos, otros no lo serán. La iglesia adoptó esta postura no porque no quisiera que todos fueran salvos, sino porque consideraba que hay declaraciones claras en las Escrituras que afirman que algunos se perderán.

Como hemos venido haciendo con respecto a otras cuestiones, adoptaremos la postura evangélica sobre la salvación. Aunque Dios se preocupa por todas las necesidades humanas, tanto individuales como colectivas, Jesús dejó claro que el bienestar espiritual eterno del individuo es infinitamente más importante que la satisfacción de las necesidades temporales. La preocupación de Dios por el bienestar espiritual eterno de los seres humanos, junto con la representación bíblica del pecado como algo tan profundo que exige una transformación radical de la naturaleza humana si se quiere experimentar la restauración del favor de Dios, son pruebas convincentes de la visión evangélica de la salvación.

Preguntas de análisis y reflexión

- ¿Por qué hay tantos detalles en los que difieren las concepciones de la salvación?
- ¿Cuáles son las dos fuentes a partir de las cuales las teologías de la liberación analizan la problemática humana? ¿Cómo afectan estas fuentes a la visión que tienen de la naturaleza de la salvación?
- ¿Cómo ha cambiado la postura católica romana sobre la salvación?
- Según la postura evangélica, ¿qué implica la salvación?
- Si usted ha experimentado la salvación, ¿cómo describiría el proceso de salvación en su vida?

---

12 Edward J. Carnell, *The Case for Orthodox Theology* [El caso de la teología ortodoxa] (Filadelfia: Westminster, 1959), pág. 70.

13 Alexander Ross, *The Epistles of James and John* [Las epístolas de Santiago y Juan] (Grand Rapids: Eerdmans, 1954), págs. 54-55.

32

El Antecedente a la Salvación:
La Predestinación

Una vez completado este capítulo, el lector es capaz de:

1. Definir y describir la doctrina de la predestinación.
2. Comparar, contrastar y analizar la idea sobre la predestinación de los calvinistas y los arminianos.
3. Elaborar una solución significativa al problema de la predestinación.
4. Identificar al menos cuatro conclusiones que surgen de la doctrina de la predestinación.

La predestinación es la elección por parte de Dios de las personas para la vida eterna o la muerte eterna. Las cuestiones básicas de la doctrina se delinean con mayor claridad en las formulaciones de Juan Calvino y Jacobo Arminio. También se propone una solución y se identifican cuatro implicaciones de la doctrina.

Distintas Ideas Sobre la Predestinación

- Calvinismo
- Arminismo

Una Solución Propuesta

Implicaciones de la Predestinación

De todas las doctrinas de la fe cristiana, desde luego una de las más enigmáticas y menos entendidas es la de la predestinación. Para muchos resulta oscura e incluso extraña. Para otros, es una incursión innecesaria en algo que excede la capacidad de entendimiento humano. Tal detallismo teológico se considera que carece de importancia práctica. Quizá se ha hecho más burla sobre esta doctrina que sobre todo el resto de doctrinas cristianas juntas. Pero como la revelación bíblica le hace mención, el cristiano no tiene más remedio que indagar en su significado, aunque sea difícil y oscuro.

Gráfico 6: La Terminología de la Predestinación

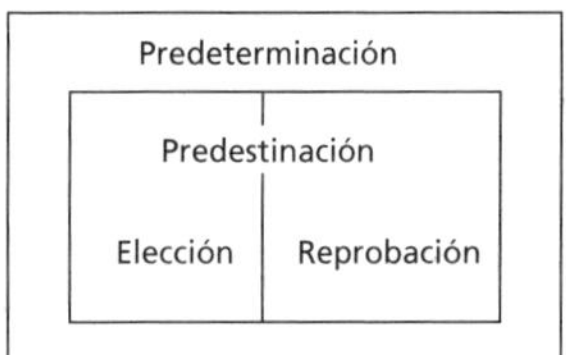

¿A qué nos referimos exactamente con el término "predestinación"? Aunque algunos lo usan indistintamente con "predeterminación" y "elección"[1], para nuestro propósito aquí "predestinación" está a medio camino en especificidad entre "predeterminación" y "elección".

La "predeterminación", como se observa en el gráfico 6, es el término más inclusivo y denota la voluntad de Dios con respecto a todos los asuntos que ocurren, ya sea el destino de cada individuo en particular o la caída de una roca. La "predestinación" consiste en la elección por parte de Dios de las personas para la vida eterna o la muerte eterna. La "elección" se refiere a la selección de algunos para la vida eterna, que es el lado positivo de la predestinación, mientras que la "reprobación" es el lado negativo.

Distintas Ideas Sobre la Predestinación

Calvinismo

Aunque la doctrina de la predestinación ha sido desarrollada por diversos teólogos, desde Agustín hasta Karl Barth, las formulaciones contrastadas de Juan Calvino y Jacobo Arminio enfocan con mayor claridad las cuestiones básicas. Lo que se denomina calvinismo ha adoptado muchas formas diferentes a lo largo de los años. Aquí examinaremos algunos rasgos comunes de todas ellas. Una ayuda mnemotécnica que se utiliza frecuentemente para resumir el sistema completo es el acrónimo TULIP (por sus siglas en inglés): depravación total, predestinación incondicional, expiación limitada, gracia irresistible y perseverancia[2]. Si bien existen interpretaciones algo variadas de estas expresiones, y no todos estos conceptos son esenciales para nuestras consideraciones presentes, los utilizaremos como marco de referencia para analizar esta postura sobre la predestinación. Los calvinistas consideran que toda la raza humana está perdida en el pecado.

La depravación total significa que cada individuo es tan pecador que es incapaz de responder a cualquier oferta de gracia. Esta condición, que merecemos plenamente, implica tanto la corrupción moral (y por lo tanto la incapacidad moral) como la responsabilidad del castigo (la culpa). Todas las personas nacen en esta condición. Por esta razón se le denomina

1 P. ej., Benjamin B. Warfield adoptó la postura de que "'predeterminar' y 'predestinar' son sinónimos exactos, cuya elección solo puede establecerse por preferencia" ("*Predestination*" ["Predestinación"], en *Biblical Doctrines* [Doctrinas bíblicas] [Nueva York: Oxford University Press, 1929], pág. 4). Warfield utiliza "elección" para designar lo que aquí denominamos "predestinación".

2 Ver, p. ej., a Edwin H. Palmer, *The Five Points of Calvinism* [Los cinco puntos del calvinismo] (Grand Rapids: Baker, 1972); Duane Edward Spencer, *TULIP: The Five Points of Calvinism in the Light of Scripture*

"pecado original". En ocasiones se utiliza la expresión "incapacidad total", lo cual significa que los pecadores han perdido la capacidad de hacer el bien y son incapaces de convertirse[3]. Son muchos los pasajes que ponen de manifiesto tanto la universalidad como la gravedad de esta condición (p. ej., Juan 6:44; Ro 3:1-23; 2 Co 4:3-4 y especialmente Ef 2:1-3).

El segundo concepto principal del calvinismo es la soberanía de Dios. Él es el Creador y Señor de todas las cosas y, por consiguiente, es libre de hacer lo que quiera[4]. No está sujeto ni es responsable ante nadie. Uno de los pasajes más citados en este sentido es la parábola de los obreros de la viña. A los que fueron contratados a la hora undécima se les pagó la misma cantidad prometida que a los contratados al principio del día. Cuando los contratados antes se quejan de esta aparente injusticia, el amo responde a uno de ellos: "Amigo, no te hago agravio; ¿no conviniste conmigo en un denario? Toma lo que es tuyo, y vete; pero quiero dar a este postrero, como a ti. ¿No me es lícito hacer lo que quiero con lo mío? ¿O tienes tú envidia, porque yo soy bueno?" (MT 20:13-15). Otro pasaje significativo es la metáfora de Pablo sobre el alfarero y el barro. A la persona que se queja de que Dios es injusto, Pablo le responde: "Mas antes, oh hombre, ¿quién eres tú, para que alterques con Dios? ¿Dirá el vaso de barro al que lo formó: Por qué me has hecho así? ¿O no tiene potestad el alfarero sobre el barro, para hacer de la misma masa un vaso para honra y otro para deshonra?" (Ro 9:20-21). Este concepto de soberanía divina, junto con la incapacidad humana, es un aspecto fundamental de la doctrina calvinista de la elección.

Según el calvinismo, la elección es la acción de Dios de elegir a ciertas personas para su favor especial. Puede referirse a la elección de Israel como el pueblo especial del pacto de Dios o a la elección de personas para algún cargo especial. Sin embargo, el sentido que nos concierne principalmente aquí es la elección de ciertas personas para ser hijos espirituales de Dios y, por lo tanto, receptores de la vida eterna[5]. Una prueba bíblica de que Dios ha seleccionado a ciertos individuos para la salvación se encuentra en Efesios 1:4-5 (RVA): "Según nos escogió [el Padre] en él [Jesucristo] antes de la fundación del mundo, para que fuésemos santos y sin mancha delante de él en amor; habiéndonos predestinado para ser adoptados hijos por Jesucristo á sí mismo, según el puro afecto de su voluntad". Jesús indicó que la iniciativa había sido suya en la selección de sus discípulos para la vida eterna: "No me elegisteis vosotros a mí, sino que yo os elegí a vosotros, y os he puesto para que vayáis y llevéis fruto, y vuestro fruto permanezca" (Juan 15:16). Además, todos los que el Padre da a Jesús vendrán a él: "Todos los que el Padre me da vendrán a mí; y al que a mí viene, no lo rechazo" (Juan 6:37 NVI).

La interpretación de que la elección o selección de Dios de ciertos individuos para la salvación es absoluta o incondicional está en armonía con el obrar de Dios en otros contextos, como su elección de la nación Israel, que siguió a la selección de Jacob y al rechazo de Esaú. En Romanos 9, Pablo argumenta de forma impresionante que todas estas elecciones son totalmente de Dios y no dependen en absoluto del pueblo elegido. Después de citar la declaración de Dios a Moisés en Éxodo 33:19 que expresa: "Tendré misericordia del que tendré misericordia, y seré clemente para con el que seré clemente", Pablo comenta: "Así que no depende del que quiere, ni del que corre, sino de Dios que tiene misericordia" (Ro 9:15-16)[6].

Ya hemos visto varias características de la

---

3 Loraine Boettner, *The Reformed Doctrine of Predestination* [La doctrina reformada de la predestinación], 8.ª ed. (Grand Rapids: Eerdmans, 1958), págs. 61-82.

4 Benjamin B. Warfield, *"Perfectionism"* ["Perfeccionismo"], en Biblical Doctrines [Doctrinas bíblicas], págs. 62-64.

5 *Ibid.*, pág. 65.
6 *Ibid.*, págs. 53-54.

elección según los calvinistas. Una de ellas es que la elección es una expresión de la voluntad soberana de Dios o de su buena voluntad. No se basa en ningún mérito de la persona elegida ni en la previsión de que el individuo creerá. Es la causa, no el resultado, de la fe. En segundo lugar, la elección es eficaz. Aquellos que Dios ha elegido con toda seguridad llegarán a la fe en él y, por lo tanto, perseverarán en esa fe hasta el final. Todos los elegidos serán salvos en definitiva. En tercer lugar, la elección se produce desde la eternidad. No es una decisión tomada en algún momento cuando el individuo ya existe. Es lo que Dios siempre se ha propuesto hacer. En cuarto lugar, la elección es incondicional. No depende de que los humanos realicen una acción específica o cumplan ciertas condiciones o términos de Dios. Él simplemente quiere salvarlos y lo hace. Por último, la elección es inmutable. Dios no cambia de opinión. La elección se produce desde toda la eternidad y por la infinita misericordia de Dios, por lo que él no tiene ninguna razón ni ocasión para cambiar de opinión[7].

En su mayoría, los calvinistas insisten en que la elección no es incompatible con el libre albedrío, es decir, tal como ellos entienden el término. Sin embargo, niegan que los humanos tengan libre albedrío en el sentido arminiano. El pecado ha eliminado, si no la libertad, al menos la capacidad de ejercerla adecuadamente. Por ejemplo, Loraine Boettner compara a la humanidad caída con un pájaro con un ala rota. El pájaro es "libre" de volar, pero es incapaz de hacerlo. Del mismo modo, "el hombre natural es libre para venir a Dios, pero no es capaz. ¿Cómo puede arrepentirse de su pecado cuando lo ama? ¿Cómo puede acercarse a Dios cuando odia a Dios? Esta es la incapacidad de la voluntad bajo la que trabaja el hombre"[8]. Solo cuando Dios viene en su gracia especial a aquellos que ha elegido son capaces de responder.

Un área en la que existen diferencias entre los calvinistas es el concepto de la reprobación. Algunos sostienen la doble predestinación, que es la creencia de que Dios elige a algunos para que sean salvos y a otros para que se pierdan. Otros consideran que Dios elige activamente a los que van a recibir la vida eterna y pasa por alto a todos los demás, dejándolos en sus pecados que ellos mismos escogieron[9]. Aunque el efecto es el mismo en ambos casos, la última interpretación atribuye la pérdida de los no elegidos a su propia elección de pecar en lugar de a la decisión activa de Dios, o a la elección de Dios por omisión en lugar de por comisión.

Arminismo

El arminianismo es un término que comprende un gran número de subposturas. Puede abarcar desde las ideas evangélicas del propio Arminio hasta el liberalismo de izquierdas. El arminianismo también incluye el catolicismo romano convencional con su énfasis en la necesidad de las obras en el proceso de salvación. En su mayor parte, consideraremos la forma más conservadora o evangélica del arminianismo, pero lo interpretaremos de una manera lo suficientemente amplia como para cubrir la postura de la mayoría de los arminianos. Aunque las declaraciones de este enfoque varían en cierta medida, el punto de partida lógico es el concepto de que Dios desea que todas las personas sean salvas[10]. Los arminianos señalan algunas afirmaciones definitivas de las Escrituras. El hecho de que Dios no se complace en la muerte de los pecadores se desprende de la declaración de Pedro: "El Señor no retarda su promesa, según algunos la tienen por tardanza, sino que es

7 Louis Berkhof, *Systematic Theology* [Teología sistemática] (Grand Rapids: Eerdmans, 1953), págs. 114-115.

8 Boettner, *Predestination*, pág. 62.

9 Augustus H. Strong, *Systematic Theology* [Teología sistemática] (Westwood, Nueva Jersey: Revell, 1907), págs. 789-790.

10 Samuel Wakefield, *A Complete System of Christian Theology* [Un sistema completo de teología cristiana] (Cincinnati: Hitchcock and Walden, 1869), págs. 387, 392.

paciente para con nosotros, no queriendo que ninguno perezca, sino que todos procedan al arrepentimiento" (2 P 3:9). Pablo expresa un sentimiento similar: "Porque esto es bueno y agradable delante de Dios nuestro Salvador, el cual quiere que todos los hombres sean salvos y vengan al conocimiento de la verdad" (1 Ti 2:3-4; ver también Ez 33:11; Hechos 17:30-31).

No solo las declaraciones didácticas, sino también el carácter universal de muchos de los mandatos y exhortaciones de Dios expresan su deseo para la salvación de toda la raza humana. El Antiguo Testamento contiene invitaciones universales, por ejemplo:

A todos los sedientos:
Venid a las aguas; y los que no tienen dinero,
venid, comprad y comed (Is 55:1).

Y la invitación de Jesús fue igualmente sin restricciones: "Venid a mí todos los que estáis trabajados y cargados, y yo os haré descansar" (MT 11:28). Por lo tanto, si no es la intención de Dios que todas las personas sean salvas, debe ser poco sincero en su oferta. Un segundo principio importante del arminianismo es que todas las personas son capaces de creer o de cumplir las condiciones de la salvación. Si no fuera así, las invitaciones universales a la salvación tendrían poco sentido. Pero ¿hay espacio en esta teología para el concepto de que todas las personas son capaces de creer? Lo hay, si modificamos o eliminamos la idea de la depravación total de los pecadores. O, como John Wesley y otros, podríamos adoptar el concepto de "gracia previeniente"[11].

Tal y como se entiende generalmente, la gracia previeniente es la gracia de Dios otorgada a todos los seres humanos indistintamente. Esto se aprecia en el hecho de que Dios envía la luz del sol y la lluvia a todas las personas. También es el cimiento de toda la bondad que se encuentra en el ser humano en todas partes. Además, se da universalmente para contrarrestar el efecto del pecado. Puesto que Dios ha dado esta gracia a todos, todos son capaces de aceptar la oferta de salvación; por consiguiente, no hay necesidad de ninguna aplicación especial de la gracia de Dios a individuos en particular.

Un tercer concepto básico es la función de la presciencia en la elección de las personas para la salvación. La gran mayoría de los arminianos desean mantener el término "elección" y la idea de que los individuos son predeterminados para la salvación. Esto significa que Dios debe preferir a algunas personas sobre otras. Desde la perspectiva arminiana, él elige a algunos para que reciban la salvación, mientras que a los demás simplemente los deja pasar. Aquellos que son predestinados por Dios son aquellos que en el conocimiento infinito de Dios son capaces de prever que aceptarán la oferta de salvación hecha en Jesucristo. Este pensamiento se basa en la estrecha relación que existe en las Escrituras entre la presciencia y la predeterminación o predestinación. El pasaje principal al que se apela es Romanos 8:29: "Porque a los que antes conoció, también los predestinó para que fuesen hechos conformes a la imagen de su Hijo, para que él sea el primogénito entre muchos hermanos". Un texto de respaldo es 1 Pedro 1:1-2 (NTV), donde Pedro se dirige a los "elegidos [...] Dios Padre los conocía y los eligió desde hace mucho tiempo".

Ambas referencias representan la predeterminación como fundamentada y resultante de la presciencia[12].

Por último, el arminiano plantea objeciones a la concepción calvinista de la predestinación como incondicional o absoluta. Algunas de ellas son de naturaleza práctica más que teórica. Muchas de ellas se reducen a la idea de que el calvinismo

---

11 Richard Watson, *Theological Institutes; or, A View of the Evidences, Doctrines, Morals, and Institutions of Christianity* [Institutos teológicos; o, una perspectiva de las evidencias, doctrinas, moral e instituciones del cristianismo] (Nueva York: Lane & Scott, 1850), 2:377.

12 H. Orton Wiley, *Christian Theology* [Teología cristiana] (Kansas City, Misuri: Beacon Hill, 1958), 2:351.

es fatalista. Si Dios ha determinado todo lo que va a ocurrir, ¿realmente hace alguna diferencia lo que hagan los humanos? El comportamiento ético se vuelve irrelevante. Si somos elegidos, ¿importa cómo vivimos? Seremos salvos independientemente de nuestras acciones. Otra objeción es que el calvinismo niega cualquier impulso misionero o evangelizador. Si Dios ya ha escogido a los que serán salvados, cuyo número no puede aumentarse, entonces ¿de qué sirve predicar el evangelio? Los elegidos serán salvos de todos modos y ni más ni menos que el número designado vendrá a Cristo. ¿Para qué, pues, molestarse en recaudar fondos, enviar misioneros, predicar el evangelio u orar por los perdidos? Tales esfuerzos deben ser prácticas en vano[13].

La última objeción es que la doctrina calvinista es una contradicción con la libertad humana. Nuestros pensamientos, elecciones y acciones no son realmente obra nuestra. No son libres, sino que son causados por una fuerza externa, es decir, Dios. Por lo tanto, no somos realmente humanos en el sentido tradicional de la palabra. Somos autómatas, robots o máquinas. Sin embargo, esto contradice todo lo que sabemos sobre nosotros mismos y la forma en que consideramos a los demás. No tiene sentido que Dios nos elogie por haber hecho el bien o nos reprenda por haber hecho el mal, pues no podríamos haber hecho otra cosa[14].

Una Solución Propuesta

¿Podemos ahora sacar algunas conclusiones sobre el asunto peliagudo de los decretos de Dios con respecto a la salvación? Cabe señalar que no se trata de todo el tema de los decretos de Dios en general, ni de si Dios hace realidad todos los acontecimientos que ocurren en todo el tiempo y en todo el universo. Simplemente

nos preocupa la cuestión de si algunos son elegidos por Dios para ser receptores especiales de su gracia.

Las Escrituras hablan de la elección en varios y diferentes sentidos. Algunas veces la elección se refiere a la elección de Dios de Israel como su pueblo especialmente favorecido. Otras veces hace referencia a la selección de individuos para puestos especiales de privilegio y servicio, y, por supuesto, a la selección para la salvación. Dado que la elección tiene distintos significados, cualquier intento de limitar nuestra discusión a uno solo de ellos resultará inevitablemente en un truncamiento del tema.

Es lógico que la enseñanza bíblica de que Dios ha escogido especialmente a algunos para que tengan la vida eterna esté precedida por su vívida representación de la pérdida natural, la ceguera y la incapacidad de los seres humanos para responder con fe a la oportunidad de la salvación. En Romanos, especialmente en el capítulo 3, Pablo describe a la raza humana como desesperadamente separada de Dios a causa de su pecado. Son incapaces de hacer nada para salir de esta condición y, de hecho, al estar bastante ciegos de su situación, no tienen ningún deseo de hacerlo. Los calvinistas y los arminianos conservadores están de acuerdo en esto. No se trata simplemente de que los seres humanos no puedan, en su estado natural, hacer buenas obras del tipo que los justificaría a los ojos de Dios. Más allá de eso, están afligidos con una ceguera espiritual (Ro 1:18-23; 2 Co 4:3-4) y no pueden percibir nada.

Si este es el caso, se deduce que nadie respondería al llamado del evangelio sin alguna intervención especial de Dios. Es aquí donde muchos arminianos, reconociendo la incapacidad humana como se enseña en las Escrituras, introducen el concepto de la gracia preveniente, la cual se considera que tiene un efecto universal que anula los resultados noéticos del pecado, haciendo así posible la creencia. El problema es que no hay una base clara y adecuada en las Escrituras para este

13 John Wesley, *"Free Grace"* ["Gracia gratuita"], en *Works of John Wesley* [Obras de John Wesley], 7:376.

14 Wakefield, *Complete System*, págs. 326-335; Wesley, "Free Grace", págs. 376-377.

concepto que posibilite un acceso universal. Volviendo a la cuestión de por qué algunos creen, sí encontramos una impresionante colección de textos que sugieren que Dios ha seleccionado a algunos para ser salvos y que nuestra respuesta a la oferta de salvación depende de esta decisión e iniciativa previa de Dios. Por ejemplo, en relación con la explicación de Jesús de que hablaba en parábolas para que algunos oyeran pero no entendieran, observamos que seguidamente dijo a los discípulos: "Pero bienaventurados vuestros ojos, porque ven; y vuestros oídos, porque oyen" (MT 13:16). Se podría interpretar que no estaban tan incapacitados espiritualmente como los demás oyentes. Sin embargo, podemos entender mejor lo que implica esto si nos fijamos en Mateo 16. Jesús había preguntado a los discípulos quién decía la gente que era él, y ellos habían mencionado las diversas opiniones: Juan el Bautista, Elías, Jeremías o uno de los profetas (v. 14). Sin embargo, Pedro confesó: "Tú eres el Cristo, el Hijo del Dios viviente" (v. 16). El comentario de Jesús es instructivo: "Bienaventurado eres, Simón, hijo de Jonás, porque no te lo reveló carne ni sangre, sino mi Padre que está en los cielos" (v. 17). Fue una intervención especial de Dios la que marcó la diferencia entre los discípulos y los ciegos y sordos espirituales. Esto concuerda con las declaraciones de Jesús: "Ninguno puede venir a mí, si el Padre que me envió no le trajere; y yo le resucitaré en el día postrero" (Juan 6:44) y "no me elegisteis vosotros a mí, sino que yo os elegí a vosotros" (Juan 15:16). Jesús también nos indica que este llamado y elección son eficaces: "Todos los que el Padre me da vendrán a mí; y al que a mí viene, no lo rechazo" (Juan 6:37 NVI) y "todo aquel que oyó al Padre, y aprendió de él, viene a mí" (v. 45). El concepto de que nuestra creencia depende de la iniciativa de Dios aparece también en el libro de los Hechos, donde Lucas nos explica que, cuando los gentiles de Antioquía de Pisidia oyeron hablar de la salvación, "se alegraron y celebraron la palabra del Señor; y creyeron todos los que

estaban destinados a la vida eterna" (Hechos 13:48). Además, el argumento arminiano de que la predeterminación de Dios se basa en su presciencia no es convincente. Y es que la palabra hebrea *yada'*, que parece estar detrás de las referencias a la "presciencia" en Romanos 8:29 y 1 Pedro 1:1-2, significa algo más que un conocimiento anticipado o una precognición.

Una impresionante colección de textos sugieren que Dios ha seleccionado a algunos para ser salvos y que nuestra respuesta a la oferta de salvación depende de esta decisión previa de Dios.

La palabra tiene la connotación de una relación positiva e íntima. Da a entender que se mira con buenos ojos o se ama a alguien, e incluso se utiliza para las relaciones sexuales[15]. Por lo tanto, no se trata de un conocimiento anticipado neutral de lo que hará alguien, sino de una elección afirmativa de esa persona. Con este trasfondo hebreo, resulta probable que las referencias a la presciencia en Romanos y 1 Pedro presenten la presciencia no como el fundamento de la predestinación, sino como una confirmación de la misma.

Pero ¿qué hay de las ofertas universales de salvación y las invitaciones generales a los oyentes a creer? Los arminianos suelen argumentar que, por motivos calvinistas,

15 Francis Brown, S. R. Driver y Charles A. Briggs, Hebrew and English Lexicon of the Old Testament [Lexicón hebreo e inglés del Antiguo Testamento] (Nueva York: Oxford University Press, 1955), pág. 394; Paul Jacobs y Hartmut Krienke, "Foreknowledge, Providence, Predestination" ["Presciencia, providencia, predestinación"], en The New International Dictionary of New Testament Theology [El nuevo diccionario internacional de teología del Nuevo Testamento], ed. Colin Brown (Grand Rapids: Zondervan, 1975), 1:692-693.

alguien podría elegir aceptar la salvación, pero no se le permitiría ser salvo. No obstante, según la concepción calvinista, este escenario nunca ocurre, ya que nadie es capaz de querer ser salvo, de venir a Dios, de creer, sin que se le permita especialmente. Dios ofrece de forma sincera la salvación a todos, pero todos nosotros estamos tan acomodados en nuestros pecados que no responderemos a menos que recibamos ayuda para hacerlo. ¿Existe una verdadera libertad en tal situación? Aquí remitimos al lector a nuestra discusión general sobre la libertad humana en relación con el plan de Dios (ver pág. 129). Sin embargo, ahora estamos abordando específicamente la capacidad espiritual o la libertad de elección respecto a la cuestión crítica de la salvación. Y aquí la consideración principal es la depravación.

> *No es que los llamados deban responder, sino que Dios hace su oferta tan atractiva que de hecho van a responder.*

Si, como hemos argumentado, los seres humanos en el estado no regenerado son totalmente depravados e incapaces de responder a la gracia de Dios, no hay que preguntarse si son libres de aceptar la oferta de salvación: ¡nadie lo es! Más bien, la pregunta que hay que hacer es: ¿alguien que ha recibido un llamado especial es libre de rechazar la oferta de gracia? La postura adoptada aquí no es que los llamados *deban* responder, sino que Dios hace su oferta tan atractiva que de hecho van a responder afirmativamente.

Implicaciones de la Predestinación

Cuando se entiende correctamente, la doctrina de la predestinación tiene varias implicacio-

nes significativas:

1. Podemos confiar en que lo que Dios ha decidido se llevará a cabo. Su plan se cumplirá y los elegidos vendrán a la fe.

2. No tenemos que criticarnos cuando algunos rechazan a Cristo. El mismo Jesús no ganó a todos los de su audiencia. Comprendió que todos los que el Padre le diera vendrían a él (Juan 6:37) y solo ellos vendrían (v. 44). Cuando hayamos hecho todo lo posible, podemos dejar el asunto en manos del Señor.

3. La predestinación no anula la motivación para la evangelización y las misiones. No sabemos quiénes son los elegidos y los no elegidos, por lo que debemos seguir difundiendo la Palabra. Nuestros esfuerzos evangelísticos son el medio de Dios para llevar a los elegidos a la salvación. La elección del fin por parte de Dios incluye también la elección de los medios para ese fin. El conocimiento de que las misiones son el medio de Dios es un gran motivo para esforzarse y nos da la confianza de que será un éxito.

4. La gracia es absolutamente necesaria. Mientras que el arminianismo a menudo insiste mucho en la gracia, en nuestro esquema calvinista no hay ninguna base para que Dios elija a algunos para la vida eterna que no sea su propia voluntad soberana. No hay nada en el individuo que convenza a Dios de conceder la salvación.

Preguntas de Análisis y Reflexión

- ¿Cómo se utilizan los términos "predeterminación", "elección", "predestinación" y "reprobación" en este capítulo?
- ¿Cómo distinguiría usted las perspectivas de los calvinistas y de los arminianos?
- ¿Cómo construiría usted una idea de la predestinación y la defendería?
- ¿Qué implicaciones se derivan de la doctrina de la predestinación y cómo las evaluaría usted?
- Independientemente de la postura que usted mantenga, ¿cuáles cree usted que son los aspectos más edificantes de la doctrina de la predestinación?

33

El Comienzo de la Salvación:
Aspectos Subjetivos

Objetivos del Capítulo

Una vez estudiado este capítulo, el lector es capaz de:

1. Reconocer la necesidad de un llamamiento eficaz para que se produzca la salvación.
2. Expresar la naturaleza esencial de la respuesta humana a la conversión y distinguir los conceptos relacionados con el arrepentimiento y la fe.
3. Examinar la obra divina de la regeneración, que produce una nueva vida y una transformación.
4. Exponer y describir seis implicaciones que surgen del llamamiento eficaz, la conversión y la regeneración.

Resumen del Capítulo

La salvación consta de tres pasos: el llamamiento eficaz, la conversión y la regeneración. Mediante el Espíritu Santo, Dios llama al no creyente a la salvación. La respuesta humana a ese llamamiento implica darle la espalda al pecado y poner la fe en Cristo. La fe incluye creer. Dios responde regenerando a la persona con una nueva vida en Cristo. Solo podemos maravillarnos ante la obra de Dios de salvarnos y regenerarnos como seres espirituales.

Estructura del Capítulo

Llamamiento Eficaz

Conversión

- Arrepentimiento
- Fe

Regeneración

- Las Descripciones Bíblicas
- El Significado de la Regeneración

Implicaciones del Llamamiento Eficaz, la Conversión y la Regeneración

La doctrina de la salvación abarca un área amplia y compleja de la enseñanza bíblica y de la experiencia humana. Por consiguiente, es necesario establecer algunas distinciones entre sus diversas facetas. Aunque podríamos organizar el material de muchas maneras diferentes, hemos optado por utilizar un esquema temporal, en términos de su comienzo, continuación y culminación. Los capítulos 33 y 34 se ocupan del inicio de la vida cristiana. Por un lado, la conversión y la regeneración (cap. 33) son aspectos subjetivos del comienzo de la vida cristiana; y tratan del cambio de nuestra naturaleza interior, de nuestra condición espiritual. La conversión es este cambio visto desde la perspectiva humana; la regeneración es este cambio visto desde la perspectiva de Dios. Por otro lado, la unión con Cristo, la justificación y la adopción (cap. 34) son aspectos objetivos del comienzo de la vida cristiana; y se refieren principalmente a la relación entre el individuo y Dios.

Llamamiento Eficaz

En el capítulo anterior examinamos todo el complejo de cuestiones que implica la predestinación, y concluimos que Dios elige a algunas personas para que sean salvas y que su conversión es el resultado de esa decisión por parte de Dios. Sin embargo, dado que todos los humanos están perdidos en el pecado, son espiritualmente ciegos e incapaces de creer, alguna acción de Dios debe intervenir entre su decisión eterna y la conversión del individuo en el tiempo. Este accionar de Dios se denomina llamamiento eficaz o especial.

Las Escrituras hablan de un llamamiento general a la salvación, una invitación extendida a todas las personas. Jesús declaró: "Venid a mí todos los que estáis trabajados y cargados, y yo os haré descansar" (MT 11:28). Además,

cuando Jesús expresó: "Porque muchos son los invitados, pero pocos los escogidos" (MT 22:14 NVI), probablemente se refería a la invitación universal de Dios. Pero hay que tener en cuenta la distinción entre llamar y elegir. Los elegidos son el objeto del llamamiento efectivo o especial de Dios.

El llamamiento eficaz o efectivo es la obra que Dios realiza con los elegidos de manera particularmente eficaz, permitiéndoles responder en arrepentimiento y fe, y haciendo que estén seguros de que lo harán.

El llamamiento especial significa que Dios obra de manera particularmente eficaz con los elegidos, permitiéndoles responder en arrepentimiento y fe, y haciendo que estén seguros de que lo harán. Las circunstancias del llamamiento especial pueden variar mucho. Vemos a Jesús haciendo invitaciones especiales a los que se convirtieron en el círculo íntimo de los discípulos (ver, p. ej., MT 4:18-22; Marcos 1:16-20; Juan 1:35-51). Destacó a Zaqueo para que recibiera una atención especial (Lucas 19:1-10). En estos casos, Jesús sin duda presentó sus reclamos de una manera directa y personal que conllevaba una persuasión especial que no sentía la multitud circundante. Observamos otro enfoque dramático de Dios en la conversión de Saulo (Hechos 9:1-19). En ocasiones, el llamamiento de Dios adopta una forma más tranquila, como en el caso de Lidia: "Y el Señor abrió el corazón de ella para que estuviese atenta a lo que Pablo decía" (Hechos 16:14).

El llamamiento especial es en gran medida la obra de iluminación del Espíritu Santo, que permite a la persona que lo recibe comprender el verdadero significado del Evangelio. Esta obra del Espíritu es necesaria porque la depravación característica de todos los seres humanos les impide captar la verdad revelada por Dios. Al comentar 1 Corintios 2:6-16, George Ladd señala que

> la primera obra del Espíritu es capacitar a los hombres para comprender la obra divina de la redención. [...] Esto [la cruz] fue un acontecimiento cuyo significado era una locura para los griegos y una ofensa para los judíos. Pero para los iluminados por el Espíritu, es la sabiduría de Dios. En otras palabras, Pablo reconoce un significado oculto en el acontecimiento histórico de la muerte de Cristo ("Dios estaba en Cristo reconciliando consigo al mundo", 2 Co 5:19) que no es evidente para el ojo humano, pero que únicamente puede ser recibido por una iluminación sobrenatural. [...] Solo por la iluminación del Espíritu los hombres pueden comprender el significado de la cruz; y solo por el Espíritu los hombres pueden, por lo tanto, confesar que Jesús, quien fue ejecutado, es también el Señor (1 Co 12:3)[1].

Por consiguiente, el llamamiento eficaz o especial implica una presentación extraordinaria del mensaje de salvación, lo suficientemente poderosa como para contrarrestar los efectos del pecado y permitir que la persona crea.

1 George E. Ladd, *A Theology of the New Testament* [Teología del Nuevo Testamento] (Grand Rapids: Eerdmans, 1974), págs. 490-491.

También es bastante atractiva como para que la persona crea. El llamamiento especial es en muchos aspectos similar a la gracia preveniente de la que hablan los arminianos. Sin embargo, difiere de ese concepto en dos puntos. Solo se concede a los elegidos, no a todos los seres humanos, y conduce de forma infalible o eficaz a una respuesta positiva por parte de quien lo recibe.

Conversión

La vida cristiana, por su propia naturaleza y definición, representa algo muy diferente de la forma en que vivíamos anteriormente. En contraste con el hecho de estar muertos en pecados y delitos, es una vida *nueva*. Aunque tiene una duración de por vida e incluso eterna, tiene un punto de partida finito. Se cree que el filósofo chino Lao-tzu expresó la frase: "El viaje de mil millas comienza con un solo paso". Lo mismo ocurre con la vida cristiana. El primer paso de la vida cristiana se llama conversión. Es el acto de abandonar el pecado en arrepentimiento y volverse a Cristo en fe.

La figura de apartarse del pecado se encuentra tanto en el Antiguo como en el Nuevo Testamento. En el libro de Ezequiel, podemos observar que el Señor se dirige al pueblo de Israel de la siguiente manera: "Por tanto, yo os juzgaré a cada uno según sus caminos, oh casa de Israel, dice Jehová el Señor. Convertíos, y apartaos de todas vuestras transgresiones, y no os será la iniquidad causa de ruina. Echad de vosotros todas vuestras transgresiones con que habéis pecado, y haceos un corazón nuevo y un espíritu nuevo. ¿Por qué moriréis, casa de Israel? Porque no quiero la muerte del que muere, dice Jehová el Señor; convertíos, pues, y viviréis" (18:30-32). En Efesios 5:14 Pablo utiliza distintas metáforas, pero la idea básica es la misma.

> Despiértate, tú que duermes,
> Y levántate de los muertos,
> Y te alumbrará Cristo.

En Hechos encontramos a Pedro abogando por un cambio de rumbo en la vida: "Por tanto, para que sean borrados sus pecados, arrepiéntanse y vuélvanse a Dios, a fin de que vengan tiempos de descanso de parte del Señor" (Hechos 3:19 NVI). Si bien los evangelistas contemporáneos a menudo exhortan a que las personas "vengan al arrepentimiento", cabe destacar que en los pasajes que hemos citado, el mandato está en la voz activa: "¡Arrepentíos!"

La conversión es una entidad única que tiene dos aspectos distinguibles pero inseparables: el arrepentimiento y la fe. El arrepentimiento consiste en que el incrédulo se aleja del pecado, y la fe significa que se vuelve hacia Cristo. Son, respectivamente, el aspecto negativo y positivo del mismo hecho[2]. En cierto sentido, cada uno está incompleto sin el otro, y cada uno está condicionado por el otro. Cuando nos damos cuenta del pecado y nos apartamos de él, vemos la necesidad de volvernos a Cristo para recibir su justicia. Y a la inversa, creer en Cristo nos hace conscientes de nuestro pecado y nos lleva al arrepentimiento.

Las Escrituras no dan especificaciones sobre el tiempo que implica la conversión. En algunas ocasiones (p. ej., Pentecostés) parece haber sido una decisión cataclísmica, que prácticamente ocurrió en un momento. Pero para algunas personas la conversión fue más bien un proceso (p. ej., Nicodemo; ver Juan 19:39). Del mismo modo, los aspectos emocionales que acompañan a la conversión pueden ser muy variados. Según parece, cuando Lidia se convirtió a Cristo fue algo muy sencillo y tranquilo (Hechos 16:14). Pero pocos versículos después leemos sobre el carcelero de Filipos que, aún temblando de miedo al oír que ninguno de los prisioneros había escapado después del terremoto, clama: "¿qué debo hacer para ser salvo?" (v. 30). Las experiencias de conversión de estas dos personas fueron muy diferentes, pero el resultado final fue el mismo.

A veces la iglesia ha olvidado que hay variedad en las formas del obrar de Dios. En la vanguardia estadounidense, un cierto tipo de predicación se convirtió en un estereotipo. La vida era incierta y a menudo difícil, y el evangelista que recorría el circuito venía solo en ocasiones infrecuentes. Los oyentes se veían presionados a tomar una decisión inmediata[3]. Y así, la conversión llegó a considerarse una decisión de crisis. Aunque Dios trabaja habitualmente con las personas de esta manera, las diferencias en el tipo de personalidad, el pasado y las circunstancias inmediatas pueden dar lugar a un tipo de conversión muy diferente. Es importante no insistir en que los incidentes o factores externos de la conversión sean idénticos para todos.

También es importante distinguir entre conversión y conversiones. Tan solo hay un momento decisivo en la vida cuando una persona se vuelve hacia Cristo en respuesta a la oferta de salvación. Puede haber otros momentos en los que los creyentes deban abandonar una práctica o creencia concreta para no volver a una vida de pecado. Sin embargo, estos acontecimientos son secundarios, reafirmaciones del paso principal que se ha dado. Podríamos decir que puede haber muchas conversiones en la vida del cristiano, pero una única Conversión.

Arrepentimiento

El aspecto negativo de la conversión es el abandono o repudio del pecado. Esto es lo que entendemos por arrepentimiento. Se basa en un sentimiento de dolor piadoso por nuestro peca-

---

2 Charles M. Horne, *Salvation* [Salvación] (Chicago: Moody Press, 1971), pág. 55; Fritz Laubach, "*Conversion, Penitence, Repentance, Proselyte*" ["Conversión, penitencia, arrepentimiento, proselitismo"], en *The New International Dictionary of New Testament Theology* [El nuevo diccionario internacional de teología del Nuevo Testamento], ed. Colin Brown (Grand Rapids: Zondervan, 1975), 1:354.

3 W. L. Muncy Jr., *A History of Evangelism in the United States* [Historia del evangelismo en Estados Unidos] (Kansas City, Kansas: Central Seminary, 1945), págs. 86-90.

do. Al examinar el arrepentimiento y la fe, debe recordarse que en realidad no pueden separarse el uno del otro. Trataremos primero el arrepentimiento, porque donde uno ha estado, lógicamente precede a donde uno va.

Dos términos hebreos expresan la idea de arrepentimiento. Uno es *naham*, que significa "jadear, suspirar o gemir". Llegó a significar "lamentarse o afligirse". Cuando se refiere a una emoción suscitada por la observación del propio carácter y las propias acciones, significa "lamentarse" o "arrepentirse"[4]. Es interesante que cuando *naham* aparece en el sentido de "arrepentirse", el sujeto del verbo suele ser Dios. Un ejemplo excelente es Génesis 6:6: "Y se arrepintió Jehová de haber hecho hombre en la tierra, y le dolió en su corazón".

El tipo de arrepentimiento genuino que deben mostrar los seres humanos se designa más comúnmente con la palabra *shub*. Se utiliza ampliamente en los llamamientos de los profetas a Israel para que vuelva al Señor. La palabra enfatiza la importancia de una separación moral consciente, la necesidad de abandonar el pecado y entrar en comunión con Dios[5].

También hay dos términos importantes en el Nuevo Testamento para referirse al arrepentimiento.

La palabra *metamelomai* significa "tener un sentimiento de cuidado, preocupación o arrepentimiento"[6]. Esta palabra hace énfasis en el aspecto emocional del arrepentimiento, un sentimiento de pesar o remordimiento por haber hecho algo malo. Jesús utilizó este término en la parábola de los dos hijos. Cuando su padre le pidió al primer hijo que fuera a trabajar a la viña, "Respondiendo él, dijo: No quiero; pero después, arrepentido, fue" (MT 21:29). El segundo hijo dijo que iría, pero no lo hizo. Jesús comparó a los sumos sacerdotes y fariseos (a quienes se dirigía) con el segundo hijo y a los pecadores arrepentidos con el primer hijo. La palabra *metamelomai* también se utiliza para referirse al remordimiento de Judas por su traición a Jesús (MT 27:3). Parece que *metamelomai* puede designar simplemente el arrepentimiento y el remordimiento por las acciones de uno, como en el caso de Judas. O puede representar el verdadero arrepentimiento, que implica una alteración real del comportamiento, como en el caso del primer hijo. Judas y Pedro respondieron a sus pecados de manera contrastante. Pedro volvió a Jesús y fue restaurado a la comunión. En el caso de Judas, la conciencia del pecado solo lo llevó a la desesperación y a la autodestrucción.

El otro término destacado del Nuevo Testamento para referirse al arrepentimiento es metanoeō, que significa literalmente "pensar de manera diferente sobre algo o tener un cambio de opinión". Era un término clave en la predicación de la iglesia primitiva. En Pentecostés, Pedro exhortó a la multitud: "Arrepentíos, y bautícese cada uno de vosotros en el nombre de Jesucristo para perdón de los pecados; y recibiréis el don del Espíritu Santo" (Hechos 2:38).

De estos textos se desprende claramente que el arrepentimiento es un requisito previo para la salvación. El gran número de versículos y la variedad de contextos y escenarios culturales muestran que el arrepentimiento es una parte esencial del evangelio cristiano. Ocupaba un lugar destacado en la predicación de Juan el Bautista y de Jesús (MT 3:2; 4:17). Y Pablo declaró, en su mensaje a los filósofos de la colina de Marte, lo siguiente: "Y aunque es verdad que Dios no ha tomado en cuenta los tiempos en que reinaba la ignorancia, ahora dirige un aviso a todos los humanos, dondequiera que estén, para que se conviertan" (Hechos 17:30 BLPH). Esta última afirmación es especialmente signifi-

---

4 Francis Brown, S. R. Driver y Charles A. Briggs, *Hebrew and English Lexicon of the Old Testament* [Lexicón hebreo e inglés del Antiguo Testamento] (Nueva York: Oxford University Press, 1955), págs. 636-637.

5 *Ibid.*, págs. 996-1000.

6 Otto Michel, μεταμέλομαι, en *Theological Dictionary of the New Testament* [Diccionario teológico del Nuevo Testamento], ed. Gerhard Kittel, trad. y ed. Geoffrey W. Bromiley (Grand Rapids: Eerdmans, 1967), 4:626.

cativa, pues es universal: "*a* todos los humanos, *dondequiera que estén*". El arrepentimiento es un aspecto inerradicable que forma parte del mensaje evangélico.

El arrepentimiento es el dolor piadoso por el pecado de uno, junto con la resolución de apartarse de él. Hay otras formas de arrepentimiento por las malas acciones que se basan en diferentes motivaciones. Si hemos pecado y las consecuencias son desagradables, podemos lamentar lo que hemos hecho. Pero eso no es un verdadero arrepentimiento. Eso es mera penitencia. El verdadero arrepentimiento es el dolor por el pecado de uno, por el mal hecho a Dios y el daño infligido a él. Este dolor va acompañado de un auténtico deseo por abandonar ese pecado.

El reiterado énfasis de la Biblia en la necesidad del arrepentimiento es un argumento concluyente contra lo que Dietrich Bonhoeffer llamaba "gracia barata" (o "creencia fácil")[7]. No basta con creer en Jesús y aceptar la oferta de gracia, sino que debe haber una verdadera alteración de la persona interior. Si la creencia en la gracia de Dios fuera todo lo que se necesita, ¿quién no desearía convertirse en cristiano? Pero Jesús afirmó: "Si alguno quiere venir en pos de mí, niéguese a sí mismo, tome su cruz cada día, y sígame" (Lucas 9:23). Si no hay un arrepentimiento consciente, entonces no hay un conciencia genuina de haber sido salvado de las fuerzas del pecado. Podría haber una correspondiente falta de profundidad y compromiso. Cualquier intento de aumentar el número de discípulos mediante un discipulado lo más fácil posible acaba diluyendo la calidad del discipulado.

Fe

Así como el arrepentimiento es el aspecto negativo de la conversión (el alejamiento del pecado), la fe es el aspecto positivo (la adhesión a las promesas y a la obra de Cristo). La fe es el núcleo del Evangelio, ya que es el medio que nos permite recibir la gracia de Dios.

El hebreo del Antiguo Testamento transmite la idea de una fe principalmente con formas verbales. Tal vez esto se deba a que los hebreos consideraban la fe como algo que se hace y no como algo que se tiene. En concreto, la idea hebrea de la fe es un apoyo o respaldo confiable en alguien o algo, generalmente Dios o su palabra de promesa.

En el Nuevo Testamento, la única palabra primaria que representa la idea de la fe es el verbo pisteuō junto con su sustantivo cognado *pistis*. El verbo tiene dos significados básicos. En primer lugar, significa "creer lo que alguien dice, aceptar una afirmación (especialmente de carácter religioso) como verdadera"[8]. Un ejemplo se encuentra en 1 Juan 4:1: "Amados, no creáis a todo espíritu, sino probad los espíritus si son de Dios". Un caso dramático del verbo es la declaración de Jesús al centurión: "Ve, y como creíste, te sea hecho" (MT 8:13). Estos y muchos otros casos (p. ej., MT 9:28; Marcos 5:36) establecen que la fe implica creer que algo es cierto. De hecho, el autor de Hebreos declara que la fe en el sentido de reconocer ciertas verdades es indispensable para la salvación: "Pero sin fe es imposible agradar a Dios; porque es necesario que el que se acerca a Dios crea que le hay, y que es galardonador de los que le buscan" (Heb 11:6).

Igual de importantes son los casos en los que pisteuō y *pistis* significan "confianza personal, distinta de la mera credibilidad o creencia"[9]. Este sentido suele identificarse mediante el uso

---

7 Dietrich Bonhoeffer, *The Cost of Discipleship* [El precio de la gracia] (Nueva York: Macmillan, 1963), págs. 45-47.

8 Rudolf Bultmann, "πιστεύω", en *Theological Dictionary of the New Testament* [Diccionario teológico del Nuevo Testamento], ed. Gerhard Friedrich, trad. y ed. Geoffrey W. Bromiley (Grand Rapids: Eerdmans, 1968), 6:203.

9 G. Abbott-Smith, *A Manual Lexicon of the Greek New Testament* [Lexicón manual del Nuevo Testamento griego] (Edimburgo: T&T Clark, 1937), págs. 361-362.

de una preposición. En Marcos 1:15, se utiliza la preposición griega en ("en"): después del arresto del Bautista, Jesús predicó en Galilea, anunciando: "arrepentíos, y creed en el evangelio". En Hechos 10:43 (NVI) se emplea la preposición *eis* ("en"): "De él dan testimonio todos los profetas, que todo el que cree en él recibe, por medio de su nombre, el perdón de los pecados". La misma estructura se encuentra en Mateo 18:6, Juan 2:11, Hechos 19:4, Gálatas 2:16, Filipenses 1:29, 1 Pedro 1:8 y 1 Juan 5:10. El apóstol Juan se refiere a creer en el nombre de Jesús: "Mas a todos los que le recibieron, a los que creen en su nombre, les dio potestad de ser hechos hijos de Dios" (Juan 1:12; ver también 2:23; 3:18 y 1 Juan 5:13). Esta estructura tenía un significado especial para los hebreos, que consideraban que el nombre de uno equivalía prácticamente a la persona. Por lo tanto, aceptar a o creer en el nombre de Jesús era depositar la confianza personal en él[10].

A partir de las consideraciones anteriores, concluimos que el tipo de fe necesario para la salvación implica tanto creer que y creer en, o asentir a los hechos y confiar en una persona. Es vital mantener estos dos aspectos juntos. El Dios en el que debemos confiar se revela, al menos en parte, por medio de comunicar información sobre sí mismo a la que debemos asentir.

En ocasiones, la fe se presenta como algo antitético a la razón y también como algo inconfirmable. Es cierto que la fe no es algo que se establezca sobre una base previa mediante pruebas irrefutables. Pero la fe, una vez que se ha adoptado, nos permite razonar y reconocer diversas evidencias que la respaldan[11]. Esto significa que la fe es una forma de conocimiento, ya que trabaja en conjunto con la razón, no en contra de ella. En este sentido, es pertinente la respuesta de Jesús a los dos discípulos que Juan el Bautista había enviado para que le

preguntaran: "¿Eres tú el que había de venir, o esperaremos a otro?" (Lucas 7:19). Jesús respondió indicándoles que informaran a Juan de los milagros que habían visto y del mensaje que habían escuchado. En efecto, Jesús le respondió a Juan: "Aquí tienes las pruebas que necesitas para poder creer".

Aunque hemos descrito la conversión como una respuesta humana a la iniciativa divina, incluso el arrepentimiento y la fe son dones de Dios. Jesús dejó muy en claro que la convicción, la cual presupone el arrepentimiento, es obra del Espíritu Santo (Juan 16:8-11). Jesús también afirmó: "Nadie puede venir a mí [i. e., ejercer la fe] si no lo atrae el Padre que me envió, y yo lo resucitaré en el día final" (Juan 6:44 NVI). Por consiguiente, tanto el arrepentimiento como la fe son obras de gracia de Dios en la vida del creyente.

Regeneración

La conversión se refiere a la respuesta del ser humano a la oferta de salvación de Dios y a su acercamiento a él. La regeneración es la otra cara de la conversión. Es completamente obra de Dios.

La regeneración es la transformación que Dios hace de los creyentes, revirtiendo sus tendencias naturales, dando una nueva vitalidad espiritual a sus vidas y así restaurándolos a lo que originalmente estaban destinados a ser.

10 Ladd, *Theology of the New Testament*, págs. 271-272.

11 Agustín, *Letter* [Carta] 137.15; Ladd, *Theology of the New Testament*, págs. 276-277.

Es la transformación que Dios hace de los creyentes individuales, dando una nueva vitalidad y dirección espiritual a sus vidas cuando aceptan a Cristo.

En la doctrina de la regeneración subyace la suposición de que la naturaleza humana necesita una transformación. El ser humano está espiritualmente muerto y, por lo tanto, necesita un nuevo nacimiento o nacimiento espiritual[12]. Los incrédulos no solo son incapaces de percibir las verdades espirituales, sino que también son incapaces de hacer algo para alterar su condición de ceguera y su tendencia natural al pecado. Cuando uno lee la descripción del humano pecador en Romanos 3:9-20, es evidente que se necesita algún cambio radical o metamorfosis, más que una mera modificación o ajuste en la persona.

Las Descripciones Bíblicas

Las descripciones bíblicas del nuevo nacimiento son abundantes, vívidas y variadas. Incluso en el Antiguo Testamento se halla una sorprendente alusión a la obra renovadora de Dios. Él promete: "Y les daré un corazón, y un espíritu nuevo pondré dentro de ellos; y quitaré el corazón de piedra de en medio de su carne, y les daré un corazón de carne, para que anden en mis ordenanzas, y guarden mis decretos y los cumplan, y me sean por pueblo, y yo sea a ellos por Dios" (Ez 11:19-20).

En el Nuevo Testamento, el término que transmite de forma más literal la idea de regeneración es palingenesia ("renacimiento"). Solo aparece dos veces en el Nuevo Testamento. Una de ellas es Mateo 19:28, donde se refiere a la "renovación de todas las cosas" que formará parte de la consumación de la historia. La otra es Tito 3:5, que hace referencia a la salvación: Dios, nuestro Salvador, "nos salvó, no por las cosas justas que habíamos hecho, sino por su misericordia. Nos salvó por medio del lavamiento del renacimiento y la renovación por el Espíritu Santo". Aquí tenemos la idea bíblica de un renacimiento.

La descripción más conocida y extensa del concepto del nuevo nacimiento se encuentra en la conversación de Jesús con Nicodemo en Juan 3. Jesús le respondió a Nicodemo: "El que no naciere de nuevo, no puede ver el reino de Dios" (v. 3). En un momento posterior de la discusión, hizo el comentario: "No te maravilles de que te dije: Os es necesario nacer de nuevo" (v. 7). En la misma conversación, Jesús habló de "nacer del Espíritu". Él tenía en mente una obra sobrenatural que transformaba la vida del individuo. Esta obra, indispensable para entrar en el reino de Dios, no se puede lograr ni por esfuerzo ni por un plan humano. También se habla de "nacer de Dios" o "nacer por medio de la palabra de Dios" (Juan 1:12-13; Santiago 1:18; 1 P 1:3, 23; 1 Juan 2:29; 5:1, 4). Todo aquel que se somete a esta experiencia es una nueva criatura (2 Co 5:17). Pablo habla de la renovación en el Espíritu Santo (Tito 3:5), de ser vivificados (Ef 2:1, 5) y de la resurrección de los muertos (Ef 2:6). La misma idea está implícita en las declaraciones de Jesús de que había venido a dar vida (Juan 6:63; 10:10, 28).

El Significado de la Religión

Si bien es bastante fácil enumerar las ocasiones en las que se produce la idea del nuevo nacimiento, no es tan fácil determinar su significado. Pero no debe sorprendernos que el nuevo nacimiento sea difícil de entender[13]. Jesús indicó a Nicodemo que el concepto es difícil. Es como el viento: aunque no se sabe de dónde viene ni a dónde va, se oye su sonido (Juan 3:8). El nuevo nacimiento no solo no es percibido por los sentidos, sino que el concepto mismo se

---

12 Ladd, *Theology of the New Testament*, pág. 290.

13 Millard J. Erickson, *"The New Birth Today"* ["El nuevo nacimiento en la actualidad"], *Christianity Today*, 16 de agosto de 1974, págs. 8-10.

enfrenta a una resistencia natural.

A pesar de los problemas que plantea la comprensión del concepto, se pueden hacer varias afirmaciones sobre la regeneración. En primer lugar, implica algo nuevo, toda una alteración de las tendencias naturales de la persona. No se trata de una mera ampliación de los rasgos actuales, ya que una parte de la regeneración implica la muerte o crucifixión de las cualidades existentes. Al contrastar la vida en el Espíritu con la vida en la carne, Pablo afirma: "Pero los que son de Cristo han crucificado la carne con sus pasiones y deseos. Si vivimos por el Espíritu, andemos también por el Espíritu" (Gl 5:24-25). Otras referencias a la muerte de la persona o de ciertos aspectos de la persona se hallan en Romanos 6:1-11 y Gálatas 2:20; 6:14.

Como una muerte a la carne, el nuevo nacimiento implica contrarrestar los efectos del pecado. Esto se ve quizás de forma más clara en la declaración de Pablo en Efesios 2:1-10. La muerte que requiere una transformación es el resultado del pecado en el que vivimos, siendo guiados por el príncipe de la potestad del aire. Aunque la regeneración conlleva algo totalmente nuevo para nosotros, no resulta algo extraño a la naturaleza humana. Más bien, el nuevo nacimiento es la restauración de la naturaleza humana a lo que originalmente estaba destinada a ser y lo que realmente era antes de que el pecado entrara en la raza humana en el momento de la caída. Es simultáneamente el comienzo de una nueva vida y el volver a la antigua forma de vivir y actuar.

Además, parece que el nuevo nacimiento es en sí mismo instantáneo. Nada en las descripciones del nuevo nacimiento sugiere que sea un proceso y no una acción única. En ninguna parte se caracteriza como algo incompleto. Las Escrituras hablan de los creyentes como "nacidos de nuevo" o "habiendo nacido de nuevo" en lugar de "naciendo de nuevo" (Juan 1:12-13; 2 Co 5:17; Ef 2:1, 5-6; Santiago 1:18; 1 P 1:3, 23; 1 Juan 2:29; 5:1, 4). Aunque no es posible determinar el momento preciso del nuevo nacimiento, y puede haber toda una serie de antecedentes, parece que el nuevo nacimiento en sí ocurre en un instante[14].

Aunque la regeneración se produce de forma instantánea, no es un fin en sí mismo. Al ser un cambio de impulsos espirituales, la regeneración es el comienzo de un proceso de crecimiento que continúa durante toda la vida. Este proceso de maduración espiritual es la santificación. Tras señalar que sus lectores antes estaban muertos, pero ahora están vivos, Pablo añade: "Porque somos hechura suya, creados en Cristo Jesús para buenas obras, las cuales Dios preparó de antemano para que anduviésemos en ellas" (Ef 2:10). En Filipenses 1:6, Pablo habla de continuar y completar lo que ha sido comenzado.

El nuevo nacimiento es un acontecimiento sobrenatural. No es algo que pueda alcanzarse con el esfuerzo humano. Jesús lo dejó claro en Juan 3:6: "Lo que es nacido de la carne, carne es; y lo que es nacido del Espíritu, espíritu es". La regeneración es principalmente la obra del Espíritu Santo. Aunque la salvación fue planeada y originada por el Padre y de hecho realizada por el Hijo, es el Espíritu Santo quien la aplica a la vida del creyente, llevando así a su cumplimiento la intención divina para los humanos.

La doctrina de la regeneración coloca a la fe cristiana en una situación inusual. Por un lado, los cristianos rechazan la creencia secular moderna sobre la bondad del ser humano y las expectativas optimistas que se derivan de ella. La propia insistencia en la regeneración es una declaración de que, sin ayuda externa y sin una transformación plena, no hay posibilidad de que surja un bien genuino por parte de la humanidad de forma masiva. Por otro lado, a pesar de la evaluación pesimista de las facultades naturales de los individuos, el cristianismo

14 Augustus H. Strong, *Systematic Theology* [Teología sistemática] (Westwood, Nueva Jersey: Revell, 1907), págs. 826-827.

es optimista: con la ayuda sobrenatural las personas pueden transformarse y recuperar su bondad original. Con respecto a la capacidad de Dios para cambiar los corazones humanos, permitiéndonos entrar en su reino, Jesús afirmó: "Para los hombres esto es imposible; mas para Dios todo es posible" (MT 19:26).

Implicaciones del Llamamiento Eficaz, la Conversión y la Regeneración

Las implicaciones del llamamiento eficaz, la conversión y la regeneración comprenden lo siguiente:

1. La naturaleza humana no puede ser alterada por las reformas sociales o la educación. Debe ser transformada por una obra sobrenatural del Dios Trino.

2. Nadie puede predecir o controlar quién experimentará el nuevo nacimiento. En última instancia, es obra de Dios; incluso la conversión depende de su llamamiento eficaz.

3. El comienzo de la vida cristiana requiere el reconocimiento de la propia pecaminosidad y la determinación de abandonar el modo de vida autosuficiente.

4. La fe salvadora requiere una creencia correcta sobre la naturaleza de Dios y lo que ha hecho. Sin embargo, la creencia correcta no es suficiente. También debe haber un compromiso activo de uno mismo con Dios.

5. La experiencia de conversión de una persona puede ser radicalmente diferente a la de otra. Lo importante es que haya un verdadero arrepentimiento y fe.

6. El nuevo nacimiento no se siente cuando ocurre. Más bien, establecerá su presencia produciendo una nueva sensibilidad a las cosas espirituales, una nueva dirección para la vida y una capacidad cada vez mayor para obedecer a Dios.

Preguntas de Análisis y Reflexión

- ¿Cuál es la función del llamamiento eficaz en la salvación de un individuo? ¿Por qué el llamamiento eficaz es imprescindible para la salvación?
- ¿Qué significa la conversión y cómo se relacionan con ella el arrepentimiento y la fe?
- ¿Cómo describiría usted la relación entre la fe y el conocimiento?
- ¿Qué es la regeneración? ¿Cómo se relaciona con las otras partes de la salvación?
- ¿Qué ha aprendido usted sobre la salvación gracias a este estudio que no conocía anteriormente?

El Comienzo de la Salvación: *Aspectos Objetivos*

34

Objetivos del Capítulo

Una vez estudiado este capítulo, el lector es capaz de:

1. Definir y describir la unión con Cristo.
2. Contrastar los modelos inadecuados con la enseñanza bíblica sobre la unión con Cristo y observar las implicaciones.
3. Definir y describir la justificación.
4. Examinar la justificación como doctrina forense y reconocer la relación entre la fe y las obras.
5. Definir y describir la adopción.

Resumen del Capítulo

Hay tres elementos esenciales entre los aspectos objetivos de la salvación: la unión con Cristo, la justificación y la adopción. La unión con Cristo es un término que generalmente engloba la salvación en su conjunto. Sin embargo, también puede ser específico, refiriéndose a una relación íntima con Cristo similar a la relación matrimonial entre marido y mujer. En la justificación, Dios imputa la justicia de Cristo al creyente, lo que anula el juicio de Dios sobre el creyente. Finalmente, la adopción significa que el creyente justificado recibe verdaderamente un estatus de favor con Dios y es adoptado en su familia.

Estructura del Capítulo

Unión con Cristo

- Lo que Enseñan las Escrituras
- Modelos Inadecuados
- Características de la Unión
- Implicaciones de la Unión con Cristo

Justificación

- Justificación y Justicia Forense
- Objeciones a la Doctrina de la Justificación Forense
- Fe y Obras
- Las Consecuencias Perdurables del Pecado

Adopción

- La Naturaleza de la Adopción
- Los Beneficios de la Adopción

Hemos examinado aquellos aspectos del comienzo de la vida cristiana que tienen que ver con la condición espiritual real de la persona, es decir, los aspectos subjetivos. En este capítulo consideraremos el cambio en el estatus o condición del individuo en relación con Dios, es decir, las dimensiones objetivas del inicio de la salvación.

Unión con Cristo

Lo que Enseñan las Escrituras

En un sentido, la unión con Cristo es un término integral que abarca la totalidad de la salvación, y las otras doctrinas son simplemente subpartes[15]. Aunque este término y concepto a menudo se descuidan en favor de concentrarse en otros conceptos como la regeneración, la justificación y la santificación, resulta instructivo observar la gran cantidad de referencias a la unidad entre Cristo y el creyente. Las referencias más básicas a esta conexión describen al creyente y a Cristo como si uno estuviera "dentro" del otro. Por un lado, tenemos muchas referencias específicas a que el creyente está en Cristo, incluyendo 2 Corintios 5:17: "De modo que si alguno está en Cristo, nueva criatura es; las cosas viejas pasaron; he aquí todas son hechas nuevas". Hay dos frases de este tipo en Efesios 1:3-4: "Bendito sea el Dios y Padre de nuestro Señor Jesucristo, que nos bendijo con toda bendición espiritual en los lugares celestiales en Cristo, según nos escogió en él antes de la fundación del mundo, para que fuésemos santos y sin mancha delante de él". Dos versículos después leemos "para

15 John Murray, *Redemption—Accomplished and Applied* [La redención consumada y aplicada] (Grand Rapids: Eerdmans, 1955), pág. 161.

alabanza de la gloria de su gracia, con la cual nos hizo aceptos en el Amado, en quien tenemos redención por su sangre, el perdón de pecados según las riquezas de su gracia, que hizo sobreabundar para con nosotros" (vv. 6-8). Expresiones similares aparecen en 1 Corintios 1:4-5; 15:22; Efesios 2:10; y 1 Tesalonicenses 4:16.

Por otra parte, se dice que Cristo está en el creyente. Pablo señala: "A [los santos] Dios quiso dar a conocer las riquezas de la gloria de este misterio entre los gentiles; que es Cristo en vosotros, la esperanza de gloria" (Col 1:27). La presencia de Cristo en el creyente se expresa también, de manera algo diferente, en Gálatas 2:20: "Con Cristo estoy juntamente crucificado, y ya no vivo yo, mas vive Cristo en mí; y lo que ahora vivo en la carne, lo vivo en la fe del Hijo de Dios, el cual me amó y se entregó a sí mismo por mí". También está la analogía de Jesús de la vid y los pámpanos, que enfatiza la morada mutua de Cristo y el creyente (Juan 15:4-5). Todo lo que el creyente posee espiritualmente tiene su fundamento en el hecho de que Cristo está dentro de él. Nuestra esperanza de gloria es Cristo en nosotros. Nuestra vitalidad espiritual procede de su presencia interior. Otros pasajes incluyen las promesas de Jesús de estar presente con el creyente (MT 28:20; Juan 14:23). Por último, se dice que el creyente comparte "con Cristo" su sufrimiento (Ro 8:17), crucifixión (Gl 2:20), muerte (Col 2:20), sepultura (Ro 6:4), vivificación (Ef 2:5), resurrección (Col 3:1) y glorificación y herencia (Ro 8:17).

Modelos Inadecuados

No obstante, debemos preguntarnos qué implica exactamente la unión entre los creyentes y Cristo, ya que el lenguaje de estas referencias es poco lúcido. ¿En qué sentido puede decirse que Cristo está en nosotros y nosotros en él? ¿Son estas expresiones completamente metafóricas, o hay algún referente literal?

Varias explicaciones que se han ofrecido no transmiten con exactitud lo que supone esta doctrina. Entre ellas está la idea de que nuestra unión con Cristo es metafísica. La idea subyacente aquí es el concepto panteísta de que somos uno en esencia con Dios. Sin embargo, esta explicación va más allá de la enseñanza de las Escrituras.

Un segundo modelo es que nuestra unión con Cristo es mística[16]. La relación entre el creyente y Jesús es tan profunda y absorbente que el creyente prácticamente pierde su propia individualidad. En cambio, las Escrituras dejan en claro que, por más fuerte que sea la influencia de Cristo en el creyente, siguen siendo dos. No se fusionan en uno, ni uno de ellos se sumerge en la personalidad del otro.

Un tercer modelo considera que nuestra unión con Cristo es como la unión entre dos amigos o entre un profesor y un alumno. Una unidad psicológica es el resultado de compartir los mismos intereses y comprometerse con los mismos ideales. Si el segundo modelo se equivoca al hacer demasiado fuerte la conexión entre Cristo y el creyente, este tercer modelo la hace demasiado débil.

Un cuarto modelo inadecuado es la visión sacramental: el creyente obtiene la gracia de Jesucristo recibiendo los sacramentos[17]. De hecho, uno literalmente introduce a Cristo en sí mismo al participar en la Cena del Señor, comiendo la carne de Cristo y bebiendo su sangre. Este modelo se basa en una interpretación literal

16 Adolf Deissmann, *Paul: A Study in Social and Religious History* [Pablo: Un estudio de historia social y religiosa], 2.ª ed. (Nueva York: George H. Doran, 1926), págs. 142-157. En sus formas más extremas, lo que Deissmann denomina "uniomisticismo", esta visión roza el panteísmo.

17 Eric Mascall, *Christian Theology and Natural Science: Some Questions on Their Relations* [Teología cristiana y ciencia natural: Algunas cuestiones sobre sus relaciones] (Nueva York: Longmans, Green, 1956), págs. 314-316.

de las palabras de Jesús al instituir la Cena del Señor, "esto es mi cuerpo [...] esto es mi sangre" (MT 26:26-28; Marcos 14:22-24; Lucas 22:19-20; ver también Juan 6:53). Tomar estos pasajes en el sentido más literal parece injustificado y lleva a algunas conclusiones prácticamente ridículas (p. ej., que la carne y la sangre de Jesús son simultáneamente parte de su cuerpo y los elementos de la Eucaristía, como suelen denominar los sacramentalistas a la Cena del Señor). Otra problemática de este enfoque es que un humano intermediario administra los sacramentos. Esta concepción contradice las afirmaciones de Hebreos 9:23-10:25 de que Jesús ha eliminado la necesidad de mediadores y que ahora podemos acudir directamente a él.

Características de la Unión

Pero ¿qué significa de forma positiva el concepto de una unión con Cristo? Para poder comprender el concepto, observaremos varias características de la unión. No debemos esperar ser capaces de entender este asunto por completo, ya que Pablo señaló: "Grande es este misterio" (Ef 5:32). Se refería al hecho de que el conocimiento de esta unión es inaccesible para los humanos, salvo mediante una revelación especial de Dios.

La primera característica de nuestra unión con Cristo es que es de naturaleza legal. Cuando el Padre nos evalúa o juzga ante la ley, no nos mira individualmente. Dios siempre ve al creyente en unión con Cristo y los mide a los dos juntos. Por lo tanto, no afirma: "Jesús es justo, pero ese humano es injusto". Él contempla a los dos como uno y manifiesta que en efecto: "Son justos". El creyente ha sido incorporado a Cristo y Cristo al creyente (aunque no exclusivamente). Todos los bienes de cada uno se poseen ahora mutuamente. Desde una perspectiva legal, los dos son ahora uno.

En segundo lugar, la unión es espiritual. Esto tiene dos significados. En un sentido, la unión es efectuada por el Espíritu Santo. Existe una estrecha relación entre Cristo y el Espíritu, más estrecha de lo que a menudo se cree. Hay que tener en cuenta la capacidad intercambiable de Cristo y el Espíritu en Romanos 8:9-10: "Mas vosotros no vivís según la carne, sino según el Espíritu, si es que el Espíritu de Dios mora en vosotros. Y si alguno no tiene el Espíritu de Cristo, no es de él. Pero si Cristo está en vosotros, [...] mas el espíritu vive a causa de la justicia" (ver también 1 Co 12:13). John Murray comenta: "Cristo habita en nosotros si su Espíritu habita en nosotros, y él habita en nosotros por el Espíritu". El Espíritu es "el vínculo de esta unión"[18].

En un segundo sentido, así como nuestra unión con Cristo es producida por el Espíritu Santo, es también una unión de espíritus. No es una unión de personas en una esencia, como en la Trinidad, o de naturalezas en una persona, como en la encarnación de Jesucristo. No es una conexión física, como en la soldadura de dos piezas de metal. Es de alguna manera una unión de dos espíritus que no extingue a ninguno de ellos. No hace al creyente físicamente más fuerte o más inteligente, sino que produce una nueva vitalidad espiritual dentro de la persona.

Por último, nuestra unión con Cristo es vital. Su vida fluye verdaderamente en la nuestra, renovando nuestra naturaleza interior (Ro 12:2; 2 Co 4:16) e impartiendo una fuerza espiritual. Hay una verdad literal en la metáfora de Jesús sobre la vid y los pámpanos. Así como el pámpano no puede dar fruto si no recibe vida de la vid, nosotros no podemos dar fruto espiritual si la vida de Cristo no fluye en nosotros (Juan 15:4).

Se han utilizado diversas analogías para ilustrar la idea de la unión con Cristo. Muchas de ellas se han extraído del ámbito físico. En la respiración boca a boca, una persona verdaderamente respira por otra. Un corazón artificial desempeña la función vital de suministrar sangre a las células del cuerpo (y, por lo tanto, de oxígeno y diversos nutrientes esenciales) durante una operación de corazón. Y recurriendo al ámbito de la parapsicología, hay pruebas de que los pensamientos pueden transmitirse de alguna manera de ciertos individuos a otros. Ahora bien, dado que Cristo ha diseñado y creado toda nuestra naturaleza, incluida nuestra psique, no es de extrañar que, habitando en nosotros de alguna manera que no comprendemos del todo, él sea capaz de afectar a nuestros propios pensamientos y sentimientos. Una última analogía, que tiene una justificación bíblica, es la del marido y la esposa. No solo se convierten en uno físicamente, sino que, idealmente, también llegan a estar tan cerca en mente y corazón que tienen una gran empatía y comprensión el uno del otro. Aunque ninguna de estas analogías por sí sola puede darnos una comprensión adecuada, colectivamente pueden ampliar nuestro entendimiento de nuestra unión con Cristo.

Implicaciones de una Unión con Cristo

Nuestra unión con Cristo tiene ciertas implicaciones para nuestra vida. En primer lugar, somos considerados justos. Pablo escribió: "Por lo tanto, ya no hay ninguna condenación para los que están unidos a Cristo Jesús" (Ro 8:1 NVI). Debido a nuestra unión legal con Cristo, gozamos de una condición justa frente a la ley y a los ojos de Dios. Somos tan justos como el propio Hijo de Dios, Jesucristo.

En segundo lugar, ahora vivimos en el poder de Cristo[19]. Pablo afirmó: "Todo lo puedo en Cristo que me fortalece" (Flp 4:13). También declaró: "Y lo que ahora vivo en la carne, lo vivo en la fe del Hijo de Dios, el cual me amó y se entregó a sí mismo por mí" (Gl 2:20; ver también 2 Co 12:9).

Ser uno con Cristo también significa que

---

18 Murray, *Redemption*, pág. 166.

19 George E. Ladd, *A Theology of the New Testament* [Teología del Nuevo Testamento] (Grand Rapids: Eerdmans, 1974), págs. 492-493.

vamos a sufrir. A los discípulos se les dijo que beberían de la copa que Jesús bebió, y que serían bautizados con el mismo bautismo que él (Marcos 10:39). Si la tradición no nos engaña, la mayoría de ellos sufrieron la muerte de un mártir. Jesús les había indicado que no se sorprendieran si sufrían persecución (Juan 15:20). Pablo no se amedrentó ante esta idea; de hecho, uno de sus objetivos era compartir los sufrimientos de Cristo: "por amor del cual lo he perdido todo, [...] a fin de conocerle, y el poder de su resurrección, y la participación de sus padecimientos, llegando a ser semejante a él en su muerte" (Flp 3:8, 10).

Por último, también tenemos la esperanza de reinar con Cristo. A los dos discípulos que pidieron puestos de autoridad y prestigio se les prometió, en cambio, sufrimiento (Marcos 10:35-39). Pero Jesús también dijo a todo el grupo que, por haber continuado con él en sus tribulaciones, comerían y beberían en su mesa en su reino, "y se sentarán en tronos para juzgar a las doce tribus de Israel" (Lucas 22:30 DHH). Pablo hizo una declaración similar:

> Si sufrimos, también
> reinaremos con él (2 Ti 2:12)

Aunque a menudo pasamos por tribulaciones e incluso sufrimientos, contamos con los recursos necesarios para soportarlos. Y para aquellos que sufren con Cristo les espera un futuro glorioso.

Justificación

La humanidad tiene un problema de dos tipos como resultado del pecado y la caída. En primer lugar, hay una corrupción de fondo en la naturaleza humana, ya que nuestro carácter moral ha sido contaminado por el pecado. Este primer aspecto de la maldición es anulado por la regeneración, que invierte la dirección y las tendencias generales de la naturaleza humana. En segundo lugar, nuestra culpabilidad o respon-

sabilidad ante el castigo permanece, ya que no hemos cumplido con las expectativas de Dios. A este segundo aspecto del problema corresponde la justificación. Y es que la justificación es la acción de Dios que reconoce a los pecadores como justos a sus ojos. Hemos sido perdonados y se ha declarado que hemos cumplido todo lo que la ley de Dios exige de nosotros. Este es un asunto de gran importancia práctica, puesto que aborda las preguntas: ¿Cómo puedo ser justo ante Dios? ¿Cómo puedo yo, un pecador, ser aceptado ante un juez santo y justo?

Justificación y Justicia Forense

Para entender la justificación, es necesario comprender primero el concepto bíblico de justicia, ya que la justificación es una restauración del individuo a un estado de justicia. En el Antiguo Testamento, el verbo *tsadaq* significa "ser justo" o "ajustarse a una norma determinada"[20]. La norma concreta en cuestión varía según la situación. A veces el contexto es el de las relaciones familiares. Tamar era más justa que Judá, porque este no había cumplido sus obligaciones como suegro (Gn 38:26). Asimismo, se decía que David, al negarse a matar a Saúl, era justo (1 S 24:17; 26:23), porque se atenía a las normas de la relación monarca-súbdito. Está claro que la justicia se entiende como una cuestión de vivir de acuerdo con las normas establecidas para una relación. En última instancia, la propia persona y naturaleza de Dios son la medida o norma de la rectitud.

En el Antiguo Testamento, el concepto de justicia aparece con frecuencia en un contexto forense o jurídico. Una persona justa es aquella

---

20 Francis Brown, S. R. Driver y Charles A. Briggs, *Hebrew and English Lexicon of the Old Testament* [Lexicón hebreo e inglés del Antiguo Testamento] (Nueva York: Oxford University Press, 1955), págs. 842-843; J. A. Ziesler, *The Meaning of Righteousness in Paul* [El significado de la justicia en Pablo] (Cambridge: Cambridge University Press, 1972), pág. 18.

que ha sido declarada libre de culpa por un juez.

La justificación es la acción de Dios de reconocer a los pecadores como justos a sus ojos; es un acto forense que imputa la justicia de Cristo al creyente.

La función del juez es condenar a los culpables y absolver a los inocentes[21]: "Si hubiere pleito entre algunos, y acudieren al tribunal para que los jueces los juzguen, estos absolverán al justo, y condenarán al culpable" (Dt 25:1). Dios es el juez de los seres humanos (Sal 9:4; Jer 11:20). Aquellos que han sido absueltos han sido juzgados por estar en una relación correcta con Dios, es decir, por haber cumplido lo que se esperaba de ellos en esa relación. Por lo tanto, en el sentido del Antiguo Testamento, la justificación implica comprobar que una persona es inocente y luego declarar lo que es verdaderamente cierto: que es justa, es decir, que ha cumplido la ley.

El Nuevo Testamento desarrolla este punto de vista del Antiguo Testamento sobre la justificación. Sin este complemento, habría sido chocante y escandaloso que Pablo afirmara, como lo hizo, que Dios justifica a los impíos (Ro 4:5). La justicia exige que sean condenados; un juez que justifica o absuelve a los injustos está actuando él mismo injustamente. Por eso, cuando leemos que, por el contrario, Dios, al justificar a los impíos, se ha mostrado justo (Ro 3:26), debemos entender también que esa justificación es ajena a las obras de la ley. En el Nuevo Testamento, la justificación es el acto declarativo de Dios por el que, *basándose en la suficiencia de la muerte expiatoria de Cristo*, reconoce que los creyentes han cumplido todos los requisitos de la ley que les corresponden. La justificación es un acto forense que imputa la justicia de Cristo al creyente; no es una infusión real de santidad en el individuo. Consiste en declarar a la persona justa, como hace un juez al absolver al acusado[22]. No se trata de hacer justa a la persona ni de alterar su condición espiritual real.

Existen muchos factores que respaldan el argumento de que la justificación es de naturaleza forense o declarativa:

1. El concepto de justicia como una cuestión de condición formal ante la ley o el pacto, y de un juez como alguien que determina y declara nuestro estado a ese respecto.

2. La yuxtaposición de "justificar" (dikaioō) y "condenar" en pasajes como Romanos 8:33-34: "¿Quién acusará a los escogidos de Dios? Dios es el que justifica. ¿Quién es el que condenará? Cristo es el que murió; más aun, el que también resucitó, el que además está a la diestra de Dios, el que también intercede por nosotros". "Justifica" y "condena" son términos paralelos aquí. Ciertamente, el acto de condenar no es una cuestión de cambiar la condición espiritual de alguien, de infundir de alguna manera el pecado o el mal. Consiste simplemente en atribuir a una persona un mal y establecer su culpabilidad. Del mismo modo, el acto de justificar no es una cuestión de infundir santidad en los creyentes, sino de declararlos justos. Si condenar es un acto declarativo, justificar también debe serlo.

3. Hay pasajes en los que dikaioō significa "defender, vindicar o reconocer (o demostrar) que se tiene razón". En algunos casos se emplea para referirse a la acción humana con respecto a

---

21 Ladd, *Theology of the New Testament*, pág. 440

22 Ziesler, *Righteousness*, pág. 168.

Dios. Lucas relata que, tras escuchar la predicación de Jesús: "El pueblo entero, que escuchaba a Juan, y aún los mismos recaudadores de impuestos, reconocían que su mensaje procedía de Dios" (Lucas 7:29 BLPH; ver también el v. 35).

A partir de los datos anteriores concluimos que la justificación es una acción forense o declarativa de Dios, como la de un juez al absolver al acusado.

Objeciones a la Doctrina de la Justificación Forense

Se han planteado objeciones contra la idea de que la justificación es de naturaleza forense. Al tratarlas, obtendremos un panorama más claro del significado de la justificación. William Sanday y Arthur Headlam plantean la cuestión de cómo Dios puede justificar a los impíos (i. e., declararlos justos). ¿No es esto una especie de ficción en la que Dios trata a los pecadores como si no hubieran pecado o, en otras palabras, pretende que los pecadores sean algo distinto de lo que realmente son? Esta interpretación de la justificación parece hacer a Dios culpable de un engaño, incluso si es solo un autoengaño[23]. Vincent Taylor recoge esta noción y sostiene que la justicia no puede ser imputada a un pecador: "Si por la fe un hombre es considerado justo, debe ser porque, en un sentido aceptable del término, él es justo, y no porque otro sea justo en su lugar"[24].

Respondemos que el acto de la justificación no es una cuestión de que Dios anuncie que los pecadores son algo que no son. También

hay un aspecto constitutivo en la justificación, pues lo que Dios hace es constituirnos en justos al imputarnos (no impartirnos) la justicia de Cristo. Aquí debemos distinguir entre dos sentidos de la palabra "justo". Uno podría ser justo en virtud de no haber violado nunca la ley. Tal persona sería inocente, habiendo cumplido totalmente la ley. Pero aunque hayamos violado la ley, podemos ser considerados justos una vez pagada la pena prescrita. Hay una diferencia entre estas dos situaciones, que señala la insuficiencia de definir la justificación simplemente como que Dios me considera "como si nunca hubiera pecado". Los humanos no son justos en el primer sentido, sino en el segundo. Dado que la pena por el pecado ha sido pagada, las exigencias de la ley se han cumplido. Por lo tanto, no es una ficción que los creyentes sean justos, ya que se les ha acreditado la justicia de Cristo. Esta situación es en cierto modo análoga a lo que ocurre cuando dos empresas se fusionan. Sus activos separados se incorporan a la unión y a partir de entonces son tratados como posesiones mutuas[25].

Una objeción que a veces se hace contra las doctrinas de la expiación sustitutiva y la justificación forense es que la virtud simplemente no puede transferirse de una persona a otra. Sin embargo, Cristo y el creyente no están separados el uno del otro, de modo que cuando Dios mira de frente al creyente no puede ver al mismo tiempo a Cristo con su justicia, sino que solo lo finge. Más bien, Cristo y el creyente se han unido de tal manera que los activos espirituales de Cristo, por así decirlo, y los pasivos y activos espirituales del creyente se fusionan. Por lo tanto, al mirar al creyente, Dios Padre no lo ve individualmente. Él contempla al creyente junto con Cristo, y en el acto de justificación los justifica a ambos juntos. Es como si Dios dijera: "¡Son justos!". Declara lo que es realmente verdadero del creyente, que ha llegado a producirse por el hecho de que Dios

---

23 William Sanday y Arthur C. Headlam, *A Critical and Exegetical Commentary on the Epistle to the Romans* [Comentario crítico y exegético de la epístola a los romanos], 5.ª ed., *International Critical Commentary* (Edimburgo: T&T Clark, 1958), pág. 36.

24 Vincent Taylor, *Forgiveness and Reconciliation* [Perdón y reconciliación] (Londres: Macmillan, 1952), pág. 57.

25 Ziesler, *Righteousness*, pág. 169.

constituya al creyente en uno con Cristo. Esta unión es como la de una pareja que, al casarse, fusiona sus activos y pasivos. Con sus bienes en régimen de copropiedad, los activos de uno pueden anular los pasivos del otro, dejando un saldo neto positivo.

Por lo tanto, la justificación es un asunto de tres partes, no de dos. Y es voluntaria por parte de los tres. Jesús se ofreció voluntariamente a entregarse y unirse al pecador. También hay una decisión consciente por parte del pecador de entrar en esta relación. Y el Padre la acepta voluntariamente. El hecho de que nadie esté obligado significa que todo el proceso es completamente ético y legal.

Son muchos los pasajes de las Escrituras que indican que la justificación es un don de Dios. Uno de los más conocidos es Romanos 6:23: "Porque la paga del pecado es muerte, mas la dádiva de Dios es vida eterna en Cristo Jesús Señor nuestro". Otro es el de Efesios 2:8-9: "Porque por gracia sois salvos por medio de la fe; y esto no de vosotros, pues es don de Dios; no por obras, para que nadie se gloríe". La justificación es algo completamente inmerecido. No es un logro. Es algo que se obtiene, no algo que se logra. Incluso la fe no es una buena obra que Dios deba recompensar con la salvación. Es un don de Dios. No es la causa de nuestra salvación, sino el medio por el que la recibimos. Y, contrariamente al pensamiento de algunos, siempre ha sido el medio de salvación. Cuando Pablo habla de Abraham, el padre de los judíos, señala que este fue justificado no por las obras, sino por la fe. Y lo hace tanto en sentido positivo como negativo. Afirma que Abraham "creyó a Dios, y le fue contado por justicia" (Gl 3:6). Luego rechaza la idea de que podamos ser justificados por las obras: "Todos los que viven por las obras que demanda la ley están bajo maldición, [...] Ahora bien, es evidente que por la ley nadie es justificado delante de Dios" (vv. 10-11 NVI). Por lo tanto, Dios no ha introducido un nuevo medio de salvación. Siempre ha obrado de la misma manera.

Algunos han sostenido que la idea de la justificación forense se basa en un malentendido del propósito de Pablo en este escrito. A finales del siglo XX surgió una "nueva perspectiva sobre Pablo", la cual sugería que las interpretaciones tradicionales de que Pablo se oponía al judaísmo como un enfoque legalista para merecer la salvación eran erróneas. Más bien, estaba combatiendo a los judaizantes que insistían en que los gentiles convertidos por Pablo debían circuncidarse. El judaísmo no era una religión de salvación por obras, sino que enseñaba que las buenas obras eran una respuesta al establecimiento del pacto con Israel por parte de Dios. Esto es lo que E. P. Sanders denomina "nomismo pactado"[26]. Por lo tanto, la doctrina de Pablo sobre la justificación no era central, sino que era una doctrina desarrollada para tratar las cuestiones específicas de sus controversias con los judaizantes[27].

Sin embargo, podemos señalar brevemente que el concepto de la justicia imputada es anterior a los escritos de Pablo, de modo que él la elaboró más que la originó. Además, identificó su conversión con la justificación por la fe al margen de las obras mucho antes de encontrarse con los judaizantes. Por último, siguió insistiendo en esta doctrina después de que la controversia con los judaizantes se calmara. Dadas estas consideraciones, difícilmente puede entenderse como una mera doctrina creada para hacer frente a esta situación específica[28].

Otra objeción a la doctrina es que, aunque Pablo enseña que nuestros pecados se imputan a Cristo (2 Co 5:19-21; Ro 4:8), no se deduce lo contrario. Lo que Dios cuenta como justicia

26 E. P. Sanders, *Paul and Palestinian Judaism: A Comparison of Patterns of Religion* [Pablo y el judaísmo palestino: una comparación de sistemas de religión] (Filadelfia: Fortress, 1977), págs. 422-428.

27 Ibid.

28 Reginald H. Fuller, "Justification in Recent Pauline Studies" ["La justificación en los estudios paulinos recientes"], *Anglican Theological Review* 84, nro. 2 (primavera del 2002): págs. 413-414.

no es la justicia de Cristo imputada a nosotros, sino nuestra fe (aunque sea en Cristo). Los textos que hablan de la imputación con relación a la justicia son Gálatas 3:6; Romanos 4:3, 5-6, 9, 11, 22-24. Sin embargo, hay quienes sostienen que estos textos no se refieren a que la justicia de Cristo es contada como nuestra justicia, sino a que nuestra fe es contada como justicia[29].

No obstante, debemos señalar que el contexto global en el que se desarrolla la discusión es significativo. Robert Gundry sostiene que el marco de pensamiento en el que Pablo habla de la justificación es un "marco de pacto", más que un "marco de contabilidad". Admite que la contabilidad es un concepto apropiado para entender la transferencia de nuestras transgresiones a Cristo, pero no para entender la acreditación de la justicia al creyente[30]. Sin embargo, Pablo habla de la deuda, el trabajo, etc., lo cual es indudablemente más un marco de contabilidad que de pacto. Al parecer, una comprensión más natural de estos pasajes es que la fe es el medio por el que se obtiene la justicia de Cristo, en lugar de constituir la justicia que se nos imputa[31].

La cuestión de la justicia imputada frente a la impartida sigue surgiendo en nuevos contextos, normalmente de forma más matizada que en la clásica disputa entre protestantes y católicos. A veces se afirma que la justificación no es tanto un asunto de transferencia de justicia externa como sí uno de participación real en la justicia de Cristo, de modo que en Cristo uno no se limita a expiar sus pecados, sino que también muere al poder del pecado[32]. En ocasiones se hace una distinción entre la justificación que tiene lugar en el momento de la conversión y la del juicio final. En esta distinción, el juicio tiene en cuenta las obras que uno ha hecho, que son la base, no simplemente de las recompensas, sino también de la determinación de la condición final de uno ante Dios[33]. N. T. Wright examina varios pasajes paulinos y sostiene que este elemento de la base del juicio futuro ha sido pasado por alto por muchos teólogos, que han tendido a tratar los puntos de vista reformados de la justificación como la totalidad de la enseñanza bíblica[34].

Por lo tanto, este parece ser el elemento crucial de diferencia entre uno de los eruditos más conservadores de la nueva perspectiva y sus críticos. Wright insiste en que el juicio final debe considerarse una segunda o última justificación. La primera transcurre en el momento de la fe salvadora y se basa únicamente en la imputación por parte de Dios de la justicia de Cristo al creyente. Sin embargo, la justificación final tiene como base, al menos en parte, la fiel adhesión del creyente al pacto entre el creyente y Dios, es decir, las obras justas practicadas, como se describe en Mateo 25:31-46[35].

El elemento común en estas afirmaciones matizadas sobre la justificación forense que critican la visión protestante clásica es que esta última ha separado de forma demasiado

---

29 Robert H. Gundry, *"The Nonimputation of Christ's Righteousness"* ["La no imputación de la justicia de Cristo"], en *Justification: What's at Stake in the Current Debate?* [La justificación: ¿Qué está en juego en el debate actual?], ed. Mark Husbands y Daniel J. Trier (Downers Grove, Illinois: InterVarsity, 2004), pág. 18.

30 John Piper, *Counted Righteous in Christ: Should We Abandon the Imputation of Christ's Righteousness?* [Reconocidos como justos en Cristo: ¿Debemos abandonar la imputación de la justicia de Cristo?] (Wheaton: Crossway, 2002), 55n3.

31 *Ibid.*, págs. 63-64. Toda la sección (págs. 53-64) constituye una respuesta exegética exhaustiva sobre la visión de la "fe como justicia".

32 Sanders, *Paul and Palestinian Judaism*, págs. 464-465.

33 Paul A. Rainbow, *The Way of Salvation: The Role of Christian Obedience in Justification* [El camino de la salvación: La función de la obediencia cristiana en la justificación] (Bletchley, Reino Unido: Paternoster, 2005), xvi.

34 Tom Wright, *Justification: God's Plan and Paul's Vision* [Justificación: El plan de Dios y la visión de Pablo] (Londres: SPCK, 2009), pág. 160.

35 *Ibid.*, págs. 161-162. Para una crítica sobre este enfoque, ver a John Piper, *The Future of Justification: A Response to N. T. Wright* [El futuro de la justificación: Una respuesta a N. T. Wright] (Wheaton: Crossway, 2007), págs. 100-116.

tajante lo que denomina justificación y santificación. En algunos casos, esto se atribuye a la interpretación del planteamiento de Pablo, el cual tiene su fundamento en una forma de pensar judía y circular, a través de categorías griegas y lineales[36].

Esta observación nos recuerda que la obra de salvación de Dios debe producir una persona transformada y una vida santa. Sin embargo, atribuye al enfoque opuesto una distinción más aguda que la inherente al concepto de justificación forense, y luego trata de rectificar esa separación argumentando una conclusión más fuerte. Aunque Pablo establece una distinción genuina entre los conceptos de justificación y santificación, esto no significa que uno pueda existir sin el otro, ni da una base para el antinomianismo. Además, los críticos de la justificación forense a menudo no reconocen que muchos de sus supuestos se derivan del entorno intelectual actual, que después interpretan en el material bíblico. Lo vemos claramente en la distinción judío/occidental, que ha sido muy dudosa al menos desde el trabajo de James Barr y otros, hace cincuenta años o más. Esta objeción debe juzgarse como inadecuada.

Fe y Obras

El principio de la salvación por la gracia nos lleva a la cuestión de la relación entre la fe y las obras. La postura que hemos adoptado es que las obras no producen la salvación. Sin embargo, el testimonio bíblico también indica que, si bien es la fe la que lleva a la justificación, esta última debe producir y producirá invariablemente

obras acordes con la naturaleza de la nueva criatura que se ha producido. Es conveniente, cuando citamos el texto clásico de la salvación por la gracia, Efesios 2:8-9, no detenernos en el versículo 10, que señala el resultado de esta gracia: "Porque somos hechura suya, creados en Cristo Jesús para buenas obras, las cuales Dios preparó de antemano para que anduviésemos en ellas". Santiago lo expresa aún con más firmeza: "la fe, si no tiene obras, es muerta en sí misma" (Santiago 2:17; ver también el v. 26).

Si bien es la fe la que lleva a la justificación, esta última debe producir y producirá invariablemente buenas obras.

A pesar de la opinión bastante común de que existe una tensión entre Pablo y Santiago, ambos exponen esencialmente el mismo punto: que la autenticidad de la fe que conduce a la justificación resulta evidente en los resultados que se derivan de ella. Si no hay buenas obras, no ha habido ni una fe real ni una justificación.

Las Consecuencias Perdurables del Pecado

Todavía hay un asunto pendiente: las consecuencias del pecado parecen persistir, incluso después de que el pecado haya sido perdonado y el pecador justificado. Un ejemplo es David. A este se le dijo que su pecado al cometer adulterio con Betsabé y asesinar a Urías había sido eliminado para que no muriera; sin embargo, el hijo nacido de Betsabé moriría a causa del pecado de David (2 S 12:13-14). ¿Es acaso dicho perdón real y pleno? ¿No es como si Dios, en estos casos, retuviera un poco su perdón para que quede un poco de castigo? Y si este es el caso, ¿existe una verdadera gracia?

---

36 Don Garlington, *"Imputation or Union with Christ: A Response to John Piper"* ["Imputación o unión con Cristo: Una respuesta a John Piper"], *Reformation and Revival* 12, nro. 4 (otoño del 2003): pág. 76; Brad H. Young, *Paul the Jewish Theologian: A Pharisee among Christians, Jews, and Gentiles* [Pablo, el teólogo judío: un fariseo entre cristianos, judíos y gentiles] (Peabody, Massachusetts: Hendrickson, 1997), págs. 40-42.

Es importante hacer una distinción aquí entre las consecuencias temporales y eternas del pecado. Cuando uno es justificado, todas las consecuencias eternas del pecado son canceladas, incluyendo la muerte eterna. Pero las consecuencias temporales del pecado, tanto las que recaen sobre el individuo como las que recaen sobre la raza humana en su conjunto, no son necesariamente eliminadas. Por lo tanto, seguimos experimentando la muerte física y los demás aspectos de la maldición de Génesis 3. Varias de estas consecuencias se derivan de nuestros pecados en una relación de causa y efecto que puede ser de naturaleza física o social. Dios no suele intervenir milagrosamente para evitar el cumplimiento de estas leyes. En consecuencia, si, por ejemplo, una persona en un ataque de ira, tal vez en estado de embriaguez, mata a su familia, pero más tarde se arrepiente y es perdonada, Dios no devuelve la vida a los miembros de la familia. El pecado ha provocado una pérdida de por vida. Aquí hay una advertencia: aunque el perdón de Dios es ilimitado y accesible, el pecado no es algo que deba tratarse a la ligera. Aunque se perdone, puede acarrear graves consecuencias.

Adopción

El efecto de la justificación es fundamentalmente negativo: la anulación del juicio contra nosotros.

Lamentablemente, es posible ser perdonado sin adquirir simultáneamente una condición positiva. Sin embargo, este no es el caso de la justificación, ya que no solo se nos libera de la responsabilidad del castigo, sino que también se nos devuelve una relación de favor con Dios. Esta transferencia de un estado de alienación y hostilidad a uno de aceptación y favor se denomina adopción[37]. Es algo que se menciona en varios pasajes del Nuevo Testamento. Quizá el más conocido sea Juan 1:12: "Mas a todos los que le recibieron, a los que creen en su nombre, les dio potestad de ser hechos hijos de Dios". Pablo señala que nuestra adopción es el cumplimiento de una parte del plan de Dios (Ef 1:5). Y en Gálatas 4:4-5, Pablo vincula la adopción con la justificación: "Pero cuando vino el cumplimiento del tiempo, Dios envió a su Hijo, nacido de mujer y nacido bajo la ley, para que redimiese a los que estaban bajo la ley, a fin de que recibiésemos la adopción de hijos".

Una dimensión de la salvación que no ha recibido mucho énfasis en el pensamiento occidental es que se dice que Jesús es el primogénito de muchos hermanos y hermanas (Ro 8:29). Aunque esto no significa que lleguemos a alcanzar la deidad que era suya, sí significa que hemos sido incluidos en los beneficios de ser hijos del Padre que Jesús disfrutó durante el tiempo de su ministerio terrenal. La función de Jesús encaja bien con el concepto africano del hermano mayor, un concepto que comparte con el pensamiento hebreo[38].

La Naturaleza de la Adopción

Nuestra adopción tiene diversas características. En primer lugar, ocurre simultáneamente con la conversión, la regeneración, la justificación y la unión con Cristo. Además, es la condición en la que el cristiano vive y actúa a partir de ese momento. Aunque la adopción es lógicamente distinguible de la regeneración y la justificación, la adopción no es realmente separable de ellas. Solo aquellos que han sido justificados y regenerados son adoptados, y viceversa[39]. La adopción implica un cambio tanto de estado como de condición.

---

37 Murray, *Redemption*, págs. 132-134.

38 François Kabasélé, *"Christ as Ancestor and Elder Brother"* ["Cristo como antepasado y hermano mayor"], en *Faces of Jesus in Africa* [Los rostros de Jesús en África], ed. Robert J. Schreiter (Maryknoll, Nueva York: Orbis, 1991), págs. 116-127.

39 Augustus H. Strong, *Systematic Theology* [Teología sistemática] (Westwood, Nueva Jersey: Revell, 1907), pág. 857.

En el sentido formal, la adopción es un asunto declarativo, una alteración de nuestro estado legal. Nos convertimos en hijos de Dios. Pero, además, se da la experiencia real de recibir el favor de Dios. Gozamos de lo que se denomina espíritu de filiación. El cristiano mira con afecto y confianza a Dios como Padre, en lugar de como un temible esclavista y capataz (Juan 15:14-15).

Por medio de la adopción somos restaurados a la relación con Dios que los humanos alguna vez tuvieron pero perdieron. Somos hijos de Dios por naturaleza y creación, pero nos hemos expulsado a nosotros mismos de la familia de Dios, por así decirlo. Sin embargo, Dios, al adoptarnos, nos devuelve la relación con él para la cual fuimos destinados en un principio.

Por lo tanto, la adopción introduce un tipo de relación con Dios muy diferente de la que los humanos en general tienen con él. Juan señala claramente esta distinción: "Mirad cuál amor nos ha dado el Padre, para que seamos llamados hijos de Dios" (1 Juan 3:1). El no creyente simplemente no tiene, ni puede experimentar, el tipo de relación filial que experimenta el creyente[40].

Los Beneficios de la Adopción

El significado o la importancia de la adopción se hace más evidente cuando examinamos sus efectos en y sobre la vida del creyente. Desde luego, uno de ellos es el perdón. Dios se deleita en perdonar, es misericordioso, de corazón tierno y bondadoso (Dt 5:10; Sal 103:8-14). No hay que tenerle miedo, sino confiar en él. Nuestra adopción significa que hay un perdón continuo. En vista de que Dios nos ha perdonado, Pablo nos insta a perdonar a los demás: "Antes sed benignos unos con otros, misericordiosos, perdonándoos unos a otros, como Dios también os perdonó a vosotros en Cristo" (Ef 4:32).

Nuestra adopción también implica la reconciliación. No solo hemos sido perdonados por Dios, sino que también hemos sido reconciliados con él. Ya no estamos enemistados con él. Dios ha mostrado su amor por nosotros al tomar la iniciativa de restaurar la comunión dañada por nuestro pecado (Ro 5:8, 10). En la adopción, ambas partes se reconcilian entre sí.

También hay libertad para los hijos de Dios. El hijo de Dios no es un esclavo que obedece por un sentimiento de esclavitud o de obligación. Como hijos de Dios no debemos temer las consecuencias de no cumplir la ley: "Porque todos los que son guiados por el Espíritu de Dios, estos son hijos de Dios. Pues no habéis recibido el espíritu de esclavitud para estar otra vez en temor, sino que habéis recibido el espíritu de adopción, por el cual clamamos: ¡Abba, Padre! El Espíritu mismo da testimonio a nuestro espíritu, de que somos hijos de Dios" (Ro 8:14-16). Un pensamiento similar se expresa en Gálatas 3:10-11. Somos personas libres. No estamos obligados a cumplir la ley como sí lo está un esclavo o un siervo.

Sin embargo, esta libertad no es una licencia. Siempre hay algunos que pervierten su libertad. Pablo advirtió a estas personas: "Porque vosotros, hermanos, a libertad fuisteis llamados; solamente que no uséis la libertad como ocasión para la carne, sino servíos por amor los unos a los otros" (Gl 5:13). El creyente guarda los mandamientos, no por miedo a un amo cruel y duro, sino por amor a un Padre bondadoso y amoroso (Juan 14:15, 21; 15:14-15)[41].

La adopción significa que el cristiano recibe el cuidado paternal de Dios. Pablo señaló que "somos hijos de Dios. Y si hijos, también herederos; herederos de Dios y coherederos con Cristo" (Ro 8:16-17). Como herederos tenemos a nuestra disposición los recursos ilimitados del Padre (Flp 4:19). El creyente puede orar

---

40 Charles M. Horne, *Salvation* (Chicago: Moody Press, 1971), págs. 76-77.

41 Ladd, *Theology of the New Testament*, pág. 493-94.

con confianza, sabiendo que no existe ninguna limitación a lo que Dios es capaz de hacer. Según Jesús, el Padre que alimenta a las aves del cielo y viste a los lirios del campo se preocupa aún más por sus hijos humanos (MT 6:25-34). Su provisión es siempre sabia y bondadosa (Lucas 11:11-13).

Sin embargo, no hay que pensar que Dios es indulgente o permisivo. Él es nuestro Padre celestial, no nuestro abuelo celestial. Por lo tanto, la disciplina es una de las características de nuestra adopción. En la carta a los Hebreos, hay una discusión bastante extensa sobre este tema (12:5-11). Citando Proverbios 3:11-12, el escritor comenta: "Si soportáis la disciplina, Dios os trata como a hijos; porque ¿qué hijo es aquel a quien el padre no disciplina?" (Heb 12:7). La disciplina puede no ser agradable cuando se aplica, pero es beneficiosa a largo plazo. El amor es la preocupación y los actos por el bienestar final del otro. Por lo tanto, la disciplina debe considerarse como una prueba de amor y no de falta de amor.

Por último, la adopción implica la buena voluntad del Padre. Una cosa es que seamos perdonados, que se haya pagado la pena impuesta por nuestra mala conducta. Sin embargo, eso puede significar simplemente que no seremos castigados en el futuro. No garantiza necesariamente la buena voluntad. Si la deuda de un criminal ante la sociedad ha sido pagada, la sociedad no mirará automáticamente de forma favorable o caritativa a esta persona. Por el contrario, habrá sospechas, desconfianza e incluso hostilidad.

Pero con el Padre encontramos el amor y la buena voluntad que tanto necesitamos y deseamos. Él es nuestro y nosotros somos suyos, y por medio de la adopción nos extiende todos los beneficios que su amor sin medida puede otorgar.

Preguntas de Análisis y Reflexión

- ¿Cómo definiría y explicaría usted cada una de las tres doctrinas objetivas de la salvación: la unión con Cristo, la justificación y la adopción?
- ¿Cuáles son las similitudes y diferencias entre estas tres doctrinas?
- ¿Cuáles son los problemas de considerar la justificación como una doctrina forense? ¿Cómo respondería usted a esas objeciones?
- ¿Cuáles son los beneficios de la adopción?
- ¿De qué manera la adopción puede despertar en usted un sentido especial de adoración y agradecimiento?

35

La Continuación y Perfección de la Salvación

Objetivos del Capítulo

Una vez estudiado este capítulo, el lector es capaz de:

1. Definir y explicar lo que es santificación y cómo se cumple en la vida del creyente.
2. Definir y describir la doctrina de la perseverancia.
3. Diferenciar entre los enfoques calvinistas y arminianos de la perseverancia y resolver los enfoques contradictorios.
4. Comprender el significado de la glorificación, el gozo y el ánimo que proporciona.

Estructura del Capítulo

Santificación

- El Significado de Santificación
- Características de la Santificación
- Santificación: ¿Completa o Incompleta?

Perseverancia

- El Enfoque Calvinista
- El Enfoque Arminiano
- Una Solución al Problema

Glorificación

- El Significado de "Gloria"
- La Glorificación del Creyente

Resumen del Capítulo

Después de la obra milagrosa de la salvación, Dios continúa el proceso de transformación del creyente a la imagen de Cristo. La santificación es el proceso de apartarse del pecado y acercarse a la santidad con la meta de llevar una vida sin pecado. La perseverancia significa que Dios permitirá al creyente permanecer en la fe durante el resto de su vida. La glorificación se cumplirá en la vida venidera, cuando nos convirtamos en todo lo que Dios quiere que seamos.

Los inicios de la salvación, tal y como los hemos examinado en los dos capítulos anteriores, son a la vez complejos y profundos. Sin embargo, no son el final de la obra especial de Dios para restaurar a sus hijos a la semejanza con él a la que están destinados. Al haber comenzado esta obra de transformación, continúa y la perfecciona.

Santificación

El Significado de Santificación

La santificación es la obra constante de Dios en la vida de los creyentes, al hacerlo realmente santos. Por "santo" se entiende aquí "tener una semejanza real con Dios". La santificación es un proceso mediante el cual la condición moral de una persona se ajusta a su estatus legal ante Dios. Es una continuación de lo que se inició en la regeneración, cuando una nueva vida fue conferida e inculcada en el creyente. En particular, la santificación es la aplicación del Espíritu Santo a la vida del creyente de la obra realizada por Jesucristo.

Hay dos sentidos básicos de la palabra "santificación", que se relacionan con dos conceptos básicos de santidad. El primero es la santidad como una característica formal de objetos, personas y lugares especiales. En este sentido, santidad se refiere a la condición de estar separado, apartado de lo ordinario o mundano, y dedicado a un propósito o utilidad en especial. En el Antiguo Testamento, los lugares (especialmente el Lugar Santo y el Lugar Santísimo), los objetos (por ejemplo, las vestiduras de Aaron y el shabbat) y las personas especiales (por ejemplo, los sacerdotes y levitas) eran especialmente apartados o santificados para el Señor.

Este sentido de santificación también se encuentra en el Nuevo Testamento. Pedro se refiere a sus lectores como "linaje escogido, real sacerdocio, nación santa, pueblo adquirido por Dios" (1 P 2:9). Aquí, ser santificado significa "pertenecer al Señor". La santificación en este sentido es algo que ocurre al principio de la vida cristiana, en el momento de la conversión, junto con la regeneración y la justificación. Es en este sentido que el Nuevo Testamento se refiere con tanta frecuencia a los cristianos como "santos", aunque ellos estén lejos de ser perfectos[1]. Por ejemplo, Pablo se dirige a las personas en la iglesia de Corinto de esta forma (1 Co 1:2), aunque probablemente fue la iglesia más imperfecta en la que ministró.

El segundo sentido de santidad o santificación es bondad moral o valor espiritual. Este sentido llegó a predominar gradualmente. Designa no solo que los creyentes son formalmente apartados, o pertenecen a Cristo, sino también que deben comportarse en consecuencia. Deben vivir vidas de pureza y bondad[2].

Para enfocar mejor la naturaleza de la santificación, será útil contrastarla con la justificación. Hay varias diferencias significativas. Una se refiere a la duración. La justificación es un acontecimiento instantáneo, que se completa en un momento, mientras que la santificación es un proceso que requiere toda una vida para completarse. Hay una distinción cuantitativa también. Uno está justificado o no, mientras que uno puede ser más o menos santificado. Es decir, hay grados de santificación pero no de justificación. La justificación es un asunto forense o declarativo, como hemos visto antes, mientras que la santificación es una transformación real del carácter y la condición de la persona. La justificación es una obra

1 G. Abbot-Smith, *A Manual Greek Lexicon of the New Testament* [Un léxico griego manual del Nuevo Testamento], 3ra ed. (Edimburgo: T&T Clark, 1953), pág. 5.

2 *Ibid.*

objetiva que afecta a nuestra posición ante Dios, a nuestra relación con él, mientras que la santificación es una obra subjetiva que afecta a nuestra persona interior.

Características de la Santificación

Se necesita ahora analizar las características de la santificación. Primero debemos enfatizar que la santificación es una obra supernatural. Dios es quien la realiza y no nosotros. Por lo tanto, no se trata de una reforma. Pablo escribió "Y el mismo Dios de paz os santifique por completo; y todo vuestro ser, espíritu, alma y cuerpo, sea guardado irreprensible para la venida de nuestro Señor Jesucristo" (1 Ts 5:23; ver también Ef 5:26; Tit 2:14; Heb 13:20-21).

Además, esta obra divina dentro del creyente es un asunto que va en progreso. Por ejemplo, esto se ve en la seguridad de Pablo de que Dios seguirá trabajando en la vida de los filipenses: "estando persuadido de esto, que el que comenzó en vosotros la buena obra, la perfeccionará hasta el día de Jesucristo" (Flp 1:6). Pablo también señala que la cruz es el poder de Dios "a los que se salvan, esto es, a nosotros" (1 Co 1:18). La forma del verbo griego transmite claramente la idea de una actividad continua.

El objetivo de esta obra divina es la semejanza con el propio Cristo. Esta fue la intención de Dios desde toda la eternidad: "Porque a los que antes conoció, también los predestinó para que fuesen hechos conformes a la imagen de su Hijo, para que él sea el primogénito entre muchos hermanos" (Ro 8:29). La palabra traducida como "conformes a" indica una semejanza con Cristo que no es solo un parecido externo o superficial; significa el conjunto de características o cualidades que hacen que algo sea tal como es. Además, indica la conexión vital con el Hijo. El hecho de que seamos como Cristo no es una condición de igualdad. Lo que llegamos a tener lo tenemos *junto* con él.

La santificación es la obra del Espíritu Santo[3]. En Gálatas 5, Pablo describe sobre la vida en el Espíritu: "Andad en el Espíritu, y no satisfagáis los deseos de la carne" (v. 16); "Si vivimos por el Espíritu, andemos también por el Espíritu" (v. 25). También enumera un grupo de cualidades que designa colectivamente como "fruto del Espíritu": "amor, gozo, paz, paciencia, benignidad, bondad, fe, mansedumbre, templanza" (vv. 22-23). Lo mismo ocurre en Romanos 8, donde Pablo aborda el tema del Espíritu y del cristiano. Los cristianos caminan según el Espíritu (v. 4); fijan sus mentes en las cosas del Espíritu (v. 5); están en el Espíritu (v. 9); el Espíritu habita en ellos (v. 9); por el Espíritu han hecho morir las obras de la carne (v. 13); son guiados por el Espíritu (v. 14); el Espíritu da testimonio de que son hijos de Dios (v. 16); y el Espíritu intercede por ellos (vv. 26-27). Es el Espíritu el que actúa en el creyente, haciendo que se asemeje a Cristo.

De lo anterior se podría concluir que la santificación es un asunto completamente pasivo por parte del creyente. Sin embargo, esto no es así. Mientras que la santificación es exclusivamente de Dios (es decir, su poder descansa enteramente en su santidad[4]), el creyente es constantemente exhortado a trabajar y crecer en los asuntos relacionados con la salvación. Por ejemplo, Pablo escribe a los filipenses: "ocupaos en vuestra salvación con temor y temblor, porque Dios es el que en vosotros produce así el querer como el hacer, por su buena voluntad" (Flp 2:12-13). Pablo insta a practicar las virtudes y a evitar el mal (Ro 12:9, 16-17). Debemos hacer morir las obras de la carne (Ro 8:13) y presentar nuestro cuerpo en sacrificio vivo (Ro 12:1-2). Así que, aunque la santificación es obra de Dios, el creyente también tiene un papel, que implica

---

3 Otto Procksch, *"ἅγιος, ἁγιάζω, ἁγιασμός"* en *Theological Dictionary of the New Testament* [Diccionario teológico del Nuevo Testamento], ed. Gerhard Kittel, trad. y ed. Geoffrey W. Bromiley (Grand Rapids: Eerdmans, 1964), 1:113.

4 *Ibid.*, pág. 111.

tanto la eliminación de la pecaminosidad como el desarrollo de la santidad.

Santificación: ¿Completa o Incompleta?

Una cuestión importante sobre la que ha habido desacuerdo a lo largo de la historia de la Iglesia es si el proceso de santificación se completa alguna vez dentro de la vida terrenal del creyente. ¿Alguna vez llegamos al punto en que ya no pecamos? Los que responden a esta pregunta en forma afirmativa, los perfeccionistas, sostienen que es posible llegar a un estado en el que un creyente no peca, y que de hecho algunos cristianos llegan a ese punto. Esto no significa que la persona no pueda pecar, sino que efectivamente no peca. Tampoco significa que ya no haya necesidad de los medios de gracia o del Espíritu Santo, que ya no haya tentación o lucha con la tendencia innata al mal, o que no haya espacio para un mayor crecimiento espiritual[5]. Sin embargo, significa que es posible no pecar, y que algunos creyentes realmente se abstienen de todo mal. Amplios textos bíblicos apoyan este punto de vista. Uno de ellos es Mateo 5:48, donde Jesús dice a sus oyentes: "Sed, pues, vosotros perfectos, como vuestro Padre que está en los cielos es perfecto". Pablo ora por los tesalonicenses: "Y el mismo Dios de paz os santifique por completo; y todo vuestro ser, espíritu, alma y cuerpo, sea guardado irreprensible para la venida de nuestro Señor Jesucristo" (1 Ts 5:23; ver también Ef 4:13; Heb 13:20-21). Estos versos parecen ofrecer evidencia razonable de que la santificación total es una posibilidad para todos los creyentes, y una realidad para algunos[6].

Los que sostienen que la perfección es un ideal que nunca se alcanzará en esta vida no son menos serios en sus convicciones. Sostienen que, por mucho que debamos desear y esforzarnos por liberarnos completamente del pecado, la impecabilidad no es un objetivo realista en esta vida. Algunos pasajes indican que no podemos escapar del pecado[7]. Uno de los pasajes más destacados es 1 Juan 1:8-10: "Si decimos que no tenemos pecado, nos engañamos a nosotros mismos, y la verdad no está en nosotros. Si confesamos nuestros pecados, él es fiel y justo para perdonar nuestros pecados, y limpiarnos de toda maldad. Si decimos que no hemos pecado, le hacemos a él mentiroso, y su palabra no está en nosotros".

Mientras que la santificación es exclusivamente de Dios, el creyente es constantemente exhortado a trabajar y crecer en los asuntos relacionados con la salvación.

El hecho de que este pasaje haya sido escrito a los creyentes hace más convincente la afirmación de que en todos nosotros hay pecado.

Otro pasaje al que aluden con mucha frecuencia los no perfeccionistas es Romanos 7, donde Pablo describe su propia experiencia. Suponiendo que Pablo haya reflexionado sobre su vida después de la conversión (una suposición que no todos los estudiosos aceptan), este pasaje parece ser un testimonio vívido y contundente de que el creyente no está libre de pecado. Pablo lo expresa con fuerza: "Y yo sé

---

5 John Wesley, *A Plain Account of Christian Perfection* [Un relato claro de la perfección cristiana] (Londres: Epworth, 1952), pág. 28.

6 Charles G. Finney, *Lectures on Systematic Theology* [Conferencias de Teología Sistemática] (Londres: William Tegg, 1851), págs. 604-613.

7 Augustus H. Strong, *Systematic Theology* [Teología Sistemática] (Westwood, Nueva Jersey: Revell, 1907), pág. 879.

que en mí, esto es, en mi carne, no mora el bien; porque el querer el bien está en mí, pero no el hacerlo. Porque no hago el bien que quiero, sino el mal que no quiero, eso hago" (vv. 18-19). Esta palabra vino de uno de los más grandes de todos los cristianos, de hecho, muchos dirían, el más grande cristiano de todos los tiempos. Si incluso él confesó tener grandes dificultades con el pecado, ciertamente debemos concluir que la perfección no se puede experimentar en esta vida.

¿Cómo podemos desenredar todas estas consideraciones y llegar a una conclusión sobre este difícil pero importante tema? Comenzamos señalando de nuevo la naturaleza del pecado. No se trata simplemente de actos de naturaleza externa. Jesús dejó muy claro que incluso los pensamientos y actitudes que tenemos son pecaminosos si no están perfectamente de acuerdo con la mente del Dios todopoderoso y completamente santo (ver por ejemplo, MT 5:21-28). Por lo tanto, el pecado es de un carácter considerablemente más penetrante y sutil de lo que tendemos a pensar.

También necesitamos determinar la naturaleza de la perfección que se nos ha mandado. La palabra griega *teleioi* ("perfecto"), que se encuentra en Mateo 5:48, no significa "impecable" o "sin mancha". Más bien, significa "completo". Por lo tanto, es muy posible ser "perfecto" sin estar completamente libre de pecado[8]. Eso quiere decir que podemos poseer la plenitud de Jesucristo (Ef 4:13) y los frutos del Espíritu en su totalidad (Gl 5:22-23) sin llegar a la perfección.

La norma a la que hay que aspirar es la completa liberación del pecado. Los mandatos de esforzarse por la gracia de Dios para alcanzar esa meta son demasiado numerosos como para ignorarlos. Y, ciertamente, si es posible mediante este permiso evitar ceder a una tentación particular, entonces debe ser posible prevalecer en todos los casos. Sin embargo, también hay que destacar la contundencia de pasajes como 1 Juan 1. Además de estos pasajes didácticos, la Escritura presenta libremente a los grandes hombres y mujeres de Dios como pecadores. Nuestra conclusión es que, si bien la libertad completa y la victoria sobre el pecado son la norma a la que hay que aspirar y son teóricamente posibles, es dudoso que algún creyente alcance esta meta en esta vida.

Sin embargo, asumir esta postura conlleva ciertas dificultades. Una de ellas es que parece contradictorio exhortar repetidamente a los cristianos a una vida victoriosa e impecable, a menos que sea una posibilidad real[9]. Pero ¿es esto necesariamente así? Puede que tengamos un estándar, un ideal, hacia el que nos esforzamos, pero que no esperamos alcanzar en un periodo de tiempo finito. Se ha observado que nadie ha llegado nunca a la Estrella Polar navegando o volando hacia ella. Sin embargo, eso no cambia el hecho de que sigue siendo la marca hacia la que apuntamos, nuestra medida del "norte". Del mismo modo, aunque nunca seamos perfectamente santificados en esta vida, lo seremos en la eternidad posterior y, por tanto, deberíamos aspirar a llegar lo más cerca posible de la santificación completa.

Otro problema es la presencia de enseñanzas como en 1 Juan 3:4-6 (NVI): "Todo el que comete pecado quebranta la ley; de hecho, el pecado es transgresión de la ley. Pero ustedes saben que Jesucristo se manifestó para quitar nuestros pecados. Y él no tiene pecado. Todo el que permanece en él no practica el pecado. Todo el que practica el pecado no lo ha visto ni lo ha conocido". ¿No confirma esto la posición perfeccionista? Sin embargo, obsérvese que la forma de los verbos griegos en las frases "Todo el que comete pecado" y "Todo el que practica el pecado" indican una acción recurrente. El significado aquí es que todo aquel que continúa

---

8 James Hope Moulton y George Milligan, *The Vocabulary of the Greek New Testament* [Vocabulario del Nuevo testamento griego] (Grand Rapids: Eerdmans, 1974), pág. 629.

9 Finney, *Lectures* [Conferencias], págs. 611-613.

en el pecado de forma habitual es culpable de iniquidad y nunca ha conocido a Cristo.

Hay importantes implicaciones prácticas de nuestra opinión de que, aunque la impecabilidad no se experimente en esta vida, debe ser nuestro objetivo. Por un lado, esta postura significa que no es necesario tener grandes sentimientos de desánimo, derrota, incluso desesperación y culpa, cuando pecamos. Pero, por otro lado, también significa que no nos sentiremos excesivamente satisfechos con nosotros mismos ni indiferentes ante la presencia del pecado. Porque pediremos fiel y diligentemente a Dios que venza por completo la tendencia al mal que, como Pablo, encontramos tan frecuente en nosotros.

Perseverancia

¿Persistirá en esa relación el creyente que ha sido genuinamente regenerado, justificado, adoptado por Dios y unido a Jesucristo? En otras palabras, ¿una persona que se convierte en cristiano siempre permanecerá como tal? Y si es así, ¿sobre qué base? Esta cuestión tiene una importancia considerable desde el punto de vista de la vida cristiana práctica. Si, por un lado, no hay garantía de que la salvación sea permanente, los creyentes pueden experimentar una gran ansiedad e inseguridad que les restará importancia a las principales tareas de la vida cristiana. Por otro lado, si nuestra salvación es absolutamente segura, si somos preservados independientemente de nuestras vidas o acciones, entonces puede haber, como resultado, una especie de indiferencia a las demandas morales y espirituales del evangelio. Por lo tanto, al determinar las enseñanzas de las Escrituras sobre la seguridad del creyente, vale la pena el tiempo y el esfuerzo necesarios. Se han adoptado dos posiciones principales sobre la cuestión de si la salvación del creyente es absolutamente segura: la calvinista y la arminiana. Estas dos posiciones tienen ciertas concepciones en común. Están de acuerdo en

que Dios es poderoso y fiel, dispuesto y capaz de cumplir sus promesas. Están de acuerdo, al menos en sus formas habituales, en que la salvación no se alcanza ni se mantiene por las obras humanas. Están de acuerdo en que el Espíritu Santo actúa en todos los creyentes (aunque puede haber algún desacuerdo sobre la presencia y actividad del Espíritu). Ambos están convencidos de que la salvación que Dios proporciona es plena. Ambos afirman que el creyente puede saber que posee actualmente la salvación. Sin embargo, hay puntos significativos de diferencia entre los dos.

El Enfoque Calvinista

El calvinista afirma que, puesto que Dios ha elegido a ciertos individuos de la totalidad de la humanidad caída para que reciban la vida eterna, y los así elegidos vendrán necesariamente a recibir esa vida, se deduce que su salvación debe ser permanente. Si los elegidos pudieran perder su salvación en algún momento, la elección de Dios para la vida eterna no sería verdaderamente eficaz. Por lo tanto, la doctrina de la elección, tal como la entienden los calvinistas, requiere también perseverancia.

Sin embargo, el calvinista no sostiene la doctrina de la perseverancia solo por coherencia lógica. Numerosas enseñanzas bíblicas sirven de manera independiente para apoyar la doctrina. Entre ellas hay un grupo de textos que enfatizan la calidad indestructible de la salvación que Dios proporciona[10]. Un ejemplo es 1 Pedro 1:3-5: "Bendito el Dios y Padre de nuestro Señor Jesucristo, que según su grande misericordia nos hizo renacer para una esperanza viva, por la resurrección de Jesucristo de los muertos, para una herencia incorruptible, incontaminada e inmarcesible, reservada en los cielos para vosotros, que sois guardados por el poder de

---

10 John Murray, *Redemption—Accomplished and Applied* [Redención realizada y aplicada] (Grand Rapids: Eerdmans, 1955), pág. 155.

Dios mediante la fe, para alcanzar la salvación que está preparada para ser manifestada en el tiempo postrero".

Varios textos que enfatizan la permanencia y el poder del amor divino también apoyan la doctrina de la perseverancia[11]. Uno de estos testimonios se encuentra en la declaración de Pablo en Romanos 8:31-39, que culminan en los versículos 38-39: "Por lo cual estoy seguro de que ni la muerte, ni la vida, ni ángeles, ni principados, ni potestades, ni lo presente, ni lo por venir, ni lo alto, ni lo profundo, ni ninguna otra cosa creada nos podrá separar del amor de Dios, que es en Cristo Jesús Señor nuestro". Cristo no se limita a darnos la vida eterna y luego nos abandona a nuestros esfuerzos humanos. Por el contrario, la obra iniciada en nosotros es continuada hasta su perfección (Flp 1:6). Además, Cristo intercede constantemente por nosotros con el Padre (Heb 7:25), quien siempre oye nuestras oraciones (Jn 11:42). La posición calvinista también se ve respaldada por las garantías bíblicas de que, gracias a las providencias de Dios, seremos capaces de afrontar y superar cualquier obstáculo y tentación que se nos presente. Nuestro Maestro nos capacitará a nosotros, sus siervos, para estar firmes delante del juicio (Ro 14:4). Él proporciona una manera de hacer frente a las tentaciones (1 Co 10:13).

Sin embargo, el calvinista encuentra la mayor fuente de aliento en lo que se refiere a este asunto, en las promesas directas de la fidelidad del Señor. Una de las más directas es la afirmación de Jesús a sus discípulos: "Mis ovejas oyen mi voz, y yo las conozco, y me siguen, y yo les doy vida eterna; y no perecerán jamás, ni nadie las arrebatará de mi mano. Mi Padre que me las dio, es mayor que todos, y nadie las puede arrebatar de la mano de mi Padre. Yo y el Padre uno somos" (Juan 10:27-30). En consecuencia,

Pablo tenía plena confianza en la fidelidad del Señor: "Por lo cual asimismo padezco esto; pero no me avergüenzo, porque yo sé a quién he creído, y estoy seguro que es poderoso para guardar mi depósito para aquel día" (2 Ti 1:12).

Además, muchos calvinistas deducen su enfoque de la perseverancia de otras doctrinas[12]. Entre ellas está la doctrina de la unión con Cristo. Si los creyentes han sido hechos uno con Cristo y su vida fluye a través de ellos (Juan 15:1-11), nada puede probablemente anular esa conexión. La doctrina del nuevo nacimiento, el Espíritu Santo imparte una nueva naturaleza al creyente, también apoya la doctrina de la perseverancia (1 Juan 3:9). Si la salvación se pudiera perder, la regeneración debería anularse. Pero ¿es posible? ¿Puede la muerte espiritual llegar a alguien en quien mora el Espíritu Santo, es decir, a quien ya se le ha dado la vida eterna? Esto debe ser imposible, ya que la vida eterna es, por esencia, interminable. Finalmente, la perseverancia está implícita en la enseñanza bíblica de que podemos estar seguros de la salvación. Los pasajes relevantes aquí son Hebreos 6:11; 10:22 y 2 Pedro 1:10. Quizás la más clara de todas se encuentra en el libro de 1 Juan. Tras citar varias evidencias (el testimonio del Espíritu, el agua y la sangre) de que Dios nos ha dado la vida eterna en su Hijo, el apóstol lo resume: "Estas cosas os he escrito a vosotros que creéis en el nombre del Hijo de Dios, para que sepáis que tenéis vida eterna, y para que creáis en el nombre del Hijo de Dios" (1 Juan 5:13). Que podamos tener tal seguridad significa que nuestra salvación debe ser segura.

El Enfoque Arminiano

Los arminianos tienen una postura diferente. La primera clase de materiales bíblicos citados por los arminianos consiste en advertencias contra la apostasía. Jesús advirtió a sus

---

11 Loraine Boettner, *The Reformed Doctrine of Predestination* [La doctrina reformada de la predestinación], 8va ed. (Grand Rapids: Eerdmans, 1958), pág. 185.

12 Strong, *Systematic Theology* [Teología Sistemática], pág. 882.

discípulos sobre el peligro de ser engañados (MT 24:3-14). ¿Habría hecho Jesús tal advertencia a sus discípulos si no fuera posible que cayeran y perdieran su salvación? Del mismo modo, Pablo, a quien los calvinistas citan con frecuencia en apoyo de su posición, sugirió que la salvación tiene un carácter condicional: "Y a vosotros también, que erais en otro tiempo extraños y enemigos en vuestra mente, haciendo malas obras, ahora os ha reconciliado en su cuerpo de carne, por medio de la muerte, para presentaros santos y sin mancha e irreprensibles delante de él; si en verdad permanecéis fundados y firmes en la fe, y sin moveros de la esperanza del evangelio que habéis oído" (Col 1:21-23). El escritor de los Hebreos fue especialmente vehemente, llamando la atención de sus lectores en varias ocasiones sobre los peligros de la apostasía y la importancia de estar vigilantes. Un ejemplo notable es Hebreos 2:1: "Por tanto, es necesario que con más diligencia atendamos a las cosas que hemos oído, no sea que nos deslicemos". Un consejo ligeramente diferente se encuentra en 3:12-14. Es difícil, afirma el arminiano, entender por qué se dieron tales advertencias si el creyente no puede caer[13].

El arminiano también cita textos que exhortan a los creyentes a continuar en la fe. Un ejemplo de estas exhortaciones a la fidelidad, que aparecen frecuentemente junto con advertencias como las que acabamos de señalar, es Hebreos 6:11-12: "Pero deseamos que cada uno de vosotros muestre la misma solicitud hasta el fin, para plena certeza de la esperanza, a fin de que no os hagáis perezosos, sino imitadores de aquellos que por la fe y la paciencia heredan las promesas".

Los arminianos también se basan en pasajes que aparentemente enseñan que la gente apos-tata[14]. Hebreos 6:4-6 es quizás el caso más cita-do y evidente: "Porque es imposible que los que una vez fueron iluminados y gustaron del don celestial, y fueron hechos partícipes del Espíritu Santo, y asimismo gustaron de la buena palabra de Dios y los poderes del siglo venidero, y reca-yeron, sean otra vez renovados para arrepenti-miento, crucificando de nuevo para sí mismos al Hijo de Dios y exponiéndole a vituperio". Otro ejemplo es Hebreos 10:26-27. Son afirmaciones claras sobre personas que, habiendo tenido la experiencia de la salvación, se apartaron de ella.

Sin embargo, la Biblia no se queda simplemente en este nivel abstracto. También registra casos concretos de personas específicas que apostataron o cayeron[15]. Uno de los más destacados es el caso del rey Saúl en el Antiguo Testamento. Había sido elegido y ungido como rey de Israel, pero finalmente se mostró tan desobediente que Dios no le respondió cuando oró (1 S 28:6). Rechazado por Dios, Saúl perdió su posición como rey y tuvo una muerte trágica.

Un ejemplo sorprendente de apostasía en el Nuevo Testamento es Judas. Al arminiano le parece inconcebible o bien que Jesús hubiera elegido intencionadamente a un no creyente para que fuera uno de sus más íntimos asociados y confidentes, o bien que hubiera cometido un error de juicio en su elección. La conclusión es clara: cuando fue elegido, Judas era un creyente. Sin embargo, Judas traicionó a Jesús y terminó con su vida aparentemente sin volver a la fe en Cristo. Sin duda, este debe ser un caso de apostasía. Otros que se mencionan son Ananías y Safira (Hechos 5:1-11); Himeneo y Alejandro, quienes "han naufragado en la fe [y una buena conciencia]. Entre ellos están Himeneo y Alejandro, a quienes he entregado a Satanás para que aprendan a no blasfemar" (1

---

13 Dale Moody, *The Word of Truth: A Summary of Christian Doctrine Based on Biblical Revelation* [La palabra de la verdad: un resumen de la doctrina cristiana basada en la revelación bíblica] (Grand Rapids: Eerdmans, 1981), págs. 350-354.

14 I. Howard Marshall, *Kept by the Power of God* [Guardado por el poder de Dios] (Londres: Epworth, 1969), pág. 141.

15 Samuel Wakefield, *A Complete System of Christian Theology* [Un sistema completo de teología cristiana] (Cincinnati: Hitchcock and Walden, 1869), págs. 463-465.

Ti 1:19-20, NVI); Himeneo y Fileto (2 Ti 2:16-18); Demas (2 Ti 4:10) y los falsos maestros y aquellos que los siguen (2 P 2:1-2). Además de los ejemplos bíblicos, los arminianos también señalan varios casos extrabíblicos de personas de la historia o de su experiencia actual que en un momento dado dieron toda la apariencia de ser regenerados, pero que posteriormente abandonaron cualquier apariencia sobre la fe cristiana.

Los arminianos también plantean varias objeciones prácticas a la concepción calvinista de la perseverancia. Una de estas objeciones es que el enfoque calvinista está en conflicto con el concepto bíblico de la libertad humana[16]. Si es cierto que los que están en Cristo perseverarán y no caerán, entonces debe ser el caso que no pueden elegir la apostasía. Y si este es el caso, no pueden ser libres.

Sin embargo, las Escrituras, señalan los arminianos, describen a los seres humanos como seres libres, ya que se les exhorta repetidamente a elegir a Dios y se les describe claramente como responsables por sus acciones.

Una Solución al Problema

Los defensores de cada una de estas posiciones opuestas tienen argumentos convincentes a los que pueden acudir en apoyo de sus posiciones. ¿Hay verdad en ambas, o debemos elegir una u otra? Una forma de abordar este dilema es examinar dos pasajes bíblicos claves que sirven, respectivamente, como principal apoyo textual para cada una de las dos teorías. Estos pasajes son Juan 10:27-30 y Hebreos 6:4-6.

Las palabras de Jesús en Juan 10:27-30 constituyen una poderosa declaración de seguridad. El versículo 28 es especialmente enfático: "y yo les doy vida eterna; y no perecerán jamás, ni nadie las arrebatará de mi mano". En la frase "y no perecerán jamás", Juan utiliza una construcción gramatical griega que

es una forma muy enfática de declarar que algo no sucederá en el futuro. Una traducción literal sería algo así como "No, repito, no perecerán jamás en ningún momento". A esta afirmación le siguen las declaraciones de que nadie puede arrebatar a los creyentes de la mano de Jesús o de la mano del Padre (vv. 28-29). En definitiva, este pasaje es el rechazo más rotundo que se puede dar a la idea de que un verdadero creyente pueda caer.

Los arminianos argumentan que Hebreos 6 presenta un caso igualmente enfático para su posición. El pasaje parece suficientemente claro: "Porque es imposible que los que una vez fueron iluminados y gustaron del don celestial, y fueron hechos partícipes del Espíritu Santo, y asimismo gustaron de la buena palabra de Dios y los poderes del siglo venidero, y recayeron, sean otra vez renovados para arrepentimiento" (vv. 4-6). Aparentemente, la descripción se refiere a personas genuinamente salvadas que abandonan la fe y, por tanto, pierden su salvación. Sin embargo, debido a la complejidad del tema y del material de este pasaje, han surgido varias interpretaciones:

1. El escritor tiene en mente a las personas genuinamente salvadas que pierden su salvación[17]. Hay que tener en cuenta que una vez que han perdido su salvación, no hay manera de que puedan recuperarla o ser renovados para la salvación.

2. Las personas descritas nunca fueron regeneradas. Solo probaron la verdad y la vida, solo estuvieron expuestos a la Palabra de Dios; no experimentaron plenamente estos dones celestiales. En efecto, apostatan, pero desde la proximidad de la verdad espiritual, no de su centro[18].

---

16 *Ibid.*, págs. 465-466.

17 Marshall, *Power of God* [Poder de Dios], págs. 140-147.

18 Juan Calvino, *Commentaries on the Epistle to the Hebrews* [Comentarios a la Epístola a los Hebreos] (Grand Rapids: Eerdmans, 1949), págs. 135-140 (He 6:4-6).

3. Las personas a las que nos referimos se han salvado genuina y permanentemente; no están perdidas. Su salvación es real, la apostasía es hipotética. Es decir, la cláusula "si" no ocurre realmente. El escritor está simplemente describiendo lo que sería el caso si los elegidos se apartaran (una imposibilidad)[19].

Si se examina detenidamente, la segunda explicación es difícil de aceptar.

La vivacidad de la descripción, y en particular la afirmación "fueron hechos partícipes del Espíritu Santo", se opone con fuerza a la negación de que las personas en cuestión sean (al menos durante un tiempo) regeneradas. Por tanto, hay que elegir entre la primera y la tercera opinión.

Parte de la dificultad en la interpretación proviene de la ambigüedad de la palabra griega traducida "si entonces cometen apostasía" o "si caen". Esta es una traducción legítima de la palabra, pero también podría traducirse de varias otras maneras, incluyendo "cuando caen" y "dado que caen".

El significado en casos como este debe determinarse en base al contexto. El elemento clave en el presente contexto se encuentra en el versículo 9: "Pero en cuanto a vosotros, oh amados, estamos persuadidos de cosas mejores, y que pertenecen a la salvación, aunque hablamos así". Sostenemos que los referentes de los versículos 4-6 y 9 son los mismos.

Son personas genuinamente salvas que podrían caer. Los versículos 4-6 declaran cuál sería su estado si lo hicieran. Sin embargo, el versículo 9 es una declaración de que no se apartarán. Podrían, pero ¡no lo harán! Su persistencia hasta el final es una evidencia de esa verdad. El escritor a los hebreos sabe que sus lectores no se apartarán; está convencido de cosas mejores con respecto a ellos, las cosas que acompañan a la salvación[20].

Habla de su trabajo y amor en el pasado (v. 10), y los exhorta a continuar seriamente en las mismas actividades (v. 11).

Por lo tanto, los datos completos del pasaje parecen indicar que el escritor tiene en cuenta a los creyentes genuinos que podrían caer, pero no lo harán.

Ahora podemos correlacionar Juan 10 y Hebreos 6. Mientras que Hebreos 6 indica que los creyentes genuinos *pueden caer*, Juan 10 enseña que *no lo harán*[21]. Existe una posibilidad lógica de apostasía, pero no se producirá en el caso de los creyentes. Aunque podrían abandonar su fe y, en consecuencia, llegar al destino descrito en Hebreos 6, la gracia de Dios les impide apostatar.

Dios hace esto, no haciendo imposible que los creyentes caigan, sino asegurando que no lo harán. El énfasis que ponemos en el puede y el no lo harán no es insignificante. Preserva la libertad del individuo. Los creyentes son capaces de repudiar su fe, pero elegirán libremente no hacerlo.

En este punto alguien podría preguntar: Si la salvación es segura y permanente, ¿cuál es el propósito de las advertencias y mandatos dados al creyente? La respuesta es que son los medios por los que Dios hace que el individuo salvado no caiga[22].

---

19 Thomas Hewitt, *The Epistle to the Hebrews: An Introduction and Commentary* [La Epístola a los Hebreos: Introducción y comentario] (Grand Rapids: Eerdmans, 1960), pág. 110. Hewitt se refiere a los tres puntos de vista como, respectivamente, la "teoría de los salvados y perdidos", la "teoría no cristiana" y la "teoría hipotética". Ver también, Brooke Foss Westcott, *The Epistle to the Hebrews* [La Epístola a los Hebreos] (Grand Rapids: Eerdmans, 1962), pág. 165.

20 Westcott, *Hebrews* [Hebreos], págs. 154, 165.

21 Esta distinción parece evadir a Marshall, quien considera que la "teoría hipotética" es "una teoría completamente sofística que evade el sentido claro del pasaje. No hay ninguna prueba de que el escritor describiera un peligro imaginario que no podía amenazar a sus lectores" (Power of God, pág. 140).

22 G. C. Berkouwer, *Faith and Perseverance* [Fe y perseverancia] (Grand Rapids: Eerdmans, 1958), págs. 83-124.

Aunque los creyentes genuinos

podrían caer, no lo harán.

Consideremos como analogía el caso de unos padres que temen que su hijo pequeño salga corriendo a la calle y sea atropellado por un coche. Una forma de evitarlo es construir una valla alrededor del patio, lo que impediría al niño salir de ahí, pero también le quitaría la libertad. Por mucho que lo intente, el niño no podrá salir del patio. Otra posibilidad es que los padres enseñen y formen al niño sobre el peligro de salir a la calle y la importancia de tener cuidado. Esta es la naturaleza de la seguridad que estamos discutiendo.

No es que Dios haga imposible la apostasía eliminando la propia opción. Más bien, utiliza todos los medios posibles de la gracia, incluidas las advertencias contenidas en las Escrituras, para motivarnos a permanecer comprometidos con él. Dado que nos permite perseverar en nuestra fe, el término "perseverancia" es preferible a "preservación".

¿Pero qué hay de las afirmaciones de que las Escrituras registran casos de apostasía real? Cuando se examinan de cerca, estos casos parecen mucho menos impresionantes que a primera vista. Algunos casos, como el de Pedro, deberían calificarse de reincidencia y no de apostasía. Sin embargo, es un poco difícil saber cómo clasificar la situación del rey Saúl, ya que vivió bajo el antiguo pacto. En cuanto a Judas, ya había indicios de que no era regenerado. Considere particularmente la referencia a su robo (Juan 12:6).

Las referencias a Himeneo y Alejandro en 1 Timoteo 1:19-20 y a Himeneo y Fileto en 2 Timoteo 2:17-18 deben considerarse a la luz de las declaraciones de Pablo en 1 Timoteo 1:6-7 sobre las personas que se han desviado hacia vana palabrería. El comentario de Pablo de que no entienden lo que dicen bien puede implicar que no son verdaderos creyentes.

La proximidad de 1 Timoteo 1:6-7 con la referencia de Himeneo y Alejandro (vv. 19-20), y el uso de la palabra clave astocheō ("desviarse" de la verdad) tanto en 1 Timoteo 1:6 como en la referencia a Himeneo y Fileto (2 Timoteo 2:18), pueden indicar que las dos situaciones eran similares. En cuanto a los otros nombres (por ejemplo, Demas) citados por los arminianos, no hay pruebas suficientes para justificar la conclusión de que eran verdaderos creyentes que se apartaron.

Aún menos confiables son los casos citados de personas contemporáneas que supuestamente fueron en un tiempo verdaderos creyentes pero cayeron. La dificultad estriba en que también podemos citar casos de personas que, según su propio testimonio, nunca fueron realmente cristianos, pero que se creía que lo eran.

Además, debemos tener cuidado de distinguir los casos de reincidencia temporal, como el de Pedro, del verdadero abandono de la fe. Es necesario preguntarse respecto a alguien que parece haber perdido la fe, "¿Ya está muerto?" Más allá de eso, debemos notar que la Biblia no justifica identificar a cada persona que hace una profesión de fe externa como genuinamente regenerada (ver MT. 7:15-23). La implicación práctica de nuestra comprensión de la doctrina de la perseverancia es que, por un lado, los creyentes pueden estar seguros de que su salvación es permanente; nada puede separarlos del amor de Dios.

Así pueden gozar de la perspectiva de la vida eterna. Por otra parte, nuestra comprensión de la doctrina de la perseverancia no deja lugar a la indolencia o ligereza. Es dudoso que alguien que razone: "Ahora que soy cristiano, puedo vivir como quiera", se haya convertido y regenerado realmente. En cambio, la fe genuina se manifiesta en los frutos del Espíritu.

La seguridad de la salvación, la convicción subjetiva de que uno es cristiano, resulta de la evidencia del Espíritu Santo de que está actuando en la vida del individuo.

Glorificación

La etapa final del proceso de salvación se denomina "glorificación".

En las palabras de Pablo, a los que "conoció, también los predestinó para que fuesen hechos conformes a la imagen de su Hijo [...] Y a los que predestinó, a estos también llamó; y a los que llamó, a estos también justificó; y a los que justificó, a estos también glorificó" (Ro 8:29-30). La glorificación es el punto en el que la doctrina de la salvación y la doctrina de las últimas cosas se superponen, ya que mira más allá de esta vida al mundo venidero. El tema recibe poco desarrollo en los libros de texto de teología comunes, y aún menos atención en los sermones, pero tiene un gran significado práctico, ya que anima a los creyentes y fortalece su esperanza.

La glorificación es multidimensional.

Implica tanto la escatología individual como la colectiva. Implica el perfeccionamiento de la naturaleza espiritual del creyente individual, que tiene lugar en la muerte, cuando el cristiano pasa a la presencia del Señor.

También implica el perfeccionamiento de los cuerpos de todos los creyentes, que ocurrirá en el momento de la resurrección en relación con la segunda venida de Cristo[23]. Incluso implica la transformación de toda la creación (Ro 8:18-25).

El Significado de "Gloria"

Para entender la doctrina de la glorificación, debemos conocer primero el significado del término "gloria", que se traduce en una serie de palabras bíblicas. Una de ellas es el hebreo *kabod*, que se refiere a un atributo perceptible, un despliegue de esplendor, riqueza, y pompa[24]. Cuando se utiliza con respecto a Dios, no apunta a un atributo particular, sino a la grandeza de toda su naturaleza[25]. El Salmos 24:7-10 habla de Dios como el Rey de Gloria. Como Rey es atendido por sus servidores y marcado por un esplendor y belleza infinitos.

En el Nuevo Testamento, la palabra griega *doxa* transmite el significado de brillo, esplendor, magnificencia y fama[26]. Aquí encontramos la gloria atribuida a Jesucristo, como lo era a Dios en el Antiguo Testamento. Jesús oró para que el Padre lo glorificara como él había glorificado al Padre (Juan 17:1-5). Es especialmente en la resurrección de Cristo que vemos su gloria (Hechos 3:13-15; 1 P 1:21). La segunda venida de Cristo será también una ocasión para su gloria. El propio Jesús ha dibujado una imagen clara de la naturaleza gloriosa de su regreso: "[Ellos] verán al Hijo del Hombre viniendo sobre las nubes del cielo, con poder y gran gloria" (MT 24:30).

La Glorificación del Creyente

No solo Cristo, sino también todos los verdaderos creyentes, serán glorificados.

¿Qué implicará precisamente la glorificación del creyente? Uno de sus aspectos será una

---

23 John Murray limita la glorificación al momento de la resurrección; desde su punto de vista todos los creyentes serán glorificados juntos al regreso de Cristo (*Redemption* [Redención], págs. 174-175). Sin embargo, Bernard Ramm considera que la glorificación se produce en relación con el conocimiento presencial de Cristo (*Them He Glorified: A Systematic Study of the Doctrine of Glorification* [Los Glorificó: Un estudio sistemático de la doctrina de la Glorificación] [Grand Rapids: Eerdmans, 1963], pág. 65). La cuestión aquí es cómo definir la "glorificación". ¿Cuál es su alcance? ¿A qué acontecimientos se aplica? La respuesta dependerá en parte de la visión que se tenga de la naturaleza del estado intermedio entre la muerte y la resurrección (ver cap 39).

24 Francis Brown, S. R. Driver y Charles A. Briggs, Hebrew and English Lexicon of the Old Testament [Léxico hebreo e inglés del Antiguo Testamento] (Nueva York: Oxford University Press, 1955), págs. 458-459.

25 Ramm, *Them He Glorified*, pág. 18.

26 William F. Arndt y F. Wilbur Gingrich, eds., A Greek-English Lexicon of the New Testament [Léxico griego-inglés del Nuevo Testamento], 4ta ed. (Chicago: University of Chicago Press, 1957), págs. 202-203.

justificación completa y final del creyente[27]. La justificación que tuvo lugar en el momento de la conversión se manifestará, o se hará evidente, en el futuro. Este es el sentido de Romanos 5:9-10. En Romanos 8, Pablo contempla el juicio venidero y se pregunta quién presentará alguna acusación contra los elegidos; como Cristo murió por nosotros y ahora intercede por nosotros, nadie podrá (vv. 33-34). Ni lo presente ni lo futuro podrán separarnos del amor de Dios en Cristo Jesús (vv. 38-39). Al igual que un estudiante que se prepara a conciencia para un examen, el cristiano no mira el juicio final con temor, sino con anticipación, sabiendo que el resultado será positivo.

En la glorificación el hombre será también perfeccionado, moral y espiritualmente[28].

Varias referencias bíblicas apuntan a una futura finalización del proceso iniciado en la regeneración y continuado en la santificación. Una de las más directas es Colosenses 1:22 (NVI): "Pero ahora Dios, a fin de presentarlos santos, intachables e irreprochables delante de él, los ha reconciliado en el cuerpo mortal de Cristo mediante su muerte". El concepto de futuro impecable o irreprochable se encuentra también en Efesios 1:4; Filipenses 1:9-11 y Judas 24. La ausencia de culpa se menciona en 1 Corintios 1:8. Nuestra perfección moral y espiritual se alcanzará en parte gracias a la eliminación de la tentación, ya que la fuente del pecado, del mal y de la tentación habrá sido superada de forma definitiva (Ap 20:7-10).

La futura glorificación también traerá la plenitud del conocimiento. En 1 Corintios 13:12, Pablo contrasta el conocimiento imperfecto que tenemos ahora con el conocimiento perfecto que ha de venir: "Ahora vemos por espejo, oscuramente; mas entonces veremos cara a cara. Ahora conozco en parte; pero entonces conoceré como fui conocido".

Nuestro conocimiento aumentará porque veremos al Señor; ya no tendremos que contentarnos con la mera lectura de los relatos escritos por quienes le conocieron durante su ministerio terrenal. Como señala Juan: "Amados, ahora somos hijos de Dios, y aún no se ha manifestado lo que hemos de ser; pero sabemos que cuando él se manifieste, seremos semejantes a él, porque le veremos tal como él es" (1 Juan 3:2).

También habrá una glorificación del cuerpo, en relación con la resurrección del creyente. En la segunda venida de Cristo, todos los que hayan muerto en el Señor serán resucitados; y ellos, junto con los creyentes que sobrevivan, serán transformados. Tres pasajes en particular enfatizan el cambio que se producirá en el cuerpo del creyente. En Filipenses 3:20-21 Pablo sostiene que "Mas nuestra ciudadanía está en los cielos, de donde también esperamos al Salvador, al Señor Jesucristo; el cual transformará el cuerpo de la humillación nuestra, para que sea semejante al cuerpo de la gloria suya". En 2 Corintios 5:1-5, Pablo imagina el cuerpo que tendremos, un cuerpo de naturaleza eterna, no hecho por manos humanas sino que viene de Dios. Será nuestra morada celestial. Lo que es mortal será absorbido por la vida (v. 4). El tercer pasaje es 1 Corintios 15:38-50.

Pablo establece una comparación entre el cuerpo que vamos a tener y nuestro cuerpo actual:

1. El cuerpo actual es perecedero, expuesto a enfermedades y a la muerte; el cuerpo de la resurrección es incorruptible, inmune a las enfermedades y a la decadencia.

2. El cuerpo actual está sembrado en la deshonra; el cuerpo de la resurrección será glorioso.

3. El cuerpo actual es débil; el cuerpo de la resurrección es poderoso.

4. El cuerpo actual es físico; el cuerpo de la resurrección será espiritual.

Pablo señala que el gran cambio que se

27 Ramm, *Them He Glorified*, págs. 67-69.

28 Charles M. Horne, *Salvation* [Salvación] (Chicago: Moody Press, 1971), págs. 102-106.

producirá en el momento de la venida de Cristo será instantáneo: "He aquí, os digo un misterio: No todos dormiremos; pero todos seremos transformados, en un momento, en un abrir y cerrar de ojos, a la final trompeta; porque se tocará la trompeta, y los muertos serán resucitados incorruptibles, y nosotros seremos transformados" (1 Co 15:51-52).

Cuando seamos glorificados,

seremos todo lo que Dios ha

querido que seamos.

Bernard Ramm comenta: "En resumen, los cuatro atributos positivos del cuerpo de resurrección pueden equipararse a la glorificación de ese cuerpo. Esta glorificación no es un proceso, no es una cuestión de crecimiento, sino que ocurre repentinamente, dramáticamente, en el tiempo final"[29].

Por último, cabe destacar la relación entre la glorificación del creyente y la renovación de la creación. Dado que los seres humanos forman parte de la creación, su pecado y caída trajeron ciertas consecuencias tanto para ella como para ellos mismos (Gn 3:14-19). La creación está actualmente sometida a la vanidad (Ro 8:18-25). Sin embargo, Pablo nos dice que "porque también la creación misma será libertada de la esclavitud de corrupción, a la libertad gloriosa de los hijos de Dios" (v. 21). La naturaleza de la transformación que va a tener lugar se establece de forma más específica en Apocalipsis 21:1-2: "Vi un cielo nuevo y una tierra nueva; porque el primer cielo y la primera tierra pasaron, y el mar ya no existía más. Y yo Juan vi la santa ciudad, la nueva Jerusalén, descender del cielo, de Dios, dispuesta como una esposa ataviada para su marido". En ese momento Dios declarará: "He aquí, yo hago nuevas todas las cosas" (v. 5). Parte de la glorificación del ser humano será

la provisión de un entorno perfecto en el que habitar. Será perfecto, porque la gloria de Dios estará presente.

En esta vida, los creyentes a veces claman y sufren porque sienten que están incompletos. Sin embargo, tienen una esperanza segura. La doctrina de la santificación continúa la obra de la justificación de Dios mediante la transformación de los creyentes en la misma imagen de Cristo. La doctrina de la perseverancia garantiza que la salvación que poseen nunca se perderá. Y la doctrina de la glorificación promete que algo mejor está por venir. Seremos todo lo que Dios ha querido que seamos. En parte nuestra glorificación tendrá lugar en relación con la muerte y nuestro paso de las limitaciones de esta existencia terrenal; en parte ocurrirá en relación con la segunda venida de Cristo.

Es seguro que a partir de entonces seremos perfectos y completos.

> ¡Completo en Ti! Ninguna obra es mía
> Puede tomar, querido Señor, el lugar
> suyo;
> Tu sangre ha comprado el perdón para
> mí,
> y ahora estoy completo en ti.
>
> ¡Sí, justificado! ¡Oh, bendito
> pensamiento!
> ¡Y santificado! La salvación se ha hecho
> realidad.
> Tu sangre ha comprado el perdón para
> mí,
> Y glorificado, yo también seré.
> (Aaron R. Wolfe y James M. Gray,
> "Completo en Ti")

29 Ramm, *Them He Glorified*, pág. 103.

- ¿Qué es la santificación y cómo se lleva a cabo en la vida del creyente?
- ¿Por qué es importante la doctrina de la perseverancia para la fe del creyente?
- ¿Cómo resolvería las diferencias entre los puntos de vista calvinista y arminiano sobre la perseverancia?
- ¿Qué significa la doctrina de la glorificación?
- ¿De qué manera la glorificación le proporciona esperanza, ánimo y gozo?

Iglesia

La Naturaleza de la Iglesia

Una vez completado este capítulo, el lector es capaz de:

1. Definir y explicar el concepto de la iglesia.
2. Comparar y contrastar cuatro enfoques sobre lo que debe implicar la unidad de la iglesia.
3. Identificar las características de la verdadera iglesia al examinar las figuras que Pablo utiliza.
4. Relacionar las implicaciones del estudio de la iglesia con nuestro entendimiento de la misma.

La iglesia es una de las pocas formas visibles de relación colectiva entre los creyentes. Hay varias concepciones de lo que significa la unidad de la iglesia. La Biblia emplea una serie de figuras para describir a la Iglesia. Entre las más importantes se encuentran el pueblo de Dios, el cuerpo de Cristo y el templo del Espíritu Santo. Cada una de ellas contribuye a nuestro entendimiento de la Iglesia.

El Significado Básico del Término "Iglesia"

La Unidad de la Iglesia

Las Figuras Bíblicas de la Iglesia

- El Pueblo de Dios
- El Cuerpo de Cristo
- El Templo del Espíritu Santo

Implicaciones

Hasta ahora hemos hablado de la naturaleza de la salvación en lo que respecta a los cristianos individuales. Sin embargo, la vida cristiana no es un asunto individual. Típicamente, en el libro de los Hechos, encontramos que la conversión lleva al individuo a la comunión de un grupo de creyentes. Esa dimensión colectiva de la vida cristiana la llamamos iglesia.

El Significado Básico del Término "Iglesia"

La iglesia es un aspecto de la doctrina cristiana sobre el que prácticamente todo el mundo, creyente y no creyente, tiene una opinión. En parte, esto se debe a que, como institución de la sociedad, la iglesia puede ser observada y estudiada con los métodos de las ciencias sociales. Sin embargo, esto nos plantea un dilema. Podemos sentirnos tentados a definir a la Iglesia por lo que se encuentra empíricamente. Sin embargo, este enfoque confundiría lo real con lo ideal y, por lo tanto, por muy interesante que sea, debe ser obviado.

La otra forma de abordar y definir la iglesia es a través de los mismos medios que hemos utilizado en las partes anteriores de este libro, es decir, estudiando el material bíblico. El significado del término "iglesia" puede verse mejor en el contexto del Nuevo Testamento y del Antiguo Testamento. La palabra griega utilizada en el Nuevo Testamento para iglesia (ekklēsia) se refería en el griego clásico simplemente a la asamblea de los ciudadanos de una ciudad. El equivalente (*qahal*) más cercano del Antiguo Testamento no es tanto una especificación de los miembros de una asamblea como una designación del acto de reunirse.

En el Nuevo Testamento, la palabra "iglesia" tiene dos sentidos. Por un lado, designa a todos los creyentes en Cristo de todos los tiempos y lugares. Este sentido universal se encuentra en Mateo 16:18, donde Jesús promete construir su iglesia, y la figura de Pablo de la iglesia como el cuerpo de Cristo (p. ej., Efesios 1:22-23; 4:4; 5:23). Por otro lado, con mayor frecuencia "iglesia" se refiere al grupo de creyentes en una localidad geográfica dada. Por ejemplo, este es claramente el significado en 1 Corintios 1:2 y 1 Tesalonicenses 1:1.

La Unidad de la Iglesia

Una doctrina claramente enseñada en el Nuevo Testamento ayuda a comprender la naturaleza de la iglesia: la unidad de la iglesia. El ideal de la unidad se enfatiza en la oración del sumo sacerdote de Jesús (Juan 17:20-23), así como en la discusión de Pablo sobre la iglesia en Efesios 4:1-16. También se refleja en una referencia a la iglesia local de Jerusalén (Hechos 4:32) y en un llamamiento a los creyentes para que estén de acuerdo y tengan una sola mente (Flp 2:2).

Sin embargo, paradójicamente, la iglesia tal y como existe hoy en el mundo no parece estar unificada. Vemos innumerables denominaciones, a veces bastante similares en sus enseñanzas, que compiten entre sí. Y las relaciones entre los miembros de la iglesia local se caracterizan a veces por el distanciamiento o incluso por la hostilidad. Sin embargo, sabemos que, como creyentes, debemos perseguir la unidad, pues esta es la voluntad declarada de Cristo para la Iglesia. Entonces, debemos preguntarnos qué es lo que tenía en mente. En años recientes, ha habido una serie de concepciones diferentes de lo que debe suponer la unidad.

Algunos cristianos consideran que la unidad de la Iglesia es de naturaleza esencialmente espiritual. Encuentran la unidad en el hecho de que todos los creyentes sirven y aman al mismo Señor. Aunque no estén conectados orgánicamente con otros grupos de creyentes y no cooperen en ningún esfuerzo externo, se aman unos a otros, incluso a aquellos con los que no tienen contacto. Un día, cuando la novia de Cristo, la iglesia, se reúna, habrá unidad real. En otras palabras, la unidad se aplica a la iglesia universal o invisible más que a la iglesia visible.

Un segundo punto de vista se centra en el reconocimiento mutuo y el compañerismo. Este enfoque enfatiza que, aunque las congregaciones y las denominaciones estén separadas unas de otras, son básicamente de la misma fe, por lo que deben esforzarse por dar una expresión observable a esta unidad de cualquier manera posible. Por lo tanto, se producirá una comunión entre los distintos grupos, se facilitarán los traspasos de miembros y los intercambios de púlpitos. Siempre que sea posible, las congregaciones y las denominaciones trabajarán juntas en su servicio al Señor.

Un tercer punto de vista promueve la unidad del concilio. Aunque conservan su identidad individual, las denominaciones se unen en una asociación o consejo formal. Dan testimonio de sus propias tradiciones y convicciones, pero también tratan de combinar sus fuerzas en la acción.

Por último, existe la opinión de que la unidad de la iglesia significa unidad orgánica. En este caso, las congregaciones se unen en una gran denominación, combinando sus tradiciones. La Iglesia Unida de Canadá, que reunió a metodistas, presbiterianos y congregacionalistas en una sola comunidad, es un ejemplo de este movimiento. El objetivo final es la unión de todas las confesiones en un solo grupo.

En general, los impulsos hacia la unidad conciliar y orgánica, especialmente esta última, han disminuido considerablemente en los últimos años. Ciertamente, los creyentes deben desear y tratar de lograr la unidad espiritual y, en la medida de lo posible, el reconocimiento mutuo y la comunión. Cada persona y congregación tendrá que determinar hasta qué punto una participación más estrecha y una

actividad cooperativa son coherentes con la preservación de sus convicciones bíblicas y el cumplimiento de la tarea encomendada por el Señor.

Las Figuras Bíblicas de la Iglesia

A continuación, debemos indagar sobre las cualidades o características que están presentes en la verdadera iglesia. Abordaremos este tema a través de un examen de ciertas figuras que Pablo utilizó de la iglesia. Aunque hay un gran número de figuras de este tipo[1], examinaremos tres en particular. Arthur Wainwright ha argumentado que en gran parte de los escritos de Pablo hay un trinitarismo implícito que se manifiesta incluso en la estructura con la que organiza sus cartas[2]. También está presente en la forma que entiende a la iglesia, pues lo describe como el pueblo de Dios, el cuerpo de Cristo y el templo del Espíritu Santo.

El Pueblo de Dios

Pablo escribió sobre la decisión de Dios para hacer de los creyentes su pueblo:

> Habitaré y andaré
> entre ellos,
> Y seré su Dios,
> Y ellos serán mi pueblo
> (2 Co 6:16).

La iglesia se constituye por el pueblo de Dios. Ellos le pertenecen a él y él les pertenece a ellos.

El concepto de la Iglesia como pueblo de Dios subraya la iniciativa de Dios al elegirla. En el Antiguo Testamento, no adoptó como

---

1 Paul S. Minear, *Images of the Church in the New Testament* [Imágenes de la Iglesia en el Nuevo Testamento] (Filadelfia: Westminster, 1960), sugiere más de cien casos de este tipo.

2 Arthur W. Wainwright, *The Trinity in the New Testament* [La Trinidad en el Nuevo Testamento] (Londres: SPCK, 1962), págs. 256-260.

propia una nación existente, sino que creó un pueblo para sí mismo. Eligió a Abraham y luego, a través de él, dio vida al pueblo de Israel. En el Nuevo Testamento, este concepto de la elección de un pueblo por parte de Dios se amplía para incluir tanto a los judíos como a los gentiles dentro de la iglesia. Así Pablo escribe a los tesalonicenses: "Pero nosotros debemos dar siempre gracias a Dios respecto a vosotros, hermanos amados por el Señor, de que Dios os haya escogido desde el principio para salvación, mediante la santificación por el Espíritu y la fe en la verdad, a lo cual os llamó mediante nuestro evangelio, para alcanzar la gloria de nuestro Señor Jesucristo" (2 Ts 2:13-14; ver también 1 Ts 1:4).

Entre los textos del Antiguo Testamento en los que se identifica a Israel como el pueblo de Dios están Éxodo 15:13, 16; Números 14:8; Deuteronomio 32:9-10; Isaías 62:4; Jeremías 12:7-10; y Oseas 1:9-10; 2:23. En Romanos 9:24-26, Pablo aplica las afirmaciones de Oseas sobre el recibimiento de Dios tanto de gentiles como judíos:

> a los cuales [Dios] también
> ha llamado, esto es,
>
> a nosotros, no solo de los judíos,
> sino también de los gentiles[.]
> Como también en Oseas dice:
> Llamaré pueblo mío al que
> no era mi pueblo,
>
> Y a la no amada, amada.
> Y en el lugar donde se les dijo:
> Vosotros no sois
> pueblo mío,
>
> Allí serán llamados
> hijos del Dios viviente.

El concepto de Israel y la iglesia como el pueblo de Dios tiene muchas implicaciones. Dios se enorgullece de ellos. Cuida y protege a su pueblo; lo mantiene "como a la niña de su ojo" (Dt 32:10). Finalmente, espera que sean su pueblo sin reservas y sin dividir su lealtad.

La Iglesia es el pueblo elegido por Dios; le pertenece a él y él le pertenece a ella.

El derecho exclusivo de Jehová sobre su pueblo se refleja en la historia del derecho exclusivo de Oseas sobre su esposa infiel, Gomer. Todo el pueblo de Dios está marcado con una marca especial, por así decirlo. En el Antiguo Testamento, la circuncisión era la prueba de la propiedad divina. Se exigía a todos los hijos varones del pueblo de Israel, así como a todos los conversos o prosélitos varones. Era un signo externo del pacto que los convertía en pueblo de Dios. También era un signo subjetivo del pacto, ya que se aplicaba individualmente a cada persona, mientras que el arca del pacto servía como signo objetivo para todo el grupo.

En lugar de esta circuncisión externa de la carne, que se encuentra en la administración del antiguo pacto, encontramos bajo el nuevo pacto una circuncisión interna del corazón. Pablo escribió: "sino que es judío el que lo es en lo interior, y la circuncisión es la del corazón, en espíritu, no en letra; la alabanza del cual no viene de los hombres, sino de Dios" (Ro 2:29; ver también Flp 3:3). Mientras que en el Antiguo Testamento, o bajo el antiguo pacto, el pueblo de Dios había sido el Israel nacional, la inclusión en el pueblo de Dios no se basaba, en el Nuevo Testamento, en la identidad nacional: "No que la palabra de Dios haya fallado; porque no todos los que descienden de Israel son israelitas" (Ro 9:6). La incorporación al pacto de Dios distingue al pueblo de Dios; está formado por todos aquellos "a los cuales también ha llamado, esto es, a nosotros, no solo de los judíos, sino también de los gentiles" (v. 24). Para Israel el pacto era el pacto de Abraham; para la iglesia es el nuevo pacto realizado y establecido por Cristo (2 Co 3:3-18).

Del pueblo de Dios se espera una cualidad particular de santidad. Dios siempre había esperado que Israel fuera puro o santificado. Como novia de Cristo, la iglesia también debe ser santa: "Maridos, amad a vuestras mujeres, así como Cristo amó a la iglesia, y se entregó a sí mismo por ella, para santificarla, habiéndola purificado en el lavamiento del agua por la palabra, a fin de presentársela a sí mismo, una iglesia gloriosa, que no tuviese mancha ni arruga ni cosa semejante, sino que fuese santa y sin mancha" (Ef 5:25-27).

El Cuerpo de Cristo

Tal vez la figura más extendida de la Iglesia sea su representación como cuerpo de Cristo. Esta imagen enfatiza que la iglesia es el punto central de la actividad de Cristo ahora al igual que lo fue su cuerpo físico durante su ministerio terrenal. La imagen se utiliza tanto de la iglesia universal (Ef 1:22-23) como de las congregaciones locales individuales (1 Co 12:27). La figura del cuerpo de Cristo también enfatiza la conexión de la iglesia, como grupo de creyentes, con Cristo. La salvación, en toda su complejidad, es en gran parte resultado de la unión con Cristo. En el capítulo 34, observamos varias referencias a que el creyente está "en Cristo". Aquí encontramos un énfasis en lo contrario de este hecho. Cristo en el creyente es la base de la fe y la esperanza. Pablo escribe "a quienes Dios quiso dar a conocer las riquezas de la gloria de este misterio entre los gentiles; que es Cristo en vosotros, la esperanza de gloria" (Col 1:27; ver también Gl 2:20).

Hay muchos aspectos de la figura de la iglesia como el cuerpo de Cristo.

1. Cristo es la cabeza de este cuerpo (Col 1:18) del que los creyentes son miembros o partes individuales. Todo fue creado en él, por él y para él (v. 16). Él es el principio, el primogénito (v. 15). Dios se propuso "reunir todas las cosas en Cristo, en la dispensación del cumplimiento de los tiempos, así las que están en los cielos, como las que están en la tierra" (Ef 1:10). Los creyentes, unidos a él, se alimentan por medio de él, la cabeza a la que están unidos (Col 2:19). Como cabeza del cuerpo, también gobierna a la iglesia: "Porque en él habita corporalmente toda la plenitud de la Deidad, y vosotros estáis completos en él, que es la cabeza de todo principado y potestad" (Col 2:9-10). Cristo es el Señor de la iglesia.

2. La figura del cuerpo de Cristo también habla de la interconexión entre todas las personas que componen la iglesia. La fe cristiana no se define solo en términos de relaciones individuales con el Señor. En 1 Corintios 12, Pablo desarrolla el concepto de interconexión del cuerpo, especialmente en términos de los dones del Espíritu. Aquí resalta la dependencia de cada creyente con respecto a los demás.

Hay reciprocidad en esta comprensión del cuerpo; cada creyente anima y edifica a los demás. En Efesios 4:11-16, Pablo desarrolla esta idea del valor de la contribución de cada uno a los demás. Debe haber una pureza del conjunto. Los miembros del cuerpo deben soportar las cargas de los demás (Gl 6:2) y restaurar a los que se encuentren en pecado (v. 1). En algunos casos, como aquí, la restauración de los miembros pecadores puede implicar un trato suave.

En otras ocasiones, puede implicar la exclusión de la comunión de aquellos que la contaminan, es decir, la exclusión o expulsión. En Mateo 18:8, 17, Jesús habló de esta posibilidad, al igual que Pablo en Romanos 16:17 y 1 Corintios 5:12-13.

3. El cuerpo debe caracterizarse por una auténtica comunión. Esto no significa una simple interrelación social, sino un sentimiento íntimo y una comprensión mutua. Debe haber empatía y ánimo (edificación). Por eso Pablo escribe: "De manera que si un miembro padece, todos los miembros se duelen con él, y si un

miembro recibe honra, todos los miembros con él se gozan" (1 Co 12:26).

Aquellos que fueron parte de la iglesia en el libro de Hechos incluso compartían posesiones materiales entre ellos.

Un aspecto del cuerpo de Cristo en el que no se ha hecho suficiente énfasis es que la comunión se extiende a través del tiempo. El escritor a los Hebreos nos recuerda la gran nube de testigos (12:1), los que nos precedieron (cap 11). El énfasis africano en los antepasados encaja bien con esta idea de que la iglesia trasciende las fronteras del tiempo[3]. Somos uno con los que nos precedieron y con los que están por venir.

4. El cuerpo debe ser un cuerpo unificado. Los miembros de la iglesia de Corinto estaban divididos en cuanto a qué líder religioso debían seguir (1 Co 1:10-17; 3:1-9). Se habían formado grupos sociales o facciones, y estaban muy presentes en las reuniones de la iglesia (1 Co 11:17-19).

Sin embargo, esto no debía ser así, ya que todos los creyentes son bautizados por un solo Espíritu en un solo cuerpo (1 Co 12:12-13; ver también Ef 4:4-6).

5. El cuerpo de Cristo es también universal. Todas las barreras étnicas y sociales se han sacado como lo indica Pablo: "donde no hay griego ni judío, circuncisión ni incircuncisión, bárbaro ni escita, siervo ni libre, sino que Cristo es el todo, y en todos" (Col 3:11) La misma idea, con referencia especial de eliminar divisiones entre judíos y gentiles dentro del cuerpo, se encuentra en Romanos 11:25-26; Gálatas 3:28; y Efesios 2:15.

6. Como cuerpo de Cristo, la iglesia es la extensión de su ministerio. Habiendo indicado que se le había dado toda la autoridad en el cielo y en la tierra (MT 28:18), envió a sus discípulos a evangelizar, bautizar y enseñar, prometiéndoles que estaría con ellos siempre,

incluso hasta el fin del mundo (vv. 19-20).

Les dijo que debían llevar a cabo su obra, y que lo harían en un grado asombroso (Juan 14:12). Así pues, la obra de Cristo, si es que se lleva a cabo, será realizada por su cuerpo, la iglesia.

El Templo del Espíritu Santo

El concepto trinitario de Pablo sobre la iglesia se completa con la figura de la iglesia como templo del Espíritu. Es el Espíritu el que hizo nacer la iglesia en el Pentecostés, donde bautizó a los discípulos y convirtió a tres mil, dando origen a la iglesia. Y ha seguido engendrando a la iglesia: "Porque por un solo Espíritu fuimos todos bautizados en un cuerpo, sean judíos o griegos, sean esclavos o libres; y a todos se nos dio a beber de un mismo Espíritu" (1 Co 12:13).

La iglesia es ahora morada del Espíritu, tanto individual como colectivamente. Pablo escribe a los corintios "¿No sabéis que sois templo de Dios, y que el Espíritu de Dios mora en vosotros? Si alguno destruyere el templo de Dios, Dios le destruirá a él; porque el templo de Dios, el cual sois vosotros, santo es" (1 Co 3:16-17). Por otro lado, describe a los creyentes como "un templo santo en el Señor; [...] para morada de Dios en el Espíritu" (Ef 2:21-22).

Al habitar en la iglesia, el Espíritu Santo le imparte su vida.Esas cualidades que son su naturaleza y que se hablaron como los "frutos del Espíritu" se encontrarán en la iglesia: amor, gozo, paz, paciencia, benignidad, bondad, fe, mansedumbre, templanza y dominio propio (Gl 5:22-23).

La presencia de dichas cualidades es un indicador de la actividad del Espíritu Santo y, por tanto, en cierto sentido, de la autenticidad de la iglesia.

Es el Espíritu Santo quien le transmite poder a la iglesia, como Jesús indicó en Hechos 1:8. Debido a la inminente venida del Espíritu con poder, Jesús pudo dar a sus discípulos la increíble promesa de que harían obras aún

---

3 François Kabasélé, *"Christ as Ancestor and Elder Brother"* ["Cristo como antepasado y hermano mayor"] en *Faces of Jesus in Africa*, ed. Robert J. Schreiter (Maryknoll, Nueva York: Orbis, 1991), págs. 116-127.

mayores que las que él había hecho (Juan 14:12). De esta forma, Jesús les dijo: "Pero yo os digo la verdad: Os conviene que yo me vaya; porque si no me fuera, el Consolador no vendría a vosotros; mas si me fuere, os lo enviaré" (Juan 16:7). Es el Espíritu quien hace todo lo necesario para convencer al mundo del pecado, la justicia y el juicio (v. 8).

El Espíritu, siendo uno, también produce una unidad dentro del cuerpo. Esto no significa uniformidad, sino unidad de objetivos y de acción. La iglesia primitiva se describe como "de un corazón y un alma" (Hechos 4:32). Incluso tenían todos sus bienes materiales en común (2:44-45; 4:32, 34-35). El Espíritu había creado en ellos una conciencia más fuerte de pertenencia al grupo que de identidad individual, y así veían sus posesiones no como "mías" y "tuyas", sino como "nuestras".

El Espíritu Santo, que habita en la iglesia, también crea una sensibilidad a la dirección del Señor. Jesús había prometido seguir permaneciendo con sus discípulos (MT 28:20; Juan 14:18, 23).

Sin embargo, también dijo que tenía que irse para que el Espíritu Santo pudiera venir (Juan 16:7). Concluimos que el Espíritu que mora en nosotros es el medio de la presencia de Jesús con nosotros.

Por eso Pablo escribió: "Mas vosotros no vivís según la carne, sino según el Espíritu, si es que el Espíritu de Dios mora en vosotros. Y si alguno no tiene el Espíritu de Cristo, no es de él. Pero si Cristo está en vosotros, el cuerpo en verdad está muerto a causa del pecado, mas el espíritu vive a causa de la justicia" (Ro 8:9-10). Pablo utiliza indistintamente las ideas de que Cristo está en nosotros y de que el Espíritu habita en nosotros.

Cuando el Espíritu habitó en los discípulos de Jesús, les hizo recordar las enseñanzas del Señor (Juan 14:26) y los guió a toda la verdad (16:13). Esta obra del Espíritu quedó ilustrada de forma impresionante en el caso de Pedro. En una visión se le dijo a Pedro que matara y comiera ciertas bestias inmundas que habían bajado a la tierra en algo parecido a una gran sábana (Hechos 10:11-13).

La primera respuesta de Pedro fue: "Señor, no" (v. 14), pues conocía bien la prohibición de comer animales impuros. Sin embargo, Pedro pronto se dio cuenta de que la esencia del mensaje de la visión no era que comiera animales inmundos, sino que debía llevar el evangelio a los gentiles al igual que a los judíos (vv. 17-48).

El Espíritu que habitaba en su interior hizo que Pedro fuera consciente de que el Señor le conducía a los gentiles y estuviera dispuesto a obedecer. El Espíritu Santo hace que los creyentes que se han quedado estancados respondan y obedezcan a la dirección del Señor.

El Espíritu es, en cierto sentido, también el soberano de la Iglesia. Es él quien equipa al cuerpo otorgando dones, que en algunos casos son personas para ocupar diversos cargos y en otros casos son habilidades especiales. Él decide cuándo se concede un don y a quién se le confiere (1 Co 12:11).

Por último, el Espíritu Santo hace santa y pura a la iglesia. Porque así como el templo era un lugar santo y sagrado bajo el antiguo pacto porque Dios habitaba en él, así también los creyentes son santificados bajo el nuevo pacto porque son el templo del Espíritu Santo (1 Co 6:19-20).

Implicaciones

Las implicaciones del estudio de la iglesia incluyen lo siguiente:

1. La iglesia no debe ser concebida principalmente como un fenómeno sociológico, sino como una institución establecida divinamente. En consecuencia, su esencia debe determinarse no a partir de un análisis de su actividad, sino de la Escritura.

2. La iglesia existe debido a su relación con el Dios de la Trinidad. Existe para realizar la voluntad del Señor por el poder del Espíritu Santo.

3. La iglesia es la continuación de la presencia y el ministerio de Dios en el mundo.

4. La iglesia debe ser una comunidad de creyentes regenerados que muestren las cualidades espirituales de su Señor. Se debe enfatizar la pureza y la devoción.

5. Aunque la Iglesia es una creación divina, está formada por seres humanos imperfectos. No alcanzará la perfecta santificación o glorificación hasta el regreso de su Señor.

Preguntas de Análisis y Reflexión

- ¿De qué manera se utiliza la palabra "iglesia" en el Nuevo Testamento?
- ¿Qué enfatiza cada una de las diferentes concepciones de la unidad de la Iglesia? ¿Cómo evaluarías los puntos fuertes y débiles de cada una?
- ¿Cómo las figuras bíblicas de la iglesia se relacionan con la definición de la iglesia?
- En nuestro estudio de la iglesia se han expuesto cinco implicaciones. ¿Cuál es el significado de cada una de ellas, y cómo contribuye cada una a nuestra mejor comprensión de la iglesia?
- ¿Qué medidas tomaría usted para promover la unidad en la iglesia, permitiendo al mismo tiempo la diversidad de opiniones y prácticas?

37

La Función y el Gobierno de la Iglesia

Objetivos del Capítulo

Una vez estudiado este capítulo, el lector es capaz de:

1. Identificar y describir cuatro funciones de la iglesia: evangelizar, edificar, adorar y ayuda social.
2. Reconocer y definir el evangelio como el corazón del ministerio de la iglesia, implícita en todas las funciones de la iglesia.
3. Identificar y evaluar las formas de gobierno de la iglesia episcopal, presbiteriana y congregacional.
4. Reconocer a los grupos que han eliminado totalmente la estructura gubernamental.
5. Identificar los principios bíblicos sobre los que se podría establecer una estructura de gobierno de la iglesia.

Estructura del Capítulo

Las Funciones de la Iglesia

- Evangelismo
- Edificación
- Adoración
- Ayuda Social

El Corazón del Ministerio de la Iglesia: El Evangelio

Formas del Gobierno Eclesiástico

- Episcopal
- Presbiteriano
- Congregacional
- Sin Gobierno

Un Sistema de Gobierno Eclesiástico para Hoy

Resumen del Capítulo

A la Iglesia se le ha encomendado llevar a cabo el ministerio de Cristo en el mundo. Para lograrlo, deben cumplirse ciertas funciones. El equilibrio de estas funciones es esencial para la salud espiritual y el bienestar del cuerpo. El evangelio está en el corazón del ministerio de la iglesia y está implícito en todas las funciones de la iglesia. A medida que la iglesia se ha desarrollado, han aparecido varias formas de gobierno eclesiástico. Las cuatro formas más básicas son la episcopal, la presbiteriana, la congregacional y la sin gobierno.

as funciones de la iglesia son temas muy importantes, porque la iglesia no fue creada por nuestro Señor simplemente para existir como un fin en sí misma. Más bien, fue creada para cumplir la intención del Señor. Es para llevar a cabo el ministerio del Señor en el mundo, para perpetuar lo que él hizo y para hacer lo que él haría si todavía estuviera aquí. Nuestra primera consideración en este capítulo será las diversas funciones que la iglesia está encargada de llevar a cabo[1]. Luego examinaremos lo que está en el corazón del ministerio de la iglesia y da forma a todo lo que la iglesia hace, es decir, el evangelio. Por último, observaremos varios tipos de gobierno de la iglesia y trataremos de determinar cuál es el más adecuado para llevar a cabo la obra del Señor.

Las Funciones de la iglesia

Evangelismo

El tema que se destaca en ambos relatos de las últimas palabras de Jesús a sus discípulos es la evangelización. En Mateo 28:19 les instruye, "Por tanto, id, y haced discípulos a todas las naciones". En Hechos 1:8, se indica "pero recibiréis poder, cuando haya venido sobre vosotros el Espíritu Santo, y me seréis testigos en Jerusalén, en toda Judea, en Samaria, y hasta lo último de la tierra". Este fue el último punto que Jesús les dijo a sus discípulos. Parece que consideraba la evangelización como la razón de ser de ellos.

El llamado a evangelizar es un mandamiento. Al aceptar a Jesús como Salvador, los discípulos se habían puesto bajo su autoridad y estaban obligados a hacer todo lo que él les pidiera. Les dijo: "Si me amáis, guardad mis mandamientos"

(Juan 14:15). Si los discípulos amaran de verdad a su Señor, llevarían a cabo su llamado a evangelizar. No era un asunto opcional para ellos.

Sin embargo, los discípulos no fueron enviados solo con sus propias fuerzas. Jesús precedió su comisión con la declaración: "Toda potestad me es dada en el cielo y en la tierra" (MT 28:18). Al tener toda la autoridad, comisionó a los discípulos como sus representantes. Así, tenían el derecho de ir a evangelizar a todas las naciones. Además, Jesús prometió a sus discípulos que el Espíritu Santo vendría sobre ellos y que, en consecuencia, recibirían poder. Así que estaban autorizados y capacitados para la tarea. Además, tenían la seguridad de que no los enviaba solos. Aunque debía separarse de ellos físicamente, estaría con ellos espiritualmente hasta el final de los tiempos (MT 28:20).

Obsérvese también el alcance de la comisión: es para todo el mundo. En Mateo 28:19 Jesús habla de "todas las naciones", y en Hechos 1:8 da una enumeración específica: "pero recibiréis poder, cuando haya venido sobre vosotros el Espíritu Santo, y me seréis testigos en Jerusalén, en toda Judea, en Samaria, y hasta lo último de la tierra". No había ninguna restricción geográfica en la comisión. Los discípulos debían llevar el mensaje del evangelio a todas partes, a todas las naciones y a todo tipo de personas. Por supuesto, no podían lograr esto por sí solos. Más bien, a medida que ganaran conversos, esos conversos evangelizarían a su vez a otros. Así, el mensaje se extendería en círculos cada vez más amplios, y la tarea acabaría por completarse.

Por lo tanto, si la iglesia ha de ser fiel a su Señor y traer gozo a su corazón, debe comprometerse a llevar el evangelio a todas las personas. Esto incluye a las personas que, por naturaleza, tienden a desagradarnos. Se extiende a los que no son como nosotros. Y va más allá de nuestra

---

1 J. C. Hoekendijk, *The Church Inside Out* [La Iglesia por dentro] (Filadelfia: Westminster, 1966), pág. 1.

esfera inmediata de contacto e influencia. En un sentido muy real, el evangelismo local, la extensión de la iglesia o la plantación de iglesias y las misiones mundiales son la misma cosa. La única diferencia radica en la longitud del radio. La iglesia debe trabajar en todas estas áreas. Si no lo hace, se enfermará espiritualmente, porque estará tratando de funcionar de una manera que su Señor nunca quiso.

Edificación

La segunda función principal de la iglesia es la edificación de los creyentes. Aunque Jesús puso mayor énfasis en la evangelización, la edificación de los creyentes es lógicamente anterior a esta. Pablo habló repetidamente de la edificación del cuerpo. En Efesios 4:12, por ejemplo, indica que Dios ha dado varios dones a la iglesia "a fin de perfeccionar a los santos para la obra del ministerio, para la edificación del cuerpo de Cristo". Los creyentes deben crecer en Cristo: "de quien todo el cuerpo, bien concertado y unido entre sí por todas las coyunturas que se ayudan mutuamente, según la actividad propia de cada miembro, recibe su crecimiento para ir edificándose en amor" (v. 16). El potencial de edificación es el criterio por el que deben medirse todas las actividades, incluido nuestro hablar: "Ninguna palabra corrompida salga de vuestra boca, sino la que sea buena para la necesaria edificación, a fin de dar gracia a los oyentes" (v. 29).

Hay otros pasajes como 1 Corintios 2 donde Pablo relaciona los dones espirituales con la edificación. A todos los miembros de la iglesia se les han dado dones. Estos dones no son para la satisfacción personal, sino para la edificación del cuerpo en su conjunto (14:4-5, 12). Aunque hay diversidad de dones, no debe haber división dentro del cuerpo. Algunos de estos dones son más llamativos que otros, pero no por ello son más importantes (12:14-25). Ningún don es para todos (12:27-31); esto significa, a la inversa, que ninguna persona tiene todos los dones.

Además, en la discusión de Pablo sobre ciertos dones espirituales polémicos, trae a relucir el asunto de la edificación. Por ejemplo, señala en 1 Corintios 14:4-5: "El que habla en lengua extraña, a sí mismo se edifica; pero el que profetiza, edifica a la iglesia. Así que, quisiera que todos vosotros hablaseis en lenguas, pero más que profetizaseis; porque mayor es el que profetiza que el que habla en lenguas, a no ser que las interprete para que la iglesia reciba edificación". La importancia de edificar a los demás mientras se ejercen los dones polémicos se menciona de nuevo, de diversas maneras, en los versículos 12, 17 y 26. La última de estas referencias resume el asunto: "Hágase todo para edificación". Obsérvese que la edificación es la construcción mutua de todos los miembros del cuerpo, no solo del ministro o pastor.

Hay varios medios por los que los miembros de la iglesia deben ser edificados. Uno de ellos es la comunión[2]. El Nuevo Testamento habla sobre koinōnia, literalmente "tenían todas las cosas en común". De hecho, de acuerdo con Hechos 5, los miembros de la iglesia primitiva incluso tenían todas sus posesiones materiales en común. Pablo habla de compartir las experiencias de los demás: "De manera que si un miembro padece, todos los miembros se duelen con él, y si un miembro recibe honra, todos los miembros con él se gozan" (1 Co 12:26). Mientras que el dolor se reduce, el gozo aumenta al ser compartido. Debemos animarnos y apoyarnos mutuamente.

La iglesia también edifica a sus miembros mediante la instrucción o la enseñanza[3].

Esto forma parte de la amplia tarea de discipulado. Uno de los mandatos de Jesús en la Gran Comisión fue enseñar a los convertidos "que guarden todas las cosas que os he

2 James E. Carter, *The Mission of the Church* [La misión de la iglesia] (Nashville: Broadman, 1974), págs. 65-73.

3 Edmund Clowney, *"Toward a Biblical Doctrine of the Church"* [Hacia una doctrina bíblica de la Iglesia], *Westminster Theological Journal* 31, N° 1 (Noviembre 1968): págs. 71-72.

mandado" (MT 28:20). Para ello, uno de los dones de Dios a las iglesias es el de "pastores y maestros" (Ef 4:11) para preparar y equipar al pueblo de Dios para el servicio. La educación puede tomar muchas formas y ocurrir en muchos niveles. Corresponde a la iglesia utilizar todos los medios legítimos y las tecnologías disponibles en la actualidad. La predicación es un medio de instrucción que ha sido utilizado por la iglesia cristiana desde sus inicios[4]. En 1 Corintios 14, cuando Pablo habla de profetizar, probablemente se refiere a la predicación. Comenta que profetizar es de mayor valor que hablar en lenguas, porque edifica o construye la iglesia (vv. 3-4).

Para la edificación mutua, Dios ha dotado a la Iglesia de diversos dones repartidos y otorgados por el Espíritu Santo.

Como hemos señalado anteriormente (ver pág. 309), el Nuevo Testamento contiene cuatro listas significativamente diferentes de estos dones. Cuando las virtudes que, por motivos bíblicos, se esperan de todos los creyentes (como la fe, el servicio y el dar) se representan como dones especiales del Espíritu, parece que el escritor tiene en mente dimensiones o grados inusuales o extraordinarios de esas virtudes. El Espíritu Santo, en su sabiduría, ha dado justo lo que se necesita, para que el cuerpo en su conjunto sea debidamente edificado y equipado.

Adoración

Otra actividad de la iglesia es la adoración. Mientras que la edificación se centra en los creyentes y los beneficia, la adoración se concentra en el Señor. La iglesia primitiva se reunía para adorar en un horario regular, una práctica ordenada y recomendada por el apóstol Pablo. Su indicación a los corintios de apartar dinero el primer día de cada semana (1 Co 16:2)

4 Karl Barth, *The Word of God and the Word of Man* [La palabra de Dios y la palabra del hombre], trad. Douglas Horton (Nueva York: Harper & Row, 1956), págs. 97-135.

da a entender que se reunían regularmente para el culto en ese día. El escritor a los hebreos exhorta a sus lectores a no descuidar la congregación, como era la costumbre de algunos (Heb. 10:25). Aunque la adoración enfatiza a Dios, también está destinada a beneficiar a los adoradores. Esto lo deducimos de la advertencia de Pablo contra las oraciones, los cantos y las acciones de gracias que no edifican porque no hay nadie presente para interpretar su significado a los que no entienden (1 Co 14:15-17).

Es importante en este punto señalar el lugar particular de cada una de las diversas funciones de la iglesia. En los tiempos bíblicos la iglesia se reunía para adorar e instruir. Luego salía a evangelizar. En la adoración, los miembros de la iglesia se centran en Dios; en la instrucción y la comunión, se centran en sí mismos y en sus hermanos cristianos; y en la evangelización, dirigen su atención a los no cristianos.

Para gozar de salud espiritual, la iglesia debe equilibrar cuidadosamente sus principales funciones: evangelización, edificación, adoración y ayuda social.

Es bueno que la iglesia mantenga cierta separación entre estas diversas actividades. Si no se hace esto, una o más pueden ser desplazadas. Como resultado, la iglesia sufrirá, ya que todas estas actividades, al igual que los diversos elementos de una dieta bien equilibrada, son esenciales para la salud espiritual y el bienestar del cuerpo. Por ejemplo, la adoración a Dios se verá afectada si la reunión del cuerpo se orienta principalmente a la interacción entre cristianos, o si el servicio está dirigido exclusivamente a la evangelización de los incrédulos presentes. Este no era el patrón de la iglesia en el libro de los Hechos. Más bien, los creyentes se reunían para alabar a Dios y ser edificados; luego salían a alcanzar a los perdidos en el mundo exterior.

Ayuda Social

La responsabilidad de la iglesia de realizar actos de amor cristiano y de compasión tanto para los creyentes como para los no cristianos es transversal a las diversas funciones de la iglesia. Está claro que Jesús se preocupó por los problemas de los necesitados y los que sufren[5]. Sanó a los enfermos e incluso resucitó a los muertos en ocasiones. Si la iglesia continúa con su ministerio, estará comprometida con algún tipo de ministerio hacia los necesitados y los que sufren. Que Jesús espera esto de los creyentes es evidente en la parábola del buen samaritano (Lucas 10:25-37). Jesús contó esta parábola al intérprete de la ley que, comprendiendo que se puede heredar la vida eterna amando a Dios con todo el ser y amando al prójimo como a uno mismo, preguntó quién era su prójimo. Al responder a la pregunta, Jesús explicó también lo que significa amar al prójimo como a uno mismo. En este sentido, Jesús sugirió en Mateo 25:31-46 que el único signo por el que se puede distinguir a los verdaderos creyentes de los que hacen profesiones vacías son los actos de amor realizados en nombre de Jesús y la imitación de su ejemplo.

El énfasis en la ayuda social se traslada también a las Epístolas. Santiago insiste especialmente en el cristianismo práctico.

Consideremos, por ejemplo, su definición de religión: "La religión pura y sin mácula delante de Dios el Padre es esta: Visitar a los huérfanos y a las viudas en sus tribulaciones, y guardarse sin mancha del mundo" (Santiago 1:27). Habla

con dureza contra el favoritismo a los ricos, un mal que se daba incluso dentro de la iglesia (2:1-11). Denuncia los estímulos verbales que no van acompañados de acciones: "Y si un hermano o una hermana están desnudos, y tienen necesidad del mantenimiento de cada día, y alguno de vosotros les dice: Id en paz, calentaos y saciaos, pero no les dais las cosas que son necesarias para el cuerpo, ¿de qué aprovecha? Así también la fe, si no tiene obras, es muerta en sí misma" (2:15-17).

La ayuda social incluye también la condena de la injusticia. Amós y varios otros profetas del Antiguo Testamento hablaron enfáticamente contra la maldad y la corrupción de su época. Juan el Bautista también condenó el pecado de Herodes, el gobernante de su época, aunque le costó la libertad (Lucas 3:19-20) y finalmente incluso la vida (Marcos 6:17-29).

La Iglesia debe mostrar su preocupación y actuar allí donde vea necesidad, dolor o maldad. Obviamente, la Iglesia tiene mucho que hacer para mejorar su historial en este ámbito. Sin embargo, a veces no se da cuenta de lo mucho que ya se ha logrado. ¿Qué porcentaje de los colegios y hospitales de Gran Bretaña y Estados Unidos fueron fundados en años anteriores por grupos cristianos? En la actualidad, muchas de las funciones caritativas y educativas que antes realizaba la Iglesia son gestionadas por el Estado y financiadas con los impuestos que pagan tanto los cristianos como los no cristianos. También hay que tener en cuenta que las necesidades sociales en los países desarrollados no son tan graves como antes.

Muchas de las iglesias que minimizan la necesidad de regeneración afirman que los evangélicos no han participado suficientemente en el alivio de las necesidades humanas[6].

Sin embargo, cuando se cambia el marco

---

5 Sherwood Wirt, *The Social Conscience of the Evangelical* [La conciencia social de los evangélicos] (Nueva York: Harper & Row, 1968), págs. 19-26.

6 Robert M. Price, "*A Fundamentalist Social Gospel?*" [¿Un evangelio social fundamentalista?], *Christian Century* 96, N° 39 (28 de noviembre de 1979): págs. 1183-1186. Observe las respuestas de los lectores en vol. 97, N° 3 (23 de enero de 1980): págs. 78-79.

de referencia de la escena doméstica estadounidense al mundo, el panorama es muy diferente. Los evangélicos, que concentran sus ministerios médicos, agrícolas y educativos en los países donde las necesidades son más graves, han superado a sus homólogos de las iglesias tradicionales en la labor misionera mundial. De hecho, en términos per cápita, los evangélicos han hecho más que las iglesias liberales, y ciertamente mucho más que la población en general[7].

El Corazón del Ministerio de la Iglesia: El Evangelio

Es importante que ahora veamos de cerca el factor que da forma básica a todo lo que hace la iglesia, el elemento que se encuentra en el corazón de todas sus funciones, es decir, el evangelio, las buenas noticias. Al principio de su ministerio, Jesús anunció que había sido ungido específicamente para predicar el evangelio; más tarde encargó a los apóstoles que continuaran su ministerio difundiendo el evangelio. Jesús confió a los creyentes la buena noticia que había caracterizado su propia enseñanza y predicación desde el principio. En el libro de Marcos, la primera actividad de Jesús registrada después de su bautismo y tentación es su predicación del evangelio en Galilea (Marcos 1:14-15). Del mismo modo, Lucas relata que Jesús inauguró su ministerio en Nazaret leyendo Isaías 61:1-2 y aplicando la profecía a sí mismo.

El Espíritu del Señor está sobre mí,
Por cuanto me ha ungido para dar
buenas nuevas a los pobres;
Me ha enviado a sanar a los
quebrantados de corazón;
A pregonar libertad a los cautivos,
Y vista a los ciegos;
A poner en libertad a los oprimidos;
A predicar el año agradable del Señor
(Lucas 4:18-19).

La palabra clave del Nuevo Testamento con referencia al evangelio, *euangelion*, denota buenas noticias[8]. Tiene dos sentidos básicos: la proclamación activa del mensaje y el contenido proclamado. Ambos sentidos aparecen en 1 Corintios 9:14: "Así también ordenó el Señor a los que anuncian el evangelio [el contenido], que vivan del evangelio [el acto de proclamarlo]". En muchas ocasiones Pablo utiliza *euangelion* sin ningún calificativo; es decir, no hay ningún adjetivo, frase o cláusula que defina lo que quiere decir con "el evangelio" (p. ej. Ro 1:16; 10:16; 11:28). Obviamente, *euangelion* tenía un significado lo suficientemente estandarizado como para que los lectores de Pablo supieran exactamente a qué se refería.

Surge la pregunta: Si Pablo y sus lectores consideraban que el evangelio tenía un contenido determinado, ¿cuál es ese contenido? Aunque Pablo no nos da en ninguna parte una declaración completa y detallada de los principios del evangelio, algunos pasajes son indicativos de lo que incluye. En Romanos 1:3-4, trata sobre el evangelio "acerca de su Hijo, nuestro Señor Jesucristo, que era del linaje de David según la carne, que fue declarado Hijo de Dios con poder, según el Espíritu de santidad, por la resurrección de entre los muertos". En 1 Corintios 15, Pablo recuerda a sus lectores en qué términos él le predicó el evangelio a ellos

---

7 Harold Lindsell, *"The Missionary Retreat"* [El retiro de los misioneros], *Christianity Today*, 9 de noviembre de 1971, págs. 26-27; William Hordern, *New Directions in Theology Today* [Nuevas orientaciones de la teología actual], vol. 1, Introduction (Filadelfia: Westminster, 1966), págs. 75-76. Ver también Herman C. Weber, ed., *Yearbook of American Churches* [Anuario de las Iglesias de Estados Unidos] (Nueva York: Round Table, 1941), págs. 129-38; Millard J. Erickson, *The Evangelical Left: Encountering Postconservative Evangelical Theology* [La izquierda evangélica: Encuentro con la teología evangélica postconservadora] (Grand Rapids: Baker, 1997), págs. 11-14.

8 Gerhard Friedrich, *"εὐαγγελίζομαι"* en *Theological Dictionary of the New Testament*, ed. Gerhard Kittel, trad. y ed. Geoffrey W. Bromiley (Grand Rapids: Eerdmans, 1964), 2:710-12, págs. 721-725.

(v. 1): "Que Cristo murió por nuestros pecados, conforme a las Escrituras; y que fue sepultado, y que resucitó al tercer día, conforme a las Escrituras; y que apareció a Cefas, y después a los doce [...] más de quinientos hermanos a la vez, [...] a Jacobo; después a todos los apóstoles; y [...] a mí" (vv. 3-8). Una referencia más breve es la exhortación de Pablo en 2 Timoteo 2:8: "Acuérdate de Jesucristo, del linaje de David, resucitado de los muertos conforme a mi evangelio".

Pablo consideraba que el evangelio se centraba en Jesucristo y en lo que Dios ha hecho a través de él. Los puntos esenciales del evangelio son la condición de Jesucristo como Hijo de Dios, su auténtica humanidad, su muerte por nuestros pecados, su sepultura, su resurrección, sus apariciones posteriores y su futura venida en juicio. Sin embargo, no debemos pensar en el evangelio como un simple resumen de verdades teológicas y acontecimientos históricos. Más bien, los relaciona con la situación de cada creyente. Así, Jesús murió "por nuestros pecados" (1 Co 15:3). La resurrección de Jesús tampoco es un hecho aislado; es el comienzo de la resurrección general de todos los creyentes (1 Co 15:20 junto con Ro 1:3-4). Además, el hecho del juicio venidero atañe a todos. Todos seremos juzgados sobre la base de nuestra actitud personal hacia el evangelio y nuestra respuesta a él (2 Ts 1:8).

Para Pablo, el evangelio es lo más importante. Declara a la iglesia de Roma que el evangelio "es poder de Dios para salvación a todo aquel que cree; al judío primeramente, y también al griego" (Ro 1:16). Convencido de que solo el evangelio puede traer la salvación junto con todas sus bendiciones, Pablo insiste en que el evangelio es absoluto y exclusivo. No se puede añadir ni quitar nada, ni existe una ruta alternativa para la salvación.

Al saber que el evangelio es la única vía de salvación, Pablo está decidido a defenderlo. Escribe a los filipenses de su "defensa y confirmación del evangelio" (Flp 1:7). Estaba preparado para dar un argumento razonado para ello. Es en esta carta en particular donde Pablo habla de su defensa del evangelio. Es probable que el carcelero que había respondido a la presentación del evangelio por parte de Pablo y se había convertido en creyente (Hechos 16:25-34) fuera miembro de la iglesia de Filipos. Al haber sido testigo en esa misma ciudad de una demostración impactante del poder de Dios para la salvación, ¿podría Pablo haber renunciado al evangelio? Sin embargo, algunas personas han sostenido que el evangelio no necesita defensa, que puede sostenerse por sí mismo. Sin embargo, este razonamiento va en contra del patrón de la propia actividad de Pablo: por ejemplo, su discurso en el centro del Areópago" (Hechos 17:16-34)[9]. La objeción a un enfoque apologético no reconoce que, al crear la creencia, el Espíritu Santo se sirve de la mente y la razón humanas.

Pero no debemos calificar la actividad de Pablo como una simple defensa del evangelio. También pasó a la ofensiva. Estaba ansioso por proclamar las buenas noticias a todas las naciones. Tenía un sentido de urgencia sobre su misión: "¡ay de mí si no anunciare el evangelio!" (1 Co 9:16).

El evangelio no solo atraviesa todas las barreras raciales, sociales, económicas y educativas (Ro 1:16; Gl 3:28), sino que también atraviesa los siglos de los tiempos. Es un mensaje que no se vuelve obsoleto (Judas 3), y es la confianza sagrada de la iglesia hoy en día. Esta buena noticia que la iglesia ofrece al mundo trae esperanza. En este sentido, el mensaje y el ministerio de la Iglesia son únicos, ya que en nuestro mundo actual hay poca esperanza. El existencialismo ha dado lugar a obras literarias como *A puerta cerrada* de Jean-Paul Sartre y "El mito de Sísifo" de Albert Camus. Hay pocas noticias alentadoras, ya sean sociales,

9 F. F. Bruce, *The Defence of the Gospel in the New Testament* [La defensa del Evangelio en el Nuevo Testamento] (Grand Rapids: Eerdmans, 1959), págs. 37-48.

económicas o políticas, en los periódicos. En *Herzog*, Saul Bellow ha captado bien el espíritu de toda la época: "¿Pero cuál es la filosofía de esta generación? No es que Dios haya muerto, es que esa época ya pasó hace tiempo. Tal vez habría que decir que la muerte es Dios. Esta generación piensa (y este es su pensamiento de pensamientos) que nada fiel, vulnerable, frágil puede ser duradero o tener algún poder verdadero. La muerte espera estas cosas como un suelo de cemento espera una bombilla que se cae"[10]. Por el contrario, la iglesia afirma así con Pedro, "Bendito el Dios y Padre de nuestro Señor Jesucristo, que según su grande misericordia nos hizo renacer para una esperanza viva, por la resurrección de Jesucristo de los muertos" (1 P 1:3). Hay esperanza, y se cumple cuando creemos y obedecemos el evangelio. Porque el evangelio ha sido, es y será siempre el camino de la salvación, el único camino, la iglesia debe preservarlo sin importar lo que cueste.

Formas del Gobierno Eclesiástico

A medida que los grupos de creyentes se hacen más permanentes y se constituyen formalmente, surge naturalmente la cuestión del gobierno de la iglesia. La cuestión del gobierno de la iglesia es, en última instancia, una cuestión de dónde reside la autoridad dentro de la iglesia y quién debe ejercerla. Aunque los defensores de las diversas formas de gobierno eclesiástico están de acuerdo en que Dios es (o tiene) la máxima autoridad, difieren en sus concepciones sobre cómo o a través de quién la expresa o ejerce. A lo largo de la historia de la iglesia ha habido varias formas básicas de gobierno eclesiástico. Nuestro estudio comenzará con la más estructurada (episcopal) y continuará con las menos estructuradas. Después de haber examinado las formas básicas, intentaremos determinar si una es más adecuada que las otras.

Episcopal

En la forma episcopal de gobierno de la Iglesia, la autoridad reside en un cargo concreto, el del obispo. Puede haber varios grados de episcopado, es decir, el número de niveles de obispos varía. La forma más sencilla de gobierno episcopal se encuentra en la Iglesia Metodista, que solo tiene un nivel de obispos. Algo más desarrollada es la estructura de gobierno de la Iglesia anglicana o episcopal, mientras que la Iglesia católica romana tiene el sistema más completo de jerarquía, cuya autoridad recae especialmente en el sumo pontífice, el obispo de Roma, el papa.

Inherente a la estructura episcopal es la idea de diferentes niveles de ministerio o diferentes grados de ordenación[11]. El primer nivel es el del ministro o sacerdote ordinario. En algunas iglesias hay escalones o divisiones dentro de este primer nivel, por ejemplo, diácono y anciano. El clero de este nivel está autorizado a realizar todas las tareas básicas asociadas al ministerio; es decir, predica y administra los sacramentos. Sin embargo, más allá de este nivel, está el nivel de obispo. La función de los obispos es ejercer el poder de Dios que se les ha conferido. En particular, como representantes y pastores de Dios, gobiernan y cuidan de un grupo de iglesias más que de una sola congregación local[12]. Entre sus poderes está la ordenación de ministros o sacerdotes.

Presbiteriano

El sistema presbiteriano de gobierno eclesiástico sitúa también la autoridad principal en un

---

10 Saul Bellow, *Herzog* (Nueva York: Penguin, 1976), pág. 315.

11 Leon Morris, *"Church, Nature and Government of (Episcopalian View)"* [Iglesia, Naturaleza y gobierno de la (visión episcopaliana)], en *Encyclopedia of Christianity*, ed. Gary G. Cohen (Marshalltown, DE: National Foundation for Christian Education, 1968), 2:483.

12 Leon Morris, *"Church Government"* [Gobierno de la iglesia], en *Baker's Dictionary of Theology*, ed. Everett F. Harrison (Grand Rapids: Baker, 1960), pág. 126.

cargo concreto, pero se hace menos énfasis en el cargo individual y en su titular que en una serie de órganos representativos que ejercen esa autoridad. El funcionario principal en la estructura presbiteriana es el anciano[13], un cargo con antecedentes en la sinagoga judía.

Los ancianos también se encuentran en la iglesia del Nuevo Testamento. En Hechos 11:30 (NVI), leemos sobre los ancianos en la congregación de Jerusalén: los creyentes de Antioquía proporcionaban ayuda a los creyentes de Jerusalén, "mandando su ofrenda a los ancianos por medio de Bernabé y de Saulo". Las Epístolas pastorales también hacen mención de los ancianos.

Parece que en los tiempos del Nuevo Testamento el pueblo elegía a sus ancianos, a los que consideraba especialmente cualificados para gobernar la iglesia.

Al elegir a los ancianos para gobernar la iglesia, el pueblo era consciente de confirmar, con su acto externo, lo que el Señor ya había hecho. En el sistema presbiteriano, la autoridad de Cristo se entiende como dispensada a los creyentes individuales y delegada por ellos a los ancianos que los representan. Una vez elegidos o nombrados, los ancianos actúan en nombre o en lugar de los creyentes individuales. Por lo tanto, es en el nivel de los ancianos donde la autoridad divina funciona realmente dentro de la iglesia[14].

Esta autoridad se ejerce en una serie de asambleas de gobierno. A nivel de la iglesia local, el consistorio (presbiteriano)[15] o el consistorio (reformado)[16] es el grupo que toma las decisiones.

Todas las iglesias de una zona son gobernadas por el presbiterio (presbiteriano) o el classis (reformado). La siguiente agrupación es el sínodo, formado por un número igual de ancianos laicos y clérigos elegidos por cada presbiterio o classis. En el nivel más alto, la Iglesia Presbiteriana tiene también una asamblea general, compuesta de nuevo por representantes laicos y del clero de los presbiterios. Las prerrogativas de cada uno de los órganos de gobierno se detallan en la constitución de la denominación.

El sistema presbiteriano se diferencia del episcopal en que solo hay un nivel de clero[17]. Solo existe el anciano maestro o pastor. No existen niveles superiores, como el de obispo. Por supuesto, algunas personas son elegidas para puestos administrativos dentro de las asambleas dirigentes. Son seleccionadas (desde abajo) para presidir o supervisar, y generalmente llevan un título como el de secretario permanente del presbiterio. No son obispos, ya que no existe una ordenación especial para ese cargo. No hay ninguna autoridad especial vinculada al cargo. Otra medida de nivelación en el sistema presbiteriano es la coordinación deliberada de clérigos y laicos. Ambos grupos están incluidos en todas las asambleas de gobierno. Ninguno de ellos tiene poderes o derechos especiales que no tenga el otro.

Congregacional

Una tercera forma de gobierno eclesiástico destaca el papel del cristiano individual y hace de la congregación local la sede de la autoridad. Dos conceptos son básicos en el esquema congregacional: autonomía y democracia. Por

---

13 R. Laird Harris, *"Church, Nature and Government of (Presbyterian View)"* [Iglesia, Naturaleza y gobierno de la (visión presbiteriana)] en Cohen, Encyclopedia of Christianity, 2:490–92.

14 *The Constitution of the United Presbyterian Church in the United States of America* [La Constitución de la Iglesia Presbiteriana Unida en los Estados Unidos de América], vol. 2, *Book of Order* (Filadelfia: Office of the General Assembly of the United Presbyterian Church in the United States of America, 1967), cap. 9.

15 *Ibid.*, cap. 11.

16 Louis Berkhof, *Systematic Theology* [Teología sistemática] (Grand Rapids: Eerdmans, 1953), pág. 588-589.

17 Charles Hodge, *The Church and Its Polity* [La Iglesia y su política] (Londres: Thomas Nelson & Sons, 1879), pág. 119.

autonomía entendemos que la congregación local es independiente y se autogobierna[18].

No hay ningún poder externo que pueda dictaminar las líneas de actuación de la iglesia local. Por democracia entendemos que cada miembro de la congregación local tiene voz en sus asuntos. Ellos poseen y ejercen la autoridad. La autoridad no es una prerrogativa de un solo individuo o de un grupo selecto.

Una forma ideal de gobierno de la iglesia cumplirá con los principios bíblicos de orden y el sacerdocio de todos los creyentes.

Entre las principales denominaciones que practican la forma de gobierno congregacional están los bautistas, los congregacionalistas y la mayoría de los grupos luteranos.

El principio de autonomía significa que cada iglesia local llama a su propio pastor y determina su propio presupuesto. Adquiere y posee propiedades independientemente de cualquier autoridad externa[19]. El principio de la democracia se basa en el sacerdocio de todos los creyentes, al que se renuncia si se otorga a los obispos o a los ancianos la prerrogativa de tomar decisiones. La obra de Cristo ha hecho innecesarios tales gobernantes, pues ahora todo creyente tiene acceso al Santo de los Santos y puede acercarse directamente a Dios. Además, como nos ha recordado Pablo, cada miembro o parte del cuerpo tiene una valiosa contribución

que hacer al bienestar del todo[20].

Existen algunos elementos de democracia representativa dentro de la forma de gobierno eclesiástico de la congregación.

Ciertas personas son elegidas por libre elección de los miembros del cuerpo para servir en formas especiales[21]. Sin embargo, todas las decisiones importantes, como el nombramiento de un pastor y la compra o venta de propiedades, son tomadas por la iglesia en su conjunto.

Sin gobierno

Algunos grupos, como los cuáqueros (amigos) y los Brethren de Plymouth, niegan que la iglesia tenga necesidad de una forma de gobierno concreta o visible. En consecuencia, han eliminado prácticamente toda estructura gubernamental. En su lugar, destacan la labor interna del Espíritu Santo, que ejerce su influencia sobre los creyentes individuales y los guía de forma directa, en lugar de hacerlo a través de organizaciones o instituciones.

Un Sistema de Gobierno Eclesiástico para Hoy

Los intentos de desarrollar una estructura de gobierno eclesiástico que se adhiera a la autoridad de la Biblia encuentran dificultades en dos puntos. El primero es la falta de material didáctico. No hay una exposición prescriptiva de cómo debe ser el gobierno de la iglesia. Cuando pasamos a examinar los pasajes descriptivos, encontramos un segundo problema. Hay tanta variación en las descripciones de las iglesias del Nuevo Testamento que no podemos descubrir un patrón autoritario. Por lo tanto, debemos

---

18 Franz Pieper, *Christian Dogmatics* [Dogmática cristiana] (San Luis: Concordia, 1953), 3:475.

19 Edward T. Hiscox, *The New Directory for Baptist Churches* [El nuevo directorio de iglesias bautistas] (Filadelfia: Judson, 1894), págs. 153-159.

20 William Roy McNutt, *Polity and Practice in Baptist Churches* [Política y práctica en las iglesias bautistas] (Philadelphia: Judson, 1935), págs. 21-26.

21 James M. Bulman, *"Church, Nature and Government of (Autonomous View)"* [Iglesia, Naturaleza y gobierno de la (visión autónoma)] en Cohen, *Encyclopedia of Christianity*, 2:478.

recurrir a los principios que encontramos en el Nuevo Testamento, e intentar construir nuestro sistema de gobierno sobre ellos.

Un principio evidente en el Nuevo Testamento, y en particular en 1 Corintios, es el valor del orden. Es deseable que ciertas personas sean responsables de ministerios específicos. Otro principio es el sacerdocio de todos los creyentes[22].

Todas las personas son capaces de relacionarse directamente con Dios. Por último, la idea de que cada persona es importante para todo el cuerpo está implícita en todo el Nuevo Testamento y es explícita en pasajes como Romanos 12 y 1 Corintios 12.

A mi juicio, la forma de gobierno eclesiástico congregacional es la que más se ajusta a los principios establecidos. Toma en serio el principio del sacerdocio y la competencia espiritual de todos los creyentes. También toma en serio la promesa de que el Espíritu que mora en el interior guiará a todos los creyentes. Al mismo tiempo, la necesidad de orden sugiere que un grado de gobierno representativo es necesario. En algunas situaciones, hay que elegir a los líderes para que actúen en nombre del grupo. Los elegidos deben ser siempre conscientes de su responsabilidad ante aquellos a los que representan y, siempre que sea posible, las cuestiones importantes deben someterse a la decisión de los miembros en su conjunto.

- ¿Cuáles son las funciones de la iglesia y cómo se relacionan entre sí?
- ¿Por qué el evangelio está en el centro del ministerio de la iglesia?
- ¿Qué dice Pablo sobre el evangelio en sus escritos?
- ¿Cómo se relacionan las iglesias congregacionales con otras iglesias congregacionales?
- ¿Cómo respondería usted si una nueva congregación le pidiera consejo sobre la forma de gobierno de la iglesia que debería elegir?

---

22 Cyril Eastwood, *The Priesthood of All Believers* [El sacerdocio de todos los creyentes] (Mineápolis: Augsburg, 1962), págs. 238-257.

38

Los Sacramentos de la Iglesia:
El Bautismo y la Cena del Señor

Objetivos del Capítulo

Una vez completado el estudio de este capítulo, el lector es capaz de:

1. Recordar y describir cada uno de los tres puntos de vista básicos del bautismo: medio de gracia salvadora, signo y sello del pacto y señal de salvación.
2. Identificar y expresar claramente el significado del bautismo para el creyente individual.
3. Identificar las personas aptas para el bautismo y evaluar el modo apropiado para el mismo.
4. Examinar cuatro puntos de vista principales de la Cena del Señor y las implicaciones de cada punto de vista.
5. Descubrir las respuestas a las cuestiones relacionadas con una visión adecuada de la Cena del Señor.

Resumen del Capítulo

Dado que prácticamente todas las iglesias cristianas celebran el rito del bautismo, este desempeña un papel importante en la vida de la iglesia. Los diferentes grupos de cristianos mantienen tres puntos de vista básicos. Para resolver estas cuestiones, es importante considerar el significado del bautismo, quienes se pueden bautizar y la forma de bautismo. La Cena del Señor es fundamental para todos los grupos cristianos. Continúa lo que el bautismo comenzó al iniciar a uno en la fe cristiana. Hay cuatro puntos de vista principales sobre la Cena del Señor, y al menos seis cuestiones planteadas por estos puntos de vista que deben ser resueltos.

Estructura del Capítulo

El Bautismo: El Rito de Iniciación de la Iglesia

- Los Criterios Básicos del Bautismo
  - » El Bautismo como Medio de Gracia Salvadora
  - » El Bautismo como Signo y Sello del Pacto.
  - » El Bautismo como Señal de Salvación

- Soluciones a las Cuestiones
  - » El Significado del Bautismo
  - » Las Personas Aptas para Bautismo
  - » La Forma del Bautismo

La Cena del Señor: El Rito Progresivo de la Iglesia

- Puntos de Vista Principales
  - » La Visión Tradicional Católica Romana
  - » La Visión Luterana
  - » La Visión Reformada
  - » La Visión Zwingliana

- Cómo Afrontar las Cuestiones
  - » La Presencia de Cristo
  - » La Eficacia del Rito
  - » El Administrador Adecuado
  - » Los Destinatarios Adecuados
  - » Los Elementos a Utilizar
  - » La Frecuencia de la Observancia

El Bautismo: El Rito de Iniciación de la Iglesia

Prácticamente todas las iglesias cristianas practican el rito del bautismo. Lo hacen en gran parte porque Jesús, en su comisión final, ordenó a los apóstoles y a la iglesia: "id, y haced discípulos a todas las naciones, bautizándolos en el nombre del Padre, y del Hijo, y del Espíritu Santo" (MT 28:19). Casi todo el mundo está de acuerdo en que el bautismo está relacionado de alguna manera con el comienzo de la vida cristiana, con la iniciación en la iglesia universal e invisible, así como en la iglesia local y visible. No obstante, también existe un considerable desacuerdo en cuanto al bautismo.

Los cristianos han debatido tres cuestiones básicas sobre el bautismo: (1) ¿Cuál es el significado del bautismo? ¿Qué es lo que realmente consigue? (2) ¿Quiénes son los sujetos adecuados para el bautismo? ¿Debe limitarse a quienes son capaces de ejercer una fe consciente en Jesucristo, o puede administrarse también a los niños e incluso a los bebés? Si es así, ¿sobre qué base? (3) ¿Cuál es la forma adecuada de bautizar? ¿Debe ser por inmersión, o son aceptables otros métodos (derramamiento, aspersión)? Estas preguntas se han organizado en orden decreciente de importancia, ya que nuestra conclusión sobre el significado y el valor del acto del bautismo determinará en gran medida nuestras conclusiones sobre las otras cuestiones.

Los Criterios Básicos del Bautismo

El bautismo como medio de gracia salvadora

Antes de intentar resolver estas cuestiones, será conveniente que esbocemos las diversas formas en que los cristianos interpretan el bautismo. Algunos grupos creen que el acto del bautismo en agua transmite realmente la gracia a la persona bautizada. Esta es la doctrina de la regeneración bautismal: el bautismo efectúa una transformación, llevando a la persona de la muerte espiritual a la vida. La forma más extrema de esta visión se encuentra en el catolicismo tradicional. Sin embargo, nos centraremos en una posición luterana clásica que comparte muchos rasgos con el catolicismo.

Según los sacramentalistas, el bautismo es un medio por el que Dios imparte la gracia salvadora; tiene como resultado la remisión de los pecados[1]. Según la concepción luterana, el sacramento es ineficaz si no está presente la fe. Sin embargo, el sacramento en sí mismo es obra de Dios y no algo que nosotros ofrecemos. El bautismo es la obra del Espíritu Santo para iniciar a las personas en la iglesia: "Porque por un solo Espíritu fuimos todos bautizados en un cuerpo, sean judíos o griegos, sean esclavos o libres; y a todos se nos dio a beber de un mismo Espíritu" (1 Co 12:13)[2].

Desde el punto de vista de los sacramentalistas, el bautismo une objetivamente al creyente con Cristo de una vez por todas (Ro 6:3-5). El sacramento también tiene un efecto subjetivo. El conocimiento de que uno ha sido bautizado y, por tanto, está unido a Cristo en su muerte y resurrección, será una fuente constante de ánimo e inspiración para el creyente[3].

Las personas aptas para el bautismo, según el luteranismo, se dividen en dos grupos generales. Primero, hay adultos que han llegado a la fe en Cristo.

Se encuentran ejemplos explícitos en Hechos 2:41 y 8:36-38. En segundo lugar, los niños e incluso los bebés también fueron bautizados en

---

1 Franz Pieper, *Christian Dogmatics* [Dogmática cristiana] (San Luis: Concordia, 1953), 3:264.

2 *Ibid.*, 3:270.

3 *Ibid.*, 3:275.

los tiempos del Nuevo Testamento. La evidencia se ve en el hecho de que los niños eran llevados a Jesús para ser tocados (Marcos 10:13-16). Además, leemos en los Hechos que hogares enteros fueron bautizados (Hechos 11:14 [ver 10:48]; 16:15, 31-34; 18:8). Es razonable suponer que la mayoría de estos hogares no estaban compuestos exclusivamente por adultos. Los niños forman parte del pueblo de Dios, con la misma seguridad que, en el Antiguo Testamento, formaban parte de la nación de Israel[4].

El hecho de que los niños fueran bautizados en el Nuevo Testamento es un precedente de la práctica actual. Además, el bautismo de los niños es necesario para eliminar la mancha del pecado original. Dado que los niños no son capaces de ejercer la fe necesaria para la regeneración, es esencial que reciban la purificación realizada por el bautismo.

Los teólogos luteranos son conscientes de la acusación de incoherencia entre la práctica del bautismo de niños y la insistencia en la justificación solo por la fe. Por lo general, han abordado este aparente dilema de dos maneras. Una es la sugerencia de que los niños bautizados pueden poseer una fe inconsciente. La evidencia se encuentra en Mateo 18:6 ("alguno de estos pequeños que creen en mí"); 19:14: Marcos 10:14 y Lucas 18:16-17. Otra prueba es la profecía de que Juan el Bautista "será lleno del Espíritu Santo, aun desde el vientre de su madre" (Lucas 1:15)[5]. El segundo medio para tratar la aparente incoherencia es sostener que es la fe de los padres (o incluso de la iglesia) la que está implicada cuando se bautiza a un niño[6]. En el catolicismo romano, este dilema no se produce ya que, según la doctrina católica, la fe no es realmente necesaria. Los únicos requisitos son que alguien presente al niño y que un sacerdote administre correctamente el sacramento[7].

Según la opinión luterana, el modo de

4 *Ibid.*, 3:277.
5 *Ibid.*, 2:448-49.
6 *Ibid.*, 3:285.
7 *Ibid.*, 3:256.

bautismo no tiene gran importancia. De hecho, no sabemos con certeza qué método se utilizaba en los tiempos bíblicos, ni siquiera si había un solo método. Dado que no hay un simbolismo esencial e indispensable en el modo, el bautismo no está sujeto a una forma.

EL BAUTISMO COMO SIGNO Y SELLO DEL PACTO

La posición de los teólogos reformados y presbiterianos tradicionales está estrechamente vinculada al concepto de pacto. Consideran que los sacramentos son signos y sellos del cumplimiento del pacto que Dios ha establecido con la raza humana. Al igual que la circuncisión en el Antiguo Testamento, el bautismo nos asegura las promesas de Dios.

El significado del sacramento del bautismo no está tan claro para los reformados y presbiterianos como para los regeneracionistas bautismales. El pacto, la promesa de gracia de Dios, es la base, la fuente, de la justificación y la salvación; el bautismo es el acto de fe por el que somos introducidos en ese pacto y, por tanto, experimentamos sus beneficios. El acto del bautismo es a la vez el medio de iniciación en el pacto y un signo de salvación. En el caso de los adultos, estos beneficios son absolutos, mientras que la salvación de los niños está condicionada a la continuidad futura de los votos realizados. Las personas aptas para el bautismo son en muchos aspectos las mismas que en la visión de los sacramentalistas. Por un lado, todos los adultos creyentes deben ser bautizados, ya han llegado a la fe. Por otro lado, los hijos de padres creyentes también deben ser bautizados. Aunque el bautismo de los niños no se ordena explícitamente en las Escrituras, se enseña implícitamente. Dios hizo un pacto espiritual con Abraham y *con su descendencia* (Gn 17:7). Este pacto ha continuado hasta nuestros días. De hecho, ha habido y hay un solo mediador del pacto (Hechos 4:12; 10:43). Los conversos del Nuevo Testamento son participantes o herederos del pacto (Hechos 2:39; Ro 4:13-18;

Gl 3:13-18; Heb 6:13-18). Por ello, la situación de los creyentes, tanto en el Nuevo Testamento como en la actualidad, debe entenderse en términos del pacto hecho con Abraham[8].

Ahora se produce un paso fundamental en el argumento: así como la circuncisión era el signo del pacto en el Antiguo Testamento, el bautismo lo es en el Nuevo Testamento. El bautismo ha sido sustituido por la circuncisión[9]. Fue Cristo quien hizo esta sustitución.

Él encargó a sus discípulos que fueran a evangelizar y bautizar (MT 28:19). Los dos ritos tienen claramente el mismo significado. El hecho de que la circuncisión apuntaba a un corte del pecado y a un cambio de corazón se ve en las numerosas referencias del Antiguo Testamento a la circuncisión del corazón, es decir, la circuncisión espiritual en contraposición a la circuncisión física (Dt 10:16; 30:6; Jer 4:4; 9:25-26; Ez 44:7, 9). El bautismo también se presenta como un lavado de los pecados (Hechos 2:38). Una prueba concluyente de la suplantación de la circuncisión por el bautismo se encuentra en Colosenses 2:11-12: "En él también fuisteis circuncidados con circuncisión no hecha a mano, al echar de vosotros el cuerpo pecaminoso carnal, en la circuncisión de Cristo; sepultados con él en el bautismo, en el cual fuisteis también resucitados con él, mediante la fe en el poder de Dios que le levantó de los muertos".

Hay que hacer aquí dos observaciones adicionales. En primer lugar, los que sostienen que el bautismo es esencialmente un signo y un sello del pacto afirman que no es legítimo imponer a un niño los requisitos que corresponden a un adulto. En segundo lugar, los que sostienen este punto de vista subrayan que lo que realmente importa no es la reacción subjetiva de uno, sino la iniciación objetiva en el pacto con su promesa de salvación[10].

En el enfoque reformado y presbiteriano del bautismo, el modo es una consideración relativamente intrascendente. Lo importante en los tiempos del Nuevo Testamento era el hecho y los resultados del bautismo, no la forma en que se aplicara.

El bautismo como señal de salvación

El tercer punto de vista que examinaremos considera el bautismo como una señal, un símbolo externo o una indicación del cambio interno que se ha efectuado en el creyente[11]. Es un rito de iniciación: somos bautizados en el nombre de Cristo[12]. Cristo ordenó el acto del bautismo (Mateo 28:19-20).

Puesto que fue ordenado por él, se entiende propiamente como una ordenanza más que como un sacramento. No produce ningún cambio espiritual en el bautizado. Seguimos practicando el bautismo simplemente porque Cristo lo ordenó y porque sirve como forma de proclamación de nuestra salvación. El acto del bautismo no transmite ningún beneficio o bendición espiritual directa. En particular, no somos regenerados a través del bautismo, porque el bautismo presupone la fe y la salvación a la que la fe conduce. Es, pues, un testimonio de que uno ya ha sido regenerado. Si hay un beneficio espiritual, es el hecho de que el bautismo nos lleva a ser miembros o a participar en la iglesia local[13].

Para esta visión del bautismo, la cuestión de las personas aptas del bautismo es de gran

---

10 Charles Hodge, *Systematic Theology* [Teología sistemática] (Grand Rapids: Eerdmans, 1952), 3:552–55.

11 H. E. Dana, *A Manual of Ecclesiology* [Manual de eclesiología] (Kansas City, Kansas: Central Seminary, 1944), págs. 281-282.

12 Edward T. Hiscox, *The New Directory for Baptist Churches* [El nuevo directorio de iglesias bautistas] (Filadelfia: Judson, 1894), pág. 121.

13 Augustus H. Strong, *Systematic Theology* [Teología sistemática] (Westwood, Nueva Jersey: Revell, 1907), pág. 945.

---

8 Louis Berkhof, *Systematic Theology* [Teología sistemática] (Grand Rapids: Eerdmans, 1953), págs. 632-633.

9 *Ibid.*, pág. 634.

importancia. Los candidatos al bautismo ya habrán experimentado el nuevo nacimiento sobre la base de la fe. El bautismo del que hablamos es el de los *creyentes*, no necesariamente el de los *adultos*. Es el bautismo de los que han cumplido las condiciones de la salvación (es decir, el arrepentimiento y la fe activa). Las pruebas de esta posición se encuentran en el Nuevo Testamento. En primer lugar, hay un argumento negativo o un argumento del silencio. Las únicas personas a las que el Nuevo Testamento identifica específicamente por su nombre como bautizados eran adultos en el momento de su bautismo[14]. El argumento de que seguramente había niños involucrados cuando se bautizaban hogares enteros no tiene mucho peso con los que sostienen el bautismo de los creyentes. Además, las Escrituras dejan claro que la fe personal y consciente en Cristo es un requisito previo al bautismo. En la Gran Comisión, el mandato de bautizar sigue al mandato de discipular (MT 28:19). Juan el Bautista demandó el arrepentimiento y la confesión de los pecados (MT 3:2, 6). En la conclusión de su sermón de Pentecostés, Pedro llamó al arrepentimiento y luego al bautismo (Hechos 2:37-41).

La creencia seguida del bautismo es el patrón en Hechos 8:12; 18:8 y 19:1-7[15]. Todas estas consideraciones llevan a la conclusión de que los creyentes responsables son los únicos que deben ser bautizados.

En cuanto al modo de bautizar, hay algunas variaciones. Ciertos grupos, en particular los menonitas, practican el bautismo de los creyentes, pero por modos distintos a la inmersión[16]. No obstante, probablemente la mayoría de los que sostienen el bautismo de los creyentes utilizan exclusivamente la inmersión, y se identifican generalmente como bautistas. Cuando el bautismo se entiende como un símbolo y un testimonio de la salvación que ha ocurrido en la vida del individuo, no es sorprendente que la inmersión sea el modo predominante, ya que representa mejor la resurrección del creyente de la muerte espiritual[17].

Soluciones a las Cuestiones

Llegamos ahora a las cuestiones que hemos planteado al principio de este capítulo. Debemos preguntarnos cuál de las posiciones que hemos esbozado es la más defendible a la luz de todas las pruebas pertinentes.

El significado del bautismo

¿Es el bautismo un medio de regeneración, un elemento esencial para la salvación? Varios textos parecen apoyar esta postura. Sin embargo, si se examina con más detenimiento, la convicción de esta posición es menos convincente. En Marcos 16:16 leemos: "El que creyere y fuere bautizado, será salvo; mas el que no creyere, será condenado"; sin embargo, hay que tener en cuenta que la segunda mitad del versículo no menciona en absoluto el bautismo: "mas el que no creyere, será condenado". Es simplemente la falta de fe, no el bautismo, lo que se correlaciona con la condenación. No obstante, más allá de esto, el verso completo (y de hecho todo el pasaje, vv. 9-20) está ausente de los principales textos.

Otro versículo citado en apoyo del concepto de regeneración bautismal, la idea de que el bautismo es un medio de gracia salvadora, es Juan 3:5: "el que no naciere de agua y del Espíritu, no puede entrar en el reino de Dios". No obstante, debemos preguntarnos qué habría significado para Nicodemo nacer "de agua", y

---

14 *Ibid.*, 951.

15 Geoffrey Bromiley, *"Baptism, Believers'"* [Bautismo de los creyentes] en Baker's Dictionary of Theology, ed. Everett F. Harrison (Grand Rapids: Baker, 1960), pág. 86.

16 John C. Wenger, *Introduction to Theology* [Introducción a la teología] (Scottdale, Pensilvania: Herald, 1954), págs. 237-240.

17 Paul King Jewett, *"Baptism (Baptist View)"* [Bautismo (visión bautista)] en *Encyclopedia of Christianity*, ed. Edwin H. Palmer (Marshalltown, Delaware: National Foundation for Christian Education, 1964), 1:520.

nuestra conclusión, aunque no es inequívoca, parece favorecer la idea de limpieza o purificación, no de bautismo[18].

El bautismo es un acto de fe y un poderoso testimonio de la unión del creyente con Cristo.

Además, a la vista del contexto general, parece que nacer del agua es sinónimo de nacer del Espíritu.

Un tercer pasaje que hay que tener en cuenta es 1 Pedro 3:21 (NVI): "la cual simboliza el bautismo que ahora los salva también a ustedes. El bautismo no consiste en la limpieza del cuerpo, sino en el compromiso de tener una buena conciencia delante de Dios. Esta salvación es posible por la resurrección de Jesucristo". Se observa que este versículo es en realidad una negación de que el rito del bautismo tenga algún efecto en sí mismo. Solo salva en el sentido de que es "el compromiso de tener una buena conciencia delante de Dios", un acto de fe que reconoce la dependencia de él. La base real de nuestra salvación es la resurrección de Cristo.

Varios pasajes del libro de los Hechos vinculan el arrepentimiento y el bautismo. Probablemente el más crucial es la respuesta de Pedro en Pentecostés a la pregunta: "Varones hermanos, ¿qué haremos?" (Hechos 2:37). A lo que él respondió: "Arrepentíos, y bautícese cada uno de vosotros en el nombre de Jesucristo para perdón de los pecados; y recibiréis el don del Espíritu Santo" (v. 38). No obstante, el énfasis en el resto de la narración es que tres mil personas recibieron su palabra, y luego fueron bautizadas. En el siguiente sermón de Pedro (3:17-26), se hace énfasis en el arrepentimiento, la conversión y la aceptación de Cristo; no se menciona el bautismo. Así, a diferencia del arrepentimiento y la conversión, el bautismo no es indispensable para la salvación. Por el contrario, parece que el bautismo puede ser una expresión o una consecuencia de la conversión.

Por último, debemos examinar Tito 3:5. Aquí Pablo escribe que Dios "nos salvó, no por obras de justicia que nosotros hubiéramos hecho, sino por su misericordia, por el lavamiento de la regeneración y por la renovación en el Espíritu Santo". Si esto es una alusión al bautismo, es imprecisa. Parece más bien que "el lavamiento de la regeneración" se refiere a la limpieza y al perdón de los pecados. Concluimos que hay poca evidencia bíblica para apoyar la idea de que el bautismo es un medio de regeneración o un canal de gracia esencial para la salvación.

¿Qué hay de la afirmación de que el bautismo es una sustitución del rito de la circuncisión del Antiguo Testamento como marca de la entrada en el pacto? Es significativa la afirmación de Pablo de que la circuncisión del Antiguo Testamento era una formalidad externa que denotaba la condición de judío, pero el verdadero judío es el que lo es interiormente: "sino que es judío el que lo es en lo interior, y la circuncisión es la del corazón, en espíritu, no en letra; la alabanza del cual no viene de los hombres, sino de Dios" (Ro 2:29). Pablo está afirmando no solo que la circuncisión ha acabado, sino que todo el marco del que formaba parte la circuncisión ha sido sustituido. Si algo ha sustituido a la circuncisión externa, no es el bautismo, sino la circuncisión interna.

---

18 Leon Morris, *The Gospel according to John* [El Evangelio según Juan] (Grand Rapids: Eerdmans, 1971), págs. 215-216. Morris, un anglicano, señala la sugerencia de que Jesús se refiere al bautismo cristiano: "El punto débil es que Nicodemo no podría haber percibido una alusión a un sacramento aún inexistente. Es difícil pensar que Jesús haya hablado de tal manera que su significado no pudiera ser captado. Su propósito no era desconcertar sino iluminar. En cualquier caso, la idea central del pasaje es poner el énfasis en la actividad del Espíritu, no en ningún rito de la iglesia". Ver también D. W. Robinson, *"Born of Water and Spirit: Does John 3:5 Refer to Baptism?"* [Nacido del Agua y del Espíritu: ¿Se refiere Juan 3:5 al bautismo?] *Reformed Theological Review* 25, n° 1 (Enero - abril 1966): págs. 15-23.

¿Cuál es entonces el significado del bautismo? Para responder a esta pregunta, observamos, en primer lugar, que existe una fuerte conexión entre el bautismo y nuestra unión con Cristo en su muerte y resurrección. Pablo enfatiza este punto en Romanos 6:1-11. En un momento concreto, el creyente se une realmente a la muerte y resurrección de Cristo (vv. 3-5). En segundo lugar, observamos que el libro de los Hechos de los Apóstoles vincula con frecuencia la fe y el bautismo. El bautismo sigue ordinariamente o coincide prácticamente con la fe. El bautismo es en sí mismo un acto de fe y compromiso. Aunque la fe es posible sin el bautismo (es decir, la salvación no depende de que uno se bautice), el bautismo es un acompañamiento natural y la realización de la fe.

El bautismo es una poderosa proclamación de la verdad de lo que Cristo ha hecho; es una "palabra en agua" que testifica la participación del creyente en la muerte y resurrección de Cristo. Es un símbolo más que un simple signo, porque es una imagen gráfica de la verdad que transmite. No hay ninguna relación inherente entre un signo y lo que representa. Por ejemplo, los semáforos en verde nos indican, por costumbre, que avancemos y no que nos detengamos. Por el contrario, la señal en un cruce de ferrocarril es más que una señal; es también un símbolo, pues es una imagen aproximada de lo que pretende indicar, el cruce de una carretera y una vía férrea. El bautismo es un símbolo, no una mera señal, pues en realidad representa la muerte y resurrección del creyente con Cristo.

Las personas aptas para bautismo

¿Quiénes son las personas correctas para bautizarse? La cuestión aquí es si mantener el bautismo de niños o el bautismo de creyentes (es decir, la posición de que el bautismo debe estar restringido a aquellos que han confesado su fe en la obra expiatoria de Cristo). Obsérvese que nuestra dicotomía no es entre el bautismo de niños y el de adultos, ya que los que rechazan el bautismo de niños estipulan que los candidatos al bautismo deben haber ejercido realmente la fe. Sostenemos que el bautismo de creyentes es la posición correcta.

Observamos que los argumentos a favor del bautismo de niños se basan en la opinión de que el bautismo es un medio de gracia salvadora o en la opinión de que el bautismo, al igual que la circuncisión del Antiguo Testamento, es una señal y un sello de entrada en el pacto. Dado que ambos puntos de vista se consideraron inadecuados, debemos concluir que el bautismo de niños es insostenible. El significado del bautismo nos obliga a mantener la posición del bautismo de los creyentes.

La forma del bautismo

No es posible resolver la cuestión de la forma adecuada de bautizar basándose únicamente en los datos lingüísticos. Sin embargo, debemos señalar que el significado predominante de la palabra griega baptizō es "inmersión o sumergirse bajo el agua"[19]. Incluso Martín Lutero y Juan Calvino reconocieron que la inmersión era el significado básico del término y la forma original de bautismo practicada por la iglesia primitiva[20]. Varias consideraciones indican que la inmersión era el procedimiento bíblico. Juan bautizó en Enón "porque había allí muchas aguas" (Juan 3:23). Cuando fue bautizado por Juan, Jesús subió "del agua" (Marcos 1:10). Al oír las buenas nuevas, el eunuco etíope dijo a Felipe: "Aquí hay agua; ¿qué impide que yo sea bautizado?" (Hechos 8:36). Entonces ambos descendieron al agua,

---

19 Henry George Liddell y Robert Scott, *A Greek-English Lexicon* [Léxico griego-inglés] (Oxford: Clarendon, 1951), 1:305-6.

20 Ewald M. Plass, ed., *What Luther Says* [Lo que dice Lutero] (San Luis: Concordia, 1959), 1:57-58; Juan Calvino, *Institutes of the Christian Religion* [Institutos de la Religión Cristiana], ed. John T. McNeill, trad. Ford Lewis Battles (Filadelfia: Westminster, 1960), 4.16.13.

Felipe lo bautizó y salieron del agua (vv. 38-39).

No hay duda de que el procedimiento que se seguía en los tiempos del Nuevo Testamento era la inmersión. Pero ¿significa eso que debemos practicar la inmersión hoy en día? ¿O hay otras posibilidades? Aquellos a quienes la forma no les parece crucial sostienen que no hay ningún vínculo esencial entre el significado del bautismo y la forma en que se practica. Pero si, como afirmamos en nuestra discusión sobre el significado, el bautismo es realmente un símbolo, y no un simple signo arbitrario, no somos libres de cambiar la forma

En Romanos 6:3-5, Pablo parece estar sosteniendo que hay una conexión significativa entre la forma en que se administra el bautismo (a uno se le sumerge en el agua y luego se le saca de ella) y lo que simboliza (la muerte al pecado y la nueva vida en Cristo, y más allá de eso, el bautismo simboliza la base de la muerte del creyente al pecado y la nueva vida: la muerte, la sepultura y la resurrección de Cristo). A la luz de estas consideraciones, el inmersionismo parece la más adecuada de las diversas posiciones. Aunque no sea la única forma válida de bautismo, es la que más preserva y cumple el significado del bautismo.

Sea cual sea el modo que se adopte, el bautismo no es un asunto que deba tomarse a la ligera. Es de gran importancia, ya que es a la vez un signo de la unión del creyente con Cristo y, como confesión de esa unión, un acto de fe adicional que sirve para cimentar con mayor firmeza la relación.

La Cena del Señor: El Rito Progresivo de la Iglesia

Mientras que el bautismo es el rito de iniciación, la Cena del Señor es el rito permanente de la iglesia visible. Se puede definir, de manera preliminar, como un rito que Cristo mismo estableció para que la iglesia lo practicara como conmemoración de su muerte.

Enseguida nos encontramos con un hecho curioso sobre la Cena del Señor. Prácticamente todas las ramas del cristianismo la practican. Sin embargo, hay muchas interpretaciones diferentes. De hecho, históricamente ha separado a varios grupos cristianos. Así que es a la vez un factor que une y divide a la cristiandad.

En ocasiones, el tema del valor espiritual o práctico de la Cena del Señor se ha perdido en la disputa sobre cuestiones teóricas. Las cuestiones teóricas son importantes (afectan a las consideraciones espirituales), por lo que no deben descartarse con demasiada rapidez. Sin embargo, si nos atascamos en las cuestiones técnicas y no pasamos a tratar el significado práctico, habremos perdido todo el sentido de que Cristo haya establecido la Cena. Nuestro objetivo es vivenciar el significado de la Cena del Señor, y no solo comprenderlo.

Puntos de Vista Principales

La visión tradicional católica romana

La posición oficial del catolicismo romano sobre la Cena del Señor se definió en el Concilio de Trento (1545-1563). Aunque muchos católicos, especialmente en los países occidentales, han abandonado algunas de las características de este punto de vista, sigue siendo la base de la fe de un gran número de personas. La transubstanciación es la doctrina según la cual, cuando el sacerdote administrador consagra los elementos, se produce un cambio metafísico real. La sustancia del pan y del vino (lo que realmente son) se transforma en la carne y la sangre de Cristo, respectivamente. No obstante, los componentes no cambian. Así, el pan conserva la forma, la textura y el sabor del pan. Sin embargo, la totalidad de Cristo está plenamente presente en cada una de las partículas de la hostia[21]. Todos los

---

21 Joseph Pohle, *The Sacraments: A Dogmatic Treatise* [Los Sacramentos: Un tratado dogmático], ed. Arthur Preuss (San Luis: Herder, 1942), 2:99.

que participan en la Cena del Señor, o en la Sagrada Eucaristía como se denomina, toman literalmente el cuerpo físico y la sangre de Cristo en sí mismos.

Un segundo principio importante de la visión católica es que la Cena del Señor implica un acto sacrificial. En la misa, Cristo vuelve a ofrecer un verdadero sacrificio en nombre de los fieles, en el mismo sentido que la crucifixión[22].

Un tercer principio de la visión católica es el sacerdotalismo, la idea de que un sacerdote debidamente ordenado debe estar presente para consagrar la hostia. Sin ese sacerdote para oficiar, los elementos siguen siendo solo pan y vino. Sin embargo, cuando un clérigo cualificado sigue la fórmula adecuada, los elementos se transforman completa y permanentemente en el cuerpo y la sangre de Cristo[23].

En la administración tradicional del sacramento, el cáliz estaba vedado a los laicos, siendo tomado únicamente por el clero. La razón principal era el peligro de que se derramara la sangre[24]. Que la sangre de Jesús sea pisoteada sería una profanación. Además, había dos argumentos para decir que es innecesario que los laicos tomen la copa. En primer lugar, el clero actúa como representante de los laicos; toma la copa en nombre del pueblo. En segundo lugar, no se ganaría nada con que los laicos tomaran el cáliz. El sacramento está completo sin él, pues cada partícula del pan y del vino contiene plenamente el cuerpo, el alma y la divinidad de Cristo[25].

La visión luterana

La visión luterana difiere de la católica en muchos puntos, pero no en todos. Lutero mantuvo la concepción católica de que el cuerpo y la sangre de Cristo están físicamente presentes en los elementos. Lo que Lutero negó fue la doctrina católica de la transubstanciación. Las moléculas no se transforman en carne y sangre. Pero el cuerpo y la sangre de Cristo están presentes "en, con y dentro" del pan y el vino.

El pan y el vino no se han convertido en el cuerpo y la sangre de Cristo, pero ahora tenemos el cuerpo y la sangre además del pan y el vino. Aunque algunos han utilizado el término "consubstanciación" para denotar el concepto de Lutero de que el cuerpo y el pan están presentes simultáneamente, que la sangre y el vino coexisten, no era el término de Lutero. Pensando en la interpenetración de una sustancia con otra, utilizó como analogía una barra de hierro calentada en el fuego. La sustancia del hierro no deja de existir cuando la sustancia del fuego la interpenetra, calentándola a una alta temperatura[26].

Lutero rechazó otras facetas de la concepción católica de la misa, en particular la idea de que la misa es un sacrificio. Puesto que Cristo murió y expió el pecado de una vez por todas, y puesto que el creyente es justificado por la fe sobre la base de ese único sacrificio, no hay necesidad de repetir los sacrificios[27]. Lutero también rechazó el sacerdotalismo.

La presencia del cuerpo y la sangre de Cristo no es resultado de las acciones del sacerdote. Por el contrario, es una consecuencia del poder de Jesucristo.

¿Cuál es el beneficio del sacramento? Aquí las declaraciones de Lutero son menos claras. Insiste en que al participar del sacramento se experimenta un beneficio real: el perdón de los pecados y la confirmación de la fe. No obstante, este beneficio no se debe a los elementos del sacramento, sino a la recepción de la Palabra por la fe[28].

Aquí Lutero suena casi como si considerara el sacramento como un simple medio de

22 *Ibid.*, parte 3.
23 *Ibid.*, 2:256-60.
24 *Ibid.*, 2:252.
25 *Ibid.*, 2:246-54.

26 Martín Lutero, *The Babylonian Captivity of the Church* [El cautiverio babilónico de la Iglesia], en *Three Treatises* (Filadelfia: Muhlenberg, 1943), pág. 140.
27 *Ibid.*, págs. 161-168.
28 *Ibid.*, pág. 147.

proclamación al que se responde como a un sermón. Sin embargo, si el sacramento es simplemente una forma de proclamación, ¿qué sentido tiene la presencia física del cuerpo y la sangre de Cristo?

En otras ocasiones, Lutero parece haber sostenido que el beneficio proviene de comer realmente el cuerpo de Cristo. Lo que se desprende de las distintas declaraciones de Lutero es que, por el hecho de tomar los elementos, los creyentes reciben un beneficio espiritual que de otro modo no experimentarían.

La visión reformada

La tercera visión principal de la Cena del Señor es la calvinista o reformada. Aunque el término "calvinismo" suele suscitar imágenes de una visión específica de la predestinación, no es eso lo que tenemos en mente aquí. Más bien, nos referimos a la visión de Calvino sobre la Cena del Señor.

El punto de vista reformado sostiene que Cristo está presente en la Cena del Señor, pero no física o corporalmente. Más bien, su presencia en el sacramento es espiritual o dinámica. Utilizando el sol como ilustración, Calvino afirmó que Cristo está presente de forma influyente.

El sol permanece en el cielo, pero su calor y su luz están presentes en la tierra. Así, el resplandor del Espíritu nos transmite la comunión de la carne y la sangre de Cristo[29]. Según Romanos 8:9-11, es por el Espíritu y solo por el Espíritu que Cristo habita en nosotros. La noción de que realmente comemos el cuerpo de Cristo y bebemos su sangre es absurda. Más bien, los verdaderos comulgantes se nutren espiritualmente a medida que el Espíritu Santo los lleva a una conexión más estrecha con la persona de Cristo.

Además, aunque los elementos de los sacramentos significan o representan el cuerpo

y la sangre de Cristo, hacen más que eso. También sellan.

Louis Berkhof sugiere que la Cena del Señor sella el amor de Cristo a los creyentes, dándoles la seguridad de que todas las promesas del pacto y las riquezas del evangelio son suyas por una dádiva divina. A cambio de un derecho personal y la posesión real de toda esta riqueza, los creyentes expresan su fe en Cristo como Salvador y prometen obediencia a él como Señor y Rey[30].

Por tanto, se trata de un auténtico beneficio objetivo del sacramento. No es generado por el participante, sino que es aportado al sacramento por Cristo mismo.

Al tomar los elementos, el participante recibe realmente de nuevo y de forma continua la vitalidad de Cristo. Sin embargo, este beneficio no debe ser considerado como automático. El efecto del sacramento depende en gran medida de la fe y la receptividad del participante.

La visión zwingliana

La opinión de que la Cena del Señor es una simple conmemoración suele asociarse con Ulrico Zwinglio, quien enfatizó el papel del sacramento para recordar la muerte de Cristo y su eficacia en favor del creyente. De este modo, la Cena del Señor es esencialmente una conmemoración de la muerte de Cristo[31]. El valor del sacramento reside simplemente en recibir por la fe los beneficios de la muerte de Cristo. El efecto de la Cena del Señor es como un tipo de proclamación[32].

La Cena del Señor se diferencia de los sermones únicamente en que implica un medio visible de proclamación. En ambos casos, como en toda proclamación, es necesaria una fe que responda para que haya algún beneficio. Podríamos decir, entonces, que no es tanto que el sacramento traiga a Cristo al practicante

---

29 Calvino, *Institutes* 4.17.12.

30 Berkhof, *Systematic Theology*, pág. 651.
31 Hodge, *Systematic Theology*, págs. 627-628.
32 Strong, *Systematic Theology*, págs. 541-543.

como que la fe del creyente traiga a Cristo al sacramento.

Cómo Afrontar las Cuestiones

LA PRESENCIA DE CRISTO

Ahora debemos enfrentarnos a las cuestiones que plantean estos puntos de vista y tratar de llegar a alguna resolución. La primera cuestión se refiere a si, y en qué sentido, el cuerpo y la sangre de Cristo están realmente presentes en los elementos empleados. Se han dado varias respuestas a esta cuestión:

1. El pan y el vino son el cuerpo físico y la sangre de Cristo (la visión católica romana)[33].
2. El pan y el vino contienen el cuerpo y la sangre físicos (visión luterana)[34].
3. El pan y el vino contienen espiritualmente el cuerpo y la sangre (visión reformada)[35].
4. Representan el cuerpo y la sangre (visión zwingliana)[36].

La forma más natural y directa de interpretar las palabras de Jesús, "Este es mi cuerpo" y "Esta es mi sangre", es interpretarlas literalmente. Sin embargo, en este caso, algunas consideraciones se oponen a la interpretación literal.

En primer lugar, si tomamos "Este es mi cuerpo" y "Esta es mi sangre" literalmente, se produce un problema.

Si Jesús quería decir que el pan y el vino estaban en ese momento en el aposento alto realmente su cuerpo y su sangre, estaba afirmando que su carne y su sangre estaban en dos lugares a la vez, ya que su forma corpórea estaba allí mismo junto a los elementos. Esto habría sido una especie de negación de la encarnación, que limitó su naturaleza humana física a un lugar.

En segundo lugar, existen dificultades conceptuales para los que declaran que Cristo ha estado presente corporalmente en los sucesos posteriores de la Cena del Señor.

Aquí nos enfrentamos al problema de cómo dos sustancias (por ejemplo, la carne y el pan) pueden estar en el mismo lugar simultáneamente (la concepción luterana) o de cómo una sustancia particular (por ejemplo, la sangre) puede existir sin ninguna de sus características habituales (la visión católica).

Los que sostienen una presencia física ofrecen explicaciones de su punto de vista que suponen un tipo de metafísica que parece muy extraña o incluso insostenible para las mentes del siglo XXI.

Si las palabras de Jesús no deben tomarse literalmente, ¿qué quiso decir cuando dijo: "Esto es mi cuerpo" y " Esta es mi sangre"? Al pronunciar estas palabras, estaba centrando la atención en su relación con cada uno de los creyentes. En muchas otras ocasiones en las que abordó este tema, utilizó metáforas para caracterizarse a sí mismo:

"Yo soy el camino, la verdad y la vida"; "Yo soy la vid, vosotros los pámpanos"; "Yo soy el buen pastor"; "Yo soy el pan de vida". En la Última Cena utilizó metáforas similares: "Este [pan] es mi cuerpo"; "Este [vino] es mi sangre", lo que podría ser interpretado como "Esto representa [o significa] mi cuerpo" y "Esto representa [o significa] mi sangre". Este enfoque nos evita el tipo de dificultades en las que incurre la visión de que Cristo está físicamente presente en los elementos.

¿Pero qué hay de la idea de que Cristo está espiritualmente presente?

Es importante recordar que Jesús prometió estar con sus discípulos en todas partes y en todo momento (MT 28:20; Juan 14:23; 15:4-7).

---

33 Pohle, *Sacraments*, 2:25.
34 Pieper, *Christian Dogmatics*, 3:345.
35 Berkhof, *Systematic Theology*, págs. 653-654.
36 Strong, *Systematic Theology*, págs. 538-543.

La Cena del Señor es un recordatorio de la muerte de Cristo y de su carácter sacrificial en nuestro favor, un símbolo de nuestra conexión vital con el Señor y un testimonio de su segunda venida.

Pero también ha prometido estar con nosotros especialmente cuando nos reunimos como creyentes (MT 18:20). La Cena del Señor, como acto de adoración, es por tanto una oportunidad especialmente fructífera para encontrarse con él. Es probable que la presencia especial de Cristo en el sacramento sea de naturaleza influyente y no metafísica. A este respecto, es significativo que el relato de Pablo sobre la Cena del Señor no diga nada sobre la presencia de Cristo. En cambio, simplemente dice: "Así, pues, todas las veces que comiereis este pan, y bebiereis esta copa, la muerte del Señor anunciáis hasta que él venga" (1 Co 11:26). Este versículo sugiere que el rito es básicamente conmemorativo.

Entonces, ¿cómo debemos considerar la Cena del Señor? Deberíamos esperar la Cena del Señor como un momento de relación y comunión con Cristo, porque él ha prometido reunirse con nosotros. Debemos pensar en el sacramento no tanto en términos de la presencia de Cristo como en términos de su promesa y de la posibilidad de una relación más estrecha con él.

La eficacia del rito

Lo que se ha dicho sobre la presencia de Cristo ha sugerido mucho sobre la naturaleza del beneficio conferido por la Cena del Señor.

También se desprende de las declaraciones de Pablo en 1 Corintios 11:27-32 que no hay nada automático en este beneficio. Muchos en Corinto que participaron en la Cena del Señor, en lugar de ser edificados espiritualmente, se habían debilitado y enfermado; algunos incluso habían muerto (v. 30). En consecuencia, el efecto de la Cena del Señor debe depender o ser proporcional a la fe del creyente y a su respuesta a lo que se presenta en el rito. Para que el rito sea eficaz, es necesario que se comprenda correctamente el significado de la Cena del Señor y que se responda adecuadamente desde la fe.

Por lo tanto, es importante señalar lo que simboliza la Cena del Señor. En particular, es un recuerdo de la muerte de Cristo y su carácter sacrificial y propiciatorio como ofrenda al Padre en nuestro favor. Además, simboliza nuestra dependencia y conexión vital con el Señor, y apunta a su segunda venida. Además, simboliza la unidad de los creyentes dentro de la iglesia y su amor y preocupación por los demás: el cuerpo es un solo cuerpo.

Es conveniente explicar el significado de la Cena del Señor en cada celebración. Cada individuo debe examinar cuidadosamente su propia comprensión y condición espiritual (1 Co 11:27-28). La Cena del Señor será entonces una ocasión para volver a comprometerse con el Señor.

El administrador adecuado

La Escritura da muy poca orientación sobre la cuestión de quién debe administrar la Cena del Señor. Lo que sí aparece en los relatos evangélicos y en la argumentación de Pablo es que la Cena del Señor ha sido confiada a la iglesia y, supuestamente, debe ser administrada por ella. Por lo tanto, parecería estar en orden que las personas que han sido elegidas y facultadas por la iglesia para supervisar y dirigir sus servicios de culto, supervisen también la Cena del Señor.

LOS DESTINATARIOS ADECUADOS

En ninguna parte de la Escritura encontramos una declaración extensa de requisitos previos para recibir la Cena del Señor. No obstante, podemos inferir que si la Cena del Señor significa, al menos en parte, una relación espiritual entre el creyente individual y el Señor, una relación personal con Dios es un requisito previo. En otras palabras, los que participan deben ser auténticos creyentes en Cristo. Y aunque no se pueden establecer requisitos de edad de forma estricta, el participante debe ser lo suficientemente maduro como para ser capaz de discernir el significado (1 Co 11:29).

Inferimos otro prerrequisito del hecho de que había algunas personas cuyo pecado era tan grave que Pablo instó a la iglesia a eliminarlos del cuerpo (1 Co 5:1-5). Ciertamente, la iglesia debería, como primer paso en la disciplina, retener el pan y la copa de alguien que se sabe que vive en pecado evidente. Sin embargo, en otros casos, como no sabemos cuáles eran los requisitos para ser miembro de las iglesias del Nuevo Testamento, probablemente sea mejor, una vez explicado el significado del sacramento y el fundamento de la participación, dejar a los propios individuos la decisión de participar o no.

LOS ELEMENTOS A UTILIZAR

Los elementos que se utilicen dependerán de las necesidades de los participantes. Si su principal prioridad es la duplicación de la comida original, utilizarán el pan ácimo de la Pascua tradicional y el vino, probablemente diluido con entre una y veinte partes de agua por cada parte de vino[37]. No obstante, si la principal importancia de los participantes es la conservación del simbolismo, pueden utilizar una hogaza de pan con levadura y zumo de uva. La unidad del pan simbolizaría la unidad de la Iglesia; la ruptura del pan significaría la partición del cuerpo de Cristo. El zumo de uva representaría suficientemente la sangre de Cristo.

Debe evitarse el uso de sustitutos extraños simplemente para variar. Las patatas fritas y la gaseosa, por ejemplo, se parecen muy poco al original. Debe buscarse un equilibrio entre, por un lado, repetir el acto con tan poca variación que participemos rutinariamente sin ser conscientes de su significado y, por otro lado, cambiar los procedimientos tan severamente que centremos nuestra atención en la mecánica en lugar de en la obra expiatoria de Cristo.

LA FRECUENCIA DE LA OBSERVANCIA

La frecuencia con la que debemos celebrar la Cena del Señor es otro asunto sobre el que no tenemos declaraciones didácticas explícitas en las Escrituras. Ni siquiera tenemos una indicación precisa de la práctica en la iglesia primitiva, aunque bien puede haber sido semanal, es decir, cada vez que la iglesia se reunía. En vista de la falta de información específica, tomaremos nuestra decisión sobre la base de principios bíblicos y consideraciones prácticas.

La Cena del Señor debe celebrarse con la suficiente frecuencia como para evitar largos intervalos entre los momentos de reflexión sobre las verdades que significa, pero no con tanta frecuencia como para que parezca trivial o tan común que cumplamos con el procedimiento sin pensar realmente en su significado. Tal vez sería bueno que la iglesia ofreciera la Cena del Señor con frecuencia, permitiendo que cada creyente determine la frecuencia con la que desea participar.

La Cena del Señor, administrada correctamente, es un medio para inspirar la fe y el amor del creyente, al reflexionar de nuevo sobre la maravilla de la muerte del Señor y el hecho de

---

37 Robert H. Stein, *"Wine-Drinking in New Testament Times"* [El consumo de vino en el Nuevo Testamento], *Christianity Today*, 20 de Junio de 1975, págs. 9-11.

que los que creen en él vivirán eternamente.

¿Y puede ser que gane
un interés en la sangre del Salvador?
¿Murió por mí, quien causó su dolor?
¿Por mí, quién lo persiguió hasta la
muerte?
¡Increíble amor! ¿Cómo puede ser
Que Tú, mi Dios, mueras por mí?

(Charles Wesley, "And Can It Be That
I Should Gain" [Y puede ser que
gane], 1738)

- ¿En qué se diferencian las posturas católica y luterana sobre el bautismo?
- ¿Cómo describiría la interpretación presbiteriana y reformada del bautismo? ¿Qué relación ven estos teólogos entre el bautismo y la circuncisión?
- ¿En qué se diferencia la tercera posición, que considera el bautismo como una señal de salvación, de las otras dos posiciones?
- Comparar y contrastar los puntos de vista católico romano, luterano, reformado y zwingliano sobre la Cena del Señor.
- ¿Qué crees sobre la Cena del Señor?

PARTE 9

Los Últimos Tiempos

39

Temas Introductorios y Escatología Individual

Objetivos del Capítulo

Una vez estudiado este capítulo, el lector es capaz de:

1. Identificar varias razones para la atención actual a la escatología.
2. Reconocer nueve consideraciones importantes para el estudio de la escatología.
3. Definir la muerte y distinguir entre la muerte física y la espiritual.
4. Analizar tres opiniones actuales sobre el estado intermedio (el sueño del alma, el purgatorio y la resurrección instantánea) y proponer una resolución de los difíciles aspectos relacionados con esta doctrina.

Resumen del Capítulo

El estudio de la escatología ha suscitado una variedad de respuestas entre los creyentes, que van desde la evitación práctica hasta la preocupación total por la doctrina. Ninguno de los dos extremos es conveniente. Para todas las personas existe la realidad escatológica personal de la muerte. Mientras que todas las personas participan en la muerte física, solo las que no son creyentes experimentarán también la muerte espiritual. El difícil aspecto del estado intermedio se aborda desde la perspectiva de tres opiniones contemporáneas. También se propone una solución a las dificultades.

Estructura del Capítulo

Introducción a la escatología

Muerte

- La Realidad de la Muerte
- La Naturaleza de la Muerte
- Muerte Física: ¿Natural o Antinatural?
- Los Efectos de la Muerte

El Estado Intermedio

- La Dificultad de la Doctrina
- Perspectivas Actuales del Estado Intermedio
  - » Sueño del Alma
  - » Purgatorio
  - » Resurrección Instantánea
  - » Una propuesta de Solución

Implicaciones de las Doctrinas de la Muerte y del Estado Intermedio

La escatología ha significado tradicionalmente el estudio de las últimas cosas. En consecuencia, se ha ocupado de las cuestiones relativas al fin de la historia, a la culminación de la obra de Dios en el mundo. En muchos casos también ha sido literalmente el tema final considerado en el estudio de la teología.

A finales del siglo XIX y a lo largo del siglo XX, la escatología fue examinada con más detenimiento que nunca. Hay una serie de razones que explican la actual atención a la escatología. Una de ellas es el rápido desarrollo de la tecnología y los consiguientes cambios en nuestra cultura en general. Para evitar la obsolescencia, es necesario que las empresas y los organismos públicos prevean y se preparen para el futuro. Esto ha dado lugar a toda una nueva disciplina: el "futurismo". La curiosidad por saber cómo serán los hogares, los transportes y las comunicaciones en la próxima década o el próximo siglo da lugar a la especulación y luego a la investigación. Hay un interés correspondiente por el futuro en un sentido más amplio, un sentido cósmico. ¿Qué le depara el futuro a toda la realidad?

Una segunda razón importante para la prominencia de la escatología es el auge del tercer mundo, cuyo presente puede ser sombrío, pero cuyo futuro encierra una gran promesa y potencial. A medida que el cristianismo continúa su rápido crecimiento en las naciones del tercer mundo, de hecho, más rápido allí que en cualquier otro lugar, su entusiasmo y anticipación con respecto al futuro estimulan un mayor interés en la escatología que en la historia vivida.

Además, la fuerza del comunismo o del materialismo dialéctico obligó a los teólogos a centrarse en el futuro. El comunismo tiene una filosofía definida de la historia. Considera que la historia avanza hacia un objetivo final. Conforme la dialéctica logra sus propósitos, la historia sigue avanzando de una etapa a otra. El *Das Prinzip Hoffnung (El principio de la esperanza)*[1] de Ernst Bloch, que representa al marxismo como la esperanza del mundo en un futuro mejor, ha tenido un gran impacto en varios teólogos cristianos, como Jürgen Moltmann, que se sintió desafiado a plantear una base alternativa y superior para la esperanza.

Algunas escuelas de psicología también han empezado a hacer énfasis en la esperanza. Quizá el ejemplo más notable sea la logoterapia de Viktor Frankl, una mezcla de existencialismo y psicoanálisis. A partir de sus experiencias en un campo de concentración durante la Segunda Guerra Mundial, Frankl llegó a la conclusión de que los seres humanos necesitan un propósito para vivir. Quien tiene esperanza, quien "conoce el 'por qué' de su existencia [...] será capaz de soportar casi cualquier 'cómo'"[2]. En un sentido muy real, el por qué, el propósito, de la existencia está relacionado con el futuro, con lo que uno anticipa que ocurrirá.

Por último, la amenaza de destrucción nuclear que se cierne sobre la humanidad desde hace algún tiempo ha suscitado la pregunta sobre el futuro. Y aunque el efecto de las crisis ecológicas a las que nos enfrentamos es menos rápido de lo que sería una guerra nuclear, también ponen en peligro el futuro de la raza. Estos hechos ponen de manifiesto que no podemos vivir simplemente en el presente, preocupados por lo que hay ahora. Debemos pensar en el futuro.

1 Ernst Bloch, *Das Prinzip Hoffnung* (Frankfurt am Main: Suhrkamp, 1959).

2 Viktor Frankl, *Man's Search for Meaning* [La búsqueda de sentido del hombre] (Nueva York: Washington Square, 1963), pág. 127.

Cuando examinamos lo que los teólogos y ministros están haciendo con la escatología, encontramos dos tendencias contrastantes. La primera es una intensa preocupación por la escatología, que podría denominarse "escatomanía". ¡Se afirma que un pastor ha predicado sobre el libro del Apocalipsis todos los domingos por la noche durante diecinueve años! A veces, la enseñanza se complementa con grandes y detallados gráficos de los últimos tiempos. Los acontecimientos políticos y sociales actuales, especialmente los relacionados con la nación de Israel, se identifican con las profecías de la Escritura. Como resultado, algunos predicadores han sido ridiculizados como si tuvieran la Biblia en una mano y el periódico en la otra.

Otra variedad de escatomanía, muy diferente en orientación y contenido, es el enfoque que convierte la escatología en la totalidad de la teología[3]. La fe cristiana se considera tan profundamente escatológica que "escatológico" se asocia como adjetivo a casi todos los conceptos teológicos. Sin embargo, para los que siguen este enfoque, el tema central de la escatología no es el futuro, sino la idea de que ha comenzado una nueva era.

Lo contrario de la escatomanía podría denominarse "escatofobia", es decir, el miedo o la aversión a la escatología, o al menos evitar hablar de ella. En algunos casos, la escatofobia es una reacción contra quienes tienen una interpretación definida de todo el material profético de la Biblia e identifican cada acontecimiento significativo de la historia con alguna predicción bíblica. Al no querer ser considerados con este enfoque un tanto sensacionalista de la escatología, algunos predicadores y profesores evitan por completo la discusión del tema. En otros casos, la escatofobia es un reflejo de la dificultad y la oscuridad de muchas de las cuestiones.

3 Jürgen Moltmann, *The Theology of Hope* [La teología de la esperanza] (Nueva York: Harper & Row, 1967).

En algún lugar entre los dos extremos de la preocupación y la evitación de la escatología debemos tomar nuestra posición. Encontraremos una posición mediadora adecuada si tenemos en cuenta el verdadero propósito de la escatología. Pablo indica en 1 Tesalonicenses 4 su razón para escribir sobre la segunda venida.

El propósito de las verdades escatológicas en la Palabra de Dios es consolarnos y reafirmarnos.

Algunos creyentes cuyos seres queridos habían muerto estaban experimentando una pena que era, al menos hasta cierto punto, insana e innecesaria. Pablo no quería que se afligieran como los incrédulos, que no tienen esperanza por sus seres queridos fallecidos (v. 13). Tras describir la segunda venida y asegurar a sus lectores su certeza, aconseja: "Por tanto, alentaos los unos a los otros con estas palabras" (v. 18). A veces es fácil olvidar que las verdades escatológicas de la Palabra de Dios, al igual que el resto de su revelación, tienen por objeto consolarnos y darnos seguridad.

Al abordar el estudio de la escatología, es importante tener en cuenta una serie de consideraciones:

1. La escatología es un tema importante en la teología sistemática. Por consiguiente, no nos podemos descuidar de ella. Tampoco, puesto que no es más que una doctrina entre varias, debemos convertir todo nuestro sistema doctrinal en escatología.

2. Las verdades de la escatología merecen una atención y un estudio cuidadosos, intensos y exhaustivos. Al mismo tiempo, debemos evitar explorar estas cuestiones por pura curiosidad. Además, debemos evitar la especulación indebida y reconocer que, dado que las

fuentes bíblicas varían en claridad, nuestras conclusiones variarán en grado de certeza.

3. Debemos reconocer que la escatología no se refiere exclusivamente al futuro. Jesús introdujo una nueva era, y la victoria sobre los dominios del mal ya ha sido ganada, aunque la lucha aún esté por desarrollarse en la historia.

4. Debemos unir a esta idea la verdad de que hay elementos de profecía predictiva, incluso dentro del ministerio de Jesús, que simplemente no pueden considerarse ya cumplidos. Debemos vivir con apertura y anticipación al futuro.

5. Los pasajes bíblicos relativos a los acontecimientos escatológicos son mucho más que descripciones existenciales de la vida. En efecto, tienen un significado existencial, pero ese significado depende de la facticidad de los acontecimientos descritos y de su aplicación. Estos acontecimientos sin duda ocurrirán.

6. Como seres humanos, tenemos la responsabilidad de desempeñar un papel en la realización de los acontecimientos escatológicos que han de tener lugar aquí en la tierra y en la historia. Algunos ven esta responsabilidad en términos de evangelización; otros la ven en términos de ayuda social. Sin embargo, al desempeñar nuestro papel, debemos tener en cuenta que la escatología se refiere principalmente a un nuevo reino más allá del espacio y el tiempo, un nuevo cielo y una nueva tierra. Este reino será introducido por una obra sobrenatural de Dios; no puede ser realizado por esfuerzos humanos.

7. Las verdades de la escatología deberían despertar en nosotros la vigilancia y la alerta en espera del futuro. Pero la preparación para lo que va a suceder implicará también la diligencia en las actividades que el Señor nos ha asignado. Debemos estudiar intensamente las Escrituras y observar atentamente los acontecimientos de nuestro mundo, para poder discernir la obra de Dios y no dejarnos engañar. Sin embargo, no debemos ser tan impetuosos como para identificar dogmáticamente sucesos históricos concretos con la profecía bíblica o

predecir cuándo tendrán lugar determinados acontecimientos escatológicos.

8. Por muy importante que sea tener convicciones en materia escatológica, es bueno tener en cuenta que estas varían en cuanto a su significado. El acuerdo es esencial en cuestiones básicas como la segunda venida de Cristo y la vida después de la muerte. No obstante, la adhesión a una posición específica sobre cuestiones menos centrales y menos claramente expuestas, como el milenio o la tribulación, no debe convertirse en una prueba de ortodoxia ni en una condición para la comunión y la unidad cristianas. Se debe hacer énfasis en los puntos de acuerdo, no en los de desacuerdo.

9. Cuando estudiamos las doctrinas de las últimas cosas, debemos destacar su significado espiritual y su aplicación práctica. Son incentivos para la pureza de vida, la diligencia en el servicio y la esperanza en el futuro. Deben ser consideradas como recursos para ministrar, no como temas de debate.

Muerte

Cuando hablamos de escatología, debemos distinguir entre la escatología individual y la escatología cósmica: las experiencias que se sitúan, por un lado, en el futuro del individuo y, por otro, las que se sitúan en el futuro de la raza humana y, de hecho, de toda la creación. Las primeras le ocurrirán a cada individuo al morir. Las segundas le ocurrirán a todas las personas simultáneamente en relación con los acontecimientos cósmicos, concretamente con la segunda venida de Cristo.

La Realidad de la Muerte

Un hecho innegable sobre el futuro de toda persona es la inevitabilidad de la muerte. Hay una afirmación directa de este hecho en Hebreos 9:27: "Y de la manera que está establecido para los hombres que mueran una sola vez, y después de esto el juicio". Esta idea se extiende también a lo largo de 1 Corintios 15, donde se habla de la universalidad de la muerte y del efecto de la resurrección de Cristo. Aunque se dice que la muerte ha sido derrotada y su aguijón eliminado por su resurrección (vv. 54-56), no se sugiere que no vayamos a morir. Pablo ciertamente anticipó su propia muerte (2 Co 5:1-10; Flp 1:19-26).

Aunque todo el mundo reconoce, al menos intelectualmente, la realidad y la certeza de la muerte, se suele mostrar una falta de voluntad para afrontar su inevitabilidad.

En las funerarias, muchas personas presentan sus respetos formales y luego tratan de alejarse lo más posible del ataúd. Empleamos toda una serie de eufemismos para evitar reconocer la realidad de la muerte física. Las personas no mueren, sino que expiran o acaban. Ya no tenemos catacumbas o criptas, sino cementerios y parques conmemorativos.

No obstante, el cristiano se enfrentará directamente a la realidad de la muerte y a su carácter ineludible. Así, Pablo reconoce que la muerte está siempre presente en el mundo: "Porque nosotros que vivimos, siempre estamos entregados a muerte por causa de Jesús, para que también la vida de Jesús se manifieste en nuestra carne mortal. De manera que la muerte actúa en nosotros, y en vosotros la vida" (2 Co 4:11-12).

La Naturaleza de la Muerte

Sin embargo, ¿qué es la muerte? ¿Cómo debemos definirla? Varios pasajes de la Escritura hablan de la muerte física, es decir, del cese de la vida en nuestro cuerpo físico.

En Mateo 10:28, por ejemplo, Jesús contrasta la muerte del cuerpo con la muerte del cuerpo y del alma: "Y no temáis a los que matan el cuerpo, mas el alma no pueden matar; temed más bien a aquel que puede destruir el alma y el cuerpo en el infierno". Varios otros pasajes hablan de la pérdida de la psychē ("vida"). Un ejemplo es Juan 13:37-38.

Le dijo Pedro: Señor, ¿por qué no te puedo seguir ahora? Mi vida pondré por ti. Jesús le respondió: ¿Tu vida pondrás por mí? De cierto, de cierto te digo: No cantará el gallo, sin que me hayas negado tres veces.

Por último, en Eclesiastés 12:7 se habla de la muerte como la separación del cuerpo y el alma (o el espíritu).

y el polvo vuelva a la tierra,
como era, y el espíritu
vuelva a Dios que lo dio.

En el Nuevo Testamento, Santiago 2:26 también habla de la muerte como la separación del cuerpo y el espíritu. De lo que se trata en estos pasajes es de la terminación de la vida en su estado corporal físico. Sin embargo, esto no es el fin de la existencia. La vida y la muerte, según las Escrituras, no deben considerarse como existencia e inexistencia, sino como dos estados diferentes de la existencia[4]. La muerte es simplemente una transición a un modo de existencia diferente; no es, como algunos tienden a pensar, la extinción.

Además de la muerte física, la Escritura habla de la muerte espiritual y eterna. La muerte espiritual es la separación de la persona de Dios; la muerte eterna es la finalización de ese estado de separación: uno está perdido para toda la eternidad en su condición pecaminosa[5]. La Escritura se refiere claramente a un estado de muerte espiritual, que es una incapacidad para responder a los asuntos espirituales o incluso una pérdida total de sensibilidad a tales estímulos. Esto es lo que Pablo tiene en mente en Efesios 2:1-2: "Y él os dio vida a vosotros, cuando estabais muertos en vuestros delitos

4 Louis Berkhof, *Systematic Theology* [Teología sistemática] (Grand Rapids: Eerdmans, 1953), pág. 668.

5 Augustus H. Strong, *Systematic Theology* [Teología sistemática] (Westwood, Nueva Jersey: Revell, 1907), pág. 982.

y pecados, en los cuales anduvisteis en otro tiempo, siguiendo la corriente de este mundo, conforme al príncipe de la potestad del aire, el espíritu que ahora opera en los hijos de desobediencia". No obstante, cuando el libro del Apocalipsis se refiere a la "segunda muerte" (por ejemplo, en 21:8), se trata de la muerte eterna. Esta segunda muerte es algo separado y posterior a la muerte física normal. Sabemos por Apocalipsis 20:6 que la segunda muerte no será experimentada por los creyentes: "Bienaventurado y santo el que tiene parte en la primera resurrección; la segunda muerte no tiene potestad sobre estos, sino que serán sacerdotes de Dios y de Cristo, y reinarán con él mil años". La segunda muerte es un período interminable de castigo y de separación de la presencia de Dios, la finalización del estado perdido del individuo que está espiritualmente muerto en el momento de la muerte física.

Muerte Física: ¿Natural o Antinatural?

Se ha debatido mucho sobre si los humanos fueron creados mortales o inmortales, si habrían muerto de no haber pecado[6]. Nuestra posición es que la muerte física no era una parte original de la condición humana. Pero la muerte siempre estuvo ahí como una amenaza en caso de que el ser humano pecara, es decir, comiera o tocara el árbol prohibido (Gn 3:3). Aunque la muerte amenazada debía ser, al menos en parte, una muerte espiritual, parece que la muerte física también estaba implicada, ya que el hombre y la mujer tuvieron que ser expulsados del Jardín del Edén para no comer también del árbol de la vida y vivir para siempre (Gn 3:22-23). Otra prueba de nuestra posición se encuentra en 1 Corintios 15, donde Pablo se refiere claramente, al menos en parte, a la muerte física cuando dice: "Porque por cuanto la muerte entró por un

hombre, también por un hombre la resurrección de los muertos" (v. 21). Pues la muerte física es uno de los males contrarrestados y superados por la resurrección de Cristo. Por lo tanto, este versículo es una prueba de que la muerte física vino del pecado de los humanos; no era parte de la intención original de Dios para la raza humana.

Dado que la muerte física es un resultado del pecado, parece probable que los humanos fueran creados con la posibilidad de vivir para siempre. Sin embargo, no eran inherentemente inmortales; es decir, no habrían vivido para siempre en virtud de su naturaleza. Más bien, si no hubieran pecado, podrían haber participado del árbol de la vida y así haber recibido la vida eterna. Eran mortales en el sentido de poder morir; y cuando pecaron, ese potencial o posibilidad se hizo realidad. Podríamos decir que fueron creados con una inmortalidad contingente. Podrían haber vivido para siempre, pero no era seguro que lo hicieran.

Los Efectos de la Muerte

Para el incrédulo, la muerte es una maldición, una pena, un enemigo. Aunque la muerte no conlleva la extinción o el fin de la existencia, le aparta a uno de Dios y de cualquier oportunidad de obtener la vida eterna. Pero para los que creen en Cristo, la muerte tiene un carácter diferente. El creyente sigue sufriendo la muerte física, pero su maldición ha desaparecido. Debido a que Cristo mismo se convirtió en una maldición por nosotros al morir en la cruz (Gl 3:13), los creyentes, aunque todavía están sujetos a la muerte física, no experimentan su temible poder, su maldición (ver 1 Co 15:54-57).

Al considerar la muerte como un verdadero enemigo, el no cristiano no ve nada positivo en ella y se aleja de ella con miedo. En cambio, Pablo fue capaz de adoptar una actitud totalmente distinta ante ella. Veía la muerte como un enemigo vencido, un antiguo enemigo que ahora se ve obligado a cumplir la voluntad del

---

6 P. ej., Agustín, *Anti-Pelagian Writings* [Escritos antipelagianos], en *A Select Library of the Nicene and Post-Nicene Fathers of the Christian Church*, vol. 5, ed. Philip Schaff (Nueva York: Scribner, 1902).

Señor. Así, Pablo consideraba la muerte como algo deseable, pues le llevaría a la presencia de su Señor.

La muerte es deseable para los creyentes, porque los llevará a la presencia de su Señor.

Él escribió a la filipenses: "conforme a mi anhelo y esperanza de que en nada seré avergonzado; antes bien con toda confianza, como siempre, ahora también será magnificado Cristo en mi cuerpo, o por vida o por muerte. Porque para mí el vivir es Cristo, y el morir es ganancia [...] teniendo deseo de partir y estar con Cristo, lo cual es muchísimo mejor" (Flp 1:20-23).

Pero ¿por qué el creyente debe seguir experimentando la muerte? Si la muerte, tanto física como espiritual y eterna, es el castigo por el pecado, entonces cuando somos liberados del pecado y de su consecuencia final (la muerte eterna), ¿por qué no deberíamos también ser librados del símbolo de esa condena, es decir, la muerte física? Si Enoc y Elías fueron llevados a estar con el Señor sin tener que pasar por la muerte, ¿por qué esa experiencia de ellos no sería la de todos aquellos cuya fe está puesta en Cristo?

Es necesario distinguir aquí entre las consecuencias temporales y las eternas del pecado. Aunque las consecuencias eternas de nuestros propios pecados individuales se anulan cuando somos perdonados, las consecuencias temporales, o al menos algunas de ellas, pueden perdurar. Esto no niega el hecho de la justificación, sino simplemente es una prueba de que Dios no revierte el curso de la historia. Lo que es cierto de nuestros pecados individuales es también cierto del trato de Dios del pecado de Adán o también del pecado de la raza. Todo

el juicio y nuestra culpa por el pecado original e individual son eliminados, de modo que la muerte espiritual y eterna son canceladas. Sin embargo, debemos experimentar la muerte física simplemente porque se ha convertido en una de las condiciones de la existencia humana. Ahora forma parte de la vida, tanto como el nacimiento, el crecimiento y el sufrimiento, y al igual que el sufrimiento, tiene su origen en el pecado. Un día se eliminarán todas las consecuencias del pecado, pero ese día aún no ha llegado. La Biblia, en su realismo, no niega el hecho de la muerte física universal, pero insiste en que tiene un significado diferente para el creyente y el incrédulo.

El Estado Intermedio

La Dificultad de la Doctrina

La doctrina del estado intermedio es a la vez muy significativa y problemática. Por lo tanto, es doblemente importante que examinemos cuidadosamente esta doctrina un tanto insólita. El "estado intermedio" se refiere a la condición de los humanos entre su muerte y la resurrección. La pregunta es: ¿cuál es la condición del individuo durante este período de tiempo?

Es fundamental que tengamos respuestas prácticas a esta pregunta en el momento del duelo. A muchos pastores y padres les han preguntado junto a la tumba: "¿Dónde está la abuela ahora? ¿Qué está haciendo? ¿Está ya con Jesús? ¿Están ella y el abuelo juntos de nuevo? ¿Sabe ella lo que estamos haciendo?". Estas preguntas no son producto de la especulación o la curiosidad; tienen una importancia crucial para la persona que las plantea. El cristiano que está informado sobre el tema tiene la oportunidad de ofrecer consuelo y ánimo. Lamentablemente, muchos cristianos no aprovechan esta oportunidad porque no conocen una respuesta útil.

Hay dos razones principales por las que

433

muchos cristianos se ven incapaces de responder en esta situación. La primera es la relativa escasez de referencias bíblicas al estado intermedio. La segunda razón es la controversia teológica que se ha desarrollado en torno a la doctrina. Antes del siglo XX, la ortodoxia tenía una doctrina bastante consistente y elaborada. Al creer en una especie de dualismo de cuerpo y alma (o espíritu) en la persona humana, los conservadores mantenían que una parte del ser humano sobrevive a la muerte. El alma inmaterial vive en una existencia personal consciente mientras el cuerpo se descompone. En la segunda venida de Cristo, habrá una resurrección de un cuerpo renovado o transformado, que se reunirá con el alma. Así, la ortodoxia sostenía tanto la inmortalidad del alma como la resurrección del cuerpo[7].

No obstante, el liberalismo rechazaba la idea de la resurrección del cuerpo, sustituyéndola por la inmortalidad del alma. Dado que los que sostenían este punto de vista no anticipaban ninguna resurrección futura, tampoco creían en una segunda venida corporal de Cristo[8]. La neoortodoxia tenía una visión muy diferente del asunto. La esperanza neoortodoxa en el futuro residía en la expectativa de la resurrección del cuerpo. En esta visión subyace la idea monista de la persona humana como una unidad radical: la existencia significa existencia corporal; no hay una entidad espiritual separada que sobreviva a la muerte y exista aparte del cuerpo[9]. Así, mientras el liberalismo sostenía la inmortalidad del alma, la neoortodoxia sostenía la resurrección del cuerpo. Ambas escuelas estaban de acuerdo en que sus puntos

de vista eran mutuamente excluyentes. Es decir, se trataba de una cuestión de uno u otro; no consideraban la posibilidad de ambos.

Perspectivas Actuales del Estado Intermedio

SUEÑO DEL ALMA

Hay varias interpretaciones actuales del estado intermedio. Una visión, que a lo largo de los años ha tenido una considerable popularidad, se denomina "sueño del alma". Se trata de la idea de que el alma, durante el periodo entre la muerte y la resurrección, reposa en un estado de inconsciencia. En el siglo XVI, muchos anabaptistas y socinianos aparentemente suscribieron este punto de vista. Hoy en día, los Adventistas del Séptimo Día adoptan una posición similar[10]. Sin embargo, en el caso de los adventistas, la expresión "sueño del alma" es algo errónea. Anthony Hoekema sugiere, en cambio, "extinción del alma", ya que según la visión adventista uno no se duerme al morir, sino que en realidad se vuelve completamente inexistente, no sobreviviendo nada[11]. La caracterización que hace Hoekema de la posición adventista como de extinción del alma es bastante acertada siempre que entendamos que "alma" se utiliza aquí como sinónimo de "persona".

Los argumentos a favor del sueño del alma se basan en gran medida en el hecho de que las Escrituras utilizan con frecuencia la imagen del sueño para referirse a la muerte. La muerte de Esteban se describe como un sueño (Hechos 7:60). Pablo señala que "Porque a la verdad David, habiendo servido a su propia generación según la voluntad de Dios, durmió,

---

7 James Addison, *Life beyond Death in the Beliefs of Mankind* [La vida más allá de la muerte en las creencias de la humanidad] (Boston: Houghton Mifflin, 1931), pág. 202.

8 Harry E. Fosdick, *The Modern Use of the Bible* [El uso moderno de la Biblia] (Nueva York: Macmillan, 1933), págs. 98-104.

9 Emil Brunner, *The Christian Doctrine of the Church, Faith, and the Consummation* [La doctrina cristiana de la Iglesia, la fe y la consumación] (Filadelfia: Westminster, 1962), págs. 383-385, 408-414.

10 *Seventh-Day Adventists Answer Questions on Doctrine* [Los adventistas del séptimo día responden a preguntas sobre doctrina] (Washington, DC: Review & Herald, 1957), pág. 13.

11 Anthony Hoekema, *The Four Major Cults* [Las cuatro grandes sectas] (Grand Rapids: Eerdmans, 1963), pág. 345.

y fue reunido con sus padres, y vio corrupción" (Hechos 13:36). Pablo utiliza la misma imagen cuatro veces en 1 Corintios 15 (vv. 6, 18, 20, 51) y tres veces en 1 Tesalonicenses 4:13-15. Jesús mismo dijo de Lázaro: "Nuestro amigo Lázaro duerme; mas voy para despertarle" (Juan 11:11), y luego indicó claramente que se refería a la muerte (v. 14). La comprensión literal de estas ilustraciones ha dado lugar al concepto de sueño del alma.

Los que apoyan el sueño del alma sostienen que la persona es una entidad individual sin componentes. Así, cuando el cuerpo deja de funcionar, el alma (es decir, la persona en su totalidad) deja de existir. Nada sobrevive a la muerte física. Por tanto, no hay tensión entre la inmortalidad del alma y la resurrección del cuerpo. La simplicidad de este punto de vista lo hace bastante atractivo. Sin embargo, hay varios problemas.

Un problema es que hay varias referencias bíblicas a la existencia personal y consciente entre la muerte y la resurrección. La más extendida es la parábola del hombre rico y Lázaro (Lucas 16:19-31). Otra referencia son las palabras de Jesús al ladrón en la cruz: "De cierto te digo que hoy estarás conmigo en el paraíso" (Lucas 23:43). Además, las personas moribundas hablan de entregar su espíritu a Dios. El mismo Jesús dijo: "Padre, en tus manos encomiendo mi espíritu" (Lucas 23:46).

El segundo problema es si es legítimo concluir que los pasajes de las Escrituras que se refieren a la muerte como sueño son descripciones literales de la condición de los muertos antes de la resurrección. Parece, más bien, que el "sueño" debe entenderse simplemente como un eufemismo de la cesación de la vida. El uso por parte de Jesús de la imagen del sueño en referencia a Lázaro (Juan 11:11) y la explicación que sigue (v. 14) apoyan esta interpretación. Si efectivamente el "sueño" es algo más que una figura retórica, es necesario fundamentarlo.

Otro problema para la teoría del sueño del alma es la dificultad conceptual que conlleva la opinión de que la naturaleza humana es unitaria. Si, efectivamente, nada de la persona sobrevive a la muerte, ¿cuál será la base de nuestra identidad? Si el alma, la persona en su totalidad, se extingue, ¿qué volverá a la vida en la resurrección? ¿Sobre qué base podemos sostener que lo que vendrá a la vida será la persona que murió? Parecería que identificaremos a la persona posresurrección con la persona anterior a la muerte sobre la base del cuerpo que resucita. Pero esto, a su vez, presenta otras dos dificultades. ¿Cómo es posible que las mismas moléculas se unan para formar la persona posresurrección? Las moléculas que constituían la persona antes de la muerte podrían haberse destruido, haber formado nuevos compuestos o incluso haber formado parte del cuerpo de otra persona. En este sentido, la cremación presenta un problema especialmente difícil. Pero más allá de eso, identificar a las personas antes y después de la resurrección sobre la base del cuerpo levantado es sostener que la naturaleza humana es principalmente material o física. Por todo lo anterior, la teoría del sueño del alma debe rechazarse por inadecuada.

Purgatorio

Dado que la doctrina del purgatorio es principalmente una enseñanza católica romana, es necesario verla en el contexto del dogma católico en general . En esa teología, inmediatamente después de la muerte, se determina el estado eterno del individuo. Por un lado, los que han muerto en estado de maldad van directamente al infierno, donde inmediatamente se dan cuenta de que están irremediablemente perdidos[12]. Su castigo, de naturaleza eterna, consiste tanto en la sensación de haber perdido el mayor de los bienes como en el sufrimiento real. El sufrimiento es proporcional a la maldad del individuo y

12 Joseph Pohle, *Eschatology; or, The Catholic Doctrine of the Last Things: A Dogmatic Treatise* [Escatología; o, La doctrina católica de las últimas cosas: Un tratado dogmático] (San Luis: Herder, 1917), pág. 70.

se intensificará después de la resurrección[13]. Por otra parte, los que están en perfecto estado de gracia y penitencia, que están completamente purificados en el momento de la muerte, van directa e inmediatamente al cielo, que, aunque se describe como un estado y un lugar, debe ser considerado principalmente como un estado[14]. Aquellos que, aunque estén en estado de gracia, aún no son espiritualmente perfectos van al purgatorio. Joseph Pohle define el purgatorio como "un estado de castigo temporal para aquellos que, partiendo de esta vida en gracia de Dios, no están totalmente libres de pecados veniales o no han pagado aún completamente la satisfacción debida a sus transgresiones"[15].

Tomás de Aquino sostenía que la limpieza que tiene lugar después de la muerte es a través de los sufrimientos penitenciales. En esta vida, podemos limpiarnos realizando obras de compensación, pero después de la muerte eso ya no es posible. En la medida en que no alcancemos la pureza completa a través de las obras en la tierra, debemos ser limpiados aún más en la vida venidera. "Esta es la razón", dijo Tomás, "por la que postulamos un purgatorio o un lugar de purificación"[16]. Hay tres medios por los que las almas del purgatorio pueden ser ayudadas en su progreso hacia el cielo por los fieles que aún están en la tierra: la misa, las oraciones y las buenas obras[17]. Estos tres medios reducen el período de tiempo necesario para que el sufrimiento purgatorio tenga su pleno efecto. Cuando el alma llega a la perfección espiritual, sin pecado venial restante, es liberada y pasa al cielo.

La Iglesia Católica Romana basa su creencia en el purgatorio tanto en la tradición como en las Escrituras. Había una antigua tradición de rezar, ofrecer la misa y dar limosnas en beneficio de los muertos. Tertuliano menciona las mi-

sas de aniversario por los muertos, una práctica que permite suponer la creencia en el purgatorio[18]. El principal texto bíblico al que se recurre es 2 Macabeos 12:43-45.

> Después [Judas Macabeo] recogió unas dos mil monedas de plata y las envió a Jerusalén, para que se ofreciera un sacrificio por el pecado. Hizo una acción noble y justa, con miras a la resurrección. Si él no hubiera creído en la resurrección de los soldados muertos, hubiera sido innecesario e inútil orar por ellos. Pero, como tenía en cuenta que a los que morían piadosamente los aguardaba una gran recompensa, su intención era santa y piadosa. Por esto hizo ofrecer ese sacrificio por los muertos, para que Dios les perdonara su pecado (DHH).

El texto del Nuevo Testamento más citado es Mateo 12:32, donde Jesús dice: "A cualquiera que dijere alguna palabra contra el Hijo del Hombre, le será perdonado; pero al que hable contra el Espíritu Santo, no le será perdonado, ni en este siglo ni en el venidero". Los católicos romanos sostienen que este versículo implica que algunos pecados (es decir, los pecados que no sean hablar contra el Espíritu Santo) serán perdonados en el mundo venidero, una interpretación sostenida por Agustín[19] y algunos otros padres. Algunos católicos también citan 1 Corintios 3:15: "Si la obra de alguno se quemare, él sufrirá pérdida, si bien él mismo será salvo, aunque así como por fuego".

Los puntos principales de nuestro rechazo al concepto de purgatorio son puntos que distinguen al catolicismo y al protestantismo en general. El principal texto al que se apela está en los apócrifos, que los protestantes no aceptan como Escritura canónica. Y la inferencia de Mateo 12:32 es bastante forzada;

---

13 *Ibid.*, págs. 52-61.
14 *Ibid.*, págs. 28.
15 *Ibid.*, pág. 77.
16 Tomás de Aquino, *Summa contra Gentiles* 4.91.
17 Pohle, *Eschatology*, pág. 95.

18 Tertuliano, *On Monogamy* 10.
19 Agustín, *Confessions* 9.13.

el versículo no indica en absoluto que algunos pecados serán perdonados en la vida futura. Además, el concepto de purgatorio implica una salvación por obras en la que se piensa que los humanos expían, al menos en parte, sus pecados. No obstante, esta idea es contraria a muchas enseñanzas claras de las Escrituras, como Gálatas 3:1-14 y Efesios 2:8-9. En consecuencia, el concepto de purgatorio (y, de hecho, cualquier punto de vista que plantee un período de prueba y expiación después de la muerte) debe ser rechazado.

Resurrección instantánea

Una concepción novedosa y creativa que se ha planteado es la idea de una resurrección instantánea o, con mayor precisión, una nueva vestimenta inmediata. Se trata de la creencia de que, inmediatamente después de la muerte, el creyente recibe el cuerpo de resurrección que se le ha prometido. Una de las elaboraciones más completas de este punto de vista se encuentra en *Paul and Rabbinic Judaism* [Pablo y el judaísmo rabínico] de W. D. Davies. Davies sostiene que Pablo tenía dos concepciones diferentes sobre nuestra resurrección. En 1 Corintios 15, Pablo está pensando en una futura resurrección del cuerpo. Sin embargo, en 2 Corintios 5 tenemos su comprensión más avanzada del tema. El miedo a quedarse sin ropa, del que habla en el versículo 3, ha sido suplantado por la comprensión de que, tanto a este lado como al otro de la muerte, estará vestido[20]. Davies concluye que cuando Pablo escribió 2 Corintios, ya no creía en un estado intermedio. Más bien, al morir habrá una transición inmediata al estado final, una recepción instantánea del cuerpo celestial.

Pero ¿ha resuelto Davies el problema? Trabaja bajo el supuesto de que la naturaleza

humana es una unidad absoluta. Sin embargo, la antropología de Pablo le permitió sostener tanto una futura resurrección del cuerpo como una supervivencia incorpórea. No son ideas contradictorias, sino partes complementarias de un todo.

La solución de Davies tampoco es tan bíblica como alega, ya que hay varios pasajes en los que Pablo vincula la transformación de nuestros cuerpos a una futura resurrección que acompañará al segundo ascenso (p. ej., Flp 3:20-21; 1 Ts 4:16-17). Pablo también habla mucho de la segunda venida como ocasión de liberación y glorificación (p. ej., Ro 2:3-16; 1 Co 4:5; 2 Ts 1:5-2:12; 2 Ti 4:8). Y Jesús mismo hizo énfasis en un tiempo futuro en el que los muertos serán resucitados (Juan 5:25-29). Debemos concluir que la solución de Davies al problema que él, como resultado de una presuposición defectuosa, ha inyectado en los escritos de Pablo, no hace más que crear problemas adicionales.

Una propuesta de solución

¿Existe algún modo de resolver los numerosos problemas que se plantean en torno a la cuestión del estado intermedio, algún medio de correlacionar el testimonio bíblico sobre la resurrección del cuerpo y la supervivencia consciente entre la muerte y la resurrección? Hay que tener en cuenta varias consideraciones:

1. Joachim Jeremias ha señalado que el Nuevo Testamento distingue entre Gehenna y Hades. El Hades recibe a los injustos durante el período entre la muerte y la resurrección, mientras que la Gehenna es el lugar de castigo asignado permanentemente en el juicio final. El tormento de la Gehenna es eterno (Marcos 9:43, 48). Además, las almas de los impíos están fuera del cuerpo en el Hades, mientras que en la Gehenna tanto el cuerpo como el alma, reunidos en la resurrección, son destruidos por el fuego eterno (Marcos

---

20 W. D. Davies, *Paul and Rabbinic Judaism: Some Rabbinic Elements in Pauline Theology* [Pablo y el judaísmo rabínico: algunos elementos rabínicos en la teología paulina] (Londres: SPCK, 1970), págs. 317-318.

9:43-48; MT 10:28). Esto se opone a la opinión de algunos de los primeros padres de la Iglesia de que todos los que mueren, tanto los justos como los injustos, descienden al Seol o al Hades, una especie de estado sombrío y de ensueño donde esperan la llegada del Mesías[21].

2. Hay indicios de que los muertos justos no descienden al Hades (MT 16:18-19; Hechos 2:31 [citando a Sal 16:10]).

3. Más bien, los justos, o al menos sus almas, son recibidos en el paraíso (Lucas 16:19-31; 23:43).

4. Pablo equipara estar ausente en el cuerpo con estar presente con el Señor (2 Co 5:1-10; Flp 1:19-26).

Sobre la base de estas consideraciones bíblicas, concluimos que al morir los creyentes van inmediatamente a un lugar y condición de bendición, y los incrédulos entran en una experiencia de miseria, tormento y castigo. Aunque la evidencia no es clara, es probable que estos sean los mismos lugares a los que irán los creyentes y los incrédulos después del gran juicio, ya que la presencia del Señor (Lucas 23:43; 2 Co 5:8; Flp 1:23) no parece ser otra cosa que el cielo. Sin embargo, aunque el lugar de los estados intermedios y finales puede ser el mismo, las experiencias del paraíso y el Hades no son, sin duda, tan intensas como lo que será en definitiva, ya que la persona se encuentra en una condición en cierto modo incompleta.

No hay ninguna insostenibilidad inherente al concepto de existencia incorpórea. El ser humano es capaz de existir tanto en una condición materializada (corporal) como inmaterializada (ver págs. 199-200). Podemos pensar en estas dos condiciones en términos de un dualismo en el que el alma o el espíritu pueden existir independientemente del cuerpo.

Al igual que un compuesto químico, el alma corporal, por así decirlo, puede descomponerse en determinadas condiciones (concretamente en el momento de la muerte), pero por lo demás es una unidad definida. O podemos pensar en términos de diferentes estados del ser.

Al igual que la materia y la energía, las condiciones materializadas e inmaterializadas del ser humano son interconvertibles. Ambas analogías son factibles. Paul Helm[22], Richard Purtill[23] y otros han formulado concepciones de la supervivencia incorpórea que no son ni contradictorias ni absurdas. Llegamos a la conclusión de que el estado intermedio incorpóreo expuesto por la enseñanza bíblica es filosóficamente defendible.

Implicaciones de las Doctrinas de la Muerte y del Estado Intermedio

Las implicaciones de las doctrinas de la muerte y del estado intermedio son las siguientes:

1. La muerte debe ser esperada por todos, creyentes y no creyentes, excepto por aquellos que estén vivos cuando el Señor regrese. Debemos tomar este hecho en serio y vivir en consecuencia.

2. Aunque la muerte es un enemigo (Dios no pretendía originalmente que los humanos murieran), ahora ha sido vencida y hecha cautiva ante Dios. Por lo tanto, no hay que temerla, pues su maldición ha sido eliminada por la muerte y resurrección de Cristo.

Podemos enfrentarnos a ella con tranquilidad, pues sabemos que ahora sirve al propósito del Señor de llevar hacia sí a los que tienen fe en él.

3. Entre la muerte y la resurrección existe un estado intermedio en el que creyentes y no

---

21 Joachim Jeremias, *"γέεννα"* en *Theological Dictionary of the New Testament*, ed. *Gerhard Kittel*, trad. y ed. *Geoffrey W. Bromiley* (Grand Rapids: Eerdmans, 1964), 1:657-58.

22 Paul Helm, *"A Theory of Disembodied Survival and Re-embodied Existence"* [Una teoría sobre la supervivencia incorpórea y la existencia incorpórea] Religious Studies 14, N° 1 (March 1978): págs. 15-26.

23 Richard L. Purtill, *"The Intelligibility of Disembodied Survival"* [La inteligibilidad de la supervivencia incorpórea] Christian Scholar's Review 5, N° 1 (1975): págs. 3-22.

creyentes experimentan, respectivamente, la presencia y la ausencia de Dios. Aunque estas experiencias son menos intensas que los estados finales, son de la misma naturaleza cualitativa.

4. Tanto en esta vida como en la venidera, la base de la relación del creyente con Dios es la gracia, no las obras. Por tanto, no hay que temer que nuestras imperfecciones requieran algún tipo de purificación posterior a la muerte antes de poder entrar en la plena presencia de Dios.

Preguntas de Análisis y Reflexión

- ¿Cuáles son las razones por las que debemos estudiar escatología?
- ¿Qué son la "escatomanía" y la "escatofobia"?
- ¿Por qué los creyentes experimentan la muerte? ¿Qué diferencias existen entre los creyentes y los incrédulos con respecto a la muerte?
- Comparar y contrastar los puntos de vista actuales sobre el estado intermedio.
- ¿Cómo responderías a un creyente que te preguntara por el estado actual de un ser querido fallecido que era cristiano? Considere lo mismo para un no cristiano.

40

La Segunda Venida y sus Consecuencias

Objetivos del Capítulo

Una vez completado este capítulo, el lector es capaz de:

1. Identificar y describir las características de la segunda venida que pueden deducirse de los pasajes pertinentes de las Escrituras.
2. Identificar y definir la resurrección del cuerpo según el material bíblico disponible.
3. Identificar y explicar el evento del juicio final a través del contexto de las Escrituras.

Resumen del Capítulo

La Escritura ha descrito tres eventos específicos que ocurrirán en el momento de la segunda venida. Además del evento de la segunda venida en sí, también habrá una resurrección que precederá al juicio final. El propósito y dirección de estos eventos están bajo el cuidado de Dios solamente; sin embargo, la esperanza que los creyentes mantienen en el conocimiento de Dios se realizará en el momento de estos eventos.

Estructura del Capítulo

La Segunda Venida

- El Carácter Definitivo del Acontecimiento
- El Carácter Indefinido del Tiempo
- El Carácter de la Venida
  » Personal
  » Corpóreo
  » Visible
  » Inesperado
  » Triunfante y Glorioso
- La Unidad de la Segunda Venida
- La Inminencia de la Segunda Venida el Carácter Indefinido del Tiempo

Resurrección

- La Enseñanza Bíblica
- Una Obra del Dios Trino
- Corporal en su Naturaleza
- De los Justos y de los Injustos

El Juicio Final

- Un Evento Futuro
- Jesucristo, el Juez
- Los Asuntos del Juicio
- La Base del Juicio
- La Firmeza del Juicio

Implicaciones de la Segunda Venida y sus Consecuencias

Entre los acontecimientos más importantes de la escatología cósmica, tal como la hemos definido en esta obra, están la segunda venida y sus consecuencias: la resurrección y el juicio final.

La Segunda Venida

Con la excepción de la certeza de la muerte, la única doctrina escatológica en la que los teólogos ortodoxos están más de acuerdo es la segunda venida de Cristo. Esto es indispensable para la escatología. Es la base de la esperanza del cristiano, el único acontecimiento que marcará el comienzo de la realización del plan de Dios.

El Carácter Definitivo del Acontecimiento

Muchas Escrituras indican claramente que Cristo ha de volver. En su gran discurso sobre el fin de los tiempos (Mateo 24-25), Jesús mismo promete que volverá: "Entonces aparecerá la señal del Hijo del Hombre en el cielo; y entonces lamentarán todas las tribus de la tierra, y verán al Hijo del Hombre viniendo sobre las nubes del cielo, con poder y gran gloria" (24:30). Varias otras veces en este mismo discurso menciona la "venida del Hijo del Hombre" (vv. 27, 37, 39, 42, 44). Posteriormente, esa misma semana, en su audiencia ante Caifás, Jesús dijo: "Tú lo has dicho; y además os digo, que desde ahora veréis al Hijo del Hombre sentado a la diestra del poder de Dios, y viniendo en las nubes del cielo" (MT 26:64). Aunque Mateo registra más comentarios de Jesús sobre la segunda venida que los otros escritores de los Evangelios, Marcos, Lucas y Juan también incluyen algunos. Marcos 13:26 y Lucas 21:27, por ejemplo, son paralelos a Mateo 24:30. Y Juan nos dice que en el aposento alto Jesús prometió a sus discípulos: "Y si me fuere y os preparare lugar, vendré otra vez, y os tomaré a mí mismo, para que donde yo estoy, vosotros también estéis" (Juan 14:3).

Además de las propias palabras de Jesús, hay otras numerosas declaraciones directas en el Nuevo Testamento sobre su regreso. La segunda venida era parte del kerigma apostólico: "Así que, arrepentíos y [...] él [Dios] envíe a Jesucristo, que os fue antes anunciado; a quien de cierto es necesario que el cielo reciba hasta los tiempos de la restauración de todas las cosas, de que habló Dios por boca de sus santos profetas que han sido desde tiempo antiguo" (Hechos 3:19-21). Pablo hace una declaración muy clara y directa en 1 Tesalonicenses 4:15-16: "Por lo cual os decimos esto en palabra del Señor: que nosotros que vivimos, que habremos quedado hasta la venida del Señor, no precederemos a los que durmieron. Porque el Señor mismo con voz de mando, con voz de arcángel, y con trompeta de Dios, descenderá del cielo; y los muertos en Cristo resucitarán primero".

La segunda venida es la base de la esperanza del cristiano, el único acontecimiento que marcará el comienzo de la realización del plan de Dios.

Otras declaraciones directas se encuentran en 2 Tesalonicenses 1:7, 10 y Tito 2:13, y otros autores mencionan la segunda venida en Hebreos 9:28; Santiago 5:7-8; 1 Pedro 1:7, 13; 2 Pedro 1:16; 3:4, 12; y 1 Juan 2:28. Ciertamente, la segunda venida es una de las doctrinas más ampliamente enseñadas en el Nuevo Testamento.

El Carácter Indefinido del Tiempo

Aunque el hecho de la segunda venida se afirma enfática y claramente en las Escrituras, el tiempo no lo es. Aunque Dios ha fijado un tiempo definido, ese tiempo no ha sido revelado. Jesús indicó que ni él ni los ángeles conocían el momento de su regreso, y tampoco lo sabrían sus discípulos (Marcos 13:32-33, 35; ver también MT 24:36-44). Al parecer, el momento de su regreso era uno de los asuntos a los que se refería Jesús cuando, justo antes de su ascensión, respondió a la pregunta de sus discípulos de si ahora restauraría el reino a Israel: "No os toca a vosotros saber los tiempos o las sazones, que el Padre puso en su sola potestad" (Hechos 1:7). En lugar de satisfacer su curiosidad, Jesús dijo a los discípulos que iban a ser sus testigos en todo el mundo.

El hecho de que no se revele el momento de su regreso explica que Jesús insiste repetidamente en su carácter inesperado y en la consiguiente necesidad de permanecer atentos (MT 24:44, 50; 25:13; Marcos 13:35).

El Carácter de la Venida

PERSONAL

Que la segunda venida de Cristo tendrá un carácter personal se deduce de todas las referencias a su regreso. Jesús dice, por ejemplo: "Y si me fuere y os preparare lugar, vendré otra vez, y os tomaré a mí mismo, para que donde yo estoy, vosotros también estéis" (Juan 14:3). La declaración de Pablo que "el Señor mismo [...] descenderá del cielo" (1 Ts 4:16) deja lugar a pocas dudas de que el regreso será de carácter personal. La palabra de los ángeles en la ascensión de Jesús: "Este mismo Jesús, que ha sido tomado de vosotros al cielo, así vendrá como le habéis visto ir al cielo" (Hechos 1:11), establece que su regreso será tan personal como lo fue su partida.

CORPÓREO

Hay quienes afirman que la promesa de Jesús de volver se cumplió en Pentecostés mediante una venida espiritual. Después de todo, Jesús dijo: "y he aquí yo estoy con vosotros todos los días, hasta el fin del mundo" (MT 28:20). También afirmó: "El que me ama, mi palabra guardará; y mi Padre le amará, y vendremos a él, y haremos morada con él" (Juan 14:23). Algunos intérpretes dan mucha importancia al uso del término griego *parousia* para la segunda venida.

Al señalar que la palabra significa básicamente "presencia", argumentan que su fuerza en las referencias a "la venida del Señor" es que Jesús está presente con nosotros, no que vendrá en algún momento futuro.

Desde el Pentecostés, Cristo ha estado con y en cada creyente desde el momento del nuevo nacimiento.

Sin embargo, varias consideraciones impiden que consideremos esta presencia espiritual como el pleno significado de la venida que él prometió. Si bien es cierto que el significado básico de *parousia* es "presencia", también significa "venida", y este es el significado que más destaca en el Nuevo Testamento, como puede determinarse examinando cómo se utiliza la palabra en su contexto. Además, hay otros términos del Nuevo Testamento, en particular *apokalypsis* y *epiphaneia*, que indican claramente "venida"[1]. Y la afirmación de Hechos 1:11 de que Jesús volverá de la misma manera que partió implica que el regreso será corporal.

Sin embargo, el argumento más convincente es que muchas de las promesas de la segunda venida de Jesús se hicieron después de Pentecostés, hasta sesenta años después, y siguen situando la venida en el futuro.

---

1 George E. Ladd, *The Blessed Hope* [La sagrada esperanza] (Grand Rapids: Eerdmans, 1956), págs. 65-70.

Visible

Los Testigos de Jehová sostienen que Cristo comenzó su reinado sobre la tierra el 1 de octubre de 1914. Sin embargo, esto no fue un regreso visible a la tierra, ya que Jesús no ha tenido un cuerpo visible desde su ascensión. Tampoco fue un regreso literal, ya que fue en el cielo donde Cristo ascendió al trono. Por lo tanto, su presencia tiene la naturaleza de una influencia invisible[2].

Es difícil relacionar la concepción de los Testigos sobre la segunda venida con las descripciones bíblicas. Una vez más, señalamos Hechos 1:11: el regreso de Cristo será como su partida, que ciertamente fue visible, pues los discípulos vieron cómo Jesús era llevado al cielo (vv. 9-10). Otras descripciones de la segunda venida dejan claro que será bastante llamativa, como por ejemplo la de Mateo 24:30: "Entonces aparecerá la señal del Hijo del Hombre en el cielo; y entonces lamentarán todas las tribus de la tierra, y verán al Hijo del Hombre viniendo sobre las nubes del cielo, con poder y gran gloria".

Inesperado

Aunque la segunda venida estará precedida por varias señales, la abominación desoladora (Mateo 24:15), la gran tribulación (v. 21) y el oscurecimiento del sol (v. 29), no indicarán el momento exacto del regreso de Jesús. En consecuencia, habrá muchos para quienes su regreso será bastante inesperado. Las enseñanzas de Jesús indican que, debido a la larga demora antes de la segunda venida, algunos serán adormecidos por la falta de atención (MT 25:1-13; cf. 2 P 3:3-4). No obstante, cuando la parousia se produzca finalmente, sucederá tan rápidamente que no habrá tiempo para prepararse (MT 25:8-10).

Como dice Louis Berkhof, "La Biblia da a entender que la medida de la sorpresa en la segunda venida de Cristo estará en proporción inversa a la medida de la vigilancia"[3].

Triunfante y glorioso

Varias descripciones del regreso de Cristo indican su carácter glorioso, un fuerte contraste con las circunstancias bajas y humildes de su primera venida. Vendrá sobre las nubes con gran poder y gran gloria (MT 24:30; Marcos 13:26; Lucas 21:27). Vendrá acompañado de sus ángeles y anunciado por el arcángel (1 Ts 4:16). Se sentará en su trono glorioso y juzgará a todas las naciones (MT 25:31-46). La ironía de esta situación es que aquel que fue juzgado al final de su estancia en la tierra será el juez de todos en su segunda venida.

La Unidad de la Segunda Venida

Un grupo grande e influyente de cristianos conservadores enseña que la venida de Cristo tendrá lugar en realidad en dos etapas. Estas etapas son el rapto y la revelación, o la "venida por" los santos y la "venida con" los santos. Estos dos eventos estarán separados por la gran tribulación, que se cree que durará aproximadamente siete años. Los que sostienen este punto de vista se denominan pretribulacionistas, y la mayoría de ellos son dispensacionalistas.

El rapto, o "venida por", será en secreto; no será notado por nadie excepto por la iglesia. Debido a que va a preceder a la tribulación, ninguna profecía debe cumplirse todavía antes de que pueda tener lugar. En consecuencia, el rapto podría ocurrir en cualquier momento, o, en la terminología habitual, es inminente. Liberará a la iglesia de la agonía de la gran tribulación. Entonces, al final de los siete años, el Señor volverá de nuevo, trayendo a su iglesia

---

2 *Let God Be True* [Que Dios sea fiel] (Brooklyn: Watchtower Bible & Tract Society, 1952), pág. 141.

3 Louis Berkhof, *Systematic Theology* [Teología sistemática] (Grand Rapids: Eerdmans, 1953), pág. 706.

con él en una gran llegada triunfal. Este será un evento conspicuo, glorioso y universalmente reconocido[4]. Cristo entonces establecerá su reino milenario terrenal.

En contraste con el pretribulacionismo, los otros puntos de vista de la segunda venida de Cristo sostienen que será un solo acontecimiento, un evento unificado. Refieren todas las profecías relativas a la segunda venida al único evento, mientras que el pretribulacionista refiere algunas de las profecías al rapto y otras a la revelación[5].

¿Cómo vamos a resolver esta cuestión? Aunque en el siguiente capítulo se examinarán numerosas consideraciones que influyen en este asunto, hay una consideración crucial que examinaremos ahora.

Se trata del vocabulario utilizado para designar el segundo advenimiento. Los tres términos principales para designar la segunda venida son *parousia, apokalypsis y epiphaneia.* El pretribulacionista sostiene que la *parousia* se refiere al rapto, la primera etapa del retorno, la bendita esperanza del creyente de ser liberado de este mundo antes de que comience la tribulación. Los otros dos términos se refieren a la venida de Cristo con los santos al final de la tribulación.

Sin embargo, cuando se examinan de cerca, los términos que designan la segunda venida no apoyan la distinción hecha por los pretribulacionistas. Por ejemplo, en 1 Tesalonicenses 4:15-17, el término *parousia* se utiliza para designar un acontecimiento que es difícil de concebir como el rapto:

> Por lo cual os decimos esto en palabra del Señor: que nosotros que vivimos, que habremos quedado hasta la venida del Señor, no precederemos a los que durmieron. Porque el Señor mismo con

> voz de mando, con voz de arcángel, y con trompeta de Dios, descenderá del cielo; y los muertos en Cristo resucitarán primero. Luego nosotros los que vivimos, los que hayamos quedado, seremos arrebatados juntamente con ellos en las nubes para recibir al Señor en el aire, y así estaremos siempre con el Señor.

Como afirma George Ladd, "es muy difícil encontrar una venida secreta de Cristo en estos versículos"[6]. Además, el término *parousia* se utiliza en 2 Tesalonicenses 2:8, donde leemos que después de la tribulación Cristo, con su venida, destruirá al inicuo, el Anticristo, de forma pública. Además, Jesús dijo de la *parousia*: "Porque como el relámpago que sale del oriente y se muestra hasta el occidente, así será también la venida del Hijo del Hombre" (MT 24:27)[7].

Los otros dos términos tampoco se ajustan a la concepción de los pretribulacionistas.

Mientras que supuestamente la *parousia*, y no la *apokalypsis* o la *epiphaneia*, es la bendita esperanza que espera la iglesia, Pablo agradece que sus lectores se hayan enriquecido en conocimiento como están "esperando la manifestación [apokalypsis] de nuestro Señor Jesucristo" (1 Co 1:7; ver también 2 Ts 1:6-7). Y Pedro habla del gozo y la recompensa de los creyentes en relación con la apokalypsis: "sino gozaos por cuanto sois participantes de los padecimientos de Cristo, para que también en la revelación de su gloria os gocéis con gran alegría" (1 P 4:13). Esta referencia (junto con 1:7 y 1:13) indica que los creyentes a los que Pedro está escribiendo (que son parte de la iglesia) recibirán su gloria y honor en la *apokalypsis* de Cristo.

Sin embargo, según el pretribulacionismo, la iglesia ya debería haber recibido su recompensa

---

4 John F. Walvoord, *The Return of the Lord* [El regreso del Señor] (Findlay, Ohio: Dunham, 1955), págs. 52-53.

5 Ladd, *Blessed Hope*, pág. 67.

6 *Ibid.*, pág. 63.

7 *Ibid.*

en la parousia.

Por último, Pablo habla también de la *epiphaneia* como objeto de la esperanza del creyente. Escribe a Tito que los creyentes deben llevar una vida piadosa: "aguardando la esperanza bienaventurada y la manifestación [*epiphaneia*] gloriosa de nuestro gran Dios y Salvador Jesucristo". Un uso similar de epiphaneia se encuentra en 1 Timoteo 6:14 y 2 Timoteo 4:8. Concluimos que el uso de una variedad de términos no es una indicación de que habrá dos etapas en la segunda venida. Más bien, la intercambiabilidad de los términos apunta claramente a un único acontecimiento.

La Inminencia de la Segunda Venida

Una cuestión adicional que debemos tratar es si la segunda venida es inminente. ¿Podría ocurrir en cualquier momento, o hay algunas profecías que deben cumplirse primero?

Algunos cristianos, en particular los que sostienen una venida pretribulacional de los santos por parte de Cristo, creen que el regreso podría ocurrir en cualquier momento. A la luz de esto, debemos estar preparados en todo momento para esa posibilidad, para que no seamos sorprendidos. Se utilizan varios argumentos en apoyo de esta posición:

1. Jesús instó a sus discípulos a estar preparados para su venida, ya que no sabían cuándo sucedería (Mateo 24-25). Sin embargo, si hay otros eventos que deben ocurrir antes de que Cristo regrese, como la gran tribulación, sabríamos al menos que el regreso no ocurrirá hasta que esos otros eventos hayan transcurrido[8].

2. En repetidas ocasiones se insiste en que debemos esperar con anhelo, porque la venida del Señor está cerca. Muchos pasajes (p. ej. Ro 8:19-25; 1 Co 1:7; Flp 4:5; Tito 2:13; Santiago 5:8-9; Judas 21) indican que la venida podría ser muy pronto y en cualquier momento[9].

3. La afirmación de Pablo de que aguardamos nuestra esperanza bienaventurada (Tito 2:13) requiere que el siguiente acontecimiento en el plan de Dios sea la venida del Señor. Si el siguiente paso fuera en cambio la gran tribulación, el miedo y la aprensión serían nuestra reacción. Dado que el regreso de nuestro Señor es el siguiente evento en el calendario de Dios, no hay razón para que no pueda ocurrir en cualquier momento[10].

No obstante, si se examinan detenidamente, estos argumentos no son del todo convincentes. ¿Los mandatos de Cristo de velar por su venida y las advertencias de que su regreso se producirá en un momento improbable y sin señales claras significan necesariamente que es inminente? Ya ha habido un período intermedio de casi dos mil años. Aunque no sabemos cuánto tiempo se demorará ni, por consiguiente, el momento preciso de la venida de Cristo, podemos saber que aún no es. El hecho de no saber cuándo se producirá no impide conocer ciertos momentos en los que no se producirá.

Además, las declaraciones de Jesús no significaban, en el momento en que fueron expresadas, que la segunda venida pudiera ocurrir inmediatamente. Indicó a través de al menos tres de sus parábolas (la del noble que se fue a un país lejano, Lucas 19:11-27; la de las vírgenes prudentes y necias, MT 25:5; y la de los talentos, MT 25:19) que iba a haber un retraso. Del mismo modo, la parábola de los siervos (MT 24:45-51) implica un período de tiempo para que los siervos demuestren su carácter. Además, antes de la segunda venida debían producirse ciertos acontecimientos; por ejemplo, Pedro envejecería y enfermaría (Juan 21:18), el evangelio sería predicado a todas las naciones (MT 24:14) y el templo sería destruido (MT 24:2). El hecho de que dijera: "Velad" y "No sabéis la hora", no es incompatible con un

---

8 J. Barton Payne, *The Imminent Appearing of Christ* [La inminente aparición de Cristo] (Grand Rapids: Eerdmans, 1962), pág. 86.

9 *Ibid.*, págs. 95-103.

10 Walvoord, *Return of the Lord*, pág. 51.

retraso para permitir que se produzcan ciertos acontecimientos.

Esto no quiere decir que sea inapropiado hablar de inminencia. Sin embargo, lo inminente es el conjunto de acontecimientos que rodean la segunda venida, más que el acontecimiento en sí. Quizá debamos hablar de este conjunto como inminente y de la segunda venida en sí como "próxima"[11].

Resurrección

El principal resultado de la segunda venida de Cristo, desde el punto de vista de la escatología individual, es la resurrección. Esta es la base de la esperanza del creyente frente a la muerte.

Aunque la muerte es inevitable, el creyente espera ser liberado de su poder.

La Enseñanza Bíblica

La Biblia promete claramente la resurrección del creyente. El Antiguo Testamento nos da varias declaraciones directas, la primera es Isaías 26:19.

> Tus muertos vivirán; sus cadáveres
> resucitarán.
> ¡Despertad y cantad, moradores
> del polvo! porque tu rocío es cual rocío
> de hortalizas, y la tierra dará sus
> muertos.

Daniel 12:2 enseña la resurrección tanto del creyente como del impío: "Y muchos de los que duermen en el polvo de la tierra serán despertados, unos para vida eterna, y otros para

vergüenza y confusión perpetua". La idea de la resurrección también se confirma en Ezequiel 37:12-14.

Además de las declaraciones directas, el Antiguo Testamento da a entender que podemos esperar la liberación de la muerte o del Seol. El Salmo 49:15 dice:

> Pero Dios redimirá mi vida del
> poder del Seol,
> porque él me tomará consigo.

Aunque en este pasaje no hay ninguna declaración sobre el cuerpo, existe la expectativa de que la existencia incompleta en el Seol no será nuestra condición final. El Salmo 17:15 habla de despertar en la presencia de Dios.

Aunque debemos tener cuidado de no interpretar en exceso la revelación del Nuevo Testamento en el Antiguo Testamento, es significativo que Jesús y los escritores del Nuevo Testamento mantuvieran que el Antiguo Testamento enseña la resurrección. Al ser interrogado por los saduceos, que negaban la resurrección, Jesús los acusó de error por falta de conocimiento de las Escrituras y del poder de Dios (Marcos 12:24), y luego pasó a argumentar a favor de la resurrección sobre la base del Antiguo Testamento: "Pero respecto a que los muertos resucitan, ¿no habéis leído en el libro de Moisés cómo le habló Dios en la zarza, diciendo: Yo soy el Dios de Abraham, el Dios de Isaac y el Dios de Jacob? Dios no es Dios de muertos, sino Dios de vivos; así que vosotros mucho erráis" (vv. 26-27). Pedro (Hechos 2:24-32) y Pablo (Hechos 13:32-37) vieron el Salmo 16:10 como una predicción de la resurrección de Jesús. Hebreos 11:19 destaca la creencia de Abraham en la capacidad de Dios para resucitar a las personas de entre los muertos.

El Nuevo Testamento, por supuesto, enseña la resurrección de forma mucho más clara. Juan informa de varias ocasiones en las que Jesús habló directamente de la resurrección. Una de las declaraciones más claras está en Juan 5: "De

---

11 Douglas J. Moo sostiene esta posición, citando la definición de "inminente" del Oxford English Dictionary, que significa "próxima de forma amenazante, que cuelga sobre la cabeza de uno; lista para caer o alcanzar a uno, cercana a su incidencia; que viene pronto" (*"Posttribulation Rapture Position"* [Posición sobre el Rapto de la Postribulación] *Three Views on the Rapture* [Grand Rapids: Zondervan, 1996], pág. 207).

cierto, de cierto os digo: Viene la hora, y ahora es, cuando los muertos oirán la voz del Hijo de Dios; y los que la oyeren vivirán. [...] No os maravilléis de esto; porque vendrá hora cuando todos los que están en los sepulcros oirán su voz; y los que hicieron lo bueno, saldrán a resurrección de vida; mas los que hicieron lo malo, a resurrección de condenación" (vv. 25, 28-29). Otras afirmaciones de la resurrección se encuentran en Juan 6:39-40, 44, 54, así como en el relato de la resurrección de Lázaro (Juan 11, especialmente los vv. 24-25).

Las Epístolas del Nuevo Testamento también dan testimonio de la resurrección. Pablo creía y enseñaba claramente que habría una futura resurrección corporal. El pasaje clásico y más extenso es 1 Corintios 15. La enseñanza es especialmente marcada en los versículos 51-52: "He aquí, os digo un misterio: No todos dormiremos; pero todos seremos transformados, en un momento, en un abrir y cerrar de ojos, a la final trompeta; porque se tocará la trompeta, y los muertos serán resucitados incorruptibles, y nosotros seremos transformados". La resurrección también se enseña claramente en 1 Tesalonicenses 4:13-16 y está implícita en 2 Corintios 5:1-10. Y cuando Pablo compareció ante el concilio, creó disensión entre los fariseos y los saduceos al declarar: "Varones hermanos, yo soy fariseo, hijo de fariseo; acerca de la esperanza y de la resurrección de los muertos se me juzga" (Hechos 23:6); hizo una declaración similar ante Félix (Hechos 24:21). Juan también afirma la doctrina de la resurrección (Ap 20:4-6, 13).

Una Obra del Dios Trino

Todos los miembros de la Trinidad participan en la resurrección de los creyentes. Pablo nos explica que el Padre resucitará a los creyentes por medio del Espíritu (Ro 8:11). Y hay una conexión especial entre la resurrección de Cristo y la resurrección general, un punto que Pablo enfatiza particularmente en 1 Corintios 15:12-

14: "Pero si se predica de Cristo que resucitó de los muertos, ¿cómo dicen algunos entre vosotros que no hay resurrección de muertos? Porque si no hay resurrección de muertos, tampoco Cristo resucitó. Y si Cristo no resucitó, vana es entonces nuestra predicación, vana es también vuestra fe". En Colosenses 1:18, Pablo se refiere a Jesús como "el principio, el primogénito de entre los muertos". En Apocalipsis 1:5, Juan también se refiere a Jesús como el "primogénito de los muertos". Esta expresión no apunta tanto a que Jesús sea el primero en el tiempo dentro del grupo como a su supremacía sobre el grupo (cf. Col 1:15, "el primogénito de toda creación"). La resurrección de Cristo es la base de la esperanza y la confianza del creyente (1 Ts 4:14).

Corporal en su Naturaleza

Varios pasajes del Nuevo Testamento afirman que el cuerpo será devuelto a la vida. Uno de ellos es Romanos 8:11: "Y si el Espíritu de aquel que levantó de los muertos a Jesús mora en vosotros, el que levantó de los muertos a Cristo Jesús vivificará también vuestros cuerpos mortales por su Espíritu que mora en vosotros" (ver también Flp 3:20-21). En el capítulo de la resurrección, 1 Corintios 15, Pablo dice: "se siembra un cuerpo natural, resucita un cuerpo espiritual. Si hay un cuerpo natural, también hay un cuerpo espiritual" (v. 44, NVI). Pablo también aclara que la opinión de que la resurrección ya ha ocurrido, es decir, en forma de una resurrección espiritual no incompatible con el hecho de que los cuerpos aún yacen en sus tumbas, es una herejía. Lo dice cuando condena las opiniones de Himeneo y Fileto "que se desviaron de la verdad, diciendo que la resurrección ya se efectuó, y trastornan la fe de algunos" (2 Ti 2:18).

Además, existen evidencias inferenciales o indirectas de la naturaleza corporal de la resurrección. Se habla de la redención del creyente como algo que implica al cuerpo, no solo al alma (Ro 8:22-23).

Cuando Cristo regrese, nuestro cuerpo original será resucitado y transformado; nuestra forma humana será conservada y glorificada.

En 1 Corintios 6:12-20 Pablo señala el significado espiritual del cuerpo. Nuestros cuerpos son miembros de Cristo (v. 15). El cuerpo es un templo del Espíritu Santo (v. 19). "Pero el cuerpo no es para la fornicación, sino para el Señor, y el Señor para el cuerpo" (v. 13). Dado el énfasis en el cuerpo, la afirmación que sigue inmediatamente es obviamente un argumento a favor de la resurrección corporal: "Y Dios, que levantó al Señor, también a nosotros nos levantará con su poder" (v. 14). La conclusión de todo el pasaje es: "glorificad, pues, a Dios en vuestro cuerpo" (v. 20).

Otro argumento indirecto a favor del carácter corporal de la resurrección es que la resurrección de Jesús fue de naturaleza corporal. Cuando Jesús se apareció a sus discípulos, estos se asustaron, pensando que estaban viendo un espíritu. Él los tranquilizó diciendo: "¿Por qué estáis turbados, y vienen a vuestro corazón estos pensamientos? Mirad mis manos y mis pies, que yo mismo soy; palpad, y ved; porque un espíritu no tiene carne ni huesos, como veis que yo tengo" (Lucas 24:38-39; ver también Juan 20:27). El hecho de que la tumba estuviera vacía y que el cuerpo no fuera presentado por los adversarios de Cristo es una indicación más de la naturaleza corporal de su resurrección. La especial conexión que, como ya hemos señalado, existe entre la resurrección de Cristo y la del creyente argumenta que nuestra resurrección será también corporal.

Nuestro cuerpo resucitado tendrá alguna conexión con nuestro cuerpo original y provendrá de él, y sin embargo habrá una transformación o metamorfosis. Una analogía es la petrificación de un tronco o un tocón. Aunque se conserva la forma del objeto original, la composición es totalmente diferente. Nos cuesta entenderlo porque no conocemos la naturaleza exacta del cuerpo resucitado. No obstante, parece que conservará y al mismo tiempo glorificará la forma humana. Estaremos libres de las imperfecciones y necesidades que teníamos en la tierra.

De los Justos y de los Injustos

La mayoría de las referencias a la resurrección se refieren a la resurrección de los creyentes. Isaías 26:19 habla de la resurrección de una manera que indica que es una recompensa. Jesús habla de la "resurrección de los justos" (Lucas 14:14; ver también 20:35). En Filipenses 3:11, Pablo expresa su deseo y esperanza, "si en alguna manera llegase a la resurrección de entre los muertos". Ni los Evangelios Sinópticos ni los escritos de Pablo hacen referencia explícita a la resurrección de los incrédulos.

No obstante, varios pasajes sí indican una resurrección de los incrédulos. Daniel 12:2 dice: "Y muchos de los que duermen en el polvo de la tierra serán despertados, unos para vida eterna, y otros para vergüenza y confusión perpetua". Juan relata una declaración similar de Jesús (Juan 5:28-29). Pablo, en su defensa ante Félix, dijo: "Pero esto te confieso, que según el Camino que ellos llaman herejía, así sirvo al Dios de mis padres, creyendo todas las cosas que en la ley y en los profetas están escritas; teniendo esperanza en Dios, la cual ellos también abrigan, de que ha de haber resurrección de los muertos, así de justos como de injustos" (Hechos 24:14-15). Y puesto que tanto los creyentes como los incrédulos estarán presentes y participarán en el juicio final, concluimos que la resurrección de ambos es necesaria. Si serán resucitados simultáneamente o en dos momentos diferentes será discutido en el siguiente capítulo.

El Juicio Final

La segunda venida también dará lugar al gran juicio final. Para los que se apartan de Cristo, y como consecuencia serán juzgados entre los injustos, esta es una de las perspectivas más aterradoras con respecto al futuro. Sin embargo, para los que están en Cristo, es algo que deben esperar, ya que garantizará sus vidas. El juicio final no pretende determinar nuestra condición o estado espiritual, pues eso ya lo conoce Dios. Más bien, manifestará o hará pública nuestra condición[12].

Un Evento Futuro

El juicio final ocurrirá en el futuro. En algunos casos, Dios ya ha manifestado su juicio, como cuando se llevó al cielo a los justos Enoc y Elías para que estuvieran con él, envió el diluvio destructor a la tierra (Gn 6-7), y abatió a Ananías y Safira (Hechos 5:1-11). Friedrich Schelling, entre otros, sostenía que la historia del mundo es el juicio del mundo; en otras palabras, los acontecimientos que ocurren dentro de la historia son en efecto un juicio sobre el mundo. Pero esto no es todo lo que dice la Biblia sobre el juicio. En el futuro se producirá un acontecimiento concreto. Jesús se refirió a ese momento en Mateo 11:24: "Por tanto os digo que en el día del juicio, será más tolerable el castigo para la tierra de Sodoma, que para ti". En otra ocasión habló claramente del juicio que ejecutaría en relación con la futura resurrección (Juan 5:27-29). En Mateo 25:31-46, hay un amplio cuadro de este juicio. El autor de la carta a los Hebreos lo expresó de forma clara y directa: "Y de la manera que está establecido para los

hombres que mueran una sola vez, y después de esto el juicio" (9:27). Otras referencias claras incluyen Hechos 17:31; 24:25; Romanos 2:5; Hebreos 10:27; 2 Pedro 3:7 y Apocalipsis 20:11-15.

La Escritura especifica que el juicio ocurrirá después de la segunda venida. Jesús dijo: "Porque el Hijo del Hombre vendrá en la gloria de su Padre con sus ángeles, y entonces pagará a cada uno conforme a sus obras" (MT 16:27). Esta idea se encuentra también en Mateo 13:37-43; 24:29-35; 25:31-26 y 1 Corintios 4:5.

Jesucristo, el Juez

Jesús se imaginó a sí mismo sentado en un trono glorioso y juzgando a todas las naciones (MT 25:31-33). Aunque en Hebreos 12:23 se habla de Dios como juez, varias otras referencias dejan claro que delega esta autoridad en el Hijo. El propio Jesús dijo: "Porque el Padre a nadie juzga, sino que todo el juicio dio al Hijo" (Juan 5:22) y "también le dio autoridad de hacer juicio, por cuanto es el Hijo del Hombre" (Juan 5:27; ver también Hechos 10:42). Pablo escribió a los corintios: "Porque es necesario que todos nosotros comparezcamos ante el tribunal de Cristo, para que cada uno reciba según lo que haya hecho mientras estaba en el cuerpo, sea bueno o sea malo" (2 Co 5:10). Segunda de Timoteo 4:1 afirma que Cristo ha de juzgar a los vivos y a los muertos.

Aunque no se nos dicen los detalles exactos, parece que los creyentes participarán en el juicio. En Mateo 19:28 y Lucas 22:28-30, Jesús indica que los discípulos juzgarán a las doce tribus de Israel. También se nos dice que los creyentes se sentarán en tronos y juzgarán al mundo (1 Co 6:2-3; Ap 3:21; 20:4).

Los Asuntos del Juicio

Todos los seres humanos serán juzgados (MT 25:32; 2 Co 5:10; Heb 9:27). Pablo nos advierte que "todos compareceremos ante el tribunal de Cristo" (Ro 14:10). Cada secreto será revelado;

---

12 Gottlob Schrenk, *"δικαιοσύνη"* en Theological Dictionary of the New Testament, ed. Gerhard Kittel, trad. y ed. Geoffrey W. Bromiley (Grand Rapids: Eerdmans, 1964), 2:207.

todo lo que ha ocurrido será evaluado. Algunos han cuestionado si se incluirán los pecados de los creyentes, lo cual parecería innecesario ya que los creyentes han sido justificados. Pero las declaraciones relativas a la revisión de los pecados son universales. La perspectiva de Louis Berkhof sobre este asunto es probablemente correcta: "La Escritura nos lleva a creer que [los pecados de los creyentes] serán [revelados], aunque, por supuesto, serán revelados como *pecados* perdonados"[13].

Además, los ángeles malos serán juzgados en ese momento. Pedro escribe que "Dios no perdonó a los ángeles que pecaron, sino que arrojándolos al infierno [Tártaro] los entregó a prisiones de oscuridad, para ser reservados al juicio" (2 P 2:4). Judas 6 hace una declaración casi idéntica. Sin embargo, los ángeles buenos participarán en el juicio reuniendo a todos los que han de ser juzgados (MT 13:41; 24:31).

La Base del Juicio

Los que aparezcan serán juzgados en función de su vida terrenal[14]. Pablo dijo que todos compareceremos en el juicio, así que "cada uno reciba según lo que haya hecho mientras estaba en el cuerpo, sea bueno o sea malo" (2 Co 5:10). Jesús dijo que en la resurrección todos "los que hicieron lo bueno, saldrán a resurrección de vida; mas los que hicieron lo malo, a resurrección de condenación" (Juan 5:29). Aunque uno podría deducir de Mateo 25:31-46 que lo que marca la diferencia es la realización de buenas obras, Jesús indicó que a algunos que pretenden y que incluso parecen haber hecho buenas obras se les dirá que se vayan (MT 7:21-23).

La norma sobre la que se hará la evaluación es la voluntad revelada de Dios. Jesús dijo: "El que me rechaza, y no recibe mis palabras, tiene

quien le juzgue; la palabra que he hablado, ella le juzgará en el día postrero" (Juan 12:48). Incluso aquellos que no han escuchado explícitamente la ley serán juzgados: "Porque todos los que sin ley han pecado, sin ley también perecerán; y todos los que bajo la ley han pecado, por la ley serán juzgados" (Ro 2:12).

La Firmeza del Juicio

Una vez que se haya dictado, el juicio será permanente e irrevocable. Los justos y los impíos serán enviados a sus respectivos lugares finales. No hay ningún indicio de que el veredicto pueda cambiarse. Al concluir su enseñanza sobre el juicio final, Jesús dijo que los que están a su izquierda "irán estos al castigo eterno, y los justos a la vida eterna" (MT 25:46).

Implicaciones de la Segunda Venida y sus Consecuencias

Las implicaciones de la segunda venida incluyen lo siguiente:

1. La historia no seguirá simplemente su curso, sino que, bajo la dirección de Dios, llegará a su final. Sus propósitos se cumplirán en definitiva.

2. Nosotros, como creyentes, debemos velar y trabajar en previsión del regreso seguro del Señor.

3. Nuestros cuerpos terrenales serán transformados en algo mucho mejor. Las imperfecciones que ahora conocemos desaparecerán; nuestros cuerpos eternos no conocerán el dolor, la enfermedad ni la muerte.

4. Se acerca un tiempo en el que se impartirá justicia. El mal será castigado y la fe y la fidelidad serán recompensadas.

5. En vista de la certeza de la segunda venida y la firmeza del juicio que seguirá, es imperativo que actuemos de acuerdo con la voluntad de Dios.

---

13 Berkhof, *Systematic Theology*, pág. 732.

14 Floyd V. Filson, *"The Second Epistle to the Corinthians"* [La Segunda Epístola a los Corintios] en The Interpreter's Bible, ed. George A. Buttrick (Nashville: Abingdon, 1978), 10:332.

Preguntas de Análisis y Reflexión

- ¿Qué hace que el tiempo de la segunda venida sea indefinido?
- ¿Cuál es el carácter de la segunda venida y qué la hace significativa?
- ¿Cómo se comparan las enseñanzas del Antiguo Testamento con las del Nuevo Testamento sobre la resurrección del cuerpo?
- ¿Qué ocurrirá exactamente en el juicio final según las Escrituras?
- ¿Cómo respondería a la afirmación secular de que no hay esperanza?

41

Las Posturas Mileniales y Tribulacionistas

Objetivos del Capítulo

Objetivos del Capítulo

Una vez completado este capítulo, el lector es capaz de:

1. Identificar y describir tres posturas mileniales relacionadas con el fin de los tiempos.
2. Analizar tres posturas milenarias y seleccionar la que más se acerque a las enseñanzas de las Escrituras.
3. Identificar y describir dos posturas de la tribulación y discutir brevemente ciertas posiciones mediadoras de la tribulación.
4. Analizar y evaluar las posturas de la tribulación y decidir cuál se asemeja más a la enseñanza de las Escrituras.

Resumen del Capítulo

El milenio se refiere al reino terrenal de Jesucristo. Se han desarrollado tres posturas mileniales principales en relación con el fin de los tiempos. La postura amilenial considera que no habrá un reino terrenal de Cristo. La postura postmilenial considera que el milenio está en curso y precede a la segunda venida de Cristo. La última postura, el premilenialismo, sostiene que la segunda venida precederá al milenio. La postura premilenial ha creado controversia sobre el papel de la tribulación y la iglesia. Los que defienden el pretribulacionismo creen que Cristo arrebatará a la iglesia antes de la gran tribulación en la tierra. En cambio, la postura postribulacionista sostiene que la venida de Cristo se producirá después de la gran tribulación.

Estructura del Capítulo

Postura Milenial

- Postmilenialismo
- Premilenialismo
- Amilenialismo
- Solución a las cuestiones

Postura Tribulacional

- Pretribulacionismo
- Postribulacionismo
- Posiciones Mediadoras
- Solución a las Cuestiones

lo largo de los años se ha discutido mucho en la teología cristiana sobre la relación cronológica entre la segunda venida de Cristo y algunos otros acontecimientos. En particular, esta discusión ha implicado dos cuestiones principales: (1) ¿Habrá un milenio, un reino terrenal de Jesucristo, y si es así, la segunda venida tendrá lugar antes o después de ese período? La postura de que no habrá un reino terrenal de Cristo se denomina amilenialismo. La enseñanza de que el regreso de Cristo iniciará un milenio se denomina premilenialismo, mientras que la creencia de que la segunda venida concluirá un milenio es el postmilenialismo. (2) ¿Vendrá Cristo a sacar a la iglesia del mundo antes de la gran tribulación (pretribulacionismo), o volverá solo después de la tribulación (postribulacionismo)? Esta segunda pregunta se encuentra principalmente en el premilenialismo. Examinaremos sucesivamente cada uno de los puntos de vista milenialistas y luego los tribulacionistas.

Postural Milenial

Postmilenialismo

El postmilenialismo se basa en la creencia de que la predicación del evangelio tendrá tanto éxito que el mundo se convertirá. El reino de Cristo, cuya ubicación es el corazón humano, será completo y universal. La petición, "venga tu reino, hágase tu voluntad en la tierra como en el cielo", se hará realidad. La paz prevalecerá y el mal será prácticamente desterrado.

Entonces, cuando el evangelio haya surtido pleno efecto, Cristo regresará. Básicamente, pues, el postmilenialismo es una visión optimista.

Por consiguiente, el posmilenialismo fue más popular durante los períodos en que la iglesia parecía estar teniendo éxito en su tarea de ganar el mundo. Aunque fue propuesto en el siglo IV por Ticonio, y adoptado por Agustín, alcanzó especial popularidad en la última parte del siglo XIX. Hay que tener en cuenta que este fue un período de gran eficacia en las misiones mundiales, así como una época de preocupación y progreso por las condiciones sociales. En consecuencia, parecía razonable suponer que pronto se alcanzaría el mundo para Cristo.

Como se ha sugerido, el principal principio del postmilenialismo es el éxito de la difusión del evangelio. Esta idea se basa en varios pasajes de las Escrituras. En el Antiguo Testamento, las Escrituras como los Salmos 47; 72; 100; Isaías 45:22-25 y Oseas 2:23, por ejemplo, dejan claro que todas las naciones llegarán a conocer a Dios. Además, Jesús dijo en varias ocasiones que el evangelio se predicaría universalmente antes de su segunda venida (ver, p. ej., Mateo 24:14). En la medida en que la Gran Comisión debe llevarse a cabo con su autoridad (MT 28:18-20), está destinada a tener éxito. Con frecuencia, la idea de la difusión del Evangelio incluye un efecto transformador de las condiciones sociales que se deriva de la conversión de un gran número de oyentes. En algunos casos, la creencia en la propagación del reino ha adoptado una forma algo más secularizada, de modo que la transformación social, más que las conversiones individuales, se considera el signo del reino. Al hacer énfasis en la transformación social, los liberales, en la medida en que sostenían una visión milenaria, eran generalmente postmilenialistas, pero no todos los postmilenialistas eran liberales. Muchos de ellos preveían un número de conversiones sin precedentes, con la raza humana convertida en una colección de individuos regenerados[1]

---

1 Charles Hodge, *Systematic Theology* [Teología sistemática] (Grand Rapids: Eerdmans, 1952), 3:800–812.

Gráfico 7: Postmilenialismo

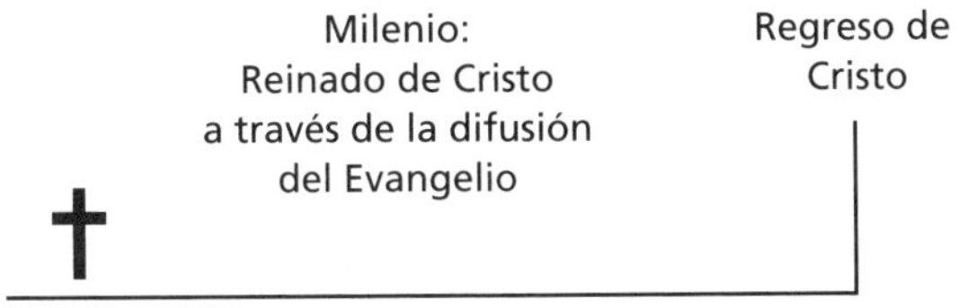

En el pensamiento postmilenial, el reino de Dios se ve como una realidad presente, aquí y ahora, en lugar de un futuro real celestial (ver gráfico 7). Las parábolas de Jesús en Mateo 13 nos dan una idea de la naturaleza de este reino. Es como la levadura, que se extiende de forma gradual pero segura por todo el conjunto. Su crecimiento será extensivo (se extenderá por todo el mundo) e intensivo (llegará a ser dominante). Su crecimiento será tan gradual que el inicio del milenio puede ser apenas notado por algunos. El progreso puede no ser uniforme; de hecho, la llegada del reino puede proceder por una serie de crisis. Los postmilenialistas están dispuestos a aceptar lo que parecen ser contrariedades, ya que creen en el triunfo final del evangelio[2].

En la postura postmilenial, el milenio será un período extenso, pero no necesariamente mil años literales. De hecho, la visión postmilenial del milenio se basa con frecuencia menos en Apocalipsis 20, donde se menciona el período de mil años y las dos resurrecciones, que en otros pasajes de la Escritura. La propia gradualidad de la llegada del reino hace que la duración del milenio sea difícil de calcular. La cuestión es que el milenio será un periodo de tiempo prolongado durante el cual Cristo, aunque físicamente ausente, reinará sobre la tierra. Una característica esencial que distingue al postmilenialismo de las otras visiones milenaristas es que espera que las condiciones mejoren, en lugar de empeorar, antes del regreso

de Cristo. Por ello, es una visión básicamente optimista. En consecuencia, le fue bastante mal en el siglo XX.

Los postmilenialistas convencidos consideran que las angustiosas condiciones del siglo XXI son simplemente una fluctuación temporal en el crecimiento del reino. Indican que no estamos tan cerca de la segunda venida como habíamos pensado. Sin embargo, este argumento no ha resultado convincente para un gran número de teólogos, pastores y laicos[3].

Premilenialismo

El premilenialismo está comprometido con el concepto de un reinado terrenal de Jesucristo de aproximadamente mil años (o al menos un período de tiempo considerable). A diferencia del postmilenialismo, el premilenialismo ve a Cristo como físicamente presente durante este tiempo; cree que volverá personalmente y en cuerpo para comenzar el milenio. Siendo este el caso, el milenio debe ser visto como todavía en el futuro (ver gráfico 8).

Gráfico 8: Premilenialismo

El premilenialismo fue probablemente la postura milenial dominante durante los tres primeros siglos de la Iglesia. Gran parte del milenialismo de este período ("chiliasmo", de la palabra griega "mil") tenía una apariencia bastante atractiva.

El milenio sería un tiempo de gran abundancia y fertilidad, de renovación de la tierra y de

2 Loraine Boettner, *"Postmillennialism"* ["Postmilenialismo"] en The Meaning of the Millennium, ed. Robert G. Clouse (Downers Grove, Illinois: InterVarsity, 1977), págs. 120-121.

3 *Ibid.*, págs. 132-133.

construcción de una Jerusalén glorificada[4]. En la Edad Media, el premilenialismo se volvió bastante raro.

Hacia mediados del siglo XIX, el premilenialismo comenzó a crecer en popularidad en los círculos conservadores.

Esto se debió, en parte, a que los liberales, en la medida en que tenían una postura milenial, eran postmilenialistas, y algunos conservadores consideraban sospechoso todo lo relacionado con el liberalismo. La creciente popularidad del sistema dispensacional de interpretación y escatología también impulsó el premilenialismo, especialmente entre los bautistas conservadores, los grupos pentecostales y las iglesias fundamentalistas independientes.

El pasaje principal para el premilenialismo es Apocalipsis 20:4-6.

> Y vi tronos, y se sentaron sobre ellos los que recibieron facultad de juzgar; y vi las almas de los decapitados por causa del testimonio de Jesús y por la palabra de Dios, los que no habían adorado a la bestia ni a su imagen, y que no recibieron la marca en sus frentes ni en sus manos; y vivieron y reinaron con Cristo mil años. Pero los otros muertos no volvieron a vivir hasta que se cumplieron mil años. Esta es la primera resurrección.
> Bienaventurado y santo el que tiene parte en la primera resurrección; la segunda muerte no tiene potestad sobre estos, sino que serán sacerdotes de Dios y de Cristo, y reinarán con él mil años.

Los premilenialistas observan que aquí hay evidencia de un período de mil años y dos resurrecciones, una al principio y otra al final. Insisten en una interpretación literal y coherente de este pasaje. Dado que el mismo verbo, ezēsan ("volvió a la vida"), se utiliza en referencia a ambas resurrecciones, deben ser del mismo tipo. El amilenialista, o para el caso el postmilenialista, generalmente se ve forzado a decir que son de diferentes tipos. La explicación habitual es que la primera resurrección es una resurrección espiritual, es decir, la regeneración, mientras que la segunda es una resurrección literal, física o corporal. Por lo tanto, los que participan en la primera resurrección sufrirán también la segunda. Sin embargo, los premilenialistas rechazan esta interpretación por considerarla insostenible. George Ladd dice que si ezēsan significa resurrección corporal en el versículo 5, debe significar resurrección corporal en el versículo 4; si no es así, "hemos perdido el control de la exégesis"[5].

El contexto, por supuesto, puede alterar el significado de las palabras. No obstante, en este caso los dos usos de ezēsan se dan juntos. Por consiguiente, lo que tenemos aquí son dos resurrecciones del mismo tipo que implican a dos grupos diferentes en un intervalo de mil años. También se desprende del contexto que los que participan en la primera resurrección no participan en la segunda. Son "los otros muertos" los que no vuelven a la vida hasta el final de los mil años.

También es importante observar la naturaleza del milenio. Mientras que el postmilenialista piensa que el milenio se introduce gradualmente, quizás de forma casi imperceptible, el premilenialista prevé un acontecimiento repentino y cataclísmico. En el punto de vista premilenialista, el gobierno de Jesucristo será completo desde el mismo comienzo del milenio. El mal habrá sido prácticamente eliminado.

Según el premilenialismo, pues, el milenio no será una extensión de las tendencias que ya están en marcha en el mundo. Por el contrario, habrá una ruptura bastante brusca con las condiciones

---

4 A. J. Visser, *"A Bird's-Eye View of Ancient Christian Eschatology"* [La escatología cristiana antigua de forma amplia] Numen 14 (1967): págs. 10-11.

5 George E. Ladd, *"Revelation 20 and the Millennium"* [Apocalipsis 20 y el Milenio] *Review and Expositor 57*, N° 2 (abril de 1960): pág. 169.

actuales. Por ejemplo, habrá paz mundial. Esto está muy lejos de la situación actual, en la que la paz mundial es algo muy raro, y la tendencia no parece mejorar. La armonía universal no se limitará a los seres humanos. La naturaleza, que ha estado "gimiendo como en los dolores de parto" esperando su redención, será liberada de la maldición de la caída (Ro 8:19-23). Incluso los animales vivirán en armonía unos con otros (Is 11:6-7; 65:25), y las fuerzas destructivas de la naturaleza se calmarán. Los santos gobernarán junto con Cristo en este milenio. Aunque la naturaleza exacta de su reinado no se detalla, como recompensa por su fidelidad, participarán con él en su gloria.

Los premilenialistas también sostienen que el milenio supondrá un tremendo cambio respecto a lo que le precede inmediatamente, es decir, la gran tribulación. La tribulación será un tiempo de problemas y agitación sin precedentes, incluyendo disturbios cósmicos, persecución y gran sufrimiento. Aunque los premilenialistas no están de acuerdo en si la iglesia estará presente durante la tribulación, están de acuerdo en que la situación del mundo estará en su peor momento justo antes de que Cristo venga a establecer el milenio, que será, por el contrario, un período de paz y justicia.

Un enfoque premilenial particular, el dispensacionalismo, merece una mención especial, ya que aunque es relativamente nuevo en lo que respecta a las teologías ortodoxas, ha ejercido una influencia considerable dentro de los círculos conservadores. El dispensacionalismo es un esquema interpretativo unificado. Es decir, cada parte o principio específico está vitalmente interconectado con los demás. Así, las diversas conclusiones de la escatología se derivan unas de otras.

Los dispensacionalistas tienden a considerar que su sistema es, ante todo, un método de interpretación de las Escrituras. En su núcleo está la convicción de que la Escritura debe ser interpretada literalmente. Esto no significa que los pasajes obviamente metafóricos deban ser

tomados literalmente, sino que si el significado llano tiene sentido, uno no debe buscar más[6]. En parte, esto significa que la profecía se interpreta de forma muy literal y muchas veces con mucho detalle. En concreto, "Israel" se entiende siempre como una referencia a Israel como nación o étnico, no a la iglesia.

El dispensacionalismo encuentra en la Palabra de Dios la evidencia de una serie de "dispensaciones" o economías bajo las cuales ha administrado el mundo. Estas dispensaciones son etapas sucesivas en la revelación de los propósitos de Dios. No implican diferentes medios de salvación, ya que el medio de salvación ha sido el mismo en todos los períodos de tiempo, es decir, por la gracia a través de la fe. Hay cierto desacuerdo en cuanto al número de dispensaciones, siendo el número más común el de siete. Muchos dispensacionalistas enfatizan que reconocer a qué dispensación se aplica un determinado pasaje de la Escritura es crucial. No debemos tratar de gobernar nuestras vidas con preceptos establecidos para el milenio, por ejemplo[7].

Los dispensacionalistas tradicionales también ponen gran énfasis en la distinción entre Israel y la iglesia. Algunos de ellos sostienen que Dios hizo un pacto incondicional con Israel; es decir, sus promesas a ellos no dependen de que cumplan ciertos requisitos. Seguirán siendo su pueblo especial y recibirán finalmente su bendición. El Israel étnico, nacional y político nunca debe confundirse con la iglesia, ni las promesas dadas a Israel deben considerarse aplicables y cumplidas en la iglesia. Son dos entidades distintas[8]. Dios ha interrumpido, por así decirlo, sus tratos especiales con Israel, pero los reanudará en algún momento en el futuro.

6 John Walvoord, *"Dispensational Premillennialism"* [Premilenialismo dispensacional] Christianity Today, 15 de setiembre de 1958, págs. 11-12.

7 Charles C. Ryrie, *Dispensationalism Today* [El dispensacionalismo en la actualidad] (Chicago: Moody Press, 1965), págs. 86-90.

8 *Ibid.*, págs. 132-155.

Las profecías incumplidas con respecto a Israel se cumplirán dentro de la propia nación, no dentro de la iglesia. De hecho, la iglesia no se menciona en las profecías del Antiguo Testamento. Es prácticamente un paréntesis dentro del plan general de Dios para tratar con Israel. Entonces, el milenio adquiere un significado especial en el dispensacionalismo. En ese momento Dios reanudará su pacto con Israel, habiendo sido la iglesia sacada del mundo o "raptada" algún tiempo antes (justo antes de la gran tribulación). En consecuencia, el milenio tendrá un carácter marcadamente judío. Las profecías incumplidas con respecto a Israel se cumplirán en ese momento.

Amilenialismo

Literalmente, el amilenialismo es la idea de que no habrá ningún milenio, ningún reino terrenal de Cristo. El gran juicio final seguirá inmediatamente a la segunda venida y tendrá como resultado directo los estados finales de los justos y los impíos (ver gráfico 9). El amilenialismo es un punto de vista más simple que cualquiera de los otros que hemos considerado. Sus defensores sostienen que se basa en una serie de pasajes escatológicos relativamente claros, mientras que el premilenialismo se basa principalmente en un solo pasaje, y además oscuro.

A pesar de la simplicidad del amilenialismo y de la claridad de su principio central, resulta difícil de entender en muchos aspectos. Esto se debe en parte a que, siendo su característica más notable la negativa, sus enseñanzas positivas no siempre se exponen. A veces se ha distinguido más por su rechazo al premilenialismo que por sus afirmaciones. Además, al tratar el muy problemático pasaje de Apocalipsis 20:4-6, los amilenialistas han dado una gran variedad de explicaciones. Uno se pregunta a veces si estas explicaciones reflejan el mismo punto de vista básico o interpretaciones muy diferentes de la literatura escatológica y apocalíptica. Por

último, no siempre ha sido posible distinguir el amilenialismo del postmilenialismo, ya que comparten muchos rasgos comunes.

De hecho, varios teólogos que no han abordado las cuestiones particulares que sirven para distinguir los dos puntos de vista entre sí (entre ellos están Agustín, Juan Calvino y Benjamin B. Warfield) han sido reclamados como antecesores por ambos campos. Lo que ambos puntos de vista comparten es la creencia de que los "mil años" de Apocalipsis 20 deben tomarse simbólicamente. Ambas suelen sostener también que el milenio es la era de la iglesia. En lo que difieren es en que el postmilenialista, a diferencia del amilenialista, sostiene que el milenio implica un reino terrenal de Cristo.

A la luz de los problemas para tratar de comprender el amilenialismo, su historia es difícil de rastrear.

Es probable que el posmilenialismo y el amilenialismo simplemente no se diferenciaran durante gran parte de los primeros diecinueve siglos de la iglesia. Cuando en el siglo XX el postmilenialismo comenzó a perder popularidad, el amilenialismo fue generalmente sustituido por él, ya que el amilenialismo está mucho más cerca del postmilenialismo que del premilenialismo. En consecuencia, el amilenialismo ha gozado de su mayor popularidad reciente en el período posterior a la Primera Guerra Mundial.

Cuando los amilenialistas se enfrentan a Apocalipsis 20, suelen tener en cuenta todo el libro. Consideran que el libro de Apocalipsis consta de varias secciones, siendo siete el número más frecuentemente mencionado. Estas secciones no se refieren a periodos de tiempo sucesivos, sino que son recapitulaciones del mismo periodo, el periodo entre la primera y la segunda venida de Cristo[9]. Se cree que en cada una de estas secciones el autor retoma los

9 Floyd Hamilton, *The Basis of Millennial Faith* [La base de la fe milenaria] (Grand Rapids: Eerdmans, 1942), págs. 130-131.

mismos temas y los elabora.

Si este es el caso, Apocalipsis 20 no se refiere únicamente al último período de la historia de la iglesia, sino que es una perspectiva especial de toda su historia.

Los amilenialistas también nos recuerdan

Gráfico 9: Amilenialismo

Milenio:
Símbolo de la victoria total de
Cristo sobre Satanás
y del perfecto gozo
de los santos en el cielo

Regreso de
Cristo

✝

que el libro del Apocalipsis en su totalidad es simbólico.

Señalan que incluso los premilenialistas más radicales no toman todo en el libro del Apocalipsis literalmente. Las copas, los sellos y las trompetas, por ejemplo, suelen interpretarse como símbolos. Por una simple extensión de este principio, los amilenialistas sostienen que los "mil años" de Apocalipsis 20 podrían no ser tampoco literales. Además, señalan que el milenio no se menciona en ninguna otra parte de las Escrituras[10].

Se plantea la pregunta: Si la cifra de mil años debe tomarse de forma simbólica y no literal, ¿qué simboliza? Muchos amilenialistas utilizan la interpretación de Warfield:

"El número sagrado siete, en combinación con el número igualmente sagrado tres, forma el número de la santa perfección, el diez, y cuando este diez se eleva al cubo en mil, el vidente ha dicho todo lo que podía decir para transmitir a nuestras mentes la idea de plenitud

absoluta"[11]. Por tanto, las referencias a "mil años" en Apocalipsis 20 transmiten la idea de perfección o plenitud. En el versículo 2 la figura representa la plenitud de la victoria de Cristo sobre Satanás. En el versículo 4 sugiere la gloria y el gozo perfectos de los redimidos en el cielo en la actualidad[12].

No obstante, el principal problema exegético para el amilenialismo no son los mil años, sino las dos resurrecciones.

Entre la variedad de opiniones amileniales sobre las dos resurrecciones, el único factor común es la negación del argumento premilenial de que Juan está hablando de dos resurrecciones físicas que involucran a dos grupos diferentes. La interpretación amilenial más común es que la primera resurrección es espiritual y la segunda es corporal o física. Uno de los que ha argumentado esto con cierta extensión es Ray Summers. De Apocalipsis 20:6 ("Bienaventurado y santo el que tiene parte en la primera resurrección; la segunda muerte no tiene potestad sobre estos") concluye que la primera resurrección es una victoria sobre la segunda muerte. Dado que en las discusiones escatológicas es habitual considerar que la segunda muerte es espiritual y no física, la primera resurrección debe ser también espiritual. La primera muerte, que no se menciona pero está implícita, debe ser sin duda la muerte física. Si ha de estar correlacionada con la segunda resurrección como la segunda muerte lo está con la primera resurrección, la segunda resurrección debe ser física. La primera resurrección, entonces, es el nuevo nacimiento. La segunda resurrección es la resurrección corporal o física que solemos tener en mente cuando usamos la palabra "resurrección". Todos los que participan en la

10 William Hendriksen, *More Than Conquerors* [Más que conquistadores] (Grand Rapids: Baker, 1939), págs. 11-64; Anthony Hoekema, *"Amillenialism"* [Amilenialismo], en *Meaning of the Millennium*, págs. 156-159.

11 Benjamin B. Warfield, "The Millennium and the Apocalypse" [El milenio y el apocalipsis], en Biblical Doctrines (Nueva York): Oxford University Press, 1929), pág. 654.

12 W. J. Grier, *"Christian Hope and the Millennium"* [La esperanza cristiana y el milenio], *Christianity Today*, 13 de Octubre de 1958, pág. 19.

primera resurrección también participan en la segunda, pero no todos los que experimentan la segunda resurrección habrán participado en la primera[13].

La crítica premilenial más común a la opinión de que la primera resurrección es espiritual y la segunda física es que es inconsistente al interpretar términos idénticos (ezēsan) en el mismo contexto.

Algunos amilenialistas han aceptado esta crítica y han tratado de desarrollar una posición en la que las dos resurrecciones son del mismo tipo. James Hughes ha construido un punto de vista de este tipo. Sugiere que no solo la primera resurrección es espiritual, sino que también lo es la segunda. Mientras que algunos comentaristas infieren de Apocalipsis 20:5 ("Pero los otros muertos no volvieron a vivir hasta que se cumplieron mil años") que los injustos cobrarán vida al final del milenio, Hughes interpreta este versículo: "No vivieron durante los mil años, ni después". Al no haber vuelto a la vida espiritualmente, este grupo sufrirá la segunda muerte. Así que a diferencia de la primera resurrección, que es la ascensión del alma justa al cielo para reinar con Cristo, la segunda resurrección es prácticamente hipotética. Sin embargo, al igual que la primera, es de naturaleza espiritual. De este modo, Hughes ha conseguido interpretar las dos ocurrencias de ezēsan de forma coherente[14].

Otra característica del amilenialismo es una concepción más general de la profecía, especialmente la del Antiguo Testamento, que la que se encuentra en el premilenialismo. Los amilenialistas suelen tratar las profecías como históricas o simbólicas en lugar de futuristas y literales. Como regla general, la profecía

ocupa un lugar mucho menos importante en el amilenialismo que en el pensamiento premilenial.

Por último, debemos observar que el amilenialismo no suele mostrar el optimismo típico del postmilenialismo. Puede haber una creencia de que la predicación del evangelio tendrá éxito, pero un gran éxito en este sentido no es necesario para el esquema amilenial, ya que no se espera un reinado literal de Cristo, ni la llegada del reino antes de la venida del Rey. Esto no quiere decir que el amilenialismo sea como el premilenialismo al esperar un deterioro extremo de las condiciones antes de la segunda venida. Sin embargo, no hay nada en el amilenialismo que excluya tal posibilidad. Y como ningún milenio precederá a la segunda venida, el regreso del Señor puede estar cerca. Sin embargo, la mayoría de los amilenialistas no se dedican al tipo de búsqueda ansiosa de señales de la segunda venida que caracteriza al premilenialismo.

Solución a las Cuestiones

Las cuestiones que separan estos puntos de vista son amplias y complejas, pero si se analizan detenidamente pueden reducirse a unas pocas comparaciones. A lo largo de este texto hemos observado que la teología, al igual que otras disciplinas, a menudo es incapaz de encontrar un punto de vista que esté respaldado de forma concluyente por todos los datos. Lo que hay que hacer en tales situaciones es encontrar el punto de vista que tenga menos dificultades que sus alternativas.

La visión postmilenial tiene mucho menos apoyo en la actualidad que a finales del siglo XIX y principios del XX.

Su optimismo respecto a la proclamación del Evangelio parece algo injustificado. En algunas partes del mundo el porcentaje de la población que realmente practica la fe cristiana es muy pequeño. Además, algunos países siguen cerrados a la actividad misionera cristiana de

13 Ray Summers, *"Revelation 20: An Interpretation"* [Apocalipsis 20: una interpretación] *Review and Expositor* 57, N° 2 (Abril 1960): pág. 176.

14 James A. Hughes, *"Revelation 20:4–6 and the Question of the Millennium"* [Apocalipsis 20:4-6 y la cuestión del Milenio], *Westminster Theological Journal* 35 (1973): pág. 300.

tipo convencional.

También hay fuertes motivos bíblicos para rechazar el postmilenialismo. Las enseñanzas de Jesús sobre la gran maldad y el enfriamiento de la fe de muchos antes de su regreso parecen entrar en conflicto con el optimismo postmilenial. La ausencia en las Escrituras de una descripción clara de un reino terrenal de Cristo sin su presencia física parece ser otro punto débil importante de esta posición.

Esto nos deja con una elección entre el amilenialismo y el premilenialismo. La cuestión se reduce a las referencias bíblicas al milenio: ¿son suficientes motivos para adoptar el punto de vista premilenial más complicado en lugar de la concepción amilenial más sencilla? A veces se sostiene que toda la concepción premilenial se basa en un solo pasaje de las Escrituras, y que ninguna doctrina debe basarse en un solo pasaje. Pero si un punto de vista puede explicar una referencia específica mejor que otro, y ambos puntos de vista explican el resto de la Escritura igualmente bien, entonces el primer punto de vista debe ser juzgado más adecuado que el segundo.

Observamos aquí, por un lado, que no hay pasajes bíblicos con los que el premilenialismo no pueda resolver, o que no pueda explicar adecuadamente. Hemos visto, por otro lado, que la referencia a dos resurrecciones (Apocalipsis 20) da dificultades a los amilenialistas. Sus explicaciones de que tenemos aquí dos tipos diferentes de resurrección o dos resurrecciones espirituales ponen a prueba los principios normales de la hermenéutica.

La interpretación premilenialista tampoco se basa en un solo pasaje de la Biblia. Se encuentran indicios de ella en varios lugares. Por ejemplo, Pablo escribe: "Porque así como en Adán todos mueren, también en Cristo todos serán vivificados. Pero cada uno en su debido orden: Cristo, las primicias; luego los que son de Cristo, en su venida. Luego el fin, cuando entregue el reino al Dios y Padre, cuando haya suprimido todo dominio, toda autoridad y potencia" (1 Co 15:22-24). Los adverbios particulares traducidos "entonces" (*epeita y eita*) indican una secuencia temporal. Pablo podría haber utilizado un adverbio que sugiriera eventos concurrentes (*tote*), pero no lo hizo[15]. También debemos observar que, aunque solo se habla explícitamente de las dos resurrecciones en Apocalipsis 20, hay otros pasajes que insinúan una resurrección de un grupo selecto (Lucas 14:14; 20:35; 1 Co 15:23; Flp 3:11; 1 Ts 4:16) o una resurrección en dos etapas (Dn 12:2; Juan 5:29). En consecuencia, juzgamos que la perspectiva premilenial es más adecuada que el amilenialismo.

Postura Tribulacional

Una cuestión adicional es la relación del regreso de Cristo con el conjunto de acontecimientos conocidos como la gran tribulación.

En teoría, todos los premilenialistas sostienen que habrá una gran turbación de siete años de duración (esa cifra no tiene que tomarse literalmente) antes de la venida de Cristo.

La cuestión es si habrá una venida separada para sacar a la iglesia del mundo antes de la gran tribulación o si la iglesia pasará por la tribulación y se unirá con el Señor solo después. El punto de vista de que Cristo tomará la iglesia para sí mismo antes de la tribulación se llama pretribulacionismo; el punto de vista de que tomará la iglesia después de la tribulación se llama postribulacionismo.

También existen ciertas posiciones mediadoras que mencionaremos brevemente al final del capítulo. En la práctica, estas distinciones solo las hacen los premilenialistas, que suelen dedicar más atención a los detalles del final de los tiempos que los defensores del postmilenialismo o del amilenialismo.

---

15 Joseph H. Thayer, *Greek-English Lexicon of the New Testament* [Léxico griego-inglés del Nuevo Testamento] (Edimburgo: T&T Clark, 1955), págs. 188, 231, 629.

Pretribulacionismo

Los pretribulacionistas tienen ideas distintas. La primera se refiere a la naturaleza de la tribulación.

Será una *gran* tribulación sin precedentes en la historia. Será un período de transición que concluirá los tratos de Dios con los gentiles y preparará el milenio y los eventos que ocurrirán en él.

La tribulación no debe entenderse en ningún sentido como un tiempo para disciplinar a los creyentes o purificar la iglesia.

Una segunda idea importante del pretribulacionismo es el rapto de la iglesia.

Cristo vendrá al principio de la gran tribulación (o justo antes de ella, en realidad) para sacar a la iglesia del mundo. Esta venida en cierto sentido será secreta.

Ningún ojo incrédulo lo observará. El rapto se describe en 1 Tesalonicenses 4:17: "Luego nosotros los que vivimos, los que hayamos quedado, seremos arrebatados juntamente con ellos [los muertos en Cristo] en las nubes para recibir al Señor en el aire, y así estaremos siempre con el Señor". Tenga en cuenta que en el rapto Cristo no descenderá hasta la tierra, como lo hará cuando venga con la iglesia al final de la tribulación (ver gráfico 10)[16]. Por lo tanto, el pretribulacionismo sostiene que habrá dos fases en la venida de Cristo, o incluso se podría decir que dos venidas. También habrá tres resurrecciones.

La primera será la resurrección de los justos muertos en el rapto, pues Pablo enseña que los creyentes que estén vivos en ese momento no precederán a los que estén muertos. Luego, al final de la tribulación habrá una resurrección de aquellos santos que hayan muerto durante la tribulación. Finalmente, al final del milenio,

habrá una resurrección de los incrédulos[17].

Gráfico 10: Pretribulacionismo

Esto significa que la iglesia estará ausente durante la tribulación.

Podemos esperar la liberación de la tribulación porque Pablo prometió a los tesalonicenses que no experimentarían la ira que Dios derramará sobre los incrédulos: "Porque no nos ha puesto Dios para ira, sino para alcanzar salvación por medio de nuestro Señor Jesucristo" (1 Ts 5:9); "a Jesús, quien nos libra de la ira venidera" (1 Ts 1:10).

¿Pero qué hay de las referencias en Mateo 24 que indican que algunos de los escogidos estarán presentes durante la tribulación? La pregunta de los discípulos sobre cuál sería la señal de la venida de Jesús y del fin de los tiempos (24:3; cf. Hechos 1:6) se produjo en un marco judío. Y, por tanto, la discusión de Jesús aquí se refiere principalmente al futuro de Israel.

El Evangelio utiliza el término general "escogidos" en lugar de "iglesia", "cuerpo de Cristo" o cualquier otra expresión similar.

Son los judíos escogidos, no la iglesia, los que estarán presentes durante la tribulación. Esta distinción entre Israel y la iglesia es una parte determinante y crucial del pretribulacionismo, que está estrechamente relacionado con el dispensacionalismo. La tribulación es vista como la transición del trato de Dios principalmente

---

16 John F. Walvoord, *The Rapture Question* [La cuestión del rapto] (Findlay, Ohio: Dunham, 1957), págs. 101, 198.

17 Charles L. Feinberg, *Premillennialism or Amillennialism? The Premillennial and Amillennial Systems of Interpretation Analyzed and Compared* [¿Premilenialismo o Amilenialismo? Análisis y comparación de los sistemas de interpretación premilenial y amilenial] (Grand Rapids: Zondervan, 1936), pág. 146.

con la iglesia a su restablecimiento de la relación con su pueblo elegido original, el Israel como nación[18].

Por último, dentro del pretribulacionismo hay un fuerte énfasis en que el regreso del Señor es inminente[19]. Como su regreso precederá a la tribulación, no queda nada por cumplir antes del rapto. Entonces, su venida por la iglesia podría ocurrir en cualquier momento, incluso en el próximo instante.

Jesús exhortó a sus oyentes a la vigilancia, ya que no sabían el momento de su regreso (MT 25:13). La parábola de las diez vírgenes transmite este mensaje. Al igual que en los tiempos de Noé, no habrá señales de advertencia (MT 24:36-39). La venida del Señor será como un ladrón en la noche (MT 24:43), o como el amo que regresa en un momento inesperado (MT 24:45-51). Habrá una separación repentina. Dos hombres trabajarán en el campo; dos mujeres molerán en el molino. En cada caso, uno será tomado y el otro dejado. ¿Qué descripción más clara del rapto podría haber? Dado que puede ocurrir en cualquier momento, vigilar y ser diligente son muy necesarios[20]. Hay otra base para la creencia de que el regreso de Cristo es inminente. La iglesia puede tener una esperanza bendecida (Tito 2:13) solo si el próximo acontecimiento importante que se producirá es la venida de Cristo. Si el anticristo y la gran tribulación fueran los próximos puntos en la agenda escatológica, Pablo habría dicho a la iglesia que esperara sufrimiento, persecución y angustia. Pero, en cambio, instruye a los tesalonicenses para que se consuelen mutuamente con el hecho

de la segunda venida de Cristo (1 Ts 4:18). Dado que el próximo acontecimiento, que la iglesia debe esperar con esperanza, es la venida de Cristo para la iglesia, no hay nada que impida que ocurra en cualquier momento[21].

Finalmente, el pretribulacionismo sostiene que habrá al menos dos juicios. La iglesia será juzgada en el momento del rapto, y se repartirán las recompensas por la fidelidad. Sin embargo, la iglesia no participará en la separación de las ovejas y las cabras al final del milenio. Su estatus ya habrá sido determinado.

Postribulacionismo

Los postribulacionistas sostienen que la venida de Cristo para su iglesia no tendrá lugar hasta la conclusión de la gran tribulación (ver gráfico 11).

Gráfico 11: Postribulacionismo

Evitan el uso del término "rapto" porque (1) no es una expresión bíblica, y (2) sugiere que la iglesia escapará o será liberada de la tribulación, una noción que va en contra de la esencia del postribulacionismo.

Una primera característica del postribulacionismo es una interpretación menos literal de los acontecimientos de los últimos tiempos que la que se encuentra en el pretribulacionismo[22].

Por ejemplo, mientras que los pretribulacionistas toman la palabra *shabua'* ("semana") en Daniel 9:27 como una indicación de que la

---

18 E. Schuyler English, *Re-thinking the Rapture: An Examination of What the Scriptures Teach as to the Time of the Translation of the Church in Relation to the Tribulation* [Repensando el Rapto: un examen de lo que enseñan las Escrituras sobre el momento del traspaso de la Iglesia en relación con la tribulación] (Neptune, Nueva Jersey: Loizeaux, 1954), págs. 100-101.

19 Walvoord, *Rapture Question*, págs. 75-82.

20 Gordon Lewis, *"Biblical Evidence for Pretribulationism"* [Pruebas bíblicas del pretribulacionismo], Bibliotheca Sacra 125 (1968): págs. 216-226.

21 John F. Walvoord, *The Return of the Lord* [El regreso del Señor] (Findlay, Ohio: Dunham, 1955), pág. 51.

22 George E. Ladd, *"Historic Premillennialism"* [Premilenialismo histórico], en Meaning of the Millennium, págs. 18-27.

gran tribulación durará literalmente siete años, la mayoría de los postribulacionistas sostienen simplemente que la tribulación durará un período de tiempo considerable. Del mismo modo, los pretribulacionistas suelen tener una concepción concreta del milenio.

Por ejemplo, en su opinión, el milenio comenzará cuando los pies de Cristo se posen literalmente en el Monte de los Olivos (Zac 14:4). La comprensión del milenio por parte de los postribulacionistas es mucho más generalizada; por ejemplo, no será necesariamente de mil años de duración.

Según el postribulacionismo, la iglesia estará presente durante la gran tribulación y la experimentará. El término "escogidos" en Mateo 24 (después de la tribulación, los ángeles reunirán a los escogidos, vv. 29-31) debe entenderse a la luz de su uso en otras partes de la Escritura, donde significa "creyentes". Desde el Pentecostés, el término "escogidos" ha designado a la iglesia. El Señor preservará a la iglesia durante la tribulación, pero no la librará de ella.

Los postribulacionistas hacen una distinción entre la ira de Dios y la tribulación. Por un lado, en las Escrituras se habla de la ira de Dios como algo que viene sobre los impíos: "pero el que rehúsa creer en el Hijo no verá la vida, sino que la ira de Dios está sobre él" (Juan 3:36; ver también Ro 1:18; 2 Ts 1:8; Ap 6:16-17; 14:10; 16:19; 19:15). Por otro lado, los creyentes no sufrirán la ira de Dios: "estando ya justificados en su sangre, por él [Cristo] seremos salvos de la ira" (Ro 5:9; ver también 1 Ts 1:10; 5:9)[23]. Sin embargo, las Escrituras dejan claro que los creyentes experimentarán tribulación (MT 24:9, 21, 29; Marcos 13:19, 24; Ap 7:14).

No se trata de la ira de Dios, sino de la ira de Satanás, el anticristo y los malvados contra el pueblo de Dios[24].

La tribulación ha sido la experiencia de la iglesia a través de los tiempos. Jesús dijo: "En el mundo tendréis aflicción" (Juan 16:33).

Otras referencias significativas son Hechos 14:22; Romanos 5:3; 1 Tesalonicenses 3:3; 1 Juan 2:18, 22; 4:3; y 2 Juan 7. Aunque los postribulacionistas hacen una distinción entre la tribulación en general y la gran tribulación, creen que la diferencia es solo de grado, no de tipo. Dado que la iglesia ha experimentado la tribulación a lo largo de su historia, no sería sorprendente que la iglesia también experimente la gran tribulación.

Los postribulacionistas reconocen que las Escrituras hablan de creyentes que escaparán o serán guardados del problema inminente. En Lucas 21:36, por ejemplo, Jesús dice a sus discípulos: "Velad, pues, en todo tiempo orando que seáis tenidos por dignos de escapar de todas estas cosas que vendrán, y de estar en pie delante del Hijo del Hombre". La palabra aquí es ekpheugō, que significa "escapar de en medio de". Una referencia similar se encuentra en Apocalipsis 3:10. Entonces, los postribulacionistas argumentan que la iglesia será guardada de en medio de la tribulación, no que será guardada lejos de la tribulación[25]. Al respecto, nos recuerda la experiencia de los israelitas durante las plagas sobre Egipto.

El postribulacionista también tiene una comprensión diferente de la referencia de Pablo en 1 Tesalonicenses 4:17 a nuestro encuentro con el Señor en el aire. El pretribulacionista sostiene que este evento es el rapto; Cristo vendrá secretamente por la iglesia, recogiendo a los creyentes con él en las nubes y llevándolos al cielo hasta el final de la tribulación. No obstante, los postribuladores como George Ladd, a la luz de los otros usos bíblicos del término griego traducido como "reunirse" (apantēsis), no están de acuerdo.

---

23 George E. Ladd, *The Blessed Hope* [La bendita esperanza] (Grand Rapids: Eerdmans, 1956), pág. 122; Robert H. Gundry, *The Church and the Tribulation* [La iglesia y la tribulación] (Grand Rapids: Zondervan, 1973), págs. 48-49.

24 Gundry, *Church and the Tribulation*, pág. 49.
25 *Ibid.*, pág. 55.

Solo hay otras dos apariciones indiscutibles de esta palabra en el Nuevo Testamento (Mateo 27:32 es textualmente sospechoso).

Una de estas referencias se encuentra en la parábola de las vírgenes prudentes y necias, una parábola explícitamente escatológica.

Cuando llega el novio, se anuncia: "¡Aquí viene el esposo; salid a recibirle [apantēsis]!" (MT 25:6). ¿Qué significa la palabra en esta situación? Las vírgenes no salen a recibir al novio y luego parten con él. Más bien, salen a recibirlo y luego lo acompañan de vuelta al banquete de bodas. La otra aparición de la palabra (Hechos 28:15) es en una narración histórica no escatológica. Pablo y su grupo llegaban a Roma. Un grupo de creyentes de Roma, al enterarse de su llegada, salió al Foro de Apio y a las Tres Tabernas para recibirlos (apantēsis). Esto animó a Pablo, y el grupo continuó con él de vuelta a Roma.

Sobre la base de estos usos, Ladd sostiene que la palabra apantēsis sugiere un grupo de bienvenida que sale al encuentro de alguien en el camino y lo acompaña de vuelta al lugar de donde viene. Así que nuestro encuentro con el Señor en el aire no es un caso de ser arrebatado, sino de encontrarnos con él y luego venir inmediatamente con él a la tierra como parte de su séquito triunfante. Es la iglesia, no el Señor, la que se dará la vuelta en el encuentro[26].

Los postribulacionistas tienen una comprensión menos compleja de las últimas cosas que sus homólogos pretribulacionistas.

Por ejemplo, en el postribulacionismo solo hay una segunda venida. Dado que no hay un interludio entre la venida de Cristo para la iglesia y el final de la tribulación, no hay necesidad de una resurrección adicional de los creyentes. Solo hay dos resurrecciones: (1) la resurrección de los creyentes al final de la tribulación y al comienzo del milenio, y (2) la resurrección de los impíos al final del milenio.

Los postribulacionistas también ven el conjunto de eventos del final como básicamente unitario.

Creen que este conjunto de acontecimientos es inminente, aunque normalmente no quieren decir que la venida en sí sea inminente en el sentido de que pueda ocurrir en cualquier momento. Prefieren hablar de la segunda venida como algo *próximo*[27].

Su bendecida esperanza no es una expectativa de que los creyentes sean sacados de la tierra antes de la gran tribulación, sino más bien una confianza en que el Señor protegerá y guardará a los creyentes independientemente de lo que pueda venir[28].

Posiciones Mediadoras

Debido a las dificultades que entrañan tanto el pretribulacionismo como el postribulacionismo, se han creado una serie de posiciones mediadoras.

Se pueden señalar tres variedades principales. La más común es el punto de vista de la tribulación media.

Esta sostiene que la iglesia pasará por la parte menos severa (usualmente la primera mitad, o tres años y medio) de la tribulación, pero luego será retirada del mundo[29].

En una formulación de este punto de vista, la iglesia experimentará la tribulación, pero será sacada antes de que se derrame la ira de Dios (ver gráfico 12).

Un segundo tipo de posición mediadora es el punto de vista del rapto parcial. Esta sostiene que habrá una serie de raptos. Cada vez que una parte de los creyentes esté lista, será removida

---

26 Ladd, *Blessed Hope*, págs. 58-59.

27 Gundry, *Church and the Tribulation*, págs. 29-43.

28 Ladd, *Blessed Hope*, pág. 13.

29 James Oliver Buswell Jr., *A Systematic Theology of the Christian Religion* [Teología sistemática de la religión cristiana] (Grand Rapids: Zondervan, 1962-1963), 2:445-57; Norman B. Harrison, *The End: Rethinking the Revelation* [El fin: repensando el Apocalipsis] (Minneapolis: Harrison, 1941), pág. 118.

de la tierra[30]. La tercera posición mediadora es el postribulacionismo inminente. Aunque el regreso de Cristo no tendrá lugar hasta después de la tribulación, puede esperarse en cualquier momento, pues la tribulación puede estar ya ocurriendo[31].

Ninguna de estas posiciones mediadoras ha tenido un gran número de defensores, especialmente en los últimos años. Por lo tanto, no las abordaremos en detalle[32].

Gráfico 12: Tribulacionismo Medio

Solución a las Cuestiones

Cuando se evalúan todas las consideraciones, hay varias razones por las que la posición postribulacional emerge como la más probable.

1. La posición pretribulacional implica varias distinciones que parecen bastante artificiales y carentes de apoyo bíblico. La división de la segunda venida en dos etapas, la postulación de tres resurrecciones y la marcada separación entre el Israel como nación y la iglesia son difíciles de sostener sobre bases exegéticas. La postura pretribulacional de que las profecías relativas al Israel como nación se cumplirán al margen de la Iglesia y que, en consecuencia, el milenio tendrá un carácter decididamente judío, no puede conciliarse fácilmente con las descripciones bíblicas de los cambios fundamentales que han tenido lugar con la introducción del nuevo pacto.

La Biblia no promete quitar las adversidades, sino la capacidad de soportarlas y superarlas.

2. Varios pasajes específicamente escatológicos se interpretan mejor sobre la base de la postribulación. Estos pasajes incluyen las indicaciones de que los elegidos estarán presentes durante la tribulación (MT 24:29-31) pero serán protegidos de su severidad (Ap 3:10), las descripciones de los fenómenos que acompañarán la aparición de Cristo y la referencia a la reunión en el aire (1 Ts 4:17).

3. El contenido general de la enseñanza bíblica encaja mejor con el punto de vista postribulacional. Por ejemplo, la Biblia está repleta de advertencias acerca de las pruebas que los creyentes sufrirán. No promete librarnos de estas adversidades, sino la capacidad de soportarlas y superarlas.

Esto no quiere decir que no haya dificultades con la posición postribulacional. Por ejemplo, en el postribulacionismo hay relativamente poca justificación teológica para el milenio. Parece ser algo superfluo[33]. Pero en general, el balance de la evidencia favorece al postribulacionismo.

---

30 Robert Govett, The Saints' Rapture to the Presence of the Lord Jesus [El rapto de los santos a la presencia del Señor Jesús] (Londres: Nisbet, 1852), págs. 126-128; George H. Lang, The Revelation of Jesus Christ: Select Studies [La revelación de Jesucristo: estudios selectos] (Londres: Oliphant, 1945), págs. 88-89.

31 J. Barton Payne, *The Imminent Appearing of Christ* [La inminente aparición de Cristo] (Grand Rapids: Eerdmans, 1962).

32 Para un análisis más profundo de estas posiciones ver Millard J. Erickson, *A Basic Guide to Eschatology: Making Sense of the Millennium* [Guía básica de escatología: el sentido del milenio] (Grand Rapids: Baker, 1998), págs. 163-181.

33 No obstante, ver George E. Ladd, "*The Revelation of Christ's Glory*" [La revelación de la gloria de Cristo], *Christianity Today*, 1 de septiembre de 1958, pág. 14.

- ¿Cuáles son las tres posturas milenaristas que se han desarrollado en la teología cristiana sobre el fin de los tiempos y en qué se diferencian?
- ¿Qué pruebas se pueden encontrar para apoyar la visión premilenial del fin de los tiempos?
- ¿Cómo compararía y contrastaría las posturas tribulacionales del premilenialismo?

- ¿Qué características del postribulacionismo lo hacen más convincente que las demás posturas?
- ¿Cómo describiría su propia aproximación a las posturas milenarias?

42

Condiciones Finales

Objetivos del Capítulo

Una vez completado este capítulo, el lector es capaz de:

1. Reconocer y describir las dos condiciones finales de la humanidad que han sido claramente reveladas en las Escrituras.
2. Identificar y definir el cielo en relación con la condición final de los justos.
3. Identificar y definir el castigo del juicio futuro.
4. Reconocer y comprender el impacto de la doctrina de las condiciones finales y cómo se relaciona con la vida actual del cristiano.

Resumen del Capítulo

La condición futura y eterna del individuo humano está determinada por las decisiones tomadas en esta vida presente. Para los justos, el resultado será la vida eterna en la presencia del Señor. Para los impíos, la consecuencia será el castigo eterno que constituye el destierro de la presencia de Dios. El juicio tanto de los justos como de los impíos también incluirá grados de recompensa y castigo.

Estructura del Capítulo

Condición Final de los Justos

- El Término "Cielo"
- La Naturaleza del Cielo
- Nuestra Vida en el Cielo: Descanso, Adoración y Servicio
- Cuestiones Relativas al Cielo

Condición Final de los Impíos

- El Carácter Definitivo del Juicio Futuro
- La Eternidad del Castigo Futuro
- Grados de Castigo

Implicaciones de la Doctrina de las Condiciones Finales

C uando hablamos de las condiciones finales, volvemos en cierto modo a la discusión de la escatología individual, ya que en el juicio final cada individuo será consignado a la condición particular que experimentará personalmente durante toda la eternidad. Sin embargo, todo el género humano entrará en esas condiciones simultánea y colectivamente, por lo que en realidad estamos tratando también cuestiones de escatología colectiva o cósmica.

Condición Final de los Justos

El Término "Cielo"

Hay varias formas de denotar la condición futura de los justos. La más común, por supuesto, es "cielo". Las palabras hebreas y griegas para "cielo" (*shamayim* y *ouranos*) se utilizan básicamente de tres maneras diferentes en la Biblia. La primera es cosmológica[1]. La expresión "cielo y tierra" (o "los cielos y la tierra") se utiliza para designar todo el universo. En el relato de la creación se dice: "En el principio creó Dios los cielos y la tierra" (Gn 1:1). En segundo lugar, "cielo" es prácticamente un sinónimo de Dios[2]. Entre los ejemplos está la confesión del hijo pródigo a su padre: "he pecado contra el cielo y contra ti" (Lucas 15:18, 21).

El tercer significado de la palabra "cielo", y el más significativo para nuestros propósitos, es la morada de Dios[3]. Por eso, Jesús enseñó a sus discípulos a orar: "Padre nuestro que estás en los cielos" (MT 6:9). Con frecuencia hablaba de "vuestro Padre que está en los cielos" (MT 5:16, 45, 6:1; 7:11; 18:14) y "mi Padre que está en los cielos" (MT 7:21; 10:32, 33; 12:50; 16:17; 18:10, 19). También sabemos que Jesús ha venido del cielo (Juan 3:13, 31; 6:42, 51)[4]. Los ángeles vienen del cielo (MT 28:2; Lucas 22:43) y vuelven al cielo (Lucas 2:15). Habitan en el cielo (Marcos 13:32), donde contemplan a Dios (MT 18:10) y cumplen perfectamente la voluntad del Padre (MT 6:10). Incluso se habla de ellos como una hueste celestial (Lucas 2:13).

Es desde el cielo que Cristo se va a revelar (1 Ts 1:10; 4:16; 2 Ts 1:7). Se ha ido al cielo para preparar una morada eterna para los creyentes (Juan 14:2-3). Como morada de Dios, el cielo es obviamente donde los creyentes estarán por toda la eternidad. Por lo tanto, el creyente debe prepararse para el cielo: "No os hagáis tesoros en la tierra, donde la polilla y el orín corrompen, y donde ladrones minan y hurtan; sino haceos tesoros en el cielo, donde ni la polilla ni el orín corrompen, y donde ladrones no minan ni hurtan" (MT 6:19-20).

La Naturaleza del Cielo

En ocasiones, sobre todo en las presentaciones conocidas, el cielo es representado principalmente como un lugar de grandes placeres físicos, un lugar donde todo lo que más hemos deseado aquí en la tierra se cumple en su máxima expresión.

Así, el cielo parece ser simplemente condiciones terrenales (e incluso mundanas) ampliadas. Sin embargo, la perspectiva correcta es ver la naturaleza básica del cielo como la presencia de Dios, de la que se derivan todas las bendiciones del cielo.

La presencia de Dios significa que tendremos

1 Helmut Traub, *"οὐρανός"* en *Theological Dictionary of the New Testament*, ed. Gerhard Friedrich, trad. y ed. Geoffrey W. Bromiley (Grand Rapids: Eerdmans, 1967), 5:514-20.

2 *Ibid.*, 5:521-22.

3 Francis Brown, S. R. Driver y Charles A. Briggs, *Hebrew and English Lexicon of the Old Testament* [Léxico hebreo e inglés del Antiguo Testamento] (Nueva York: Oxford University Press, 1955), pág. 1030.

4 Leon Morris, *The Lord from Heaven* [El Señor de los Cielos] (Grand Rapids: Eerdmans, 1958), págs. 26-29.

un conocimiento perfecto.

Pablo hace el comentario de que en el presente "conocemos, y en parte profetizamos; mas cuando venga lo perfecto, entonces lo que es en parte se acabará. [...] Ahora vemos por espejo, oscuramente; mas entonces veremos cara a cara. Ahora conozco en parte; pero entonces conoceré como fui conocido" (1 Co 13:9-12). Por primera vez veremos y conoceremos a Dios de forma directa (1 Juan 3:2).

El cielo también se caracterizará por acabar con todos los males. Estando con su pueblo, "Enjugará Dios toda lágrima de los ojos de ellos; y ya no habrá muerte, ni habrá más llanto, ni clamor, ni dolor; porque las primeras cosas pasaron" (Ap 21:4). La misma fuente del mal, el que nos tienta a pecar, también desaparecerá: "Y el diablo que los engañaba fue lanzado en el lago de fuego y azufre, donde estaban la bestia y el falso profeta; y serán atormentados día y noche por los siglos de los siglos" (Ap 20:10). La presencia del Dios perfectamente santo y del Cordero sin mancha significa que no habrá pecado ni maldad de ningún tipo.

Dado que la gloria es de la propia naturaleza de Dios, el cielo será un lugar de gran gloria[5].

El anuncio del nacimiento de Jesús fue acompañado por las siguientes palabras:

> «¡Gloria a Dios en el cielo[6],
> y paz en la tierra
> para todos los que Dios ama!»
> (Lucas 2:14 TLA)

La segunda venida de Cristo será con gran gloria (MT 24:30), y se sentará en su trono glorioso (MT 25:31). Los textos que sugieren un tamaño inmenso o una luz brillante describen el cielo como un lugar de esplendor, grandeza, excelencia y belleza inimaginables. La nueva Jerusalén que bajará del cielo desde Dios se describe como hecha de oro puro (incluso sus calles son de oro puro) y decorada con joyas preciosas (Ap 21:18-21).

La naturaleza básica del cielo es la presencia de Dios; nuestra vida en el cielo consistirá en descanso, adoración y servicio.

Es probable que, aunque la visión de Juan emplee como metáforas los elementos que consideramos más valiosos y bellos, el esplendor real del cielo supera con creces todo lo que hemos experimentado hasta ahora. No habrá necesidad de sol o luna para iluminar la nueva Jerusalén, "porque la gloria de Dios la ilumina, y el Cordero es su lumbrera" (Ap 21:23; ver también 22:5).

Nuestra Vida en el Cielo: Descanso, Adoración y Servicio

Se nos dice relativamente poco sobre las actividades de los redimidos en el cielo, pero hay algunos atisbos de lo que será nuestra existencia futura. Una cualidad de nuestra vida en el cielo será el descanso[7]. El descanso, tal como se utiliza el término en Hebreos, no es simplemente un cese de actividades, sino la experiencia de alcanzar una meta de importancia crucial. Así, son frecuentes las referencias a la peregrinación por el desierto en camino hacia el "descanso"

---

5 Bernard Ramm, *Them He Glorified: A Systematic Study of the Doctrine of Glorification* [Los glorificó: un estudio sistemático de la doctrina de la glorificación] (Grand Rapids: Eerdmans, 1963), págs. 104-115.

6 La palabra *ouranos* no aparece aquí en el texto griego.

7 Aquí estamos asumiendo que nuestra vida en el cielo será la existencia personal, consciente e individual que parece presuponerse en todas las referencias bíblicas. Para el punto de vista de que nuestra existencia futura será simplemente un vivir en la memoria de Dios, ver David L. Edwards, *The Last Things Now* [La últimas cosas de ahora] (Londres: SCM, 1969), págs. 88-91.

de la tierra prometida (Heb 3:11, 18). Un descanso similar espera a los creyentes (Heb 4:9-11). Así pues, el cielo será la culminación de la peregrinación del cristiano, el fin de la lucha contra la carne, el mundo y el diablo. Habrá trabajo que hacer, pero no implicará la lucha contra las fuerzas adversas.

Otra característica de la vida en el cielo es la adoración[8]. Una ilustración clara se encuentra en Apocalipsis 19.

> Después de esto oí una gran voz de gran multitud en el cielo, que decía: ¡Aleluya!
>
> Salvación y honra y gloria y poder son del Señor Dios nuestro; porque sus juicios son verdaderos y justos; pues ha juzgado a la gran ramera que ha corrompido a la tierra con su fornicación, y ha vengado la sangre de sus siervos de la mano de ella.
>
> Otra vez dijeron: ¡Aleluya! Y el humo de ella sube por los siglos de los siglos.
>
> Y los veinticuatro ancianos y los cuatro seres vivientes se postraron en tierra y adoraron a Dios, que estaba sentado en el trono, y decían:
>
> ¡Amén! ¡Aleluya! (vv. 1-4).

Entonces una voz desde el trono exhortó a la multitud a alabar a Dios (v. 5), y así lo hicieron (vv. 6-8).

Evidentemente, también habrá un aspecto de servicio en el cielo[9]. Cuando Jesús estaba en la región de Judea, al otro lado del Jordán, dijo a sus discípulos que iban a juzgar con él: "Les aseguro que el día de la renovación de todas las cosas, cuando el Hijo del hombre se siente en su trono glorioso, ustedes, los que me han seguido, se sentarán también en doce tronos para juzgar a las doce tribus de Israel" (MT 19:28 BLPH; ver también Lucas 22:28-30). En la parábola de la mayordomía de Mateo 25:14-30, la recompensa por el trabajo realizado fielmente es una mayor oportunidad de trabajo. Como esa parábola ocurre en un escenario escatológico, bien puede ser una indicación de que la recompensa por el trabajo fiel realizado aquí en la tierra será el trabajo en el cielo. Apocalipsis 22:3 nos dice que el Cordero será adorado por "sus siervos".

Existe la sugerencia de que en el cielo habrá algún tipo de comunidad o compañerismo entre los creyentes: "sino que os habéis acercado al monte de Sion, a la ciudad del Dios vivo, Jerusalén la celestial, [...] a la congregación de los primogénitos que están inscritos en los cielos, a Dios el Juez de todos, a los espíritus de los justos hechos perfectos, a Jesús el Mediador del nuevo pacto" (Heb 12:22-24). Obsérvese también la referencia a "los espíritus de los justos hechos perfectos", el cielo es un lugar de espiritualidad perfeccionada[10].

Cuestiones Relativas al Cielo

Una de las cuestiones discutidas sobre el cielo es si es un lugar o un estado. Por un lado, hay que señalar que la característica principal del cielo es la cercanía y la comunión con Dios, y que Dios es puro espíritu (Juan 4:24). Dado que Dios no ocupa el espacio, que es una característica de nuestro universo, parece que el cielo es un estado, una condición espiritual, más que un lugar[11]. Por otra parte, tendremos cuerpos de algún tipo (aunque serán "cuerpos

---

8 Ulrich Simon, *Heaven in the Christian Tradition* [Heaven in the Christian Tradition] (Nueva York: Harper, 1958), pág. 236.

9 Morton Kelsey, *Afterlife: The Other Side of Dying* [La vida después de la muerte: el otro lado de la muerte] (Nueva York: Paulist, 1979), págs. 182-183.

10 J. A. Motyer, *After Death: A Sure and Certain Hope?* [Después de la muerte: ¿una esperanza segura y cierta?] (Filadelfia: Westminster, 1965), págs. 74-76.

11 W. H. Dyson, "Heaven" [Cielo], en *A Dictionary of Christ and the Gospels*, ed. James Hastings (Nueva York: Scribner, 1924), 1:712.

espirituales") y es de suponer que Jesús siga teniendo también un cuerpo glorificado, factor que parece ser necesario. Además, las referencias paralelas al cielo y a la tierra sugieren que, al igual que la tierra, el cielo debe ser un lugar. La más conocida de estas referencias es:

> Padre nuestro que estás en los cielos, santificado sea tu nombre. Venga tu reino. Hágase tu voluntad, como en el cielo, así también en la tierra (MT 6:9-10)[12].

No obstante, debemos tener en cuenta que el cielo es otro reino, otra dimensión de la realidad.

Probablemente lo más seguro sea decir que, aunque el cielo es tanto un lugar como un estado, es principalmente un estado.

La marca distintiva del cielo no será un lugar concreto, sino una condición de bendición, ausencia de pecado, alegría y paz[13]. La vida en el cielo, en consecuencia, será más real que nuestra existencia actual.

Un segundo tema se refiere a la cuestión de los placeres físicos. Jesús indicó que en la resurrección, presumiblemente en la vida del más allá, no se casará ni se dará en matrimonio (MT 22:30; Marcos 12:25; Lucas 20:35). Dado que en esta vida el sexo debe restringirse al matrimonio (1 Co 7:8-11), tenemos aquí un argumento de que no habrá sexo en el cielo. El alto valor que Pablo otorga a la virginidad (1 Co 7:25-35) sugiere la misma conclusión[14]. ¿Qué pasa con la comida y la bebida? Apocalipsis 19:9 se refiere a la "cena de las bodas del Cordero". Dado que las referencias a Cristo y a la iglesia como novio y novia son simbólicas, al igual que Cristo como el Cordero, la cena de las bodas es presumiblemente también simbólica. Aunque

Jesús comió con su cuerpo resucitado (Lucas 24:43; cf. Juan 21:9-14), hay que tener en cuenta que fue resucitado pero no ascendió todavía, por lo que la transformación de su cuerpo probablemente no se había completado. Se plantea la pregunta: Si no hay comida ni sexo, ¿habrá placer en el cielo? Hay que entender que las experiencias del cielo superarán con creces todo lo que se experimenta aquí (1 Co 2:9-10). Es probable que las experiencias del cielo deban pensarse, por ejemplo, como suprasexuales, que trascienden la experiencia de la unión sexual con el individuo especial con el que se ha elegido hacer un compromiso permanente y exclusivo[15].

Una tercera cuestión está relacionada con la cuestión de la perfección. En esta vida obtenemos satisfacción del crecimiento, del progreso, del desarrollo. ¿No será entonces nuestra condición de perfección en el cielo una situación bastante aburrida e insatisfactoria?[16] Hay que tener en cuenta que la afirmación de que no podemos estar satisfechos a menos que crezcamos es una extrapolación de la vida tal y como está constituida ahora, ¡y una extrapolación ilegítima! La frustración y el aburrimiento se producen en esta vida siempre que el desarrollo se detiene en un punto finito, sin llegar a la perfección. Sin embargo, si uno alcanzara la plenitud, si no existiera un sentimiento de insuficiencia o incompletud, probablemente no habría frustración. La situación estable en el cielo no es un tipo de meta fija a la cual debemos llegar, sino un estado completo sin sentir que debemos de alcanzar algo más. Por lo tanto, nuestro carácter no se desarrollará más en el cielo. Sin embargo, seguiremos ejerciendo el carácter perfecto que habremos recibido de Dios. John Baillie habla de "desarrollo *en* la

---

12 Alan Richardson, *Religion in Contemporary Debate* [La religión en el debate contemporáneo] (Londres: SCM, 1966), pág. 72.

13 Austin Farrer, *Saving Belief* [Salvando la creencia] (Londres: Hodder & Stoughton, 1967), pág. 144.

14 Simon, *Heaven*, pág. 217.

15 C. S. Lewis, *Miracles* [Milagros] (Nueva York: Macmillan, 1947), págs. 165-166. Lewis utiliza el término "transexual" con un significado muy parecido al que le damos aquí a "suprasexual".

16 Ver, p. ej., el poema de Lord Alfred Tennyson: *"Wages"* [Salarios].

fructificación" en contraposición al "desarrollo *hacia* la fructificación"[17].

También está la cuestión de cuánto sabrán o recordarán los redimidos en el cielo. ¿Reconoceremos a nuestros allegados en esta vida? Gran parte del interés popular por el cielo se debe a la expectativa de reunirse con los seres queridos. ¿Seremos conscientes de la ausencia de familiares y amigos cercanos? ¿Recordaremos las acciones pecaminosas realizadas y las acciones piadosas omitidas en esta vida? Si es así, ¿no nos llevará todo esto a lamentarnos y a sentirnos tristes? Con respecto a estas preguntas debemos alegar necesariamente una cierta ignorancia. No parece, por la respuesta de Jesús a la pregunta de los saduceos sobre la mujer que había sobrevivido a siete maridos, todos ellos hermanos (Lucas 20:27-40), que vaya a haber unidades familiares como tales. No obstante, es evidente que los discípulos pudieron reconocer a Moisés y a Elías en la transfiguración (MT 17:1-8; Marcos 9:2-8; Lucas 9:28-36). Este hecho sugiere que habrá algunos indicadores de identidad personal por los que podremos reconocernos unos a otros[18]. Pero podemos deducir que no recordaremos los fracasos y pecados del pasado y la falta de seres queridos, ya que eso introduciría una tristeza incompatible con "Enjugará Dios toda lágrima de los ojos de ellos; y ya no habrá muerte, ni habrá más llanto, ni clamor, ni dolor; porque las primeras cosas pasaron" (Ap 21:4).

Una quinta cuestión es si habrá distintas recompensas en el cielo. Que aparentemente habrá grados de recompensa es evidente, por ejemplo, en la parábola de las diez minas (Lucas 19:11-27)[19]. Diez siervos recibieron una mina cada uno de su amo.

Con el tiempo, le devolvieron diferentes can-tidades y fueron recompensados en proporción a su fidelidad. Los pasajes que apoyan esta idea son Daniel 12:3 y 1 Corintios 3:14-15.

Las diferentes recompensas o grados de satis-facción en el cielo suelen representarse en tér-minos de circunstancias objetivas. Por ejemplo, podríamos suponer que un cristiano muy fiel recibirá una habitación grande en la casa del Padre; un creyente menos fiel recibirá una habi-tación más pequeña. Pero si este es el caso, ¿no se reduciría la alegría del cielo por la concien-cia de las diferencias y el recuerdo constante de que uno podría haber sido más fiel? Además, las pocas ilustraciones que tenemos de la vida en el cielo no evidencian ninguna diferencia real: todos están adorando, juzgando, sirviendo. En este punto podemos especular un poco. ¿No será que la diferencia en las recompensas no ra-dica en las circunstancias externas u objetivas, sino en la conciencia o apreciación subjetiva de esas circunstancias? Así, todos participarían en la misma actividad, por ejemplo, el culto, pero algunos disfrutarían mucho más que otros.

Tal vez los que hayan disfrutado más del culto en esta vida encontrarán mayor satisfacción en él en la vida del más allá que otros. Una analogía en este caso es el diferente grado de placer que obtienen las distintas personas de un concierto. Las mismas ondas sonoras llegan a los oídos de todos, pero las reacciones pueden ir desde el aburrimiento (o algo peor) hasta el éxtasis. Una situación similar puede darse con respecto a las alegrías del cielo, aunque la gama de reacciones será presumiblemente más estrecha. Nadie se dará cuenta de las diferencias en el rango de disfrute, y por lo tanto no habrá una atenuación de la perfección del cielo por el arrepentimiento de las oportunidades desperdiciadas.

Condición Final de los Impíos

Al igual que en el pasado, la cuestión de la futura condición de los impíos ha creado una considerable controversia en nuestros días. La doctrina del castigo eterno parece a algunos

---

17 John Baillie, *And the Life Everlasting* [Y la vida eterna] (Nueva York: Scribner, 1933), pág. 281.

18 Motyer, *After Death*, pág. 87.

19 S. D. F. Salmond, *"Heaven"* [Cielo], en *A Dictionary of the Bible*, ed. James Hastings (Nueva York: Scribner, 1919), 2:324.

una visión anticuada o poco cristiana[20]. Parte del problema proviene de lo que parece ser una tensión entre el amor de Dios y su juicio. Sin embargo, independientemente de cómo consideremos la doctrina del castigo eterno, se enseña claramente en las Escrituras.

La Biblia emplea varias historias para describir la condición futura de los injustos. Jesús dijo: "Entonces dirá también a los de la izquierda: Apartaos de mí, malditos, al fuego eterno preparado para el diablo y sus ángeles" (MT 25:41). Asimismo, describió su condición como "las tinieblas de afuera" (MT 8:12). También se habla de la condición final de los impíos como castigo eterno (MT 25:46), tormento (Ap 14:10-11), el pozo del abismo (Ap 9:1-2, 11), la ira de Dios (Ro 2:5), la segunda muerte (Ap 21:8) y la eterna perdición, excluidos de la presencia del Señor (2 Ts 1:9).

Si hay una característica básica del infierno es, en contraste con el cielo, la ausencia de Dios o el destierro de su presencia. Se trata de una experiencia de intensa angustia, ya sea de sufrimiento físico o mental, o de ambos[21]. Otros aspectos son la sensación de soledad, de haber visto la gloria y la grandeza de Dios, de haberse dado cuenta de que es el Señor de todo, y de haber sido apartado.

Lo que uno es moral y espiritualmente al final de la vida continuará por toda la eternidad.

Hay que darse cuenta de que esta separación es permanente. Del mismo modo, la condición del propio ser moral y espiritual es permanente.

Lo que uno es al final de la vida continuará por toda la eternidad. No hay base para esperar un cambio a mejor. Así, la desesperanza se apodera del individuo.

El Carácter Definitivo del Juicio Futuro

Es importante reconocer el carácter definitivo del juicio venidero. Cuando se emita el veredicto en el último juicio, los impíos serán enviados a su condición *final*[22]. Para algunos, esto parece contrario a la razón, e incluso quizás a la Escritura. Aquí nos encontramos con el concepto de universalismo, es decir, la opinión de que todos se salvarán finalmente. Algunos incluso sostienen que aquellos que en esta vida rechazan la oferta de salvación, después de su muerte y de la segunda venida de Cristo, reflexionarán sobre su situación y, por tanto, se reconciliarán con Cristo[23].

Esta cuestión no se resuelve fácilmente.

Los textos bíblicos parecen contradictorios. Algunos pasajes parecen afirmar o implicar que la salvación es universal, es decir, que nadie se perderá. Por ejemplo, Pablo dice:

> para que en el nombre de Jesús se doble
> toda rodilla de los que están en los
> cielos, y en la tierra, y debajo de la tierra;
> y toda lengua confiese que Jesucristo es
> el Señor, para gloria de Dios Padre
> (Flp 2:10-11).

Además, "por cuanto agradó al Padre que en él [Cristo] habitase toda plenitud, y por medio de él reconciliar consigo todas las cosas, así las que están en la tierra como las que están en los

---

20 Nels Ferré, *The Christian Understanding of God* [La concepción cristiana de Dios] (Nueva York: Harper & Bros., 1951), págs. 233-234.

21 Charles Hodge, *Systematic Theology* [Teología sistemática] (Grand Rapids: Eerdmans, 1952), 3:868.

22 J. A. Motyer, *"The Final State: Heaven and Hell"* [El estado final: el cielo y el infierno], en *Basic Christian Doctrines*, ed. Carl F. H. Henry (Nueva York: Holt, Rinehart and & Winston, 1962), pág. 292.

23 Orígenes, *De principiis* 1.6.2; 3.6.3. Para una declaración contemporánea del universalismo, ver John A. T. Robinson, *In the End, God* [Al final, Dios] (Nueva York: Harper & Row, 1968), págs. 119-133.

cielos, haciendo la paz mediante la sangre de su cruz" (Col 1:19-20).

Otros versículos citados en apoyo del universalismo son Romanos 5:18; 11:32; y 1 Corintios 15:22. Sin embargo, muchos otros textos parecen contradecir el universalismo; por ejemplo: "E irán estos al castigo eterno, y los justos a la vida eterna" (MT 25:46). Mateo 8:12; Juan 3:16; 5:28-29; Romanos 2:5; y 2 Tesalonicenses 1:9 abordan temas similares.

¿Pueden conciliarse las aparentes contradicciones?

Un esfuerzo fructífero en este sentido es interpretar los pasajes universalistas de manera que encajen con los restrictivos. Por ejemplo, Filipenses 2:10-11 y Colosenses 1:19-20 no afirman que todos serán salvados y restaurados a la comunión con Dios.

Solo hablan de enderezar el orden alterado del universo, de someter todas las cosas a Dios. Pero esto podría lograrse mediante una victoria que obligue a los rebeldes a someterse renuentemente; no apunta necesariamente a un retorno real a la comunión.

En los pasajes que establecen un paralelismo entre el efecto universal del pecado de Adán y de la obra salvadora de Cristo, hay elementos que sirven para precisar la dimensión universal que se aplica a la obra de Cristo. En el caso de Romanos 5:18 ("Así que, como por la transgresión de uno vino la condenación a todos los hombres, de la misma manera por la justicia de uno vino a todos los hombres la justificación de vida"), el versículo 17 (NVI) especifica que *"los que reciben* en abundancia la gracia y el don de la justicia reinarán en vida por medio de un solo hombre, Jesucristo" (cursiva añadida).

Además, el término "muchos" en vez de "todos" se usa en los versículos 15 y 19. Pablo restringe igualmente el significado de "todos" en 1 Corintios 15:22 ("en Cristo todos serán vivificados"), pues en el siguiente versículo añade: "Pero cada uno en su debido orden: Cristo, las primicias; luego *los que son de Cristo*, en su venida" (cursiva añadida). De hecho, antes había

dejado claro que se refiere a los creyentes: "y si Cristo no resucitó, [...] Entonces también los que durmieron en Cristo perecieron" (vv. 17-18).

Queda un pasaje universalista.

Romanos 11:32 parece sugerir que Dios salva a todos: "Porque Dios sujetó a todos en desobediencia, para tener misericordia de todos". No obstante, la misericordia que Dios ha mostrado es la de proporcionar a su Hijo como expiación y extender a todos el beneficio de la salvación. La misericordia de Dios se ha mostrado a todos los humanos, pero solo aquellos que la acepten la experimentarán y se beneficiarán de ella. Por lo tanto, aunque la salvación está disponible universalmente, no es universal.

Por último, las Escrituras no indican en ninguna parte una segunda oportunidad. Seguramente, si hay una oportunidad para creer después del juicio, estaría claramente establecida en la Palabra de Dios. Lo que encontramos en cambio son declaraciones definitivas en sentido contrario. Las descripciones bíblicas de la sentencia dictada en el juicio tienen un carácter definitivo; por ejemplo "Apartaos de mí, malditos, al fuego eterno preparado para el diablo y sus ángeles" (MT 25:41). La parábola del hombre rico y Lázaro (Lucas 16:19-31), aunque se refiere al estado intermedio y no al final, deja claro que su condición es absoluta. Ni siquiera es posible viajar entre las distintas condiciones (v. 26). Por lo tanto, debemos concluir que el restauracionismo, la idea de una segunda oportunidad, debe ser rechazada.

La Eternidad del Castigo Futuro

El juicio futuro de los incrédulos no solo es irreversible, sino que su castigo es eterno. No rechazamos simplemente la idea de que todos se salvarán; también rechazamos la afirmación de que ninguno será castigado eternamente. Sin embargo, la escuela de pensamiento conocida como aniquilacionismo sostiene que, aunque no todos se salvarán, solo hay una clase de existencia futura. Los que se salven tendrán una vida interminable; los que no se salven serán eliminados o aniquilados. Simplemente dejarán de existir. Si bien es cierto que no todo el mundo merece salvarse, recibir la dicha eterna, esta postura sostiene que nadie merece un sufrimiento sin fin.

Hay diferentes formas de aniquilacionismo[24]. La forma que más merece el título considera que la extinción de la persona malvada al morir es un resultado directo del pecado. Los seres humanos son inmortales por naturaleza y tendrían vida eterna de no ser por los efectos del pecado. Hay dos subtipos de aniquilacionismo propiamente dicho. El primero ve la aniquilación como un resultado natural del pecado. El pecado es una autodestrucción. Después de un cierto tiempo, tal vez proporcional a la pecaminosidad del individuo, los que no son redimidos se debilitan, por así decirlo. El otro tipo de aniquilacionismo puro es la idea de que Dios no puede y no permitirá que la persona pecadora tenga vida eterna. Dado que el castigo no necesita ser infinito, Dios, después de haber soportado una cantidad suficiente, simplemente destruirá al individuo. Cabe señalar que en ambos subtipos de aniquilacionismo propiamente dicho, el alma o el "yo" sería inmortal de no ser por el pecado[25].

El problema del aniquilacionismo es que contradice la enseñanza de la Biblia. Tanto el Antiguo como el Nuevo Testamento se refieren al fuego interminable o inextinguible. Jesús toma prestadas las imágenes de Isaías 66:24 para describir el castigo de los pecadores en el infierno:

donde el gusano de ellos no muere,
y el fuego nunca se apaga
(Marcos 9:48).

Estos pasajes dejan claro que el castigo es interminable. No consume a la persona a la que se le inflige y, por tanto, simplemente llega a su fin.

Además, hay varios casos en los que palabras como "imperecedero", "eterno" y "para siempre" se aplican a sustantivos que designan la condición futura de los malvados: fuego o llamas (Isaías 33:14; Jeremías 17:4; Mateo 18:8; 25:41; Judas 7), confusión (Daniel 12:2), perdición (2 Tesalonicenses 1:9), prisiones (Judas 6), tormento (Apocalipsis 14:11; 20:10) y castigo (Mateo 25:46). El paralelismo que se encuentra en Mateo 25:46 es particularmente notable: "E irán estos al castigo eterno, y los justos a la vida eterna". Si una (la vida) es de duración interminable, entonces la otra (el castigo) también debe serlo.

El problema surge del hecho de que las Escrituras no solo hablan de la muerte eterna (lo que podría interpretarse como que los malvados no resucitarán), sino también del fuego eterno, el castigo eterno y el tormento eterno. ¿Qué clase de Dios es el que no se satisface con un castigo finito, sino que hace sufrir a los humanos por los siglos de los siglos? El castigo parece ser desproporcionado con respecto al pecado, ya que, presumiblemente, todos los pecados son actos finitos contra Dios. ¿Cómo se puede conciliar la creencia en un Dios bueno, justo y amoroso con un castigo eterno? La cuestión no debe desecharse a la ligera, pues afecta a la esencia misma de la naturaleza de Dios.

En primer lugar, hay que señalar que siempre que pecamos, interviene invariablemente un factor infinito. Todo pecado es una ofensa a Dios, el levantamiento de una voluntad finita contra la voluntad de un ser infinito. Es el incumplimiento de la obligación que se tiene con aquel a quien se le debe todo. Por consiguiente,

---

24 Ver Benjamin B. Warfield, *"Annihilationism"* [Aniquilacionismo], en *Studies in Theology* (Nueva York: Oxford University Press, 1932), págs. 447-450.

25 *Seventh-Day Adventists Answer Questions on Doctrine* [Los adventistas del séptimo día responden a preguntas sobre la doctrina] (Washington, DC: Review & Herald, 1957), pág. 14.

no se puede considerar el pecado como un mero acto finito que merece un castigo finito.

Además, si Dios ha de cumplir sus objetivos en este mundo, puede que no haya sido libre de hacer a los humanos susceptibles al castigo infinito.

La omnipotencia de Dios no significa que sea capaz de todas las acciones imaginables. No es capaz de hacer lo lógicamente contradictorio o absurdo, por ejemplo. No puede hacer un triángulo con cuatro esquinas[26]. Y bien puede ser que esas criaturas que Dios pretendía que vivieran para siempre en comunión con él tuvieran que ser formadas de tal manera que experimentaran una angustia eterna si elegían vivir separados de su Creador. Los seres humanos fueron diseñados para vivir eternamente con Dios; si pervierten su destino, experimentarán eternamente las consecuencias de ese acto.

También debemos observar que Dios no envía a nadie al infierno. Desea que nadie perezca (2 P 3:9). Es la elección del ser humano experimentar la agonía del infierno. Su propio pecado envía a la persona allí, y su rechazo a los beneficios de la muerte de Cristo le impide escapar. Como dijo C. S. Lewis, el pecado es el ser humano diciéndole a Dios a lo largo de la vida: "Vete y déjame solo". El infierno es Dios diciéndole finalmente al humano: "Puedes tener lo que desees". Es el hecho de que Dios le deje a uno para sí mismo, tal y como ese individuo ha elegido[27].

Grados de Castigo

Debemos observar, finalmente, que la enseñanza de Jesús implica que hay grados de castigo en el infierno. Reprendió a las ciudades que habían presenciado sus milagros pero no se habían arrepentido: "¡Ay de ti, Corazín! ¡Ay de ti, Betsaida! [...] Si los milagros que se hicieron en ti se hubieran hecho en Sodoma, esta habría permanecido hasta el día de hoy. Pero te digo que en el día del juicio será más tolerable el castigo para Sodoma que para ti" (MT 11:21-24 NVI). Hay un indicio similar en la parábola del siervo infieles: "Aquel siervo que conociendo la voluntad de su señor, no se preparó, ni hizo conforme a su voluntad, recibirá muchos azotes. Mas el que sin conocerla hizo cosas dignas de azotes, será azotado poco; porque a todo aquel a quien se haya dado mucho, mucho se le demandará; y al que mucho se le haya confiado, más se le pedirá" (Lucas 12:47-48).

El principio aquí parece ser que cuanto mayor sea nuestro conocimiento, mayor será nuestra responsabilidad, y mayor será nuestro castigo si fallamos en nuestra responsabilidad. Es muy posible que los diferentes grados de castigo en el infierno no sean tanto una cuestión de circunstancias objetivas como de conciencia subjetiva del dolor de la separación de Dios. Esto es paralelo a nuestra concepción de los diferentes grados de recompensa en el cielo. Hasta cierto punto, los diferentes grados de castigo reflejan el hecho de que el infierno es el abandono por parte de Dios de un ser humano pecador con el carácter particular que la persona se forjó en esta vida. La miseria que uno experimentará al tener que vivir eternamente con su yo malvado será proporcional a su grado de conciencia de lo que hizo precisamente al elegir el mal.

Implicaciones de la Doctrina de las Condiciones Finales

Las implicaciones de la doctrina de las condiciones finales son las siguientes:

1. Las decisiones que tomemos en esta vida regirán nuestra condición futura no solo por un periodo de tiempo, sino por toda la eternidad. Por eso, debemos ejercer un cuidado y una diligencia extraordinarios al tomarlas.

2. Las condiciones de esta vida, como dice Pablo, son transitorias. Se desvanecen en una

---

26 C. S. Lewis, *The Problem of Pain* [El problema del dolor] (Nueva York: Macmillan, 1962), pág. 28.

27 *Ibid.*, págs. 127-128.

relativa insignificancia cuando se comparan con la eternidad que viene.

3. La naturaleza de las condiciones futuras es mucho más intensa que todo lo conocido en esta vida. Las figuras que se utilizan para describirlos son bastante inadecuadas para transmitir plenamente lo que nos espera. El cielo, por ejemplo, superará con creces cualquier alegría que hayamos conocido aquí.

4. La dicha del cielo no debe ser considerada como una simple intensificación de los placeres de esta vida. La dimensión principal del cielo es la presencia del creyente con el Señor.

5. El infierno no es tanto un lugar de sufrimiento físico como la horrible soledad de la separación total y definitiva del Señor.

6. El infierno no debe considerarse principalmente como un castigo impuesto a los incrédulos por un Dios vengativo, sino como las consecuencias naturales de la vida pecaminosa elegida por los que rechazan a Cristo.

7. Al parecer, aunque todos los seres humanos serán enviados al cielo o al infierno, habrá grados de recompensa y castigo.

Preguntas de Análisis y Reflexión

- ¿Qué es el juicio final y por qué es tan importante para la teología cristiana?
- ¿Cómo se utiliza el término "cielo" en las Escrituras?
- ¿Qué implica el castigo de los impíos, tal como lo sugieren las Escrituras?
- ¿Cuáles son las diferentes formas de aniquilacionismo? ¿Cuáles son algunos de los problemas de este punto de vista?
- ¿Cómo afectan a su teología sus opiniones personales sobre la condición final?

Índice de las Escrituras

Antiguo Testamento

Génesis

1 140, 189, 190, 191
1–2 168
1–3 181
1:1 89, 134, 136, 470
1:2 136, 304
1:10 137
1:12 137
1:18 137
1:20 181
1:21 137, 181
1:24 181
1:25 137
1:26 111, 186, 188, 189, 191, 260
1:26–27 180, 186
1:27 111, 186, 193
1:27–28 189
1:28 41, 180, 207, 214
1:31 137, 184
2:7 51, 180, 181
2:15–17 282
2:16–17 205
2:17 99, 164, 216
2:24 19, 54, 111
3 90, 171, 369
3:2–3 164
3:3 432
3:4–5 208
3:8 41, 212
3:11 219
3:12 219
3:14 181
3:14–19 386
3:16 164
3:16–19 34
3:17 164
3:18 164
3:19 164, 181, 216, 217
3:20 193
3:22 217, 260
3:22–23 432
4 182
4:26 89
5:1 186
5:1–2 193
5:2 186
6 126, 215
6–7 450
6:5 224, 226
6:6 92, 126, 165, 353
8:21 224
9:6 186, 193, 215
11:7 260
17:1 93
17:7 414
18:25 99
22:12 92
25:14–30 207
35:18 197
38:26 363
41:8 197
41:37–39 28–29
41:38 305
45 151

Éxodo

3:6 54
3:14 41, 88, 89
3:14–15 239
12:40–41 63
15:11 98
15:13 394
15:16 394
19 169
20 190
20:2–3 108, 138
20:3 90, 205
20:4 108
20:5 212
20:7 89
20:8–11 239
20:14 165
23:22 213
31:3–5 305
33:19 343
34:6 103

Levítico

1:3–4 283
4:35 287
24:16 239

Números

14:8 394
23:19 94, 101

Deuteronomio

4:42 225
5:10 103, 370
6 108
6:4 109, 111
6:5 109
6:6 109
6:7 109
6:8–9 109
7:7–8 102
7:10 212
10:16 414
18:15 273
25:1 364
25:13–15 101
30:6 414
32:9–10 394
32:10 394
32:35 215
33:2 169, 170

Josué

7 215
9:16–21 101
10:12–14 156

Jueces

6:34 305
6:36–40 153

Rut

4:7 47

1 Samuel

2:6–7 149
13:14 224
15:23 205
6:13 305
24:17 363

2 Samuel

10:18 63
12:13–14 368
12:23 232
14:20 169
23:2 52
24:1 63
24:16 170

1 Reyes

8:46 224
17–18 148
17:21 197

2 Reyes

6:6 156
6:17 171, 173
13:18–19 73n5
19:35 170

1 Crónicas

19:18 63
21:1 63

2 Crónicas

4:2 60, 64

Esdras

7:27 149

Nehemías

9:6 146
9:20 305

Job

1:12 152, 169
2:6 152, 169

9:5–9 149
12:23 149
22 164
26:13 136, 304
33:4 136
37 149
38 123n4
38:4 123n4
38:7 169
42:2 123n2
42:3 123

Salmos

2:7 260
5:5 212
5:9 224
8 189, 190
8:5 189
8:5–6 189
8:7–8 189, 190
9:4 364
10:7 224
11:5 212
14 224
14:3 228
16:10 438, 447
17:15 447
18:40 212
19 27, 32, 33
19:1 26, 32, 137
19:1–4 27
19:2 32
19:3 32
19:7–9 99
19:7–14 32
19:13 151
20 89
20:7 90
20:9 90
24:7–10 384
27:10–11 123
31:5 197
31:14–15 149
34:7 170
36:1 224
37 123
37:37 224
40:7–8 260
42:6 197
45:6 110, 241
45:6–7 275
47 454
47:7–8 149
49:15 447
51 224, 226
51:2 226
51:5 226, 254
51:6 226

51:10 226
51:11 305
53 224
53:3 228
57:10 103
61:5 101
61:8 101
65:3 123
66:7 149
66:13 101
68:17 169
69:4 212
69:21 123
69:25 51
72 454
72:18 169
81:12–13 151
82:6 53
84:11 155
86:5 103
86:15 104
89:5 168
89:7 168
90:1–2 91
91 123, 148
91:11 170
94:1 215
96:5 136
100 454
100:3–5 184
100:5 18
102 93
102:25 110
102:26–27 93
103:8–14 370
103:13 103
103:19 149
103:20 169
103:20–22 149
104 27, 146
104:14 149
104:21–29 149
104:24 92
104:30 136, 298, 304n2
107:10–16 216
109:8 51
110:1 110
119:91 125
121 123
130:3 224n1
139:7–12 91
139:13–15 194
139:16 123, 124, 150
140:3 224
143:2 224
145:16 102
147:5 92
147:8–15 149

148:2 168, 169
148:5 168

Proverbios

3:11–12 371
3:19–20 123n4
6:16–17 212
11:5 224
16:4 123
16:33 149
29:10 212

Eclesiastés

3:21 197
5:4–5 101
7:20 224n1
12:7 197, 431

Isaías

1:24 215
6:1–4 98
6:1–5 81
6:5 98
6:8 111
7:14 253
8:13 241
9:7 275
10:5–12 149
10:20–21 215
11:6–7 457
14:24 125
14:27 123, 125
20:1 65
22:11 123, 124
26:19 447, 449
33:14 477
37:16 136
37:26 123
40:9 274
40:12 123n4
40:12–13 136
40:13–14 124
42–48 92
42:21 278
44:6 91
44:8 92
44:24 136
44:28 82
45:1 82
45:12 136
45:22–25 454
48:11 125
52:7 274
53 284, 288
53:5–6 288
53:6 224, 284, 288
53:12 284, 288

55:1 345
55:8 9 81
59:7–8 224
61 305
61:1–2 404
61:2 215
62:4 394
63:4 215
63:10 213
65:25 457
66:24 477

Jeremías

4:4 414
9:25–26 414
10 100
10:5 100
10:10 88, 100
10:11 89
10:11–12 136
10:12–13 123n4
11:20 364
12:7–10 394
12:8 212
17:4 477
17:9 219, 226
18:1 44
23:20 123n2
23:23 81, 91
23:24 80, 91
30:4 52
32:15 93
32:17 93
46:10 215

Lamentaciones

2:4–5 212
3:22–23 94

Ezequiel

2:2 305
8:3 304
11:1 305
11:19 226
11:19–20 356
11:24 305
12:1 44
12:8 44
12:17 44
12:21 44
12:26 44
18:30–32 351
20:9 125
25:14 215
33:11 345
37:12–14 447
44:7 414
44:9 414

55:1 345
55:8 9 81
59:7–8 224
61 305

Daniel

2:21 149
2:47 29
3:26 29
4:13 168
4:17 168
4:23 168
4:24–25 149
9:27 464
10 325
12:1 123
12:2 447, 449, 461, 477
12:3 474
1:9–10 394
2:23 394, 454
9:15 212

Joel

1:1 44
2:28–29 305
2:31–32 241

Amós

3:1 44, 52
5:12 100
5:15 100
5:24 100

Jonás

1:3–16 29
4:11 123

Zacarías

1:6 123n2
7:2 286
8:17 212
8:22 286
14:4 464

Malaquías

1:9 286
3:6 93

Nuevo Testamento

Mateo

1 253
1:18–25 253
1:20 241
1:22 123
1:23 253
1:25 253

2:15 123
2:23 123
3:2 353, 415
3:6 415
3:16 306
3:16–17 300
4:2 249
4:3 171
4:14 123
4:17 353
4:18–22 350
4:24 172
5:16 125, 470
5:17 45
5:18 52
5:21–22 204, 226, 240
5:21–28 377
5:23–24 289
5:27–28 204, 226, 240
5:38 288
5:45 102, 152, 470
5:48 376, 377
6 205
6:1 470
6:2 205
6:5 205
6:9 470
6:9–10 473
6:10 470
6:16 205
6:19–20 470
6:25 102, 197
6:25–30 149
6:25–34 371
6:26 102, 109, 147
6:28 102
6:30 109, 147
6:30–33 102
6:31–33 147
7:3 219
7:11 470
7:15–23 383
7:21 470
7:21–23 451
8 172
8:5–13 154, 172
8:12 475, 476
8:13 354
8:17 123
8:29 172
8:31 172
9:19–20 172
9:20–22 154
9:28 354
9:35 103
9:36 103, 192, 250
9:38 241
10:1 173
10:6 192

10:9–10 63
10:28 148, 197, 199, 431, 438
10:28–31 180
10:28–32 147
10:29 92
10:29–31 150
10:30 92
10:32 470
10:33 470
11:21–24 478
11:24 450
11:25 241
11:27 115
11:28 126, 345, 350
12:17 123
12:22 172
12:24 171, 219
12:25–27 306
12:27 171
12:28 110, 173, 300, 306
12:31 300, 306
12:32 306, 436
12:45 172
12:50 470
13 274, 455
13:13–15 71
13:15 71
13:16 347
13:19 171
13:24–30 172
13:35 123, 135
13:37–43 450
13:38 171
13:39 171
13:39–42 170
13:41 110, 238, 275, 451
13:44 274
13:46 274
13:57 273
14:14 103, 157, 250
14:22–33 154
15:32 250
16 347
16:14 347
16:16 347
16:17 347, 470
16:18 392
16:18–19 438
16:22 72
16:26 197
16:27 450
17:1–8 474
17:15 172
17:15–18 172
17:19–20 173
18:3 232

18:6 355, 413
18:8 395, 477
18:10 170, 470
18:14 470
18:17 395
18:19 470
18:20 422
18:21–22 104
19:4 135
19:4–5 54
19:4–6 19
19:8 135
19:14 110, 232, 413
19:23–26 109
19:24 110
19:26 93, 255, 358
19:28 275, 356, 450, 472
20:13–15 343
20:27 19
20:28 279, 284, 288
20:34 250
21:4 123
21:11 273
21:29 353
21:31 110
21:43 110
22:14 350
22:30 473
22:32 54
22:36–40 190
22:43 54
22:44 54
23 274
23:10–12 19
23:23 227
24 462, 464
24–25 442, 446
24:2 52, 446
24:3 462
24:3–14 380
24:9 464
24:14 446, 454
24:15 444
24:21 135, 444, 464
24:27 442, 445
24:29 444, 464
24:29–31 464, 466
24:29–35 450
24:30 110, 385, 442, 444, 471
24:31 170, 451
24:36 169
24:36–39 463
24:36–44 443
24:37 442
24:39 442
24:42 442
24:43 463

244 442, 443
24:45–51 446, 463
24:50 443
25:1–13 444
25:5 446
25:6 465
25:8–10 444
25:13 443, 463
25:14–30 472
25:19 446
25:31 169, 170, 273, 471
25:31–33 110, 450
25:31–46 239, 367, 403, 444, 450, 451
25:32 450
25:34 135
25:34–40 218
25:41 173, 475, 477
25:41–46 218
25:46 218, 451, 475, 476, 477
26:24 123
26:26–28 361
26:37 250
26:42 153
26:53 169, 170
26:56 123
26:63 239
26:64 115, 239, 273, 442
27:3 353
27:4 256
27:5 65
27:19 256
27:32 465
27:46 109
27:54 45
28:2 470
28:18 396, 400
28:18–20 19, 454
28:19 110, 299, 300, 400, 412, 414, 415
28:19–20 91, 111, 396, 414
28:20 273, 274, 360, 397, 400, 402, 421, 443

Marcos

1:8 306
1:10 306, 417
1:12 306
1:14–15 404
1:15 355
1:16–20 350
1:25 173
1:26 172

1:41 103, 192
2:5 238
2:7 238
2:8–10 110
2:27–28 239
3:5 250
3:22 171
3:29 110, 300
4:39–41 148
5 172
5:2–4 172
5:5 172
5:36 354
6:5–6 173
6:6 154, 250
6:8 63
6:17–29 403
6:34 103
8:18 71
8:31 284
8:38 169
9:2–8 474
9:17 172
9:20 172
9:21 250
9:23–24 173
9:25 172, 173
9:29 173
9:43 437
9:43–48 438
9:48 437, 477
10:6 135
10:13–16 413
10:14 250, 413
10:35–39 363
10:37–40 273
10:39 363
10:45 279, 284
12:13–17 193
12:17 109
12:24 447
12:24–27 109
12:25 473
12:26–27 447
12:28–31 190
12:30 205
13:7 124
13:10 124
13:19 135, 464
13:20 110
13:24 464
13:26 442, 444
13:32 243, 251, 470
13:32–33 443
13:35 443
14:21 123
14:22–24 361
14:32–42 250
14:62 110

15:34 250
16:7 104
16:9–20 415
16:16 415

Lucas

1 253
1:13–20 170
1:15 413
1:26 169
1:26–38 170, 253
1:35 254, 298, 306
1:38 255
1:41–44 194
1:46–47 197
1:46–55 255
2:1 153
2:11 241
2:13 168, 470
2:13–14 169
2:14 471
2:15 470
2:21–39 270
2:52 249
3:19–20 403
3:22 306
4:1 306
4:14 306
4:16 251
4:18–19 404
4:18–21 305
5 155
5:8 45, 98
5:24–26 157
6:8 250
6:12 251
7:9 250
7:13 192
7:19 355
7:29 365
7:35 365
8 172
8:27 172
9:3 63
9:23 354
9:28–36 474
9:39 172
9:47 250
10:17 306
10:21 306
10:25–37 403
10:26–27 190
10:27 197
11:9–10 155
11:11 288
11:11–13 371
11:15 171
11:19 171

11:20 173
11:50 135
12:8–9 110, 238
12:47–48 478
13:32 172
14:14 449, 461
15 102
15:3–7 152
15:10 110, 170, 238
15:18 470
15:21 470
16:19–31 198, 435, 438, 476
16:22 170, 171
16:26 476
18:16–17 413
19:1–10 350
19:11–27 446, 474
20:27–40 474
20:35 449, 461, 473
21:20–22 123
21:27 442, 444
21:36 464
22:3 172
22:19–20 361
22:22 123, 126, 130
22:28–30 450, 472
22:30 363
22:37 284
22:42 192
22:43 470
23:40 72
23:41 256
23:43 198, 435, 438
23:46 197, 435
24:25–27 53
24:38–39 449
24:39 88, 251
24:43 473
24:44–45 53
24:50–51 272

Juan

1:1–3 134
1:3 136, 208, 275
1:9 274
1:12 355, 369
1:12–13 356, 357
1:13 255
1:14 249, 252, 257, 260, 270
1:18 88, 263, 266, 274
1:29 285, 288
1:32 306
1:33–34 111
1:35–51 350
2:11 355
2:23 355

3 356
3:3 307, 356
3:5 415
3:5–6 307
3:5–8 298
3:6 357
3:7 356
3:8 110, 307, 357
3:13 261, 470
3:16 102, 115, 263, 476
3:17 284
3:18 355
3:23 417
3:31 470
3:36 213, 464
4:6 249
4:18 250
4:21 88
4:24 88, 102, 472
4:34 192
5 447
5:2–18 240
5:18 240
5:21 115, 240
5:22 450
5:25 448
5:25–29 437
5:26 89
5:27 450
5:27–29 450
5:28–29 448, 449, 476
5:29 451, 461
5:30 192
5:39–42 227
6:37 126, 343, 347, 348
6:38 192
6:39–40 448
6:42 470
6:44 126, 343, 347, 348, 355, 448
6:45 347
6:51 470
6:52–58 285
6:53 361
6:54 448
6:62 272
6:63 116, 356
6:69 255
6:70 115
8:29 115
8:40 249
8:44 135, 169, 172
8:46 255
8:58 239, 263
8:59 239
9 156
9:2–3 164

10 147, 382
10:3 72
10:10 356
10:17–18 291
10:27–30 147, 379, 381
10:28 356, 381
10:28–29 381
10:30 112, 239
10:34 53
10:34–35 53
10:35 52
10:36 284
11 448
11:11 435
11:14 250, 435
11:24–25 448
11:25 240
11:33 250
11:35 250
11:38 250
11:42 379
11:49–50 285
11:50 289
12:6 383
12:27 197
12:28 42
12:38 123
12:48 451
13 19
13:14 19
13:15 19
13:16 19
13:21 197
13:23 250
13:37–38 431
14–16 72, 117, 297
14:2 272
14:2–3 273, 470
14:3 442, 443
14:6 271
14:7–9 239
14:9 45, 112, 244
14:12 272, 273, 307, 396
14:15 370, 400
14:16 111, 115, 299
14:16–17 308
14:17 72, 273
4:18 397
14:21 370
14:23 116, 360, 397, 421, 443
14:24 112
14:26 72, 112, 115, 274, 299, 300, 308, 320, 397
14:27 115
14:28 243

14:31 102 15 102
15:1 11 379
15:4 362
15:4–5 360
15:4–7 421
15:8 125
15:11 250
15:13 284
15:14–15 370, 371
15:16 128, 343, 347
15:20 363
15:26 112, 115, 299, 320
15:26–27 72
16:5 272
16:7 112, 115, 273, 299, 397
16:8 72, 300, 321, 397
16:8–11 110, 298, 307, 355
16:10 272
16:13 72, 298, 299, 397
16:13–14 112, 299, 308
16:13–15 112, 320
16:14 72, 297, 299
16:28 112, 272
16:33 464
17 192, 260, 275
17:1 192
17:1–5 384
17:2 126
17:3 100, 285
17:4 192, 299
17:5 192
17:6 126
17:9 126
17:12 123
17:13 250, 275
17:15 275
17:19 285
17:20 275
17:20–23 392
17:21 112, 275
17:21–22 192, 260
17:22 192
17:24 135, 192
18:9 123
18:14 285
19:7 239
19:24 123
19:28 123, 249
19:34 249, 286
19:36 123
19:39 352
20:17 272
20:21–22 112

20:25–27 272
20:27 449
20:28 239–40, 241
21:9–14 473
21:18 446
21:25 50

Hechos

1:1 274
1:4–5 308
1:6 462
1:6–11 272
1:7 443
1:8 19, 91, 304, 308, 397, 400
1:9–10 444
1:11 443, 444
1:16 51
1:18 65
1:23–26 149
1:24 241
2 313, 323
2:16–21 304
2:17 304, 322
2:20–21 241
2:23 124, 126, 127, 130, 149
2:24–32 447
2:31 438
2:33 115
2:33–36 273
2:36 152
2:37 416
2:37–41 415
2:38 353, 414, 416
2:39 414
2:41 412
2:44–45 397
2:47 241
3:13–15 384
3:17–26 416
3:18 51
3:19 352
3:19–21 442
3:21 51
3:22 273
4:12 413
4:25 51
4:27–28 126
4:32 392, 397
4:34–35 397
5 297
5:1–11 380, 450
5:3 110, 298
5:3–4 110, 300
5:4 110
5:19 170
5:31 273

7 63
7:6 63
7:51 300
7:53 169
7:59–60 116
7:60 434
8 313
8:7 172
8:12 415
8:26 170
8:36 417
8:36–38 412
8:38–39 418
8:39 241
9:1–19 350
9:31 241
10 28
10:3–7 170
10:11–13 397
10:14 397
10:17–48 397
10:22 169
10:36 241
10:42 450
10:43 355, 413
10:48 413
11:13 170
11:13–14 28
11:14 413
11:21 241
11:30 407
12:6–11 170
12:7–11 170
12:15 170
12:23 170
13:10–12 241
13:32–37 447
13:36 435
13:48 126, 347
14:15–17 27, 29
14:22 464
15:26 197
16:14 241, 351, 352
16:15 413
16:25–34 405
16:30 352
16:31 19
16:31–34 413
17:16–34 405
17:22–31 29
17:23 35
17:24 88, 241
17:24–25 91
17:25 89
17:26 93, 124
17:27–28 81
17:28 29, 187
17:30 225, 354
17:30–31 345

17:31 450
18:8 413, 415
18:26 241
19 313
19:1–7 415
19:4 355
19:12 172
20:19 241
21:14 241
23:6 448
23:8–9 168
24:14–15 449
24:21 448
24:25 450
27:23 170
28:15 465

Romanos

1 28, 32, 35, 205
1–2 34, 35
1:3–4 404, 405
1:16 404, 405
1:18 213, 286, 287, 464
1:18–23 346
1:18–32 28, 31, 32
1:20 27, 135
1:21 34, 71, 205, 214, 227
1:21–23 34
1:26–27 227
1:28 205
1:29–31 205
2 35
2:1–16 35
2:3 241
2:3–16 437
2:4 104
2:5 213, 287, 450, 475, 476
2:8 287
2:12 451
2:14 28, 35
2:14–15 204
2:14–16 28
2:15 28, 226
2:29 72, 394, 416
3 34, 35, 36, 224, 346
3:1–23 343
3:9 224
3:9–20 356
3:10–12 225
3:12 228
3:20 225
3:21–26 285
3:23 224, 225
3:25 286
3:25–26 286
3:26 290, 364

4:3 367
4:5 364
4:5–6 367
4:8 367
4:9 367
4:11 367
4:13–18 414
4:15 287
4:17 135
4:22–24 367
5 228, 232
5:3 464
5:6–8 289
5:6–10 102
5:8 102, 285, 286, 370
5:8–10 213
5:9 286, 287, 464
5:9–10 385
5:10 102, 370
5:12 216, 225, 228, 230, 231, 254
5:12–19 230
5:14 231
5:15 230, 231, 249, 476
5:15–19 228
5:17 231, 249, 476
5:18 476
5:19 249, 476
6:1–11 357, 417
6:3–5 412, 417, 418
6:4 218, 360
6:6 227
6:6–8 279
6:12 227
6:14 357
6:17 219, 227
6:23 100, 216, 219, 225, 282, 366
7 376
7:5 226
7:18 208
7:18–19 377
7:23 226
7:24 227
8 375, 385
8:1 362
8:1–17 308
8:2 219
8:4 375
8:5 375
8:7 213
8:9 375
8:9–10 362, 397
8:9–11 420
8:10 227
8:11 298, 448

8:13 227, 308, 375, 376
8:14 375
8:14–16 370
8:16 375
8:16–17 370
8:17 360
8:18 163
8:18–23 217
8:18–25 384, 386
8:19–23 164, 457
8:19–25 446
8:21 386 446
8:22–23 449
8:26 172, 300
8:26–27 308, 321, 375
8:28 124, 152, 163, 321
8:29 115, 124, 127, 163, 187, 345, 347, 369, 375
8:29–30 384
8:31–39 379
8:32 286, 288
8:33–34 275, 364, 385
8:35 147
8:38 168
8:38–39 147, 379, 385
9 343
9–11 124
9:6 394
9:11–13 128
9:15–16 343
9:18 128
9:20–21 343
9:20–23 124
9:20–24 128
9:22 104, 287
9:24 394-95
9:24–26 394
10 36
10:9–10 5
10:13 241
10:14 34
10:16 404
11:2 127
11:8 71
11:10 71
11:13–15 152
11:15 289
11:25 152
11:25–26 396
11:28 404
11:32 396, 476
11:33 92
11:34 125
12 409
12:1–2 375
12:2 205, 362

12:6–8 309
12.9 375
12:15 183
12:16–17 375
12:19 215, 287
13:4–5 287
14:4 379
14:10 451
14:11 241
15:19 298
16:17 395

1 Corintios

1:2 374, 392
1:4–5 360
1:7 445, 446
1:8 385
1:9 101
1:10–17 396
1:18 72, 375
1:20–21 71
1:23 72
1:24 72
2:6–16 351
2:7 72
2:8 241, 261
2:9–10 473
2:10–11 298
2:11 71
2:13 71
2:14 71, 72
2:14–3:4 196
2:16 72
3:1–9 396
3:14–15 474
3:15 436
3:16 116, 172, 298
3:16–17 110, 396
3:19 71
4:5 437, 450
4:9 170
5:1–5 423
5:3 197
5:5 197
5:7 286
5:12–13 395
6 110
6:2–3 450
6:12–20 449
6:13 449
6:14 449
6:15 449
6:19 298, 449
6:19–20 110, 397
6:20 449
7:8–11 473
7:25–35 473
7:40 44

8:4 109
8.6 109, 136
9:14 404
9:16 405
10:12 173
10:13 379
11:7 187
11:10 170
11:17–19 396
11:23 44
11:26 422
11:27–28 422
11:27–32 422
11:29 423
11:30 422
12 309, 395, 401, 409
12:3 351
12:4–6 299
12:4–11 110, 309
12:7 309
12:11 116, 300, 309, 313, 396, 402
12:12 312
12:12–13 396
12:13 312, 313, 362, 396, 412
12:14–21 309
12:14–25 401
12:18 124
12:22–26 309
12:26 396, 401
12:27 395
12:27–31 401
12:28–30 309
13:1–3 314
13:8 311, 311n18
13:9–10 311
13:9–12 471
13:12 275, 385
14 309, 402
14:3–4 402
14:4–5 401
14:5 309
14:12 309, 401
14:15–17 402
14:17 401
14:18 311
14:26 401
14:27 314
14:28 314
14:39 314
15:199, 217, 405, 431, 432, 435, 437, 448
15:1 405
15:3 405
15:3–8 405
15:6 434
15:12–14 448

15:17 20, 217
15:17 18 476
15:18 435
15:20 405, 435
15:21 249, 432
15:22 232, 360, 476
15:22–24 461
15:23 461
15:24 168
15:24–28 115
15:38 124
15:38–50 386
15:44 272, 448
15:47–49 249
15:51 434
15:51–52 386, 448
15:54–56 431
15:54–57 432
15:55–56 217
16:2 402

2 Corintios

1:18–22 101
3 72
3:3–18 395
3:14–15 227
3:16 72
3:18 72, 187, 193
4:2 101
4:3–4 343, 346
4:4 34, 172, 227
4:6 136
4:11–12 431
4:16 362
4:17 163
5 437
5:1–5 385
5:1–10 431, 438, 448
5:2–4 199
5:3 437
5:3–4 199
5:4 199, 386
5:8 199, 438
5:10 241, 451
5:14 285
5:15 288, 289
5:17 356, 357, 360
5:19 285, 351
5:19–21 367
5:21 255, 288
6:15 172
6:16 393
11:14–15 172
12:7 172
12:8–9 116
12:9 363
12:9–10 155
13:5 116

13:14 110, 111, 299, 300
13:20–21 300

Gálatas

1:15 56, 124
2:16 355
2:20 289, 357, 360, 362, 395
3:1–14 437
3:6 366, 367
3:6–9 35
3:8 124
3:10–11 35, 366, 370
3:10–14 35
3:13 279, 286, 289
3:13–18 414
3:19 169
3:19–29 35
3:23–24 35
3:28 396, 405
4:4 260, 270
4:4–5 124, 283, 369
4:5 270
5:13 370
5:16 308, 375
5:16–24 208
5:19–21 308
5:22–23 308, 375, 377, 397
5:24 227
5:24–25 357
5:25 375
6 165
6:1 395
6:2 395
6:7–8 165, 282
6:8 282

Efesios

1:3–4 360
1:4 124, 135, 385
1:4–5 343
1:5 369
1:5–6 125
1:6–8 360
1:7 286
1:10 395
1:11 125, 150, 151
1:11–12 124
1:18 71
1:20 272
1:20–22 273
1:22–23 392, 395
2:1 356, 357
2:1–2 227, 431
2:1–3 343

2:1–10 357
2:3 225, 287
2:5 227, 356, 360
2:5–6 357
2:6 356
2:8–9 103, 227, 339, 366, 368, 437
2:10 357, 360, 368
2:15 396
2:21–22 396
3:21 91
4:1–16 392
4:4 392
4:4–6 396
4:8–10 272
4:11 308-9, 402
4:11–16 395
4:12 401
4:13 376, 377
4:16 401
4:23–24 187
4:27 172
4:29 401
4:30 300
4:32 370
5:2 285, 286
5:6 287
5:14 351
5:18 314
5:23 392
5:25–27 395
5:26 375
5:32 361
6:12 168, 172

Filipenses

1:6 375, 379
1:7 405
1:9–11 385
1:19–26 431, 438
1:20–23 433
1:23 438
1:29 355
2 109, 275
2:2 392
2:3 20
2:3–5 220
2:5–11 109, 115, 241
2:6 109, 241, 263, 265
2:6–7 264, 265, 270
2:7 263, 265
2:9–11 275
2:10–11 273, 475-76
2:11 241
2:12–13 375
3:3 394
3:8 363
3:10 41, 363

3:11 449, 461
3:20–21 385, 437, 448
4:5 446
4:11 147
4:12 147
4:13 147, 363
4:19 147, 371

Colosenses

1:9 72
1:13–14 261
1:15 241, 395, 448
1:15–20 241
1:16 168, 395
1:17 146, 208, 241, 275
1:18 275, 395, 448
1:19 124, 241
1:19–20 476
1:20 286
1:21 213
1:21–23 380
1:22 385
1:27 360, 395
2:9 241, 263, 264
2:9–10 395
2:11–12 414
2:15 168
2:19 395
2:20 360
3:1 360
3:6 287
3:10 187
3:11 396

1 Tesalonicenses

1:1 392
1:4 394
1:5 54
1:9 89, 100
1:10 287, 462, 464, 470
2:13 54
2:16 287
2:18 172
3:3 464
3:5 172
4 429
4:13 429
4:13–15 434
4:13–16 448
4:14 448
4:15–16 442
4:15–17 445
4:16 168, 360, 443, 444, 461, 470
4:16–17 170, 437
4:16–18 4
4:17 462, 465, 466

4:18 429, 463
5:9 287, 462, 464
5:10 286
5:19 300
5:20–21 318
5:23 196, 197, 375, 376
5:24 101

2 Tesalonicenses

1:5–2:12 437
1:6–7 445
1:7 442, 470
1:8 405, 464
1:9 475, 476, 477
1:10 442
2:8 445
2:13 135
2:13–14 394

1 Timoteo

1:6 383
1:6–7 383
1:17 88
1:19–20 381, 383
2:3–4 345
2:5–6 109
2:6 288
2:14 254
3:16 261, 263, 272
5:21 170
6:14 446
6:15–16 88

2 Timoteo

1:10 124
1:12 379
2:8 405
2:12 363
2:13 101
2:16–18 381
2:17–18 383
2:18 383, 449
3:2–4 227
3:15 51
3:16 51, 53, 57n11, 298
3:17 51
4:1 241, 451
4:8 437, 446
4:10 381

Tito

1:2 100
2:11 103
2:13 442, 446, 463

2:14 375
3:4–7 103
3:5 298, 356, 416

Hebreos

1 109
1:1–2 44, 45
1:1–3 48
1:2 110, 241
1:3 110, 241, 272
1:4–2:9 241
1:5 110, 169
1:5–2:9 169
1:8 110, 241, 275
1:10 110, 135, 136
1:10–12 298
1:13 110, 169
1:14 168, 169, 170
2:1 380
2:2 170
2:3–4 311
2:9 288
3:1–6 241
3:11 472
3:12–14 380
3:18 472
4:3 135
4:12 196
4:13 92
4:14 272
4:14–16 20
4:14–5:10 241
4:15 193, 217, 255, 257
5:8 115
6 381, 382
6:4–6 380, 381, 382
6:9 382
6:10 382
6:11 379, 382
6:11–12 380
6:13–18 414
6:18 93, 100
7:1–11 28
7:9–10 194
7:21 20
7:24 20
7:25 20, 273, 276, 379
7:26 255
9:1–10 20
9:6–15 287
9:12 20, 287
9:14 255, 298
9:23–10:25 361
9:24 272, 276
9:26 135
9:27 148, 183, 216, 219, 431, 450, 451

9:28 442
10–13 287
10:5 287
10:5–18 287
10:10 287
10:11 287
10:12 273, 287
10:22 379
10:25 402
10:26–27 380
10:27 450
10:30 215
11 396
11:3 136
11:6 5, 88, 354
11:19 447
12:1 396
12:2 163, 250
12:5–11 371
12:6 216
12:7 371
12:22 169
12:22–24 472
12:23 450
13 287
13:20–21 375, 376

Santiago

1:13 63, 206, 256
1:14 151
1:14–15 207
1:17 94
1:18 356, 357
1:27 403
2:1 241
2:1–11 403
2:9 100
2:15–17 403
2:17 368
2:19 109
2:26 368, 431
3:9 187
4:1–2 220
4:4 213
4:7 172
5:7–8 442
5:8–9 446
5:14–15 314
5:16 154

1 Pedro

1 127
1:1–2 345, 347
1:2 110, 127, 299, 300
1:3 356, 357, 406
1:3–5 378
1:6–7 163

1:7 442–43, 445
1:8 355
1:13 442–43, 445
1:20 127, 135
1:21 384
1:23 339, 356, 357
1:25 339
2:9 374
2:21 277
2:22 255
2:24 277, 288
3:15 241
3:20 104
3:21 416
3:22 273
4:11 309
4:13 445
4:19 101
5:8 172

2 Pedro

1:10 379
1:16 443
1:19 53
1:19–21 53
1:20 53
1:20–21 51, 57n11
1:21 52, 299, 305
2 171
2:1–2 381
2:4 171, 451
2:9 171
2:10–12 171
3:3–4 444
3:4 135, 443
3:7 450
3:9 104, 130, 345, 478
3:12 443
3:15 104
3:16 54

1 Juan

1 377
1:1 45, 135
1:5 103
1:8–10 376
1:9 94
2:1 299
2:1–2 261
2:13 172
2:13–14 135
2:16 202:18 464
2:22 464
2:28 443
2:29 356, 357
3:1 370

3:2 274, 385, 471
3.4–6 377
3:5 255
3:8 135, 172
3:8–10 169
3:9 379
3:12 171
4 101
4:1 354
4:2 5, 112, 261
4:2–3 249
4:3 464
4:6 54
4:8 101,102
4:10 102, 290, 292
4:13-14 112
4:15 261
4:16 101, 102
5:1 356,357
5:4 356, 357
5:5 261
5:7 110
5:8 111

5:10 355
5:13 355, 379
5:18 171
5:20 72, 100

1 Juan

7 464

Judas

3 405
6 171, 451,477
7 477
9 64, 168
14-15 64
21 446
24 385
25 91

Apocalipsis

1:5 448
1:8 91

3:7 100
3:10 164, 166
3:14 135
3:21 273, 450
4:11 241
5:11 169
5:11–12 169
6:10 100
6:16–17 464
7:11 169
7:14 464
8:1–4 169
8:6–9:21 170
9:1-2 475
9:11 475
10:14 218
12:3 171
12:9 171
13:8 135
14:10 169, 464
14:10-11 475
14:11 477
16:17 170
16:19 464

17:8 135
19 472
19:1–4 472
19:5 472
19:6–8 472
19:9 473
19:11–14 170
19:15 464
19:16 241
19:20 218
20 218, 455, 458,459, 461
20:2 459
20:4 450,456, 458
20:5 456, 460
20:6 218, 432,459
20:7-10 385
20:8 172
20:10 172,173,471, 477
20:11-15 450

20:13 448
20.13–14 218
21:1–2 386
21:4 471, 474
21:5 386
21:6 91
21:8 432, 475
21:18–21 471
21:23 471
22:1 273
22:3 472
22:5 471
22:9 169
22:13 91
22:20 116

Apócrifos

2 Macabeos

12:43–45 436

Índice de Nombres y Temas

a semejanza de
  Dios. Ver imagen
  de Dios
Abe, Gabriel 288n8
aborto 194
Abraham 43, 99,
  366, 447
  Pacto de Dios con
  93, 94, 101,
  394–395, 413–414,
  457–458
actitudes 206, 277
Adán 84, 100, 193, 217–218,
  265
  antes de la caída de
  186, 190–191, 212, 256
  creación de 180–182
  influencia del pecado en
  228–233, 476
  libre albedrío de 150,
  164
  pacto de Dios con 230
  pecado de 205, 208, 216,
  219, 254, 432–433
  revelación especial y
  40–41
adicción 219
adopción 359, 369–371
adopcionismo 263
adoración 83, 139, 402–403,
  422, 472
  de los ángeles 169
  de Cristo 244, 251
  del Espíritu Santo 301
  de naturaleza 88,
  138–39
  Trinidad y 108, 118
  adulterio 165
Adventistas del Séptimo Día
  434
agapē 43, 89, 102.
  Ver también amor de
  Dios
Agustín 9, 14, 116, 117, 342
  en la escatología 454,
  458
  en la expiación 279,
  436

en el liderazgo natural 230,
  231–232
alegoría 21
alejamiento existencial 206
alma humana 196–201,
  229–230, 252, 477
  extinción del 434
  inmortalidad del 31, 198,.
  199–200
  muerte y 197, 431, 434
Althaus, Paul 242
amilenialismo 453–454, 456,
  458–460, 461
amor de Dios 180, 277, 282,
  371, 379
  características del 43,
  89–90, 97, 101–104
  disciplina y 215–216
  expiación y 125, 277–278,
  286
  Jesús y 192–193, 250,
  284–285, 420
  juicio y 213, 290,
  475–478
  justicia y 99–100,
  104–105
  preservación y 147–148
  salvación y 125, 286, 290,
  343, 370–371
  como símbolo 422, 423
  Trinidad y 101–102,
  118
amor humano 43, 220–221, 314,
  393, 403
  por Dios 90, 109, 180,
  192–193, 227
  efecto del pecado en el
  220–221
anabaptistas 434
Ananías y Safira 110, 297–298,
  381, 450
ángeles 110, 137, 167–168, 444,
  451, 470
  Cristianos y 170–171
  de la guarda 170–174
  Jesús y 169–170, 238
  malos 171–174, 451
ángeles de la guarda 170–74

angelofanías 169
aniquilacionismo 477
Anselmo 31, 279, 291
Anticristo 445, 463, 464
Antiguo Testamento 53–55,
  122–123
  sobre la expiación
  283–284
  sobre la resurrección
  447–448
  sistema de sacrificios 10,
  19, 283–284, 287
antinomianismo 368
antropología 182
antropomorfismos 42, 88, 92,
  94, 126
antropopatismos 92, 94, 126,
  165
apantēsis 465
apocalipsis 275, 443, 445
Apocalipsis, libro de 124, 170,
  429, 459–460
apócrifos 436–37
Apolinar 196, 252
Apolinarismo 252, 266–267
apologética 74, 405
apostasía 380–384
apóstoles 16, 124, 149, 241,
  309, 318
  discurso divino de los
  44–45, 274
  proclamación del evangelio
  404, 412
Aquino, Tomás de 9, 14, 30, 32,
  33, 436
árbol de la vida 217
argumento antropológico
  30–31
argumento ontológico 31
argumento teleológico 30,
  33
Ario 243
arminianismo
  gracia preveniente de 229,
  345, 346–347, 351
  libertad humana de
  126–127, 150, 162
  mortalidad de 216n4

pecado original de 229,
  230, 233
  perseverancia del
  380–381
  predestinación del 344–346,
  347–348
  predeterminación del 122,
  130, 342, 345, 347
  presciencia del 127, 130,
  345
Arminio, Jacobo 229, 342,
  344
armonización de las Escrituras
  63
Arnold, Clinton 324
arrepentimiento 94, 104, 219,
  225, 353
  bautismo y 416
  de Dios 94, 126, 353
  en salmos penitenciales
  226
  salvación y 351–354, 355,
  358
Arrianismo 114, 243–244,
  266–267, 296
ascensión 272–73, 443–444
ascetismo 138, 201, 257
asesinato 186–187, 193
Atanasio 114
ateniense 29, 81, 225, 353,
  405
Aulén, Gustaf 278–279
ausencia de pecado 204,
  253–257
autoengaño 219, 365
autonomía 335, 408
autoridad 73–74, 220
  bíblica 50–52, 54–55, 61,
  69–74
  de Dios 7, 69–74
  en la iglesia 406–409
  papa 70, 406
  en la Trinidad 115–116
autoridad equivalente de la
  Trinidad 115–116
autoridad gradual de la
  Trinidad 115–116
ayuda social 403–404, 430

Baillie, John 473
Barclay, William 28
Barr, James 368
Barth, Karl 46, 168, 254n11, 342, 337
   sobre la imagen de Dios en los seres humanos 188–89, 190
   sobre la revelación general 31–33
   teología de 14, 153
Basilio 114
bautismo 19, 306, 313, 411–418
   de bebés 413–414, 417
   de los creyentes 415, 417
   del Espíritu Santo 306, 310–311, 312–313, 412
   fe y 413, 415, 417, 420
   fórmula 110, 111, 299
   de gracia salvadora 412–413
   Gran Comisión y 19, 111, 299, 415
   de inmersión 415, 417–418
   de Jesús 113, 243, 263, 306, 415, 418
   pacto y 413–414, 416–417
   como una señal de salvación 413–414, 415–417
   como un símbolo 218, 417–18
   Trinidad y 110, 111
   unión con Cristo y 412, 417, 418
bautismo de los creyentes 415, 417
bautismo por inmersión 415, 417–418
bautistas 9n2, 408, 415, 456
Beegle, Dewey 55, 63
Behe, Michael 141
Bellow, Saul 406
Berkhof, Louis 98, 217, 420, 451
Biblia, la 41, 51–54, 66, 339, 433
   aproximaciones numéricas de 64–65
   autoridad de 10, 50–52, 54–55, 61, 69–74
   canonicidad de 63–64
   ciencia y 5–6, 60–61, 62–63, 139–142
   constitución de 6–7
   historia en 41–42, 60–61, 63–64
   inerrancia de 60–66
   inspiración de 44–45, 49–57, 299, 304
   interpretación de 44–45, 47, 74, 457
   magnificación de 55–56
   pasajes de narraciones de 8, 28–29, 47, 151
   pasajes didácticos de 8, 18, 151, 377
   pasajes problemáticos en 62–63, 65–66
   propósito de 64–65, 139
   como revelación 47–48
   significado 8–10, 18, 21
   teologías de la liberación y 334
   unidad 8, 108–109, 110–113
   verdad de 63–66
   Ver también revelación especial
biteísmo 113
blasfemia 110, 238–239
   del Espíritu Santo 300, 306, 313
Bloch, Ernst 428
Boettner, Loraine 252, 344
bondad 17, 30–31, 136, 152, 163–164, 374
   de la creación 134, 137–138, 142
   de Dios 85, 92, 97–105, 160–161
   de los no cristianos 82, 102
Bonhoeffer, Dietrich 336, 354
Boyd, Gregory 324
Brunner, Emil 46, 188–89, 190
Bultmann, Rudolf 14, 335
Bushnell, Horace 277

caer 380–84
caída 83, 164, 216–217, 233, 363
Caifás 285, 442
Calvino, Juan 14, 116, 342, 420
   sobre el bautismo 417–418
   en la Cena del Señor 420-421
   depravación total en 229–230, 342–343
   sobre la escatología 458
   pecado original en 229–230
   perseverancia en 378–379, 381
   plan incondicional de Dios en 127–128
   predestinación en 126–127, 130, 342–344, 345–46, 347–438
   sobre la revelación 33–34, 320
   seguridad de la salvación en 378–79
   soberanía de Dios en 161, 162
   TULIP 342–43
calvinismo 216
Camus, Albert 179, 405
capitalista 334
carne 249, 252, 285, 307, 357, 472
castigo 165, 166, 171, 213–216, 338
   como curativo 214–215
   eterno 435–436, 475-479
   expiación y 278
   grados de 478–479
   responsabilidad de 229, 282, 338, 343, 363
catolicismo romano 14, 16, 21, 310, 406
   autoridad del papa en el 70, 406
   bautismo en el 412–413
   Cena del Señor en el 418–419, 421
   Concilio Vaticano II y 336–337
   misa en el 419–420, 436
   protestantes y el 367–368, 436–437
   purgatorio en el 435–37, 439
   salvación en el 333, 344
   teología contemporánea del 336–338
   transubstanciación en el 333, 336, 361, 418–419, 421–422
causal 179, 182
causalidad proporcional 32–33
causas de regresión 30, 32
ceguera 9, 34, 71, 156, 172
ceguera espiritual 346, 356
Cena del Señor 333, 361, 418–424
certeza 71, 151
Cesar Augusto 153
charismata (dones) 309–310
chiliasmo 455
cielo 15, 81, 272, 436, 438
   como estado final 470–475, 479
   guerra espiritual cósmica y el 324–325
   reino del 274, 275
ciencia 91–92, 200, 335–336
   Biblia y 5-6, 60-61, 62-63, 139-142
   del comporta-miento 6, 10, 62, 132, 139, 178–179, 324
   filosofía y 141–42
   iglesia y 180-182
   natural 6, 10, 134–135, 139
ciencia cristiana 161
ciencias del comportamiento 6, 10, 62, 132, 139, 324
   en la psicología 178–179, 312
   en la sociología 36, 321, 392
ciencias naturales 6, 10, 134–135, 139
circuncisión 366, 394, 413–414, 416–417
Clark, Gordon H. 161
Clemente de Alejandría 196
clero 406–408, 423
comunión 398, 472
   condiciones de la 12, 40, 353, 370, 395, 430
   con Dios, 83, 105, 122–123, 163, 194, 212, 282
   eterna 476, 478
   iglesia 392–393, 396, 401–403, 472
   de la Trinidad 112, 192
comunismo 132, 428
concepción aristotélica 84, 114–115
conciencia 226–227
Concilio de Calcedonia (451) 264
Concilio de Constantinopla (381) 114, 197, 252, 261–262
Concilio de Éfeso (431) 262
Concilio de Nicea (325) 243, 261–262
Concilio de Trento 337, 418
Concilio Vaticano II 336–337
condenación 364–365, 403, 415–416
confianza 17, 83, 148, 152, 348, 371, 379
confiar 46, 99, 355
Congar, Yves 336–337
conmemoración, La cena del Señor como 420–422
conocimiento divino 26–27, 30, 32, 36, 40, 43, 92, 126–127, 130, 250–521, 347
conocimiento humano 71, 183, 311, 355, 385
   de deidad 265–266
   pecado y 25, 40
   perfecto 471
   responsabilidad y 478–479
consubstanciación 419
contextualización 4, 7, 10–11,

13, 18–21
enfoques 15–16
Espíritu Santo y 307
controversia modernista-
fundamentalista 134
conversión 206, 208–209,
322–323, 333, 350–355
como nuevo nacimiento
255, 338, 355–358, 379,
415
significados
contemporáneos de 8–9
convicción de pecado 72, 110,
321, 355
corazón, el 205, 298, 308, 338,
414
iluminación del 28, 70,
319
ley interna del 204,
225–226
maldad del 219, 224, 226,
229
Cornelio 28
cosmología 30, 33, 41, 141
creación 10, 82, 133–142, 164,
192, 386
buena en gran manera 134,
137–138, 142
dualismo en la 137–138
Espíritu Santo y la 136–137,
298, 304
ex nihilo (a partir de la
nada) de la 135–136, 137,
138
de la humanidad 134,
179–184
Jesús y la 136–137, 146
el mal y la 134, 137–138,
162–163
mediata (derivada) 135
providencia de Dios y la
146, 148–149
relación con Dios 80,
82–83, 84, 140
Trinidad y 112–113,
136–137
creacionismo 139, 230
fíat 140, 180–181
progresivo 135, 141,
181–182
creacionismo fíat 140,
180–181
creacionismo progresivo 135,
141, 181–182
Credo de los Apóstoles 134
credos 41, 134
creencia 46, 70, 83–84
en Cristo 19, 352, 354–355,
358
"creencia fácil" 354
cremación 435
cristianismo
religiones del mundo y el
134, 321–124
singularidad del 134,

323–24
surgimiento del 242
"cristianismo sin religión"
(Bonhoeffer) 336
"cristianos anónimos" (Rahner)
337
cristología funcional 244
crucifixión 45, 126, 150, 152,
239, 249, 271
cuerpo
espiritual 272, 448–49
físico 196–201, 227
de Cristo como la iglesia
395–396, 422
como templo del Espíritu Santo
110, 449
Ver también cuerpo
resucitado
cuerpo de resurrección 434–435,
437, 452
naturaleza del 272,
385–386, 448–449, 473
cuerpo espiritual 272,
448–449
culpa 204, 213–214, 219, 229,
231–2 33, 338, 363

Daniel 147
Darwinismo 132, 141–412
David 51–52, 54, 149, 165,
226
pecado de 224, 369
Davies, W. D. 437
Deere, Jack 319, 320
deísmo 147–148
Demas 381
Dembski, William 141–142
demonios 171–174, 313,
324–327, 451
depravación total 201, 254, 276,
282–283
en el calvinismo 229–230,
342–343 ·
pecado y 223, 226–228
predestinación y 342–343,
345
salvación y 348, 351
teoría de la sustitución
penal y 292
desasosiego 211, 220
descanso eterno 471–472
deseos 207–209, 344–345,
478
desesperanza 326, 346, 475
desobediencia 204–205, 282
determinismo 161
diablo, el. Ver Satanás
Día de la Expiación 287
diálogo interreligioso 323
dicotomismo 195, 197
diez mandamientos 108, 190,
205
diluvio del Génesis 104, 140,
215, 224, 450

Dios 12, 79–85, 88–89, 94, 100,
282
atributos de 84–85,
98–104
autoridad de 7, 69–74
autorrevelación de 40–41,
83, 84–85
benevolencia de 102–
103
bondad de 85, 97–105,
160–161
brecha metafísica entre la
creación y 83, 139
carácter único de 33, 98,
108–109, 113, 139, 243
constancia de 93–94,
126
cualidades morales de
98–104
enemigos de 212–213
en espacio y tiempo
90–92
existencia de 30–31, 33,
88–89
fidelidad de 100, 101,
104
gloria de 125, 137, 163, 169,
182, 314, 384
como gobernante 278
grandeza de 31, 85, 87–94,
160–161
"incapacidades" de 93, 162,
478
incompresibilidad de 43,
84
como infinito 90–93,
137
inmanencia de 79–85, 91,
148
misericordia de 103,
344
obras de 42–44, 90, 125,
148
omnipotencia de 33, 61,
92–93, 161, 478
omnipresencia de
90–91
omnisciencia de 42, 61, 92,
188
como personal 41–42,
89–90, 152–153
poder de 92–93, 160–161,
255
presciencia de 92, 126–27,
130, 347
presencia de 471–472,
475
providencia 146–157
pureza de 98–100
rectitud de 99, 364
reverencia a 83–84
sabiduría de 71–72, 92,
130–131, 188
y la salvación pretendida
para todos 344–345,

478
santidad de 82, 84, 98–99,
212–13, 218, 282
temor a 277, 370–371
trascendencia de 18, 42,
70–71, 79–85, 91, 243,
257
venganza de 215, 291
veracidad de 50, 61,
100–101
como víctima del mal
165
como vida 88–89
dioses 88–89, 90, 92, 100
discapacidad espiritual 205
discernimiento 319
disciplina 215–216, 371, 423,
462
discipulado 354
discurso divino 44–46, 50–52,
54–55, 136, 274
diseño inteligente 30, 33,
141–142
dispensacionalismo 444, 456,
457–458, 463
disuasorio, castigo como
214–216
doble predestinación 344
docetismo 251–252, 262–63,
266–267
doctrina 4–5, 12, 19, 62,
254
criterios de permanencia en
la 18, 20
revelación de la 20, 46
Dodd, C. H. 286
dominio humano 207
dones del Espíritu 71, 110, 300,
308–15, 395, 397
iglesia y 308–9, 314–15,
395, 401–2
dones espirituales 71, 110, 300,
308–315, 395, 397
dualismo 161–162
cósmico 326
en la creación 137–138
de la naturaleza humana
197, 199n8, 435, 438

Ebionismo 243, 266–267
eclecticismo 15
ecológica 82–83, 142,
182–83
Edad de la tierra 140–141
educación 206, 358, 402
teológica 6, 15, 18, 193
egocentrismo 208, 220–221,
335
Eichrodt, Walther 191
Einstein, Albert 91–92
'el shaddai 92
elección 122, 127–128, 342–343,
345–346, 351
Elías 148, 433, 450, 474

Eliseo 73n5, 170, 173
Elliott, Harrison Sacket 206
'elohim 111
emanación 134, 136, 138, 162
emociones 172, 200–201, 227, 352–353
de Dios 213
del Espíritu Santo 300
de Jesús 306
empatía y pecado 220–221
encarnación 138, 232, 251– 252, 257
dinámica 263
dos naturalezas de Jesús y 263–267
expiación y 19, 104–105, 279–280, 283–286
humillación de Jesús 270–271
nacimiento virginal y 253–255
redención y 200–201
como revelación especial 32, 42–45, 150
salvación y 165, 200, 248, 260–261
Trinidad y 115, 117, 244
encarnación dinámica 263
enemistad 212–213, 289, 370
enfermedad 160–161, 386
demonios y 172, 324– 326
pecado y 165, 217, 333
enfoque didáctico de la inspiración 55
enfoque pneumatológico de otras religiones 322–324
entierro de muertos 182
epiphaneia 443, 445–446
epistemología 47, 62
error, inerrancia y 66
escatofobia 429
escatología 427–430
cósmica 442–452
los elegidos y la 170, 344, 462–464
individual 430–439, 470–479
Israel y la 429, 462–463
reino de Dios y la 430, 445, 455
escatología cósmica 442-452
escatología individual 430–439, 470–479
escatomanía 429
esclavitud 194, 370
al pecado 218–219, 227
esclavo, estado de 20–21, 270

escogidos, los 110, 127, 131, 345–346, 382
escatología y 170, 344, 462–464
evangelismo y 348
de Israel 343, 346, 394–395
escuela de teología de Princeton 55
especificidad, niveles de (inspiración) 56–57
esperanza 335, 380, 386, 406, 428–430
bendita 445–446, 448, 463, 465
para el futuro 384, 434, 447
iglesia y 395, 406
en la resurrección 384, 434, 447
espíritu humano.
Ver alma humana
Espíritu Santo, el 72–73, 273, 295–301, 307–309
bautismo y el 306, 310–311, 312–313, 412
blasfemia del 300, 306, 313
compresión bíblica del 17, 70–74
y convicción del pecado 110, 321, 355
creación y el 136–137, 298, 304
deidad del 110, 113, 117, 297–299
dones del 71, 110, 300, 308–315, 395, 397
Espíritu de Dios 304–305
espíritus y el 324–327
y exorcismo 172–173, 306
fruto del 308, 314, 375, 377, 384, 396–397
y la inspiración de la Biblia 44, 50–57, 299, 304
morada del 308, 314–315, 397–398, 409
nacimiento virginal y el 253–254, 298, 306
obra del 15, 72–73, 110, 112, 298–301, 303–306
obra fortalecedora del 305, 307–308, 314–315, 400
obra reveladora del 274, 308
como persona 299–301
profecía en la actualidad y el 318–321
regeneración y el 70–73, 110, 298, 307, 357
religiones del mundo y el 321–324
salvación y el 115, 307

santificación y el 305–308, 374–375
subordinación del 297, 301
espiritual 346, 356
espiritualidad 138, 472
estado incorpóreo 197–198, 199, 437–438
estado intermedio 198–200, 201, 433–439
estudios de la palabra 8
Eucaristía 333, 361, 419
Euclides 41
eutiquianismo 262–63, 264, 266–267
Eva 40, 90, 100, 181, 193
antes de la caída 186, 190–191, 256, 265
libre albedrío y 150, 164
mortalidad de 216–218
pecado de 205, 208, 216, 219, 254, 432
evangelicalismo 14, 135, 318-319, 403-404
evangelio 83, 292, 351, 353–354
creación y el 36
proclamando el 326–337, 404–406, 412, 454
evangelio social 17, 333
evangelismo 83, 206, 325, 352, 400–401, 402–403, 405, 430
posmilenialismo y 454–455
predestinación y 131, 346, 347–348
evolución 33, 132, 134–135, 139, 140–142, 206
creación humana directa y 179, 180–182
evolución naturalista 141
evolución teísta 140, 180–181
exclusivismo 321
exégesis 7–10, 74, 151
existencia 182, 335
de Dios 30–31, 33, 88–89
existencia auténtica 335
existencialismo 132, 179, 190, 206, 405
Existenz 335
exorcismo 172–173, 306, 310, 326
experiencia 5, 14, 41, 46, 313, 321, 352
autoridad de 7, 319
Espíritu Santo y 296–297, 311, 314, 318
imagen de Dios y 188–189
expiación 105, 269, 276–280, 281–287, 364, 437

amor de Dios y 125, 277–278, 286
en el Antiguo Testamento 283–284
encarnación y 19, 104–105, 283–286
ley de Dios y 278, 282
pecado y 279–280
propiciación de la 286–287, 290
sacrificio de 19, 20, 162, 285–288
significado de 287–92
sustitutiva 284–85, 288–89, 365
teoría de la sustitución penal de la 289–292
expiación sustitutiva 284–285, 288–289, 365
explotación 184, 334
expulsión 395

"Fantasma Santo" 111, 297
fariseos 52, 193, 239, 448
Jesús y los 219–220, 227, 274, 306, 353
fe 5, 46, 173, 307, 355, 367
lentes de 34
obra de Dios y 154–155
obras y 339, 366, 368
salvación y 35–36, 333, 344, 351–352, 354–355, 358, 366
Feinberg, John 129–130
fenómeno de las Escrituras (modelo de inspiración) 55
fenómenos carismáticos 307, 313
fidelidad de Dios 100, 101
filosofía 62, 115, 116
aristotélica 84, 114–115
cristiana 31, 33
de la ciencia 141–142
del día del juicio final 132
filosofía griega 84, 114–115
filosofías del día del juicio final 132
finitud 151
finitud de la humanidad 183-184
físicos 33, 82, 91-92
Foerster, Werner 135
"fórmula YO SOY" 239
formulación de Calcedonia 262
Fosdick, Harry Emerson 16–17, 197
Frankl, Victor 428
fruto del Espíritu 308, 314, 375, 377, 384, 396–397
fuerzas sobrenaturales 15–16,

153, 155–157, 325
Fuller, Reginald 241
fundamentalismo 73, 135, 252, 456
futurismo 428

Gaussen, Louis 63
Gehenna 437–438
genealogías 21, 50, 140, 248
Gilkey, Langdon 42–43
gloria 338, 373, 384–387, 398, 471
glosolalia 310–315, 401–402
gnosticismo 251
gobierno de la iglesia congregacional 408–409
gobierno de la iglesia episcopal 406–407
gobierno de la iglesia presbiteriana 407–408
gobierno de la iglesia sin gobierno 408
gracia 103, 229, 232, 292, 336–337
barata 354
bautismo y 412–413
común 323
previeniente 229, 345, 346–347, 351
sacramentos y 333, 336
santificante 337, 382–383
salvación por 31, 103, 255, 333, 339, 348
"gracia barata" (Bonhoeffer) 354
gracia previeniente 229, 345, 346–347, 351
Gran Comisión 91, 400, 402, 454
bautismo y 19, 415, 111, 299, 415
Gregorio de Nacianceno 114
Gregorio de Nisa 113-114, 196
griego koiné 42, 65
Grotius, Hugo 277
Grudem, Wayne 318
grupos carismáticos 73, 297, 310, 319
Guelich, Robert 326–327
guerra 220
guerra espiritual 317, 324–332
gula 207
Gundry, Robert 367

Hades 437–438
Headlam, Arthur 365
Hegel, Georg 132

Heidegger, Martin 335
Helm, Paul 438
Henry, Carl 66
herejías 266–267
hermenéutica 74, 181
Hiebert, Paul 326
Hijo de Dios. Ver Jesucristo
hijos de Dios 359, 369–371
Himeneo
y Alejandro 380, 383
y Fileto 381, 383, 448
hinduismo 131, 134, 326
Hipólito 112
historia 27, 74, 450, 452
control de Dios de la 93, 148–151, 433
juicio e 450, 452
revelación especial y la 29, 43–44
visión cíclica de la 131–132
visión materialista de la 132
Hitler, Adolf 82, 154
Hoekema, Anthony 434
holocausto nuclear 428
hombre de cromañón 182
homoiousios 243
homoousios 243
honestidad 101
Hordern, William 66
Hughes, James 460
humanidad 27, 178–184, 193, 257, 336
actos de 126–127, 131, 153, 189–190
como animales 178–179, 206
carácter único de la 10, 114, 183, 190
creación de la 134, 179–184
como eterna 179–180, 478
identidad de la 182–183
limitaciones de la 29, 40, 61, 71, 183–184
obediencia de la 137, 370–371, 420
perspectiva cristiana de la 179–184
perspectiva existencial de la 335
plenitud de la 180, 183, 192
restauración de la 357, 395
humanismo 193
Hume, David 160
humildad 19–20, 270–271

idolatría 88–89, 100, 108–109, 139, 205
iglesia 170, 200, 274–275, 396, 422

ciencia y la 180–182
comunión en la 392–393, 396, 401–403, 472
como cuerpo de Cristo 395–396, 422
doctrina de la creación y la 134
dones del Espíritu Santo en la 308–309, 314–315, 395, 401–402
edificación de la 314–315, 401–403
evangelismo en la 400–401, 402–403, 405
funciones de la 400–404
gobierno de la 406–409
historia de la 9, 14, 61–62
Israel y la 457–458, 466
Nuevo Testamento y la 318, 320, 407, 409
países en vías de desarrollo 36–37, 153
como el pueblo de Dios 110, 393–395
proclamación del Evangelio en la 404–406, 454
profecía y 318–320
como templo del Espíritu Santo 396–398
Trinidad y 398
unidad 61, 392–393, 396, 397
unión con Cristo en la 395, 422
iluminación 351
por medio del Espíritu Santo 10, 70–71, 73, 308, 319–320
teoría de la inspiración 52–53
Ilustración 324
imagen de Dios 10, 27, 111, 118, 179–180, 183, 190, 266
dominio e 189–192, 193–94
caída e 186, 191
Jesús e 188, 192–193, 375
perspectiva funcional 187, 189–191, 192
perspectiva relacional 187–190, 192
perspectiva sustantiva 187–188, 191, 192
como universal 188, 191, 193–194
imputación
de justicia 232–233, 364–365, 367
de pecado 230, 232–233
inclusivismo 26, 322
inerrancia 60–66

inerrancia absoluta 60
inerrancia limitada 60–61
inerrancia plena 60
infantes y niños 231–233, 413–414, 417
infierno 435–436, 437–438, 475–479
injusticia 290–291, 343
inmanencia de Dios 79–85, 91, 148
inmoralidad humana 216–217, 432, 477–478
inmortalidad condicional 217
insensibilidad 219–220
inspiración
por medio del Espíritu Santo 44, 50–57, 299, 304
inerrancia y 61, 62–63
inspiración concursiva 44
intercesión 321
de Jesús 248, 257, 273, 275–276, 287, 379
Ver también oración
interpretación bíblica 44–45, 47, 74
de la profecía 457, 460
ira de Dios 28, 290
gran tribulación e 462, 464, 466
pecado e 213, 281, 285–287
islam 238
Israel 27, 51, 98, 100, 212, 450
iglesia e 457–458, 466
elección de 343, 346, 394–395
escatología e 429, 462–463
y el plan de Dios 122–123
preservación de 146–147
relación con Dios 104, 289
revelación especial e 43–44
y la unidad de Dios 108–109

Jardín del Edén, 217
Jeremias, Joachim 437–438
Jesucristo 45, 52, 54–55, 128, 164–165, 250
amor de 192–193, 250, 284–285, 420
autoconsciencia de 110, 238–240, 285
autoridad de 19, 239–240
bautismo de 113, 243, 263, 306, 415, 418

compasión de 13, 157, 250
conocimiento de 250–251
cuerpo físico de 248–249
deidad de 108, 109–110, 112, 113, 116, 237–245, 248
como ejemplo 280
enseñanza de 17, 72, 93, 103, 147
Espíritu Santo y 306–307, 362
exaltación de 271–273
función reveladora de 273–275
glorificación de 72, 384–385, 444, 471
como Hijo de Dios 110, 112–117, 136, 240, 296–297
como Hijo de Hombre 261, 275, 442
humanidad de 5, 40, 42, 45, 247–257, 283
humillación de 270–271
e inmanencia 91
e intercesión 248, 257, 273, 275–276, 287, 379
como juez 110, 239, 241, 273, 444, 450–451
justicia de 365–367
limitaciones de la humanidad de 217, 265, 271
como Mesías 273–276, 284, 305–306, 347
metáforas para 421–422
y morada 360–361, 397
muerte de 271, 277
no pecaminosidad de 204, 253–257
obra de 261, 269–280, 396
el obrar de 244, 265
personalidad de 266–267
poder de 148–149, 240, 363
como primogénito 369, 395, 448
como profeta 273–274
reino de 110, 273, 275, 420, 453–454, 453–462
relación con el Padre 113, 239–41, 243, 284–285
como rescate 284–285
como sacrificio 20, 285–287
servicialidad de 265, 270
como Siervo de Jehová

284
subordinación de 115–116, 117, 192, 243–244, 265
como sumo sacerdote 20, 192, 287
como sustituto 284–285
unión de dos naturalezas en 259–267
como víctima del mal 165, 287
victoria de 271, 273, 279, 325–326, 430, 459
Job 123, 152, 169, 172
Johnson, Philip 141
Jonás 126, 137
Juan (apóstol) 54, 124, 240, 284, 355
Juan el Bautista 285, 288, 306, 413
bautismo de 415, 418
Jesús y 354, 355
predicación de 353, 404
judaísmo 35, 108, 313, 366, 368, 416
ángeles y el 168–169, 170, 171
Jesús y el 110, 239–241, 242
judaizantes 366
Judas Iscariote 65–66, 123, 256, 353, 380
juicio 31, 92, 100, 165, 361, 363- 364
amor de Dios y 213, 290, 475–478
ángeles y 170, 451
final 367, 379, 385, 438, 450–451, 458
finalidad del 451, 475–477
justicia 103, 278, 290–291, 451
amor de Dios y 99–100, 104
de Dios 99, 364
forense 335, 336–338
de Jesús 365–367
ley de Dios y la 99–100, 364–365
retribución y 215
unión con Cristo y 361–362
justificación 275, 335, 337–338, 359, 363–370
bautismo y 413
justicia forense 335, 336–368
santificación y 368, 374–375, 386
justificación forense 335, 363–368
Justino 112

Kant, Immanuel 30–31

kénosis 264–265
kenoticismo 263
Kraft, Charles 324
Küng, Hans 337

Ladd, George 285, 286, 351, 445, 456, 465
Lao-tzu 351
lavado de pies 20
Lázaro, amigo de Jesús 250, 435, 448, 476
Lázaro, parábola de 170, 198, 435, 448, 476
legalismo 204, 282, 366
lenguaje 42–43, 182, 322
lenguas, hablar en 310-315, 401-402
Lewis, C. S. 327, 478
ley de Dios 53–54, 99–100, 205, 277, 282
expiación y 278, 282
humillación de Jesús y 270–271
justicia y 99–100, 364–365
moral interna 204, 225–227
ley natural 137, 145, 155–156
liberalismo 14, 31, 48, 197, 198, 434, 454
libertad humana 128–130, 150–151, 162, 194
adopción y 370–371
idea calvinista de 381
pecado y 138, 164, 219, 377
plan de Dios y 125–131
predestinación y 346, 348
responsabilidad y 138, 150
salvación y 382
libre albedrío 93, 124–125, 229, 256n14
mal moral y 160, 162
predestinación y 344
soberanía de Dios y 149–150
libros de la sabiduría 123
liderazgo carismático 305
liderazgo federal 230, 231
liderazgo natural 230, 231–322
literatura apocalíptica 326, 458
literatura apocalíptica judía 326, 458
llamado 350–351, 358, 378
llamamiento eficaz 350–351, 358, 378
llamamiento especial 350–351, 358, 378

llamamiento general 350
lógica 29–30, 50–51, 83
Logos 252, 274
lucha económica 206, 334
lujuria 207
luteranismo 11, 14, 310, 408
bautismo en el 412–413
Cena del Señor en el 419–420, 421
Lutero, Martín 417–418, 419–420

Machen, J. Gresham 17
magnificación de las Escrituras 55–56
mal 98, 132, 160–166, 279, 306, 324–325
y la creación 134, 137–138, 162–163
escatología y el 456–457, 471
naturaleza humana y el 200–201, 219, 224, 226, 229
voluntad de Dios y el 126–127
mal estructural 164
mal natural 160, 164
maldad 212–213, 224, 282
maldición, la 216–218, 232, 279, 363
malvados, los 212, 464, 475–479
mandato cultural 190
maniqueísmo 161, 326
Marcionismo 251
marco de contabilidad (justificación) 367
marco de pacto (justificación) 367
María (madre de Jesús) 252–255, 262, 306
Marx, Karl 132
marxismo 5, 428
materialismo dialéctico 132, 428
matrimonio 20, 473
mayordomía 182, 207
mecánica cuántica 33
Melquisedec 28
Menonitas 415
mensajeros de Dios 168, 169-170
mente humana 29–30, 34, 205, 207, 227, 300. Ver también razón
metáfora de la máquina 148, 178
metáfora del alfarero y el barro 124, 128, 343
metáfora sobre la vid y los pámpanos 360, 362
método de correlación

10–11
milagros 82, 153, 155–157, 306
  revelación y 43–44, 157
  trascendencia y 83–84
milenio 334, 453–460
misa católica 419–420, 436
misericordia 103, 344
misión 11, 36, 290–291, 323, 401, 403–404
  predestinación y 346–348
modalismo 113–114, 118
modernismo 16, 139, 248, 252, 291, 324, 325–326
Moisés 89, 146, 474
Moltmann, Jürgen 428
Monarquianismo
  dinámico 113
  modalista 113
monismo
  en la creación 138
  humano 197–199, 198, 199, 434–435
monoteísmo 108, 110, 243
Montanismo 310
moral 40, 98–104, 138, 162, 214, 374
  existencia de Dios y 30–31
  ley interna de Dios y 226–227
  mal y 160, 162, 164
  pureza y 98–100
  revelación general y 27–28, 35, 37
mormones 88, 188
morphē (forma) 109, 241, 264
Morris, Leon 239, 256
motivos, pecado y 204–205, 225–226, 227
motor inmóvil 30, 33
movimiento bíblico teológico 198
movimiento carismático 310–312, 324
muerte 148, 162, 179, 386, 406, 418
  alma (espíritu) y 197, 431, 434
  como una consecuencia del pecado 164, 216–218, 225, 230, 432–433
  espiritual 216–218, 227, 431–433
  eterna 217, 218, 431–433
  física 199, 216–218, 430–433, 459–460
  segunda 218, 432, 456, 459–460, 475
  universalidad de la 183, 225, 230–231, 430–431, 438

muerte espiritual 216–218, 227, 431–433
muerte eterna 217, 218, 431–433
muerte física 199, 216–218, 430–433, 459–460
mujer, condición de la 20–21
Murk, James 182
Murray, John 362

Nabucodonosor 29, 149
"nacido de nuevo" 357
nacimiento espiritual 355, 416
nacimiento virginal 243, 247, 248, 252–255, 298
  Espíritu Santo y el 253–254, 306
narrativa bíblica 8, 28-29, 47, 151
naturaleza 36-37, 457
  adoración de la 88, 138–139
  control de Dios de la 148–149
  mal en la 160, 324–325
  revelación general y 26-27, 29
  Ver también creación
naturaleza humana 195–201, 208
  apariencia física y 182
  dualismo en la 197, 199n8, 434, 438
  mal y 200–201
  como unidad 435, 437–438
neoortodoxia 14, 21, 45–46, 188–189, 198, 434
neopentecostalismo 310–311
nestorianismo 262, 264, 266–267
Niebuhr, Reinhold 14, 206
  no cristianos 82–83, 102, 337, 432–433
  resurrección de los 499–50
Noé 215, 224
nombres de Dios 41, 88-90, 111, 355
nominalismo 99
nomismo pactado 366
novia de Cristo 395, 473
nueva era 429–430
nueva Jerusalén 456, 471
nueva perspectiva sobre Pablo 366–368
nueva vida 110, 271, 351, 357, 418
nuevo nacimiento 255, 338, 355–358, 379, 415
nuevo pacto 368, 394–395,

466
Nuevo Testamento 53–55, 123–124

obediencia 192, 137, 370–371, 420
obispos 406–407
obras 436, 472
  fe y 339, 366, 368
  salvación por 227–228, 229, 333, 366–368, 437
obras de justicia 19, 35
omnipotencia 33, 61, 92-93, 161, 478
opresión 206, 334
oración 83–84, 146, 321, 371, 436
  al Espíritu Santo 301, 315
  de Jesús 155, 251, 257, 275–276
  providencia y 154–155
  sacerdotal 192, 275, 285, 300, 392
  por sanación 153, 172
  Trinidad y 108, 115, 116, 118
orden en el gobierno de la iglesia 409
ordenación 406–407
Orígenes 196, 278
ortodoxia escolástica 73
ousia 113–114

Pablo 4, 56, 81, 136, 350, 369
  sobre Adán y Cristo 232–233
  sobre la adoración 402
  sobre la Cena del Señor 422
  sobre la circuncisión 416–417
  sobre el cuerpo y el alma 198
  sobre la deidad de Jesús 109, 241
  sobre la edificación de iglesia 401–402
  sobre el entendimiento 71–72
  sobre el Espíritu Santo 298–299
  sobre el evangelio en 101, 404–405
  sobre la expiación 285–287
  sobre la humanidad de Jesús 249
  sobre los ídolos 109
  sobre la inspiración 44, 51, 53–54
  sobre el juicio 385–386

  sobre la justificación 366–368
  sobre la ley interna 35
  sobre la muerte 217, 230–231, 432–433
  sobre la nueva perspectiva 367–368
  sobre el pecado 165, 208, 224–225, 226, 230–231, 254
  sobre el plan de Dios 124
  sobre la predestinación 343–344
  sobre la presciencia de Dios 127–128
  sobre la preservación 147
  sobre la resurrección 437, 448, 461
  sobre la revelación general 28, 29, 34, 204–205
  sobre la santificación 375–76, 376–77
  sobre la segunda venida 445–446
  sobre la seguridad 379
pacto 41, 122–123, 230
  de Abraham 93, 94, 101, 394–395, 413–414, 457–458
  adámico 230
  bautismo y 413–414, 416–417
  nuevo 368, 394–395, 465
Padre, el 108–110, 112–117, 136–137, 215, 297–298
  cristianos y 83, 90, 370–371
  Jesús y 42, 45, 100, 102
  Ver también Dios; Jesucristo, relación con el Padre; Trinidad, la.
padres alejandrinos 196
padres orientales 196
países en vías de desarrollo 9n2, 11, 36-37, 153, 310, 334, 428
palabra de Dios. Ver Biblia, la Pannenberg, Wolfhart 242
panteísmo 138, 161, 299, 361
paradoja 29-30
paraklētos 299
Parham, Charles 310
parousia 443–445
particularismo 333–334
Pascua 43, 286, 423
pecado 164, 219, 280, 325, 346, 377
  como autodestrucción 477
  como condición interna

225–227
conocimiento de Dios y 25, 40
consecuencias del 99–100, 105, 211–21, 282, 369, 479
convicción de 72, 110, 321, 355
de los creyentes 451
definición de 214, 279–280, 478
dimensiones sociales del 291–292
efectos del 218–221, 249, 357, 363
esclavitud al 218–219, 227
expiación y 279–280
finitud humana y 183–184, 206
fuente de 205–209
ira de Dios y 213, 281, 285–287
libertad humana y 138, 164, 219, 377
muerte y 164–165, 216–218, 225, 230, 432–433
naturaleza y 203–205
obra de Dios y 151–152
original 228–233, 254, 343, 413
pena por el 365–366
responsabilidad por el 206–8, 219, 231–233, 478–479
revelación especial y 40–41
revelación general y 34, 36, 41
soberanía de Dios y 149–150
sufrimiento y 433, 435–436
universal 223–225
voluntad de Dios y 130–131
voluntad humana y 229–230, 232–233
Ver también depravación total
pecado original 228–233, 254, 343, 413
pecado racial 164
pecados 204, 225–226
pecaminosidad 40, 70-71, 162, 184, 191, 224–230
Pedro 28, 45, 98, 104, 353, 397
sobre el Espíritu Santo 298–299
sobre la inspiración 51–52, 53–54
sobre la presciencia de Dios 124

sermón de Pentecostés de 124, 307, 353, 415–416
Pedro Abelardo 277, 278
pelagianismo 216, 228–229, 230
pensamiento circular 50–51
pensamiento griego 94, 191, 244, 324, 335, 368
pentecostalismo 310–311, 456
Pentecostés 304, 307, 312–313, 322–323, 396
como cumplimiento profético 304, 306, 443–44
segunda venida y el 443–444
el sermón de Pedro en el 124, 307, 353, 415–416
perdón 278, 291, 369–370, 436
de Jesús 104, 110, 238–239
peregrinación 472
Peretti, Frank 324, 326
perfección 376–378, 398, 473–474
periodo neolítico 182
persecución 363, 457, 463
perseverancia 338, 373, 378–383
perspectiva cultural 4, 9–12, 14–15, 19, 21
significado de las Escrituras y 64–65
Phillips, J. B. 80
Pike, Kenneth 55–56
plan de Dios 94, 121–126, 134, 163–164, 478
acción humana y 126–127
eterno 124, 148, 470–479
como incondicional 127–128
Israel y 122–123
libertad humana y 125–131
metáfora del arquitecto para 122, 134, 136–137
profecía y 123–124
salvación y 348
segunda venida y 442
pluralismo 26, 36, 322
Pohle, Joseph 436
posesión demoniaca 15, 172–173, 324–326
posesiones materiales 206, 207, 220
iglesia primitiva y 365, 396–397, 401
posmilenialismo 453–455, 456, 458, 466
posmodernismo 70, 291, 321,

325–326
postribulacionismo 462, 463–467
postribulacionismo inminente 466
pragmatismo 336
predestinación 122, 341–348
calvinismo respecto a la 126–127, 130, 342–44, 345–46, 347–48
depravación total y 342–343, 345
libertad humana y 346, 348
misiones y 346, 347–348
predestinación incondicional 344, 345–346
predeterminación 122, 130, 342, 345, 347
predicación 402
premilenialismo 453–454, 455–461
puntos de vista tribulacionistas 461–467
premisas 7–8, 319
presciencia 92, 126–127, 130, 150, 151n5, 345
preservación 146–148
pretribulacionismo 444–446, 462–463, 464, 466–467
profecía 44–45, 51–52, 53–54, 284, 403
arrepentimiento y 353
cumplimiento de la 304, 306, 443–444, 446, 458, 466
dones especiales en la actualidad 73, 310, 311, 317–321, 401
Espíritu Santo y la 299, 304–305
interpretación de la 457, 460
plan de Dios y 123–124
predicación y 402
predictiva 430
como presciencia de Dios 92
progreso 17
promesas
de Dios 93–94, 100–101, 147, 162
de Jesús 304, 308, 379, 397
propiciación 286–287, 290
providencia 146–149
esfuerzo humano y 154–155
como gobierno 148–155
milagros y 155–157
oración y 154–155

como preservación 146–148
soberanía de Dios y 148–155, 150–151
providencia específica 150–151
providencia general 150–151
psicología 62, 178–79, 320–321, 326, 428
pueblo de Dios 110, 393–395. Ver también iglesia; Israel
punto de vista económico de la Trinidad 112–113
pureza 374, 395, 398, 430, 436
moral 98–100
purgatorio 435–437, 439
Purtill, Richard 438

racionalismo 335
Rahner, Karl 337
Ramm, Bernard 73, 386
rapto 444–445, 458, 462–464
rapto parcial 465
Rashdall, Hastings 277
Rauschenbusch, Walter 17
razón 74, 188, 205, 207, 227
conocimiento de Dios y la 29–30, 34, 43
fe y 71, 355
filosofía griega y la 191, 335
revelación general y 25, 29–30
realismo 99
rebelión 204–5
recompensa 472, 474–475, 479
reconciliación 277, 281, 289, 370
redención 41–42, 45, 244, 260, 287, 448
encarnación y 200–201
Trinidad y 112–13
reencarnación 131
regeneración 34, 208–209, 335, 338, 350, 355–358
adopción y 370
bautismo y 412, 415–417
por el Espíritu Santo 70–73, 110, 298, 307, 357
iglesia y 403–404
regla de oro 17
reincidencia 383–384
reino de Dios 110, 238–239, 274, 275
escatología y 430, 445, 455
en el milenio 334, 453–460,

458
reino de los cristianos y 363, 457, 472
relaciones humanas 183, 220–221, 332–333, 395. Ver también comunión
Religión tradicional africana 288n8, 325, 326
religiones del mundo 36, 321–324
religiones orientales 131, 299
remordimiento 353–354
renovación 205, 356, 416, 472
reprobación 122, 344
responsabilidad humana 190–191, 381, 430
libertad y 138, 150
del pecado 206–209, 219, 231–233, 478
revelación general y 28, 35–36
restauración 339, 357, 363, 475–476
restitución 279–280
resurrección 197–198, 199–200, 298, 447–450
en el Antiguo Testamento 447–448
dos resurrecciones 456, 459–460, 461, 465
esperanza de 384, 434, 447
espiritual 448, 456, 459, 461
física 198–199, 434, 448–449, 456, 459–460
glorificación y 384–386
instantánea 437
de Jesús 242, 251, 271–272, 279, 431–432, 448–449
de los no cristianos 499
primera 218, 432, 459
segunda venida y 385–386, 434
tres resurrecciones 462, 466
resurrección espiritual 448, 456, 461
resurrección instantánea 437
retribución como castigo 215
reuniones de Azusa Street 310
revelación 21, 26, 47, 50, 242, 320
como acto 42–43
encarnación y 32, 42, 43
milagros y 43–44, 157
naturaleza redentora de la 31
no proposicional 46–47

progresiva 20–21, 47–48, 305
racional 34
respuestas a la 28, 32
segunda venida como 275, 444–446
Trinidad y 114
Ver también revelación general; revelación especial
revelación especial 40–48, 361, 457
encarnación y 32, 42–45, 150
naturaleza analógica de la 42–43
naturaleza antrópica de la 42
naturaleza personal de la 41–42, 46–47
como remedio 40–41
revelación general y 25–26, 28–29, 31, 33, 34–36, 40–41
revelación general 10, 82–83, 134, 139
formas de 26–27
insuficiencia de 31–34
moralidad y 27–28, 35, 36
pecado y 34, 36
responsabilidad humana y 28, 35–36
revelación especial y 25–26, 28–29, 31, 33, 34–36, 40–41
revelación no proposicional 46-47
revelación progresiva 20–21, 47–48, 305
revelación proposicional 46–47
Robertson, A. T. 288
Robinson, H. Wheeler 198
Robinson, John A. T. 198, 336
Robinson, William Childs 241

sabiduría de Dios 71–72, 92, 130–131, 188
sacerdocio de todos los creyentes 20, 408–409
sacerdotalismo 419–20
sacramentos 412–414, 419–423
gracia y 333, 336
y unión con Cristo 361
sacrificio
de Cristo 20, 285–287
expiación y 19, 20, 162, 285–288
misa y 419–420
sistema del Antiguo Testamento

sobre el 9, 19, 283–84, 287
saduceos 447–448, 474
salmos de la naturaleza 27-28, 32, 33
salud psicosomática 156, 200
salvación 83, 102, 138, 360, 457
amor de Dios y 125, 286, 290, 343, 370–371
arrepentimiento y 351–54, 355, 358
bautismo y 413–14, 415–17
comprensión de la 292, 366
definición de 332–333
doctrina de 60–61, 232, 296
encarnación y 165, 200, 248, 260–161
extensión de la 333–334
fe y 35–36, 333, 344, 351–52, 354–55, 358, 366
gracia y 31, 102-103, 255, 333, 339, 348
imagen de Dios y 187
invitación universal a la 344–345, 347–348, 350, 476
libertad humana y 382–383
necesidad de la 332–333
por obras 227–228, 229, 333, 366–368, 437
particularismo 333
pérdida de la 380–386
predestinación y 348, 350
proceso de la 332–333, 349–358
puntos de vista inclusivos de la 26, 322
seguridad de 378–379, 381–383
universalismo 333–34, 339, 475–476
sanación 13, 173, 310, 326, 403
oración por 153, 173
Sanday, William 365
Sanders, E. P. 366
Sanders, John 151
sangre de Cristo 419–420
santidad 374
de Dios 82, 84, 98–99, 212–213, 218, 282
del pueblo de Dios 98, 395, 397
santificación 56–57, 93, 114, 276, 357, 374–378
y el Espíritu Santo 305–308, 374–375

gracia y 337, 382–383
justificación y 368, 374–375, 386
de la naturaleza humana 201
progresiva 338, 375
santos 374
Sara 101
Sartre, Jean-Paul 405
Satanás 34, 52, 169, 171–173, 471
expiación y 279
guerra espiritual y 325–327, 459, 464, 472
tentación y 172, 208, 276, 325
satisfacción eterna 474
satisfacción y pecado 207
Saúl 205, 380, 383
Schelling, Friedrich 450
Schleiermacher, Friedrich 14
segunda muerte 218, 432, 456, 459–460, 475
segunda oportunidad 475–476
segunda venida 4, 104, 116, 429, 441–447
Cena del Señor y 422
conocimiento de la 251, 442
fases de la 462–463, 466
glorificación y 273, 437, 471
como inminente 444, 446–447, 463, 465
juicio final y 170, 458
Pentecostés y 443–44
resurrección y 385–86, 434
como revelación 275, 444–445
segunda venida inminente 444, 446–447, 463, 465
seguridad 220, 292, 323–324, 335, 379
seguridad de la salvación 378–384
semiarrianos 243-244
señales. Ver milagros
Señor (kyrios) 241–242
Seol 438, 447
Septuaginta 66, 241, 286
servicio a Dios 89, 180, 182
en el cielo 472
sexualidad 138, 207, 254, 449, 473
Seymour, William J. 310
Shabbat 239, 240
Shemá 19, 111
significado 29–30, 56, 64–65, 132
simbolismo
en el bautismo 218, 417–418

en la Cena del Señor 422, 423
en Apocalipsis 459
simple teísmo 33
sínodo 407
Sísifo 179, 405
Smith, Charles Ryder 213, 225n2
soberanía de Dios 122–24, 127–132, 146–157, 255, 334–344, 348
en el calvinismo 161, 162
libre albedrío y 150
pecado y 149–150
providencia y 148–155, 150–151
socinianismo 276-277, 434
sociología 36, 321, 392
soledad 250, 475, 479
Spencer, Herbert 132
Spinoza, Benedict 161
Stein, Robert 238–239
sueño del alma 434–435
sueños 42, 44
sufrimiento 163, 165, 363, 403
eterno 477–478
pecado y 433, 435–437
tribulación y 457, 463
sumisión a Dios 138, 314
Summers, Ray 459
superstición 154

Taciano 112
Taylor, Vincent 365
tecnología 11, 16, 82, 139, 184
teísmo abierto 150–51, 324
telos 132, 192
temor a Dios 277, 370–371
Tennant, Frederick 206
tentación 153, 163, 171–173, 379
de Adán y Eva 208
contrarrestar la 208–209, 376–377
Dios y la 206–207, 291
fin de la 385, 471
de Jesús 52, 170, 208, 255–56, 306
Satanás y la 172, 208, 276, 325
Teodoto 113
teología 6, 12, 14, 16
como ciencia 5-6, 139
cultura y 10-11
definición de 3, 4
sistemática 4, 7-8, 276, 296
teología del proceso 32-33
teología existencial 335
teología feminista 334

teología histórica 9, 21
teología natural 4, 6, 26, 154
revelación general y 29-32
teología posmoderna 47, 189, 318
teología proposicional 47
teología protestante 14, 196, 337, 368
y católica 367–368, 436–437
teología reformada 190, 229, 320, 367–368
sobre el bautismo 413–414
sobre la Cena del Señor 420–421
teología relacional 332–333
teología secular 335–336
teologías de la liberación 150, 206, 333-334
teologías negras 334
teólogos de Capadocia 113–114
teólogos de la muerte de Dios 336
teoría de la expiación por rescate (clásica) 278–279, 284–285
teoría de la influencia moral de la expiación 277–278, 289
teoría de la intuición de la inspiración 52
teoría de la satisfacción de la expiación 279–280
teoría de la sustitución penal de la expiación 289–292
teoría del dictado de la inspiración 53, 56–57
teoría dinámica de la inspiración 52-53
teoría evangélica 60, 62, 115, 344
sobre el pecado 206–207, 232
de la salvación 332–333, 338–339
teoría gubernamental de la expiación 278
teoría verbal de inspiración 53, 55–56
Tertuliano 112, 118
Testigos de Jehová 243, 444
Ticonio 454
tiempo 91-92, 163, 332, 396, 442
Tillich, Paul 10, 14, 206
tradición 6, 14, 50
tradición oral 50
traducionismo 230
traductores 16, 18
transformación humana 307,

355–538, 368, 454–455
transformación social 358, 454–455
transformadores 16
transplantadores 15-16
transubstanciación 333, 336, 361, 418–419, 421–422
trascendencia 18, 42, 70–71, 79–85, 91, 243, 257
creencia y 83–84
milagros y 83–84
tribulación media 465
tribulación, gran 444–446, 454, 457, 461–467
ira de Dios y 462, 464, 465
tricotomía 196
Trinidad, La 80, 84, 260, 269, 273, 300-301, 397
analogías para 117–118
amor de 101–102, 118
atributos de 84, 101–102, 116
autoridad de 114–116
bautismo de Jesús y 113, 300
bautismo y 110, 111
en la bendición paulina 110, 111–112, 299–300
comunión de 112, 192
conflictos y 286, 290
creación y 112, 136–137
doctrina de 108–118
económica versus inmanente 112
encarnación y 115, 117, 244
esencia (sustancia) de 113–114
evidencia de 111–112
igualdad de 111–112, 114–116, 298–300
indivisibilidad de 113, 114
e inspiración 56–57
oración y 108, 115, 116, 118
puntos de vista de 112–114
resurrección y 448
subordinación de 114–116, 117, 192, 243–244, 265
unidad de 110–113, 114, 116
triteísmo 114, 117-118
TULIP (calvinismo) 342

últimas cosas 384–86. Ver también escatología; juicio; segunda venida
unidad condicional (naturaleza humana) 199–201
unión con Cristo 360–363, 379

bautismo y 412, 417, 418
iglesia y 394-395, 422
unión hipostática 263
universalismo 333, 339, 475–476
Ussher, James 140
utopismos 132

vanagloria 208
venganza 215, 291
verdad 4–5, 21, 30, 72, 273-274
Biblia y 63–64
de Dios 50, 61, 100–101
Verduin, Leonard 189-190
vida cristiana y madurez 73–74, 200–201, 228, 257, 356–357
vida eterna 165, 217–218, 285, 334, 343, 379, 383
vírgenes, parábola de las 446, 463, 465
Voluntad. Ver voluntad humana
voluntad de Dios 83, 122, 124–125, 134, 135-136
demonios y 324–325
deseo y 104, 151, 153–154
Espíritu Santo y 300
Jesús y 270–271
juicio y 450–451
libertad humana 129–131
oración y 155
pecado y 130–131
predestinación y 342
revelación y 320–321, 451
sabiduría de Dios y 130–131
voluntad humana 125–126, 227, 320
pecado y 229–30, 232–233
von Harnack, Adolf 20
vudú 312

Wagner, C. Peter 324, 325
Wainwright, Arthur 393
Warfield, Benjamin B. 55, 63, 458, 459
Wesley, John 345
Wiley, Orton 229
Winer, G. B. 289
Wright, N. T. 367–368

Yahveh 89
Yong, Amos 317, 322-324

zoroastrismo 161, 326
Zwingli, Ulrico 420-421